suhrkamp taschenbuch
wissenschaft 1965

Von den Philosophen, die das 20. Jahrhundert geprägt haben, war Ernst Bloch der Denker des Aufbruchs, des Widerstands und des antizipierenden Bewußtseins. Seine Leitmotive *Prinzip Hoffnung*, *aufrechter Gang* und *konkrete Utopie* durchzogen die Debatten der bewegten sechziger Jahre des vergangenen Jahrhunderts. Bei Bloch ließ und läßt sich lernen, daß philosophische Reflexion mehr bedeutet als eine Kartographie des Vorfindlichen. Das *Dunkel des gelebten Augenblicks* und die *Ontologie des Noch-Nicht-Seins* sind Kategorien eines Denkens, das sich seine Vernunft nicht reglementieren läßt und das angesichts des tiefgreifenden Wandels gegenwärtiger Gesellschaft in neuem Licht erscheint. Es ist an der Zeit, (wieder) Bloch zu lesen. Die vorgelegte Auswahl zu *Grundfragen der Philosophie* und zu Fragen der *Gesellschaft und Kultur* lädt dazu ein.

Ernst Bloch (1885-1977) war Professor für Philosophie an der Eberhard-Karls-Universität Tübingen. Sein Werk erscheint im Suhrkamp Verlag.

Ernst Bloch
Grundfragen der Philosophie

Ausgewählte Schriften
Band 1
Herausgegeben
von Johann Kreuzer

Suhrkamp

Bibliografische Information der Deutschen Nationalbibliothek
Die Deutsche Nationalbibliothek verzeichnet diese Publikation
in der Deutschen Nationalbibliografie;
detaillierte bibliografische Daten sind im Internet
über http://dnb.d-nb.de abrufbar.

suhrkamp taschenbuch wissenschaft 1965
Erste Auflage 2010

Umschlag nach Entwürfen
von Willy Fleckhaus und Rolf Staudt
Druck: Druckhaus Nomos, Sinzheim
Printed in Germany
ISBN 978-3-518-29565-6

1 2 3 4 5 6 – 15 14 13 12 11 10

Inhalt

4. Substrat auf dialektischem Feuer

5. Wunschlandschaft und Weisheit sub specie aeternitatis und des Prozesses

6. Die Macht des Todes als stärkste Nicht-Utopie

7. Transzendieren ohne Transzendenz

Johann Kreuzer

Einleitung

(1) Dem Werk Ernst Blochs kam im philosophisch-kulturellen Diskurs der späten 50er und vor allem der 60er Jahre des letzten Jahrhunderts herausragende Bedeutung zu. An ihm kristallisierte sich, was nach den politischen Katastrophen, die zum Signum des 20. Jahrhunderts geworden waren, Vernunft noch heißen könne und in emanzipatorischer Hinsicht nun endlich heißen solle. Mit Bloch verband sich der »Wärmestrom« eines nachhegelianisch-marxistischen Denkens, das seine jüdisch-christlichen Motive und Motivationen nicht verbarg, sondern ins Zentrum gesellschaftlicher Selbst- wie Sinnverständigung rückte. Das fand in jenen bewegten 60er Jahren Anklang, ja begeisterte Resonanz: Daß dabei eschatologische Gehalte aus dem abgegrenzten Bereich der Religion(en) auswanderten und zu einem legitimationsrelevanten Teil der Erfahrungswirklichkeit wurden, dürfte für die nach wie vor zu schreibende Geschichte jener Zeit von nicht nur philosophischer Relevanz sein. Was seitdem »Kultur« heißt, gerade auch die »populäre«, verdankt seinen Reiz dem Durchlässigwerden jener Grenze. »Antizipierendes Bewußtsein« – um ein Zentrum von Blochs Denken zu benennen – wurde zum Signalgeber der epochalen Stunde. Bob Dylan etwa oder die Beatles haben ihr die Stimme gegeben. Die damit verbundene Aufbruchsstimmung hat sich freilich schnell erledigt. Unterm Pflaster lag nach wenigen Jahren kein Strand mehr – was weniger gegen den antizipierten Strand als vielmehr gegen die post- oder präantizipatorischen Pflaster spricht.

Bezogen auf Bloch hatte das zur Folge, daß, kaum war die Gesamtausgabe fertiggestellt, die Konjunkturen des Zeitgeistes seinem Werk nicht günstig waren. Ein solcher Bedeutungsschwund zeigt sich oft im ausufernden und damit unspezifisch werdenden Gebrauch bestimmter Begriffe. Im Fall von Bloch ist das, um zwei prominente Beispiele zu nehmen, die Rede vom »Prinzip Hoffnung« und von der »konkreten Utopie«. Das »Prinzip Hoffnung« wurde im Krisenfall für beinahe alles (bis hin zu abstiegsgefährdeten Sportvereinen) benutzt bzw. mißbraucht – und »konkrete Utopie« scheint zum Label sozialtechnokratischer Selbstberuhigungen geworden zu sein. Damit ist freilich nicht die Semantik beider Begriffe erodiert, denn diese hat ihr sachliches Fundament. Davon zeugt die folgende Auswahl. Sie belegt zugleich die Aktualität dessen, was Bloch mit dem »Prinzip Hoffnung« und unter dem Stichwort »konkrete Utopie« konzeptionell zusammenfaßte. Nur muß jenes sachliche Fundament, damit seine unserer Zeit angemessene Relevanz erfahrbar wird, neu konturiert werden. Dazu anzuregen ist ein Zweck dieser zweibändigen Auswahl, deren Band 1 zu *Grundfragen der Philosophie* hier folgt.

(2) Neu konturiert werden muß die in der Sache gründende Gegenwartsrelevanz von Blochs Denken auch deshalb – und sie verdient es –, weil ein wesentlicher Bezugsrahmen für seine produktive Aufnahme und die Auseinandersetzung mit ihm nicht mehr wie selbstverständlich unterstellt werden kann. Dieser Background ist die Tradition der Diskussionslinie Kant-Hegel-Marx. Die Mittelpunktfunktion, die diese Linie einmal für den Diskurs soziokultureller Selbstverständigung hatte – gerade auch in der neomarxistischen (aber nicht nur in dieser) Kritik an der Entwicklung der bürgerlichen Gesellschaft im 20. Jahrhundert –, ist vakant geworden. Die Fragebedürfnisse scheinen sich verändert zu haben – und mit ihnen die Erwartungshaltungen gegenüber der Selbstreflexion kultureller Erfahrung, die Philosophie bietet, was wiederum auf die Substrukturen jener Fragebedürfnisse zurückverweist.

Seit den beiden letzten Dezennien des 20. Jahrhunderts sahen sich Selbstverständnis wie Anspruch philosophischer Reflexion dem »Ende der großen Erzählungen« gegenüber. Das traf ein systematisch intendiertes Denken, wie es das Blochsche ist, frontal. Nicht der denkerische Ausgriff übers real Gegebene hinaus schien gefragt, sondern das perfektionierte wie sich perfektionierende Funktionieren in ihm und in den Regelkreisen faktischer Herrschaftsformen. Der Preis des damit verbundenen Verzichts ist die Selbstinstrumentalisierung der Vernunft. Ihr entsprechen die naturalistischen Reduktionsprogramme, die den Weg in den Positivismus, der im 19. Jahrhundert auf die hohe Zeit der Spekulation folgte – und Hegel schnell zu einem »toten Hund« hat werden lassen, wie Marx, wiewohl er an dieser Entwicklung nicht ganz unbeteiligt war, im *Kapital* beklagt –, seit dem Ende des 20. Jahrhunderts wiederholen und in mancher Hinsicht zugleich zu überbieten versuchen. Diese

Reduktionsprogramme gehen mit dem vermeintlichen Triumph jener Urteilsmaßstäbe einher, die das Gelingen gesellschaftlichen Zusammenlebens wie gesellschaftlicher Selbstverständigung dem Kriterium der Verwertbarkeit als dem einzigen, was »zählt«, unterwerfen. Nicht der Gebrauchswert, allein der Tauschwert von Selbstverständigung mutiert zur gesellschaftlichen Norm – und läßt Selbstverständigung zu jener Nützlichkeit erodieren, der sich alles unterwirft. Hat Hegel die Unterwerfung unters Maß der Nützlichkeit bereits seiner Zeit attestiert, so hat diese Internalisierung in den zurückliegenden zweihundert Jahren exorbitante Fortschritte gemacht: Als Status quo des Bewußtseins erscheint jenes »Unternehme dich selbst«, für das auch und gerade die Selbstreflexion faktischer Lebenszusammenhänge Bedeutung allein im Hinblick auf einen zu messenden Output hat. Die ökonomische Rationalität der Effizienz und Geschlossenheit von Regelkreissystemen ist damit zur Logik kultureller Selbstverständigung geworden. Daß heutzutage die Selbstreflexion kultureller Erfahrung und insbesondere auch die Gegenwarts-Philosophie sich den Blick über den Tellerrand des Vorfindlichen versagt, wird nicht dadurch weniger bedenklich, daß in diesem Unvermögen der Positivismus des wissenschaftsgläubigen 19. Jahrhunderts wiederkehrt.

Die Eigensinnigkeit kultureller Erfahrung ist kein Emergenzphänomen. Daß sie kein Emergenzphänomen ist, stellt eine Einsicht bereits der Epochenschwelle von 1800 und erneut und verschärfter noch der Epochenschwelle dar, die das 20. Jahrhundert einleitet und zu dessen Formationsphase Werk wie Denken Blochs gehören. Daß die Eigensinnigkeit kultureller Erfahrung mehr bedeutet als nur eine akzidentelle Zutat des Selbstverhältnisses von Natur, das sich als Geschichte zeigt, daß die Humanisierung der Natur vielmehr jederzeit vom Rückfall bedroht ist, hätte man gerade an und aus den Katastrophen lernen können bzw. lernen sollen, die im 20. Jahrhundert die Probe auf die vorangegangenen Entwicklungen machten. Der Prozeß der Auseinandersetzung mit der äußeren und inneren Natur, in dessen Feedbackschleifen kulturelle Erfahrung besteht, bedeutet keinen linearen Automatismus, in dem es – gestützt auf die Dienstleistungen positivierbaren Wissens – »alle Tage besser« wird und in dem es nur Sieger gäbe. Die Tradition des Mißglückten – des Unterdrückten, Verdrängten, des Unabgegoltenen – gehört hier genauso hinein. Erst aus beidem besteht und bildet sich »kulturelle« Tradition. Nicht zufällig folgt deshalb am Anfang von Blochs Œuvre als »Coda« zum *Geist der Utopie* von 1918 die Monographie zu *Thomas Münzer* 1921.

(3) Die Skizzen zum Stand des Bewußtseins zu Beginn des 21. Jahrhunderts sollen verdeutlichen, daß die Auseinandersetzung mit Blochs Werk, den philosophischen Grundfragen, die es stellt, sowie den Fragen, die daraus für Kultur und Gesellschaft entspringen, gerade jetzt an der Zeit ist: im doppelten Sinn dieser sprachlichen Wendung, daß etwas die eigene Gegenwart angeht und daß für eine Relektüre Blochs und mithin für die produktive Anverwandlung seiner Denkimpulse die Zeit wieder gekommen ist.

Das stählerne Gehäuse des Kapitalismus, gegen das Bloch (mit Max Weber und von ihm ausgehend) den »Geist der Utopie« setzte, ist zum Regelkreis internalisierter Selbstverständigung mutiert und dazu, daß kulturelle Selbstverständigung als Regelkreis verstanden wie sozialtechnologisch gehandhabt wird. Beides – der internalisierende Selbsteinschluß ins Gegebene und der antizipierende Ausgriff über die Mechanismen solcher Internalisierung hinaus – hat mit Substrukturen im Bewußtsein zu tun. Sie sind Gegenstand philosophischer Aufklärungsarbeit.

Hier kann man mit Bloch lernen, was es heißt, daß Philosophie die eigene Zeit in Gedanken zu fassen habe. Hegels berühmtes Diktum lautet: »Das *was ist* zu begreifen, ist die Aufgabe der Philosophie, denn das *was ist*, ist die Vernunft. Was das Individuum betrifft, so ist ohnehin jedes ein *Sohn seiner Zeit*; so ist auch die Philosophie *ihre Zeit in Gedanken erfaßt*.«[1] Der Rechtshegelianismus hat das als Rückbindung der Vernunft ans Gegebene und als eine Art hinterhereilenden Gehorsams des Geistes aufgefaßt. In linkshegelianischer Tradition – in der Bloch steht – wird das Diktum hingegen als methodische Vorgabe gedeutet, das, was vorfindlich ist, in seinem Gewordensein zu begreifen – im Anschluß an das Programm, das Hegel kurz nach der Epochenschwelle von 1800 so formuliert hat: Philosophie, die ihre Zeit in Gedanken zu fassen versucht, ist »der notwendige Versuch, [...] das Gewordensein der intellektuellen und reellen Welt als ein Werden, ihr Sein als Pro-

1 G.W.F. Hegel, *Grundlinien der Philosophie des Rechts*, in: Ders., *Theorie Werkausgabe*, Bd. 7, Frankfurt/M. 1970, 26.

dukte als ein Produzieren zu begreifen«.[2] »Zu begreifen, was ist« erschöpft sich so nicht in der mentalen Registratur des Vorhandenen, sondern schließt die Analyse der im Gegebenen enthaltenen Widersprüche und damit dessen Kritik ein. Es schließt das Messen dessen, was »Gegenwart« geworden ist, daran ein, was an Versprechen noch nicht realisiert wurde – was als dieses Noch-nicht-Realisierte aber mit gleichem Recht und gleicher Geltung wie das Realisierte geschichtliche Erfahrung ist.

Womit Philosophie es zu tun hat, sind die Substrukturen im Bewußtsein, ohne die die oben skizzierte Selbstinstrumentalisierung der Vernunft wie die ihr korrespondierende Ökonomisierung der Lebenswelt und der Erfahrungsmuster dessen, was uns als Lebenswirklichkeit gilt, nicht funktionieren kann. Um nun der Ökonomisierung der Lebenswelt und der entsprechenden Orientierung der Deutungs- und Bildungsmuster gelebter Erfahrung – eine Orientierung, die im übrigen keine bloß äußerliche Zutat, sondern selbst ein ökonomischer Faktor geworden ist (was der Kritik an ihr zugleich ein fundamentum in re verleiht) – mit Grund zu begegnen, braucht es die Aktivierung einer Denkweise, die das Gegebene nicht als Maß der Dinge sieht: als Regelkreissystem, in das man sich nach der Maßgabe der Effizienz in der Relation von Input und Output hineinzureflektieren und dem man sich zu beugen habe.[3] Es braucht eine Denkweise, die über solch geschlossene Logik des Gegebenen und seinen »Tellerrand« hinauszusehen erlaubt. Hier wird Blochs Denken zum Impulsgeber notwendiger Fragen und zum Stichwortregister möglicher Antworten – nicht zuletzt deshalb, weil es sich dadurch auszeichnet, daß in ihm Grundfragen der Philosophie unmittelbar in Fragen der Kultur und Gesellschaft überleiten.

2 G.W.F. Hegel, *Differenz des Fichte'schen und Schelling'schen Systems der Philosophie*, in: Ders., *Theorie Werkausgabe*, Bd. 2, a. a. O., 22.

3 »Ökonomisierung« ist hier in jenem (negativen) Sinn ökonomischer Vermessenheit verstanden, die an den Formen gesellschaftlicher Selbstverständigung nur interessiert ist, sofern sie einen bezüglich vorgegebener Parameter kalkulier- wie kontrollierbaren Tauschwert haben. Ist eine Ökonomie denkbar, die vom Gebrauchswert lebensweltlicher Sinnverständigung wie der Diskussion der Parameter, die wirtschaftlich Geltung haben sollen, her konzipiert wird und den »Mehrwert« kultureller Erfahrung als Wert versteht? Sie wäre ein Gebot der epochalen Stunde. In die Richtung einer solchen »qualitativen Ökonomie« fragt Bloch mit seinen Überlegungen zur »Muße als unerläßliche(m), erst halb erforschte(m) Ziel« (vgl. E. Bloch, *Das Prinzip Hoffnung*, Frankfurt/M. 1959, 1080).

Dabei geht es nicht um eine scheinaktualisierende Adaptation seiner Philosophie. Es geht um die Frage, ob und in welcher Hinsicht sie eine prinzipielle Alternative zur mentalen Reduplikation der geschlossenen Logik von Input und Output ebenso wie den sie begleitenden Reduktionsbestrebungen – seien sie szientifischer, naturalistischer oder welcher Art auch immer – erlaubt. Was unterscheidet die Logik wie vor allem den Anspruch kultureller Selbstreflexion von den sozialtechnokratischen Hilfsmitteln, die in jeweiliger Kurzfristigkeit akuten »Krisen« angedient werden? Hat die Logik kultureller Selbstreflexion mit jenem Humanum zu tun, das den Bereich des geschichtlich Realisierten prinzipieller Kritik unterwirft? Hier hat die Blochsche Philosophie ihren Ort. Hier sind »Grundfragen der Philosophie« unmittelbar mit Fragen der »Gesellschaft und Kultur« verschränkt – dies verbindet die für diesen Band 1 ausgewählten Texte mit dem Spektrum der Themen von Band 2.

(4) Um Mißverständnissen vorzubeugen: In Blochs Texten steht viel Verstaubtes. Die Mischung aus Butzenscheiben und wagnerianischen Eruptionen im *Geist der Utopie* ist nicht in allen Partien des Buchs – auch nicht in der »geglätteten« Fassung von 1923 – gleich gut verdaulich. Andererseits: gerade der erste »Wurf« der Fassung von 1918 hat seinen Reiz nicht zuletzt darin, daß Bloch der einzig herausragende expressionistische Prosaautor ist, den es im Deutschen gibt, und daß er gleichsam der Philosoph des Expressionismus ist. Letzteres wäre freilich auch nur von literatur-, gegebenenfalls epochengeschichtlichem Interesse, und es würde Bloch schwerlich gerecht, die Möglichkeiten seiner Aktualisierung an den Erfordernissen einer Literaturgeschichtsschreibung festmachen zu wollen. Auch sein Festhalten an einer im buchstäblich Engelsschen Sinn verstandenen »Dialektik der Natur« – breit entfaltet im Buch über Geschichte und Substanz des *Materialismusproblems* und im *Prinzip Hoffnung* auf die Nutzung der Atomenergie übertragen, die, »nach dem schönen Wort von Engels, die Dinge an sich in Dinge für uns verwandeln will [...]«[4] – wird sich schwerlich aufrechterhalten und gerade dann nicht restituieren lassen, wenn man

4 Vgl. E. Bloch, *Das Materialismusproblem, seine Geschichte und Substanz*, Frankfurt/M. 1972; zum Lob der »Zerstrahlungstechnik« mit Hilfe von Engels vgl. E. Bloch, *Das Prinzip Hoffnung*, a. a. O., 777.

Blochs Denken gegen naturalistische Reduzierungsprogramme aufruft (wie dies die hier vorgelegten *Ausgewählten Schriften* tun).

Was also dann? Was läßt sich mit Bloch der Selbstinstrumentalisierung der Vernunft auf der einen wie den naturalistischen Reduktionsprogrammen auf der anderen Seite und jenem hoffnungslosen Eingang des Menschen in seine selbstverschuldete Perspektivlosigkeit entgegenstellen, in den beide münden?

Es sind insbesondere drei Konzepte oder Themenkomplexe, die es als philosophische Grundfragen gegen die angesprochene Gefahr der Wiederholung eines Eingangs in hoffnungslose Unmündigkeit zu mobilisieren und im Hinblick auf den skizzierten Stand des Bewußtseins zu Beginn des 21. Jahrhunderts als Beitrag, den Philosophie zur Klärung der Bedingungen der Möglichkeit von Erfahrung zu leisten vermag, zu aktivieren gilt: Da ist

(a) Blochs Rede vom »Dunkel des gelebten Augenblicks«; da ist

(b) sein Konzept bzw. sein Ansatz zu einer Kategorienlehre des »Noch-Nicht-Seins«, in dem das »Noch-Nicht« nicht als defizienter Modus von »Sein«, sondern als sein Ermöglichungsgrund verstanden wird; da ist schließlich

(c) der Versuch, Natur als dynamisches Prozeßganzes, das heißt als Schöpfung zu verstehen. Dabei geht es um die Verknüpfung des – eine Blochsche Zwillingsmetapher sei erlaubt – »Kältestroms« materialistisch-aufklärerischer Motive mit dem »Wärmestrom« eines am Werden, das heißt in die Zukunft hinein orientierten jüdisch-christlichen Schöpfungsverständnisses.

An diesen konzeptionellen Schaltzentren von Blochs Werk orientiert sich die vorliegende Auswahl sowohl in diesem Band 1 zu *Grundfragen der Philosophie* als auch im folgenden Band 2 zu Fragen der *Gesellschaft und Kultur*.

Zu lernen bzw. wieder zu lernen gilt es und den erwähnten Reduktionismen verschiedenster Provenienz entgegenzustellen, daß für den Begriff der Erfahrungswirklichkeit Immanenz und Transzendenz zusammengehören. Die Immanenz des Vorhandenen ist das Urbild des Zwanges von Regelkreisen, es ist das Urbild hoffnungsloser Natur. Kant hat dieses Urbild der hoffnungslosen Immanenz eines Immergleichen zu Recht ein »schädlich Vorurteil« bezüglich Natur genannt: »Schädlich Vorurteil: daß alles ehedem eben so gewesen und künftig bleiben werde. Die Natur bleibt, aber wir wissen noch nicht, was Natur ist, und müssen von ihr das Beste vermuten.«[5] Mit dieser Einsicht sind Fragen verbunden, auf die Blochs Philosophie antwortet.

Ebenso »schädlich« wie das Vorurteil, das Natur zum Ur- oder gar Vorbild eines Immergleichen werden läßt, ist die Meinung, Transzendenz falle mit einer Trennung und Abkopplung des Bewußtseins zusammen, die aus dem Kontext der Erfahrungswirklichkeit hinausführe. Hierher gehört auch das Mißverständnis des Prinzips Hoffnung, das aus ihr ein gleichsam übergeschichtliches »Prinzip« macht, ein Mißverständnis, das es bis in den alltagsjournalistischen Gebrauch vernutzt hat. Das Mißverständnis betrifft die logische Geltung dessen, was »Prinzip« heißt. Man kann das »Prinzip« Hoffnung als kompensatorische Trostdimension auffassen, mit der die Trennung von Immanenz und Transzendenz innerweltlich wiederholt wird. Eine solche Auffassung drückt sich in der Wendung aus, daß – in welcher Angelegenheit und in welcher Hinsicht auch immer – »nur noch das Prinzip Hoffnung bleibe«. Eine solche Auffassung widerspricht dem Blochschen Sinn des Prinzips Hoffnung diametral. Als Prinzip hat Hoffnung weder kompensatorische Beruhigungsfunktion, noch heißt Hoffnung als Prinzip zu verstehen, die Faktizität der Geschichte zu überspringen. Das eine macht »Hoffnung« zum ohnmächtigen Trost, das andere zu einem die Faktizität realer Geschichte bloß transzendierenden Strukturprinzip, das die Option der Erkenntnis einer »wahren« Wirklichkeit dem Elend der vorhandenen entgegensetzt. Solch gnostischer Weltflucht entgegen heißt es am Ende der Antike, mitten in jener epochalen Umbruchsphase, die man sich aus Mangel besserer Bezeichnungen »Spätantike« zu nennen angewöhnt hat, bei Augustinus mit aller sachlichen Schärfe: »Wer in der Hoffnung glückselig ist, ist es noch nicht (*qui spe beatus est nondum beatus est*)«.[6] Das dürfte zutreffen. Aber es trifft nicht, wofür bei Bloch »Prinzip Hoffnung« steht. Denn dessen Fokus ist eine Wirklichkeitslogik, die Hoffnung von wishful thinking oder gnostischer Weltflucht gerade unterscheidet.

5 Vgl. I. Kant, »Nachlaßreflexion« (1524, S. I), in: *Kant's gesammelte Schriften. Akademie-Ausgabe*, Bd. XV.2, Berlin ND 1969, S. 896.

6 Vgl. Augustinus, *De trinitate*, XIII.7.10. – Vgl. J. Kreuzer, *Augustinus zur Einführung*, Hamburg 2005, 144-158.

In die Richtung der mit dem Prinzip Hoffnung projektierten Wirklichkeitslogik weist ein Satz von Heraklit: »Wer Unerhofftes (*mē elpētai*) nicht erhofft, kann es nicht finden: unaufspürbar ist es und unzugänglich (*aporon*)«, heißt es bei ihm.[7] Wirklichkeit ist kein fertiges Datum, kein abgeschlossenes Resultat. Sie stellt sich vielmehr als ein in die Zukunft hinein offener Prozeß dar, in dem und als der sich das Wissen der Immanenz mit einem als Erfahrung zu begreifenden Transzendieren als Bestimmung des Handelns verbunden jeweils von neuem erweist. Ein Denken, das zugunsten des bestimmbaren Faktums das erhoffte Datum vergißt, verharrt mit Heraklit gesprochen in der Natur des Aporetischen. Soll Hoffnung hier als auswegfinderische Wirklichkeitskunde fungieren, dann tut sie dies nicht als Gegenstand, sondern als Haltung. Diese Haltung muß, um sich *als* Hoffnung zu wissen, erkennend realisieren, daß Hoffnung gerade das Wissen einschließt, daß das Erhoffte »noch nicht« ist. In diesem regulativen Sinn wird Heraklits (und nicht nur seine) ἐλπίς zur praxisfordernden und praxisförderlichen *docta spes*. Als Regulativ bedeutet sie ein Festhalten an jenen Versprechen, deren Erfüllung von Kindheit an – mit dem Glück des ersten Geschenks, mit der Erfahrung, was Gelingen heißt, auch wenn dies Gelingen nie auf Dauer gestellt ist, mit dem Wissen, daß die Trauer der Enttäuschung nicht nur Index solcher Enttäuschung, sondern auch Index von deren Gegenteil ist – unsere Erfahrung durchzieht und ihren Ausdruck im Symbolgewebe der Kultur findet. Bloch nennt sie Hoffnungszeichen, in denen sich der Geist der Utopie quer durch die Epochen herauskristallisiert hat. Sie stellen Antworten, Lösungen und Ausgänge im Hinblick auf jene Aporien bereit, in denen ein Denken verharrt, dem eine zum Status quo fixierte Gegenwart und das Funktionieren in ihr alles ist.

(5) Die mit dem eingangs skizzierten soziokulturellen Tableau verbundenen psychischen Selbstausbeutungs- und Selbstunterwerfungspraktiken haben sich in dem Zeitraum, der vergangen ist, seit Max Weber vom stählernen Gehäuse des Kapitalismus sprach, perfektioniert. Gesteigert haben sich auch die (Selbst-)Destruktionspotentiale, die der Preis sind dafür, daß jeder sich zum Mitglied des »Trupps« macht, wie es Hegel bereits seiner aufgeklärten

7 Vgl. Heraklit, B 18 (Diels-Kranz).

Gegenwart attestierte: »Wie dem Menschen alles nützlich ist, so ist er es ebenfalls, und seine Bestimmung ebensosehr, sich zum gemeinnützlichen und allgemein brauchbaren Mitgliede des Trupps zu machen. So viel er für sich sorgt, gerade so viel muß er auch hergeben für die Andern, und so viel er sich hergibt, so viel sorgt er für sich selbst, eine Hand wäscht die andere. Wo er aber sich befindet, ist er recht daran, er nützt anderen und wird genützt.«[8] Ein Denken, das hier nicht mitspielen will, sondern sich als Stimme jener Selbstbesinnung zu begreifen sucht, ohne die gelingendes Zusammenleben nicht möglich scheint, muß sich auf Alternativen zu den Regelkreisen gesellschaftlicher Herrschaft und sozialtechnokratischer Selbstkontrolle verstehen. Wofür hier der Erfahrungsgehalt undomestizierter Transzendenz wie umgekehrt der Erfahrungsdruck unversöhnlichen Leids stehen, was sich weiter als jenes Humanum begreifen läßt, das noch in keiner Form organisierten Zusammenlebens realisiert war und ohne das keine organisierte Form vergesellschafteten Daseins möglich ist – das läßt sich an und mit Bloch lernen. Zu einem solchen Lernen anzuregen ist zugleich das Movens der hier vorgelegten zweibändigen Auswahl.

Band 1 gilt *Grundfragen der Philosophie*, Band 2 Fragen der *Gesellschaft und Kultur.*

(6) In dem hier folgenden Band 1 zu *Grundfragen der Philosophie* bilden das Motiv des »Dunkels des gelebten Augenblicks«, die Kategorialanalyse des »Noch-Nicht-Seins« sowie der Begriff einer Natur, die von ihrem Ermöglichungsgrund als Werden, als ein dynamisches Prozeßganzes, zu verstehen ist, die thematischen Zentren.[9]

Der Denkraum, den Bloch von diesen motivischen Zentren her in grundlegender Weise für das Verständnis geschichtlicher Selbst-

8 G.W.F. Hegel, *Phänomenologie des Geistes*, neu hg. v. H.-F. Wessels u. H. Clairmont, Hamburg 1988, 371.

9 Das Konzept der Ontologie des Noch-Nicht-Seins hat Bloch 1960 im Vortrag »Zur Ontologie des Noch-Nicht-Seins« zusammengefaßt. Zunächst erschien dieser Vortrag 1961 in der Broschur *Philosophische Grundfragen I – Zur Ontologie des Noch-Nicht-Seins*, Frankfurt/M. Bloch hat diese Separatpublikation dann als »Logikum / Zur Ontologie des Noch-Nicht-Seins« in seine *Tübinger Einleitung in die Philosophie* (Frankfurt/M, 1970) integriert. Dieses Logikum soll eigenständig im Rahmen der Suhrkamp Studienbibliothek ediert werden. Deshalb wurde aus diesem ursprünglich unter dem Titel *Philosophische Grundfragen* erschienenen Text nichts in diesen ersten Band Ausgewählter Schriften übernommen.

wie Sinnverständigung erschließt, läßt sich anhand einiger Thesen holzschnittartig beschreiben: (I) das Wirkliche ist Prozeß; (II) dieser Prozeß ist die Vermittlung zwischen Gegenwart, unerledigter Vergangenheit und möglicher Zukunft; (III) Werden und die mögliche Zukunft sind insofern integrale Momente der Bestimmung von Sein selbst; (IV) was »Sein« heißt, schließt von seinem Prinzip her Praxis, Veränderung und Zukunft ein; (V) damit wird »Zukunft« Teil dessen, was Sein heißt (sie ist für Bloch Teil der Materie selbst); (VI) dieser als Prozeß verstandenen Materie gehört der Mensch als der Teil der Natur an, der das Prozeßhafte des Seins erkennt und für die als Prozeß begriffene Natur Verantwortung trägt, und zwar nicht bloß aus konservativen Gründen, etwa um die vorfindliche Natur zu erhalten, sondern aufgrund des auf die Zukunft orientierten In-Möglichkeit-Seins, das Natur bedeutet.

Bloch schließt hier vor allem an Aristoteles und dessen *physis*-Begriff an: *physis* ist *dynamis* (Vermögen, Kraft, Befähigung), die produktiv als *energeia* erscheint und sich in geformter Gestalt, als *entelecheia* (als das, was sein »Ziel« in sich hat), zeigt bzw. realisiert. Diese *physis* wird nicht (zu) etwas (zu einem Gegenstand), sondern ist zu denken als dasjenige, was wirkt, indem Gegenstände erscheinen. Sie steht für eine Wirklichkeit, die sich in ihrem Erscheinen zeigt. Im entelechetischen Charakter der *physis* ist damit das »Noch-Nicht-Sein« selbst verankert.

Nun ist Aristoteles' Kosmologie »abgeschlossen«: das Noch-Nicht-Sein gleichsam nur räumlich gefaßt. Ihr eignet nicht jene Spannung, die sich ergibt, wenn wir Natur zu denken beginnen als etwas, zu dem Geschichte nicht in einem äußerlichen Sinn hinzukommt – etwa als historiographische Erfassung von Ereignisketten –, sondern das von sich aus eine Geschichte hat und hervorbringt.

Der Name für eine Auffassung von Natur, die deren Erscheinung als Entfaltung einer Geschichte – das heißt mit einem immanent zu verortenden zeitlichen Index versehen – begreift, ist Schöpfung. Damit sind wir im christlich-jüdischen Kontext – und bei den Versuchen, die Plausibilität der damit verbundenen Mythologeme durch rationale Deutung zu erweisen. Diese Versuche gehören vor allem in den Kontext der christlichen Adaptation neuplatonischer Philosophie. Sie sind der zweite Referenzpunkt für eine Auslegung von Materie und Natur vom Begriff des Möglichen her.

Natur ist die Geschichte jener kreativen Prozeßkausalität, die ihr sowohl zugrunde liegt wie in ihr ihre erscheinende Wirklichkeit oder Selbstverwirklichung hat. Bloch greift hier der Sache nach – und gelegentlich, insbesondere in den Vorlesungen explizit verweisend[10] – auf eine Traditionslinie zurück, für die die Namen Augustinus, Johannes Scotus Eriugena, Eckhart von Hochheim oder Nikolaus von Kues stehen mögen. Hier läßt sich vor den wissenschaftlichen Fortschritten der Neuzeit die Tiefengrammatik eines Verständnisses von Natur lernen, in dem diese als erscheinende Einheit von Immanenz und Transzendenz begriffen wird – die Tiefengrammatik jener Rede von der »Naturalisierung des Menschen und Humanisierung der Natur«, die Bloch mit Marx ins Zentrum sich selbst begreifender (menschlicher) Praxis rückt.

Natur ist zu denken als Wirkung von etwas, das gerade deshalb dem Werden von Natur immanent ist, weil es als der Grund des Werdens, als das »überall Ursächliche«, alles Gewordene transzendiert, weil es »in allem alles wird, während es in sich selber [...] als von allem Abgesondertes besteht«.[11] Es ist *ein- und dieselbe* Natur, die zum einen als Transzendenz ihres Grundes und zum anderen in der Immanenz erscheinender Wirkungen betrachtet wird. Was Transzendenz heißt, entspricht einem Ursprung, dessen Wirklichkeit aus dem Noch-Nicht-Sein auf uns zukommt und erst vom Wesen zukünftigen Gewordenseins her begriffen werden kann. Eben das hat Bloch mit dem »Dunkel des gelebten Augenblicks« als möglicher Tiefe alltäglicher Erfahrung zum Thema gemacht.

(7) In Gestalt der »unkonstruierbaren Frage«, des »Nicht-Mehr-« wie »Noch-Nicht-Bewußten«, ist mit dem »Dunkel des gelebten Augenblicks« (vgl. nach dem *Zugang* Teil 2 der folgenden Auswahl) der philosophischen Selbstreflexion kultureller Erfahrung zu Beginn des 20. Jahrhunderts ein unverzichtbares Motiv erschlossen, das das dynamische Natur = Schöpfung-Verständnis zugleich gesellschaftstheoretisch deutet. Was dem »unkonstruierbaren Wirpro-

10 Vgl. z. B. den Band 12 der Gesamtausgabe: E. Bloch, *Zwischenwelten in der Philosophiegeschichte*, Frankfurt/M. 1977.

11 Zum »*ubique existentium causale*« bei Eriugena vgl. Periphyseon, *Über die Einteilung der Natur*, Buch III, 682 D; zur Bestimmung, daß das schöpferische Wort »(...) *et fit in omnibus omnia (...) et (...) ab omnibus segregatum subsistit*« vgl. ebd., 643 B. – Zum Ganzen vgl. auch J. Kreuzer, *Gestalten mittelalterlicher Philosophie*, München 2000, 55-81.

blem« als »adäquate Offenheit« entspricht, mit der das Subjekt sich in der Welt als einem »objekthaften Prozeß« des Werdens erfährt, findet in der ausführlichen Phänomenologie des »antizipierenden Bewußtseins« zur Sprache (vgl. Teil 3). Von zentraler Bedeutung ist hier die Ausfaltung der »Schichten der Kategorie Möglichkeit« (vgl. S. 213 ff.). Sie durchzudeklinieren und damit zu fundieren, was einen vom Möglichen her konstituierten Wirklichkeitsbegriff auszeichnet, hat methodologisch die Gestalt eines »Substrats auf dialektischem Feuer« (Teil 4). Zum entscheidenden Fazit wird hier der »Bogen Utopie-Materie«. Unter ausdrücklicher Berufung zunächst auf Aristoteles verankert Bloch, was Materie heißt, im Begriff des Möglichen selbst und übersetzt zugleich jenen Naturbegriff, der sich aus der christlichen Adaptation (neu)platonischer Philosophie ergeben hat, in die Sprache und in die Problemlagen des 20. Jahrhunderts. Der hier erreichte dynamische Natur- und Wirklichkeitsbegriff wurde allerdings in der postantiken Transformation (»Renaissance«) spätantiker Konzepte nicht (neu) erfunden, sondern eher wiederentdeckt. Das zeigt die philosophiegeschichtliche »summary«, die Bloch dem »Bogen Utopie-Materie« unter der Überschrift »Wunschlandschaft und Weisheit sub specie aeternitatis und des Prozesses« gibt (Teil 5). Eine ins bewußtseinsgeschichtliche Gedächtnis zu rufende Trouvaille ist Blochs Erläuterung des Spruchs des Anaximander, den Bloch in der Übersetzung von Diels wie folgt zitiert: »Anfang der Dinge ist das Unendliche [...]. Woraus aber ihnen die Geburt [...] ist, dahin geht auch ihr Sterben nach der Notwendigkeit [...]. Denn sie zahlen einander [...] Strafe und Buße [...] für ihre Ruchlosigkeit [...] nach der Zeit Ordnung.« (S. 421) Diesen »Spruch« verklammert Bloch mit einem Bekenntnis Kants und beschreibt damit den Denkraum, in dem sich die Reflexion des »Bogens Utopie-Materie« bewegt: »Die Verstandeswaage ist doch nicht ganz unparteiisch, und ein Arm derselben, der die Aufschrift führet: Hoffnung der Zukunft, hat einen mechanischen Vorteil, welcher macht, daß auch leichte Gründe, welche in die ihm gehörige Schale fallen, die Spekulationen von an sich größerem Gewichte auf der andern Seite in die Höhe ziehen. Dieses ist die einzige Unrichtigkeit, die ich nicht wohl heben kann, und die ich in der Tat auch niemals heben will.«[12] Die Unrichtig-

12 Vgl. I. Kant, *Träume eines Geistersehers* (A 75), in: Ders., *Werke*, Bd. II, hg. v. W. Weischedel, Frankfurt/M. 1968, 961.

keit der Verstandeswaage, auf die Kant pocht, hat selbstredend eine natürliche Grenze: die Macht des Todes (Teil 6). Jeder projektive Mechanismus, der über diese Grenze hinauszuhelfen verspricht – sei es in Gestalt platonistischer Unsterblichkeitsversprechen, sei es in der Gestalt existentiell vorlaufender Ausweichmanöver, sei es in Gestalt kosmischer Recyclingmodelle –, bleibt doch nur bloßes Palliativ angesichts der Exterritorialität dieser stärksten Nicht-Utopie. Hier gibt es nur Ohnmacht. Aber besteht vor der forschenden Reise in diese Exterritorialität, auf der jeder mit sich allein ist, nicht gerade in der Annahme kreatürlich-individueller Endlichkeit das Hinausgehen über sie (vgl. Teil 6)? Will man diese Frage bejahend beantworten, dann erweist sich Blochs Formel »Transzendieren ohne Transzendenz« als sehr brauchbares Stichwort (vgl. Teil 7). Als Lemma der innerweltlichen (vorendzeitlichen) Relevanz dieser Antwort fungiert Dantes »*Incipit vita nova*«: es ist gleichsam die Schlußformel, in die 1961 Blochs *Einleitung in die Philosophie* mündet. Mit dem *Incipit vita nova* wird jene Heimat, in der noch niemand war, zum Maßstab der Beurteilung gelingenden, mit sich einigen Lebens. Diesen Maßstab hat Bloch in einen unnachahmlichen Dreisatz gefaßt. Mit ihm beginnt die *Tübinger Einleitung in die Philosophie* und mit ihr der Text der folgenden *Grundfragen der Philosophie*.

1. Zugang

Aus sich heraus

Ich bin. Aber ich habe mich nicht. Darum werden wir erst.

Das Bin ist innen. Alles Innen ist an sich dunkel. Um sich zu sehen und gar was um es ist, muß es aus sich heraus. Muß sich herausmachen, damit es überhaupt erst etwas sehen kann, sich unter seinesgleichen, wodurch ein Ich bin, als nicht mehr an sich, zu einem Wir wird. Und draußen geht dem Ansich des Um-uns auf, worin Menschen stehen und unter, neben oder über ihnen Dinge. Als mehr oder minder abstoßende, mehr oder minder anziehende Fremdlinge zuerst; sie müssen so, als keineswegs selbstverständlich, erst gelernt werden. Dies Lernen bewegt sich völlig im Außen, ist darin fahrend und so erst erfahrend und so erst auch, mittels des Draußen, das eigene Innen selber erfahrend. Der Mensch besonders ist auf diesen steten Weg nach außen angewiesen, damit er überhaupt nur wieder auf sich zurückkommen könne und so bei sich gerade die Tiefe finde, die nicht dazu ist, daß sie in sich, ungeäußert bleibe. Das bloße Bin muß, damit es seiner auch nur empfindlich werde, sich ein Etwas von draußen anziehen. Auch im übertragenen Sinn ist der Mensch in seiner eigenen Haut nackt geboren und bedarf fremder bekleidender Stoffe, um sich genau in seiner eigenen Nähe zu wärmen, ja zu betonen. Vom puren Innen ist kein einziges Wortbild gekommen, das uns übers innerste sprachlose Ansich hinaus sprechen läßt und eben äußert. Dagegen Worte wie: eng, tief, warm, dunkel, hell, dichtes Vergessen, offenes Aufdämmern, der innere Weg selber: alle diese sind aus Äußerem gezogen und dann erst fürs Innere durchscheinend. So merkt sich alles Innen erst über das Außen; gewiß nicht, um sich dadurch zu veräußerlichen, wohl aber, um sich überhaupt zu äußern. Andernfalls es das Einsame bliebe, ohne jenes Mit-uns, das nicht Man, sondern Wir heißt, und ohne jenes Um-uns, das immerhin Topferde für die menschliche Pflanze, Rohstoff für das menschliche Haus wurde und wird. Dann erst wird das Um-uns von innenher bedacht, damit es dadurch immer näher komme. Also gerade auch dem Menschen immer weniger fremd sein könne. Dazu sind wir unterwegs und gehen durchaus mit uns selber heraus.

2. Vom Dunkel des gelebten Augenblicks

Die Gestalt der unkonstruierbaren Frage

L'acqua che io prendo
giammai non si corse
Dante

Von uns selbst

Ich bin an mir.

Damit ist auch zuletzt zu beginnen.

Wo leide ich aber, noch wenig zu sein? Wo schleudre ich und bin verderbt? Wo bin ich gehalten und echt? Doch freilich, wir sind weder dieses noch jenes, sondern schlammig, lau und ausspeienswert anzusehen.

Das ist wenig genug und fast alles fliegt dabei mit. Selbst das, was gut ist, weil der Mensch gleich unentschieden im Matten liegt und nichts zur Farbe kommt. Nur das Letzte ist klar: daß wir wenig zueinander sind, ahnungslos am Anderen vorübergehen können. Oder wenn wir auch wissen, wenn uns auch das Helfen, das zum Anderen Werden näher kommt, werktätig oder sogar mit Einfällen, dann stellt sich die üble Selbsterwärmung durch Eitelkeit ein, und der Blick bleibt doch leer. Zudem sind die Meisten um uns, besonders seitdem sie geldwirtschaftlich verstrickt sind, so träge schmutzig geworden, daß fast keiner der dergestalt Verbrühten und Gezeichneten noch an schwierigere innere Regungen herankommt. Und die Freigelassenen, Geistigeren verfaulen bei lebendiger Seele, so fein sie auch das Reden, das sentimentale Erlebnis, die sittliche Empfindlichkeit, wenn es der Andere tut, wenn der Andere Hilfe will, an die Stelle des Tuns gesetzt haben. Weit sind sie davon entfernt zu fühlen: ich bin schuldig, nicht die Anderen, und wenn sie dunkel sind, so habe ich ihnen nicht genug geleuchtet. Statt dessen trennen sie das sittliche Leben von sich ab, betrachten es wie alles, leblos und entspannt, und sein eigentümlich gemeinsam inneres Wesen ist verkannt, vertan. Es ist zu den Verbrechern herabgesunken, Angst, Reue, Schuld, das Regen des geistlichen Keims in uns zu haben, und das Herz bleibt träge.

Ich selbst bin aber, um zu schaffen.

Damit jedoch sieht sich noch tiefer das Matte aufgescheucht.

Denn wer bin ich, daß ich schaffen kann? Bin ich so viel wert oder bin ich so sehr geliebt? Es ist nicht überall zu verspüren, tief sinkt die innere Kälte unter das Maß. Woher sonst mag das stammen, was ich kann, nachdem man in sich nichts entdeckt, das dem genugtut. Das aber aus jeder Blüte Frühling macht, das jeden Einfall groß, ernst und sachlich sich überbreiten läßt. Ja, dies Können schlägt sogar richtend zurück; und wer ich »sonst« bin, glüht an dem, was ich kann und weiß, noch viel stärker auf. Mögen die Schwachen so hohl und unecht sein wie ihre ihnen zugänglichen Worte, so macht es den Schöpfer noch viel schwerer, verantwortlicher, durch verdienstloses Geliebtwerden bedrückter, in welchem Abstand er zu sich selber steht, zu seinem Wissen, zu seinen Werken, die objektiv nicht so hohl und unecht sind. Er wird der Worte Jakobi eingedenk, wer da wisse Gutes zu tun und tut es nicht, dem ist es Sünde. Ein Ähnliches mag Haydn empfunden haben, als er beim ersten Anhören des Lichtakkords in der Schöpfung auf die Knie fiel und Gott dankte, daß er dieses Werk geschaffen habe. Das ist nicht ohne weiteres Demut und erst recht nicht Stolz, oder braucht es nicht zu sein. Es ist das sittliche, zuerst sichtbare Gramerlebnis des schöpferischen Menschen, der zerbricht, wenn man ihn nach diesen Maßen mißt, und der sein erdrückendes Können Gott übergeben möchte.

Nun setzt das freilich noch immer voraus, daß ich selber an das Werk glaube. Aber ist das Ich nicht sehr stark, sicher in seiner Farbe, so macht es ihm die Zeit um uns erst recht nicht leicht. Es gelingt ihr erstaunlicherweise nicht nur besser, an das Sichtbare als an das Unsichtbare zu glauben, sondern am Sichtbaren selber ist ihr das Einzelne, Aufgeteilte auch wirklicher als das Ganze. Ein Zug ist gekommen, technisch seit langem unterstützt, die leichter beweglichen, leichter veränderlichen Elemente aufzusuchen, um von hier aus das Ganze zu bewegen, von einem tunlichst niederen Punkt also allein zu kurieren. Das wirkt sich aus und führt jener totalen Zersetzung alles Originalen entgegen, die überhaupt nur noch Irdisches, Kalkulierbares und an diesem selbst wieder nur die einfachsten Triebe, Inhalte als veränderbar kennt und als wirklich anerkennt. So wohltätig sich dieser Ansatz von bloßen Teilchen her, die Veränderungstechnik im Kleinen auch praktisch erwiesen hat, so ist sie doch der Kraft und Gesinnung des: »Siehe ich mache alles neu« entschieden und vielleicht unvereinbar entgegengesetzt. Unglaube schwächt die Seele, wie sie sich nirgends mehr einem Anhalt von Blühendem, von Lichttrieb und an sich selbst elementarer Fülle gegenübersieht.

Die Menschen sinken dieser Art in sich zusammen, ohne Weg, ohne Ziel über die Tage hinaus. Sie verlieren ihr eigentlich menschliches Wachsein, Gehaltsein, Dasein, werden ihres Pols, ihres übergreifenden Zielbewußtseins verlustig; und schließlich, alles Hochgespannte, groß Gewaltige atomisiert sich vor dem »wissenden« Blick in falsche, entzauberte Einzelheiten, alle Blüte wird Retusche oder letzthin lügnerischer Überbau. Jene zwar, die dessen gar noch zufrieden sind und sich dabei beruhigen, fallen gänzlich außerhalb des Betrachts, denken nicht und es soll ihrer nicht gedacht werden. Höher steht der wenigstens Verzweifelnde, daß dem so ist, und erst recht kämpft der Schöpferische aus tiefstem Bewußtsein seiner bauenden Kräfte gegen die allzu technische oder gar ressentimentelle Zersetzung an. Dennoch: auch der Schöpfer vermag nicht immer, nicht überall dabei zu sein, nicht leichthin an das zu glauben, was in ihm, über ihm sein Denken voraufleuchten läßt. Dieses letzthin noch ungedeckte Zweifeln, Verzweifeln, dieser mangelnde Todesernst des unbedingten Ja zur Vision ist zweites, sein logisches Gramerlebnis, die Sorge des produktiven Menschen, auch als solcher nicht völlig echt zu sein und gediegen.

Vom Nebel, dem Alexanderzug und der Größe des Ja

Es steht uns auch gar nicht frei, so echt zu sein.

Aber vielleicht ist dieses nur deshalb so schwierig, weil wir verborgen allzu nahe bereits gediegen sein könnten.

Jetzt freilich sind wir noch unzulänglich zu dem, das wir schaffen, und oft scheint, als wäre genau das Haus unbehaust. Nicht nur der analytische Nihilismus zerstört, sondern auch tiefer, im Zentrum selbst: wir schwanken gegenwärtig in der größten Verdunklung, sowohl des Innen als vor allem auch des Außen und Oben, die jemals in der Geschichte vorkam. Durchaus bleibt zu fühlen, wie uns alle

Feste allmählich unerlebt und bloß niedrig angewohnt worden sind. Vielleicht glaubte Nietzsche zureichend, was er sagte, vielleicht auch Schopenhauer, der gewaltig Erlebende, vielleicht auch Spinoza, more geometrico, aber allen fehlt das tiefste Mithineingerissensein, und der Tag von Damaskus ist nicht zu ersetzen. Auch Kierkegaard glaubte nur an das Glaubenkönnen, auch Dostojewski hat das Gift der Großinquisitorszene keineswegs überwunden; und wie Luther bekennen mußte, nur zweimal an Gott geglaubt zu haben, so findet sich in Pascals Apologie des Christentums der ehrliche Satz, daß es immer noch vorteilhafter sei, auf das Dasein Gottes und das Gericht zu setzen als auf das Nichtdasein – ein Argument der Wette, das sich nicht so zuredend, abwägend, versicherungshaft, so ganz und gar anders als die mittelalterlichen Gottesbeweise an den Verstand hätte wenden können, wäre nicht auch bei Pascal die unbedingte Glut erloschen. Der Stoff in dieser unserer Neuzeit ist lastend, und die Seelen sind zunehmend so schonungslos und ungediegen geworden, daß uns Weihnacht, Ostern und Pfingsten wie ein einziger Karfreitag erscheinen, wie ein bloßes traurig substanzloses Wissen, daß der Erlöser gestorben ist, aber so, als ob er bereits in der Krippe ermordet worden wäre; und hohl schwebt die Ahnung der Glorie darüber. So unverbunden mit der Lebendigkeit und doch wiederum in solch irritierendem Zugleichsein mit der Leere, wie Roheit und Täufertum, weltlichste Renaissance und ekstatischstes Barock, Niederung des erbärmlichsten Philistertums und Wachtraum von Musik und Spekulation sich in dieser erstaunlichen Neuzeit fast nebeneinander befanden, ja immer wieder alternierten. Aber dieses gerade ist, was uns andererseits wiederum fühlen läßt, daß in unserem seltsam matten und trüben Leben ein Wichtiges nicht stimmt. Geblieben ist zum mindesten die Verzweiflung, daß wir nicht glauben, daß der inwendige Mensch halb stehen bleibt, bloß erkenntnismäßig bewegt und angezogen, geblieben oder sogar verstärkt ist aber auch die Ahnung unserer verdeckten Kraft, unseres latenten Aufgangs und Morgenlands, unseres gediegenen, endlich enthüllsten, endlich allernächst herangerückten Besitzes.

So sehnen wir uns wenigstens danach, in Farbe zu ziehen. Das eingesessene Leben ist zu Ende, und auch die Reste seines Safts sind wachsend dumpf geworden. Doch in uns tief drinnen will es anders gären, und wir suchen nach jenem Korn, das so hier nicht wuchs.

Also gehen wir nach Osten, stets schon hatte sich die Abwehr gegen ihn als nutzlos erwiesen. Die Griechen kämpften gegen die Perser, es gelingt ihnen Marathon und Salamis, aber Alexander vermählt sich mit Roxane, entläßt die mazedonische Leibwache und stirbt in Babylon. Scipio zerstört Karthago, aber der semitische Petrus zerstört Rom, und die Buße des Kaisers Theodosius vor dem Mailänder Bischof war die späte, endgültige Rache für Zama. Die Franken kämpften aufs neue gegen die Araber, es gelingt ihnen Tours und Poitiers, aber der Papst befiehlt die Kreuzzüge, und mit den Helden des heiligen Grabes wandern Ritterlichkeit und Minnesang des Hohen Lieds, wandern die gotischen wie die scholastischen Künste vom Morgenland nach Europa herüber. Stets ging derart – am Anfang wie erst recht am Ende, beim Zusammenbruch des bösen, harten, schmalen, frierend glaubenslosen Lebens europäischer Welt – der sittlich-geistige Weg, Hilfe zu holen, wieder östlich. Wie oft schon, wie gar sehr einleuchtend ist Europa vor dem Orient, vor dem urbaren Chaos aller großen Religionen – zur übersichtlichen Halbinsel geworden, deren Schicksal es bleibt, Kontakte zu suchen, um nicht immer wieder in ihrer Kleinheit und rein denkerischen Haltung, religiösen Anämie zu erkalten. Trotzdem pflegte dem griechisch-europäischen Hochmut selbstzufrieden normaler Zeiten die Welt, die Geschichte des Orients, der durchaus einmal ein Ganzes bildete, und der in Ispahan gleichsam einen Einheitspunkt, ein von Tanger, Tunis, Kairo, Stambul, Bagdad, Delhi, ja sogar Peking repräsentativ besuchtes mittelalterliches Olympia besaß, nicht einmal in Umrissen bewußt zu sein. Aber Alexander lenkte bewußt nach Persien ein, zwanzigjährig, der jugendliche Mensch, ein seinen Träumen nachziehender Jüngling des Märchens, nicht nur so eitel und substanzlos jung wie vor ihm Alkibiades und nach ihm, in sehr viel reinerer Weise, etwa Otto III., sondern mit Gesichten und Zielen, Griechenland nach Asien hinüberzurichten und großen Logos in die Geschichte zu bringen, gewaltsam genug, den gleichgültigen Zufall der sogenannten Weltregierung zu ihrem Logos zu zwingen. Er zog gewiß nicht aus, um zu fluchen und dann wider Willen segnen zu müssen, trotz des den Lakedämoniern und Athenern vorgegebenen Zwecks, Rache zu nehmen an dem Erbfeind; er ging zum zweiten Male nach Troja, aber nicht, um es zu zerstören, denn es gab zuhause kein Tiryns und Mykene mehr, sondern Alexander, der erwählte Bundesfeldherr der Hellenen, hat Griechenland verlassen, um auf seine »Vorstufe« herabzusteigen, müde des ganzen künstlichen Okzidentalismus, nicht anders wie schon Heraklit, Pythagoras und Platon die allzu menschlichen Bildsäulen, die abgrundlose Euphrosyne und die vollkommene Sphaira der Welt verlassen haben, um die Sehnsucht, die neuplatonische Transparenz, die Kuppelbildung im Diesseits auszuspannen. Als nun gar der Boden von Barbarentritten widerhallte: es war dunkel geworden, der heidnische Weltglanz längst vergangen und leuchtete nur mehr wie eine fernhinziehende Abendröte, aber in der Kirche brannte noch Licht, ein anderes Licht und nicht nur unten, sondern die Sterne glühten neu vom Jenseits herüber, als der Feuerschein eines Glaubens, der nicht mehr an diese Welt und von dieser Welt war, – da zog der magische Mythos erst recht wieder über Europa einher, hoch über allen Nachwirkungen der Antike, ein winkliges, gotisches, transzendent überwölbendes Sein, selbst noch den Einbruch der Renaissance besiegend, überdauernd. Was Alexander, der echteste Grieche, aufgab, hat nicht minder Michelangelo, haben Schelling und Schopenhauer aufgegeben, um durch Europa, der Tat und der Schärfe des Begriffs, Geheimes einzutragen.

Aber auch wir, erst recht wir, die späten westlichen Menschen, suchen weiter, traumhaft zieht der Osten wieder auf. Auch unsere Seelen, siech und leer, gehen nach einem Ex oriente lux. Das liegt uns seit der Jahrhundertwende, seit einigem Rückgang des selbstzufriedenen Bildungsphilisters doppelt nahe. In russischer Wärme und Erwartung, die Ströme, die Ebenen, ein Indien im Nebel, als das uns das ganze maßlose Rußland erscheint. Und vor allem doch wieder die betreffende denkende Mystik und Metaphysik selber, der Geist des Nordens, ist mit dem beschwörerischen Asien wohl verbunden durch verwandte innere Aufwühlung, durch eigentlich theurgische Frömmigkeit; um Zions willen nicht schweigend und um Jerusalems willen nicht innehaltend. Folglich kann sich gerade von hier ab der verändernde, aber leere westliche Mensch von neuem ins Tiefere dahinter hineinbegeben. Ja genau das sich ausdehnende, die Welt fingierende Eingedenken, wie es seit Augustin über Europa kam, wäre ohne den höchsten Orient, den der Bibel, nicht in der Welt und die Umdeutung der Eigenschaften Gottes zu Vorbildern für die Menschen nicht in der Überwelt. Vor allem aber wäre kein Endblick da, radikal auf ein Überhaupt des Lebens und Strebens bezogen; apokalyptisches Bewußtsein schreibt sich vollends aus kleinem auch urmöglichen Attika her. Schreibt sich aus der Bibel her, mit ihrem Altar, wie er im Osten selber noch nach einem letzten Osten und Oriens steht. Und: »Nächstes Jahr in Jerusalem!« – auch dieses nachbiblische Gebet, diesfalls das Europa der Zerstreuung betreffend, stand ebenso, symbolhaft, in der Tiefe einer echteren Christförmigkeit, als sie Europa hatte oder von sich her ohne die Stimme von Patmos, haben konnte. Item, ein Eingedenken zog aus dem nicht nur mütterlichen Orient auf, wie es menschlicher als selbst der griechische Adam ist, und wie es eine noch so attische Weltfülle angezeigt hat, wovon sie durchaus noch nicht voll ist; im Gegenteil.

So also sind wir nicht nur unbehaust, sondern ein Anderes zieht unserem trüben Leben echt vor. Wir könnten uns sonst seiner, in solch scheinbarer Abschweifung, vielleicht nicht einmal historisch erinnern, wie es war und wiederum zu uns will. So jedoch fühlen wir uns in dieser Wahlverwandtschaft, in diesem produktiven Verständnis und vielleicht selbst »Mißverstandnis«, wie jener persische König des Buchs Esther, der sich in schlaflosen Nächten aus der Chronik des Reichs vorlesen ließ und vom Juden Mordechai erfuhr. Auch in der Geistesgeschichte brennt mehr als eine vergessene, uneingelöste Schuld, mehr als eine Tat, der der Lohn nicht wurde, mehr als ein kühner Traum, dem die Erfüllung noch nicht ward. Durch unser Jahrhundert kann sie werden, kann das Gewissen des Unbedingten und der Begriff des Überhaupt eine neue, eine ungeahnte Stärke erfahren. Desto mehr erhebt sich zwar jener Nebel und durchdringende Verlust an Sicherheit, der die Grenze des Übertritts ausmacht und aufs neue die Kräfte verwirren, das Ziel verschleiern möchte. Wieder auch, uns ganz umgebend, herrscht der Teufel der Kälte, als welcher eben nicht will, daß man an ihn glaubt, seinen Pferdefuß sieht, und der als pures Nichts, als völlige Entzauberung am ungestörtesten herrscht, die Menschen vom Geheimnis abriegelt. Aber daraus zugleich entsteht der paradoxe Mut, gerade aus dem Nebel das Licht zu weissagen; oder mit anderen Worten: *das Nein könnte nicht so stark sein, gäbe es unter uns nicht zugleich ein ihm gefährliches und bekämpfenswertes Ja*; regte sich mithin unter dem verschleierten Leben, unter dem Nihilismus dieser Neuzeit nicht zugleich eine sittlich und phantastisch ungekannte Kraft, der gerade deshalb Schreck und Hindernis ohne Zahl über den Weg fallen. Fast alles ist derart zu uns geflohen, aus dem unwirtlichen Leben, zu uns als den Gärtnern des geheimnisvollsten Baums, der wachsen soll. In uns allein brennt noch Licht, mitten im Einsturz der Erde und des Himmels, und die schöpferische, die philosophische Stunde katexochen ist da; sie zu erfüllen, dazu hilft die andauernde Wachtraum-Konzentration auf ein reineres, höheres Leben, auf die Erlösung von Bosheit, Leere, Tod und Rätsel, auf die Gemeinschaft mit den Heiligen, auf die Wendung aller Dinge zum Paradies. Nur dieser denkende Wunschtraum schafft Wirkliches, tief in sich hineinhörend, bis der Blick gelungen ist: in die Seele, in das dritte Reich nach Stern und Götterhimmel, – wartend auf *das Wort*, der Erleuchtung hohen Alters zugewendet. Der Drang, sich gemäß zu werden, zieht Seele in die entsetzliche Welt herein, in ihr Nichtwissen, ihren Irrtum und das böse Gewissen ihres Endes; alles Seiende hat seinen utopischen Stern im Blut, und Philosophie wäre nichtig, bildete sie nicht die Gedankenlösung für diesen Kristallhimmel erneuerter Wirklichkeit. Das Leben geht um uns und weiß nicht, wohin es geht, nur wir selbst sind noch Hebel und Motor, es stockt der äußere und erst recht der offenbarte Sinn: aber der neue Gedanke bricht endlich hinaus, in die vollen Abenteuer, in die offene, unfertige, träumende Welt, in die Verschüttungen und Finsternisse Satans, der Abriegelung selber. Um auch mit Verzweiflung gegürtet, mit unserer trotzigen Ahnung, mit der ungeheuren Gewalt unserer Menschenstimme, Gott zu ernennen und nicht eher zu ruhen, als bis die innersten Schatten vertrieben sind, bis die Welt mit jenem Feuer übergossen wurde, das hinter der Welt ist oder angezündet werden soll.

Und doch erst: angezündet werden soll, denn wir brennen noch nicht frei und nichts eben ist auch an sich bereits völlig echt. Geblieben also ist auch jenseits des Nebels die Verzweiflung, an nichts recht zu glauben, erst noch ahnen zu müssen und lediglich damit ans Ende zu sehen, den Weg zu schließen. Es ist letzthin doch noch nicht völlig so, als ob das Reis der Echtheit und Gediegenheit in uns bereits entdeckt wäre und nur durch den gleichzeitigen Exzeß vollendeter Sündhaftigkeit und Immanenz als der negativen Transzendenz verborgen würde; als ob mithin Musik und Eingedenken der Neuzeit, immer näher das Unbedingte umkreisend, das Allerechteste, Allergediegenste bereits aus dem Nichtwissen und dem Irrweg der Welt hervorgerettet hätten. Sondern trotz alles bedeutenden Vertrauens auf das Dasein von ständigen, eigenen Orienten in der Neuzeit, als den Zeugnissen des unerstickten Heilprozesses in der Seele: unser *Inwendigstes* selber liegt eben auch jenseits des wesenlosen Nebels noch im tiefen Schatten, Inkognito seiner selbst, *in einem moralisch-metaphysischen Inkognito*, wie es nicht nur sozial alles Achten oder Nichtachten lediglich als letzthin widerruflich, unter Vorbedacht, reflexiv ausdrücken läßt, sondern erst recht in der ethisch produktiven Selbst- und Wirverdeutlichung die tiefste Echtheit, den Zusammenschluß unserer Intensität mit sich selbst, das wieder Antreffen und die Deckung ihrer hinter der Vision keineswegs total gelingen läßt. Dergestalt also kehrt hier nochmals, ob sich auch der Fall nicht ohne namenloses geheimes Steigen zugleich zeigen wollte, die Bescheidung letzthin wieder: daß wir immer noch nichts können als vorzubereiten, als Worte und Begriffe zu leihen, bis die Identifizierung sie aufnimmt und Deckung schenkt. Was hier spricht, das Gebet der Erkenntnis: möchte es doch so sein! möchte doch dieses den rechten, den uns total treffenden Blick in das übermächtig rätselvolle Dasein bilden! –, was dergestalt nochmals von allem Glanz geschehener Vision fühlend zurücktritt, ist aufs neue der Makel der nur halben Sorge, des Spielerischen, oft nur denkerisch Artistischen der Produktion, wie sie noch in Zwischenschichten schwebt, ungegessen in ihrer allzu objektiven Evidenz und allzu abstrakt auch noch in ihrem dunklen Optimismus und seinem transzendenten Jubel. Was gewiß, ja erst recht von jedem überlieferten, garantiert objektiven Kirchenglanz gilt und – mit aliter sed eadem – von jedem fertig abgehaltenen Panlogismus. Es gibt folglich nicht nur den Schatten, den der Widersacher gegen unsere Kraft wirft und gegen das Licht, das hinter der Welt angezündet werden soll. Sondern eben auch: die menschliche Kraft in hoc statu nascendi selber hat noch ihren eigenen, geistlichen Schatten, ihr Nichtwissen der tiefsten Tiefe an sich, und das *Zentrum an sich* ist noch Nacht, Inkognito, Garung, um die alle Dinge, Menschen und Werke noch gebaut sind. Trotzdem überleuchtet die vorhandene Welt das mögliche Licht aus dem biblischen Ausgang nicht: mit l'ordre du cœur zuletzt, mit neuem Jerusalem statt altem Rom.

Kant und Hegel oder Inwendigkeit, die Welt-Enzyklopädie überholend

I

Wer aber nichts ist, trifft auch draußen nichts mehr an.

Erst recht nicht können wir, was sein soll, ohne uns noch sehen.

Dieses wenigstens ist, wie bei Kierkegaard, so erst recht bei *Kant* vorgedacht: er gibt der »subjektiven« Spontaneität, unserem einzigen Heil und Farbebekenntnis, nachdem sonst nichts mehr Farbe, Substanz zu geben vermag, das ihre.

Gewiß, wie Kant lebt und spricht, so ist er nicht unmittelbar reich. Seine Inhalte spielen sich allesamt in einem sehr zufälligen Rahmen ab. Wir sehen englische Zweifel, preußisches Pflichtgefühl, Glaubenwollen, aber nicht Glaubenkönnen, gelähmte Intuitionen und ein kümmerliches Leben obendrein, sichtbar an der Mehrzahl seiner Beispiele und gewissen unbeschreiblichen Bestimmungen, zum Beispiel denen der Ehe.

Damit arbeitet Kant, und es ist begrenzt genug, woran sein Denken anhebt. Er fragt, wie die Formel der Massenanziehung möglich sei, um daraus, daß sie möglich ist, das vernünftige Vermögen zu umschreiben. Es läßt sich mit Recht bezweifeln, ob denn diese treu nach Newton und nach nichts anderem orientierten Grenzsetzungen und transzendentalen Beschaffenheitslehren des Geistes innerhalb einer größeren phänomenologischen Weite des Bewußtseins überhaupt noch etwas zu bedeuten hätten. Denn man kann ersichtlich genau so fragen, wie javanische Tanzriten, indische Mysterien, chinesischer Ahnenkult möglich seien oder, um westeuropäisch und, sofern man für Newton die Scholastik setzen kann, auch szientifisch zu werden, wie der Opfertod Christi, die Gnadenwahl, die Apokalypse und gewisse andere ähnliche synthetische Urteile möglich seien, vor allem, wenn man nicht einen Winkel: 18. Jahrhundert in Westeuropa, sondern den ganzen, uns Menschen zugeteilten Geist ausmessen will. Darum will der Kantische Spott gegen das Schattenreich, gegen die Luftbaumeister des Gedankens so wenig besagen. Was soll es dem Anderen ausmachen, daß das Verfahren des Einen, das als Muster gesetzt ist und wirklich für alle grauen Enten gilt, für das Andere, das wegen seiner Seltenheit oder Höhe nicht als Muster gesetzt wird, konsequenterweise nicht gilt, eben weil es ein Schwan ist und anderer Regeln Lauf hat. Von hier aus läßt sich kritisch nichts beweisen, und so bedeutet, wie es in gewisser Form schon Scheler und sehr anders vorher E. v. Hartmann sahen, auch die transzendentale Dialektik mit ihren Verboten, sofern man andere als die der Kantischen seinerzeitigen Phänomenologie gegebenen Zusammenhänge sieht, nichts weiter als Ungerechtigkeit und Tautologie. Es bleibt also von hier aus, freilich nur von hier aus, unerheblich, wenn sich die Verfahrensweisen, die die reine Mathematik und Newtonsche Naturwissenschaft als allein akzeptierte Erkenntnis möglich machen, auf Gott, Freiheit, Unsterblichkeit, mithin auf die moralischen und religiösen Objekte nicht anwenden lassen und deshalb auch diesen Erkenntniszusammenhängen den Charakter der empirischen Realität entziehen.

Aber es gibt noch einen anderen Kant, und dieser ist nicht zu verbrennen. Es ist erschütternd zu sehen, wie das Gewaltige in ihm der Schwäche seines Körperbaus nicht fremder und gleichgültiger gegenüberstehen kann als der Enge seines individuellen Erlebnisquerschnitts. Er wehrt sich zwar gegen sein eigenes Genie, aber es zeugt von einer auf die Knie zwingenden Gewalt dieses Genies, wie es jegliche Erklärung oder Beurteilung aus den Zufälligkeiten, Gegebenheiten, Relativismen der seinerzeitigen Phänomenologie wieder zuschanden macht. Darum behält die Frage, wie etwas allgemeingültig möglich sei, nur bei Kant ihre Größe. Sonst ist sie zu zufällig, auch zu buchmäßig, eine Geschichte der Wissenschaften, die in eine Theorie der Wissenschaften übergeht, und alles Begrenzte, Zufällige des Stands der als kanonisch ausgewählten Werke strukturell verewigt. Dasselbe gilt von den allgemeingültigen Urteilen a priori sittlicher und ästhetischer Art, bei denen ein Kant dazu gehört, um über dem begrenzten inhaltlichen Material trotzdem eine den weitesten Inhalt mitbetreffende Überinhaltlichkeit der Formalerzeugung aufgehen zu lassen. Wie etwas a priori möglich sei – das läßt sich überhaupt nicht auf die Urteilsfunktion, auf die »Logik« der Natur, der Sittlichkeit, der Schönheit einschränken; mag auch bei der weitergehenden transzendental-realistischen Beziehung auf die darin wirkenden, fortwirkenden Dinge, Willensakte und Ideen die rein *formale* Vornehmheit des Apriori zugunsten eines *realen* Bedingungscharakters aller »Erfahrung«, besser noch: zugunsten eines Apriori als metaphysischer Deduktionsursache des

Seinsollenden, »Logischen«, Kanonischen in der Welt vertiefbar sein. Aber Kant besitzt, wie bemerkt, die folgenreiche Fähigkeit, seine eigenen spärlichen Inhalte durchscheinend zu machen und dem, der es braucht und soweit es der eigene Gang der Tiefe, also die Geschichtsphilosophie des Metaphysischen erlaubt, sowohl die indischen Mysterien wie die Apokalypse transzendental einzuordnen. So sind bei Gelegenheit der englischen Astronomie alle die weiteren und prägnant wissenschaftlichen Zusammenhänge der Tatsachenlogik getroffen, und so sind weiterhin durch das Verbot, diese Kategorien auf den preußischen Moralismus oder Kants gelähmte metaphysische Intuitionen anzuwenden, also durch das »unglückliche« Verliebtsein in das, was man bisher unter Metaphysik verstand, einerseits die Wege zur Postulatslogik und andererseits die Wege zu der ehrlichen, großen, subjektiv-ethischen Metaphysik des Zeitalters der Gottferne frei geworden.

Denn eben, wir sind nicht mehr so glücklich, daß sich irgend etwas sinnlich oder eingeboren einfach empfangen ließe. Statt dessen sucht Kant den Nachweis zu führen, daß sich der Vorgang, nach dem die synthetischen Erfahrungsurteile notwendig gemacht werden, jenseits unserer Empfindung souverän vollzieht. Im Einzelnen wie im Ganzen jedoch ist dieser zu Unrecht angesehenste Teil Kantischer Untersuchung, soweit er sich auf die Zusammenhänge der natürlichen Welt bezieht, nicht haltbar. Abgesehen von dem Merkwürdigen, daß etwas »ist«, können die naturhaft gegebenen Erscheinungen: das Nasse oder das Geräusch der Schere, die Seide durchschneidet, oder auch nur der Trott eines Wolfshundes oder sonst was immer, selber durchaus jenseits bloßer Empfindung erfahren, nicht aus Kantischen Kategorien, überhaupt nicht aus unseren menschlich setzenden Akten gemischt oder theoretisch in ihren inneren Relationen aufgebaut werden. Gar das Ich, das sich hier befreien und vorschreiben will und trotzdem nur Naturgegenstände »erzeugt«, das erkenntnistheoretische Ich mithin ist nicht sowohl der Funktion wie dem Niveau nach vom ethischen Ich durchaus verschieden. Es kann vom ethischen Ich, als dem eigentlich erst erzeugenden, gegenerleuchtet werden, aber nicht selbst das Portefeuille der Erzeugung, der schöpferischen Verantwortlichkeit, der vorschreibenden Regierung für die Erfahrungswelt der Kritik der reinen *theoretischen* Vernunft, für die wertfremde, wo nicht wertfeindliche Welt der Physik übernehmen. Die Gesetze und Beziehungskonstanten des naturhaften Seins sind nicht, wie Kant meint, ebenfalls innerhalb eines Systems der »Vernunft« gelegen; sie sind überhaupt nur »vorgefunden«, unevident gegeben, jedoch nicht »aufgegeben« im tiefer heimführenden, geistig aufdeckenden Sinn dieses Begriffs. Indes freilich, es handelt sich bei Kant ja letzthin überhaupt nicht um Kepler oder Newton und die objektiv gültigen Verknüpfungen zwischen den Erscheinungen der äußeren Natur, sondern um jenes unbedingte Ganze der Bedingungen, um jene prinzipiellen Grenzbegriffe, die nur gewollt und gedacht, aber nicht erkannt werden können, sofern sie zwar unmittelbar praktisch zu »erleben«, aber noch nicht »anzuschauen« sind, sofern also ihr Gegenstand kein empirisches Sein ist, und die nun in einer Metaphysik der *Aufgaben* als die regulativen Vernunftideen des Unbedingten ausgebreitet werden.

Hier erst, hier endlich werden wir frei, und der äußere Ring springt, das echte Ich tritt hervor. Ganz gleich, wie sich die noch seienden Dinge dazu verhalten: die Hoffnung macht gerade den wohl erdichteten und sonst unbelegbaren Gedanken gegenüber parteiisch. Denn wir vermögen uns selbst und unserer erscheinungsartigen Daseinsform insofern zu entrinnen, als wir intelligible Charaktere bilden. Hier werden das Labyrinth der Welt und das Paradies des Herzens getrennt sichtbar; die Welt im focus imaginarius, in unserem verborgeneren intelligiblen Subjektteil, beginnt in die Erscheinung der Hoffnung der Zukunft zu treten. Dadurch gerade, daß sich das theoretische Wissen eingeschränkt sieht als Wissen um bloße Erscheinung, wird der Glaube, das praktische Wissen, die praktische Erweiterung der reinen Vernunft frei, und die Postulate erscheinen, theoretisch nicht nachweislich, aber praktisch a priori unbedingt geltend. Wir bewegen uns hier durch die Zurücklenkung derselben Funktion, die uns zuerst mechanisch beengte, *auf sich selbst*, aber eben auf *das ethische Selbst*, zu einem anderen Rationalismus als dem des bloßen Descartes'schen, denkenden, theoretischen Subjekts und seines Zusammenbruchs an der natürlichen Welt. Wir bewegen uns gerade durch diesen Rationalismus des Herzens und seines Postulats so stark aus dem Erzeugen und Erzeugtwerden eines bloß reflexiven Mechanismus heraus, daß die Achtung vor dem Gesetz als ein Affiziertwerden von dem moralischen Ding an sich definiert werden kann und die Bürgerschaft in einem Reich höherer und auch inhaltlich produktiver Intelligenzen sichergestellt wird. Dabei bedeutet dieses Affiziertsein selbstverständlich keine Anwendung der hier ja verbotenen Kategorie der Kausalität, sondern, als verstandesmäßig Unbegreifliches, Paradoxes, die rein geltungstheoretische Mitbetroffenheit von Ideen eines Unbedingten, ja das produktive Auftreten, Mitbeteiligtsein, die Adäquation an die Affiziertheit selbst als der moralisch archetypischen Funktion und ihres Inventars.

Derart sind wir hier mit uns allein gelassen, ja in der Tat durch nichts draußen oder droben mehr gesichert. Wir müssen gut handeln, obwohl wir nichts von der realen und, genau betrachtet, nicht einmal etwas von der inhaltlich idealen Legitimierung des Wertes wissen können. Wir sind einsam und stehen in dem Dunkel einer unendlichen, bloß asymptotischen Annäherung an das Ziel; selbst der ferne Stern leuchtet nur in einem sehr ungewissen, nichts sonst am Himmel erhellenden, kaum als konstitutiv erfaßbaren Licht, und dennoch muß alles, was nicht ganz in den allgemeinen Formen einer Kritik der reinen theoretischen Vernunft untergeht: das Einzelne, die Spezifikation der Natur wie das sich Entschließen der Individuen zur Kultur, dem Primat des Sittengesetzes untergeordnet und zugeordnet werden. Was aber hier als Glauben auftritt, ist eben nur fähig, die Freiheit, die Unsterblichkeit und die sittliche Weltordnung in Gott als bestimmte, einleuchtende *Postulate* einer zweiten Wahrheit auszusprechen, wie sie sich nur auf eine Geltungssphäre, auf ein noch nicht erschienenes Übersinnliches der Bürgerschaft intelligibler Welten beziehen und daher dem offenbaren heroischen »Atheismus« dieser Lehre keinen Abbruch tun. Es ist also keineswegs, wie üblich, darüber zu klagen, daß Kant derart das Gelten immer noch leise inhaltlich beibehält. Sondern es ist wichtig, daß Kant sich zwar irdisch nicht einzelner festlegen will, daß aber eine unerhört ehrliche und großartige Gesinnung durchaus fest auch zu den Gegenständen ihres Hoffens greift. An diesen ist alles hypothetische oder relativistische Wesen getilgt, und wenn die sichersten Werte und Ideen trotzdem eine regulative Akzentuierung erhalten, so bezieht sich dies überwiegend nur darauf, ob die Idee *existiert* und nicht, ob die *Idee* existiert. Der moralische Nominalismus hat hier seinen Einheitspunkt außerordentlich weit über alle irdische Verfestigung hinaus geschoben, aber diesen Einheitspunkt, moralisch-mystisch definiert, nicht überhaupt verloren. Es herrscht zwar mitten in der deutlichsten Wiedererinnerung und Aufdeckung der letzten Gegebenheit das große christliche Pathos der Gefahr, wie es gegen das einzelwissenschaftlich geschlossene System der Physik oder Jurisprudenz so gut wie gegen jede Versicherung, daß Gott bereits im Himmel sei, also gegen jede in der Neuzeit unerlaubte Kopie des platonischen Panlogismus zu Felde zieht; aber das beständige Problem des *wirklich* Bedingenden auch noch des unhypothetischsten Imperativs ist nicht verloren gegangen, und das moralische Als Ob erscheint hier wesentlich doch als ein theologisches Noch Nicht. Vielleicht sogar hat Kant dabei eher noch, wie Hegel richtig fühlte, des Guten zu viel als zu wenig getan, sofern man unter dem Guten jene inhaltliche und reale Unbestimmtheit des Postulats erblickt, die unser Verhalten, aus Furcht vor »sinnlicher«, empirischer, hypothetischer Abhängigkeit, lediglich regulativ, und in solch vorsichtiger Diffusheit determiniert, als ob unsere Bestimmung unendlich weit über die Erfahrung, mithin über dieses Leben hinausreichte. So wichtig es aber ist, daß der Wille den einzelnen Zwecken enthoben und dem Überhaupt zugewandt wird, so dringend erhebt sich schließlich doch die Verpflichtung, in dieser inneren Norm, in diesem Überhaupt des sittlichen Willens eine Sonne, ein wenigstens als objektives Zweckmoment beziehbares Ziel aufgehen zu lassen und dergestalt einen nicht endlos ausweichenden, sondern, wie bei Eckardt, wieder grundsätzlich erreichbaren, utopisch realen Himmel zu wölben. Daher wäre vielmehr umgekehrt darüber zu klagen – im Gegensatz zu den Absichten eines nichts durchbohrenden, dauernden Methodisierens –, daß Kant das Gelten endlos macht, daß er gerade zu wenig, zu lautlos inhaltlich ist, sofern hier das Gelten in einen *unendlichen Prozeß* mit einem nur im *Ausblick des Geistes* gesetzten, nur als *formalapriorische Idee gesetzten Resultat* verlegt wird; und Hegels Abneigung gegen diese Art des Kritizismus, gegen die mit Bescheidenheit, Nüchternheit oder Begeisterung, je nachdem, unternommene Perseverierung der Methode an sich hätte also einen, noch jenseits des erzverwerflichen Hegelschen »Realismus« berechtigten Grund. Hegels Lehre, daß alles Vernünftige bereits wirklich sei, macht vorzeitigen, totalen Frieden mit der Welt; aber Kants lediglich approximative Unendlichkeit der Vernunft, und gerade der praktischen, macht aus der Welt einen Ozean ohne Ufer: welchen Trost trägt dann der Schiffbrüchige, ja auch der Fahrende davon, dem nie mögliche Ankunft wird? Daher bemerkt Baader gegen »die Kantische Deduktion der praktischen Vernunft und die absolute

Blindheit der letzteren« mit unbestreitbarem religiösen Recht und durchaus nicht in die Welt oder auch nur in eine bereits arrivierte Überwelt vergafft: daß Kant hier nicht tief genug eingegangen sei, daß sich aus der Analyse des Phänomens »praktische Vernunft näher und leichter hätte ergeben müssen ihre Spontaneität, ihre schöpferische Entfaltung; daß wir im Gewissen das Vernommenwerden unseres Selbst in unserer innersten Lebenstätigkeit als willensgebärend mit unmittelbarer Gewißheit innewerden, unserer als einer Lebensfülle und göttlichen Wirklichkeit, die sich uns von innen heraus aufgehend kundgibt«. Ja, man erblickt die Rettung des Kantisch utopischen Geistes aus der Methode und ihrer schlechten Unendlichkeit in die religiöse Sphäre selber, wenn Baader gegen Kant fortfährt: es sei durchaus eine widersprechende und einer Ironie ähnliche Zumutung, wenn man ein wirkliches Leben, von dem man allein weiß, aufgeben soll, ohne die geringste Hoffnung auf die *Wirklichkeit* eines anderen Lebens, dessen Bejahung gefordert wird; »erst die Religion gründet ihre Aufforderung zur Verneinung des entgegengesetzten falschen Lebens durchaus auf die Bejahung und Kräftigung eines anderen und besseren Lebens, dessen Evolution mit der Involution des schlechteren Lebens gleichen Schritt hält«. Mithin: es gibt kein Gelten ohne ein, wenn auch noch so bedrohtes Sein, vielmehr bezieht sich das Sollen oder Gelten allein auf den abstrakten Abstand, auf die bloße, noch unverwirklichte, vielleicht erstrebte, aber noch uneingesenkte Essenz eines Gesetzes oder Wertes, so dunkel auch seinerseits der Realitätsgrad dieses logischen Überschusses erscheinen mag. Ja, es existiert, logisch betrachtet, von einem die Zeit überholenden, utopisch-absoluten Subjekt aus, überhaupt keine eigene Geltungssphäre, sondern nur eine für den Abstand noch zu predigende, für den Abstand noch geltende überweltliche Sphäre, *eine utopische Wirklichkeit.* Eine, die als erfüllende gewiß nicht garantiert ist, aber deshalb nicht bloßes unendliches Streben nach ihr involviert, sondern Kants Postulate selber –, auch als solche der Verwirklichungen.

II

Nun gibt es allerdings keinen besseren Totengräber als den völlig inhaltlichen Begriff. Es bleibt *Hegel* wesentlich, alles Innere nach außen gebracht und alles Kantisch Offene abgeschlossen zu haben, zugunsten des gewiß vorhandenen, aber auch bedenklichen Gewinns eines ausgeführt beendeten Systems.

Wem es gut geht, der hat es leicht, gut zu sein. Auch Hegel tut so, aber am falschen Platz, nicht gut seiend, sondern alles gut findend, um nicht selber gut sein zu müssen.

So hört man hier auf, zu leiden und zu wollen, menschlich zu sein. Das prägt sich darin aus, wie schlecht Hegel auf alles Fordern zu sprechen war. Er will sich ausgleichen, ohne daß auch nur ein Stachel in allem übrig bleibe, was ihm an der Welt wesentlich erscheint, was der kalte, klare, leidenschaftslose Begriff auf Seite des objektiv Seienden entdeckt. Sich besser als die Welt dünken, sagt Hegel in einem dafür bezeichnenden Wort, heißt nur, besser als die Anderen die Welt verstehen.

Hegel aber ist sowohl zu ärmlich als zu reich, um noch fordern zu können. Seine wahre innere Stellung ist von Fall zu Fall verschieden, und sie läßt sich auch im Ganzen schwer entscheiden. Es bleibt jedenfalls dunkel, wer und welche Gesinnung hier so anhaltend und konservierend, aber auch so absolutistisch spricht; ob es das fühllose, geheimrätliche Wesen in ihm ist, oder aber der sehnsüchtige Freund Hölderlins und der überschwängliche, gotische Phänomenologe des Geistes, der mit dem vollkommenen Jetzt keine irdische Gegenwart mehr denkt.

Zunächst freilich verlieren wir uns hier gänzlich, nichts an uns wird beantwortet und gelöst. Ob wir leiden, ob wir selig werden können, ob wir als einzelne existierende Menschen unsterblich sind, darum bekümmert sich der Begriff nicht. Denn der Denker ist auf dem Wege, kein Mensch mehr zu sein, er überläßt uns das Schlimmste und geht stolz aus einer Existenz, die so wenig das Interesse der Abstraktheit berührt. Aber nun besteht, wie Kierkegaard sagt, die Not des Existierens gerade darin, daß den Existierenden die Existenz unendlich interessiert. Es sei daran leicht zu erkennen, ob man mit einem geprüften Manne spricht oder mit einem Münchhausen. Wer nur erzählt, etwa: wir verließen Peking und kamen nach Kanton, am vierzehnten waren wir in Kanton, der verändere nur den Ort, nicht sich selbst, und daher ist die unveränderte Form des Erzählens in Ordnung. Aber hier, im Geistigen, heiße den Ort verändern, sich selbst verändern und darum sei alles direkte Versichern, dahin oder dorthin gekommen zu sein, nur ein Versuch à la Münchhausen. Dagegen setzt hier Kierkegaard die Aufgabe des *subjektiven*, des unhegelischen Denkers: sich selbst als existierend festzuhalten und sich selbst in Existenz zu verstehen. Wir und immer nur wir werden von den christlichen Gleichnissen angeredet und fremdartig selbsthaft erleuchtet. Es ist der Mensch, das Erste, Letzte, Freieste, oder noch hüllenloser gesehen: das Wir, das den Messias sich antut und sein Warten betreibt. Aber Hegel, der abgelöste, objektive Denker unterliege der Versuchung, dies alles als einen Anlaß ins Bewußtsein zu nehmen, um sonst ganz unberührt zu bleiben, ja sogar auf dem leichten Weg des Ausschmükkens, darüber Redens und Spekulierens zu guten Tagen, zu Ehre und Ruhm zu eilen, je dringender die Sache des sich Findens und der Innerlichkeit den Bekenner fordert. Darum ist es, wie Kierkegaard sagt, bei weitem vorzuziehen, ein Geärgerter zu sein, der doch fortwährend in einem Verhältnis zu Jesus steht, als ein Spekulant, der ihn verstanden hat, der aus den Leiden der Herrlichen theoretisches Material macht und das Christentum bis zu einem »gewissen Grade« wahr findet. Offenbar wurde, wie wenig wir besitzen, wenn wir uns auf die Ablenkungen jenes Begreifens eingelassen haben, das gar nicht verlangt wurde, das aber dem Menschen als Frage die bloße Welt als Antwort aufbürdet und jedes andere Problem als das ad hoc von der enzyklopädisch-logischen Lösungsmöglichkeit her bestimmte erlöschen läßt. Der abgelöste, abstrakte Denker dagegen sei imstande, selbst die furchtbarsten Forderungen des Christlichen in der Entfernung seiner wurzellosen Gescheitheit zu erledigen und alle Sprünge oder Dunkelheiten zu bloß vorläufigen Paradoxien zu machen, bei denen der Gang der Spekulation nicht steht bleibt. Zu dieser unbetroffenen und wertlosen Bildungsfülle also hat der abstrakte Denker, Hegel und das gute Gewissen des Objektivismus, zweifellos das Seine beigetragen, mit allzu ichentferntem, vom subjekthaften Dabei befreitem Zauber der Konstruktion.

Weiter ist zum anderen Hegel letzthin fertig und eben darum gewohnt, von oben her zu begreifen. Denn nur so lange erscheint dann das Denken noch in der Zeit, als es nicht seinen reinen Begriff faßt. Es ist, wie Hegel ausdrücklich sagt, nicht nur die höhere, sondern die höchste Stufe, auf der der Geist seine Bildung wieder anfängt, von der Weihe des Endes bewegt. Darum ist für Hegel der Gang von dem ungebildeten Standpunkt über alle seine eingehüllten Erinnerungen hinweg zum absoluten Wissen nur propädeutisch von Wichtigkeit. Es ist ohnehin alles vorgewaltet in der Vorsehung, schon die weltliche wird zu einer heiligen Geschichte verwandelt, und der Denker, der gehalten ist, die Ordres des Weltgeistes mitzuschreiben, verwandelt und übersetzt derart Vernunft in lauter Vorwaltung von oben, mit sicherem Trumpf. Es verhält sich mithin bei Hegel dem uneingestandenen Prinzip nach so, daß himmlische Karten in das irdische Spiel eingemischt werden, als gehörten sie dazu und seien von je darin gewesen, daß also – anders gesagt – der zuletzt übrig gebliebene, späteste Mensch sich gewisser bereits gediegener Gestaltungen aus dem erledigten Gang erinnert, während das Ganze, auch das empirisch Brauchbare und erst recht das Geistige dieser Vorgeschichten vom Ende des Apriori her ausgewählt oder auch vom Gedankengegenstand her in das Objekt eingesetzt wird. Wonach mithin jedes Wünschen und Gesolltsein, jedes Bloßlegen der Falten des Herzens, jedes Pochen auf die subjektiven Ideale und ihr antihistorisches Raisonnement unterschiedslos von der höchsten Stufe her verfolgt wird, und dieses alles aus dem gleichen mit ewig-erledigter Endweisheit in die Empirie zurückgeschobenen *Vollkommenheitspathos panlogischer* Art. Bezeichnenderweise kommt die formale Logik selber erst am Ende der Hegelschen formal-metaphysischen Logik zum Vorschein, und ebenso enthüllt sich das Wahre dieser formal-metaphysischen Logik insgesamt erst in der Abfolge der Religionen und Philosopheme am Ende des Systems. Als der Gedanke also, der weiß, was er ist, existiert er bei Hegel nicht früher und sonst nirgends als nach der Vollendung der Arbeit. Er ist ganz und gar Beziehung auf sich selbst, historisch wie erst recht metaphysisch erledigt, und als wahrhafte Unendlichkeit oder absolut gegenwärtige Tiefe sämtlicher Momente ein in sich geschlungener Kreis, ja ein geschlossener Kreis von Kreisen. Die Seele geht verloren, aber der Begriff, selber zur Substanz geworden, das Begreifen dazu, als Sekretär des Weltgeistes, triumphiert in subjektloser, panlogischer Objektivität.

Damit ist alles so notwendig und klar, als müsse der Mensch nur noch reif dazu werden, es einzusehen. Wie könnte Hegel sonst der Tugend bestreiten, daß sie sich gegen einen irdischen Lauf sperrt, der nichts von ihr weiß? Hegel erschleicht nicht die Tatsachen, wie man zu sagen pflegte, sondern er verbessert sie, als ob alles Vernünftige wirklich wäre, und das Leben selber die Siebenmeilenstiefel des menschlichen sich Besserdenkens anhätte. Indes er verbessert eben nur gedanklich und gibt trotzdem das bloß gedanklich Geklärte als wirklich, als dermaßen wirklich aus, daß dem unzufriedenen Fordern vor so viel Frieden, vor so viel Lutherischer Abdankung des Gewissens an den Staat, an das Seiende nicht einmal ein intelligibler, nicht einmal ein vertröstend jenseitiger Raum bleibt. Noch bei Kant wurde das Sollen als ein Etwas definiert, das in der Natur nirgends vorkommt, weshalb auch die Geschichte nicht in der Tatsache, sondern durchaus nur in dem *Problem* eines Reiches sittlicher Zwecke ihren Leitfaden a priori besitzen kann. Nun hat Brunstäd äußerst scharfsinnig bemerkt, daß die Phänomenologie des Geistes nachträglich dasselbe für die praktische Vernunft leisten wollte, was die Newtonsche Naturphilosophie als ein bereits Vorliegendes für die theoretische Vernunft geleistet hat, daß also die Hegelsche Geschichtsphilosophie das historische Erfüllungssystem für den Primat der praktischen Vernunft darstellen möchte. Nur eben bemerkt man bei Hegel nicht, wo das Empirische endet und das Logische anfängt: er will alles recht finden, was ist, er fühlt noch einen Idealismus in den blauen Husaren, einen notwendigen Stand in den Feudalherren, einen tiefen Sinn in der Erbsünde, aber weder ist das doch gleichsam messianische Subjekt namhaft gemacht, das solchen utopischen Frieden doch erst stiftet, noch ist vor allem die (besonders in der Hegelschen Geschichte sehr lebhafte) Mischung der logischen Halbfabrikate der gediegenen Erfahrungskenntnis mit der Abgeschlossenheit und werttheoretischen Deduktion des Systems irgendwie im Sinne des erkenntnistheoretischen Realitätsproblems zum Untersuchungsgegenstand erhoben. So tritt bei Hegel der sonderbare Fall ein, daß einmal zu wenig wirkliche Welt, das heißt zu wenig Gang, Widerstand und individuelle Differenz, und andererseits wieder zu viel Welt, das heißt zu viel Gesammeltes, als real Ausgegebenes, falscheste Sättigung und Erfüllung des Sollens, zu viel bereits eingestellte Wahrheit der Sache, zu viel logisch bereits vollendeter Weltzustand anerkannt wird, und daß deshalb die ganze gediegene Erfahrungskenntnis, der ganze Hegelsche Empirismus nur in dem ungefähren Ausmaß des scholastischen »Realismus« (dieses erstmaligen, weltlich-kirchlichen Ideensturzes) als solcher, als Empirismus verstanden werden kann. Daraus schließlich entwickelte sich zugleich das weiter Bedenkliche, eine *letzte* Wirkung voreiliger, allzu logistischer Endweisheit, daß Hegel die Seele und Freiheit seines Gottes zerstört hat, draußen, innen und oben, zugunsten eines bloßen Intellektprozesses, eines zu vermittelten, nichts Neues bringenden dialektischen Intellektprozesses mit restaurierendem, kalkulierbarem Ausgang. Was soll hier also die Versicherung bedeuten, daß Gott im menschlichen Bewußtsein, das die wiederholte Geschichte sei, zu sich kommt? Solches klingt freilich stolz und nach der mächtigsten subjektmagischen Vermessenheit alter deutscher Mystiker, aber wenn man genauer zusieht und vor allem den schwachen, intellektualistischen Gott betrachtet, dann zeigen sich sowohl das denkende Ich wie der gedachte Gott entthront und in den Umkreis eines allzu weltlichen und enzyklopädischen Bewußtseins verbannt. Man muß sich hierzu der tiefen Worte Baaders erinnern, daß nur der Teufel die stofflichen, psychologischen und weltlichen Vermittlungen braucht, um völlig existentiell zu werden. Denn als die abgefallenen Seelen unaufhaltsam nach abwärts sanken, hielt Gott die Erde in ihrem Höllensturz auf, schuf aus Mitleid die Materie und rettete dadurch die verirrten Menschen vor dem hoffnungslosen Verderben, daß er mittelst der Schöpfung der gesamten anorganischen, organischen und psychologischen Natur ein versinnlichtes Material der Pflicht schuf und andererseits durch den gewaltigen Ätnasturz der gesamten Materie und Natur auf den Teufel diesen selbst nur mehr durch sie hindurch zum Menschen kommen ließ, also die direkten Schädigungen des Tartarus fernhielt. Es ist hier gleichgültig, wieweit diese Ätna-Gleichnisse stimmen, wichtig ist nur das eine, daß sich an das bloß gelehrt arrivierende, nur welthaft vermittelte Bewußtsein nicht der höchste Zustand Gottes anschließen läßt, daß es eine andere Innerlichkeit und »Subjektivität« als die des bloß intellektuellen Welthistorikers und Absolutisten geben muß, um die Wahrheit zu sehen, und daß allein das Ungenügsame, der moralische Einsatz gegen jeden scheinbar in der Weltenzyklopädie erschöpften Gottesrealismus, zu dem Überhaupt und seiner Realität berufen sein kann, der nicht pantheistisch vermittelten.

Gewiß braucht nicht überall, nicht von unten her bereits das Leiden herbeigerufen zu werden. Es zeigen sich auch so manche einfachen Dinge fertig und gleichsam, ohne daß es sie etwas angeht, zerlegbar. Ganz anders liegt jedoch der Fall, wenn das Leid als die Gefahr der Vereitlung auch in allen höheren realen Zusammenhängen geleugnet wird. Bei Hegel fehlen so die Tat, die den handelnden Menschen aufrufende Sorge oder Verzweiflung auch im Ganzen der Geschichte und Kultur. Darum wird, sofern sich der Begriff überschätzt, wirklich zu sein, das Leid zur Würze und das Schmutzige, Sperrende des Lebens zur ungefährlichen Zeremonie. Darum erkennt auch Hegel, genau betrachtet, nur insofern einen realen historischen Fortschritt an, als hier die Völker den auch ohne sie fertigen Geist in ihr Bewußtsein treten lassen, und ihre Aufeinanderfolge das eigene zeitliche Begreifen der zeitlosen, an sich völlig unbewegten, vielleicht leereren und weniger fugierten, aber gleichwohl bereits beschlossenen Selbstbewegung der Idee darstellt. Nirgends wird der Begriff der Entwicklung anders gefaßt, als daß ihm eine innere Bestimmung, eine an sich vorhandene Voraussetzung bereits zugrunde liegt, die sich nur zur Darstellung bringt. Wie ein Lehrer an der Tafel mathematische Lehrsätze oder philosophische Schemata »entwickelt«, die wesentlich fertig sind, so kommt auch bei Hegel ersichtlich nur dem Begriff, dem belehrenden Auseinanderlegen und wieder Zusammensetzen fertiger Würfel zu einer fertigen Pyramide, und nicht dem Wesen eine »Entwicklung« und Metamorphose zu. Man erkennt, wie hier das unaufhörliche Ankämpfen der Individuen gegen jenes fremde, dunkle, stockende, erbarmungslose Fahrwasser, das das Leben und die Welt bedeutet, zur bloßen Schwierigkeit innerhalb der menschlichen, bestenfalls noch der eigenen göttlichen Rezeptivität abgeschwächt wird. Man kann sich also keine harmlosere Herabsetzung aller Gefahren und Fruchtbarkeiten denken als die Art, mit der Hegel einmal die Verwirklichung völlig aus Gedankenstoff bestehen, ja als den bloßen Umschlag des abstrakten Gedankens herausspringen läßt und sie andererseits zu einer durchaus im Dienst der konkreten Idee stehenden Funktion verwandelt. Und wenn das sich Besondern des Allgemeinen schon an den Fällen der unteren Wirklichkeit, an der unteren, rein existentiellen Schranke des Logischen scheiterte und nur im Konstruktiven eine gewisse methodologische Bedeutung besaß, so läßt sich ermessen, wie heftig erst das sich Aufschließen und nur scheinbar negativ geschehende Konkreszieren des Abstrakten zum konkret und real Totalen an den Fällen der oberen Wirklichkeit, also an der oberen, *existentiell-moralischen* Schranke des abstrakt Logischen versagen mußte. Hier hilft der unsittliche Glaube an einen bereits fertigen Fachwerkbau der Welt und das im Alpha bereits völlig entschleierte Omega der absoluten Idee, dies Hegelsche Regressionsprinzip der dialektischen Methodik überhaupt, nicht weiter. Man sucht bei Hegel vergebens nach jener allein nach oben weisenden und sich der Gefahr bewußten Gesinnung, die sich in Kant, die sich in Fichtes Worten ausprägt, daß es außer der bloßen Wiederholung dessen, was da ist oder da war, ein tatbegründendes Wissen oder ein zum Handeln treibendes Gesicht aus jener Welt geben muß, die nicht da ist, aber die da sein soll; daß man also die Welt nicht zu ertragen habe um Gottes Willen, sondern anders machen soll um Gottes Willen, als welcher, existentiell-moralisch gefaßt, ganz entgegen der dialektischen Anamnesis, durchaus nicht der Wille zur Restitution eines bereits dagewesenen und genau gekannten Alphas der Kultur ist. Bei Kant also war das Denken ein einsames Licht, die Nacht dieser Welt zu verbrennen. Bei Hegel wird der Gedanke zu einem Schulmeister oder wahllosen Advokaten des Seins, das ihn beauftragte, und die Nacht der Welt rückt in das bloß unbelehrte Subjekt zurück. So breitet sich hier also die schöne Wärme der Lehrstube aus, damit all das Schmerzhafte, Unerträgliche und Ungerechte des Lebens, die andauernde Notwendigkeit seiner Widerlegungen, die Selbstverbrennung der Natur und die gesamte herkuleshafte Passionsgeschichte der Idee als ein Ungefährliches, immer Geschehendes, nie Geschehendes entwickelt werden kann, dessen eigentliche Auseinanderlegung entweder nur auf der Tafel steht oder aber gemäß der ewig beschlossenen, ewig fertigen Logosruhe der eigentlichen Realität eine bloße Zeremonie ist, dessen Prozeß sich also lediglich in einer transzendental-pädagogischen und nicht in einer transzendental-produktiven Deduktion begründet zeigt. Das ist eine wahrhaft gegen Kant gerichtete Restauration; aber so wenig der schwindelhafte Schnaps in Goethes Bürgergeneral ein Jakobiner ist, so wenig hat Hegel das Kantische Sollen widerlegt, und so wenig bewahrt Inhalt um jeden Preis den wahren Formcharakter der Kantischen Philosophie, der Philosophie überhaupt. Als eines praktisch-transzendentalen, transzendental-realen Methodismus zugunsten eines unerschienenen Logos, wie er sich in der Welt bestenfalls mittelst mehr oder minder vorgearbeiteter, mehr oder minder indirekter Anzeichen und Symbole realisiert. Wenn hier also die Spannung zwischen dem Erreichten und dem Gesollten durch wechselndes Mischen und unmerkliches gegeneinander Ausspielen verschwunden ist, so haben doch – unerachtet aller mehr oder minder uneingestandener Setzungen des Realen als Utopisches, des Utopischen als Reales – das Sollen und das Gelten den größeren Preis für diese bedenkliche Weltlichkeit, Weltrealität des Geistes bezahlt. Es waren daher sicher nicht nur die Einflüsterungen eines guten Geistes, die zu diesem Fieber des bloßen Begreifenwollens, zu der als real gesetzten Schluß-Dialektik, zu dieser Küstenschiffahrt der bloßen Systematisation, rings um die sicheren Kontinente herum, verleitet haben, um dergestalt, so völlig im Gegensatz zu dem echten, weit ins Dunkel hineingreifenden, sich seiner als konstituierend bewußten Methodismus der Kantischen Philosophie, den inneren Gott als äußerlich und sein utopisches Apriori als bereits wirkliche Vernünftigkeit erscheinen zu lassen.

Und dennoch zum Letzten: es streiten hier zwei Typen, zwischen denen nicht nur zu wählen ist. Schon deshalb nicht, weil hier, fern aller ausgemachten Alternative, Kant nicht zu tun ist, wenn man das Hegelsche läßt. Kant bleibt innerlich und unendlich, seine Forderungen verdämmern nur schwach inhaltlich in der Ewigkeit; Hegel allerdings wirkt dagegen als die glänzendere, großartigere, machtvollere, an Händel und Wagner gemahnende Erscheinung; als ein Denker der Weite und eines Ganzen, das schon das Wahre sein möchte, mit dem Zug unterworfener und durchdachter Objekte im Gefolge des Systems.

Aber auch nicht alles, was innerlich ist, braucht schmal und schwach zu sein. Zudem weiß man bei dem bloß äußeren Rundblick nicht, ob sich dies alles noch bewegt oder überhaupt bewegen will. Andererseits freilich kann man bei Hegel, bei dem hier gemeinten Hegel, weiter sehen als bei Kant, weil er gebaut hat und derart auf Zinnen stehen kann; weil er eine Steigerung und vor allem statt des ungegliederten, unmittelbaren Gefühls ein vermitteltes, vor Ausweichung und Don Quixote, vor dem falschen, anschlußlosen, irrealen Radikalismus sicherndes Denken kennt. Indes – und hier siegt Kant doch wiederum am Ende – die Begriffe, die Gestalten, die sphärischen Ordnungen, auch wenn sie anders als bei Hegel auf eine beschleunigte, motorisch-mystisch umgeschichtete Welt bezogen werden, sind nichts Letztes, sondern das Innerliche, sein sich-selbst-in-Existenz-Verstehen, das Intensive geht über ihnen, den bloßen Weisungen und Assignaten, schließlich doch als einzige Deckung auf. Die Sphärenordnung ist zwar konstitutiv, aber sie hat innerhalb dieses Konstitutiven zugleich auch ihre Grenze; wie Hegels gegen alle Sphärenordnungen von Recht, Sitte, Kunst, Religion gehaltene »Querschau« etwa des Griechischen, des Gotischen selber schon anzeigt, als einer Querschau in innersphärisch fast überall korrespondierenden und das Sphärenrund durchschlagenden Begriffen. Erst recht ist das *Letzte*, das Selbsthafte und sein Gesicht, jene unmittelbare Evidenz des sich recht Verstehens, des utopisch tiefsten Gewissens, die Kants Rationalismus des *Postulats* inaugurierte, schlechterdings metakategoriell und metasphärisch, im Kantischen Geist der Affektion vom moralischen Ding an sich allein umschreibbar. »Ich finde nicht«, sagt Kant in den sein Tiefstes dreifach ironisch mitverratenden »Träumen eines Geistersehers« – »ich finde nicht, daß irgend eine Anhänglichkeit oder sonst eine vor der Prüfung eingeschlichene Neigung meinem Gemüte die Lenksamkeit nach allerlei Gründen für oder dawider benehme, eine einzige ausgenommen. Die Verstandeswaage ist doch nicht ganz unparteiisch, und ein Arm derselben, der die Aufschrift führt: *Hoffnung der Zukunft*, hat einen mechanischen Vorteil, welcher macht, daß auch leichte Gründe, welche in die ihm angehörige Schale fallen, die Spekulationen von an sich größerem Gewichte auf der anderen Seite in die Höhe ziehen.« Dieses aber ist die einzige »Unrichtigkeit«, die auch Kant »nicht wohl beheben kann, ja in der Tat auch niemals beheben will«; und die Zeit ist gekommen, um solch frommen Betrug, solchen Primat und Pragmatismus der praktischen Vernunft, im Hinblick auf die eigentliche, auf die moralisch-mystische Evidenz der Wahrheit, um solche Metaphysik gedachten Gewissens und gedachter Hoffnung rein, allergreifend zu installieren. Zwar, wer mit Zungen redet, bessert sich selbst, wer aber weissagt, der bessert die Gemeinde: jedoch es ist noch wichtiger, daß das sich bessernde Ich in der Welt nicht verloren gehe. So scheint es dieses Orts nötig, Kant durch Hegel hindurchbrennen zu lassen: das Ich muß in allem übrig bleiben; mag es sich auch zunächst zu allem entäußern, durch alles hindurchschwingend sich bewegen, um die Welt aufzuschlagen, um vor allem auch durch tausend Tore sich selbst zu stellen, so ist doch eben das wünschende, fordernde Ich, die uneingesenkte Postulatswelt seines Apriori die beste Frucht, der einzige Zweck des Systems; und Kant steht deshalb letzthin so sicher über Hegel, wie Psyche über Pneuma. Selbst über Pan, die Ethik über der Weltenzyklopädie und der moralische Nominalismus des Endes dem noch halb kosmologischen Realismus der

Hegelschen Weltidee gelten. Das Ziel wäre dann erreicht, wenn es gelänge, was bisher nie ganz zusammenkam: das Zungenreden und das Weissagen, das Seelenhafte und das kosmisch Totale zu vereinen; dergestalt daß die Seele die breite Welt überholt, überglänzt, aber nun nicht etwa schmal bleibt und bloß subjektiver oder auch humaner Idealismus. Vielmehr muß am Ende des Zungenredens, der Selbst- und Wirbegegnung erst recht der Gang in die Welt, in die Welt-Enzyklopädie unternommen werden, um dessentwillen die Selbstbegegnung allein geschieht; aber nicht eben, um in der Welt verlorenzugehen, sondern um die falsche, dunkle Weite in ihr zu vernichten, um sie zur *Welt* der Seele zu machen, mit dem Omnia ubique des Wirproblems im Eingang wie Ausgang.

Zur Metaphysik unseres Dunkels, Nicht-Mehr-Bewußten, Noch-Nicht-Bewußten, unkonstruierbaren Wirproblems

Das Dunkle

Nun aber kann ich mich nicht selber erleben und innehaben. Nicht einmal dieses eben, daß ich jetzt rauche, schreibe, gerade dieses nicht will, als zu nah, vor mir stehen.

Erst unmittelbar danach kann ich entspannt solches vor mich hinhalten, es gleichsam vor mich drehen. So ist mir nur das gerade Vergangene gegenwärtig, deckt sich mit dem, was wir als scheinbar daseiend erfahren. Also das ist zu leben? so sieht das von innen aus, wenn man es selber ist, was man als Kind und Jüngling vor sich warten sah? So sieht das als ich selber aus, das ist die Liebe, das Leben, von dem ich las, so ist das subjektiv und an mir selber, wenn man zwanzig, dreißig, vierzig, fünfzig Jahre alt wird, so alt wie damals die Mutter war, die fremden Gäste, alle die objektiv gesehenen Erwachsenen? Nie dabei zu sein: das also ist das »wirkliche« Leben dieser Frau, dieses Mannes, noch zwanzig Jahre und es war die gesamte Verwirklichung gewesen? Wann lebt man eigentlich, wann ist man selber in der Gegend seiner Augenblicke bewußt anwesend? So eindringlich dies aber auch zu fühlen ist, es entgleitet immer wieder, das Fließende, Dunkle des Jeweils, wie dieses, das es meint.

Das Nicht-Mehr-Bewußte

Erst dann also kann ich, was ich gerade wollte und erlebte, sehen, wenn es in etwas bereits vorbeiging. Aber unaufhörlich auch verändert sich damit der wollende, anschauende Blick, versinken seine angeschauten Inhalte, und ich kann bald auch das gerade Vorbei nicht mehr erlebend besitzen.

Jedoch das vergangene Wollen, vergangene Erleben hört nicht auf zu bestehen und nachzuwirken, auch wenn es nicht mehr gegenwärtig bewußt ist. Im Traum vor allem kehrt das wachend untergegangene Wollen wieder, bemächtigt sich, bewegt und dennoch nichts mehr bewegend, halluzinierter Erinnerungsinhalte. Wie Freud zeigte, stehen sie für einen vergessenen oder unerledigten oder vom moralischen Wachsein, Erwachsensein überhaupt nicht mehr bewußt zugelassenen Wunsch. Das Unbewußte, wie es dieser Art im Traum und in manchen Psychosen durchbricht, sich bewußtseinsfähig macht, hat als Triebfeder, Triebkraft den Geschlechtswillen oder den Machtwillen oder in welcher Reihe immer man die an sich selber bereits ererbten, erinnerungshaften, noch kreatürlichen Weisen unseres motorischen Weltverhaltens geordnet hat. An sich erfüllen bekanntermaßen zumeist kindliche Wünsche den Abgrund dessen, was wir träumen. Damit wird angezeigt, daß sowohl wollend wie anschauend nichts in diesem Raum wohnt, das nicht bereits irgendeinmal, in der Kindheit und Vorgeschichte, vergegenwärtigt war und nun herabsank, verdrängt und verschüttet wurde. So tief liegende Trieb- und Erlebnisweisen können hier fortbestehen, daß nicht nur der Sexualwille hieran als verzehrend von Haus aus, sein altes Wesen treibt, daß nicht nur, nach Freuds radikaler Zurückführung, sogar ein Wille zum Tod, eine Wiederherstellungstendenz zum Anorganischen im Organismus und seinem Unbewußten nachwirkt, sondern eben auch eine Umwelt, ja sogar eine abgelaufene magische Welt wieder geträumt oder atavistisch hellgesehen werden kann, wie sie gar nicht mehr besteht, deren Kräfte und Inhalte unser Leben nicht mehr bestimmen. Zuweilen nur zeigen sich in diesem Erinnern Züge des gleichsam höheren, menschlichen Wollens, zuweilen nur gewinnt das Dunkel des Traums einhüllende Affinität zu dem Geheimnis der Ahnung, die aus ihm spricht, vor allzu frechem Licht geschützt; gewiß auch zeigen sich zuweilen im Erinnern die tiefsinnigen Vergoldungen des Gewesenen, die ein Weiteres, Utopisches, Wesentliches als eingesprengt in dem Vergangenen anzeigen und daraus retten. Sonstwie aber ist aus dem sich Versenken in dies Bodenhafte, Abgelaufene, in den eigenen Schlaf und alles bewußtlose Blühen, in den Schlafzustand der Natur nur Erholung, Entspannung oder erste Behütung zu gewinnen und keine uns gemäße Kraft; denn die Seele hat ihren eigenen Anhub, fern aller Kreatur, in der doch nicht nur die Flamme ist, die blüht und nach oben brennt, sondern auch der Stein, der abwärts fällt, und eben die Flamme des sursum corda leuchtet in der originären Glut der Intention nach oben reiner als im gemischten Wesen der Bodenständigkeit, der Vorgeschichte, des gesamten Heidentums und auch der chthonischen Schutzhülle. Der Schlaftraum selber also stammt zumeist in jedem Sinn aus der Vergangenheit, zersetzt gegenwärtig Gewesenes in Vergangenheit und hält es in deren toten Teilen, in deren Stereotypie, in der Wiederholungstendenz bloßer »Natur« fest. Ja schließlich: auch eine Einzelwissenschaft, die lediglich fassen will, was ohne uns ist und wie es war, die lediglich das Gewesene, das Material betrachtet und jeden Lichttrieb ohne Rest auf kreatürliches Vorher herunteranalysiert, jeden lebendig utopischen Strom verliert und schließlich in leerer Mechanik sich eingrenzt: auch die solchergestalt entspannte, auf Entspanntes gerichtete Einzelwissenschaft ist schließlich dem nicht mehr Bewußten, einer so sehr stabilisierten Vergangenheit verhaftet, daß in ihr schließlich nur noch Steine rollen.

So bleiben die Triebe, die hier wieder erscheinen und was sie setzen, hinter uns weit zurück, sind unser nicht mehr gemäß. Keinesfalls ist das Greifen der Farbe, der Auftrieb der Freude oder nun gar erst das Bessere, Höhere, Reine, der Trieb nach oben, das persönliche Gewissen daraus ableitbar. Sondern umgekehrt: die Instinkte des Geschlechts oder der Selbsterhaltung oder des Machtwillens bilden bloße Enklaven, bloße trübe, verkleidete, unfreie, automatische Vorspiele unseres »echten«, »richtigen«, »menschenhaften«, »geistlichen« Willens und Instinkts. Zwar zeigt sich schon im animalischen Trieb, wenn auch noch so fressend, selbstisch vergiftet, gierig verhüllt, der Heimkehrwille, der völlig wache Trieb enthalten, so gut wie im gewöhnlichen Wunschtraum der apriorische Wunschtraum, der Wachtraum wirksam werden kann. Das Märchen vom Glück und der Wille dazu ist eine ebenso triviale wie möglicherweise erhabenste Angelegenheit; es ist dasjenige, was der Schneider aus Seldwyla und was der Ritter Zendelwald in Kellers Legenden suchte, was die Tochter Martin Salanders auch zum zweiten Mal und dann tiefer am Märchen vom Regenbogenschüsselchen ergriff – durch keinerlei Abbau und sexuelle Bildrabulistik auch nur einigermaßen auszuweiden. Desgleichen überläßt sich der schöpferische Mensch gewiß ebenfalls lange genug dem freien Zuströmen der Einfälle, Verdrängungen und Verbindungen, der heiter dunklen Geburt, den wunderlichen Söhnen des Chaos, dem chthonischen »Halbunsinn«, als welchen Goethe recht wie ein soeben Erwachter seine »Harzreise« bezeichnete; wobei indes eben, lehrreicherweise, das noch kreatürlich befangene, ungeregelt zurückdämmernde Phantasieren doch nur Straßen zieht, die kürzer sind als die Straßen jeder halbwegs exorbitanten Wirklichkeit oder gar des eigentlich produktiven Wachtraums. Im Ganzen also steht trotz mannigfaltiger Vorspiele und animalisch eingesprengter Enklaven fest: alles, was diese kreatürlichen Triebe erfüllt, sämtliche Inhalte ihrer Welt, ihrer uneigentlichen, vergangenen, und auch der, im atavistischen Hellsehen vielleicht noch rezent werdenden alten Hinterwelt, – all dieses ist bestenfalls Chiffer für das echte, eigentliche Wollen und für die Inhalte seiner wahr gemeinten Erfüllungswelt. Die einzelwissenschaftliche Gegebenheit selber jedoch: entdeckt vom entspannten Ich an sich, unter uns gedreht und sich selber im gottverlassenen Automatismus unter uns drehend, unabhängig vom erlebenden, auffassenden, aktuellen Subjekt, – ist nicht einmal Chiffer, sondern bloßer Schematismus, in dem die Toten das Tote begraben, ihm seine Ordnungen und Gesetze aufschreibend.

Damit hängt zusammen, daß selbst noch diese Ordnungen und Gesetze, daß selbst noch dieser säkularisierte Schicksalmythos, das heißt die gesamte Tatsachenlogik der einzelwissenschaftlich gegebenen Welt sich zunehmend auch noch von Funktionsgesetzlichkeit und nicht nur von Substanz zu entleeren beginnt; daß also das Denken unabhängig vom erlebenden und auffassenden Subjekt, wie es die Realwissenschaft verlangt, zunehmend sein überhaupt erkennbares, der Erkenntnis fähiges Objektskorrelat verliert. Denn das einzelwissenschaftliche Denken will zwar begreifen, was ohne uns ist und wie es war, geht aber auch in dieses nicht tiefer hinein, sondern hält selbst davon nur die Anfänge, Teile fest. Immer schon war einzelwissenschaftliche Vernunft eine durch Schaden klug gewordene Phantasie; mit einem Überschlag, einem Idealtypus am Beginn, der mit sich handeln ließ, wenn die tatsächliche Welt den Nachlaß, die Korrektur, den Schaden und Abbau am Geiste verlangte. Indes beginnt der Schaden so stark zu werden, daß die einzelwissenschaftliche Vernunft zu einem baren Schematismus, Reflexivismus verdorren muß, der sich sein völlig alogisch gewordenes Gegenüber nur noch in Rechnungsansätzen, in mehr oder minder ökonomischen Modellen zurechtlegt, ohne Kraft und Ehrgeiz, die Realität in ihrem alogischen Grauen, in der Totalität ihrer eingetretenen Öde selbst zu treffen. Könnte die Einzelwissenschaft ihre

Welt, das Ganze der Hemmung, des Stillstands, der Stromlosigkeit, »gesetzhaften« Stereotypie, mechanischen Wertfremdheit abspiegeln: so reflektierte dieses – von den wenigen Chiffern abgesehen, die freilich wiederum die Einzelwissenschaft nicht zu erfassen vermöchte, da deren Apperzeption ein aktuell lebendiges Subjekt und utopische Wahlverwandtschaft voraussetzt, – so reflektierte dieses das Reich des herabgesunkenen Vorbei, der erstickenden Immanenz, des mechanisch absoluten Umsonst.

Das noch nicht bewußte Wissen und das tiefste Staunen

Und nun, wir selber kommen bloß erinnert überhaupt nicht vor. Eben: wir leben uns, aber wir »erleben« uns nicht, was indes niemals bewußt wurde, kann auch nicht unbewußt werden. Sofern wir an uns *selber* nirgends noch, weder im gerade gelebten Augenblick noch unmittelbar danach jemals vergegenwärtigten, können wir als »solche« auch in keiner Gegend irgend eines Erinnerns vorkommen. Anders jedoch nun steht es mit dem *Hoffen*, das das Erlebte vorauf dreht, vor allem mit jenem, das in uns als »stillste«, »tiefste« Sehnsucht lebt, das uns als »Wachtraum« irgend einer Entzauberung, irgend einer namenlosen, einzig gemäßen Erfüllung begleitet.

Als Kinder schon sind wir beständig unruhig, zu warten, uns unser selbst darin endlich zu versichern. Es bleibt im Menschen, dieses sehr Brennende und Rätselhafte, das uns am Sonntagabend bei jedem Klingelzeichen draußen auffahren ließ, ob nun das Rechte endlich ausgerichtet werde. So öffnet sich überall dort, wo neues Leben beginnt, jenes *offene* Fragen, Schäumen, verhüllte Enthüllen als der Erwartungszustand des Heraufkommens überhaupt. Gerade indem uns hier die Worte bloß anklingen, fern und doch ganz nahe, von Vorstellungen kaum noch umspielt und trotzdem zugleich, als seien wir mit in alle Ferne, in alle Nähe genommen, wirkt ein Gedenken, das mit dem kreaturhaften Trieb, aus dem es scheinbar stammen soll, und seiner abgelaufenen Welt fast nicht das Geringste mehr gemein hat. Was bedeutet hier noch die Kunst enthüllter Anfänge? liegt hier nicht in Wahrheit ein *originärer* Punkt, der in menschlicher Liebe, genialer Schöpfung an sich selbst zu glühen beginnt? Was uns das Leben versprach, das wollen wir hier oben dem Leben halten: und niemals läßt sich dies »Unbewußte« gänzlich anderer Art, dies voraufgerichtete Leben, Hoffen, Ahnden, aus dem Dunklen ins Helle Strebende, dieses in Wahrheit noch nicht bewußte Wesen, als«Unbewußtes« der völlig anderen Seite und hoch droben, auf die Mondscheinlandschaft des Gewesenen reduzieren. Des normalen oder auch chthonischen Traums und seiner Inhalte, einen toten Ring von Kreatürlichkeit, Vergangenheit, Schicksalmythos oder auch Mechanismus um uns formierend. Sondern die schöpferische Dämonie hebt an sich selber an; schon die Liebe ist kein organischer, sondern ein theologischer Zustand, auf anderer als der kreatürlichen Triebebene gelegen, und erst recht auch hat alles andere intensiv Spirituale in uns eigene Kraftquelle. Sehr fern den bloßen Träumen des Tiergeistes oder auch Erdgeistes, sehr fern den chthonischen Inkubationen des Gewesenen, Versunkenen: und wem anders zugehörig als der erhöhten, auferstehenden, revolutionären Schlange, als dem wahren Wahrsagegott Apollon, wem anders als dem originären Messiasgeist in unserer eigensten Tiefe selber zugehörig, wie er jeglichem Eros gerade erst die Entkleidung (nicht die »Maskierung«) zu Farben, Reise, Festlichkeit, Heimweh, Heimkehr, Mystik ermöglicht? Vor allem in Tagen der Erwartung, wo das Kommende selber ins Jetzt einrückt, in der Gewalt des Glücks, am stärksten in der Musik, die von Anfang bis Ende unsere seelische Existenz zum Ziel hat und ihr das Wort gebären will (jenes Wort, uns jeden Abend ins Ohr geflüstert, es scheint stets dasselbe zu sein, und doch können wir es nie verstehen), vor allem aber in der schöpferischen Arbeit selber wird jene eindrucksvolle Grenze *zum noch nicht Bewußten* deutlich überschritten. Ein Dämmern, ein inneres Hellwerden, Mühe, Dunkel, krachendes Eis, ein Aufwachen, sich annäherndes Vernehmen, ein Zustand und Begriff, bereit, dem Dunkel des gelebten Augenblicks, dem namenlosen apriorischen Brauen in uns, an uns, vor uns her, im gesamten in Existenz-Sein an sich selbst, endlich das scharfe identische Licht zu entzünden, die Pforte des sich selbst Entgegenblickens zu eröffnen. Wie Leibniz die seelischen *Wurzeln* zeigte und derart dem Sturm und Drang, auch den Nachtseiten der Natur den fundus animalis der petites perceptions aufzeigte, so beginnt die utopische Philosophie der höher hinauf leuchtenden Denkart, der von Unabgeschlossenheiten, mystischen Karrieren und wachsendem Feuerschein aus der Zukunft umwitterten Seele das Unbewußte höherer Ordnung, den fundus intimus, *die im Jetzt treibende Latenz des Urgeheimnisses an sich*, kurz das schöpferisch Unbewußte unserer seelischen *Krönung* zu erschließen.

Derart also gibt es noch ein sich Regen in uns, das neu nach innen und nach oben greift. Es ist abendlich, dort mag sich das echte Träumen am leichtesten finden, und doch werden wir darin am tiefsten hell und berührt. Freilich entzündet sich dieses Hoffen und, woran es deutlicher wird, *das Staunen* oft völlig beliebig, ja unangemessen, ja vielleicht gibt es hier nicht einmal eine Regel, wonach im gleichen Menschen dieselben Anlässe dazu zu finden wären.

Es ist ein Fragen an sich, ein innerstes tiefstes Erstaunen, wie es sich oft auf ein Nichts hin zu rühren scheint und doch das Fließen des gerade Gelebten stillt, sich in sich selbst einspiegeln läßt, dergestalt, daß das uns tiefst Gemeinte darin erscheint, sich seltsam erfaßt. Ein Tropfen fällt und es ist da; eine Hütte, das Kind weint, eine alte Frau in der Hütte, draußen Wind, Heide, Herbstabend, und es ist wieder da, genau so, dasselbe; oder wir lesen, wie sich Dimitri Karamasow im Traum verwundert, daß der Bauer immer »Kindichen« sagt, und wir ahnen, hier wäre es zu finden; »die Ratte, die raschle, so lange sie mag! Ja wenn sie ein Bröselein hätte!«, und wir fühlen, bei diesem kleinen, schnöden, sonderbaren Vers aus Goethes Hochzeitslied, in dieser Richtung liegt das Unsagbare, das, was der Knabe liegen ließ, als er aus dem Berg herauskam, »vergiß das Beste nicht!« hatte der Alte zu ihm gesagt, aber noch keiner konnte dieses Unscheinbare, tief Versteckte, Ungeheure jemals im Begriff entdecken. Kein Grausen, Bild oder Gefühl schließt hier völlig ein und ab; man sieht, es sind nicht nur die großen Entdeckungen, die Segel großer Schiffe, dem gemeinen Auge noch unter dem Horizont, die das Genie des noch nicht Bewußten voraussieht, die seinen utopischen Raum bevölkern. Sondern tiefer noch werden vom Zustand des Ahnens die *Erstaunens-Werte* getragen und schließlich reflektiert: das Kleine, der Kern so manch prunkvoll leerer Emballage, ein Messias, der nicht im Blitz, sondern warm und nahe als unser Gast erscheint, der verworfene Eckstein im metaphysischen Betracht, die wehenden, verständlich-unverständlichen Symbolintentionen des tua res agitur insgesamt. Das einfache Wort ist dafür schon viel zu viel, das erhabenste Wort wieder viel zu wenig und vielleicht gilt von diesen kleinen, durchdringenden und doch, zu Ende verfolgt, stets allereigentlichsten Emblemen, was bislang nur vom Größten galt: von der delphischen Sibylle, vom Wunder der Heiligen Nacht in der Missa solemnis, von den Anschlagungen unserer selbst in aller großen Musik, von den Urerlebnissen großer dunkler Dichtung, vom Faust und seiner, wie Goethe sagt, für den Verstand dauernd inkommensurablen Produktion, von allen diesen Gebilden kurz vor Tag, wie man sie von irgendwoher namenlos verstehen kann, in ihrer Frage als Antwort, in ihrer Antwort als Frage sich fast völlig bereits Genüge tuend. Gefühlt, gemeint ist hier jedesmal dasselbe, unser Leben, unsere Zukunft, der gerade gelebte Augenblick und die Lichtung seines Dunkels, seiner alles enthaltenden Latenz im allerunmittelbarsten Erstaunen. Unsere moralisch-mystische Sorge und Selbstvergewisserung an sich ist gemeint; irgend ein Überschuß, durch nichts äußerlich begründet, der Überschuß *moralisch-mystischer Existenzbedeutung an sich* eignet allen solchen Erlebnissen und nun gar erst allen schöpferischen Konzentrierungen symbolintentionaler Tiefe. Das gibt ihnen ihre ungeheuerliche Promiskuität gegen Zeit, Raum und Terminus, wundert hin durch diese Gebilde, in einem philosophischen Lyrismus letzter Grenze, der über allen Disziplinen steht, seelenhaft katexochen, erzimmanent und so selbst noch den Gestaltungen des Glaubens, der anderen Welt metareligiös überlegen, entlegen.

Will man hier trotzdem einigermaßen benennen, so bedenke man wohl, daß jedesmal auszustreichen ist, was eben erst gesagt wurde, damit sich nichts verfestige. Immerhin eben, das Dunkel lichtet sich gegen den Abend hin und seinen eigenen Morgen, im Staunen all dieser vag-scharfen Symbolintentionen. Von ihnen gilt, was William Butler Yeats von Shelley und seiner Symbolik schreibt, und wie notwendig das Boot, die Vision des Bootes ihn unablässig begleitete, das einen breiten Fluß zwischen hohen Gebirgen mit Höhlen und Türmen dahintreibt, dem Licht eines Sterns entgegen: »und ich meine, Stimmen werden ihm zugerufen haben, es gäbe für jeden eine Szene, ein Abenteuer, ein Bild, das das Gleichnis seines verborgenen Lebens darstellt, und daß dieses eine Bild, wenn er nur sein Leben lang darüber brüten möchte, seine von allem Wesenlosen und von der Ebbe und Flut der Welt befreite Seele in jene fernen Wohnstätten hingeleiten würde, wo die unsterblichen Götter alle jene erwarten, deren Seelen einfach geworden sind wie die Flammen, und deren Leiber ruhig geworden wie Achat«. Freilich, nicht nur für jeden verschieden und darin gleichsam nur psychologisch oszillierend, sondern auch sachlich fließen noch die Symbole; man muß also der Regel eingedenk sein, daß sie lediglich das eine Urwort ungefähr umkreisen, wie dieses wieder näher das noch unartikulierte Urgeheimnis umgibt, daß also die Symbole sich nicht etwa fest aneinander anschließen oder aufbauen zu einem sich plastisch ergänzenden Inventar moralisch-mystischer Symbolintentionen und ihrer Begriffe, ihrer Species. Sondern immer wieder erscheint quer durch alle Bedeutungen hindurch lediglich das Eine, Ungenannte, Unnennbare, die Ordnung *spiritualistisch* verwirrend, wie denn der echte Gnostiker Basilides gerade auch über den »Begriff« und die »Ordnung« des Urworts selbst zerstörend genug sagt: »Das, was unaussprechlich genannt wird, ist nicht unaussprechlich, sondern heißt nur so; aber das, wovon wir reden, ist nicht einmal unaussprechlich«; womit also vom Prinzip selbst her die schließliche Gestaltungs- und Weltförmigkeit, Hierarchiefähigkeit der ontischen Symbolinhalte verneint wird. Vor allem aber muß schließlich statt des noch irdischen Verhaftens an bloße Bilder des Draußen (ins Draußen, wenn auch vielleicht in eine oberes Draußen führend) das Bewußtsein von der *mystischen Seelenintensität an sich selbst* herrschen, die uns durch die Symbole lediglich nur anspricht, meint und das gelebte Inkognito selber lichten möchte; es erscheint also jene mächtige Ursymbolintention, allernächst und doch tief drinnen, visio vespertina und zugleich hellste Kapelle des Herzens, die Eckardt meint, im Sermon von der ewigen Geburt und dem einen verborgenen Wort, das inmitten in der Nacht kam, da alle Dinge in tiefer Stille schwiegen: »Seht, gerade weil es verborgen ist, soll und muß man hinter ihm her sein. Es erschien und war doch verborgen; es will, daß wir uns nach ihm sehnen und seufzen. Als Sankt Paulus in den dritten Himmel entrückt war, wo Gott ihm kund werden sollte, und er alle Dinge geschaut hatte und nun wiederkam, da war nichts von dem in ihm vergessen, nur war es für ihn so tief innen, in dem Grunde, daß seine Vernunft nicht dazu gelangen konnte: es war für ihn verdeckt; ganz und gar drinnen, nicht draußen, sondern durchaus innen. Und weil er des gewiß war, darum hat er gesagt: Ich bin sicher, daß mich weder der Tod noch alle Mühsal von dem zu scheiden vermag, was ich in mir finde. Hierüber hat ein heidnischer Meister ein schönes Wort zu einem anderen Meister gesprochen: Ich werde in mir etwas gewahr, das erglänzt in meiner Vernunft; ich empfinde wohl, daß es etwas ist, aber was es ist, das kann ich nicht erfassen; nur soviel dünkt mich: könnte ich es erfassen, ich wüßte alle Wahrheit. Da erwiderte der andere Meister: Wohlan, da halte dich herzu! denn könntest du das erfassen, so hättest du darin einen Inbegriff aller Güte und hättest ewiges Leben. In diesem Sinne äußert sich auch Sankt Augustinus: Ich werde etwas in mir gewahr, das meiner Seele vorspielt und vorleuchtet; würde das zur Vollendung und Stetigkeit in mir gebracht, das müßte das ewige Leben sein.« Freilich wiederum steht auch bei Eckardt, so kräftig er sogleich nun fragt: »Wo ist, der nun geboren ist, der König der Juden?«, die Lichtsubstanz noch sehr hoch, sehr entfernt im Raum, vom Subjekt und Wir hinweg zu dem übergotten Gott in die höchsten Tiefen gerückt, in schwindelnde Tiefen von Engelslicht, als welche doch das einzige Geheimnis, das Geheimnis unserer Nähe am wenigsten enthalten, erlösen können. Sondern der gerade gelebte Augenblick muß es sein, er allein, sein Dunkel ist das einzige Dunkel, sein Licht ist das einzige Licht, sein Wort ist der Urbegriff, der alles löst. Kein Erhabenes lebt, dessen Erhabenheit nicht dieses wäre, daß sie uns eine Ahnung unserer künftigen Freiheit übermittelt, eine erste Einmischung des »Reichs»; ja Messias selbst (in Kol. 3, 4), der Bringer absoluter Adäquation, ist nichts als das endlich aufgedeckte Angesicht unserer unaufhörlich nächsten Tiefe.

Ein Weiteres zur Adäquation des Staunens und die reine Frage

So sublim also auch der Zustand des Staunens, Ahnens hinausweist, so findet er doch unterwegs nicht nur in seiner »unbewußten« Intention, die sich aufs bloß nicht mehr Bewußte herabziehen läßt, sondern eben auch in seiner Adäquation, auf seiner Objektseite, allerlei täuschende Lösungen, die anhalten, die immer wieder stehende Formen ausbilden, den utopischen Überschuß in diesem unserem Dasein verschleudernd und nivellierend.

Aber man lehne endlich ab, sich, was man meinte, so kurz verlegen zu lassen. Der Hunger muß unbetrogen erhalten bleiben, er weiß nur, dies ist es nicht und jenes ist es nicht, was ihn stillt, aber was ihn letztlich stillt, kann er nur ahnen, ist noch nicht da. Gewiß ist zwar die Frage, wie man sich die Seligkeit vorstelle, so wenig verboten, daß sie im Grunde die einzig erlaubte ist. Indes auch diese Frage zielt bereits frivol und die Dämmerung aufheiternd auf ein Genanntes, Herangebrachtes, legt uns bereits auf ein schwaches, eingrenzendes Wort fest.

Das hat man nicht gewollt und schließlich auch nicht gefragt, man ertrinkt, all dies letzthin noch Fremde zu wissen. Wir stehen so klug da wie zuvor oder noch schlechter, denn unsere Sehnsucht ist nicht mit hineingegangen und doch ist eine falsche Sättigung gekommen. Alles war vorher so ganz anders, es waren Seufzer, Unruhe, Mondschein, Wind, das Ticken der Uhr, die Erzählungen des Alten um uns wie um Heinrich von Ofterdingen; jedoch was uns auch gegeben werde: wir bleiben stets noch draußen vor dem, was wir schaffen, der Maler geht nicht ins Bild, der Dichter ist nicht im Buch, im utopischen Land hinter den Buchstaben, und selbst das Mädchen, die blaue Blume, so deutlich sie von allen Schätzen unterschieden, fällt doch schließlich nur von außen, im Außen bleibend, dem Adepten in die Arme. Die Frage liegt so nahe, die wir sind, deren eines Wort in jedem Augenblick verschlossen mitzittert, überhell in dieser dunklen Kammer, im steil an uns aufragenden Selbstgebirge des Staunens: aber sucht man sie schon umrissen zu sagen, so wird sie unterwegs zugleich gebogen, unterschlagen, überschlagen, *zu Recht konstruiert*, in mannigfache Scheinrätsel des Draußen zerlegt, bis man sich schließlich, wie ein Käufer, der ganz andere Wünsche hatte, mit eilig Vorhandenem bepacken lassen muß, und der unentschiedene Wunsch selber ist vergessen. Man suchte das Wesen der Welt, und als man es hatte, war es Wasser oder später irgend ein Hohes und musiklos Feierliches, das nicht entfernt genug sein konnte, um gutes Gewissen zu geben und obersten Begriff. Ja, je höher die Kategorie lag, desto freudiger wurde das Jetzt aufgegeben, desto erlesener scheinbar erhob sich über der verwichenen, überschlagenen Nähe das Zeichen der Distanz; lauter Gegenstände, die uns nichts angehen, lauter selbstpräsentative Ideale, und Gott erst recht ein Gegenstand, der »oberste« Gegenstand, Natur »des höchsten Objekts«, wie im byzantinischen Staat. Der bedürftige Mensch wünscht nur das Eine, Fließende, Dunkle, Leidvolle, Urlichthafte in sich gelöst zu erhalten; und nun erfolgten die zahllos davon ablenkenden, lediglich durch Weltgegenstände, pure Kosmologie, Lösungsmöglichkeiten determinierten »Probleme« und Antworten: Druck und Stoß, die Urzeugung, die Entstehung der Arten, die catilinarische Verschwörung, die Sohnschaft Christi, dergestalt also, daß der Mensch, befindet er sich einmal nur auf den Stufen dieser subjektfremd beleuchteten, subjektfremd aufsteigenden Wissenschaft oder auch Ideenpyramide, die ursprüngliche, vom Selbsterstaunen bewegte Frage vergißt, ja der Welt-Enzyklopädie, bei entschwundenem Kläger, leichthin erlaubt, sich als Tag der absoluten Reife und allumfassenden Antwort auszugeben. Nicht anders auch geht das sinnlose Spiel mit dem »Welträtsel« und gar erst mit seiner »Lösung« weiter, die von offenen Denkern doch immer nur nahezulegen wäre, die aber noch jeder Philosoph bisher, die Urfrage zum bequemeren Buchproblem, ad hoc-Problem des Systembeginns zurückschraubend, in irgend einem monumentalen Terminus gefunden zu haben vorgab. Aber man begreife daran und halte fest: die Lösung zumindest kann sich wesensmäßig in keinem Buch und so wenig in einer irdischen Kirche als in irgend einer noch studierbaren Philosophie niederschlagen, wenn anders man endlich die recht verstandene Frage als absoluten *Ernstfall* konstituiert, der, einmal eingetreten, *nichts Geringeres als das unausweisliche Ende dieser Welt mitsamt ihren Büchern, Kirchen, Systemen bedeutet.* Kein irdischer Leser stünde mehr vom Studium dieser Metaphysik, dieser einzig dem Messias vorbehaltenen Metaphysik auf; er entdeckte sich sogleich in der Welt jenseits des Daseins, im Jerusalem der zersprungenen Zeit, verwandelt plötzlich in einem Augenblick und *als dieser Augenblick:* als seine zum offenbaren Himmelreich gewordene dunkle, tiefe, gotische Stube, Existenzialität und Latenz. Aus diesem Grund steht letzthin allein dieses zur genauen ontischen Diskussion: die Frage nach uns zu fassen, rein als Frage, nicht als konstruierten Hinweis auf eine verfügbare Lösung, *die ausgesagte, aber unkonstruierte, an sich selbst existente Frage*, um ihre reine Aussage an sich zu fassen als erste Antwort auf sich selbst, als allertreuste, unabgelenkte Fixation des Wirproblems.

Einer vor allem hat hier das bloße Äußere hinter sich gelassen, denkt in das hinein, was uns angeht. *Kierkegaard* allein hat hier das letzthin Fremde hinter sich gelassen, ist der uns zugeborene Hume, wie er ungleich anders, bedeutungsvoller als dieser aus dem dogmatischen Schlummer erweckt. Wir sind, das allein ist die Sorge, wo es um wahrhaft Gründliches geht, durch das Fenster sieht man auf die Straße, aber im versilberten Glas, nur im Spiegel sieht man sich selbst. Nur im Trüben, Schillernden des da-Seins, das sich fühlt und inne werden will, ist man zusammen mit dem wahrhaft Unendlichen, mit dem Unmittelbaren, aus dem uns allein die Wahrheit entgegenblickt: diese ist sittlich, ist Charakter, »aber das Meer«, sagt Kierkegaard, »hat keinen Charakter und der Sand hat auch keinen und abstrakte Verständigkeit auch keinen, denn der Charakter ist eben die Innerlichkeit«. Und: Kein Objekthaftes soll man sich gar aus Gott machen, sondern dieses eben ist heidnisch und pure Ablenkung zu Irrlicht und falscher Weite; auf den verworfenen Eckstein kommt es allein an und auf die allerchristlichst schmale Einsicht Eckardts: »Was nicht der Himmel der Himmel umschloß, dies liegt jetzt in Mariae Schoß.« Nur das Erkennen, lehrt Kierkegaard, das sich wesentlich zu unserer Existenz verhält, ist wesentliches Erkennen, existentielles Pathos, demgegenüber die ganze entäußerte, leidenschaftslos systematische Prozession nichts als lügenhaftes, wohlfeiles sich Herausprozessieren aus dem Unmittelbaren bedeutet, aus dem uns die Wahrheit auf Herz und Nieren ansieht; oder wie Kant dieses rein existentielle Pathos verwandt formuliert: »Gott und die andere Welt ist das einzige Ziel unserer philosophischen Untersuchungen, und *wenn die Begriffe von Gott und der anderen Welt nicht mit der Moralität zusammenhingen, so wären sie nichts nütze.*« Kierkegaard wie Kant meinen so die Kraft zum Kern hin, wie er freilich nicht fest und rund hinter den Schalen zu liegen braucht, mit süßem Geschmack, sondern selber nur erst voll verworrener, mit dem Dunkel des gelebten Augenblicks selbst verflochtener Utopie. Und diese Kraft mag sich endlich darin bewähren, daß sie auch die Fassung der unkonstruierbaren Frage beschwörend intensiviert, als Subjektmagie des Subjekts auf sich selbst, auf das Phänomenale seiner Freiheit: mit einem neuen inneren Evidenzbegriff, der sich durchaus nicht davor hütet, erbaulich sein zu wollen, der den endlich erwachten Willen zum Menschengeist statt zur Welt und ihrem Weltgeist innehat, der seinen Primat von praktisch-mystischer Vernunft auch noch und gerade in den höchsten Höhen der Metaphysik bewährt.

Nochmals das Dunkle (des gelebten Augenblicks) und seine wechselseitige Anwendung auf das Staunen

Man sah, wir haben zunächst nichts, weder außen noch innen, das sich jeweils an sich festhalten ließe. Darum bleibt uns so schattenhaft, nichts Gelebtes sogleich zu erleben, wobei stets doch das Jetzt, an dem wir einzig »sind«, poltert und spukt.

Es ist nicht leicht etwa, einen Punkt, von dem man absichtlich wegsehen soll, dennoch aufmerksam zu beobachten. Dem ist verwandt, aber noch weit schwieriger, das jeweils Augenblickliche aus dem Zustand der melancholischen Schattenhaftigkeit seines da-Seins herauszuholen und ohne Schleier gegenwärtig zu besitzen. Da ist nicht etwa nur eine bloße Schwäche: gewiß, ganz unmetaphysisch, es finden sich genug, die überhaupt nicht leben können, den Anderen lediglich zusehen oder sich an Bildern, Berichten von Erlebnissen schadlos halten, wie sie sie selber nie haben könnten und so sich ersetzen lassen müssen. Hier aber ist vom *Dunkel des Erlebens selber* und gerade des starken und völlig potenten Erlebens an sich die Rede, das sich so schwierig nur fassen läßt, dessen Vorhang mit tausend Falten ins Bewußtsein hereinschlägt und es verhüllt. Hier wirkt die Klage, nichts erleben zu können, als was bereits vergangen ist oder erst heraufkommt, wobei das Kommende dem dunklen Ich wenigstens noch näher steht, indes das »Leben« selber, als Summe seiner Augenblicke gefaßt, ins Unwirkliche dieser Augenblicke zerfließt.

Wir wissen so überhaupt nicht, was überhaupt nur »ist« oder gar, wer wir »sind«; wenn etwas spukhaft ist, so ist es der, der sich den vorstellen will, der vorstellt. Hier trifft alles zunächst zusammen und geht durcheinander im Jetzt, das gerade erlebt wird. Erst indem es gerade vergangen ist, sahen wir, läßt sich das Erlebte vor sich hinhalten, und es ordnet sich räumlich, in der angeschauten Form seines Zugleich, wie es gleichsam aus dem Fluß herausgefallen ist, halb noch bloß erlebniswirklich und halb bereits Nebeneinander von still gewordenen Inhalten. Wird das Vergangene im großen Stil als solches anerkannt, als Welt des nicht mehr Bewußten, als Welt unabhängig vom erlebenden, auffassenden Subjekt, so ist diese, wie gleichfalls bereits deutlich wurde, das Objekt der Einzelwissenschaft. In der halb geordneten Erlebniswirklichkeit war der Raum als bloße Anschauungsform des *Zugleich* noch eine Enklave der Zeit, rückwärts wie vorwärts von dieser als der Anschauungsform der *Lebendigkeit* umgeben: die Geschichte hält dieses auch noch etwas bei, sie kennt ein, obzwar bloß aufgereihtes Nacheinander von Wirkungseinheiten; in der Physik dagegen, dem Muster einzelwissenschaftlicher Begriffsbildung, ordnen sich die Gegenstände in ein solch eigen unhistorisches Feld, daß hier die Zeit selber nur als eine Art Raumdimension figuriert. Erst die Geschichtsphilosophie, auch das Gewesene neu bewegend, utopisch überholend, setzt wieder die Zeit, die Anschauungsform, Wirkungssphäre aktiver Lebendigkeit zentral; und der Begriff der Hoffnung, die Wertphilosophie, wenn sie ein stilleres Zugleich kennt, ein »Räumliches« von Sammlungen, Gestalten, Kategorien, Sphären, so sind diese allesamt schließlich zentriert um das *wahre Zugleich*, um den fernnahen »Innenraum« absoluter Lebendigkeit und Existentialenthüllung, worin erst das Jetzt sich erhellte. Weil aber das Ist, Jetzt oder die – Verwirklichung bereits erlebniswirklich so schwierig nur zu sehen oder auch einzelwissenschaftlich zu überblicken ist, deshalb gilt der Prophet nichts im Vaterlande, deshalb erscheint sich jede Zeit selber als schlecht und bloße Zivilisation, deshalb auch ist der Historiker so peinlich von dem selber wieder Gegenwärtigwerden des Geschichtslaufs, dem Decrescendo zur »Aktualität« im Geschichtssystem ausgeliefert, ohne daß sein politisches aus seinem historischen Urteil gelernt zu haben braucht. Was also mitten zwischen Erinnerung und Prophetie liegt, wir selbst, die sich bewegende, hindurchschwimmende Mitte der Zeiten, auf der wir uns in jedem gelebten Augenblick befinden, ist ein Schatten, der verborgene Keim, das fließende, halbe sich Beziehen des Bewußtseins als Erlebniswirklichkeit, ein bloßes, blindes, in sich versunkenes, indirektes Affiziertsein, eine dunkle Insel, auf der trotzdem ebensowohl der ganze Antrieb der Bewegung der Welt wie auch, nach dem sich selber Halten, Anhalten der Bewegung, also nach ihrer Beschwichtigung, der eigentliche Seinzustand, die eigentliche Realität und Logizität der Welt verborgen zu sein scheint. Die Selbstanschauung des Ich ist aber nur deshalb ein Problem überhaupt, weil bis zur Stunde des Prozesses, des »Weltprozesses«, des Drehungs- und Objektivierungsprozesses katexochen, noch kein sich vor-sich-selbst-Stellen, sich-selbst-über-sich-hinaus-Drehen, sich selbst Begegnen und totaleres Reflektieren irgend eines gelebten Augenblicks gelang; noch keine Konzentrierung des bloßen halben Bewußtseins zum identischen Selbersein, erlangten Sein überhaupt.

So begreift sich, daß selbst dieses noch, daß wir Menschen sind, nur eine uneigentliche Form darstellt, vorläufig genug anzusehen. Wir haben kein Organ für das Ich oder Wir, sondern liegen uns selbst im blinden Fleck, im Dunkel des gelebten Augenblicks, dessen Dunkel letzthin *unser eigenes Dunkel*, uns Unbekanntsein, Vermummt- und Verschollensein ist. Wie denn alles Zerfließende darin aus dem derzeitigen Zustand des Subjekts herstammt als der noch zerstreuten, ungesammelten, dezentralisierenden, wenngleich nie abreißenden Funktion des Bewußtseins überhaupt. Dieses aber wirkt entweder rein punktuell indirekt, als eigentliche Augenblicklichkeit, oder, wenn es dem Dabeisein näher kommen will, räumlich, sphärisch indirekt, so daß das Bewußtsein des zerstreuten Subjekts prinzipiell nur die Vergangenheit und ihre Gesetze erreicht, ohne sich jemals in die fließende Zukunft oder gar in die große Gegenwärtigkeit, ebensowohl verwirklichend wie mit einem sich Verwirklichenden zusammentreffend, begeben zu können. Wohl aber – *entscheidend wichtig* – ist die *Zukunft*, der *Topos des Unbekannten in ihr*, worin wir allein vorkommen, in dem allein auch, neuartig und tief, die Funktion der Hoffnung blitzt, ohne die öde Reprise irgendeiner Anamnesis – selber nichts anderes als *unser vergrößertes Dunkel, als unser Dunkel in der Ausgebärung seines Schoßes, in der Vergrößerung seiner Latenz*. Nicht minder, wie in allen Objekten der Welt, in dem »Nichts«, um das sie gebaut sind, jene Dämmerung, Latenz, jenes essentielle Erstaunen herrscht, worin sich Abstand und dennoch merkwürdiges »Dasein« der in Blätter, Tiere, Basaltstücke verschlagenen, verschlossenen Goldkeime mischt; *wonach eben das Ding an sich selber allenthalben dieses ist, das noch nicht ist, das im actualiter Dunklen, Blauen, im Herzen der Objekte treibt*. Und auch Gott darin muß nicht etwa für uns nur sichtbar werden, um zu sein, so daß sich der ganze Weltprozeß eleatisch zu einer Bewegungsbeziehung zwischen zwei »getrennten« Realitäten reduzierte; sondern auch Gott – als das Problem des radikal Neuen, absolut Lösenden, als Phänomenale unserer Freiheit, unseres wahren Gehalts – hat sich in uns nur als schattenhaft Geschehendes, objektiv Ungeschehenes, nur als ein Zusammensein von Dunkel des gelebten Augenblicks und unabgeschlossenem Selbstsymbol der absoluten Frage inne. Das bedeutet: der letzte, echte, unbekannte, übergotte Gott, unser aller Enthüllung, »lebt« auch jetzt bereits, obzwar er nicht »gekrönt«, nicht »objektiviert« ist; er »weint«, wie einige Rabbinen von Messias sagten, auf die Frage, was er tue, nachdem er nicht »erscheinen« und erlösen kann; er »west in unser aller Tiefstem als »ich bin, der ich sein werde«; als »Dunkel, des gelebten Gottes«, als Dunkel vor seinem sich Haben, vor seinem endlich aufzudeckenden Angesicht, vor Ausgang aus dem Exil des wahren Wesens selbst.

Nun scheint es, ja wird gewiß, daß gerade das Hoffen dieses ist, in dem sich das Dunkel lichtet. Das Hoffen ist in dem Dunkel selbst darin, nimmt an seiner Unsichtigkeit teil, wie Dunkel und Geheimnis sich jederzeit verwandt sind, es droht zu verschwinden, wenn es allzu nahe, allzu steil in diesem Dunkel aufragt. Wir erzittern als Hoffende, Erstaunende, es überrieselt uns, und das Volk pflegt zu sagen, daß in diesem Augenblick ein Mensch über unser zukünftiges Grab gehe; in der Tat aber tritt, sofern wir die echte Frage daran erleben, ein Wort an den innersten Herd unseres und darin allen da-Seins heran, geht über unser letztes Ich. Das Dunkel der Nähe verstärkt dabei zwar noch das Dunkel des Geheimnisses, das freilich eben nicht so dunkel schiene, wenn es nicht das Dunkel der Nähe zutiefst an sich selber wäre; so sieht der »träumende« Epimetheus in Goethes Pandora wenig mehr, erkennt die Hoffnung, Elpore, das unbedingte Ja nicht wieder, tritt sie ihm allzu nahe, und erst in einigem Abstand wird die nicht zu Fassende hörbar, als Aufleuchtung des in aeternum non confundar. Aber ganz eben steht das Geheimnis nie im Dunkel, als welches es vielmehr zu lösen berufen ist; *so erweckt sich das Dunkel des gelebten Augenblicks in der Resonanz des überrieselnden Staunens* und bringt seine Latenz sich zur beginnenden »Sichtbarkeit«, zum Genuß und Überreichtum der Wir-Betroffenheit. Vielerlei mithin weist derart auf den wechselseitigen Zusammenhang von Dunkel und Staunen der Frage hin: zunächst negativ, sofern beide niemals selbst zu sehen sind, also letzthin unobjektiv bleiben, und dann positiver, sofern beide nicht nur formal das Novum an sich in der Welt darstellen, sondern auch material dasselbe Wir meinen, die gleiche Gegenstandsbeziehung auf die herauszugrabende Subjektivität und unser moralisch-mystisches Inkognito innehalten. So nahe berühren sich Dunkel des gelebten Augenblicks und Wesen der unkonstruierbaren Frage, daß gerade die Symbolintentionen zentraler Art ebensowohl halb unsichtbar bleiben, an der Steilheit des aktuellen Gesichtswinkels teilnehmend, wie sie imstande sind, den Sehnenden, Staunenden der allernächsten Latenz in uns mindestens die Wegrichtung, die Richtung des zentral betreffenden »Existenzwortes«, des Paßworts zur Wirenthüllung insgesamt abzustecken. Es bereitet sich darin zur Überfahrt in das letzte Antworten, in das uns selbst Essen, in uns selbst Auferstehen, sich selbst Rezitieren des einzigen Themas, in ein völlig erlebtes, mit seinem Kern adäquiertes Eingedenken, in ein intensiv und darin einschlagend objektiviertes Gegenwärtigsein von Person und beginnend gelichteter Frage.

Daran also unweigerlich hält sich das gedachte Hoffen fest, hebt sich gerade aus dem Jetzt und seinem Dunkel in sich selbst hinein. So erst wirft das Denken des Herzens seinen Lichtschein voraus in das wetterleuchtende Land, das wir alle sind, in dem wir alle treiben, in das wir endlich entscheidend einbrechen, unserer Ankunft, unserem Lösewort entgegenhörend. Hier ist nicht bloß neuer Weg ins alte feste Wirkliche, sondern das Wirkliche selber zeigt sich aufgebrochen, nach dorthin, wo der Fundus intimus endlich in allem Zentrum erscheint; und wie im Märchen und der erloschenen Epopöe geht der Mensch, unendlich viel kräftiger als er selbst, wieder in die unbekannte Welt, in die Abenteuer eines sich bis ans unbekannte Ende ausdehnenden Seelenraums. Erst recht aber ist die philosophische Erkenntnis, die hier gemeint ist, Lampe, die in Edelstein verwandelt, Ankunft des Ministers in den Gefängnissen des demiurgischen Pizarro. Ist Tun des großen Werks, des Lebenswassers, des Erlösungsworts; magischer Idealismus aus Gründen des im Haupt aller Dinge wartenden Wahrtraums, der unkonstruierbaren Frage, ihres Dings an sich: daß dieses also ist, was noch nicht ist, was letzte Zukunft, endlich echte Gegenwart ist, sich in Existenz befindliches Selbstproblem, noch unbekannte, unfertige Utopie. Wiederum auch zeigt sich das Denken der Philosophie zum Mythos hingewendet, zu einem anderen als bisher, zu dem letzten vor der großen Biegung, zu jenem Mythos an Utopie, der die Juden wie die Philosophen wesensmäßig seit Urtagen bewegt hat, der sie beide, die unruhigen Verehrer des unsichtbaren Gottes, der schlechthinnigen Absolutheit, stets aller Theologie vom fertigen, bildhaften Faktumsein verdächtig erscheinen lassen mußte. Wer der Wahrheit nach will, muß in diese Monarchie: aber nicht, als ob das geheime Fach in jedem Objekt noch pompöse Entrollungen und Dokumente enthalten müßte, wie in früheren Zeiten, wo eine riesenhafte Emballage noch mit aller Tiefe mitgegeben war und dieser – Götter, Himmel, Mächte, Herrlichkeiten, Throne – als wesentlich gehalten wurde. Sondern schlafend, lautlos kam Odysseus nach Ithaka, gerade nach Ithaka kam er schlafend, jener Odysseus, der Niemand heißt, und in jenes Ithaka, das eben die Art sein kann, wie diese Pfeife da liegt oder wie sich sonst ein Unscheinbarstes plötzlich gibt, daß das Herz stockt und das stetig Gemeinte sich endlich anzublicken erscheint. So fest, so sehr unmittelbar evident, daß ein Sprung ins noch nicht Bewußte, ins tiefer Identische, in die Wahrheit und das Lösewort der Dinge getan ist, der nicht zurückgeht; daß mit der plötzlich letzten Bedeutungsintention des Beschauers am Objekt zugleich das Gesicht eines noch Namenlosen, das Element des Endzustands, allenthalben eingebettet, in der Welt auftaucht und diese nicht mehr verläßt.

Aus der Begriffsgeschichte des (doppelsinnig) »Unbewußten«

Der glimmende Schacht

In uns sinkt leicht etwas ab und schwindet. Das Merken läßt nach, verliert, verdunkelt sich. Mehr als ein Drittel unseres Lebens sind wir flacher oder tiefer bewußtlos, nämlich schlafend. Und das wache Bewußtsein ist so eng, daß kaum drei deutliche Vorstellungen zugleich in ihm Platz haben. Auch sie sind dabei schwächer oder stärker bewußt, je nach der Aufmerksamkeit, die sich auf sie richtet. Vor allem zeigt dasjenige, was man Auftauchen der Vorstellungen nennt, auf ein dunkleres Unten, woraus sie auftauchen. Dennoch hat es lange gedauert, bis auch nur diese untere unbewußte Gegend in uns entdeckt war. Auch wo sie bemerkt wurde, erschien sie nicht als seelisch, diese wenig geheure Nacht wirkte nicht menschlich. Das beginnende griechische Denken, bei den sogenannten sieben Weisen, hielt sich darum die nächtige Seite fern. Lebte und schäumte doch in ihrem Unten auch der kopflose Trieb, der nur zu Heullauten, nicht zu deutlichen Worten, also ruhigen Vorstellungen fähige. So lag hinter der Schicht, die das jeweils Vergessene birgt, noch eine sehr viel ältere, und diese als Sumpf. Sein trunkenes, orgiastisches Gehabe in uns erschien eines besonnenen Mannes unwürdig, er gibt sich auch denkend damit nicht ab. Sogar Heraklit, dem Qualm fern, dem Feuer nahe, lehrte, die trockene Seele sei die weiseste und beste. Nicht der Schwalm von unten, sondern nur die Welt der Wachenden macht menschlich gemeinsam. Gar das blicklose Rasen kam, wie man glaubte, aus einem anderen Zustand als dem, der den entdeckten Menschen enthielt. Das dämonisch Unbewußte war so nicht eines des Menschen; überkam es ihn, dann nur als Besessenmachendes von außen. Jeder seelische Vorgang war bewußt, und war er es nicht, so galt er nicht als seelisch.

Ja selbst dieses, daß es überhaupt bewußtes Leben gibt, wurde erst spät bemerkt. Ein Wahrnehmen des Wahrnehmens und so fort ist dazu nötig, soll heißen, ein Achten darauf. Sind keine bewußten Vorgänge eigens bemerkt, dann auch keine Löcher in ihrem Gewebe. Also geht der gewußte Bezug auf *bewußtes* seelisches Leben jedem auf *unbewußte* Lücken sinngemäß vorauf. Das Erkenne dich selbst begann auch psychologisch bei Sokrates, zugleich hat er als erster in seinem Inneren eine »dunkle« Stimme zu hören geglaubt und angegeben. Eine warnende oder ratende, ein persönliches Orakel, wie Xenophon dies »Daimonion« nannte. Es ist also gar kein fremdes Rasen von außen her, aber auch keine fremde, nämlich göttliche, Eingebung von oben her. Magischer zurück greift Platon, doch zugleich auch weiter in die Lücke des Bewußtseins. Er spricht von der »Mania«, dem holden musischen Wahnsinn, der das Auge erst verdunkelt, damit es hernach schöner sieht. Platon unterscheidet diesen Wahnsinn von der Besonnenheit und nicht durchaus zu deren Gunsten; denn alles vom Eros Ergriffene verfällt ihm, spricht aus der Verzückung. So sagt Platon im Phädros (245 A): »Die von den Musen herrührende Verzückung vermag, wenn sie eine zarte und unbefleckte Seele zu Gesängen und anderen Arten der Dichtkunst entflammt, ... spätere Geschlechter zu belehren. Wer aber ohne den Wahnsinn der Musen sich den Pforten der Dichtkunst nähert und meint, er sei durch sein Talent ein Dichter geworden, der bleibt unvollkommen und seine Dichtung, als eines Besonnenen Werk, wird von der des Wahnsinnigen verdunkelt.« Auch hier aber ist der Wahnsinn, obwohl »göttliche Beseitigung des gewöhnlichen Zustands«, durchaus im Subjekt; Platon ist nirgends Schutzpatron des orgiastischen Enthusiasmus, das heißt wieder: der aus dem Menschen herausgerückten, ihm von außen bewirkten, vernunftfliehenden Besessenheit. Die berühmte »Regressio« der »Anamnesis« (Lernen ist Wiedererinnern an das vor der Geburt Geschaute) ist erkenntnistheoretisch, nicht psychologisch. Dennoch, obwohl nach Platon die Seele des Philosophen gewaltig befiedert ist, ist sie doch auch als Seele, nicht nur als Wissen mehr befiedert von gewisser Erinnerung als von ungewisser Hoffnung. Derart rückverbunden blieb das Unbewußte auch späterhin, ja das desto näher, je mehr außer dem entstandenen Bewußtsein vom Bewußtsein auch das eigentliche Selbstbewußtsein in den Blick trat. Aristoteles, bei dem sich überhaupt der *Begriff* Bewußtsein erst findet, als Reflexion der Wahrnehmung auf sich selbst (aisthesis aisthēseos), hat – in seiner Bestimmung des menschlichen Selbst als Vernunft – immerhin eine leidende, passive Vernunft ausgezeichnet. Diese ist zwar keinerlei Daimonion oder gar göttliche Mania, ganz im Gegenteil, wohl aber ein »Anlage-Geist« (dynamei nus), der trotz der »leeren Tafel«, die er als bloße Möglichkeit darstellt, doch alle Wirklichkeiten der aktiven Vernunft potentiell in sich enthält. So steht unter den mancherlei anderen Bedeutungen dieser leidenden Vernunft zweifellos auch die eines relativ Unbewußten – und zwar, richtunggebend für die spätere Zeit, eines Unbewußten, das ausschließlich unterhalb des bereits gekommenen Bewußtseins rangiert. Wieder weg von Aristoteles, wieder hin zur Mania Platons, religiös geworden, führte nun, am Ausgang des antiken Denkens, der Neuplatonismus, vorzüglich Plotin. Die Flucht des Privaten aus immer roheren gesellschaftlichen Verhältnissen, wie sie bereits seit dem Ende der griechischen Polis in der Stoa begonnen hatte, kulminiert hier mystisch: als Selbstversenkung. Plotin war auch in der Bestimmung des Bewußtseins weit über Aristoteles hinausgegangen; es ist hier nicht mehr nur Reflexion der Wahrnehmung, sondern Reflexion des Selbst auf sich selbst (synaisthesis autēs). Zugleich aber mehrte sich dadurch wieder die Lücke, durch welche Unbewußtes gerade mystisch erblickt zu werden schien. Nämlich in der »haplosis«, dem gründigst Einfachen, also Konzentrierung auf den Punkt, wo das Selbst mit »Usia«, dem »Ursein« sich mystisch berührt; dort setzt das Bewußtsein aus. Dem entsprechend, daß auch das Ursein im höchsten Punkt seines Lichtwesens wieder ins Dunkel zurückschlägt, in ein unaussagbares, dem nur die äußerste Regressio vom Bewußtsein gemäß ist. »Was über dem Sein steht«, lehrt derart Plotin, »steht auch über dem Denken; somit ist es nicht ungereimt zu behaupten, daß das Unreine sich selbst nicht kennt, weil es als Ureinfaches nichts hat, was es erkennen könnte. Aber auch die Geschöpfe können es nicht erkennen; denn es verleiht ihnen Besseres und Erhabeneres als die bewußte Erkenntnis« (Enneaden V, 6). So liegt hier also das Unbewußte (verdoppelt um das ebenso Ungewußte, Unaussagbare, Unerkennbare) schlechthin in der Versenkung, nämlich in jenem Oben, das in Wahrheit ebenso Tiefe des Unten sein soll. Das Unbewußte war dadurch außerordentlich betont, doch es war gleichfalls mystisch versiegelt. Unter wie über dem Bewußten, in orgiastischen Krämpfen wie in der geschulten Schau, gähnte es als doppelter Abgrund. In Plotin bestimmte das Ursein, die Usia als so vollkommen Unbewußtes, daß aus ihm, da es schließlich das Höchste ist und gerade das Höchste im Menschen sich darauf bezieht, überhaupt kein Weg zum Bewußtsein möglich wird. Alles Bewußtsein kommt nur in dem Tropfen Welt vor, der aus der total unbewußten Urfülle herabgeronnen ist; mit seinem Einfachwerden, also Wesentlichwerden erlischt das Bewußtsein davon. Für Heraufkommendes, das eben deshalb anders unbewußt, nämlich dem Licht voraufdämmernd sein könnte, war in diesem Weltbild kein Platz, so wenig schließlich wie im ganzen antiken und danach im mittelalterlichen. Augustin, gewiß, bei ihm öffnete sich in einer deutlich zerspringenden, deutlich übergehenden Gesellschaft der Blick auf Zukunft, zusammen mit größter Erwartung. Doch der Weg nach vorwärts ist durch die feste, schon von vornherein im Bewußtsein liegende Bestimmtheit der hier zu erwartenden Inhalte ein seelisch wie theoretisch beschlossener. Also dämmert auch hier im Bewußtsein nichts wesentlich Neues, oder: das Dämmern eben bleibt Besinnen auf längst Offenbartes. Augustin hat das Sokratische Erkenne dich selbst bis zu einem wahren Pathos (Leiden) der entzweiten Innerlichkeit vertieft, auch ist sein Ursein, zum Unterschied von Plotin, keineswegs Ende des Bewußtseins. Auch findet sich eine Fülle halb unbewußt-unruhiger Vorgänge, aus besonderer Selbsterfahrung, nämlich Konfession, beschrieben. Ja alle Vorgänge in uns müßten als unbewußt, nämlich ungewußt gelten, worauf sich die intentio animi, diese von Augustin entdeckte Willens-, also Aufmerksamkeits-Richtung des Bewußtwerdens, nicht richtet. Dennoch war genau diese Willensrichtung bei Augustin – wie vor ihm, mutatis mutandis, bei Sokrates, Platon, Aristoteles, Plotin – auf Abgründe einer göttlichen Beschlossenheit, Geschlossenheit beschränkt. Nur von ihnen her oder auf sie hin hat sich die Ahnung eines Unbewußten, die Tätigkeit des Bewußtwerdens orientiert. »Die Grenzen der Seele kannst du nicht ausfinden, und wenn du jede Straße abschrittest, so tief Sagbares (logos) hat sie«: diesen Satz Heraklits (fragm. 45) hat die Antike zwar halb erfahren und erläutert. Doch noch nicht seinen anderen dunklen Satz (fragm. 115): »Der Seele ist das Wort eigen, das sich selbst mehrt«: denn darin keimt, auch nach vorwärts lange vereinsamt, die Notiz eines psychisch Hinzukommenden, Neuen. Und wie erst in dem anderen Satz (fragm. 18): »Wenn man es nicht erhofft, wird man das Unverhoffte nicht finden«; – stärker und unverstandener hat kein Paradox ein Noch-Nicht auch psychisch in Gang zu bringen versucht. Die »Versenkung« dieses Blicks deutet selbst den verschiedenen psychologischen Dämmerungsbegriffen der Neuzeit vorauf.

Leibniz, Differentialien, petites perceptions

Die Seele denkt zwar immer, aber sie ist wechselnd hell. Das wurde auch im neueren Denken sogleich betont, obwohl es ausschließlich als bewußtes einsetzte. Für Descartes gibt es gar kein seelisches Leben außer bewußtes, freilich mit Graden. Er gesteht daher: obwohl die Seele (res cogitans) immer denkt, so hat sie doch nicht immer Erinnerung daran. Es gibt Pausen, die Gedanken selber sind nicht alle gleich klar und deutlich. In dieser Beobachtung erneuerte sich eine Unterscheidung, die Jahrhunderte vorher der Scholastiker Duns Scotus gesetzt hatte: die zwischen verworrenen und klaren Ideen. Duns Scotus hatte den Willen, nach dem Vorgang Augustins, als supremus motor gelehrt, er gab ihm den Primat vor der Vorstellung, und dieser Primat wirkte sich psychologisch derart aus, daß der Wille die »undeutliche Vorstellung« (phantasma confusum) zu einer deutlichen intensiviert, wenn er seine intentio oder Aufmerksamkeit auf sie richtet. Das Unbewußte ist die cogitatio prima, das heißt der erste, verworrene Bewußtseinsinhalt, auf welchen eben die willenhafte Aufmerksamkeit mehr oder minder zur Erhellung, zur Verdeutlichung einwirkt. Descartes nun hat die Graduierung dieser Deutlichkeit von Duns Scotus übernommen, Leibniz außerdem den Bezug auf mehr oder minder starke intentio, Intensität hinter den verschieden hellen Vorstellungen. Freilich hatte Descartes die Pausen, die Lücken, erst recht die »Trübungen« (perturbationes) des Bewußtseins ausschließlich auf körperliche Einwirkungen zurückgeführt, auf Störungen der »res cogitans« durch die »res extensa«. Trübungen in der res cogitans, der an sich grundhellen, gibt es hier nicht; die verworrene Vorstellung und was von ihr weiter ins Undeutliche abwärts reicht, gehört nach Descartes einzig dem körperlichen Einfluß auf die Seele an. Aber hier nun geschieht der epochemachende Fortschritt der Leibniz'schen

Psychologie über die Descartes'sche hinaus: daß Leibniz auch in der cogitatio, dem Bewußtsein selber, intensitätsschwache, also undeutliche Vorgänge notiert. Er hat damit zugleich, auf völlig neue Weise, die Aristotelische Lehre von der leidenden Vernunft verwendet, diese erste Andeutung eines relativ Unbewußten unterhalb des vorhandenen Bewußtseins. Das Werkzeug, womit Leibniz das dergestalt Unterbewußte bloßlegte und so wissenschaftlich zuerst an die Welt brachte, war allerdings durchaus unantik, auch epatant genug: es war die – Differentialrechnung. Der Begriff des Unbewußten – im nun erreichten Sinn des Unterbewußten – wurde aus der Methode des Infinitesimalkalküls geboren. Genauer, aus dem Prinzip, das dieser Methode zugrundeliegt, aus dem Prinzip der Kontinuität, wonach sich alle Zustände der Welt, also auch die seelischen, stetig zunehmend aus den kleinsten, schwächsten, dunkelsten ohne Sprung entwickeln. Auf die Vorstellungen angewandt kam so eine stetige Creszenz aus kleinen und kleinsten Zuständen des Bewußtseins heraus, also unterbewußter Vorstellungen in seinem Grund. »Petites perceptions« als Differentialien des Bewußtseins, nach einem späteren, freilich nicht-psychologisch gezielten Terminus Maimons: das bedeutet die Geburt des Begriffs Unterbewußtes aus dem Geist der Differentialrechnung.

Des Näheren sieht das folgendermaßen drein: Die Seele denkt durchaus nicht immer, sie träumt auch und schläft. Dieses ihr weniger, ja fast verschwunden Starkes und Helles zu begreifen, dazu eben diente das Denken des Unendlich-Kleinen, das mit dem Fast-Nichts anhob. Das Unendlichkleine, Infinitesimale hatte mechanisch die Berechnung der in jedem Augenblick wirkenden Kräfte ermöglicht, vor allem der in den kleinsten Teilen der Bewegung wirkenden. Nun aber wandte Leibniz dies bereits bei Galilei beginnende Verfahren, »einfachste« Vorgänge der Bewegung betreffend, psychologisch an; also auf die Schwach-Stark-, Klein-Groß-, Dunkel-Hell-Reihe des Vorstellens. Und wie, infinitesimal gesehen, Ruhe eine unendlich kleine Geschwindigkeit ist, so ist – mutatis mutandis – Unbewußtes (Unterbewußtes) ein unendlich kleiner Teil von Bewußtsein. Aber die res cogitans, das Psychische wird dadurch nicht verlassen, wie in der Descartes'schen »perturbatio«, sondern bleibt bis in die vegetativste Schicht, bis noch tiefer erhalten. So bemerkt Leibniz im Vorwort zur »Theodizee« gegen die Cartesianer: »Sie irrten darin, daß sie die Vorstellungen, deren man sich nicht bewußt wird, für nichts rechneten. Denn durch die Erfahrung lernen wir an uns selbst einen Zustand ohne Erinnerung und deutliche Vorstellung kennen, so in Ohnmacht oder tiefem, traumlosem Schlaf. Daraus folgt aber keineswegs, daß die einfache Substanz dann ohne jede Vorstellung sei; das ist nicht einmal möglich, sie ist nichts anderes als ihr Vorstellen. So muß, weil man beim Erwachen aus der Betäubung sich seiner Vorstellungen bewußt wird, man auch unmittelbar zuvor Vorstellungen gehabt haben, wenngleich man sich ihrer nicht bewußt ist; denn eine Vorstellung kann auf natürlichem Weg nur aus einer Vorstellung entspringen. Daraus erhellt: daß, wenn wir nichts Bestimmtes oder sozusagen Hervorgehobenes und stärker Anregendes in unsern Vorstellungen hätten, wir uns immer (und immer nur) in der Betäubung finden würden, wie dies der Zustand der einfachen Monaden ist.« Und in der Vorrede der »Nouveaux Essais«, hinsichtlich der petites perceptions selber: »Es gibt gar viele Anzeichen, daß es in unserm Inneren jeden Augenblick eine Menge von Perzeptionen gibt, ... deren wir uns nicht bewußt werden, weil diese Eindrücke entweder zu schwach und zu zahlreich oder zu gleichförmig sind, so daß sie im Einzelnen keine hinreichenden Unterscheidungsmerkmale aufweisen. Nichtsdestoweniger können sie im Verein mit anderen ihre Wirkung tun und sich in der Gesamtheit des Eindrucks, wenigstens auf verworrene Weise, geltend machen.« Leibniz weist hier auf das Meeresgeräusch hin, das man doch nicht hören könnte, wenn man nicht unterbewußt das Geräusch der einzelnen Wasserteilchen hörte, aus dem sich das Brausen zusammensetzt. »Jedes Einzelgeräusch muß, so gering es auch sein mag, doch unbewußt konzipiert werden, sonst würde man auch von hunderttausend Wellen keinen Eindruck haben, da hunderttausend Nichts zusammen nicht Etwas ausmachen. Auch im tiefsten Schlaf hat man immer noch eine schwache und verworrene Empfindung, und man würde niemals durch das stärkste Geräusch der Welt geweckt werden, wenn man nicht irgendein Bewußtsein seines, wenngleich nur schwachen, Anfangs hätte.« Ebenso, lehrt Leibniz, sei das Bewußtsein in seinen wachsenden Helligkeitsgraden nur durch Addition der kleinen, unmerklichen Perzeptionen entstanden, und das Selbstbewußtsein oder die völlig klare und deutliche Vorstellung ist wieder nichts anderes als Perzeption, die sich selbst durch Integration apperzipiert. Nur die Vorstellungsarten, nicht die Vorstellungsinhalte der schlafenden, träumenden, wachenden Monaden sind verschieden; wobei allerdings sowohl die psychologische Trennung von Trieb, Gefühl und Verstand wie die erkenntnistheoretische von Sinnlichkeit und Verstand erhalten bleibt. So sagt Leibniz, was die »dunklen Triebe« angeht, fast ganz wie die Cartesianer: »Mit Recht nennt man mit den Alten in einem anderen Sinn das, was in den verworrenen Gedanken besteht, wo sich Unwillkürliches und Unbekanntes findet, Störungen oder Leidenschaften. Und eben dies schreibt man in der gewöhnlichen Redeweise (!) nicht uneben dem Kampf zwischen dem Geist und dem Leibe zu, weil unsre verworrenen Gedanken den Körper oder das Fleisch vorstellen und unsre Unvollkommenheit ausmachen.« Leibniz trennt die Triebe freilich auch als gleichberechtigte »Tätigkeiten« von den eigentlichen Vorstellungen oder »Zuständen« der Monade: »Und folglich kann eine Monade von einer anderen nur durch die inneren Zustände und Tätigkeiten unterschieden werden. Diese sind ihre Vorstellungen (das ist, die im Einzelnen enthaltenen Spiegelungen des Äußeren) und ihre Begehrungstriebe (das ist, ihre Tendenz von einer Vorstellung zur andern überzugehen); letztere bilden das Prinzip der Veränderung.« Indes, das oberste Prinzip der »appétition« bleibt immer der Übergang der dunklen Vorstellungen ins klare, die Verwandlung unbewußter in bewußte Vorstellungen, die Entwicklung von Perzeptionen in die Deutlichkeit des Selbstbewußtseins – die Tendenz der ganzen Welt ist »Aufklärung«. Der Boden ist dunkel, doch das gesamte Monadengeschlecht ist eines, das, nach Goethes späterem Wort, aus dem Dunklen stetig ins Helle strebt, gemäß dem Leibniz'schen Prinzip der Kontinuität. Der Vorstellungsinhalt der Monaden ist hierbei derselbe; es gibt nicht, wie bei Descartes, res extensa, res cogitans ohne Übergang, auch nicht, wie bei Spinoza, extensio und cogitatio als unabhängige »Attribute«, die nur in der »Substanz«, die sie ausdrücken, aufeinander bezogen sind. Vielmehr ist die gesamte Welt bei Leibniz tätige cogitatio geworden, vom Unendlichkleinen aufwärts gestuft und erhellt. Extensio ist lediglich verworrene Auffassung der psychischen Kraftwirkung der Monaden: die Welt bis hinauf zu Gott, als dem völlig aufgeklärten Zentrum, ist tätiger, sich unendlich verschieden spiegelnder Geist. Darum eben konnte das seelisch Unbewußte, das Paradox eines bis ins Unbewußte abnehmenden Bewußtseins hier so breit und unparadox ausgeführt werden. Nur Gott, als Ort der vollkommen klaren Vorstellungen, ist der petites perceptions unfähig. Überall sonst aber, in allen endlichen Wesen ist energetisch-psychisches Differential enthalten und erhalten. Petites impulsions, petites perceptions sind die Elemente, aus denen sich die Welt kontinuierlich zusammensetzt, aus denen sich alle Vervollkommnung zum Licht summiert.

Zusatz: Ob solcher Weg vom Dunklen ins Helle ein zeitlich fortschreitender ist, ist fraglich. Leibniz bestimmt die Zeit zwar als Folge, als Ordnung des Nacheinander, wie den Raum als eine des Nebeneinander. Er sieht in jedem Sein »Spuren alles dessen, was in ihm geschehen ist und geschehen wird«; er lehrt in der Vorrede zu den »Nouveaux Essais«, »daß die Gegenwart vermöge der petites perceptions mit der Zukunft schwanger geht und mit der Vergangenheit erfüllt ist«. Zeit ist die »Ordnung des Nicht-Zugleichseienden«, des Gewesenen also, woran man sich erinnert, wie des Zukünftigen. Dennoch ist die Zeit (wie auch der Raum) ein ens mentale; wirklich ist nur Veränderung (sowie eine Vielheit unausgedehnter Monaden). Und so großartig auch von Leibniz die im Gegenwärtigen treibende Zukunft als dynamische »Dimension« entdeckt worden ist, so ist doch an dieser Stelle wichtig darauf hinzuweisen: in seinen petites perceptions ist noch keine echte Zukunft. Denn Leibniz nennt zwar die Gegenwart in ihnen mit der Zukunft schwanger, aber er gibt im gleichen Satz als Begründung dieses an, »daß alles miteinander zusammenstimmt, und daß Augen, die so durchdringend wären wie die des Gottes, in der geringsten Substanz die ganze Reihenfolge der Begebenheiten des Universums lesen könnten«. Derart gibt es – konträr zu dem großartigen, noch lange nicht ausgedachten Tendenzbegriff bei Leibniz – doch nur eine unechte Zukunft, das heißt, eine dem total überschauenden Geist schon total ausentwickelte. Und das reicht bis in die petites perceptions, bis in die träumenden Monaden: sie träumen nichts, was allerhöchst in einer göttlichen Zentralmonade nicht wahrhaft längst, nämlich von Ewigkeit her wachgewesen wäre. Das ist die Decke, unter der das Unbewußte auch bei seinem großen Entdekker Leibniz lag. Trotz des bemerkt Schwangeren darin, das einen Teil der petites perceptions immerhin gären ließ.

Das so entdeckte Dunkel wirkte selber freilich völlig neu. Sein Stichwort schallte in eine dazu höchst bereite, gärende Zeit, in Sturm und Drang. 1765, fast fünfzig Jahre nach Leibniz' Tod, wurden die »Nouveaux Essais« veröffentlicht, den platt gewordenen Satz widerlegend, daß der Geist nur so viel in sich trage, wie er von sich wisse. Rauschen des Meers, Brandung, Volksgemurmel und dergleichen Leibnizsche Beispiele für petites perceptions schlugen gleichfalls ein. Wie kein anderes erschien also das Anfang des Jahrhunderts geschriebene und erst 1765 entdeckte Buch rechtzeitig, nämlich mitten in den Zusammenbruch des verständigen Regelwesens. Es war die Zeit des abziehenden Gottsched, des heraufziehenden »Seelentons«, auch der »unregelmäßigen Autoren«. Seit langem wurde »Jugend« in Deutschland wieder sichtbar, ungeschlacht auftrumpfend, naiv oder künstlerisch verwildert, dem Rausch, dem Traum, allen vor- und unbewußten Eingebungen zugänglich. Der Jüngling Christoph Kaufmann zog als lebender Sturm und Drang durchs Land, als »Gottesspürhund«, und lebte vor, was die Begabteren, was Lenz, Klinger, Goethe dichteten. »Sprang aus dem Bette wie ein Toller, nie war mein Busen seelenvoller« – Pubertät, Liebe, Schaffensdrang an und für sich, expressive Regellosigkeit und Unbewußtheit ohne Zensur, alle diese archaischen Zustände erfüllten den Raum einer selber noch trüben bürgerlichen Revolution. So richtete sich der deutsche Sturm und Drang, obwohl er in seinen Themen noch gänzlich zur bürgerlich-revolutionären Aufklärung gehört, zuweilen sogar, dem Schein nach, gegen die Aufklärung, freilich vor allem gegen das, was in Deutschland mehr schematisierte als »räsonnierte«. Aufklärung in den wirtschaftlich vorgeschritteneren, also ideologisch klareren Staaten, vor allem in England, war oder konnte sein, als was sie Kant nachdem bestimmte: »Ausgang des Menschen aus selbstverschuldeter Unmündigkeit.« Im Deutschland Wolffs und Gottscheds, eines geduckten und züchtigen Bürgertums, wirkte nicht so sehr radikaler Zweifel mit rationalistischen Folgen als jene Art »Vernünfftigkeit«, welche sich auch das Angestammte zurechtlegte, ja es »logisch« ableitete. Eine Art »Regelmäßigkeit«, »Ordnung« der Klarheit wirkte, welche sich leicht der anderen »Ordnung«, als der des Polizeistaats, auch des aufgeklärten Despotismus, verband und sie systematisierte. Der weltweite, sehr europäische Leibniz verdarb in den geometrisch-syllogistischen Schulbüchern jener Wolffianer, welche sämtliche Inhalte kleinbürgerlicher Rechtschaffenheit, Altklugheit und Servilität apodiktisch-notwendig aus den überlieferten »ewigen Wahrheiten« deduzierten. Insofern hatte auch noch der wilde, raunende Individualismus des Sturm und Drang einen bürgerlich-revolutionären Sinn, obzwar einen sehr verquerten; er widersprach dem Reglement auch in der Literatur. So reagierte der »wilde Apollo«, leidenschaftlich unter der Schwelle des Bewußten, allzu Bewußten hausend. Und eben: Die Leibniz'sche Unterkellerung des Verstands mit unbewußten Vorstellungen, die Gewalt intuitiver Sinnlichkeit (»diffusa conceptio«) in den Ursprüngen und organischen Tiefen des Lebens gab der Jugend von 1765 das *antithetische* Stichwort gegen alles verdammt Übersichtliche. Die petites perceptions dehnten sich daher als großgewordene über den gesamten Begriff von politischem Schaffen und seine Phantasiewelt aus – ohne Regel, ohne Taxis, auch ohne Klassizismus. So wirkten nun Youngs Nachtgedanken ein, so Hamann, der die entia rationis, wenn sie von Selbstaufwühlung getrennt sind, mit »wächserne Nasen« übersetzt. Herder suchte die Urstimme der Völker, warf vor allem Shakespeare in den Ursprung hinein: als »wildschaffenden, hinwerfenden, Genius«. In dieser Atmosphäre malt er noch Shakespeares Szenerien: »Hahnkräh und Paukenschall, stummer Wink und der nahe Hügel, Wort und Unwort«, oder die erste Hamletszene, unvergleichlich: »Schloßplatz und bittere Kälte, ablösende Wache und Nachterzählungen, Unglaube und Glaube – der Stern – und nun erscheints!« Es ist ein Raunen am Anfang, ein Rätselwind des bewohnten Dunkels, wie er gerade bei Herder von den »Malen« germanischer oder keltischer Vorzeit noch nicht anders herkommen mochte als aus dem Orient oder dem »Geist der ebräischen Poesie«. Der unterirdische Weg von Ossian zu den Psalmen, vom raunenden Nebel zum Rauch des Sinai war schon ohne Sturm und Drang bei Klopstock gegangen. Poesie als Behälter von Stimmungen fühlte, mischte zusammen, was die Oberwelt streng geteilt.

Derart schien das unbewußte Dunkel mindestens mit Ferne schwanger. Aber zum ersten Mal auch mit Neuem, wie es in jedem geistigen Abenteuer eingeläutet sein mag. Der psychologische Ort des produktiven Dunkels, der schaffend-weiterschaffenden »Natur« war das »Genie«. Und von hier aus kam dem Unbewußten, das

Leibniz in der Aufklärung kreiert hatte, eine neue Hilfe; sie kam wieder aus der unerwartetsten Richtung, zu Leibniz trat der andere Heros der Aufklärung: Kant. Dieser lehrte *Genie* als eine Intelligenz, welche nicht etwa »Natur« nachahmt, sondern welche schafft wie die »Natur«. Denn das Schöne (auf dessen Hervorbringung Kant das Genie begrenzt) soll ja nicht nur Gegenstand eines völlig uninteressierten Wohlgefallens sondern Gegenstand eines absichtslos gemachten sein: so absichtslos und interessefrei erscheint aber vor allem das Naturschöne. Indem nun aber auch alle Produkte der schönen Kunst auf das Gefühl wirken müssen wie absichtslose Erzeugnisse der Natur, ja als Natur müssen angesehen werden können, so ist Genie und Genie-Produktion jene »angeborene Gemütsanlage, durch welche die Natur der Kunst die Regeln gibt«. So muß das Genie, als solches, erstens original sein, zweitens müssen, da es auch originalen Unsinn geben kann, seine Produkte exemplarisch sein, drittens – und in diesem Zusammenhang am wichtigsten – erscheint die Kantsche »Natur«, die ästhetisch-teleologische der »Kritik der Urteilskraft«, schlechterdings als bewußtlos bildend. Bewußtlos wirkt Genie als diese »Naturgabe« im Menschen; daher zu ersehen ist, »daß es, wie es sein Produkt zu Stande bringe, selbst nicht wissenschaftlich anzeigen könne, sondern daß es als *Natur* die Regel gebe; und daher der Urheber eines Produkts, welches er seinem Genie verdankt, selbst nicht weiß, wie sich in ihm die Ideen dazu herbeifinden, auch es nicht in seiner Gewalt hat, dergleichen nach Belieben oder planmäßig auszudenken und anderen in Vorschriften mitzuteilen, die sie in den Stand setzen, gleichmäßige Produkte hervorzubringen« (Werke, Hartenstein, V, S. 318). Ein anderer Kantischer Begriff freilich, der dem Unbewußten, diesmal völlig wider Kants Intentionen, Tür und Tor öffnete, war auf eine andere »Natur« bezogen als auf die immerhin noch zweckmäßig-rationale der Urteilskraft. Freipaß des Unbewußten als des Unwißbaren, Ahnbaren, objektiven Weltdunkels wurde nämlich der Begriff des *Dings an sich*. Die »Natur« der reinen theoretischen Vernunft, worin der Begriff des Dings an sich gerade ein Sprung ist, war noch keine »bewußtlose«, überhaupt irgend anthropomorph bestimmbare, sondern die Natur Newtons oder »das Dasein der Dinge, sofern es nach allgemeinen Gesetzen bestimmt ist«. Der Rest aber, worauf die Kategorien der reinen Vernunft nicht anwendbar waren, oder die erste Katastrophe des bürgerlichen Weltbegriffs wurde dem Unbewußt-Irrationalen und ähnlichen Aequivokationen des Nicht-Bewußten bekanntlich sein Bett. Während Fichte, der jüngere Schelling, vor allem Hegel in Fortbildung der Kantischen »Synthesis« Bewußtseinsphilosophie entwickelten, das ist solche, worin das Bewußtsein »seinem eigenen Tun zusieht«, brach beim jüngeren Schelling ebenso das gesamte Traumlicht unterbewußter Zustände und Bilder ins Nicht-Ich der Natur, welche »nach Bewußtsein ringt«. Ganz im populär gewordenen Ding an sich hat Schopenhauer nachdem den »Willen« angesiedelt – keine Nacht- oder Mondseite der Natur, sondern total Unbewußtes als Hen Kai Pan, mit Bewußtsein als dessen paradoxer Ausnahme.

Das Unbewußte in der romantischen Philosophie, Ilias der Natur, Odyssee des Geistes, Nirwana

Dichterisch hatte sich das untere Dunkel jäh gemeldet. Breit gedacht wurde es erst später, nach gelegtem Sturm und Drang. Lag doch auch im Kantischen »Erzeugen«, nicht nur in seinem »Genie« ein Unsichtiges an der Wurzel, wie sich bald herausstellte. Seine Tätigkeit kann nur mit einem eigentümlichen Schritt dahinter belauscht, bedacht werden; dieser »transzendentale« Schritt geschieht gewiß nicht psychologisch, aber doch so, daß er wieder unter eine Art Schwelle führt, wenn auch unter eine ganz besonders gelagerte. Fichte lehrte so eine von vornherein »bewußtlos freie« Tätigkeit des Ich, die ebenso bewußtlos das Gegebene des Nicht-Ich setzt, um daran erst, mittels dieser »Selbstbeschränkung«, zum Bewußtsein ihrer selbst zu gelangen. Bewußtlos aber im nicht nur transzendentalen, sondern gleichsam kochenden, sich ausgebärenden Sinn wurde »die Setzung des Nicht-Ich«, als *Schelling* sie wie einen Herd im Ich und Nicht-Ich zugleich ansah. Als er die bewußtlose Erzeugung zur Natur selber, zum objektiven Naturleben ausweitete und mythisierte. Schellings Schule (Schubert, Carus, Troxler und so fort) verschlang vor allem die »Nachtseiten im Menschen« mit den »Brunnenteufen« oder »Nervengeistern« eines Naturlebens insgesamt. Schelling selber hat immerhin das Licht des Bewußtseins über solche Abgründe gestellt; so folgt der »Ilias der Natur« allemal die »Odyssee des Geistes«, und zwar gerade noch nach einem sehr bekannten, nach einem als »Kultur« bekannten Ithaka. Die Tiere, sagt Schelling, sind »die natürlichen Somnambulisten«, er ergänzt das dahin, »daß die ganze Natur im Somnambulismus ist« (Werke 1, VII, S. 251). Aber das Menschliche eben – hierin ist Schelling klassisch, nicht romantisch – reibt sich diesen Schlaf aus den Augen, obwohl die Augen wiederum nicht sonnenhaft wären, wenn sie nicht vorher, immerhin vorher, nächtlich geschlossen gewesen wären oder halb blind in den orphischen Mond geblickt hätten. »Alles bewußte Schaffen«, bestimmt derart Schelling in den »Weltaltern« (Werke 1, VIII, S. 337), »setzt ein bewußtloses schon voraus und ist nur Entfaltung, Auseinandersetzung desselben. Nicht umsonst haben die Alten von einem göttlichen und heiligen Wahnsinn gesprochen. So sehen wir ja auch die schon in freier Entfaltung begriffene Natur in dem Verhältnis, als sie dem Geist sich annähert, gleichsam immer taumelnder werden. Denn es befinden sich zwar alle Geschöpfe der Natur in einem besinnungslosen Zustand; jene Geschöpfe der Natur aber, die der Zeit des letzten Kampfes zwischen Scheidung und Einung, Bewußtsein und Bewußtlosigkeit angehören *und in den Schöpfungen der Natur unmittelbar dem Menschen vorangehen* (hier hervorgehoben), erblicken wir in einem der Trunkenheit ähnlichen Zustande dahinwandeln.« Diese Erregung legt sich aber gerade im Menschen, sie wird zur »Geburtsstätte des Lichtwesens«, und zwar des historisch bekannnten der »Kultur«. Auch in dieser Gärung also hat das Unbewußte das Minus nicht eingebüßt, eine selber abgeschlossene Vorstufe des bereits expliziertten (des »Deus explicitus« zuhöchst) darzustellen; mag auch die Schelling'sche Naturgärung so breit wie lange, »im Nebel suchend«, zwischen barbarischem und deutschem Mondschein wechselweise Novum ahnen. Was die Ordnung: Unbewußtes – fertig ausgeschüttetes Bewußtsein angeht, ist zwischen dem wühlenden, intuitionierenden Schelling und dem völlig dezidierten Bewußtseinsphilosophen Hegel kein tiefgehender Unterschied. Auch *Hegel* sieht auf der unbewußten Stufe »die Seele in dem Durchträumen und Ahnen ihres konkreten Naturlebens befangen«, aber alle früheren Stufen fertig in sich enthaltend und aufhebend »tritt die Seele in der abstrakten Freiheit des Ich hervor und wird damit Bewußtsein« (Werke VII^{2}, S. 148 f.). Der »bestimmungslose Schacht« des Ich füllt sich in der »fühlenden Seele« mit allerhand somnambulischem Wesen, schlimmer auch mit Verrücktheit und Faselei (die Hegel »ein vollkommenes Abbild des Chaos« nennt), vielleicht sogar mit

»gestaltlosem Sausen«, gleich Glockenklang, oder mit »der warmen Nebelerfüllung der Andacht«. Aber positiv will sich Hegel auf die »Gewässer der Vergessenheit« verstehen, läßt sie in der »Phänomenologie« vielfach erinnert hochsteigen. Allemal jedoch im bloßen Dämmer nach rückwärts, selbst und gerade hier, in einem Wogen ohne Zukunft, das sich, »wie die vulkanische Erde«, nur noch in Träumen herumwirft. Das Resultat liegt bei Hegel abgeschlossen, ohne allen Dämmer nach vorwärts, im Gebiet des sich als Bewußtsein wissenden Geistes; es ist expliziertes Gold, das seine unterirdischen Schächte und Gänge hinter sich hat. Nicht nur unterirdisch, sondern angeblich auch auf höheren Stufen des Bewußtseins erscheinend, möchte das Unbewußte einzig bei *Baader* sein. Dieser so raunende wie bedeutende Philosoph wollte es zwar durchaus mit dem romantisch grassierenden Neu-Spuk medizinischer Art, mit Somnambulismus, Mesmerismus, Clairvoyance und dergleichen verbinden. Dabei unterschied er jedoch zwischen gemeiner und christlicher, folglich – nach Baader – nicht mehr mythischer, sondern mystisch hoher Clairvoyance: »Um hellzusehen, muß man in dem einschlafen, in dem man hellsehen will, sei es der Erdgeist, der Nervengeist, der Teufel oder der Herr. Wir wollen im Herrn entschlafen, um im Herrn hellzusehen. Das Geheimnis der Clairvoyance besteht in nichts anderem als in einem tiefen Schlaf unserer kreatürlichen Selbstheit und Ichheit. Denn gerade soviel, als diese in uns erwacht und zu sich kommt, soviel schläft das göttliche Ich, das göttliche Sehen, Wollen und Tun in uns und umgekehrt. In welcher Region wir entschlafen sind, diese ist es, welche in und durch uns sieht« (Werke XV, S. 262). So ist bei Baader Unbewußtes gestaffelt (wenn man hier so sagen kann), es gibt außer dem nur wühlenden Dunkel ein Unbewußtes »im Herrn«, durch welches man durchaus sieht, in dem man gesehen wird. Aber es unterliegt – vom absonderlich Magisch-Theosophischen dieser hoch gelegten Schlaf- oder Dämmerungsstätte ganz abgesehen – es unterliegt keinem Zweifel, daß auch hier Unbewußtes das bloße Vorsein eines fertigen Seins enthält; ein »ewiger Offenbarungsinhalt« gibt ihm sein Lösewort.

Weiter scheint das Dunkel dort, wo es gerade alles ausfüllt. So bei *Schopenhauer*: statt der bloßen verworrenen Vorstellung setzte sich der alte Trieb, die alte perturbatio animi ins Unbewußte wieder ein, ins Unbewußte größten Ausmaßes. Die Nacht der bewußtlos schaffenden Unvernunft (weit entfernt von Kants »Genie«) überzog jetzt das gesamte Dasein und war deshalb eben nicht zum bekannten Bewußtsein entwickelbar, sondern höchstens durch Bewußtsein (als ein großenteils künftiges) verneinbar. Aber das Unbewußte bezahlte diese seine merkwürdige Dehnung mit dem Preis teuflischer Eingekapseltheit in sich selbst; auch die Musik macht den »blinden Willen« nicht hell. Auch sie wird in seine Brunst, sein Klagen, Seufzen, seinen nie befriedigten Drang hineingezogen, so ist sie immer Nachtmusik. Und was dann am Ende durchs helle Licht des philosophisch durchschauenden Bewußtseins den blinden Willen, unbewußten Weltkern aufheben soll, ist dann selber wieder – Unbewußtes und so Schlaf wie zuvor, vielmehr nicht wie zuvor; sondern besonders tiefer, nämlich drangloser. Das letzte Unbewußte wurde so dasselbe wie das Unseiende insgesamt oder Nirwana; mehr, sozusagen, kam auch am Ende, am anderen Ende der Weltgärung nicht heraus. Es ist das »weite Reich der Weltennacht«, in das dann auch so ausgesprochene Nicht-Asketen wie Tristan und Isolde zu gehen träumen. Als letztes wie auch erstes Nichts erschien das Unbewußte schließlich beim sogenannten »Philosophen des Unbewußten«, bei *E. v. Hartmann*, epigonalphantastischem Geschichtsschreiber des prekären Wegs von Dunkel zu Licht zu Dunkel. Hartmann verband bewußtlosen Willen und bewußte Idee, Schopenhauer und Hegel, indem er beide auf Schelling bezog, vor allem auf den späten, den Gnostiker des Weltprozesses zwischen Urdrang und Logos. Aber Hartmann hat nicht mehr die Erfahrenheit, welche vom Sturm und Drang bis Schopenhauer steigend, wenn auch verteufelnd, die Konzeption des Unbewußten begleitet hatte. Hartmanns philiströse Person hat keinen Affekt des Unbewußten, sondern einen gelehrten Contre-Affekt gegen die »Bewußtseinsphilosophie« von Descartes bis Hegel; ihr stellte er die »Induktionen« seines Unbewußten gegenüber. Es umgreift Wille wie Vorstellung, die realisierende »Intensität« in der Schöpfung wie den logischen Weltinhalt, der durch den blinden Willen in die Schöpfung hineingerissen wurde. Das Unbewußte umschließt die kleine Episode des menschlichen Bewußtseins, dieses bloße »Stutzen« des leibhaft individuierten Willens an etwas außer ihm, rückwärts wie vorwärts. Rückwärts, indem die Welt aus total Unbewußtem entstanden ist und au fond immer noch besteht; vorwärts, indem selbst die weltwendende Kraft des Bewußtseins, als eines pessimistischen, nicht etwa unerahnte Tiefen des Lichts aus einem so riesigen Pathos hervorbrechen läßt, sondern die Welt nur wieder ins alte Unbewußtsein vor ihrer Schöpfung zurückgeschleudert wird. Schopenhauers Nirwana war immerhin eine ganz andere, gleichsam erstmalige Art des Unbewußten; Hartmanns Nirwana ist lediglich dasselbe, was als Urzustand des Unbewußten vor der Welt schon war. Hartmann hypostasierte das Unbewußte aus seinem seelischen Vorkommen gänzlich heraus bis in das personlose Weltwesen selber; aber auch so geschieht nichts Neues unter diesem Mond. Ja der Leibniz'sche Aufstieg zum Hellen verschwindet gerade in der Frucht dieses Hellen nun gänzlich. Ein Schlafring umschließt auch das Bewußtsein nach vorwärts, und jede Dämmerung ist am Ende doch nur wieder eine zur – Nacht.

Romantische Schule und folgenloser Lichtblick

Mithin, man gelangte nur schwer über ein altes Raunen hinaus. Oder wo das geschah, dann nur wider die Abrede, in der hauptsächlich reaktionär beauftragten romantischen Nacht. Vom Sturm und Drang war noch das unregelmäßige, brauende Gefühl hörbar, aber der revolutionäre Drang war davon gestrichen, das offene Land, wohin der Sturm blasen wollte, wurde fast gänzlich nach rückwärts verlegt. Die Offenheit wurde entscheidend nur die eines Schachts, dieser sollte so tief wie möglich in Vergangenheit führen. Das besonders in der zweiten romantischen Schule, nach abgeklungener Einwirkung der Französischen Revolution, nach ergangenem reaktionären Auftrag gegen Aurora. Dieser Auftrag wurde nie mit größerer Mitneigung übernommen, nie mit mehr Widerhall aus eigenem vergangenheitssüchtigen Wesen. Der Romantiker lebt in lauter Sehnsucht aus Erinnerung, er schöpft und trinkt immer wieder nur erinnernd die Gewässer der Gewesenheit, und sie sind ihm alles andere als Lethe. Er geht die Gräberstraße, findet oft ungeheure verschüttete Schätze – um den Preis, völlig gegen Zukunft zu erblinden. Was im revolutionären Sturm und Drang noch nach aufwärts gewühlt hatte, verschloß sich nun fast gänzlich in die Nachtseite des Menschen und der Natur. In Trieb, Witterung, Ahnung, Somnambules, freilich auch in den wiederentdeckten Mythos. Vor allem in den chthonischen, wo der Mensch noch ganz in der bewußtlosen Natur zu stecken schien und aus ihrem Traum sprach, aus der »Flut« des Unbewußten, bevor, wie Novalis sagt, die »Ebbe des Bewußtseins« kam. Hier tauchte folgerichtig zum ersten Mal die – von Rousseau so weit entfernte – Regressio zum archaischen Menschen auf, als eines beschworen unbewußten, der selbst in seinem Bewußtsein nur Unbewußtes hören läßt und ausspricht. »Der archaische Mensch«, lehrte derart Goerres, »ist das artikulierte Wort der Erde, in dessen Reden die dumpfe Sprache der Elemente noch forttönt.« Insgesamt löste die Romantik die Unheimlichkeit ihres Gemüts mit lauter antiquarischen Bildern ab. Die ausgeschachteten petites perceptions sind nicht mehr wie beim strahlenden Leibniz mit Zukunft schwanger, am wenigsten mit echter. Und wo der Ahnenkult nicht völlig in die Natur wie in eine einzige Brunnenstube aus Unbewußtem hinabstieg, dann mit Liebe ins Patriarchalische, in verschönt Gestorbenes als einzigen Wert. »Dulce est, inter majorem versari habitacula et veterum dicta factaque recensere memoria«: mit diesem Satz leitet Stifter seine »Studien« ein; eine einzige Patina-Utopie liegt um dieses leidenschaftlich-konservative Wesen. Seelisches Mondlicht sollte wie Moos um den Brunnen liegen, um Vergangenheit insgesamt, »dies«, wie Schelling seine »Weltalter« beginnt, »ernste Wort«.

Bezeichnend und doch durchaus auffallend, daß nichts Künftiges aus ihm herausgehört wurde. Daß ein Unbewußtes, das so tief ergriff, nicht als Fortdrängendes, Ungelöstes erschien, eben als doppelsinnig Unbewußtes, mit Zukunft in seinen Archetypen. Mit jener, die eben erst das Paradox einer rückwärts gewandten Utopie fundiert hätte, gemäß der Frage: wie ist überhaupt utopische Betroffenheit am Antiquarischen möglich? Aber die Romantiker sahen, entsprechend ihrem sozial-reaktionären Auftrag und ihrer eigenen Verfallenheit ans Nicht-Mehr, in der Zukunft nur Wind, Öde, Leere, Unwirklichkeit. Das trotz der blauen Blume, der wunderbaren, doch so oft umgeleiteten, rückwärts blickenden Erwartung. Daher mochten nicht eingeschworene Romantiker, nicht einmal Stürmer und Dränger schlechthin, sondern nur erklärte Lichtfreunde unter, neben ihnen die Ahnung eines anders Vorbewußten, einer Morgenseite im Unbewußten treffen. Auch unter den Lichtfreunden, Werde-Freunden um diese Zeit und an ihren Rändern gibt es nur wenige Zeugnisse solcher Ahnung, und sie sind unausgeführt, ohne Frucht ihrer Blüte, ihrer zweifellos versteckten.

Es ist gerecht und angenehm, nach der geschehenen Entdeckung des *Noch-Nicht-Bewußten* und seines riesigen Gebiets, sich einiger Intentionen auf diesen Begriff hin zu erinnern, desto mehr, als sie auffällig selten sind. Die erste Andeutung eines Unbewußten der neuschaffenden oder Morgenseite findet sich vor der Romantik, im Sturm und Drang, der abgebrochenen Wendezeit, beim jungen Herder. Er sagt in seinem Reisejournal, 1769, über Fabeln und Märchen: »Hier bietet sich eine Menge Phänomena aus der menschlichen Seele, dem ersten Bild der Einbildungskraft; aus den Träumen, die wir in der Kindheit lange still bei uns tragen; aus dem Eindruck jedes Schalls, der diesen sausenden Ton, der in den dunkeln Ideen fortdämmert, begünstigt und verstärkt aus der Neigung, Sänger des Wunderbaren sein zu wollen; aus der Verstärkung, die jeder fremde Glaube zu dem unsrigen hinzutut; aus der Leichtigkeit, wie wir aus der Jugend unvergeßliche Dinge erzählen – tausend Phänomena, deren jedes aus der Fabel der ersten Welt ein angenehmes Beispiel fände und viel subjektiv in der Seele, objektiv in der alten Poesie, Geschichte, Fabel erklärte. Das wäre eine Theorie der Fabel, eine philosophische Geschichte *wachender Träume*, eine genetische Erklärung des Wunderbaren und Abenteuerlichen aus der menschlichen Natur, eine Logik für das Dichtungsvermögen. Was Don Quixote verspottet, würde das erklären, und Cervantes wäre dazu ein großer Autor.« Soweit Herder, in einem erstaunlichen Aperçu, gewiß auch in einem, der Mondschein und Morgendämmer noch vermischt, doch der Blick aus Archaischem auf den Wachtraum, aus Mythischem auf Don Quixote ist trotzdem energisch und erinnernswert. Nur freilich: Folgen hatte dieses Aperçu keine, und Herder kam, bei aller Präzision, die der Hinweis auf Cervantes und Don Quixote besitzt, nicht an der Stelle heraus, wo eine »Logik für das Dichtungsvermögen« ihren Bauplatz oder auch ihre Fundgrube hat. Die Romantik, vor allem die spätere, zeigte nicht mehr die Lust zum Licht, ohne die auch das Wunderbare und Abenteuerliche nicht in die Offenheit gebracht werden kann. In die Offenheit des Möglichen, auf dem Zukunftshorizont liegend und die Phantasie selber dahin verweisend. Einzig ein mittlerer oder kaum mittlerer Denker: der liberale, ganz unromantische Jakob Fries hat späterhin noch die Herdersche Andeutung aufgenommen; das heißt: er hat sie wiederholt, seinem trockenen Kopf gemäß, und nicht etwa auf die Weiterungen hin verfolgt. So findet sich folgender Programmsatz, Oberwelten des Wachtraums statt der Zaubernacht betreffend: »In neuer Lebendigkeit und geistreicher Empfindung schafft sich das Genie und der dichtende Volksgeist seine eigene Welt, des Lebens Schicksale zusammendrängend oder ganz neue Lebensformen gestaltend. Noch hat wohl niemand unternommen, ein Gemälde von dem ganzen Reichtum aller dieser Traumwelten der Phantasie zu entwerfen, wie sie jeder schönen Kunst hier plastisch, dort malerisch, dort musikalisch in eigentümlicher Weise gehören, und weil sie alle in die Träume der Dichtkunst verschlungen werden können, die endlich bis hinauf zu ihren Himmels- und Geisterwelt-Schöpfungen das Vielgestaltigste und Größte noch hinzugibt« (Fries, Handbuch der Religionsphil. und philos. Ästhetik, 1832, S. 216). Sicher gibt es solcher Untersuchungsprogramme, eine andere Art des Vorbewußten, Unbewußten betreffend als diejenige, welche sich im bereits vorhandenen Bewußtsein löst, noch einige mehr, obzwar zuverlässig nicht viele. Poetisches Material genug war da, doch es kam zu keinem Begriff eines Vorbewußten, das den Leibnizschen petites perceptions nach der anderen, ins Novum aufdämmernden Seite hätte korrespondieren können. Das Noch-Nicht-Bewußte, das utopische Bewußtsein war der Romantik jedenfalls sonderlich versperrt, auf Grund ihrer rückläufigen Utopie. Trotz des häufigen Doppelsinns ihres Dunkels, trotz des »schaurig Erwartungsvollen« (nach Heines Ausdruck), worin sie ihren Ahnenkult nicht aufhob. Auch trotz der einzigartigen Mnemosyne der Sehnsucht, welche selbst geringere Werke romantischer Dichter und gar erst den magischen Novalis auszeichnet. Die Nacht, in der man früher nicht gesehen hatte, holte damals riesig auf gegen das vorhandene Tagesbewußtsein; so blieb auch der Wachtraum mit seinen Oberwelten wesentlich in sie versenkt.

Das liberale Unbewußte

Ganz anders, nämlich lüstern, dringt das Dunkel neuerdings vor. Auch errötend, läßt sich sagen; Pfui, wie kann man so träumen, hieß ein Brettlsong um 1900. Freud band das Unbewußte eng an verdrängte Triebe, an sexuelle vor allem. Zieht Liebe an sich schon die Nacht vor, dann erst recht, wenn der Tag ihr vorschreibt, sich zu genieren. Daß alles Bewußte einen unbewußten Untergrund habe, dies brauchte freilich nur noch für ein ganz rückständiges Denken betont zu werden. Aber Freud zeigte: erst die »Verdrängung« macht dieses Unbewußte so besonders reich bewohnt. Sie wirft die unangenehmen Affekte und Erinnerungen, auch die bürgerlich behinderten, in den Keller. Dort faulen die verdrängten und bilden Komplexe, es entstehen Zwangshandlungen und Neurosen. Aus dem Keller steigt auch der Traum und erfüllt – ohne Zensur durchs konventionelle Ich – die gehemmten Triebwünsche. Sie sind bei Freud, wie allzu bekannt, Wille zum sexuellen Leben, bei Adler Wille zur Macht. Aber der ältere, weise Freud hat neben den sexuellen Willen, neben die Libido den ebenso starken Todestrieb gesetzt. Dieser ist mit der Libido verschränkt, doch sein eigener Motor, jenseits des Lustprinzips. Die Tendenz auf die Leiche arbeitet in der Grausamkeit und Aggressionslust, sie ist auch in der eigentümlichen Wiederholungstendenz, die die schweifende Libido um Ruhe, Form, Baukunst vermehrt und Eros mit Thanatos begrenzt. Sofern das Wunschleben der verdrängten Triebe sich vor allem im Traum kenntlich macht, ist dieser die via regia ins Unbewußte. Der Traum, in seiner symbolischen Wunscherfüllung, ist die Dichtung der Laien. Die Dichtungen der Kunst entspringen denselben Trieben und Symbolgebilden der Erfüllungen; sie sind die sublimierte Katharsis des Unbewußten und seiner Verdrängungs-Inhalte. Sonst überall erhebt sich in Freuds Menschen »Widerstand« gegen das psychoanalytische Bewußtmachen seines Traumas, seiner Verdrängungen, seiner Komplexe. All diese Begriffe nun sind heute wohlvertraut geworden, so sehr, daß sie als offene, allzu offene Türen erscheinen. Doch als Freud diese einzurennen begann, erhob sich auch außerhalb seiner Patienten »moralischer« Widerstand gegen die Libido wie theoretischer gegen die Eingrenzung des Bewußtseins. Zum »moralischen« Widerstand bemerkte Freud: »Die Menschen zeigen ihre Sexualität nicht frei, sondern tragen eine dicke Oberkleidung aus Lügengewebe zu ihrer Verhüllung als ob es schlechtes Wetter gäbe in der Welt der Sexualität.« Was den Widerstand gegen die untere Eingrenzung, ja Überschwemmung des Bewußtseins durchs Unbewußte angeht, so bemerkt Freud, nachdem er die Unlust des Menschen gestreift hat, sich durch Kopernikus auf einen Weltwinkel, durch Darwin ins Tierreich versetzen zu lassen: »Die dritte und empfindlichste Kränkung aber soll die menschliche Größensehnsucht durch die heutige psychologische Forschung erfahren, welche dem Ich nachweisen will, daß es nicht einmal Herr ist im eigenen Hause, sondern auf kärgliche Nachrichten angewiesen ist von dem, was unbewußt in seinem Seelenleben vorgeht.« Das alles (in einer freilich unorientierten Medizinerschicht), nachdem Herbart und Fechner doch längst den Begriff der »Schwelle des Bewußtseins« eingeführt hatten, zweihundert Jahre nach den petites perceptions. Auch nachdem die Anhänger E. v. Hartmanns, gerade gestützt durch moralische Philisterei, längst ihr Unbewußtes durch den Traum illustriert hatten. Sogar mit einer Ahnung von Verdrängung und Zensur; so bei dem Hartmannianer Arthur Drews: »Wir meinten, uns durch harte Selbstzucht, durch unerbittliche Unterdrückung unserer niedrigen Triebe und Begehrungen zur Höhe einer edlen Menschlichkeit emporgearbeitet zu haben, und müssen erleben, daß ebendiese Triebe uns im Traume zum Spielball ihres schamlosen Gebarens machen, daß längst vergessene Wünsche (!) uns zu Taten mit fortreißen, woran wir im wachen Zustand nicht einmal denken würden. Mit der Ausschaltung des Organs der Besonnenheit ist gleichsam eine ganze Schicht in unserem Gehirn abgetragen und darunter eine Hölle aufgedeckt, wohinab wir alle diejenigen Elemente gestoßen hatten, auf deren Ausmerzung und beständigen Unterdrückung der Fortschritt unserer geistigen Kultur beruht« (Drews, Das Ich als Grundproblem der Metaphysik, 1897, S. 247 f.). Auch bei Freud allerdings wurde der unbewußte Seelenraum besonders unsympathisch, indem sich lauter Gegenstücke unserer bewußten Tugenden in ihm sammelten; C. G. Jung hat nachdem, wie die Libido, so das Unbewußte bedeutend uriger und großzügiger dargestellt. Auch enthält der Vergleich mit »Weltwinkel« und »Tierreich«, den Freud zieht, neben der Erinnerung an Kopernikus und Darwin doch auch eine andere: nämlich an die Enge, das Dumpfe und – was hier entscheidend – ans bloß *Abgesunkene* dieses Unbewußten. Freud baut in der Traumdeutung einen Bauplan des sensorisch-aktiven Menschen auf – aber nichts ist hier im Unbewußten, was nicht vorher in den bewußten Wahrnehmungen des Individuums war. Der Weg vom (inneren oder äußeren) Reiz bis zur motorischen Innervation läuft bei Freud über die »Erinnerungsspuren« immer tiefer ins »Unbewußte«, um danach durchs »Vorbewußte« ans aktive Bewußtsein der Erinnerung – und nur der Erinnerung – zu gelangen. Dies Unbewußte selbst ist als Abgesunkenes ein bloßes Produkt des Gedächtnisses, ebenso wie unser »Charakter«, der darin wohnt und auf nichts als »auf den Erinnerungsspuren unserer Eindrücke beruht, vorzüglich denen der ersten Jugend, die fast nie bewußt werden«. Nun unterscheidet das vor allem den Traum von den meisten psychischen Vorgängen, daß er keine »progrediente« Richtung hat, mit motorischer Entladung am Ende, sondern einzig eine »regrediente«; die Psychoanalyse ist demgemäß die Wissenschaft der aufgeholten Regression, sonst nichts.

Freilich der aufgeholten, das heißt einer ans bewußte Licht tunlichst heraufgezogenen. Das unterscheidet Freud von C. G. Jung, er ist ein aufklärender Mann und will im Trüben nur fischen, nicht verschwinden. Das unbewußte Dunkel liegt bei ihm ohnehin nicht allzu tief unter dem Bewußten des heute lebenden, privaten Individuums. Freud macht es überwiegend zu einem individuellen Erwerb, aus gedächtnisschwacher Kindheit und aus dem Cant der Verdrängung. Vor allem eben enthält Unbewußtes hier nur herabgesunkenes, »symbolisch« eingehülltes Residuum aus einem individuell bereits bewußt gewesenen Tag, nichts also was originäres Dunkel sein könnte, worin bisher nie oder nie so gewesenes Licht ringt. Dem entsprechend ist Freuds Unbewußtes, dies nicht tief gelegte, auch nahe erhellbar, nämlich mit dem gängigen bürgerlichen Bewußtsein. Wie das Unbewußte nach Freud, trotz mehrerer ontogenetischer Hinweise auf vorgeschichtliche Rudimente, hauptsächlich aus vergessenen oder verdrängten Bewußtseinsinhalten von heutzutage stammt, so kann es auch zu dem »durchschnittlichen Normalbewußtsein« in Freuds Zeit erhellt, gelöst, geradezu erlöst werden. Kunst, gar Religion, die es anders meint, ist neben verschobener und sublimierter Libido nichts als unterirdische Fata Morgana und Flucht in diese; Realität ist, bei allem »Unbehagen an der Kultur«, einzig die bürgerliche Umwelt um 1900, mit ihren großenteils mechanistischen Maßen und Inhalten. Selbst Totem und Tabu sind danach von hier aus völlig verstehbare, auflösbare Libido-Verkleidungen ethnologisch-infantiler Art; also läßt Psychoanalyse auch dies »Symbolische« in der modernen Welt sich demaskieren. Bei alldem freilich – und das gerade ist der liberale, noch der Aufklärung verbundene Zug bei Freud – bei alldem löst nicht nur das Bewußtsein als *gegenwärtiges*, sondern auch das Gegenwärtige als *Bewußtsein*. Auf Erhellung kommt es Freud an, ja die gesamte Regression ins Unbewußte geschieht am Ende nur dahin, daß es

»gedeutet« werde, damit es so bewußt wieder erinnert werden kann. Leider eben ist nach Freud aus dem Unbewußten dann alles an den Tag gebracht, an einen bekannten, fertig aufgeräumten, ohne alle bedenkbaren Wachträume (sie fallen der Psychoanalyse ohnehin mit den regredienten Nachtträumen zusammen oder sind nur ihre Vorstufe). Es erhellt allerdings: die Sperre vor einem Noch-Nicht-Bewußten (auch mit ganz anders beschaffenem Vorbewußten darin oder davor, mit einem, das durchaus nicht keimendes Erinnern ist) ist spätbürgerlich normalem Bewußtsein am wenigsten überwindbar. Immerhin war Freud auch darin noch gut aufklärerisch, daß er aus dem Keller in die aufgeräumte Bel Etage helfen will.

Das faschistisch Unbewußte

Anders liegt der Fall, wird Dunkles als solches gesucht und nicht verneint. Dann geht das Deuten mit dem Traum zurück, immer weiter mit ihm, bis er gleichsam nach unten erwacht. Trieb wie Unbewußtes, worin er seine Bilder hat, soll gleichsam altes Wappen gewinnen, das sich zugleich poetisch bemerkbar macht. So hat C. G. Jung die Libido geschönt, sehr bald nachdem er sie, wie alles andere, von Freud übernommen und »umgekehrt« hat. Sie ist nun nicht nur mit Sexualorganen im Bund oder sonst der Sitte anstößig, wie im Leben und bei Freud. Sondern Jung weitet sie ganz allgemein, macht sie aequivok mit psychischer Energie, selbstverständlich mit Eros und schreibt: »Bekanntlich ist die Liebe etwas Dehnbares, das vom Himmel bis zur Hölle reicht, Gutes und Böses, Hohes und Niederes in sich vereinigt.« Erst recht gilt diese Ausdehnung fürs Gebiet des Unbewußten, hier allerdings mit größerer Genauigkeit und mit Anschluß an Therapie wie Mythologie zugleich. Was Krankheit und ihre Therapie angeht, so ist nach Jung der Kulturmensch mit sich uneins, die Zähmung der Tiernatur hinterließ einen Rest, Neurose ist diese Entzweiung des Bürgers mit sich selbst. Das Bewußtsein hält sich an hergebrachte moralische Ideale, aber von Zeit zu Zeit »geht es wie ein Rausch durch die in Kulturzwang (gar in öde Zivilisation) sich einschraubende Menschheit«, Dionysos holt auf. Heute erst recht, im verzweifelten Protest gegen die Mechanei; ist doch selbst die Natur keine Zuflucht mehr vor dem traumlos gewordenen Bewußtsein, sondern bald, wie Klages sagt, »ein einziges, mit etwas Landwirtschaft durchsetztes Chikago«. Nicht zwar, als hielte Jung die amoralische, gar völlig bewußtlose Orgie für die einzige Heilung der Kultur-Neurose. Der neurotisch Amoralische muß vielmehr die verdrängte bürgerliche Anständigkeit zurückgewinnen, der neurotisch Allzumoralische dafür »mit seinem unterirdischen Dämon sich auseinandersetzen«, sich mit ihm zusammensetzen. So soll nach Jung sich die Entzweiung regulieren, so wird ein relativ konfliktloser Ablauf frei für Libido im allgemeinen alias für psychische Energie alias für besseren Eros. Und Heilung geschieht dann nicht durch psychoanalytische Hellmachung, sondern konträr durch »Rückverbindung mit den großen Mächten des Lebens«, als Rückkehr der Person in die Urwelt der Mütter. So entsteht, allerletzt, das schönste Libidogefälle, nämlich heraus aus der Privatheit, hin zu der schönen alten blutigen symbolischen »Lebensganzheit«. Was andererseits Jungs besonders archaisch gemachte Mythologie angeht, so bemerkte Freud schon seit langem: »In den letzten Arbeiten der Zürcher Schule kommt eher eine Durchdringung der Analyse mit religiösen Vorstellungen als das beabsichtigte Gegenteil zustande.« In der Tat trennt Jung ein privat, ein persönlich Unbewußtes, worin Komplexe sind, völlig von jenem kollektiv Unbewußten ab, worin gerade Heilung durch Urbilder wohnen soll; gerade in bejahbarem, unauflösbarem Dunkel. Nur für das persönlich Unbewußte gilt eigentliche Psychoanalyse und nur solange, bis »der Grenzpunkt zwischen dem persönlich Unbewußten und der beginnenden Reproduktion des absolut Unbewußten« erscheint. Von da ab herrscht und heilt allein die synthetische oder konstruktive Methode, die »Psychosynthese«. Ihr Feld ist nicht das Individualerlebnis in früher Kindheit oder irgendein traumatisches Residuum, nicht dieser Vater, diese Mutter, nicht diese so oder so beschaffene Individualbindung, sondern Gäa und Uranos, der Erbschatz »urtümlichen Fühldenkens« überhaupt. Schon Freuds alter »phylogenetischer« Mitarbeiter Ferenczi notiert zuweilen »nicht individuelle Vorzeiten, wohin die Traumarbeit uns zurückführt«, eben als solche der menschlichen, selbst tierischen Stammesgeschichte. Auch Freud zitiert, obwohl vereinsamt, schon in der »Traumdeutung« die Worte Nietzsches, daß sich im Traum »ein uraltes Stück Menschtum fortübt«, und fügt hinzu: »Es scheint, daß Traum und Neurose uns mehr von den seelischen Altertümern bewahrt haben, als wir vermuten konnten, so daß die Psychoanalyse einen hohen Rang unter den Wissenschaften beanspruchen darf, die sich bemühen, die ältesten und dunkelsten Phasen des Menschheitsbeginns zu rekonstruieren.« Freud verschmähte sogar nicht, trotz gänzlichem Mangel an »ozeanischem Gefühl«, wie er sagt, das »transzendentale Ich« eines Theosophen wie du Prel zu zitieren, der in den achtziger Jahren geschrieben hat, der Begriff der Seele reiche über den des Bewußtseins hinaus wie die Anziehungskraft eines Gestirns über seine Leuchtsphäre; und der die Lyrik bereits als »eine Art paläontologische Weltanschauung« bezeichnet hatte. Antrieb, Inhalt und Schauplatz der Träume, mithin des verdrängten Unbewußten, das sich darin manifestiert, heißen auch bei Freud zuweilen »archaisch«. Jedoch dies Archaische ist trotzdem bei Freud überwiegend individuelles Erbstück, höchstens ontogenetisch rekapituliert, ist in der Hauptsache ein Stück des überwundenen Kinderseelenlebens; ja selbst Urmythen wie das Paradies sind ihm schließlich »nichts anderes als die Massenphantasie von der Kindheit des einzelnen«. Jung dagegen, mit dem gesamten Bachofen-, vorab Klages-Mythos, dem er sich nach seiner Freudzeit angeschlossen hat, legt die »Symbole« auch inhaltlich weit hinter die persönliche Zurechnung zurück. Sie bilden das uralt fundierende Objekt der Libido, dergestalt daß nun alles, was der *Nicht-Aufklärung* gut und teuer ist, sich in »Archetypen« versammelt, als in gänzlich diluvial verstandenen. Entdeckte etwa Robert Mayer das Gesetz der Erhaltung der Energie durch »Inspiration«, so offenbarte sich hier, nach Jung, der Archetypus vom ewigen Feuer, sonst nichts. Ohne Ansehen der Person, die stärksten sachlichen Unterschiede durch Ergriffenheit und Irratio des Nichtwissens einend, schiebt hier Jung den brennenden Dornbusch, Heraklits Urfeuer, die feurigen Zungen des Heiligen Geistes, den Heiligenschein und das »Dynamistische« in den Religionen zusammen, bis in Robert Mayers Inspiration derselbe Archetyp angeblich wiederkehrt. Alle Heldensagen, Zaubersagen, Mythologeme und Phantastereien werden dadurch verschwägert wahr, psychosynthetisch wahr: als Urgedächtnis der Menschheitsphantasie und als seine im Unbewußten fortwirkenden »Engramme«. Freud hatte seiner »Traumdeutung« das Motto gesetzt: »Flectere si nequeo Superos, Acheronta movebo«; Jungs Archaik bewegt die acherontischen Götter fast völlig über die oberen und braucht kein »flectere«, keine Flexion ihrer. Die Wandlungen und Symbole der allzu acherontischen Libido bezeichnen dann ebensoviel Abenteuergeschichten im absolut Unbewußten, im Unbewußten ohne – Hoffnung. Derart ist bei Jung nicht nur »Regressio« als Methode, sondern ebenso als Inhalt; dies Unbewußte kann also mehr als je nicht alt genug, nicht urtümlich und Prähistorie und Gewesenheit genug sein. Der Erbfehler in der reaktionär-romantischen Fassung des Unbewußten kulminiert hier faschistisch; Regressio wird nun Nacht von Blut und Boden, will Baldur sein und öffnet sich zu Alberich. Das alles auch noch unter dem Schein der Schöpfung, mit beigebogenen, lombardierten Potenzen aus jener Bildkraft der Archetypen, die sich gerade ins Helle hin ständig erneuert. Aber nur das Inventar der fossil gehaltenen Archetypen soll hier die Kategorien und Inhalte der schöpferischen Phantasie enthalten, sowohl »a priori« als »in Ewigkeit«. Dem widersprechen einige gegenteilige Äußerungen Jungs so wenig, wie der »Sozialismus« oder das »Tausendjährige Reich« des deutschen Faschismus seiner Reaktion widersprechen. Im gleichen Sinn umschließt Jungs Unbewußtheit nicht nur »die Hinterlassenschaft abgelebter Zeiten«, sie wird auch gefeiert als »die ewig lebendige und schöpferische Keimschicht«, die sich zwar alter symbolischer Bilder bedient, darin aber und dadurch neuen Geist meint. Der »neue Geist« ist hier ebenjener, den ein Vorwärtsgehender mit dem Gesicht im Nacken erblickt und erblicken kann; allein ehrlich ist Jung daher nur dort, wo er gar nicht von solch verdrehter Kopfhaltung eines Fortschritts spricht, sondern schlechthin Regressio setzt, »dämonische Gebundenheit der unterbewußten Gemeinschaftsseele«. Nicht nur banal, sondern völlig geringgeschätzt, wesenlos gemacht steht nun – über solch purem Ahnenkult des Unbewußten – das Bewußtsein selber da; dem faschistisch-vernunftfeindlichen Auftrag gemäß. »Das Bewußtsein«, sagt Jung, »diese fünftausend Jahre Zivilisation liegen im Menschen als dünne Decke über den uralten, riesigen archetypischen Tiefen«; und es findet sich, obwohl es darüber liegt, nur als Abfall, Verhängnis, Zersetzung. Das Pathos des Somnambulismus, wie es lediglich in den bengalischen Winkeln der Romantik und nachher parapsychisch das Unbewußte atavistisch machte, ist damit total geworden. Und die Archetypen (Junge Liebe, Altes Paar, Zug durch die Wüste, Tanz ums goldne Kalb und so fort), diese nicht von Jung, sondern von Novalis als solche ausgezeichneten Bildkategorien? – sie sprechen immer nur wieder, wenn ein neuer Geist ihnen den Mund geöffnet hat. Ja ein großer

Teil unter diesen Bildkategorien bleibt ohne das nur brütend oder verkapselt oder gar abgemattet. Kern und Ausdruck utopischen Gewissens sind bei Gebrauch und Deutung fortwirkender Archetypen unvermeidbar. Anderenfalls bleiben die angeblichen Bewohner bloßer psychischer Urgeschichte und keiner anderen entweder Hekuba oder – Diluvium. Sie sind aber weit Besseres, nicht bei Jung, sondern einzig bei neuem Bewußtsein, neu auch unter diesem scheinbaren Mond.

3. Das antizipierende Bewußtsein

Was als Drängen vor sich geht

Wer treibt in uns an? Wir regen uns, sind warm und scharf. Was lebt, ist erregt, und zwar zuerst durch sich selbst. Es atmet, solange es ist, und reizt uns auf. Um immer wieder zu kochen, von unten her.

Daß man lebt, ist nicht zu empfinden. Das Daß, das uns als lebendig setzt, kommt selber nicht hervor. Es liegt tief unten, dort, wo wir anfangen, leibhaft zu sein. Dieser Stoß in uns ist gemeint, wenn man sagt, der Mensch lebe nicht, um zu leben, sondern »weil« er lebt. Keiner hat sich diesen drängenden Zustand ausgesucht, er ist mit uns, seit wir sind und indem wir sind. Leer und daher gierig, strebend und daher unruhig geht es in unserem unmittelbaren Sein her. Aber all dies empfindet sich nicht, es muß dazu erst aus sich herausgehen. Dann spürt es sich als »Drang«, als ganz vagen und unbestimmten. Vom Daß des Drängens kommt kein Lebender los, so müde er auch davon geworden sein mag. Dieser Durst meldet sich stets und nennt sich nicht.

Nacktes Streben und Wünschen, nicht gesättigt

Aus dem bloßen Innern greift etwas hervor. Das Drängen äußert sich *zunächst* als »Streben«, begehrend irgendwohin. Wird das Streben *gefühlt*, so ist es »Sehnen«, der einzige bei allen Menschen ehrliche Zustand. Das Sehnen selber ist nicht weniger vage und allgemein als der Drang, doch es ist deutlich wenigstens nach außen gerichtet. Es wühlt nicht wie das Drängen, sondern schweift, das freilich gleichfalls ruhelos schlechthin, süchtig. Und verbohrt es sich dabei in sich, so bleibt das Sehnen bloße allgemeine Sucht. Als blind und leer schweifende kann diese sich gar nicht dorthin begeben, wo sie gestillt würde.

Dazu muß das Sehnen erst auf etwas deutlich hintreiben. Als so bestimmtes hört es auf, nach allen Richtungen zugleich auszuschlagen. Es wird ein »Suchen«, das hat und nicht hat, was es sucht, wird ein gezieltes Treiben. Dessen Hintreiben teilt sich ab je nach dem Etwas, auf das es gerichtet ist, wird also der oder jener einzeln benennbare »Trieb«. Unter diesem Begriff, einem zweifellos reaktionär oft verdumpften und verdinglichten, ist das gleiche wie »Bedürfnis« zu verstehen. Aber da das Wort Bedürfnis nicht ebenso das gezielte Treiben in sich anklingen läßt, mögen das Wort und der undumpf verstandene Begriff Trieb erhalten bleiben. Allemal sucht dieser ein Hohles, ein Mangelndes im Streben und Sehnen, etwas, das fehlt, durch ein äußeres Etwas zu füllen. Das verschiedene Etwas, als Brot vor allem oder als Weib oder als Macht und so fort, teilt eben das gezielte Hintreiben jeweils in die mehreren Triebe ab. Daher auch: wenn das gefühlte Streben nur allgemeine Sehnsucht ist, so ist der *gefühlte Trieb* nun das Besondere von jeweils einzelnen »Leidenschaften«, »Affekten«. Das Etwas macht, daß der Trieb, wenn er daran gesättigt ist, abnehmen, ja vorübergehend aufhören kann, zum Unterschied von der unersättlich fortlaufenden Sucht. Das Ziel also, worauf der Trieb geht, ist zugleich dasjenige, woran er (sofern und soweit es zur Hand ist) gestillt wird. Das Tier bezieht sich auf das Ziel in der Art seiner jeweiligen Begierde selbst, der Mensch malt es sich auch noch aus.

Daher kann der Mensch nicht nur begehren, sondern wünschen. Letzteres ist weiter, setzt mehr Farbe an als das Begehren. Denn das

»Wünschen« ist auf eine Vorstellung hin gespannt, in der die Begierde das Ihre sich ausmalen läßt. Das Begehren ist gewiß viel älter als das Vorstellen des Etwas, das begehrt wird. Doch eben indem das Begehren zum Wünschen übergeht, legt es sich die mehr oder minder bestimmte Vorstellung seines Etwas zu, und zwar als eines *besseren* Etwas. Das Verlangen des Wunsches steigt gerade mit der Vorstellung des Besseren, gar Vollkommenen seines erfüllenden Etwas. So daß zwar nicht fürs Begehren, wohl aber fürs Verlangen des Wunsches gesagt werden darf: Wünschen geht, wenn auch aus Vorstellungen nicht hervor, so doch erst mit ihnen auf. Es wird durch sie zugleich weiter aufgereizt, im selben Maß wie das Ausgemalte, Vorgemalte Erfüllung verspricht. Wo also die Vorstellung eines Besseren, schließlich wohl Vollkommenen, da findet Wünschen statt, gegebenenfalls ungeduldiges, forderndes. Die bloße Vorstellung wird so zu einem *Wunschbild*, sie ist mit dem Cachet versehen: So sollte es sein. Aber hierbei ist das Wünschen, so heftig es auch sei, vom eigentlichen »Wollen« durch seine passive, dem Sehnen noch verwandte Art unterschieden. Im Wünschen liegt noch nichts von Arbeit oder Tätigkeit, alles Wollen dagegen ist ein Tunwollen. Man kann wünschen, daß morgen schönes Wetter sei, obwohl man nicht das mindeste dazu tun kann. Wünsche können sogar völlig unvernünftig sein, sie können darauf gehen, daß X oder Y noch am Leben seien; es ist gegebenenfalls sinnvoll, das zu wünschen, aber sinnlos, es zu wollen. Daher bleibt der Wunsch auch dort, wo der Wille nichts mehr ändern kann. Der Reumütige wünscht, daß er eine Handlung nicht vollbracht hätte, er kann dies nicht eben wollen. Auch der Mutlose, der Zauderer, der oft Enttäuschte, der Willensschwache, sie haben Wünsche, sogar besonders starke, ohne daß sie zum Tunwollen bewegen. Ferner läßt sich Verschiedenes wünschen, die Wahl ist hier eine Qual, aber nur eines davon läßt sich wollen; der Wollende dagegen hat bereits vorgezogen, er weiß, was er lieber will, die Wahl liegt hinter ihm. Das Wünschen kann unentschlossen sein, trotz der bestimmten Zielvorstellung, auf die es hingespannt ist; das Wollen dagegen ist notwendig aktives Fortgehen zu diesem Ziel, geht nach außen, hat sich mit lauter als wirklich gegebenen Dingen zu messen. Wobei der Weg, den das ums Wollen vermehrte, damit gehärtete Wünschen einschlägt, selber unerwünscht, nämlich rauh oder bitter sein kann. Dennoch läßt sich letzthin nichts anderes wollen als Gewünschtes: der interessierte Wunsch ist die »Triebweise«, »Trieb-Weise«, die Wollen auslöst, ihm das zu Wollende vorsingt. Gibt es daher Wünschen ohne Wollen, nämlich lahmes, untätiges, sich in der Einbildung erschöpfendes oder unmögliches, so doch kein Wollen, dem kein Wünschen vorherginge. Und desto stärker wird das Wollen sein, je lebhafter seine mit dem Wünschen gemeinsame Zielvorstellung zu einem Wunschbild gestaltet worden ist. Wünsche tun nichts, aber sie malen und behalten besonders treu, was getan werden müßte. Das Mädchen, das sich glänzend und umworben fühlen möchte, der Mann, der von künftigen Taten träumt, tragen Armut oder Alltag wie eine vorläufige Hülle. Sie fällt dadurch nicht ab, doch der Mensch wächst dadurch auch weniger leicht in sie hinein. Bloße Begierde und ihr Trieb halten sich zunächst an das, was sie haben, aber das ausmalende Wünschen in ihnen meint mehr. So hält es sich ungenügsam, das ist, nichts Vorhandenes tut ihm recht Genüge. Trieb als bestimmtes Streben, als Begierde nach etwas, bleibt in all dem lebendig.

Der Mensch als ziemlich umfängliches Triebwesen

Der einzelne Leib

Der Trieb muß jemanden hinter sich haben. Wer ist aber der Reizbare, der sucht? Wer bewegt sich in der lebendigen Bewegung, wer treibt im Tier, wer wünscht im Menschen? Es geht hier sicher nicht überall ichhaft her; denn ein Trieb »überkommt« uns. Das bedeutet aber nicht, daß überhaupt kein einzelnes, in sich geschlossenes Sein da wäre, das die Triebe trägt, spürt und durch ihre Befriedigung Unlustgefühle abführt. Sondern dies Sein ist zunächst der lebendige einzelne Körper; er als reizbewegter, reizüberfüllter hat die Triebe, sie schweben nicht allgemein. Und frißt das Tier, so wird sein eigener Leib befriedigt, sonst nichts.

Kein Trieb ohne Leib dahinter

Gewiß, was sich als Leib fühlt, ist selber recht allgemein. Er »befindet« sich nur, als wohl oder übel; das aber ist kein sehr deutlicher Befund. Wogegen jeder Trieb bestimmt als ein Wer aufzutreten scheint und so, als zöge er den Leib hinter sich her. Als hätte nicht der Leib den Trieb, sondern der Trieb den Leib und bestimmte ihn, färbte ihn jeweils, rot vor Wut, gelb vor Neid, grün vor Ärger, wie ein Stück Tuch. Dazu nun noch die lange Dauer und scheinbar subjektlose Erscheinung, welche die Triebe im sogenannten Instinkt besitzen. Die eben ausgekrochenen Kücken picken sogleich nach Körnern, in vorbestimmter Bahn, worin sie das Ihre auf zweckmäßigste Weise erreichen. Die Bahn ist vom Kleinhirn gesteuert, dann freilich, nach Pawlows Entdeckungen, als verändernd steuerbar von der Großhirnrinde und der durch sie verändert erfahrenen Umgebung; das vorzüglich bei höheren Tieren. Doch der sogenannte Instinkt wirkt fälschlich wie ein sich selber peilender Trieb, und auch Menschen kennen ihn, besonders Frauen, wenn nicht in der Liebe, so in der mütterlichen Sorge. Hier hat es in der Tat den Anschein, als ob Triebe selbständig lebten und den Leib beherrschten, um von der Seele zu schweigen. Auch weniger zweckgemäße Triebe geben sich zuweilen als unabhängig, machen den Menschen zu ihrer Beute. So bei den Neurotikern, wo eine isolierte, fast autark erscheinende Triebrichtung nicht nur den Leib, sondern das bewußte Ich überwältigt und ihm als ein Fremdes gegenübersteht. So auch bei Gesunden im Augenblick, wo sie von einem Triebgefühl »übermannt« werden, als wäre der Affekt ein Herr an sich. Dann läßt sich sagen: nicht das Mädchen ging aus Liebesgram ins Wasser, sondern der Liebesgram ging mit dem Mädchen ins Wasser. Aber trotzdem, trotz diesem vielfach subjektlosen Anschein: nichts im Leib läßt Triebe zu ihren eigenen Trägern machen. Baut der Vogel sein Nest, findet die Schwalbe das Nest vom vorigen Jahr, so arbeitet in solch rätselhaften Vorgängen zwar noch kein Ich, doch auch kein selbständiger Trieb, der gleichsam ohne Körper auskäme. Auch der Triebinstinkt gehört zum Haushalt des einzelnen Körpers und wird nur soweit verwendet, als er dazu gehört, als der Leib das Seine treibt, fliehend, was ihm schadet, suchend, was ihn erhält. Deshalb gibt es auch mehrere Triebfedern, je nachdem, nicht nur eine einzige und alles betreibende. Durchgehend vorhanden ist nur der Körper, der sich erhalten will, deshalb ißt, trinkt, liebt, überwältigt und so allein in den Trieben treibt, in den noch so vielfältigen, auch durch das auftretende Ich und seine Beziehungen verwandelten.

Die wechselnde Leidenschaft

Besonders der Mensch trägt allemal mehrere Triebe mit sich. Denn er bewahrt nicht nur die meisten tierischen, er erzeugt auch neue; das heißt, nicht nur sein Körper, auch sein Ich ist affekthaft. Der bewußte Mensch ist das am schwersten zu sättigende Tier; er ist – in der Befriedigung seiner Wünsche – das Umwege machende Tier. Fehlt ihm das zum Leben Notwendige, so spürt er den Mangel wie kaum ein anderes Wesen: Hungervisionen tauchen auf. Hat er das Notwendige, so tauchen mit dem Genuß neue Begierden auf, die anders, doch nicht weniger quälen als vorher nackter Mangel. Die Reichen und Übersättigten (doch nicht nur sie) leiden gegebenenfalls am sonderbaren Kitzel des Ichweißnichtwas; der Luxus vor allem (der scheinbar doch alles erfüllt) ist ein unersättlicher Treiber. Xerxes setzte einen Preis auf die Erfindung eines neuen Vergnügens; da war nicht nur Langeweile im Spiel, sondern ein unbekannter Trieb, mindestens als Schrei danach, der ebenfalls gestillt sein wollte. Gar im Lauf der Geschichte und ihren wechselnden Formen, sich mehrenden Ausmaßen der Bedarfsdeckung bleibt kaum eine Triebart sich gleich, und keine stellt sich als fertig dar. Mit den neuen Gegenständen erwachen verändert ausgerichtete Süchte und Leidenschaften, von denen gestern keiner etwas gespürt hatte. Der ohnehin erst erworbene Erwerbstrieb etwa hat sich in einem Umfang gesteigert, der vorkapitalistischen Zeiten ganz fremd war; sogar die sexuelle Libido wird vielfach von ihm durchkreuzt. Ziemlich neu ist auch der Rekordtrieb in der spätkapitalistischen Gesellschaft, gar die leere technische Sucht nach immer größerer Geschwindigkeit; letztere Sucht ist erst durch die motorisierten Fahrzeuge gebildet worden. Vor allem aber muß das Monopolkapital einen abstrakten Rekordtrieb zum Zweck der Anpeitscherei steigern; denn sonst wäre der Maximalprofit nicht so rasch aus den Arbeitern auspreßbar. Und wie fast rasend neuartig wiederum ist der faschistische Todestrieb beschaffen, verglichen etwa mit dem sentimentalen der Wertherzeit, auch dem romantisch-nachthaften; welch anderer sozialer Auftrag heizt ihn an, richtet ihn aus. Er wird prämiiert teils für den Schlachtentod im imperialistischen Krieg, teils für die Aussichtslosigkeit des spätbürgerlichen Daseins insgesamt. Dafür ging der religiöse Trieb zurück, wenn man dieses weithin mit Überbau versehene Wesen so nennen kann, der Auftrieb nach oben, der Eros zum Wechsellosen. Und wo er auf verkommene oder betrogene Weise aufgereizt wurde, so in verschiedenen faschistischen Verführungen, ist der vorige Auftrieb kaum noch einer geblieben, ja in den Boden gesunken, in Blut und Boden. Kurz, es erhellt: der Mensch ist ein ebenso wandelbares wie umfängliches Triebwesen, ein Haufe von *wechselnden* Wünschen und meist von schlecht geordneten. Und eine bleibende Triebfeder, ein einziger Grundtrieb, sofern er nicht verselbständigt wird und dergestalt in der Luft hängt, will sich schwer fassen lassen. Die hauptsächliche Triebfeder wird nicht einmal an Menschen der gleichen Zeit und Klasse sichtbar, etwa indem man ihr scheinbar rein inneres Uhrwerk psychoanalytisch auseinanderlegt. Es gibt sicher mehrere Grundtriebe; bald tritt der eine, bald der andere stärker hervor, bald wirken sie zugleich, wie entgegengesetzte Winde um ein Schiff, und sie bleiben nicht einmal sich selber ähnlich. Der Mensch will sein Glück machen, dies Wort sieht gewiß recht alt aus und ist auch zweifellos ganz anders verläßlich als die Übelrede vom ewigen Raubtiertrieb, aber fragt man: welches Glück und für was, dann beginnen gerade hier die Fragen und Finessen allemal. Es wäre auch zu merkwürdig, wenn in der Klassengeschichte, wo immer wieder neue Zielvorstellungen des Strebens auftauchten, gerade das gezielte Treiben der Triebe einsinnig, fest und fertig vor sich ginge.

Verschiedene Auffassungen vom menschlichen Grundtrieb

Der geschlechtliche Trieb

Aber nach etwas muß der Leib zuerst und besonders streben. Was ist immerhin die hauptsächliche Triebfeder unseres Sinnens und Trachtens, des gegenwärtig vorliegenden? Freud setzt, wie bekannt, den geschlechtlichen Trieb als ersten und als stärksten. Libido regiert danach das Leben, sie ist zeitlich wie inhaltlich grundlegend. Bereits das Saugen des Säuglings soll mit geschlechtlicher Lust verbunden sein und großenteils um dieser Lust willen geschehen. Auch der Hunger soll sexuellem Trieb untergeordnet sein, die Sättigung wird sexuelle Entspannung. Die Beziehung zum eigenen Leib und nachher zu äußeren Gegenständen, erst recht zu Personen der Umgebung erscheint derart überall als primär sexuell. Nur ist Libido nicht der einzige Antrieb bei Freud geblieben, wenigstens nicht Libido im Sinne der positiven Lust. Der spätere Freud pointierte daneben eine Strebung zur negativen Lust, nämlich den Todestrieb. Der kreatürliche Wille ist dann auch dem Tod zugeordnet, der ihm bevorsteht, nicht nur der Begattung. Wie die Mehrzeller von Anfang auf den Tod zutreiben und letaler Abbau schon in der Jugend einsetzt, etwa in der Verengerung der Gefäße, so geht auch ein eigener Trieb dem Vorgang des Sterbens, dem Kaltwerden entgegen. Es ist der Vernichtungs- und Angriffstrieb; Freud wollte ihn als eigenen, wenn auch allemal libidinös gefärbten, an den sadistischen Begierden kenntlich machen. Der Lärm des Lebens, der von der Liebe ausgeht, werde von der gleichen Libido auch wieder stumm gemacht oder zerstört. Der Wunsch zur Zerstörung äußere sich dem eigenen Leib gegenüber in der Freude an karger Zucht, in den mannigfachen asketischen Neigungen. Fremden Leibern und Gegenständen gegenüber äußere sich der Todestrieb als Grausamkeit, als unleugbarer Rausch der nun auf andere schlagenden Vernichtung. Daß aber auch der Todestrieb libidinös ist, darauf soll die durchgängige Verbindung von Grausamkeit mit sexueller Lust, vor allem auch das Gefühl des Liebestods hinweisen. Der Kern jedenfalls ist und bleibt hier geschlechtlich, von daher wird sein Mensch bewegt.

Nur nachträglich kommt noch eine andere und engere Kraft hinzu. Freilich ist dies Enge, auch Scharfe im Menschen wichtig; denn es ist sein Ich. Freud weist immer wieder, nicht ohne Rückzüge, darauf hin, daß er außer dem geschlechtlichen und dem ihm verwandten Todestrieb einen rein menschlichen ausgezeichnet hat. Denn gäbe es nur Libido, sonst nichts, so könnten in uns weder Konflikte noch Neurosen entstehen. Neben dem »dunklen Es« des Leibes und seiner Triebe steht nach Freud aber das Ich. Den sexuellen Kräften stehen die Ichtriebe gegenüber; ja, die gesamte Psychoanalyse, sagt Freud, »hat sich auf der scharfen Sonderung der sexuellen Triebe von den Ichtrieben aufgebaut«. Das Ich bejaht, verneint und zensiert die Triebe, an ihm hängt das Bewußtsein, es ist die Macht, welche unser seelisches Leben zusammenhängend macht. Es ist die Macht, »welche zur Nachtzeit schlafen geht und dann immer noch die Traumzensur handhabt«. Der Ichtrieb verdrängt, was ihm an den Sexualtrieben und ihren Inhalten nicht in die Linie paßt (wovon sogleich). Derart ist unser Seelenleben dualistisch, trotz der Libido, die hier alles begonnen; es bewegt sich »zwischen dem zusammenhängenden Ich und dem von ihm abgespaltenen Verdrängten«. Diese Spannung eben führt, wenn sie zum Gegensatz führt, zum pathogenen Konflikt, als einem zwischen den Ichtrieben und den Sexualtrieben. Vom Ich gehen »die *Verdrängungen* aus, durch welche gewisse seelische Strebungen nicht nur vom Bewußtsein, sondern auch von den anderen Arten der Geltung und Betätigung ausgeschlossen werden. Dies durch die Verdrängung Beseitigte stellt sich in der Analyse dem Ich gegenüber, und es wird der Analyse die Aufgabe gestellt, die Widerstände aufzuheben, die das Ich gegen die Beschäftigung mit dem Verdrängten äußert.« Das Ich besorgt die Abfuhr der Unlustgefühle durch Trieberfüllung, aber es besorgt diese Erfüllung auf seine Weise, nämlich zensierend, moralisierend und vor allem mit Rücksicht auf das Erreichbare, auf die »Realität«. Dies Moralisierende, soll heißen: an die Usancen von Freuds bürgerlicher Umwelt Angepaßte, ist nach Freud die erworbene Linie des Ichtriebs. Dadurch entsteht sogar eine Durchbrechung der Libido, also des Lustprinzips, das sonst alle Triebvorgänge bestimmt; der erwachsene, oder besser aber: der von Freud bürgerlich gesehene bürgerlich individuelle Mensch läuft sich an der »Realität«, wie

Freud seine bürgerliche Umwelt nennt (der Warenwelt und ihrer Ideologie), die dionysischen Hörner ab. »Das so erzogene Ich ist ›verständig‹ geworden, es läßt sich nicht mehr vom Lustprinzip beherrschen, sondern folgt dem Realitätsprinzip, das im Grund auch Lust erzielen will, aber durch die Rücksicht auf die Realität gesicherte, wenn auch aufgeschobene und verringerte Lust.« Und doch wäre das Ich, wäre selbst die »Realität« oder bürgerliche Außenwelt zur Zensur, auch zur Sublimierung der libidinösen Triebe noch nicht ausreichend, gäbe es daneben, darüber nicht außerdem das »Über-Ich« oder »Ich-Ideal«. Das Über-Ich ist der andere Inhalt des Ichs; es repräsentiert nach Freud unsere Elternbeziehung; es schafft alle Ersatzbildungen der Pietät. Das Ich vertritt die Rechte der Außenwelt, das Über-Ich aber ist »der Anwalt der Innenwelt«, der »Ursprung des Gewissens und des Schuldgefühls« (als der Spannungen zwischen den Ansprüchen des Gewissens und den Leistungen des Ichs); es ist der »Keim, aus dem sich alle Religionen gebildet haben«. Indem das Über-Ich Vater und Mutter vertritt, beobachtet, bedroht und lenkt es das Ich wie früher die Eltern das Kind; so gibt es dem Ich ein Leitbild und ist der Quell der Idealbildung. Doch eben wegen der nachwirkenden Elterninstanz lebt im Über-Ich leicht ein Drohendes; das Gewissen ist streng, das Pflichtgefühl finster, auch bewahrt das Über-Ich, von seiner Elternseite her, sehr oft die Überlieferungen und Ideale der Vergangenheit. Demungeachtet schlägt es um das wache Ich herum einen Bogen zur Libido, als dem gemeinsam Dunklen, im Dunklen geeinten Es der Innenwelt. All das kommt zur ursprünglichen Libido hinzu, wenigstens beim späteren Freud; so besteht ein außerordentlicher Trieb-Überbau. Freilich einer, der durch Analyse doch wieder, großenteils, abgebaut werden soll und der, was die Inhalte des Über-Ichs angeht (zu denen doch nicht nur Religion, sondern beispielsweise auch Postulate der Weltveränderung gehören), in bezug auf die Außenwelt *ausschließlich* aus »Illusionen« bestehen soll. Die Innenwelt selbst, die im Über-Ich ihren Anwalt findet, bleibt zu guter Letzt aber allemal die der Libido oder der verdrängten Triebe, des »unbewußten Es« im Menschen. Das Es dieser Libido ist und bleibt nach Freud das den Leib erfüllende, das uns rings umgebende unbewußte Triebreich, nach seiner animalischen wie nach seiner Über-Ich-Seite. Es bewirkt, »daß wir ›gelebt‹ werden von unbekannten, unbeherrschbaren Mächten« (soll heißen: von der bei Freud zum Libido-Es gemachten Fremdherrschaft der kapitalistischen Produktionsweise). Die Psychoanalyse dagegen ist »ein Werkzeug, welches dem Ich die fortschreitende Eroberung des Es ermöglichen soll«. Dadurch freilich wird wieder nur der libidinöse Grundtrieb frei, das heißt, er ist weder in den Verdrängungen verringert noch in den Bindungen des Ich-Ideals überboten. Freud will zwar das Verdrängte, das Unbewußte darin rationell ans Licht bringen, also den heuchlerischen, auch neurotisierenden Muff verringern. Aber was dann kommen soll, ist lediglich ein Tag innerhalb der privaten Libido und dem »Unbehagen« einer Kultur, der angeblich nichts als psychoanalytische Zugluft fehlt.

Verdrängung, Komplex, Unbewußtes und die Sublimierung

So bleibt hier der geschlechtliche Trieb, wenn nicht ein und alles, immerhin grundlegend. Das anständige Mädchen wird ihn bloß nicht wahrhaben wollen, das sittsame Ich unterdrückt den Sexus. Dadurch gärt und drängt er aber erst recht, er kann sich im vorhandenen oder erlaubten Leben nicht abreagieren. Der Sexus und seine Wünsche werden von den bürgerlichen Menschen, wie Freud sie vorfand, in ein dickes Gewebe von Verschwiegenheit, von Heuchelei und Lüge eingehüllt. Denn eben: die Libido unterliegt im Individuum selbst, nicht nur im gesellschaftlichen Cant, einer moralisierenden Zensur, die unser wahres Wesen nicht über die Schwelle des Bewußtseins treten läßt. Diese Zensur riegelt ab, sie verdrängt den sexuellen Antrieb, sie verleumdet ihn, sobald die Verdrängung nicht ganz gelingt, sie sperrt sich gegen seine Erkenntnis. Hierbei bleibt für Freud die Libido wie der einzige Grundtrieb, so auch der wesentliche Inhalt des menschlichen Daseins; denn das Ich ist, wie bemerkt, doch nur Kontrollinstanz. Es prüft das von der Libido eingebrachte Gepäck, es zwingt die Libido, sich zu verstellen, gegebenenfalls sich ins Geistige zu »sublimieren«, aber das Ich selber ist unproduktiv. Indem die moralisierende Zensur verdrängt, beseitigt sie allerdings das Verdrängte nur an der Oberfläche. Die unerfüllten, gar totgeschwiegenen Wünsche sinken im Vorgang der *Verdrängung* lediglich ins mehr oder minder Unbewußte herab. Dort faulen sie, bilden neurotische Spannungen und Komplexe, ohne daß dem Leidenden die Ursache bekannt wäre. Die bloß vergessene, nicht verschwundene sexuelle Affektuierung arbeitet in allerhand Verkleidungen weiter, Freud suchte den libidinösen Stachel bereits in den Psychopathien des Alltags aufzuweisen, im Versprechen, Vergreifen, in Fehlleistungen der scheinbar zufälligsten, bedeutungslosesten Art. Nicht abreagierte Triebe, unvollendete Erlebnisse, vergessene Wunden und Enttäuschungen brennen fort; sie sind aus dem Ichbewußtsein, doch nicht aus der Seele verschwunden. Von ihnen her stammt die scheinbar grundlose Empfindlichkeit, die überbetonte Reaktion, die zwangsneurotische Handlung, schließlich die sinnlos verselbständigte, inhaltlos gewordene Affektgruppe: der *Komplex*. Alle Gespenster oder auch nur Freudschen Gespenster tauchen hier auf: der Penisneid, der Kastrations-, der Ödipuskomplex und was mehr. Sämtlichen Komplexen liegt nach Freud eine sexuelle Irritierung zugrunde, sie seien fixiert an ein infantiles, vergessenes Trauma. Aus Erlebnissen der Kindheit stamme der Kastrationskomplex, stamme der sogenannte Ödipuskomplex des Vaterhasses (obwohl Ödipus selbst, wie Chesterton einmal sagt, der einzige Mensch war, der zuverlässig keinen Ödipuskomplex hatte; denn er wußte bis zuletzt nicht, daß Laertes, den er erschlug, sein Vater, Jokaste, die er heiratete, seine Mutter war). All dies seltsam Benannte, seltsamer Hochgedonnerte sei nun gänzlich aus »unterbrochenen, irgendwie gestörten Vorgängen, die unbewußt bleiben mußten, hervorgegangen«. Wenn es daher gelänge, in den Keller des Verdrängten mit Bewußtsein hinabzusteigen, die unbewußten Vorbedingungen der neurotischen Symptome bewußt zu machen, so würde der Neurotiker geheilt, das heißt, sein Ich bekäme gegen sein Es das Heft in die Hand. Der Mensch, der die Ursache seiner Komplexe weiß, heile sich selbst; freilich könne nur Psychoanalyse ihm zu diesem Wissen verhelfen. Mühselige Tiefenbohrung, Achtung auf scheinbar nebensächliche, besonders auf nebensächlich gemachte Instanzen, aber auch auf Mißtrauen gegen viel zu schön klingende Ideologien (wie »Heiligkeit« der Mutterschaft und dergleichen) – all diese Detektivkunst sei notwendig, um den Inhalt des neurotischen Symptoms zu erkennen und dem Patienten ins Bewußtsein zu rufen. Hauptstraße hierzu, via regia, soll bekanntlich die Traumdeutung sein, und zwar die Deutung der nächtlichen Träume als solcher, worin das zensierende Ich schläft, die harte Außenwelt unwahrnehmbar geworden ist. Jeder Traum ist bei Freud die Erfüllung einer unbewußten Wunschphantasie; aus der Symbolik, worin sie im

Traum sich einkleidet, gilt es, das wunschhaft Angemeldete analytisch zu entziffern. Überall setzt der Neurotiker dieser Entzifferung einen charakteristischen Widerstand entgegen: das Vergessene will vergessen und sein Symptom verkleidet bleiben. Aber es ist hier schon wichtig zu bemerken: der Widerstand gegen das Bewußtwerden liegt nach Freud lediglich im Willen des Patienten, nicht etwa im Material des Unbewußten selbst, das heißt *jenes Unbewußten*, das Freud statuiert und das – außer der Groteske seiner wesentlich nur libidinösen Inhalte – wesentlich ein Produkt oder mindestens ein Zufluchtsort der Verdrängung ist. Verdrängung selbst ist dieses Sinns ein Vorgang, »durch welchen ein bewußtseinsfähiger Akt, also einer, der dem System Vorbewußtsein angehört, unbewußt gemacht, also in das System Unbewußtsein zurückgeschoben wird. Und ebenso nennen wir es Verdrängung, wenn der unbewußte seelische Akt überhaupt nicht ins nächste vorbewußte System zugelassen, sondern an der Schwelle von der Zensur zurückgewiesen wird«. Die bewußt gemachte Libido zeigt so überhaupt keine andere Tür als die ins wiederbetretene und aufgespulte Ehemals. Psychoanalyse will ab ovo subkortikale Erinnerung sein, einsam, abgekapselt und, wie sie selber sagt, unterirdisch, acherontisch.

Das Unbewußte ist bei Freud darum eines, in das lediglich etwas zurückgeschoben werden kann. Oder das bestenfalls, als Es, das Bewußtsein wie einen abgeschlossenen Ring umgibt: ein stammesgeschichtliches Erbwesen rundherum um den bewußten Menschen. »Mit Hilfe des Über-Ich schöpft das Ich in einer für uns noch dunklen Weise aus den im Es angehäuften Erfahrungen der Vorzeit.« Das Unbewußte der Psychoanalyse ist mithin, wie erkennbar, *niemals ein Noch-Nicht-Bewußtes*, ein Element der Progressionen; es besteht vielmehr aus Regressionen. Demgemäß macht auch das Bewußtwerden dieses Unbewußten nur Gewesenes kenntlich; das heißt: *im Freudschen Unbewußtsein ist nichts Neues*. Das wurde noch klarer, als C. G. Jung, der psychoanalytische Faschist, die Libido und ihre unbewußten Inhalte gänzlich auf Urzeitliches reduzierte. Im Unbewußten sollen danach ausschließlich stammesgeschichtliche Urerinnerungen oder Urphantasien wohnen, fälschlich »Archetypen« genannt; auch alle Wunschbilder gehen in diese Nacht zurück, meinen lediglich Vorzeit. Jung hält die Nacht sogar für so bunt, daß das Bewußtsein vor ihr verbleicht; er setzt es, als Verächter des Lichts, herab. Freud hält demgegenüber zwar das aufhellende

Bewußtsein aufrecht, doch ein solches eben, das selber vom Ring des Es, vom fixen Unbewußtsein einer fixen Libido umgeben ist. Auch die noch so produktiven Kunstbildungen führen aus diesem Fixum nicht heraus; sie sind lediglich *Sublimierungen* der in sich beschlossenen Libido: Phantasie ist Ersatz für Trieberfüllung. »Die zu lösende Aufgabe ist dann«, sagt Freud, »die Triebziele solcher Art zu verlegen, daß sie von der Versagung der Außenwelt nicht getroffen werden können.« Der Sexualtrieb kann zur Caritas verfeinert werden, zur Hingebung ans Wohl des Nächsten, schließlich der Menschheit. Höher sublimierte Libido macht die Freude des Künstlers an seinem Schaffen aus, aber auch den Genuß und die (Ersatz-) Befriedigung des Nichtkünstlers am Kunstwerk. Gibt dieses doch lauter Wunscherfüllung gestaltet-ungehemmter Art: Weiber, Hochzeit, Helden und noch die schöne, die tragische Leiche. Gibt dem Mann im Parkett, was dem Mann im Leben fehlt, gibt Goldstoff wie ein schöner Traum in der Nacht. Der Betrachter oder Miterleber reagiert dergestalt seine Wünsche ab, so daß er kein Leid mehr an ihnen hat. Aber jede »Katharsis« dieser Art bleibt vorübergehend, ja scheinhaft: die Kunst arbeitet nach Freud ausschließlich mit den Illusionen, die die unbefriedigte Libido sich vormachen läßt. Wie weit und mechanistisch ist hier Freud von Pawlows Einsicht entfernt, daß gerade die höheren psychischen Prozesse, mit dauerndem Einfluß der von ihnen erfaßten Veränderungen der Umwelt, auf die affekthaften und die organischen wirken; daß sie keineswegs nur Abhängige, gar an sich wesenlose Ersatzweisen sind. Bei Freud aber bleiben einzig nur sexuelle Libido, ihr Konflikt mit den Ichtrieben und der Bewußtseinskeller insgesamt, aus dem dann die Illusionen steigen.

Machttrieb, Rauschtrieb, Kollektiv-Unbewußtes

Aber auch im noch so dumpf gefaßten Leib lebt der geschlechtliche Trieb nicht allezeit, nicht allein. Daher wurde Freud, nachdem er die Bahn genommen hatte, von einigen seiner Schüler bekanntlich widersprochen. Diese Schüler beeilten sich, entweder eine ganz andere Triebkraft auszuzeichnen oder aber die Libido zu bronzieren. Das erste versuchte Alfred Adler, der Urheber der sogenannten Individualpsychologie, das zweite (mit mythischer Patina) C. G. Jung.

So wurde, wie Freud beiden vorwirft, »das auf allen lastende Problem der Sexualität mit einem Hieb beseitigt«. Immerhin, es schien beseitigbar, im System anderer Triebfedern, es ist nicht ausgemacht ein und alles. Adler setzt, kapitalistisch schlechthin, über einer bisexuellen Grundlage den Willen zur Macht als menschlichen Grundtrieb: der Mensch will primär herrschen und überwältigen. Er will von unten nach oben gelangen, will oben liegen, von der weiblichen Linie in ihm zur männlichen übertreten, sich als Sieger individuell bestätigt fühlen. Eitelkeit, Ehrgeiz, »männlicher Protest« sind danach die Affekte, worin dieser Grundtrieb am sichtbarsten erscheint, verletzte Eitelkeit, gescheiterter Ehrgeiz sind der Quell der meisten Neurosen. Sexus ist selber nur ein Mittel fürs Endziel, die Machtgewinnung: »Diesem Leitgedanken ordnen sich auch Libido, Sexualtrieb und Perversionsneigung, wo immer sie hergekommen sein mögen, ein« (Adler, Der nervöse Charakter, 1922, S. 5). Am Anfang der Entwicklung zur Neurose steht drohend das Gefühl der Unsicherheit und Minderwertigkeit; unerfüllter Machttrieb erzeugt den Minderwertigkeitskomplex. Aber wie über einer Wunde sich die Haut verdickt, gleichsam als Schutzvorkehrung gegen künftige Schädigung, und wie bei Ausfall einer Niere sich die Funktion der anderen Niere verstärkt, so werden vom Ich auch seelische Minderwertigkeiten überkompensiert. Teils durch Masken und Fiktionen: Wille zur Macht wird dann Wille zum Schein; teils aber auch durch erhöhte Leistungen: Wille zur Macht hält sich dann schadlos, gegebenenfalls in einer schönen, einer Phantasiewelt. Man sieht freilich nicht, woher sie hier ihren Stoff nehmen mag; denn der an sich notwendig kahle Wille zur Macht kann ja nicht inhaltlich sublimiert werden. Wesentlich bleibt in diesem Willen trotzdem Zielsetzung, eben gemäß dem Vornliegenwollen; sie tritt an die Stelle bloßer angeborener Getriebenheit von unten her, also der Freudschen sexuellen Libido. Der Einzelmensch baut sich selber auf, mittels eines Leitbilds oder auch nur mittels Schauspielerei und Fiktion: »Die peinlich empfundene Unsicherheit wird auf ihr kleinstes Maß reduziert und dieses in sein krasses Gegenteil, in seinen Gegensatz verkehrt, der als fiktives Ziel zum Leitpunkt aller Wünsche, Phantasien und Bestrebungen gemacht wird.« So formt der Mensch – ein anderes als der Einzelmensch kommt in dieser Individualpsychologie nicht vor – seinen Charakter: »Um den Weg zur Höhe nicht zu verfehlen, um die Sicherung vollkommen zu machen, zeichnet er konstant wirkende Leitlinien in Form der Charakterzüge in die weiten chaotischen Felder seiner Seele.« Grundsätzlich wird so bei Adler alles Persönliche von Anfang an gemacht und gezüchtet, durch einen zwar weithin unbewußten, doch keineswegs mehr naiven Zweckwillen. Grundsätzlich regiere so die causa finalis, ordne das biologische Moment dem kapitalistisch interessierten Ziel unter, welches auf Sicherung der Persönlichkeit, auf Erhöhung des Persönlichkeitsgefühls abgestellt ist. Indem Adler derart aus der Libido das Geschlecht austreibt, die individuelle Macht einsetzt, ist seine Triebbestimmung den immer verschärfter kapitalistischen Weg von Schopenhauer zu Nietzsche gegangen und reflektiert diesen Weg ideologisch-psychoanalytisch. Freuds Libidobegriff berührte sich mit dem »Willen zum Leben« in Schopenhauers Philosophie; Schopenhauer hatte eben die Geschlechtsteile als »Brennpunkte des Willens« bezeichnet. Adlers »Wille zur Macht« dagegen deckt sich wörtlich, zum Teil auch inhaltlich mit Nietzsches Grundtrieb-Bestimmung aus seiner letzten Periode; insofern hat hier Nietzsche über Schopenhauer, also der imperialistische Ellbogen über den rentierhaften Lust-Unlust-Leib in der Psychoanalyse gesiegt. Der Konkurrenzkampf, der für geschlechtliche Sorgen kaum mehr Zeit übrigläßt, pointiert die Strebsamkeit statt der Geilheit; der heiße Tag des Geschäftsmannes überdeckt so die heiße Nacht des Lebemanns und seiner Libido.

Doch blieb auch das nicht, denn immer weniger Menschen zog der unwirtlich gewordene Tag an. Immer stärker wuchs dem Kleinbürger der Wunsch, sich nach rückwärts in ein verantwortungsloses, aber auch mehr oder minder wildes Dunkel entspannen zu lassen. Vor allem verlor der Weg zur sogenannten Höhe im gleichen Maß, wie die freien Unternehmer monopolkapitalistisch abnahmen, an Interesse und Aussicht. Anziehender wurde der Weg in eine sogenannte Tiefe, in eine, worin die Augen übergehen, statt daß sie ein Ziel visieren. C. G. Jung, der faschistisch schäumende Psychoanalytiker, setzte infolgedessen statt des Machttriebs den Rauschtrieb. Wie der Sexus an dieser dionysisch allgemeinen Libido nur ein Teil ist, so auch der Wille zur Macht, ja letzterer eben wird gänzlich zum Schlachtrausch verwandelt, zu dieser keineswegs individuell zielstrebigen Betäubung. Libido also wird bei Jung eine archaisch ungeschiedene Ur-Einheit aller Triebe oder »Eros« schlechthin: so reicht sie vom Essen bis zum Abendmahl, vom Coitus bis zur unio mystica, vom schäumenden Maul des Schamanen, gar Berserkers, bis zur Verzückung des Fra Angelico. Auch hier mithin siegt Nietzsche über Schopenhauer, doch er siegt als Bejahung eines Mescalin-Dionysos über die Verneinung des Willens zum Leben. Folgerichtig wird auch das Unbewußte an dieser mystifizierten Libido nicht bekämpft und ins heutige Bewußtsein aufzulösen versucht wie bei Freud. Vielmehr stammt die Neurose, besonders die der modernen, allzu zivilisierten und bewußten Menschen, nach Jung gerade daraus, daß die Menschen aus dem unbewußt Wachsenden, aus der Welt des »urtümlichen Fühldenkens« zu weit ausgetreten sind. Hier berührt sich Jung nicht nur mit dem faschisierten Dionysos, sondern zum Teil mit der vitalistischen Philosophie Bergsons. Bergson hatte bereits, in freilich noch sezessionistisch-liberaler Weise, die Intuition gegen den Verstand ausgespielt, die schöpferische Unruhe gegen geschlossene Ordnung und starre Geometrie. Aber weit mehr als mit Bergsons »Elan vital« berührt sich der Faschist Jung mit den romantisch-reaktionären Ausbiegungen, die Bergsons Vitalismus gefunden hat; so bei sentimentalen Penis-Dichtern wie D. H. Lawrence, bei kompletten Tarzan-Philosophen wie Ludwig Klages. Bergsons Elan vital war noch nach vorwärts gerichtet; er entsprach dem »Jugendstil« oder »Sezessionismus« der neunziger Jahre, er enthielt Freiheitsparolen, keine der rückläufigen Gebundenheit. D. H. Lawrence dagegen, und Jung mit ihm, singt die Wildnisse der urtümlichen Liebeszeit, aus der der Mensch zu seinem Unglück ausgetreten ist; er sucht den nächtlichen Mond im Fleisch, die bewußtlose Sonne im Blut. Und Klages spielt abstrakterweise auf demselben Stierhorn; er ruft nicht bloß, wie die früheren Romantiker, zum Mittelalter zurück, sondern zum Diluvium, ebendorthin, wo auch Jungs unpersönliche, pandämonische Libido wohnt. Es gebe, lehrt Jung, zwar Ichs und Individuen, aber das reiche in der Seele nicht tief; gar die Persönlichkeit sei nur eine Maske oder sozial gespielte Rolle. Was in der Persönlichkeit und als diese wirkt, soll vielmehr Vitaldruck sein, aus viel tieferen, viel älteren Schichten, aus magisch-kollektiven wie etwa der Rasse. Die individuelle Person sei auf ihrem Boden kollektiv, führe dahin wieder zurück: »Da das Individuum nicht nur Einzelwesen ist, sondern auch kollektive Beziehungen zu seiner Existenz voraussetzt, so führt auch der Prozeß der Individuation nicht in die Vereinzelung, sondern in einen intensiveren und allgemeineren Kollektivzusammenhang« (Jung, Psychologische Typen, 1921, S. 637). Wettbewerb und freie Konkurrenz, die bei Adler noch zur Überbietung stachelten und zu immer schärferer Individualpsychologie, gehen hier in der »Volksgemeinschaft« unter und in »Psychosynthese«, das ist eben: in archaisch-kollektiver Regression. Unpersönlich, ja unmenschlich Unbewußtes geht auf, weit hinter der jeweiligen individuellen Erfahrung, wo nicht hinter den archaischen Resten bloßer Menschheitserinnerung. Urerinnerungen sollen danach lebendig sein aus der Zeit unserer tierischen Vorfahren, also noch weit hinter dem Diluvium; Jung greift dafür den Begriff der »Engramme« auf, den Semon in die Biologie eingeführt hat, den Begriff eines Gedächtnisses der organischen Materie insgesamt und ihrer Gedächtnisspuren. Die sind in Libido als ur-animalischer Plan eingeformt, sie halten aber auch das Unbewußte schlechthin im archaisch Urgewesenen. Also löst gerade die Psychosynthese nicht in den Tag auf und in äußerliche Teile, sondern »besinnt« sich und geht mit dem neurotisch oder sonst gegebenen Symbol zurück in die ihm angestammte Nacht: »Genau wie die Analyse (das kausalreduktive Verfahren) das Symbol in seine Komponenten sondert, verdichtet das synthetische Verfahren das Symbol zu einem allgemeinen und verstehbaren Ausdruck.« Freuds Unbewußtes war trotz stammesgeschichtlicher archaischer Elemente, die er wohl zu sehen glaubte und die in seiner Schule bis zu Urerinnerungen der ersten Landtiere »ausgegraben« worden sind – Freuds Unbewußtes also war im großen ganzen individuell, das heißt von individuell erworbenen Verdrängungen und von Verdrängungen aus der kurz zurückliegenden Vergangenheit eines modernen Individuums erfüllt. Das Unbewußte Jungs dagegen ist vollkommen generell, urzeitlich und kollektiv, es gibt sich als »der fünfhunderttausendjährige Schacht unterhalb der paar Jahrtausende Zivilisation«, erst recht unterhalb der paar Jahre des individuellen Lebens. In diesem Grund ist nicht nur nichts Neues, sondern er enthält dezidiert Uraltes; alles Neue ist eo ipso wertlos, ja wertfeindlich; neu ist nach Jung und Klages lediglich die heutige Instinkt-Zerstörung, die Zersetzung des uralten Phantasiegrunds durch den Intellekt. Auch der neurotische Konflikt ist Leiden dieses Trieb- und Phantasiegrunds am Intellekt; oder wie Lawrence sagte: die Menschen haben den Mond aus ihrem Fleisch, die Sonne aus ihrem Blut verloren. Daher dürfe der Neurotiker aus dem Unbewußten, das er noch hat, nicht vollends entfernt werden, nötig sei vielmehr Leitung zum Kollektiv-Unbewußten zurück, als zu den »uralten Mächten des Lebens«. Psychosynthese – Gegenwart fliehend, Zukunft hassend, Urzeit suchend – wird so dasselbe wie »Religion« im etymologischen Sinn des Worts: nämlich re-ligio, Rückverbindung. Wobei eben zwischen dem schäumenden Maul des Schamanen und Meister Eckart kein Unterschied erscheint, in wahrer Nacht-Toleranz; ja, der Schamane ist besser. Erst recht rangiert dann noch der wüsteste Aberglaube über der Aufklärung; denn selbstverständlich fließt Jungs Kollektiv-Unbewußtes im Hexenwahn dicker als in der reinen Vernunft.

»Eros« und die Archetypen

Dahin kommt es unter anderem, wird dem Leib das bewußte Ich genommen. Wird gar Libido gänzlich ins Dunkel getrieben, ins Unbewußte als Ziel. Bei Freud war der Kranke ans Unbewußte nur erinnert, damit er sich davon befreie. Bei C. G. Jung aber wird er daran erinnert, damit er gänzlich ins Unbewußte hinabtauche, und zwar in immer tiefer liegende, immer tiefer zurückliegende Schichten. Libido wird archaisch; Blut und Boden, Neandertalmensch und Tertiärzeit schlagen daraus zugleich entgegen. Der Jung- und Klages-Jünger Gottfried Benn gab dem einen ebenso psychosynthetischen wie lyrischen Ausdruck: »Wir tragen die frühen Völker in unserer Seele, und wenn die späte Ratio sich lockert, im Traum und Rausch, steigen sie empor mit ihren Riten, ihrer prälogischen Geistesart, und vergeben eine Stunde der mystischen Partizipation. Wenn der logische Oberbau sich löst, die Rinde, müde des Ansturms der vormondalten Bestände, die ewig umkämpfte Grenze des Bewußtseins öffnet, ist es, daß das Alte, das Unbewußte erscheint in der magischen Ichumwandlung und Identifizierung, im früheren Erlebnis des Überall- und Ewigseins.« Immer stärker hat Jung die Libido zu diesen archaischen Anschlüssen hingetrieben, zugleich eben hat er diese Anfänge so neblig und allgemein gefaßt, daß sämtliche Irratio von ehedem, ganz gleich, was sie sagt, vertauschbaren Platz findet. Hier ist wirklich die Nacht, in der alle Kühe schwarz sind, die Nacht jener maßlos geweiteten, zum Naturbauch kollektivierten Libido, die nun auch Weltseele heißt. Eros, Platon, indische Theosophie, alchimistische und astrologische Bilder, Plotin oder das, was sich C. G. Jung darunter vorstellt, wirbeln durcheinander, alle geeint in der »vormondalten« Libido: »Was das Psychologische dieses Begriffs anbelangt, so erinnere ich hier an die kosmogonische Bedeutung des Eros bei Platon und bei Hesiod, sowie an die orphische Figur des Phanes, des ›Leuchtenden‹, des Erstgewordenen, des Vaters des Eros ... Die orphische Bedeutung des Phanes kommt der des indischen Kâma gleich, dem Liebesgott, der auch kosmogonisches Prinzip ist« (Wandlungen und Symbole der Libido, 1925, S. 127). Hinzugesetzt wird, über Abgründe hinweg, als sei es, weil es so kosmisch klingt, dasselbe: »Beim Neuplatoniker Plotin ist die Weltseele die Energie des Intellekts.« Derart öffnet sich die Libido Jungs als ein ganzer Sack unverdaut-atavistischer Geheimnisse, besser Abrakadabras, ja es schleppt dieser Sack, nach Jungs eigenen Worten, »einen unsichtbaren Saurierschwanz hinter sich her; vorsichtig abgetrennt, wird er zur Heilsschlange des Mysteriums« (Über die Archetypen des kollektiven Bewußtseins, 1935, S. 227). Denn Diluvium bleibt dem Eros, der alles begonnen, sinngemäß das Nächste, und dahin strebt er zurück, prälogische Linien entlang, fort vom Bewußtsein. Anatomischer Ort dieser Libido ist der uralte Sympathikus, nicht das Zerebrospinalsystem; ihr Organon, ihr schon selber halb unzureichendes, allzu aufgeklärtes, bleibt die Mythologie. Die Mutterbindung etwa ist nach Jung keine an die individuelle Mutter, sondern an ein uraltes generelles Mutterbild. Sie ist die Bindung an Gaea oder Kybele, an jene archaische Wesenheit (Ge-wesenheit), die ebenso der Astarte, Isis, Maria zugrunde liegen soll. Libidobesetzung wird hier im weiteren also »urbildliche« schlechthin, durch jede einzelne Mutter hindurch scheinen und siegen die »Archetypen der Erdmutter«. Archetypus überhaupt, Lévy-Bruhls »représentation collective«, ist das Stichwort, womit Jungs Libido ihr Kollektiv-Unbewußtes ruft. Das Unbewußte, und nur dieses, wird danach durchgängig von Archetypen bevölkert. Schlange, Kuche, Feuer, Topf auf dem Feuer, Wassertiefe, Mutter Erde, alter Weiser sind einige ihrer Exempel. Gerade im heutigen Menschen, als einem der mythischen Vermischung, soll dies Urbildhafte hochentzündlich sein: wer in Archetypen spricht, spricht mit tausend Zungen, und das nach Jung nur deshalb, weil das Intellektgeschöpf mit dem Triebbildleben des urtümlichen Menschentiers, mit der riesigen Resonanz von Blut und Boden sich vermittelt. Kollektiv-Unbewußtes ist aber nicht nur der Ort dieser

Art Gesundheit, es enthält nach Jung auch sämtliche Grundformen der menschlichen Phantasie: was immer als bessere oder schönere Welt geträumt wurde, ist Rassenseele, Archetypenzeit.

So betäubend also wurde hier der Auftrag befolgt, aus dem Hellen ins Dunkle zu streben. Die kapitalistischen Geschäfte sind nur noch betreibbar, wenn das Bewußtsein ihrer Opfer in der Freizeit betäubt wird. Folgerichtig hat Jung das Unbewußte Freuds auf der ganzen Linie generalisiert und archaisiert; es soll rationalistisch nicht aufgelöst werden. Auch findet hier keine Sublimierung statt (als welche ja immerhin, nach Freud, zur Kultur führt); der Freudschüler Jung sagte sich, als die Konjunktur erfüllet war, auch in diesem Punkt von der »jüdischen Psychologie« los. Statt der Sublimierung gilt die »heilig dunkle Urnacht«, gefüllt mit Blutschein und Bilderorgie an sich; diese Macht ist selber bereits in Ordnung, ja das einzige, was in Ordnung lebt. Wohl stieß Jung hierbei auf einen, wie man noch sehen wird, nicht unwichtigen Phantasiebestand, auf den der Archetypen. Doch wie er ihren Begriff von der Romantik bezog, so hat er ihn nie aus dem ungegliederten romantischen Dilettantismus herausgebracht. Der sogenannten Psychosynthese ist einzig die Urbilderei in Bausch und Bogen brauchbar, und das magische Wischiwaschi (kommandiert vom Monopolkapital) ist ihr nützlich. Der Rapport dieser panischen Libido mit dem deutschen Faschismus ist offenbar; hierin setzt das Bewußtsein der C. G. Jung-Somnambule keineswegs aus. Auch dem Faschismus ist der Intelligenzhaß das, wie Jung wörtlich sagt, »einzige Mittel, um die Schäden der heutigen Gesellschaft zu kompensieren«. Auch der Faschismus bedarf des Totenkults einer frisierten Urzeit, um die Zukunft zu verstellen, die Barbarei zu begründen, die Revolution zu blockieren. Der Grundtrieb wird mit alldem ein Trieb zu jenem Grunde, wo der Dionysos nur noch Moloch heißen will. Ein Regressio-Grund wird als Medizin wie Moral gepriesen, dem alles Menschliche wieder fremd geworden ist. So stellen, wie gesagt, der immerhin noch liberal aufklärenwollende Freud, der faschistisch mystifizierende Jung weithin Gegensätze in der gemeinsamen »Tiefenpsychologie« dar (wie sie sich bescheiden nennt): der Liberale will Verdrängtes bewußt machen, der Reaktionär will Bewußtes mit Verdrängtem rückverbinden, ja es immer tiefer ins Unbewußte zurückstoßen. Bei Freud wird das Unbewußte bekämpft und, soweit es ein individuell Erworbenes ist, im Umkreis des Individuums gehalten. Bei Jung wird das Unbewußte begrüßt und völlig im Archaisch-Kollektiven angesiedelt, dazu mit schrankenloser Toleranz gegen alles betrachtet, was als Nebel, Numen oder Tabu darin herumwogt. Doch wieder auch: im Hauptpunkt steht der Lehrer Freud mit seinem pervertierten Schüler auf gleicher Ebene; beide fassen das Unbewußte lediglich als ein entwicklungsgeschichtlich Vergangenes, als ein in den Keller Abgesunkenes und nur darin Vorhandenes. Sie kennen beide, wenn auch mit höchst verschiedener Art und Ausdehnung der Regression, nur ein Unbewußtes nach rückwärts oder unterhalb des bereits vorhandenen Bewußtseins; sie kennen eben kein Vorbewußtsein eines Neuen. Und was die zur Rede stehende Trieblehre selber angeht, so verbindet es die gesamte psychoanalytische Schule, daß sie lauter paprizierte Triebe betont, sie dazu auf begriffsmythische Weise von dem lebenden Körper abhebt. Auf diese Art entsteht ein Götze Libido oder Wille zur Macht oder Ur-Dionysos und vor allem eine Verabsolutierung dieser Götzen. Wie das Verabsolutierte vom lebenden Körper abgehoben wird, der doch nur sich selber und sonst gar nichts erhalten will, so wird es bei Freud wie Adler wie gar bei Jung überhaupt nicht als *Variable ökonomisch-gesellschaftlicher Bedingungen* diskutiert. Sollen aber überhaupt Grundtriebe ausgezeichnet werden, so werden sie beim Menschen nach den einzelnen Klassen und Zeiten materiell weitgehend variiert sein, folglich auch intentional oder als Triebrichtung. Und am wichtigsten ist: die psychoanalytisch jeweils betonten Grundtriebe sind gar keine im strengen Sinne, sie sind zu partial. Sie schlagen nicht so eindeutig durch wie etwa – der Hunger, der *psychoanalytisch überall ausgelassene*; sie sind nicht so letzte Instanz wie der schlichte Trieb, sich am Leben zu erhalten. Dieser Trieb ist der Selbsterhaltungstrieb, er allein dürfte so grundlegend sein – bei allem Wechsel –, daß er die anderen Triebe überhaupt erst ins Werk setzt.

Die geschichtliche Begrenztheit aller Grundtriebe; verschiedene Lagen des Selbstinteresses; gefüllte und Erwartungs-Affekte

Der dringende Bedarf

Sehr wenig, allzu wenig wurde bisher vom Hunger gesprochen. Obwohl dieser Stachel ebenfalls recht ursprünglich oder urtümlich dreinsieht. Denn ein Mensch ohne Nahrung kommt um, während sich ohne Liebesgenuß immerhin eine Weile leben läßt. Erst recht läßt sich ohne Befriedigung des Machttriebes leben, erst recht ohne Rückkehr ins Unbewußte fünfhunderttausendjähriger Vorfahren. Aber der zusammenbrechende Arbeitslose, der seit Tagen nicht gegessen hat, ist wirklich an die ältest bedürftige Stelle unseres Daseins geführt worden und macht sie sichtbar. Das Mitgefühl mit Verhungernden ist ohnehin das einzig verbreitete, ja überhaupt in Breite mögliche. Das Mädchen, gar der Mann, der sich nach Liebe sehnt, diese sind nicht mitleiderregend, die Hungerklage dagegen ist wohl die stärkste, einzige, die ohne einen Umweg dargeboten werden kann. Dem Hungernden glaubt man sein eigenes Unglück; selbst der Frierende, selbst der Kranke, gar erst der Liebeskranke wirken dagegen luxushaft. Auch die hartherzigste Hausfrau vergißt gegebenenfalls den Ärger ihres Geizes, wenn der Bettler die geschenkte Suppe ißt. Hier ist zweifellos, bereits im üblichen Mitgefühl, die Not und ihr Wünschen klar. Der Magen ist die erste Lampe, auf die Öl gegossen werden muß. Sein Sehnen ist genau, sein Trieb so unvermeidlich, daß er nicht einmal lange verdrängt werden kann.

Verläßlichster Grundtrieb: Selbsterhaltung

Doch so laut der Hunger brüllt, so selten wird er hier ärztlich genannt. Dieser Ausfall zeigt, daß psychoanalytisch stets nur die besseren Leidenden behandelt worden sind und werden. Die Sorge, wie man Nahrung findet, war für Freud und seine Besucher die unbegründetste. Der psychoanalytische Arzt wie vor allem sein Patient entstammen einer Mittelschicht, die bis vor kurzem sich wenig um den Magen zu sorgen brauchte. Als Freuds Wien allerdings weniger sorglos wurde, gab es eine psychoanalytische Beratungsstelle für verhinderte Selbstmörder, wo Gelegenheit war, auch mit Trieben unterhalb der Libido bekannt zu werden. Denn über neunzig Prozent aller Selbstmorde geschehen aus wirtschaftlicher Not und nur der Rest aus Liebeskummer (übrigens aus unverdrängtem). Jedoch auch im bürgerlich deklassierten Wien hing an der Wand der psychoanalytischen Beratungsstelle die Inschrift: »Wirtschaftliche und soziale Fragen können hier nicht zur Behandlung kommen.« Verständlicherweise war vom Innenleben des verhinderten Selbstmörders auf diese Art wenig erfahrbar, ebensowenig wurde der allerhäufigste Komplex, derjenige, den die Franziska Reventlow so ganz unmedizinisch Geldkomplex nannte, dadurch nicht behoben. Der Hungerstachel also wird von der Psychoanalyse genauso sekretiert wie die Libido vom Cant des Salons. Das ist die klassenmäßige Begrenztheit der psychoanalytischen Grundtriebforschung; eine nationale kommt hinzu. Vielleicht nicht, was Libido, wohl aber, was moralische Ichzensur und folglich Verdrängung angeht. Hierin besteht ein charakteristischer Unterschied zwischen der Mittelklasse verschiedener Länder, besonders Frankreichs und Deutschlands. Nimmt in Paris ein Junggeselle nicht mindestens einmal in der Woche ein Mädchen aufs Hotelzimmer oder verbringt er eine Nacht nicht außerhalb, so wird der Direktor besorgt wegen der Rechnung: denn der Mieter scheint sexuell nicht normal zu sein, folglich ist ihm zuzutrauen, daß er auch die Miete schuldig bleibt. Der französische Bourgeois hat derart weniger Cant in Vorrat als der durchschnittliche deutsche, gar englische; demgemäß zeigt er weniger Sexualmuff, weniger libidinöse Verdrängungskomplexe. Und im Proletariat haben weder der Cant noch vor allem die Libido so breiten Platz, wie die Wiener Psychoanalyse ab origine annahm. Hunger und Sorge engen in der Unterklasse Libido ein; da sind weniger edle Leiden, und sie haben eine handgreiflichere, kunstloser benennbare Ursache. Die neurotischen Konflikte des Proletariats bestehen leider nicht aus so Wohlsituiertem wie aus Freuds »Fixierung der Libido auf bestimmte erogene Zonen« oder aus Adlers »schlecht sitzender Charaktermaske« oder aus Jungs »unvollkommener Regression zur Urzeit«; auch ist die Angst vor Verlust der Arbeit schwerlich ein Kastrationskomplex. Psychoanalyse kann zwar nicht umhin, von Hunger und Durst zuweilen Notiz zu nehmen, ebenso vom Interesse der Selbsterhaltung; aber der Selbsterhaltungstrieb wird von Freud merkwürdigerweise nicht dem Magen und Leibsystem insgesamt zugeordnet, worin er doch zuinnerst verankert ist, sondern der Gruppe von späten Ichtrieben, derselben also, der auch die moralische Zensur obliegt. Er sieht mithin drein wie ein Hinzugekommener, von dem in der Beratungsstelle nicht gesprochen wird, wie ein acte accessoire gegenüber dem Allestreiber Eros. Ersichtlich gibt es aber keine erotische Geschichtsauffassung an Stelle der ökonomischen, keine Welterklärung aus Libido und ihren Entstellungen statt aus Wirtschaft und ihren Überbauten. Daher bleibe man endlich auch hier beim realen Ausdruck der Sache: beim *wirtschaftlichen Interesse*, als dem gleichfalls nicht einzigen, aber grundlegenden. Die sich darin bekundende Selbsterhaltung ist der solideste unter den mehreren Grundtrieben und, bei allen zeitlichen, klassenmäßigen Abwandlungen, denen auch er unterliegt, sicher der durchgängigste. Daher kann gesagt werden, bei aller Reserve und bekundeten Abneigung gegen Verabsolutierung: Selbsterhaltung – mit dem Hunger als sinnfälligstem Ausdruck – ist der einzige Grundtrieb unter den mehreren, der diesen Namen verläßlich verdient, er ist die letzte und konkretest auf den Träger bezogene Triebinstanz. Selbst der Idealist Schiller muß lehren, die Welt erhalte ihr Getriebe »durch Hunger und durch Liebe«; so setzt er überdies den Hunger an die erste Stelle und die Liebe an die zweite. Solche Notierung war damals, wenn auch ohne rechte Folgen, im aufsteigenden Bürgertum noch möglich; in der Spätbourgeoisie, der auch Freuds Psychoanalyse zugehört, wurde der Hunger gestrichen. Oder er wurde zur Unterart der Libido, etwa ihrer »oralen Phase«; Selbsterhaltung kommt dann überhaupt nicht als ursprünglicher Trieb vor. »Suum esse conservare«, sich an seinem Sein erhalten, das ist und bleibt aber nach Spinozas unbestechlicher Definition der »appetitus« aller Wesen. Hat die kapitalistische Konkurrenzwirtschaft ihn über die Maßen individuell gemacht, so geht er doch, wie immer auch abgewandelt, durch alle Gesellschaften unablässig hindurch.

Geschichtlicher Wandel der Triebe, auch des Selbsterhaltungstriebs

Wie kein Trieb starr bleibt, so auch das nicht, was ihn trägt. Ein für allemal gesetzt ist hier gar nichts, etwa am Anfang, sondern gerade unser Selbst ist uns nicht vorgegeben. Indem es einen geschichtlichen Wechsel der Leidenschaften gibt, neue mit neu gesetzten Zielen entspringen, verändert sich auch der subjektive Herd, auf dem sie alle kochen. Es gibt weder mehr einen »ursprünglichen« Trieb, noch gibt es einen »Urmenschen« oder auch »alten Adam«. Die angebliche »Natur des Menschen«, im Sinn der starren Grundtriebsforschung, wurde im Lauf der Geschichte hundertmal umgezüchtet und umgebrochen. Unter Zuchtpflanzen und Zuchttieren mag sich, wegen des Äußerlichen und Herangetragenen der Züchtung, eine Ursprungsart erhalten haben, unter Menschen nicht. Unter Zuchtpflanzen und Zuchttieren, gewiß, da gibt es noch die schlichte Heckenrose, die zu den Luxusrosen veredelt wurde, und die wilde Felstaube, von der all unsere Zuchttauben stammen, zu der sie sich gegebenenfalls zurückfinden. Der historische Mensch dagegen wird auch als verwildernder niemals wieder der Urmensch, von dem die verschiedenen historischen Domestizierungen ausgegangen. Er wird ein dekadenter Barbar mit wohlbekannter, historisch eingeordneter Trieb-Psychopathie; er wird ein Stück Blaubart oder Nero oder Caligula oder Hitler, aber kein Neandertal-Mensch aus dem »gesunden Diluvium«. Auch sehr viele sogenannte Primitive von heute sind, wie bekannt, mitnichten solche, sie sind nicht die älteste menschliche Kreatur. Sie stellen vielmehr die Zerfallsprodukte großer Kulturen dar; sie sind nicht alte Physis, sondern längst zur neuen Physis geworden, kraft der Vererbung historisch erworbener Eigenschaften. Der »Heide«, den ein Missionar tauft, der »alte Adam«, den der Christ auszieht, ist selbst wieder der »Christus« einer früheren Sitte und Religion, das heißt, eines früheren Umbruchs der Kreatur. Mithin ist der sogenannte Urtrieb-Mensch unterhalb des historischen und des modernen Menschen unauffindbar und wissenschaftlich nicht vorhanden. Was man so nennt, ist entweder (bei Freud) der bürgerliche Triebmensch, unter dem Cant des viktorianischen Jahrhunderts entstellt und begraben, oder er ist gar (bei Jung) eine faschistische Phantasmagorie, auf mythologischen Flaschen gezogen. Weil die Grundtriebforschung mehr als jede andere der Zeiten eigenen Trieb widerspiegelt, deshalb ist sie auch allenthalben so verschieden ausgefallen. Rousseaus »Naturmensch« war arkadisch und vernunftgemäß, Nietzsches »Naturmensch« dagegen war dionysisch und vernunftfremd; das heißt, der eine erfüllte die Wünsche der Aufklärung, der andere die Wünsche des Imperialismus (und zugleich der unter Bürgern schwelenden »antikapitalistischen Sehnsucht«). Entsprechend ist auch der historische Ort der »Kreatur«, wie Freud sie auszeichnet, genau bestimmbar: dieser Libido-Mensch lebt – mitsamt seinen geträumten Wunscherfüllungen – in der bürgerlichen Welt einige Jahrzehnte vor und einige Jahrzehnte nach 1900 (als dem Stichjahr der sezessionistischen »Befreiung des Fleisches vom Geist«). Auch die sexuelle Wahrnehmungsart, folglich Erregbarkeit der Libido ist in jeder Gesellschaft und in jeder Schicht dieser Gesellschaft jeweils variant. Es gibt sogar für den Hunger keine »natürliche« Triebstruktur, schon deshalb nicht, weil auch die ihm zugeordnete Wahrnehmungsart, folglich Reizwelt geschichtlich variabel ist. Selbst er ist beim Menschen keine biologisch gehaltene Grundrichtung mehr, keine im fixen Instinkt der Nahrungssuche und ihrer festliegenden Wege bleibende. Er steht vielmehr als gesellschaftlich gewordenes und gesteuertes Bedürfnis in Wechselwirkung mit den übrigen gesellschaftlichen, daher geschichtlich variierenden Bedürfnissen, denen er zugrunde liegt und mit denen er sich gerade deshalb ebenso verwandelt wie er – je mehr und je anspruchsvoller immer weitere Schichten auf den Appetit kommen – verwandeln läßt. Kurz, alle Grundtriebsbestimmungen gedeihen nur im Boden ihrer Zeit und sind darauf begrenzt. Schon deshalb lassen sie sich nicht verabsolutieren, und noch weniger lassen sie sich vom jeweils ökonomischen Sein der Menschen entfernen. Libido (die bei den Tieren auf die Brunstzeit beschränkt ist), Machttrieb (der frühestens mit der Klassenteilung einsetzt) erscheinen dagegen sekundär, haben übrigens allesamt den Hunger, den Appetit in sich. Sein Bedürfnis nach Bedarfsdeckung ist das Öl auf der Lampe der Geschichte, doch je nach der wechselnden Art der Bedarfsdeckung sieht selbst dies primäre Bedürfnis verschieden drein. Letzte Instanz im geschichtlich vorliegenden Triebgefüge bildet das wirtschaftliche Interesse, doch selbst dieses, genau wieder dieses hat, wie bekannt, seine wechselnden historischen Gestalten, seine Veränderungen in der Produktions- und Austauschweise. Ja, noch das sich erhaltenwollende Selbst der Menschen, das sich durch Nahrungsaufnahme reproduziert, das durch die jeweilige Wirtschaftsform und Naturbeziehung mitproduziert wird, ist selber das historisch variabelste Wesen. Nämlich eines, das – trotz seinem verläßlichsten, relativ allgemeinst bleibenden Grundtrieb: dem Hunger – immer wieder durch Geschichte laufen muß, damit es mittels der Arbeit sei und werde. Die Geschichte ist, als mögliche Gewinnung des Menschen, die Metamorphose des Menschen gerade auch in Ansehung unseres Kerns, des sich erst bildenden Selbst. Nicht auf das selfish system, nicht auf diese kapitalistische Phase des Egoismus beschränkt, sondern vor ihr, erst recht nach ihr vorhanden, sucht Selbsterhaltung, Menschenerhaltung auch keineswegs die Konservierung des dem Selbst bereits Zugezogenen und Gewordenen. So bedeutet Selbsterhaltung letzthin den Appetit, unserem sich entfaltenden, erst in und als Solidarität sich entfaltenden Selbst angemessenere und eigentlichere Zustände parat zu halten. Rücken diese Zustände heran, so bereitet sich an ihnen Selbstbegegnung vor; und Selbstbegegnung beginnt hoch-betroffen an allen einen Endzustand anschlagenden Erscheinungen und Werken. Doch immer bleibt unser Selbst, mit seinem Hunger und dessen variablen Erweiterungen, noch offen, bewegt, sich selber erweiternd.

Gemütsbewegung und Selbstzustand, Appetitus der Erwartungsaffekte, vorzüglich der Hoffnung

Um wieder vom Hunger zu beginnen, so kommen nicht bloß die unmittelbaren Triebe davon her. Sondern sie entstammen ihm auch als »gefühlte«, als die Triebgefühle, worin Begehren oder Verabscheuung in Stärke ihrer innewerden. Diese nicht nur unmittelbar, sondern als Gefühl treibenden Triebe sind die Gemütsbewegungen oder Affekte; wirft der ganze Mensch sich in einen einzigen Affekt, so wird dieser zur Leidenschaft. Durch alle Gemütsbewegungen aber fließt ein ganz besonderer Saft, er kommt vom Herzen, als ein auch psychisches Blut. Und wie in jedem Affekt, zum Unterschied vom Empfinden, Vorstellen, eine innere Temperatur ist, so spürt sich diese auch selbst. Also unterscheiden sich Affekte von Empfindungen, Vorstellungen nicht zuletzt dadurch, daß sie vor sich gehen, indem sie ihres Vorgangs als eines doch noch halb unmittelbaren Selbstgefühls nahe innewerden. Ja sie können in diesem »zuständlichen« Sich-innewerden gegenständlich vage vor sich gehen, bevor noch ein *deutlicher* äußerer Gegenstand auftritt, auf den sich das bewegte Gemüt bezieht. Das nicht nur in dem diffusen und unentschiedenen Zustand, der »Befinden«, weiterhin, weniger unmittelbar, »Stimmung« heißt, wovon später, sondern auch in entschiedenerem Zustand, bei jenen Gemütsbewegungen wenigstens, die von früh auf zu organischen »Anlagen« gehören. So gibt es in jungen Menschen und in erotischen Typen das ganze Leben hindurch eine Art intransitive Gemütsbewegung der Verliebtheit, in die erst nachträglich ihre Gegenstände eintreten; sie waren der Verliebtheit auch nicht narzistisch, also am eigenen Leib, vorhergegeben. So gibt es – nicht als Gemütsbewegung, wohl aber als Gemütszustand – charakterhafte Leichtmütigkeit, auch Hoffnung; sie erscheint keineswegs erst, wenn sie deutlich weiß, worauf sie hofft. Man spricht oder sprach dieser Art, die ganze organische »Anlage« zu einem Gemütszustand erhebend, von einem sanguinischen (oder entgegengesetzt: von einem melancholischen) »Temperament«. Dieses kann weit über den bloßen Gemütszustand hinaus in intransitive Gemütsbewegungen hineinreichen, mit gar keinen oder sehr schwach »fundierenden« Vorstellungsinhalten. Je mehr freilich Empfindungs- und Vorstellungsinhalte hinzutreten, desto deutlicher werden diese intransitiven Vorgänge auch gegenstandsbezogen und transitiv: wie das vage Begehren durch Vorstellen seines Etwas zu Wünschen mit Wunschinhalten übergeht, so regiert erst recht nun in der Affektwelt Liebe zu etwas, Hoffnung auf etwas, Freude an etwas. Ohnehin gäbe es ja gar keine Verabscheuungen oder Begehrungen ohne das äußere Etwas, das sie hervorruft; nur eben: dieses äußere Etwas muß nicht von vornherein deutlich sein. Die Affekte bleiben nun nicht auf das bloße Erleben ihres Erlebnisses beschränkt, gar mit der idealistischen Deutung, daß ihr Inhalt nur als »Gehalt« und nicht auch als deutlich erregender äußerer Gegenstand konkret hervorträte. Aber der Unterschied zu Vorstellungen und Gedanken ist doch auch innerhalb des Transitivwerdens der Affekte unverwischbar. Der Unterschied wird durch die besonders in sich geschehende, noch halb unmittelbar in sich zurückgebogene Beschaffenheit des affektiven Intendierens gekennzeichnet. Auch beim Vorstellen, Denken gibt es einen Akt des Intendierens, er ist, wenn auch idealistisch heillos übertrieben, bei Franz Brentano, dann bei Husserl vom »gemeinten Gegenstand« abgetrennt worden. Aber dieser Akt wird eben im Vorstellen, Denken nicht selber vorgestellt, gedacht, er mußte vielmehr erst mühselig der »inneren Wahrnehmung« zugänglich gemacht werden. Bei den Affekten dagegen ist eine nachträgliche Analyse in Brentanos Sinn, eine Befreiung der »Aktpsychologie« von der »Inhaltspsychologie«, gar nicht erst erforderlich: die Affekte selber sind als Intentionsakte sich zuständlich gegeben. Und sie sind sich zuständlich-intensiv gegeben, weil sie vorzüglich von dem Streben, dem Trieb, dem Intendieren bewegt sind, das allen Intentionsakten, auch den vorstellenden und denkend-urteilenden, zugrunde liegt. Das »Interesse« liegt ihnen letzthin zugrunde und ist dasjenige, was die Menschen wirklich am nächsten berührt. Gleich dem Grundaffekt Hunger, der primär in sich selber wühlt, sind also alle Affekte primär Selbstzustände; und gerade als diese Selbstzustände sind sie die aktivsten Intentionen. Wegen ihrer Selbstbetreffung ist das Affektleben aber nicht nur ein nächst-intensives, in sich eminent intendierendes, es ist auch der Seinsmodus dessen, was Kierkegaard seinerzeit existentiell nannte. Mit anderen Worten: nur das »Gemüt«, als Inbegriff der Gemütsbewegungen, ist ein »existentieller« Begriff, einer der »Betroffenheit« geworden, nicht der theoretisch-objektive »Geist«. Nicht grundlos fing daher das sogenannte existentielle Denken, das heute so nichtig verfaulte, bei Augustin mit den hochemotionalen »Confessiones« an; sogar das Bewußtwerden des Bewußtseins ging hier am Selbstreflex einer intensiven Willensnatur auf. Und nicht grundlos spielte Kierkegaard sein »Sich-in-Existenz-Verstehen« als eine Erlebniserscheinung moralisch-religiöser Affekte gegen Hegels objektive »Abstraktionen« aus. Nicht grundlos endlich reicht von hier aus eine Art blutrünstig gewordenes und ebenso stockendes Existere bis in Heideggers animalisch-kleinbürgerliche Erlebnisphänomenologie herab, bis zu dessen »Grundbefindlichkeit« Angst und der sich anschließenden Sorge; und diese »existentiellen Modi« sollen sogar besonders »fundamentale« Erschließungen gewähren, eben das Existieren selbst betreffende. All das ist schließlich verfaulter Subjektivismus, doch auf Affekte des Absterbens wenigstens wirft selbst der kleinbürgerlich-reaktionäre Existenzialismus einen wahlverwandt-verruchten Blick. Indes hierher gehörig ist, statt dieses bewußten Obskurententums, einzig das Originale, ist der immerhin grundehrliche Kierkegaard, mit seinem Ausspielen des affektionierten Subjekt-Denkens gegen das nur objekthafte. Wobei die Gegenprobe sein mag, daß das gesamte objekthafte Denken von den Affekten, als einem Erkenntnisorgan, sich notwendig abkehrt. »Die ganze Natur des Geistes«, sagt Descartes in den »Meditationen«, »besteht darin, daß er denkt«; also kommt bei Descartes sogar noch aus seiner Affektenlehre keine Lehre, die nicht den lediglich denkenden Geist zum Urheber hätte. Und Spinoza, der dem extensiv Objekthaften so zugewandte, hat, wenn er in seine Marmorhalle eine Definition der Affekte einfügte (Ethik, 3. Buch), diese nicht in ihren Zuständlichkeiten, sondern wesentlich hinsichtlich ihrer Zielvorstellungen oder »Ideen« definiert. Spinoza betont zwar, daß einzig Affekte das menschliche Wollen bestimmen, aber sie selber werden einzig bestimmt unter der Form ihrer Objekte. Descartes wie Spinoza mußten darum, als rationale Objektivdenker, die Affekte auch methodisch eliminieren; sie beide geben, wie Dilthey diesmal nicht ganz mit Unrecht anmerkt, in der Affektlehre notwendig »Betrachtungen von außen, mit Beziehungen, die in keiner inneren Wahrnehmung gegeben sind«. So unverbrüchlich also ist jedes »Sich-in-Existenz-Verstehen« mit Affektnähe, jede reine Objektbetrachtung mit Affektabkehr verbunden. Daher läßt sich sagen: wo Philosophie sich nur an die Emotionen hält, dort gilt alles, was sich daraus herausbegibt, als »Welt des Geschwätzes«, in Kierkegaards Sinn; wo dagegen Philosophieren sich rein an die Cogitatio hält, dort gilt alles, was im Affektiven cum ira et studio zielt, als »perturbatio animi« auch methodisch, mithin als »Asyl der Unwissenheit«, in Spinozas Sinn. Aber intellektuelle *Berührung* (obzwar nicht mehr) mit den Affekten ist für jede Selbsterkenntnis nötig, und wo immer Selbsterkenntnis umfassend versucht wurde, stellte sich diese Berührung ein. Auch bei Hegel, trotz Kierkegaard; es gibt kein Buch, das in seinem begrifflichen Arbeitsgang mehr von Affektumtrieben und Affekteinsichten zugleich durchzogen wäre als die »Phänomenologie des Geistes«. Das gerade wegen einer Erledigung des weltlos Pektoralen, die den »Puls der Lebendigkeit« vor allem im Äußeren, in der Welt erfassen wollte. Und wie nach Hegel nichts Großes ohne Leidenschaft vollbracht worden ist, so kann zweifellos auch nichts Großes, das Selbst betreffend, ohne Affekteinsicht begriffen werden.

Von außen her wurden die Triebgefühle stets nur unzulänglich geordnet und eingeteilt. Man unterschied die jähen von den langsam reifenden, die rasch verschwindenden von den sich eingrabenden: so etwa den Zorn vom Haß. Man unterschied nach der Stärke, die die einzelnen Triebgefühle annehmen können, sodann nach dem Ausdruck der Gemütsbewegungen bei Mensch und Tier. Äußerlich ist auch die Einteilung nach asthenischen und sthenischen Affekten, das heißt nach solchen, die die Herzinnervation ebenso wie den Tonus der äußeren Muskeln lähmen oder verstärken. Danach sind plötzlich hereinbrechende Affekte, wie Angst, Schreck, aber auch übermäßige Freude, stets asthenisch, ebenso Unlustaffekte von geringerer Stärke, wie Kummer und Sorge. Schwache wie mäßig starke Lustaffekte dagegen sind stets sthenisch, aber auch Zorn, allmählich ansteigend, kann sthenisch sein, während eben Freude, trotz ihres Lustcharakters, bei plötzlichem Ausbruch, als eine von Überraschung begleitete, asthenisch auftritt. So äußerlich also ist noch diese Einteilung, daß Affekte mit verschiedenem, ja entgegengesetzem Gefühlsinhalt in die gleiche sthenische oder asthenische Klasse fallen. Näher dem Sachverhalt, etwas mehr schon aus der psychischen Erfahrung kommt die Einteilung der Affekte in solche der *Abwehr* oder der *Zuwendung*, folglich in die beiden Grundgruppen des Hasses und der Liebe. Der Hunger, der alle Affekte begleiten können muß, bricht in der Gruppierung von Libido und Aggression am sinnfälligsten aus. Und fast alle Affekte lassen sich den Willens-Polen Verneinung oder Bejahung zuordnen, der Unzufriedenheit oder der Zufriedenheit mit sich und seinem Gegenstand. Wobei die *Abwehraffekte*: Angst, Neid, Zorn, Verachtung, Haß einerseits, die *Zuwendungsaffekte*: Behagen, Großmut, Vertrauen, Verehrung, Liebe andererseits überwiegend mit der alten Zweiheit Unlust-Lust zusammenfallen. Ganz glatt geht freilich auch die Rechnung mit Abwehr-Unlust, Zuwendung-Lust nicht auf. Auch hier finden sich Affekte mit konträrem Gefühlsinhalt gelegentlich lustvoll vereint: Rache, in der sich der Haß entladet, schmeckt süß, fast so wie das Stück Wollust, in der sich die Liebe entladet. Ebenso gibt es Affekte, wie Habsucht, die, auf der Seite der Zuwendung liegend, doch mit Lust nicht das mindeste gemein haben. Oder es gibt Mischaffekte, wie das Ressentiment, in denen sich die Abwehrintention Neid und die Zuwendungsintention Verehrung ganz vertrackt vertragen, sofern eben der Neid die vorhandene Verehrung, damit sie nicht zum Unmut des Neids Veranlassung gebe, in Verleumdung umwandelt. Item, auch Abwehr und Zuwendung,

Haß- und Liebespol teilen das merkwürdige, an Verschleifungen so reiche Gebiet der affektiven Selbstmodi nicht ab. Man hat deshalb, bei Beibehaltung von Liebe und Haß als Grundgruppen, die bloße Pol-Relation beider in eine wertmäßige zu verwandeln gesucht. Die Abwehraffekte geraten dadurch in eine niedere, selber zu verneinende Gegend (was sich übrigens, da auch der Klassenkampf dahin gehört, der reaktionären Psychologie, bei Scheler, empfahl); die Zuwendungsaffekte dagegen (mit Burgfrieden, Kosmopolitismus, pax capitalistica) stehen im Licht. Aber dem Stück Wahrheit, mindestens psychische Erfahrenheit, das in der Abwehr-Zuwendungs-Reihe trotz ihres Durcheinanders sein mag, wird solche Verteufelung oder Verhimmlung am wenigsten gerecht. In summa also: das von außen an die Affektenlehre Herangebrachte muß gänzlich beseitigt werden; so erst geht die richtige Ordnung der Triebgefühle auf. Diese Ordnung muß an dem erfahrenen Appetitus selber entdeckt werden; und der Effekt ist dann, als einzig befriedigend, die Einteilung der Affekte in folgende zwei Reihen: *in gefüllte und Erwartungs-Affekte.* Wobei auch dem relativ Berechtigten an der Abkehr-Zuwendungs-Reihe Genüge getan wird: diese Reihe reicht mindestens in die Gruppe der Erwartungsaffekte herein, und zwar als *Unwunsch oder als Wunsch.* Die Reihen auf der wirklichen Tafel der Affekte sind nun folgendermaßen definierbar: Gefüllte Affekte (wie Neid, Habsucht, Verehrung) sind solche, deren Triebintention kurzsinnig ist, deren Triebgegenstand bereit liegt, wenn nicht in der jeweiligen individuellen Erreichbarkeit, so doch in der bereits zurhandenen Welt. *Erwartungsaffekte* (wie Angst, Furcht, Hoffnung, Glaube) dagegen sind solche, deren Triebintention weitsinnig ist, deren Triebgegenstand nicht bloß in der jeweiligen individuellen Erreichbarkeit, sondern auch in der bereits zurhandenen Welt noch nicht bereit liegt, mithin noch am Zweifel des Ausgangs oder des Eintritts statthat. Die *Erwartungsaffekte* unterscheiden sich derart, sowohl ihrem Unwunsch wie ihrem Wunsch nach, von den gefüllten Affekten durch den *unvergleichlich größeren antizipierenden Charakter* in ihrer Intention, ihrem Gehalt, ihrem Gegenstand. Alle Affekte sind auf den Horizont der Zeit bezogen, indem sie eminent intentionierte sind, aber die Erwartungsaffekte öffnen sich völlig in diesen Horizont. Alle Affekte sind auf das eigentlich Zeithafte in der Zeit bezogen, nämlich auf den Modus der Zukunft, aber während die gefüllten Affekte nur eine unechte Zukunft haben, nämlich eine solche, worin objektiv nichts Neues geschieht, implizieren die Erwartungsaffekte wesentlich eine echte Zukunft; eben die des Noch-Nicht, des objektiv so noch nicht Dagewesenen. Als banale intendieren auch Furcht und Hoffnung unechte Zukunft, doch insgeheim oder zutiefst ist selbst dann in der banalen Erfüllung eine totalere eingeschlagen, die ganz anders als bei den gefüllten Affekten über die zurhandene Gegebenheit hinausliegt. Derart bricht der Drang, der Appetitus und sein Wunsch in den Erwartungsaffekten am meisten frontal aus. Er bricht als Drang, als Wunsch sogar in den bloß negativen Erwartungsaffekten aus, als denen der Angst und Furcht; denn wo kein Drang wäre, gäbe es keinen Unwunsch, der nur die Kehrseite eines Wunsches ist. Überdies wirkt hier überall ein Gegensinn der negativen und positiven Affekte, dergestalt, daß, wie zu sehen sein wird, auch im Angsttraum noch Wunscherfüllung mitgeschieht. Erst recht mögen sich in den Furcht- und Hoffnungsbildern des Tagtraumes oft die Gesichter zwischen Furcht und Hoffnung, zwischen dem negativen und dem positiven Erwartungsaffekt tauschen, als die noch utopisch unentschiedenen. Der wichtigste Erwartungsaffekt, der eigentlichste Sehnsuchts-, also Selbstaffekt bleibt aber bei all dem stets die Hoffnung. Denn die negativen Erwartungsaffekte der Angst, Furcht sind bei aller Abwehr doch völlig leidend, gepreßt-unfrei. Ja in ihnen meldet sich gerade ein Stück von dem Selbstuntergang und dem Nichts, in das am Ende die bloße passive Leidenschaft hineinströmt. Hoffnung, dieser Erwartungs-Gegenaffekt gegen Angst und Furcht, *ist deshalb die menschlichste aller Gemütsbewegungen und nur Menschen zugänglich, sie ist zugleich auf den weitesten und den hellsten Horizont bezogen.* Sie steht jenem Appetitus im Gemüt, den das Subjekt nicht nur hat, sondern aus dem es, als unerfülltes, noch wesentlich besteht.

Selbsterweiterungstrieb nach vorwärts, tätige Erwartung

Der Hunger kann nicht umhin, sich immer wieder zu erneuern. Wächst er aber ununterbrochen, durch kein sicheres Brot gesättigt, dann schlägt er um. Das Körper-Ich wird dann aufsässig, geht nicht mehr nur im alten Rahmen auf Speise aus. Es sucht die Lage zu verändern, die den leeren Magen, den hängenden Kopf gebracht hat. Das Nein zum vorhandenen Schlechten, das Ja zum vorschwebenden Besseren wird von Entbehrenden ins *revolutionäre Interesse* aufgenommen. Mit dem Hunger fängt dies Interesse allemal an, der Hunger verwandelt sich, als belehrter, in eine Sprengkraft gegen das Gefängnis Entbehrung. Also sucht sich das Selbst nicht nur zu erhalten, es wird explosiv; Selbsterhaltung wird Selbsterweiterung. Und diese wirft um, was der aufsteigenden Klasse, schließlich dem klassenlosen Menschen im Weg steht. Aus dem ökonomisch aufgeklärten Hunger kommt heute der Entschluß zur Aufhebung aller Verhältnisse, in denen der Mensch ein unterdrücktes und verschollenes Wesen ist. Lange vor diesem Entschluß wie noch lange in ihm wird der Trieb zur Sättigung ein das Zurhandene vorstellungshaft überlebender. Und in der menschlichen Arbeit, wie sie zum Zweck der Bedarfsdeckung als Umwandlung der Rohstoffe zu immer reicheren Gebrauchswerten unternommen wird, läuft das Bewußtsein als ein das Zurhandene vorstellungshaft überholendes. Noch lange nicht genug bedacht, sagt Marx gerade darüber folgendes: »Wir unterstellen die Arbeit in einer Form, worin sie *dem Menschen* ausschließlich angehört. Eine Spinne verrichtet Operationen, die denen des Webers ähneln, und eine Biene beschämt durch den Bau ihrer Wachszellen manchen menschlichen Baumeister. Was aber von vornherein den schlechtesten Baumeister vor der besten Biene auszeichnet, ist, daß er die Zelle in seinem Kopf gebaut hat, bevor er sie in Wachs baut, am Ende des Arbeitsprozesses kommt ein Resultat heraus, das beim Beginn desselben schon in der *Vorstellung des Arbeiters*, also schon *ideell* vorhanden war. Nicht daß er nur eine Formveränderung des Wirklichen *bewirkt*; er *verwirklicht* im Natürlichen zugleich *seinen Zweck*, den er *weiß*, der die Art und Weise seines Tuns als Gesetz bestimmt, und dem er seinen Willen unterordnen muß« (Das Kapital I, 1947, S. 186). Folgerichtig daher: bevor ein Baumeister – in allen Gebieten des Lebens – seinen Plan weiß, muß er den Plan selber geplant haben, muß er dessen Verwirklichung als einen glänzenden, auch entscheidend anfeuernden Traum nach vorwärts vorweggenommen haben. Das ideell desto notwendiger, je kühner, vor allem je unwegsamer der Plan, auf den der Mensch zum Unterschied von der Spinne oder Biene hinblickt, vorausblickt, im Augenblick noch beschaffen sein mag. Und *genau* an dieser Stelle nun bildet sich das, was das *Wunschhafte* in den Erwartungsaffekten, den allemal dem Hunger entspringenden, aufreizt, was gegebenenfalls ablenkt und erschlafft, gegebenenfalls aber auch aktiviert und aufs Ziel des besseren Lebens hinspannt: es bilden sich *Tagträume*. Sie kommen allemal von einem Mangeln her und wollen es abstellen, sie sind allesamt Träume von einem besseren Leben. Kein Zweifel, unter ihnen gibt es niedere, windige, trübe, bloße entnervende Fluchtträume, mit lauter Ersatz darin, wie bekannt. Solche Wirklichkeitsflucht ist mit Billigung und Unterstützung des bestehenden Zustands oft verknüpft gewesen; wie das am stärksten aus den Vertröstungen aufs bessere Jenseits erhellt. Aber wie viele andere Wunsch-Tagträume haben, indem sie vom Wirklichen nicht wegsahen, sondern konträr in seinen Fortgang, in seinen Horizont hineinsahen, Menschen am Mut und an der Hoffnung erhalten. Wie viele haben das Nicht-Entsagenwollen bekräftigt, im Gang des Vorwegnehmens, des Überschreitens und seiner Bilder. Was von diesem Überschreiten in den Tagträumen sich zuträgt, bezeichnet demgemäß auch psychologisch kein Verdrängtes, kein aus bereits vorhanden gewesenem Bewußtsein lediglich Abgesunkenes, auch keinen atavistischen Zustand, der aus Menschen der Urzeit lediglich übriggeblieben ist oder durchbricht. Der Überschreitende bezieht keinen Bodenschacht unterhalb des vorhandenen Bewußtseins, mit einzigem Ausgang entweder in die bekannte Tagwelt von heute, wie bei Freud, oder in ein romantisiertes Diluvium, wie bei C. G. Jung-Klages. Was dem Selbsterweiterungstrieb nach vorwärts vorschwebt, ist vielmehr, wie zu zeigen sein wird, ein Noch-Nicht-Bewußtes, ein in der Vergangenheit nie bewußt und nie vorhanden Gewesenes, mithin selber eine Dämmerung nach vorwärts, ins Neue. Das ist die Dämmerung, die bereits die einfachsten Tagträume umgeben kann; von da reicht sie in die weiteren Gebiete der verneinten Entbehrung, also der Hoffnung.

Grundsätzliche Unterscheidung der Tagträume von den Nachtträumen. Versteckte und alte Wunscherfüllung im Nachttraum, ausfabelnde und antizipierende in den Tagphantasien

Neigung zum Traum

Es besser haben zu wollen, das schläft nicht ein. Vom Wunsch wird man nie oder nur täuschend frei. Es wäre bequemer, diese Sehnsucht zu vergessen als sie zu erfüllen, doch zu was würde das heute führen? Die Wünsche hörten doch nicht auf, oder sie verkleideten sich in neue, oder gar: wir Wunschlosen wären die Leichen, über die die Bösen zu ihrem Siege schreiten. Es ist nicht die Zeit, um wunschlos zu sein, die Entbehrenden denken auch gar nicht daran. Sie träumen davon, daß ihre Wünsche einmal erfüllt werden. Sie träumen davon, wie die Redensart heißt, bei Tag und bei Nacht, also nicht nur bei Nacht. Das wäre auch, da Entbehren und Wünschen tagsüber am wenigsten aussetzen, zu sonderbar. Es gibt Tagträume genug, man hat sie nur nicht ausreichend beobachtet. Auch offenen Auges kann es bunt genug oder träumerisch im Innern hergehen. Wenn der Hang, das uns Gewordene zu verbessern, selbst im Schlaf nicht schläft – wie sollte er im Wachen? Wenige Wünsche sind nicht träumerisch beschwert, gerade dann, wenn sie etwas zu sich kommen. Und nun: der tagsüber Träumerische ist ersichtlich ein anderer als der Träumer in der Nacht. Der Träumerische zieht oft Irrlicht nach, kommt vom Wege ab. Aber er schläft nicht und sinkt mit dem Nebel nicht nach unten.

Träume als Wunscherfüllung

Wie das allerdings der nächtlich Träumende tut und tun muß. Dieser mag zuerst vortreten, denn immerhin, im Schlaf fängt das bunte Spiel an. Das Wort Traum kommt vom Nächtlichen her, der Träumer setzt den Schläfer voraus. Die äußeren Sinne werden blind, die Muskeln entspannen sich, das Großhirn ruht. So wichtig ist hier die Verdunklung, daß der Schlafende oft sogar nur träumt, damit er nicht erwache. Damit er nicht durch äußere oder innere Reize über die Schwelle des Bewußtseins gehoben werde. Ist der Reiz ein äußerer (etwa Klopfen oder Licht oder verschobene Lage im Bett), so wird gewünscht, er soll nicht sein. Ist er ein innerer (Durst, Hunger, Harndrang, sexuelle Erregung), so ist er selber ein Wunsch, dessen Reiz verschwinden soll. Denn jede Reizung ist unangenehm: die Lust, sagt Freud, ist »an die Verringerung, Herabsetzung oder das Erlöschen der im Seelenapparat vorhandenen Reizmenge gebunden, die Unlust aber an eine Erhöhung derselben«. Würde der Schläfer nicht träumen, so würde er durch den Reizlärm erwachen; der Traum hütet also den Schlaf, indem er Klopfen, Lichteinfall, körperliche Unruhe in sich einarbeitet. Jedoch nicht dadurch allein; es ist seit Freud ausgemacht (und das wird von ihm bleiben), daß der Traum nicht nur bloßer Schlafschutz oder Mohnwelt ist, sondern – seinem Motor wie Inhalt nach – auch noch Wunscherfüllung. Der Traum kann die Störungen überhaupt nur dadurch in sich einarbeiten, daß er ihnen den fordernden Stachel abbricht. Oder wie Freud sagt: »Die Träume sind Beseitigung schlafstörender (psychischer) Reize auf dem Weg der halluzinierten Befriedigung.« Wie bekannt, ist die eigentlichste Entdeckung Freuds diese: daß die Träume keine Schäume sind, selbstverständlich auch keine prophetischen Orakel, sondern daß sie zwischen beiden gleichsam in der Mitte liegen: eben als halluzinierte Wunscherfüllungen, als fiktive Erfüllungen einer unbewußten Wunschphantasie. Und das Thema: Träume vom besseren Leben schließt streckenweise, mit Vorsicht und Bedeutung, auch die nächtlichen Träume als Wunschträume ein; auch sie sind ein Teil (ein freilich verschobener und nicht ganz homogener) auf dem riesigen Feld des utopischen Bewußtseins.

Nämlich: sie sind der Teil, worin sehr frühe Wünsche umgehen. Worin recht altes, lange verflossenes Bilderlicht unterhalb von Ich und Großhirn erscheint. Der Nachttraum hat drei charakteristische Eigenschaften, die ihm ermöglichen, Wunschvorstellungen zu halluzinieren. Erstens ist im Schlaf das erwachsene Ich geschwächt, kann das ihm unschicklich Erscheinende nicht mehr zensieren. Zweitens bleiben aus dem Wachzustand und seinem Inhalt nur noch die sogenannten Tagesreste übrig, das heißt assoziativ stark gelockerte Vorstellungen, an die sich die Traumphantasie assimiliert. Drittens ist, im Zusammenhang mit dem abgeschwächten Ich, die Außenwelt mit ihren Realitäten und praktischen Zweckinhalten blockiert. Das Ich kehrt zum Ich der Kindheit zurück, so erscheint zunächst die volle unzensurierte Triebwelt aus der Kinderzeit oder, besser gesagt: wie in der Kinderzeit. Freud betont derart: »Jeder Traumwunsch ist infantiler Herkunft, alle Träume arbeiten mit infantilem Material, mit kindlichen Seelenregungen und Mechanismen.« Sofern überdies die Gegentendenz des sinnlich Wirklichen durch die Blockade der Außenwelt aufhört, erhalten die Wunschvorstellungen psychische Kraft und psychischen Raum genug, um sich zu Halluzinationen zu steigern. Aber das moralisch, ästhetisch und auch realitätsgemäß zensierende Ich ist im Traum nur geschwächt, nicht ganz ausgeschaltet. Es zensiert auf gleichsam betrunkene Weise weiter und zwingt die halluzinierten Wunscherfüllungen, sich vor seinem Blick zu verkleiden. Daher ist fast kein Nachttraum Wunscherfüllung in bar, sondern fast jeder ist entstellt und maskiert, zeigt sich »symbolisch« verkleidet. Und der Träumende versteht das Symbolische gar nicht, in das seine Wunscherfüllung sich verkleidet; es genügt hier, daß die Unruhe der Libido in einem symbolisch entstellenden Traumbild sich betätigt und sättigt. Nur die Kinderträume entbehren der Traumentstellung, da das Kind überhaupt kein zensierendes Ich kennt. Auch sehr wollüstige Nachtträume physiologisch normaler, gleichsam zulässiger Art, etwa im Gefolge von Pollutionen, gehen einen direkten Weg, ohne nennenswerte Traumentstellung; manifester und realer Trauminhalt fallen auch hier leidlich zusammen. Doch alle anderen »anstößigen Wünsche«: die Inzestwünsche, die Todeswünsche gegen geliebte Personen und andere Elemente des Infantil-Bösen in uns greifen zur Einkleidung, um sich zu befriedigen, um sich vor der – wenn auch geschwächten – Zensur des Traum-Ichs zu verstecken. Die Umwandlung des latenten (tief unterbewußten) in den manifesten (symbolisierten) Trauminhalt nennt Freud die Traumarbeit; den entgegengesetzten Weg, den Weg zur entsymbolisierten Wunscherfüllung zurück, geht die analytische Traumdeutung. Gegen die analytische Traumdeutung besteht beim Erwachten ein Widerstand, wie er analog, in verstärkter Weise, beim Neurotiker gegen die Symptomdeutung seiner Neurose besteht; es ist der Widerstand des wiedererstarkten Tages-Ichs gegen die Aufdeckung seiner anderen Seite. Diese andere Seite pflegt beim sittenbewußten, gar korrekten Mann recht beklemmend zu sein; er ahnte darin seit alters manches, dessen er sich erwacht genierte. Dergestalt kann sich das

Tages-Ich sogar für das so sehr geschwächte nächtliche verantwortlich fühlen, sobald nur ein sinnlicher Nachklang aus dem Symboltrubel übrig ist. Jean Paul bemerkt hierzu: »Fürchterlich tief leuchtet der Traum in den von uns gebauten Epikur- und Augiasstall hinein; und wir sehen in der Nacht alle die wilden Grabtiere und Abendwölfe lebendig umherstreifen, die am Tage die Vernunft in Ketten hielt.« Ja, es wurde sogar, von intakter bürgerlicher Rechtschaffenheit und ihrem Tages-Ich her, die kuriose Frage gestellt, ob dem Menschen das Gute und Böse, das er im Traum denkt und tut, moralisch anzurechnen sei. Ein Moralist und Psychologe aus der letzten Aufklärungszeit bejahte das und schloß, recht komisch, doch für den Widerstand lehrreich: »Man kann daher behaupten, daß es eine sittliche Pflicht des Menschen sei, auch in den Träumen die Reinheit der Phantasie zu bewahren, soweit dies durch Freiheit möglich ist, und daß ihm auch das Gute und Böse zugerechnet werden könne, was er im Traume sagt oder tut, sofern nämlich sein Traum durch seine Begierden erzeugt oder modifiziert ist und diese Begierden von der Freiheit abhängig sind« (Maaß, Versuch über die Leidenschaften I, 1805, S. 175). Wenn also schon, für ein korrektes Ich, die relativ harmlosen Traumausschweifungen der Kreatur unangenehm sind – wieviel mehr die infantil wilden, unter der symbolischen Verdeckung. Daher also der Widerstand gegen die psychoanalytische Traumdeutung, daher die Unlust, die Traumbilder zu Kriminalgeschichten seiner selbst machen zu lassen. (Eine Unlust, welche der alten, der sogenannten prophetischen Traumdeutung bezeichnenderweise nicht zustieß: Pharao freute sich an Joseph, denn Joseph durchschaute ihn nicht, die prophetische Traumdeutung ließ die Interna des Subjekts unberührt.) Aus der moralisierenden Unlust stammt vor allem eben der nächtliche Ichtrieb zur Maskerade, zur Verdeckung und Verkleidung des Trauminhalts; Hauptteil für den Freud der Libido ist freilich nur sexuelle Symbolbildung. Danach gibt es Hunderte von Symbolen für das männliche und weibliche Genitale (Dolch und Schatulle sind die Urmodelle), für den Geschlechtsverkehr (Urmodell ist das Treppensteigen). Die Schatulle kann zum Coupé werden, der Dolch zum Mond, der unwirklich nahe am Fenster steht, zur Deckenlampe im Coupé, zum Licht dieser Lampe, mit einem milden Gelb wie zerschlagener Eidotter. Der gesamte Reichtum sexueller Anspielungen und Vergleiche, wie ihn Rabelais' oder Balzacs »Contes drôlatiques« zeigen, wird vom Traum erreicht, wo nicht übertroffen; und das, fürs Bewußtsein, in allegorischer Unschuld. Balzac spricht von dem Schreiner, der die Tür seines Vorderhauses fortan geschlossen zu halten dachte, von dem Pagen, der seine Standarte schon auf königlichem Feld aufgepflanzt hatte, und so fort; alle diese Vergleiche sind auch traumhafte. Hinzu treten Bilder, die selbst dem großen pornographischen Schrifttum fehlen, nämlich abhanden gekommene; so die Symbole Holz, Tisch, Wasser fürs Weib. Sie scheinen in stammesgeschichtliche Tiefe zu gehen, in eine, wie bemerkt, auch Freud und seiner engeren Schule nicht fremde, um von C. G. Jung zu schweigen. Tisch steht eindeutig für Stube oder Haus, das Holzsymbol führt zum Stammbaum, einem sehr alten Mutterbild; auch Lebensholz, Baum des Lebens klingen daran an. Das Wassersymbol wird von Ferenczi, einem der ältesten Mitarbeiter Freuds, aufs mütterliche Fruchtwasser zurückgebracht, dann in völlig phylogenetischer »Ausschachtung« auf die geologischen Urmeere, in denen das Leben entstand. Mythengeschichtlich geht hierzu noch eine ganz anders erhaltene Sage auf, die vom Storch, der aus einem Teich die Kinder bringt; aber auch das Wasser der Tiefe erscheint, worüber der Geist Gottes brütet, selber gleich einer Henne. Der Brunnen ist ein altes Mutterbild, der Schilfteich sogar ein noch älteres, hetärisch-archaisches; Bachofen hat es ausgegraben. Wie dem auch sei, kaum ein Traum wird von Erwachsenen unverwickelt, uneingewickelt geträumt. Freud bemerkt hierzu mit schlagendem Paradox: der Träumer weiß nicht, was er weiß. Für Freud ist der manifeste Trauminhalt schlechthin nur verkleidet oder Maskenball; die Deutung wird der Aschermittwoch. Die Ichzensur ließ die Wahrheit, welche Libido und ihre Wunscherfüllung ist, nur in Narrenlarve oder scheinheilig durch die Nacht passieren; immerhin intendiert die Freudsche Traumdeutung wieder den nackten Text. Geht über die Symbole, ohne sich in sie zu verlieren, zur mehr oder minder eingesehenen Wunscherfüllung über, die so bunt verklausuliert sich äußert. Darin ist eine Erkenntnis, auch wenn sie durch den Eng- und Mißbegriff bloßer Libido nur verzerrt auftritt. Ein Nachgeholtes wirkt jedenfalls im nächtlichen Traum, ein Gutmachen und bilderreich Gesättigtes; gleich noch, ob diese Sättigung nur mittels dieser Bilder oder in ihnen geschieht.

Aber werden dem, der nächtlich träumt, wirklich immer Wünsche erfüllt? Es läuft doch genug gleichgültiges Zeug mit unter, das verfliegt und keinerlei Lücke auszufüllen scheint. Auch unter den starken Träumen sind die glücklichen, also wunscherfüllenden, durchaus nicht in der Mehrzahl. Neben ihnen gibt es die Angstträume, von den üblichen Prüfungsträumen bis zu ganz und gar entsetzlichen; aus diesen erwacht der Schläfer mit einem Schrei. Er war auf der Flucht vor Fratzen, die nur die Nacht kennt, aber sein Auto verwandelt sich zum Schneckenhaus, er springt ab und rennt um sein Leben, aber die Füße kleben im Grund, bald wurzeln sie fest. Freud hat selbstverständlich Schwierigkeit, auch die Nachtfurie als schenkende Fee zu deuten, dennoch ordnet er die Angstträume auf dreifache Weise in die Erfüllungstheorie ein. Erstens kann ein Traum abbrechen, dann besteht der peinliche Reiz weiter, der ihn verursacht hat, die Wunscherfüllung ist mißlungen. Zweitens kann ein Traum gerade deshalb zum Angsttraum werden, weil die Wunscherfüllung in ihm zustande kam; diese Absurdität erscheint vor allem bei unentstellten, unzensurierten Träumen. In dieser Art Angstträume wird ein dem Traum-Ich nicht genehmer, ein besonders verworfener Wunsch auf besonders unverhüllte Art befriedigt; die Angst ist dann keine der Kreatur, sondern eine des Traum-Ichs, und die Angstentwicklung vertritt die Stelle der Zensur. Auch Neurosen dieser Art, zum Beispiel die dauernde Angst, seine Eltern zu verlieren, können mit dem Wunsch danach verbunden sein. Die Phobie ist dann lediglich das sogenannte moralische dicke Ende oder der sich zur Schau stellende Katzenjammer. Drittens aber kommt Freud der Schwierigkeit geradezu ungewollt dialektisch bei, dadurch nämlich, daß er Angst und Wunsch nicht nur als harte Gegensätze faßt. Letzter Ursprung der Angst soll hiernach der Geburtsakt sein; er brachte »jene Gruppierung von Unlustempfindungen, Abfuhrerregungen und Körpersensationen, die das Vorbild für die Wirkung einer Lebensgefahr geworden sind und seitdem als Angstzustand von uns wiederholt werden«. Schon der Name Angst (angustia = Enge) betone die Beengung im Atmen, die damals als Folge der unterbrochenen inneren Atmung eingetreten ist. Am allerwichtigsten aber sei, daß jener erste Angstzustand aus der Trennung von der Mutter hervorgegangen ist, also Verlassenheit signalisiert, Schutzlosigkeit, Preisgegebenheit. Dem ersten Angstzustand schließt sich bei Freud die sogenannte Kastrationsangst an, und diese hat ihre das ganze Leben durchziehenden moralischen Weiterungen: »Vom höheren Wesen, welches zum Ichideal wurde, drohte einst die Kastration, und die Kastrationsangst ist wahrscheinlich der Kern, um den sich die spätere Gewissensangst ablagert, sie ist es, die sich als Gewissensangst fortsetzt.« Einleuchtender freilich ist die Erklärung der Angst aus der allerersten Verlassenheit, die sämtliche späteren psychisch präformiert, aus der Losreißung von der Mutter durch die Geburt; von daher auch die wirkliche Kinderangst, der pavor nocturnus ohne sogenannten Kastrationskomplex, die Angst vor fremden Gesichtern, Dunkelheit und dergleichen. Die Sehnsucht und Liebe des Kindes zur Mutter wird von fremden Gesichtern enttäuscht, seine »Libido« ist unverwendbar geworden, sie findet ihr Objekt nicht. So schlägt sie um und wird auch in der Erwachsenenzeit als Angst abgeführt; die Konsequenz ist danach: *alle verdrängten Wunschaffekte wandeln sich in diesem Unbewußten zu Phobien.* Ein ähnlicher Umschlag unbesetzter, objektlos gewordener Libidoaffekte findet nach Freuds Vermutung bei der Todesangst statt (entgegen dem Todestrieb), besonders bei der neurotischen, melancholischen: »Die Todesangst der Melancholie läßt nur die eine Erklärung zu, daß das Ich sich aufgibt, weil es sich vom Über-Ich gehaßt und verfolgt anstatt geliebt fühlt ... Das Über-Ich vertritt dieselbe schützende und rettende Funktion wie früher der Vater, später die Vorsehung oder das Schicksal.« Und auch im gesunden Zustand wird die Angst vor einer übergroßen realen Gefahr um die Todesangst der Verlassenheit vermehrt; das Ich gibt sich auf, weil es die Gefahr aus eigener Kraft nicht überwinden zu können glaubt. »Es ist übrigens«, fügt Freud erinnernd hinzu, »immer noch dieselbe Situation, die dem ersten großen Angstzustand der Geburt und der infantilen Sehnsuchtsangst zugrunde lag, die der Trennung von der schützenden Mutter« (Das Ich und das Es, 1923, S. 76). Und es ist der gleiche Umschlag der Libido in ihr dialektisches Gegenteil, der schon bei der Kinderangst zu bemerken war, wenn der Libidoaffekt verdrängt werden mußte, weil sein Objekt, die geliebte Mutter, fehlte. Nur daß bei der Todesangst das Libidoobjekt das eigene Ich, genauer: das vom Über-Ich geliebte Ich geworden ist; ebendiese (narzistische) Besetzung hat nun aufgehört. »Der Mechanismus der Todesangst könnte nur sein, daß das Ich seine narzistische Libidobesetzung in reichlichem Ausmaß entläßt, also sich selbst aufgibt, wie sonst im Angstfalle ein anderes Objekt«; dadurch aber wird, im Umschlag, nur ungeheures Grauen frei. Libido freilich wieder, nichts als Libido die ganze Zeit (und damit das Freudsche, das nicht bleibt, es läßt sich schon sagen: nicht blieb); und mit der Libido lauter Psychologismus wieder, ohne soziale Umwelt. Reicht denn sexuelle Libido zu dieser Angsterzeugung aus, ja ist sie überhaupt zu ihr notwendig? Kommt denn die negative Wunscherfüllung oder Angst ausschließlich von dem Subjekt her, ausschließlich vom »objektlos gewordenen Libidoaffekt«? Und gibt es nicht auch Gegenstände, Zustände, die *objekthaft* bedrohend genug sind, von Libido unbesetzt, dafür aber mit anderem besetzt genug? Der spätere Freud drückte das selber dahin aus, daß nicht die Verdrängung die Angst mache, sondern die Angst die Verdrängung; sie ist dann also vor der gestauten Libido und bildet die Stauung. Der letzte Freud statuiert gar, weit über das biologische Innen- und Anfangserlebnis des Geburtsakts hinaus, »daß eine gefürchtete Triebsituation im Grunde auf eine äußere Gefahrensituation zurückgeht« (Neue Folge der Vorlesungen, 1933, S. 123). Das Gefühl der Preisgegebenheit hätte ja gar keinen Inhalt, wären die fremden Gesichter, die Dunkelheit und dergleichen lediglich – Nicht-Mutter und sonst neutral. Statt dessen gibt es auch hier Hunger, Nahrungssorge, ökonomische Verzweiflung, Lebensangst, positiv und objektiv genug. Die bürgerliche Gesellschaft war bis vor kurzem tatsächlich und ist heute noch ihrer Anlage nach auf freie Konkurrenz gegründet, folglich auf ein antagonistisches Verhältnis, auch in der gleichen Klasse und Schicht. Die derart gesetzte, ja geforderte feindliche Spannung zwischen Individuen produziert unaufhörliche Angst; und diese braucht nicht erst Libido und Geburtsakt, um sich daran anzusetzen. Sie ist mit dieser Art Außenwelt genügend gesetzt, zuletzt noch mit zwei Weltkriegen in ihr. Und mit einer Angsterzeugung durch den Faschismus dazu, die kaum erst infantiles Trauma brauchte, um entbunden zu werden. Also mag zwar mancher ausgeruhte Nachttraum nach rückwärts orientiert sein, vielleicht auch mancher pavor nocturnus behüteter Kinder. Mag aus verdrängter Libido, aus objekthaft unbesetzten Liebeswünschen bestehen und so aus Angst. Aber selbst im Traum liefert, was Angst angeht, der Tag, ja die objektive Sorge des Kommenden Anlaß und Ursprung genug. Einen Ursprung, der sich auf nackte Selbsterhaltung und ihre zerfleischten, nicht bloß unbesetzten Wünsche bezieht, Besonders aber läuft wache Angst, zuhöchst Todesangst nicht erst nach rückwärts, um dort, im verschwindenden Libidoobjekt des eigenen Ichs, als der transponierten Mutter, ihre Erklärung zu finden. Gerade sie erklärt sich nicht, in der Hauptsache nicht, narzistisch-regressiv, sondern aus dem Beil, das das Leben zukünftig endet, aus dem Schmerz und Grauen objektiv erwarteter Nacht. Entließe nur das Ich sich selbst in der Todesangst und entließe es nur seine narzistische Libidobesetzung, dann würden weder Tiere ohne Ich noch sehr sachlich hingegebene, in ihr Ich unverliebte Menschen Todesangst kennen. Sind derart die Freudschen Libido-Subjektivismen der Angst unhaltbar, so bleibt doch die von ihm statuierte Zuordnung der Phobien zu verdrängten Wunschaffekten wichtig und wahr; sie ist ja auch nicht an Narzißmen, sondern am objektiven Inhalt der Wunschaffekte orientiert. Die Angst und ihre Träume mögen im Geburtsvorgang ihren ersten Erreger haben, so wie am Tod ihren letzten biologischen Inhalt. Wo Angst aber als nicht nur biologische, sondern in einer nur bei Menschen vorfindlichen Weise, vorzüglich gerade als Angsttraum, auftritt: dort hat sie wesentlich *gesellschaftliche* Blokkierungen des Selbsterhaltungstriebs zur Grundlage. In der Tat ist es einzig der *vernichtete, ja der in sein Gegenteil gewandelte Inhalt* des Wunsches, der Angst, zuletzt Verzweiflung macht.

Und wie hält das der wache Träumer, wenn er recht gesprenkelt wünscht? Wenn er Salz und Pfeffer zum Wünschen braucht, auch einen Schuß Chok, nicht bloß Honig? Freud verweist selber auf ein *Ineinander* entgegengesetzter Triebgefühle, nicht bloß auf ihren Übergang. Er verweist auf gleichzeitigen »Gegensinn der Urworte«, dergestalt, daß »Angst und Wunsch im Unbewußten zusammenfallen«. Sie fallen aber zweifellos auch im Bewußtsein weithin zusammen, so beim Hypochonder, auch beim allgemeinen Schwarzseher, die beide darauf hoffen, ihre Nicht-Hoffnung erfüllt zu sehen. Und war nicht die Empfindsamkeit aus dem gleichen achtzehnten Jahrhundert, worin der Hypochonder blühte, auf dieses Mischgefühl aufgetragen, mit Trauerweiden und Tränenkrügen, mit schmerzlicher Lust am Vergehen? Erst recht entdeckte der Schauerroman, welcher zur gleichen Zeit entstand, das rätselhaft Heimliche im Unheimlichen; er lebte von einem Wunschzuhause unter Schatten, von Heimat auf Kreuzwegen, im Nachtgrauen. Dergleichen bereits zeigt *Wunscherfüllungsphantasien der Angst*, zeigt einen Gesichtertausch zwischen Wunsch und jener Qualität von Angst, die durch die auf sie gerichtete Hoffnung, ja die als vertrackter, sogar positiver Hoffnungsinhalt selber überschauernd geworden ist. Es ist diese unglatte, nicht ganz geheure Wunscherfüllung, welche auch in höheren Regionen bloßes Rosenrot verhindert, mindestens erschwert. Ein Stück Schwärze kommt hinzu, vertieft die Farben, macht in allzu übersichtliches, also fades Glück Dissonanz, markiert eine Wunschhöhe als ebenso abgründige. Viele zu Ende getriebene Gefühlsaussagen verstanden sich auf dieses Ineinander der Betroffenheit, bis hin zum sogenannten süßen Grauen in Wagners Ring des Nibelungen, in der Exhibition dieses neurasthenisch-kolossalen Kunstwerks. Und so gilt selbst für den Nachtmahr wie erst für die Wiese unter dem Brunnen und ihre Symbole: jeder Traum ist Wunscherfüllung.

Eine Hauptsache: Der Tagtraum ist keine Vorstufe des nächtlichen Traums

Doch eben, die Menschen träumen nicht nur nachts, durchaus nicht. Auch der Tag hat dämmernde Ränder, auch dort sättigen sich Wünsche. Anders als der nächtliche Traum zeichnet der des Tages frei wählbare und wiederholbare Gestalten in die Luft, er kann schwärmen und faseln, aber auch sinnen und planen. Er hängt auf müßige Weise (sie kann jedoch der Muse und der Minerva nahe verwandt werden) Gedanken nach, politischen, künstlerischen, wissenschaftlichen. Der Tagtraum kann Einfälle liefern, die nicht nach Deutung, sondern nach Verarbeitung verlangen, er baut Luftschlösser auch als Planbilder und nicht immer nur fiktive. Sogar noch in der Karikatur hat der Träumerische ein anderes Gesicht als der Träumende: er ist dann Hans-guck-in-die-Luft, also keineswegs der Nachtschläfer mit geschlossenen Augen. Einsame Spaziergänge oder schwärmerisches Jugendgespräch mit einem Freund oder die sogenannte blaue Stunde zwischen Tag und Dunkel sind für die Wachträumerei besonders geeignet. Der Bericht über kleine Tagträume, mit dem dieses Buch begann, gab ja von leichteren, auch bloß erst inwendigen Bildern dieser Art einen kurzen Überblick; nun gilt es, die Struktur der Sache, wie ihre Weiterungen, zu erforschen, damit gerade ihre, wie man sehen wird, gewaltigen Weiterungen: die der Hoffnung überhaupt im subjektiven Faktor, verstanden werden. Wurde doch, erstaunlicherweise, die Tagphantasie bisher kaum als originärer Zustand psychologisch ausgezeichnet, auch nicht als eigene Art Wunscherfüllung, mit viel bloßem wishful thinking, doch nicht ausgeschlossener Schärfe, ja Verantwortlichkeit gerade des thinking. Psychoanalyse aber wertet die Tagträume den Nachtträumen völlig gleich, sieht in ihnen lediglich anfangende Nachtträume. Freud bemerkt hierzu: »Wir wissen, solche Tagträume sind Kern und Vorbilder der nächtlichen Träume. Der Nachttraum ist im Grund nichts anderes als ein durch die nächtliche Freiheit der Triebregungen verwendbar gewordener, durch die nächtliche Form der seelischen Tätigkeit entstellter Tagtraum« (Vorlesungen, 1935, S. 417). Und vorher, an gleicher Stelle: »Die bekanntesten Produktionen der Phantasie sind die sogenannten Tagträume, vorgestellte Befriedigungen ehrgeiziger, großsüchtiger, erotischer Wünsche, die um so üppiger gedeihen, je mehr die Wirklichkeit zur Bescheidung oder zur Geduldung mahnt. Das Wesen des Phantasieglücks, die Wiederherstellung der Unabhängigkeit der Lustgewinnung von der Zustimmung der Realität, zeigt sich in ihnen unverkennbar.« Psychoanalyse freilich, die alle Träume nur als Wege zu Verdrängtem achtet, Realität nur als die der bürgerlichen Gesellschaft und ihrer vorhandenen Welt kennt, mag die Tagträume konsequent als bloße Vorstufe zu nächtlichen bezeichnen. Der mit Tagträumen versehene Dichter ist dem Bourgeois ohnehin nur der Hase, der mit offenen Augen schläft, und das in einem bürgerlichen Alltag, der sich als Maß alles Wirklichen vorkommt und anwendet. Wird aber dieses Maß sogar für die Bewußtseinswelt bestritten, wird sogar der nächtliche Wunschtraum nur als verschobener und nicht ganz homogener Teil auf dem riesigen Feld einer noch offenen Welt und ihres Bewußtseins geachtet, dann ist der Tagtraum *keine Vorstufe* zum Nachttraum und durch diesen nicht erledigt. Nicht einmal in Ansehung seines klinischen Inhalts, geschweige seines künstlerischen, seines vorscheinenden, fronthaft antizipierenden. Denn Nachtträume speisen sich allermeist aus zurückliegendem Triebleben, aus vergangenem, wo nicht archaischem Bildermaterial, und es geschieht nichts Neues unter ihrem bloßen Mond. Also wäre es absurd, Tagträume: als jene Vorgriffe der Einbildungskraft, die man seit alters zwar gleichfalls Träume, doch ebenso Vorauseilungen, Antizipationen nennt, unter den Nachttraum zu subsumieren oder ihm gar nachzusetzen. *Das Luftschloß ist keine Vorstufe zum nächtlichen Labyrinth, eher liegen noch die nächtlichen Labyrinthe als Keller unter dem täglichen Luftschloß.* Und die angebliche Gleichheit des Phantasieglücks hier wie dort, als »Wiederherstellung der Unabhängigkeit der Lustgewinnung von der Zustimmung der Realität«? Schon mehr als ein Tagtraum hat, bei genügender Tatkraft und Erfahrung, die Realität zu dieser Zustimmung *umgearbeitet*; wogegen Morpheus nur die Arme hat, worin man ruht. Also verlangt der Tagtraum spezifische Auswertung, denn er geht in ein ganz anderes Gebiet und öffnet es. Er reicht vom Wachtraum bequemer, läppischer, roher, fluchthafter, abwegiger und lähmender Art bis zum verantwortlichen, scharf-tätig in die Sache eingesetzten und zum gestalteten der Kunst. Vor allem zeigt sich: die »Träumerei« kann zum Unterschied vom nächtlich üblichen »Traum« gegebenenfalls Mark enthalten und statt des Müßiggangs, ja der Selbstentnervung, die es gewiß hier gibt, einen unermüdenden Antrieb, damit das Vorgemalte auch erreicht werde.

Erster und zweiter Charakter des Tagtraums: freie Fahrt, erhaltenes Ego

Erstens hat es der wache Traum an sich, nicht drückend zu sein. Er steht in unserer Macht, das Ich startet eine Fahrt ins Blaue, stellt sie ein, wann es will. So entspannt der Träumer hier auch sein mag, er wird von seinen Bildern nicht verschleppt und überwältigt, sie sind dazu nicht selbständig genug. Die wirklichen Dinge erscheinen zwar gedämpft, sie werden oft entstellt, doch sie verschwinden vor den erwünschten, selbst noch so subjektiven Bildern nie ganz. Und die Tagtraum-Bilder sind normalerweise nicht halluziniert; so kommen sie von der weitesten Ausschweifung auf einen Wink wieder zurück. Kein Bann ist in diesem Zustand, mindestens keiner, den der Tagträumer nicht sich freiwillig aufgelegt hat und den er widerrufen könnte. Auch wird das wache Traumhaus mit lauter selbstgewählten Vorstellungen eingerichtet, während der Einschlafende nie weiß, was ihn hinter der Schwelle zum Unterbewußtsein erwartet. Zweitens ist das Ego im Tagtraum lange nicht so geschwächt wie im Nachttraum, trotz der Entspannung, die auch hier statthat. Selbst in der passivsten Form, wo das Ich seinen Träumereien lediglich nachhängt oder nachsieht, sieht es ihnen recht intakt nach, bleibt im Zusammenhang seines Lebens und seiner Wachwelt. Das Nachttraum-Ich dagegen ist spaltbar, oft gar wie Brei; es spürt keinen Schmerz, es stirbt nicht, wenn es den Tod erleidet. Ja die Verschiedenheit des Ich-Seins im Nacht- und im Tagtraum ist so groß, daß gerade die Entspannung, an der auch das Tagtraum-Ich teilnimmt, ihm subjektiv zum Gefühl einer, wie immer fragwürdigen, Erhöhung ausschlagen kann. Denn das Ich wird sich dann sich selber zu einer Wunschvorstellung, zu einer von Zensur befreiten, es nimmt selber am Grünlicht der Lockerung teil, die für alle anderen Wunschvorstellungen aufgegangen zu sein scheint. Die Entspannung des Ichs im Nachttraum ist nur Versinken, die im Tagtraum dagegen Aufsteigen mit dem allgemeinen Schwarm-Aufstieg. Derart sind sogar die *Drogen* verschieden, die künstlich die beiden Genera Traum hervorrufen; das heißt, selbst pharmakologisch, innerhalb der künstlich erregenden Phantastica, differiert noch die Phantasie des schlafenden Großhirns, mit seiner Ichverdunklung, von der des Tags. Und zwar so: das *Opium* erscheint dem Nachttraum zugeordnet, das *Haschisch* dem in Freiheit schweifenden, schwärmenden Tagtraum. Auch im Haschischrausch wird das Ego wenig alteriert, weder das individuelle Naturell noch sein Verstand werden hier eingezogen. Die Außenwelt ist zwar ziemlich abgeriegelt, doch keineswegs wie im Schlaf, gar Opiumschlaf ganz, sondern nur insoweit, als sie zu den erscheinenden Bildern nicht paßt, als ihre Dreinrede nur dumm erscheint, mitleiderregend dumm. Wogegen umgekehrt eine Außenwelt, die in die Phantasie greift und dem Niveau des Parnasses oder auch Narrenparadieses zu entsprechen scheint, wie Gärten, Schlösser, alt-schöne Straßen, zur Belebung des Haschischtraums sogar besonders geeignet ist. Die schiitische Sekte der Haschaschin oder Assasinen, diese religiöse Mördersekte des arabischen Mittelalters, mit dem Scheich vom Berge an der Spitze, führte die Jünglinge, die zu einer Bluttat ausgewählt waren, durchaus offenen Auges, trotz dem Haschischrausch, in die glänzenden Gärten des Scheichs, in einen Überfluß sinnlichen Vergnügens. Und die Haschischbilder schlossen sich genau an diese Außenwelt an, als eine dem Wachtraum gemäße, übersteigerten sie freilich so über jedes irdische Maß, daß die Jünglinge, mit dem Utopiegift im Leib, einen Vorgeschmack des Paradieses zu empfinden glaubten; daß sie bereit waren, ihr Leben für den Scheich einzusetzen, um das wirkliche Paradies zu gewinnen. Haschischträume modernerer Versuchspersonen werden angegeben als von bezaubernder Leichtigkeit, eine Art Elfengeisterweise fehlt ihnen nicht, der Asphalt der Straße verwandelt sich in ausgespannte blaue Seide, beliebige Passanten lassen sich zu Dante und Petrarca umbilden, anachronistisch in Gespräch vertieft, kurz, die Welt wird dem begabten Haschischträumer ein Wunschkonzert. Auch noch andere Art von Leichtigkeit fehlt dem Haschischrausch nicht: »Verworrene Pläne, deren Klärung bisher unmöglich schien, glaubt das Individuum entworren vor sich und der Verwirklichung entgegengehen zu sehen« (Lewin, Phantastica, 1927, S. 159 ff.). Auch Größenwahn stellt sich vorübergehend ein, vorweggenommene Leistung, fast wie in Paranoia. Ganz anders nun der Opiumrausch, der gänzliche Schlaf von Ego und Außenwelt; hier ist nichts als Nachttraum, bis auf den Boden. Statt imaginierter Erhöhung des Ichs, utopistisch dirigierter Erleichterung der Umwelt ist im Opiumrausch alles versunken. So öffnet sich einzig ein Raum aus verhängtem, besonders unentwirrtem Unterbewußtsein: Weib, Wollust, Höhle, Fackel, Mitternacht drängen durcheinander, meist in schwerer, gepolsterter Luft. Primär wirkt Vergessenheit im Opium, nicht Licht; die Nacht ist es, die dem Morpheus, auf antiken Gemmen, den Mohn des Opiums austeilt. Mohnsamen lag in den Händen chthonischer Priesterinnen, zur Betäubung des Schmerzes, in den Mysterien der Ceres wurde Lethe gereicht, als dieses Opiumwasser der Vergessenheit, Isis-Ceres selber wird von der Spätantike dargestellt mit Mohnköpfen in der Hand. Wenn Baudelaire die Rauschgegenden des Opium und Haschisch gleichmäßig »paradis artificiels« nennt, so ist und bleibt unter diesen verruchten Entzückungen die durch Haschisch doch die einzige dem Wachtraum pathologisch zugeordnete. So viel zur Illustrierung eines Unterschieds selbst noch von den Entnervungen her, von denen des Morpheus hier, des Phantasus dort.

Also findet sich das Ich im wachen Traum recht lebhaft, auch strebend vor. Es ist besonders eng und grundfalsch, wenn Freud über die Tagträume bemerkt, sie seien alle solche von Kindern, sie seien nur mit einem unerwachsenen Ich versehen. Wohl wirken in ihnen Erinnerungen an ein mißhandeltes Kinder-Ich gegebenenfalls mit, auch infantile Minderwertigkeitskomplexe, aber sie machen nicht den Kern aus. Der Träger der Tagträume ist erfüllt von dem bewußten, bewußt bleibenden, wenn auch verschiedengradigen Willen zum besseren Leben, und Held der Tagträume ist immer die eigene erwachsene Person. Als Cäsar in Gades vor der Bildsäule Alexanders stand und, gänzlich voll Tagtraum, ausrief: »Vierzig Jahre, und noch nichts für die Unsterblichkeit getan!«, war das Ego, das so reagierte, nicht das des kindlichen, sondern des gewordenen, ja künftigen Cäsar. So wenig regredierte damals das Ich, daß sich sagen läßt: in diesem Unsterblichkeitstraum wurde der uns bekannte Cäsar überhaupt erst geboren. Das Ego ist hier allemal in erwachsener Kraft, als erwachsene Einheitserfahrung bewußter seelischer Vorgänge erhalten; mehr noch: es ist das Leitbild dessen da, was ein Mensch utopisch sein und werden möchte. Gerade in diesem Punkt ist es vom Nachttraum-Ich, erst recht vom völlig alterierten, abgesetzten des Opiumtraums verschieden. Bleibt doch, wie erinnerlich, das Nachttraum-Ich bei Freud nur noch so weit vorhanden, daß es die halluzinierten Wunscherfüllungen zwingt, sich vor seinem Blick zu verkleiden; es übt derart moralische Zensur aus, wenn auch lückenhafte. Das Ich des Wachtraums dagegen ist weder abgesetzt, noch übt es Zensur gegen seine oft unkonventionellen Wunschinhalte. Konträr: Die Zensur ist hier nicht bloß geschwächt und lückenhaft wie im Nachttraum, sondern sie hört, trotz völliger Ungeschwächtheit des Tagtraum-Ichs und eben wegen ihrer, völlig auf, hört eben wegen der Wunschvorstellung auf, die das Tagtraum-Ich selber ergreift und es gerade stärkt, mindestens aufdonnert. Tagträume also haben überhaupt keine Zensur durch ein moralisches Ego, wie der Nachttraum; vielmehr: ihr utopistisch übersteigertes Ego baut sich und das Seine als Luftschloß in ein oft verblüffend unbeschwertes Blau. Das zeigt sich bei privat-rohen Träumereien gerade besonders deutlich und jedenfalls viel sichtbarer als bei denen des überlegten Plans, gar Zukunft-Weges. Der kleine Mann, der seine Rachewünsche stillt oder der seiner sonst leidlich geliebten Frau den Tod insofern wünscht, als er mit einer jüngeren im Wunschtraum unverhohlen Hochzeitsreise macht, spürt keine Gewissensbisse. Er büßt keine Lust, er entwickelt auch, bei der imaginierten Erfüllung solch verworfener Wünsche, keine Angst, als Ersatz der Zensur. Erst recht läßt ein ehrgeiziger Träumer seinen Wünschen freien Lauf, er fliegt mit ausgespreiteten Flügeln zum Tempel des Nachruhms empor, ob er nun ein Cäsar ist oder, wie meist doch, ein Spiegelberg. Auch er spürt keine Zensur, vom Hindernis der äußeren Verhältnisse abgesehen, nicht einmal die Zensur der Komik, geschweige die einer Ikarus- oder Prometheus-Angst. Hemmungslos wohnen im noch so durchschnittlichen Wachtraum Circe, die die Menschen in Schweine, König Midas, der die Welt in Gold verwandelt – stets mit auffallendem Dispens von Verhaltensregeln, mit desto auffallenderem, als der Bezug zur Außenwelt hierbei keineswegs, wie beim Nachttraum, abgeblendet ist. All dies Überholende ist aber nur möglich wegen des unalterierten Wachtraum-Ego und genauer wegen der bemerkten *utopisierenden Stärkung*, die das Tagtraum-Ich sich selbst und dem ihm Gemäßen hinzubringt. Eben auch hinzubringen muß, wo immer der Tagtraum sich nicht mit Chimären wie Circe und Midas, gar mit privaten Exzessen ausgibt, sondern zur gemeinsamen verbindlichen Steigerung kommt: eine bessere Welt zu malen. Wie erst, wenn ein solcher Tagtraum zum Ernst übergeht, der ihm zugeordnet ist, zum klug-erfahrenen Plan. Hierzu ist am wenigsten alteriertes Ego zuständig, wie im Nachtrausch, sondern eines mit gespannten Muskeln und konkretem Kopf. Mit Erweiterungswillen im Kopf, als einem obengehaltenen, der sich auf Umsicht versteht.

Dritter Charakter des Tagtraums: Weltverbesserung

Das Ich des wachen Traums mag so weit werden, daß es andere mit vertritt. Damit ist der dritte Punkt erreicht, der Tag- und Nachtträume unterscheidet: menschliche Breite unterscheidet sie. Der Schläfer ist mit seinen Schätzen allein, das Ego des Schwärmers kann sich auf andere beziehen. Ist das Ich dergestalt nicht mehr introvertiert oder nicht nur auf seine nächste Umgebung bezogen, so will sein Tagtraum öffentlich verbessern. Selbst noch privat verwurzelte Träume dieser Art wenden sich aufs Inwendige nur an, indem sie es in Gemeinschaft mit anderen Egos verbessern wollen; indem sie vor allem den Stoff dazu aus einem ins Vollkommene geträumten Außen nehmen. So lehrreich bei Rousseau, im vierten Buch seiner Konfessionen: »Ich erfüllte die Natur mit Wesen nach meinem Herzen; ich schuf mir ein goldenes Zeitalter nach meinem Geschmack, indem ich mir die Erlebnisse früherer Tage, an welche sich süße Erinnerungen knüpften, ins Gedächtnis zurückrief und mit lebendigen Farben die Bilder des Glücks ausmalte, nach denen ich mich sehnen konnte. Ich stellte mir Liebe und Freundschaft, die beiden Ideale meines Herzens, in den entzükkendsten Gestalten vor und schmückte sie mit allen Anziehungen des Weibs.« So treten selbst aus dem schwimmenden Nebel des Phantasma Gestalten hervor, die das Ego in ihren Kreis ziehen als in einen besseren äußeren, in einen, worin Millionen umschlungen werden. Weltverbesserungsträume insgesamt suchen Auswendigkeit ihrer Innerlichkeit, sie ziehen als extravertierter Regenbogen oder überwölbend auf. An dieser Stelle wiederholt sich zugleich die unterschiedene Zuordnung von Nacht- und Tagtraum, die oben an *Opium* und *Haschisch* erschienen war; und zwar wiederholt sie sich in Psychosen. Das Mohnhafte des Nachttraums zeigt sich entsprechend in der *Schizophrenie*, als einer Regression, das Haschischhafte in der *Paranoia*, als einem Projektenwahn. Zwar sind diese beiden so benannten Erkrankungen nicht scharf getrennt zu halten, ihre Eigenschaften fließen zuweilen ineinander. Beide sind extreme Abkehrungen von der gegenwärtigen oder zurhandenen Wirklichkeit, die Schizophrenie allerdings ist förmliche Abspaltung von ihr, mit verschüttetem Rückweg. Der Schizophrene läßt die Welt los, geht auf den autistisch-archaischen Zustand der Kindheit wieder zurück; der Paranoiker aber bezieht aus diesem Zustand immerhin viele seiner durchaus nicht weltabgewandten, sondern weltverbessernden Wahnbilder. Oft endet freilich Paranoia in Schizophrenie; trotzdem: zwischen beiden Erkrankungen besteht ein unverwechselbarer, ein durchs Utopische bezeichenbar gewordener Unterschied der Richtung. Ist Psychose insgesamt ein unfreiwilliges Nachgeben des Bewußtseins gegenüber einem Einbruch des Unbewußten, so zeigt das paranoisch Unbewußte, zum Unterschied vom schizophrenen, jedenfalls utopistische Ränder. Der Schizophrene unterliegt wehrlos überkommenen Mächten, ist durchaus gebannt, steht mit den Regredierungen seines Wahns in archaischer Urzeit und malt, reimt, stottert aus ihrem verschollenen Traum; der Paranoiker dagegen reagiert auf die überkommenen Mächte mit Querulantentum und Verfolgungswahn, er bricht sie zugleich durch abenteuerliche Erfindungen, Sozialrezepte, Himmelsstraßen und dergleichen mehr. Verwandte Unterschiede des Abwärts oder Aufwärts, der Verdunklung oder Überhellung scheinen auch dort zu wirken, wo das Abwärts oder Aufwärts des neurotischen Bewußtseins ins Rasende übergehen. Wo also das Regredieren zum

Außersichsein der Ekstase aufkocht, das Projektieren zum Übersichsein der Entzückung. Jamblichos, der syrische Neuplatoniker, der sich im falschen Bewußtsein der Besessenen auskannte, bekundet in seiner Schrift über die Mysterien von dieser Art Abwärts und Aufwärts folgendes: »Ganz mit Unrecht hat man angenommen, daß auch die Entzückung durch Einwirkung der Dämonen erreicht werden kann. Letztere bringen nur Ekstasen zustande, die Entzückung (Enthusiasmus) aber ist das Werk der Götter. Daher ist sie durchaus nicht Ekstase, vielmehr, Entzückung ist eine Wendung zum Guten, während Ekstase ein Fallen nach dem Bösen hin ist« (De mysteriis II, 3). Das sind wüste und mythologische Deutungen, doch das, was ihnen zugrunde liegt, wiederholt gerade auch im religiös-parapsychischen Feld die verschiedene Bedeutungsrichtung von Schizophrenie und Paranoia. Kurz, bezeichnet Schizophrenie die Erkrankung (abgeblendete Übersteigerung) der archaisch regredierenden Akte, so leistet Paranoia das gleiche an den utopisch progredierenden, besonders aber an der Tendenz des Wachtraums zur Weltverbesserung. Weshalb es so viele dieser Irren unter Projektemachern gegeben hat und immerhin einige unter den großen Utopisten. Ja fast jede Utopie, ob medizinische, soziale oder technische, hat paranoische Karikaturen; auf jeden wirklichen Bahnbrecher kommen Hunderte von phantastischen, unwirklichen, irren. Könnte man die Wahnideen abfischen, die in der Aura der Irrenanstalten schwimmen, so fände man neben der durch C. G. Jung allzu berühmt gewordenen Archaik der Schizophrenie die erstaunlichsten Vorgestalten aus Paranoia. Und unter ihnen finden sich keinerlei brütende Nachtsymbole, von der Art wie ein Herz im Weiher, ein Kreuzigungsbrunnen und andere gemalte oder gedichtete Altertümer aus der Schizophrenie, sondern neue Zusammenfügungen, Weltveränderungen, Projektemachereien nach vorwärts, kurz, feurige Eulen einer verrückten, doch voll Morgenrot glimmenwollenden Minerva. Selbst in so großer Erkrankung also zeigt sich noch, was es mit dem Wachtraum, in seiner spezifischen Weltverbesserung, auf sich hat. Als Verrücktheit macht er feurige Eulen, als Märchen malt er arabische Feenpaläste in die Welt, aus Gold und Jaspis.

Dem wachen Traum als weitem ist es ferner wichtig, sich nach außen hin mitzuteilen. Er ist dazu fähig, wogegen der Nachttraum, wie jedes allzu private Erlebnis, nur schwer erzählt werden kann, so erzählt, daß auch der Hörer den besonderen Gefühlston der Sache mitgeteilt erhält. Dagegen sind die Tagträume wegen ihrer Offenheit verständlich, wegen ihrer allgemein interessierenden Wunschbilder kommunizierbar. Die Wunschbilder setzen hier sogleich äußere Gestalt, in einer besser geplanten Welt oder auch in einer ästhetisch gesteigerten, in einer ohne Enttäuschung. Freud selber gibt an diesem Punkt den Tagträumen einen eigenen Akzent, sie werden, wider die Abrede, neben der Vorstufe des Nachttraums nun doch auch zu einer der Kunst: »Sie sind das Rohmaterial der poetischen Produktion; denn aus seinen Tagträumen macht der Dichter durch gewisse Umformungen, Verkleidungen und Verzichte die Situationen, die er in seine Novellen, Romane, Theaterstücke einsetzt« (Vorlesungen, 1922, S. 102). Freud hat an dieser Stelle die Wahrheit des Utopisch-Kreativen, des ins gute Neue gerichteten Bewußtseins, gestreift; doch der bloße, bei Freud sogleich folgende Verdünnungsbegriff »Sublimierung« machte die Psychologie des Neuen wieder unkenntlich. Der Tagtraum in seiner Gemeinsamkeit erstreckt sich aber wie in die *breite, so in die tiefe Weite,* in die nicht sublimierte, sondern konzentrierte, in die der utopischen Dimensionen. Und diese setzt die bessere Welt ohne weiteres auch als die schönere, im Sinne vollendeter Bilder, wie die Erde sie noch nicht trägt. Planend oder gestaltend werden in Not, Härte, Roheit, Banalität Fenster geschlagen, weithinblickende, lichtvolle. *Der Tagtraum als Vorstufe der Kunst* intendiert so besonders sinnfällig Weltverbesserung, hat diese als kerngesundreellen Charakter: »Voran, gesenkten Blicks, das Leid der Erde, / Verschlungen mit der Freude Traumgestalt«: so kennzeichnet Gottfried Keller im »Poetentod« die Gefährten des Dichters, samt Phantasie und ihrem Witz. Kunst enthält vom Tagtraum her dieses utopisierende Wesen, nicht als leichtsinnig vergoldendes, sondern als eines, das ebenso Entbehrung in sich hat und das, wenn diese von Kunst allein gewiß nicht überwunden, so in ihr auch nicht vergessen, sondern umschlungen wird von der Freude als kommender Gestalt. Der Tagtraum geht in die Musik und hallt in ihrem unsichtbaren, doch zur Welterweiterung gehörigen Haus, nun ist er in ihr, als dynamischer wie als ausdrucksvoller. Er setzt sämtliche Figuren des Überschreitens, vom edlen Räuber bis zu Faust, sämtliche Wunschsituationen und Wunschlandschaften, von Aurora in Öl bis zu den symbolhaften Zirkeln des Paradiso. Menschen, Situationen werden kraft des zu

Ende reitenden Tagtraums in großer Kunst selber bis an ihr Ende getrieben: das Konsequente, ja objektiv Mögliche wird sichtbar. Bei realistischen Dichtern werden solche objektiven Möglichkeiten in der von ihnen dargestellten Welt ganz deutlich. Das, indem die Natur nicht etwa phantastisch gemacht wird, wohl aber, indem durch Phantasie, als einer konkret bezogenen und vorauseilenden, jener Traum von einer Sache in Natur und Geschichte kenntlich gemacht wird, den die Sache von sich selber hat und der zu ihrer *Tendenz* wie zum Austrag ihres *Totum* und *Wesens* gehört. Wo extravertierte Phantasie gänzlich fehlt, wie bei Naturalisten und denen, die Engels »Induktionsesel« nannte, da erscheinen freilich nur matters of fact und Oberflächenzusammenhänge. So ist überall Wachtraum mit Welterweiterung, als *tunlichst exaktes Phantasieexperiment der Vollkommenheit* dem ausgeführten Kunstwerk vorausgesetzt; ja nicht nur dem Kunstwerk. Zuletzt kommt auch die Wissenschaft über den Oberflächenzusammenhang nur durch eine Antizipation hinaus, durch eine – wie sich von selbst versteht – spezifischer Art. Diese kann lediglich aus den sogenannten heuristischen »Annahmen« bestehen, die sich ein Bild der ganzen Sache, noch außerhalb der Details, in reinem Umriß vor Augen stellen. Doch kann auch ein vollkommener Wachtraum von harmonischem Naturzusammenhang voranstehen: Kepler intendierte solche Weltvollkommenheit, und er entdeckte die planetarischen Bewegungsgesetze. Die Wirklichkeit dieser Gesetze entsprach dem sphärenharmonischen Vollkommenheitstraum zwar gewiß nicht; immerhin: der Traum ging voraus, war der Überschlag einer harmonisch völlig geordneten Welt. Dergleichen ist der Regression des Nachttraums so fern wie möglich; denn dieser zeigt, in seiner Versenkung und Archaik, einzig prälogische Bilder, als Kategorien einer längst verflossenen Gesellschaft, keine eines rationalen Kosmos. Vorwegnahmen und Steigerungen, die sich auf Menschen beziehen, sozialutopische und solche der Schönheit, gar Verklärung sind erst recht nur im Tagtraum zu Hause. Vorab das revolutionäre Interesse, mit der Kenntnis, wie schlecht die Welt ist, mit der Erkenntnis, wie gut sie als eine andere sein könnte, braucht den Wachtraum der Weltverbesserung, ja es hält ihn ganz und gar unheuristisch, ganz und gar sachgemäß, in seiner Theorie und Praxis fest.

Vierter Charakter des Tagtraums: Fahrt ans Ende

Viertens versteht es der wache, also offene Traum, nicht entsagend zu sein. Er lehnt es ab, fiktiv satt zu werden oder auch nur Wünsche zu vergeistigen. Die Tagphantasie startet wie der Nachttraum mit Wünschen, aber führt sie radikal zu Ende, will an den Erfüllungsort. Zwei typische Tagträume von Dichtern gehören hierher; denn sie setzen, aller Schwäche und Flucht ungeachtet, diesen Ort recht prototypisch. Die zwei Tagträume, übrigens von stillen Dichtern, gehören desto eher hierher, als sie eine Ankunft intendieren, nicht nur eine weltverbessernde Schweifung. Der eine stammt aus der Kindheit Clemens Brentanos, der andere aus der Jugend Mörikes und enthält bereits alle Keime einer poetischen Ideallandschaft. Nachdem Brentano mit seiner Schwester Bettina und anderen Kindern sich auf dem Frankfurter Dachboden ein Königreich errichtet hatte mit Namen Vaduz, war es, wie Brentano sagt, eine Vertreibung aus dem Paradies, als er später erfuhr, daß ein Vaduz wirklich existiere und daß es die Hauptstadt des Fürstentums Liechtenstein sei. Da tröstete aber Goethes alte Mutter: »Laß dich nicht irre machen, glaub du mir, dein Vaduz ist dein und liegt auf keiner Landkarte, und alle Frankfurter Stadtsoldaten und selbst die Geleitsreiter mit dem Antichrist an der Spitze können es dir nicht wegnehmen ... Dein Reich ist in den Wolken und nicht von dieser Erde, und so oft es sich mit derselben berührt, wird's Tränen regnen, ich wünsche einen gesegneten Regenbogen.« Der Bericht Mörikes, den unmittelbaren Übergang von Tagphantasie in Dichtung betreffend, findet sich in seinem Roman »Maler Nolten« und lautet, als transponierte Autobiographie, folgendermaßen: »Ich hatte in der Zeit, da ich noch auf der Schule studierte, einen Freund, dessen Denkart und ästhetisches Bestreben mit dem meinigen Hand in Hand ging; wir trieben in den Freistunden unser Wesen miteinander, wir bildeten uns bald eine eigene Sphäre von Poesie ... Lebendig, ernst und wahrhaft stehen sie noch alle vor meinem Geiste, die Gestalten unserer Einbildung, und wem ich nur einen einzigen Strahl der dichterischen Sonne, die uns damals erwärmte, so recht golden, wie sie war, in die Seele spielen könnte, der würde mir wenigstens ein heiteres Wohlgefallen nicht versagen, er würde selbst dem reiferen Manne es verzeihen, wenn er noch einen müßigen Spaziergang in die duftige Landschaft dieser Poesie machte und sogar ein Stückchen alten Gesteins von der geliebten Ruine mitbrächte. Wir erfanden für unsere Dichtung einen außerhalb der bekannten Welt gelegenen Boden, eine abgeschlossene Insel, worauf ein kräftiges Heldenvolk gewohnt haben soll. Die Insel hieß Orplid, und ihre Lage dachte man sich im Stillen Ozean zwischen Neuseeland und Südamerika.« Soweit hier Brentanos auf dem Kinder-Dachboden gegründetes Vaduz, Mörikes weithin vertragenes Orplid. Die bloße Zuordnung des Tagtraums zu Nachtgespinst oder auch zur Kunst als einer Spielerei wird solchen oder ähnlichen Phantasielandungen am wenigsten gerecht. Denn sie sieht nur Sublimierungen in ihnen oder auch archaische Rückkehr, statt versuchter Artikulierung eines utopischen Hoffnungsinhalts. Auch entspricht diesen Inhalten bei einem Freud gar nichts in der Außenwelt (die der Spätbourgeoisie in der Tat als bleierne Nüchternheit und Nichtigkeit erscheinen muß); Kunst insgesamt ist Schein, Religion insgesamt Illusion. Was dem Tagtraum, besonders in der Fahrt ans Ende, wesentlich ist: Ernst eines Vor-Scheins von möglich Wirklichem, das wird ihm hier fast bestimmter als dem immerhin symptomhaften Nachttraum versperrt. Die bürgerlich übliche schlechthinnige Illusionstheorie des Tagtraums läßt in ihm wie um ihn nur den Spielraum für Infantilismen und Archaismen schöner Spielerei: »In der Phantasietätigkeit genießt also der Mensch die Freiheit vom äußeren Zwang weiter, auf die er in Wirklichkeit längst verzichtet hat ... Die Schöpfung des seelischen Reiches der Phantasie findet ihr volles Gegenstück in der Einrichtung von Schonungen, Naturschutzparks dort, wo die Anforderungen des Ackerbaus, des Verkehrs und der Industrie das ursprüngliche Gesicht der Erde rasch bis zur Unkenntlichkeit zu verändern drohen. Der Naturschutzpark erhält diesen alten Zustand, welchen man sonst überall mit Bedauern der Notwendigkeit geopfert hat. Alles darf darin wuchern und wachsen, wie es will, auch das Nutzlose, das Schädliche. Eine solche dem Realitätsprinzip entzogene Schonung ist auch das seelische Reich der Phantasie« (Freud, Vorlesungen, 1922, S. 416). Wäre Kunst überall und allezeit dasselbe wie bloße formale oder unverpflichtende Betrachterei vom Fauteuil her, also wie schonender Kunstgenuß, dann wäre die Lehre vom Naturschutzpark vielleicht in Ordnung; und eine Art Narrenfreiheit, zum Zweck der Lusterzeugung, käme – vom Nachtklub bis zur Nationalgalerie – hinzu. Aber auch das Bürgertum war nicht immer nur dem kontemplativen Parkett verschworen, es hatte einmal von ästhetischer Erziehung des Menschen geträumt, mithin von Kunst, die ergreift, ja angreift, und von einem Morgentor des Schönen. Wie wenig hat erst der sozialistische Realismus mit philisterhaftem Kunstgenuß gemein, gar mit einer »dem Realitätsprinzip entzogenen Schonung«. Bei Freud erscheint die Realität allemal als unveränderliche, und sie erscheint als die mechanische, im Einklang mit dem Weltbild des vergangenen Jahrhunderts. Dadurch eben wird dann utopischer Tagtraum, besonders als Fahrt ans Ende, reflexiv gemacht oder, psychologisch gesprochen, rein introvertiert, wie der Nachttraum auch. Bei C. G. Jung mußte dies Introvertierte nur noch senkrecht hinab ausgeschachtet werden, um Orplid in Archaik zu verlegen; aus dem Naturschutzpark ins Tertiär. Dadurch wurde Phantasielandung nur als archetypische möglich, das ist, bei Jung, nur im längst versunkenen Land des Mythos. Entscheidend aber steht gegen all das fest: Vaduz und Orplid, das mit diesen Radikalismen Gemeinte hat *seinen Erfüllungsort nie anders als in der Zukunft gesucht.* Auch die Verlegung solcher Märchenbilder in ein Es-war-einmal läßt das Einst als Kommendes in dem Einst als Vergangenem allemal durchschimmern. Auch die Verlegung in abgeschlossene Täler oder Südseeinseln, wie das bei älteren Staatsromanen der Fall, involviert in der Entlegenheit Zukunft, in der Entfernung utopisches Fahrtziel. Auch der wirklich archaische Erinnerungsgrund, auf den sich so viele Hoffnungsbilder zurückbeziehen: der Archetyp Goldenes Zeitalter, Paradies – steht ebenso, als erwarteter – im Dereinst der Zeit. Mit Hunderten von kleinen und großen Perlen hängt so das Orplidische am wenig erforschten roten Faden Traumutopie und wird dadurch immer wieder zusammengehalten. Durch die Intention auf ein Vollkommenes wird es zusammengehalten, wie immer die Inhalte dieses Vollkommenen je nach den bisherigen Klassen und Gesellschaften variabel ausgemalt worden sind. Fahrtwillen ans gutgewordene Ende durchzieht derart allemal utopisches Bewußtsein, durchtönt dies Bewußtsein mit nie vergessenem Märchenwesen, arbeitet in den Träumen vom besseren Leben, aber auch, was endlich begriffen werden muß, suo modo in Kunstwerken. Die weltverbessernde Phantasie landet in ihnen nicht bloß dergestalt, daß alle Menschen und Dinge an die Grenzen ihrer Möglichkeit getrieben werden, all ihre Situationen ausgeschöpft und durchgestaltet. Vielmehr ist jedes große Kunstwerk, außer seinem manifesten Wesen, auch noch auf eine *Latenz der kommenden Seite* aufgetragen, soll heißen: auf die Inhalte einer Zukunft, die zu seiner Zeit noch nicht erschienen waren, ja letzthin auf die Inhalte eines noch unbekannten Endzustands. Nur aus diesem Grund haben die großen Werke jeder Zeit etwas zu sagen, und zwar Neues, das die vorige Zeit an ihnen noch nicht bemerkt hatte; nur aus diesem Grund hat die märchenhafte Zauberflöte, aber auch die historisch streng fixierte Göttliche Komödie ihre »ewige Jugend«. Wichtig ist das, wie Goethe sagte, »Weitstrahlsinnige« dieser großen Phantasiegebilde, wonach sie in der gegebenen Realität mindestens noch den Ausweg halten, gegebenenfalls den Durchblick auf ein Überhaupt. Wobei die großen, also realistischen Kunstwerke durch die Notierung der Latenz, ja durch den – wie immer ausgesparten – Raum des Überhaupt nicht weniger realistisch werden, sondern mehr; denn alles Wirkliche verläuft mit Noch-Nicht in ihm. Bedeutende Tagtraumphantasiegebilde machen keine Seifenblasen, sie schlagen Fenster auf, und dahinter ist die Tagtraumwelt einer immerhin gestaltbaren Möglichkeit. Unterschiede zwischen den beiden Traumarten bestehen also auch an diesem Ende genug; Weise wie Inhalt der Wunscherfüllung gehen in ihnen ununterschlagbar auseinander. Das macht immer wieder: der Nachttraum lebt in Regression, er wird in seine Bilder wahllos hineingezogen, der Tagtraum projiziert seine Bilder in Künftiges, durchaus nicht wahllos, sondern noch bei ungestümster Einbildungskraft dirigierbar, mit objektiv Möglichem vermittelbar. *Der Inhalt des Nachttraums ist versteckt und verstellt, der Inhalt der Tagphantasie ist offen, ausfabelnd, antizipierend, und sein Latentes liegt vorn.* Er kommt selber aus Selbst- und Welterweiterung nach vorwärts her, ist Besserhabenwollen, oft Besserwissenwollen durchaus. Sehnsucht ist beiden Traumarten gemeinsam, denn sie ist, wie bemerkt, die einzige ehrliche Eigenschaft aller Menschen; doch das Desiderium des Tags kann zum Unterschied von dem der Nacht auch Subjekt, nicht nur Objekt seiner Wissenschaft sein. Der Tages-Wunschtraum bedarf keiner Ausgrabung und Deutung, sondern der Berichtigung und, sofern er dazu fähig ist, der Konkretion. Kurz, er hat zwar so wenig wie der Nachttraum von Haus aus ein Maß, doch er hat, zum Unterschied vom Nachtspuk, ein Ziel und macht sich zu ihm nach vorwärts heraus.

Ineinander nächtlicher und täglicher Traumspiele, seine Auflösung

Voneinander verschieden sein, das heißt freilich nicht, ohne Bezug sein. Zwischen der Schicht des Träumers und der des Träumerischen gibt es zuweilen einen Tausch. Es gibt Farbenspiel in der Nacht, das auch untertags bestehen kann, nach etwas Seltenem aussieht und zweifellos so dargestellt werden kann. Bemerkenswerte Sammlungen dieser Art liegen vor, so gab Friedrich Huch hundert Aufzeichnungen »Träume« heraus, so stammt eine besonders verstrickte Seltsamkeit: der Roman »Die andere Seite« (von dem Zeichner Alfred Kubin) überwiegend aus Mond und Schlaf. Umgekehrt nehmen auch Tagdichtungen durchaus Träume auf, am auffallendsten und schönsten sogar bei dem Realisten Keller. Sie werden berichtet wie andere Geschehnisse auch, sie verschmelzen aber auch mühelos mit dem märchenhaftsoliden Überfluß, worin bei Keller jede Anschauung liegt. Der grüne Heinrich verfällt, kurz vor seiner traurigen Rückkehr in die Heimat, einer wahren Orgie von Träumen, sie alle sind vorwurfsvolle Wunscherfüllungen. Dahin gehört der Blick auf die Vaterstadt, die verklärte, veränderte, ein tolles Luftbild auf dem Boden, in das man nicht hineingelangen kann. Täler und Ströme treten auf, mit unerhörten, doch wohlbekannten Namen, Rosengärten wandern in die Ferne, am Horizont eine Röte ausbreitend: – »das Alpenglühen rückt aus und geht um das Vaterland herum«. Es ist eine andere als die Morgenröte, die wache von damals, als der grüne Heinrich von der Vaterstadt auszog und sich aufs Gebirge zurückwandte: »nur noch über dem letzten Eisaltar glimmte der Morgenstern«; das Licht kommt jetzt aus dem Hades, gibt sich als diese einzig gebliebene Hoffnung. Das Haus der Mutter erscheint, eigentlich die nach außen gekehrte Dämmerstube, unvergeßlich, nur der Nachttraum gibt dazu Rohstoff und Bild: »Auf den Gesimsen und Galerien standen altertümliche silberne Kannen und Becher, Porzellangefäße und kleine Marmorbilder aufgereiht. Fensterscheiben von Kristallglas funkelten mit geheimnisvollem Glanze vor einem dunklen Hintergrunde zwischen gemaserten Zimmer- und Schranktüren, in denen blanke Stahlschlüssel steckten. Über dieser seltsamen Fassade wölbte sich der Himmel dunkelblau, und eine halb nächtliche Sonne spiegelte sich in der dunklen Pracht des Nußbaumholzes, im Silber der Krüge und in den Fensterscheiben.« Dergleichen zeigt allerdings Wechselverkehr zwischen den Antipoden Nacht und Taglicht, sie scheinen gänzlich ineinandergetaucht, unheimlich und sonderbar ahnungsvoll. Wie wahlverwandt konnte gar die Romantik dies Mischlicht verwenden, als Traumspiel und nicht nur als Spiel. Jeder Traum war für Novalis »ein bedeutsamer Riß in dem geheimnisvollen Vorhang, der mit tausend Falten in unser Inneres hereinfällt«. Es war vor allem auch die Metamorphose der Traumbilder, welche der romantischen Antistatik und ihrem Wachtraum sich empfahl, fast gelehrt empfahl. Nachttraum als verwilderter Roman wird von der romantischen Naturphilosophie entdeckt: »Diese Gestaltungen denn sind nicht ohne Stimme und Sprache; Töne und Worte, wie aus allen verschiedenen Richtungen kommend, verständlich und unverständlich, begegnen und verdrängen sich wechselseitig, und so scheint jener inneren Natur, im Vergleich mit der äußeren, nichts abzugehen als die Stetigkeit und Ruhe, welche diese hat. Denn solche inneren Gebilde, wie aus flüchtigem Gewölk geschaffen, kommen und zerrinnen; es schützt da nicht das Hochgebirge seine Größe oder den Baum die Kraft der Wurzeln vor der schnellen Hinwegbewegung, und wo in demselben Augenblick noch Fels und Wald gewesen, da erscheint Ebene oder ein von Wänden umschlossenes Zimmer« (G. H. Schubert, Die Geschichte der Seele, 1830, S. 549). So entstand gar der Schein, als unterhielten Nacht- und Tagtraum außer dem Tausch sogar ein Ineinander ihrer Bilder, auf gleichem Boden, romantisch-gegenständlich geeint. Der pure Romantiker will gar nicht mehr wissen, ob in seiner Poesie unterbewußtes Chaos oder bewußt gestaltende, umgestaltende Phantasie vorherrscht. Ihm ist der Nachttraum ohnehin von allen Zeit-Raumbegriffen der jetzigen Nüchternheit entfernt, von allen Kausal- und Identitätsformen der grauen oder Zivilisationsrinde; er ist prälogisch beschaffen und also ein archaisches Element gegen die Weite, den Morgen, die Zukunft des Tags. Das ist eine Erbschaft, welche die Romantik aus der Nacht- in die Tagschicht brachte, doch freilich arbeitete auch immer wieder ein Stück neuer Verbindung zwischen beiden Schichten. Sinngemäß kam die Überschneidung der schwarzen und der blauen Stunde wieder, so oft beide stolz darauf waren, nicht Tag im Sinn von Oberflächenklarheit, bloßem Oberflächenzusammenhang zu sein. Der Sprung in bisheriger Oberfläche riß dann Höhle und Fernblau zugleich auf; zuletzt noch im Expressionismus, besonders im Surrealismus. Allerdings nun mit dem wichtigen Unterschied von der Romantik, daß Utopisches sich nicht so sehr dem Vergangenen, als Vergangenes sich einem Utopischen zukehren mochte. So sehr es auch im expressionistischen Gedicht lunarisch hergeht: »bleiche Abendbäume, Weiden, die dem mondholden Weiher entleuchten, Mondflocken, durchs Fenster silbernd«, und dergleichen Däubler-Worte mehr: so bemüht wurden Nachtlinien in utopische eingearbeitet. Auch stammelnder Un-Sinn der Nacht in dem Versuch, auf Grund solcher Auflösungen des bisherigen Tagzusammenhangs nach einem neuen Land zu fahren, an bessere Küsten, gar an vernünftig geordnete. Ein ganzes Studienobjekt dieser Übergänge lieferte James Joyce im »*Ulysses*«; höchst nachromantisch, höchst unromantisch. Der Keller des Unbewußten entlädt sich bei Joyce in ein transitorisches Jetzt, liefert ineinander prähistorisches Gestammel, Schweinerei und Kirchenmusik; der Autor fällt dem Absud, der sich über die eingeebnete Bewußtseinsschwelle wälzt, achtzig Seiten lang mit keinem Komma in die Rede. Aber mitten im Affengeschwätz (aus einem Tag und tausend Unterbewußtheiten der Menschheit streng durcheinander) erscheint Übersehenes, angewandte Montage zeigt ganz rationale Querverbindungen oder analogiae entis; Lots Weib und die Old Ireland Taverne dicht am Salzwasser bei den Docks feiern quer durch Zeit und Raum hindurch ihre Begegnung, ihren Alltag jenseits von Raum und Zeit. »So daß«, sagt Stephan Dädalus, »so daß Geste, nicht Musik, nicht Duft eine allgemeine Sprache wurde, die nicht den laiischen Sinn, sondern die erste Entelechie, den strukturalen Rhythmus sichtbar macht« (Ulysses II, 1930, S. 86). Urhöhlen, mit Gelalle und mit Zungenreden darin, werden derart in Tagphantasien heraufbeschworen und diese wieder abgesenkt; ein ständiges Ineinander aus Nachtfratzen und Grundrissen entsteht. Wobei im Surrealismus, also der Zeit des Einsturzes selber entsprechend, zu der der Surrealismus gehört, wie immer bei plötzlicher Vereinung des Unvereinbaren, der Witz nicht fehlt; ein schnöder Witz zuweilen, einer, der dann die bloß epatisierende Konstruktion entlarvt, oder selbst einer des kleinen Arrangements, und im Traumhaus zu den doppelten Seltsamkeiten wird es ganz gemütlich. Aber wesentlicher am Surrealismus bleibt die grundsätzliche Verkoppelung von Hekate und Minerva, bleibt das Visionsgesicht, aus lauter Fetzen und Einstürzen montiert. Das eben ist ein Unterschied zur Romantik als der Zeit der Restauration; dort war der Tagtraum grundsätzlich in Nachtlinien eingearbeitet, ohne zu phosphoreszieren. Immerhin, es ist eine lange Mischwelt zwischen Unterbewußtsein und Morgenrot, eine Kontaktwelt, in der die Regressio sich die Endfahrt oder die Endfahrt sich die Regressio zunutze macht. Das Labyrinth des Nachttraums ist auch ästhetisch keine Vorstufe zum Luftschloß, doch eben: soweit es dessen Souterrain bildet, kann Archaisches mit Wachphantasie kommunizieren. Und vor allem: am Beispiel des Gottfried Kellerschen Traumhauses, dieses styxhaft blinkenden, dieses Nachtstücks von Mutter- und Jugendhaus, erhellt auch, warum umgekehrt der Wachtraum nicht minder mit Archaischem zu kommunizieren vermag. Er vermag es, weil nicht nur psychologisch, auch objektiv noch Zukunft in der Vergangenheit lebt, weil *auch manches Nachtstück nicht abgegolten oder fertig ist* und deshalb Tagtraum, Vorwärts-Intention verlangt. Diese Nacht hat noch etwas zu sagen, nicht als brütend Urgewesenes, sondern als Ungewordenes, noch nirgends recht Lautgewordenes, das darin streckenweise eingekapselt ist. Doch sie kann nur etwas sagen, sofern sie von Wachphantasie belichtet wird, von einer, die aufs Werdende gerichtet ist; an sich selber ist das Archaische stumm. Lediglich als ein *unabgegolten, unentwickelt, kurz, utopisch* Brütendes hat es die Kraft, in dem Tagtraum aufzugehen, erlangt es die Macht, sich vor ihm nicht verschlossen zu halten; als solches aber, wenn auch nur als solches, kann es umgehen in freier Fahrt, erhaltenbewahrtem Ego, Weltverbesserung, Fahrt ans Ende. Die Einsicht also, daß archaisches Brüten in Wahrheit ein utopisches sein kann, erklärt schließlich die Möglichkeit des Ineinander von Nacht- und Tagtraum, gibt einem streckenweise möglichen *Ineinander der Traumspiele seine Erklärung wie Auflösung.* Und eben mit beständigem Primat der Wachphantasie: nicht das Utopische kapituliert hier vor der Archaik, sondern die Archaik kapituliert, wegen ihrer unabgegoltenen Bestandstücke, gegebenenfalls vor dem Utopischen; jedes andere Ineinander und jede andere Erklärung seiner ist Schein. Die Ausarbeitung ist ohnehin Tagesgeschäft; der verdächtige Gott, der es den Seinen im Schlaf schenkt, braucht Apollo zur Aussage, jenen Apollo, der zwar auch Dämpfe und Orakel kennen mag, aber sie als besiegt und dienend in seinem Tempel hat. Sonst käme die Phantasie, im Sinne der Jung und Klages, gänzlich auf Prähistorie zurück, auf eine romantisiert-gefälschte dazu. Item, erst das Taglicht schließt das wunderlich-betreffende Material der Nachtträume auf, des Archaischen überhaupt, und es ist nur deshalb dieses Material, weil und sofern es selber noch utopisch ist, versetzt utopisch. Regredieren also geschieht künstlerisch erst dann mit Gewinn, wenn auch im Archetyp noch ein Ungewordenes, ein künftig Mögliches eingekapselt ist. Anderenfalls werden die Schätze, die aus dem Nachtboden entgegenblicken, Spreu und welke Tannenzapfen, wie Rübezahls Geschenke am Tag. Aber der Tagtraum, und was er ergreift, enthält menschliche Angelegenheiten statt der Medusen im Labyrinth. Tagträume haben das bessere Teil erwählt; so ziehen sie allesamt, obzwar mit so viel wechselnder Fähigkeit und Qualität, aufs Feld des antizipierenden Bewußtseins.

Nochmals Neigung zum Traum: die »Stimmung« als Medium von Tagträumen

Schlafend ist der Leib verdunkelt, nur wach spürt man ihn. Er spürt sich zuerst im Gefühl des Befindens; darin werden lediglich körperliche Zustände ihrer gewahr. Und auch sie werden dann nur verwischt, diffus gewahr, noch nicht auf eine besondere Stelle des Leibes oder auf eine besondere Art von körperlichem Schmerz oder Genuß bezogen. Es gibt laues, krankes und gesundes Befinden, Wohlbefinden und Übelbefinden, doch allemal nur als ganz allgemeines; ein klarer Magenschmerz, eine spezifische Lustempfindung, auf die Zunge oder auf erogene Zonen lokalisiert, fällt sogleich daraus heraus. Und: das Befinden ist nicht etwa so oder so »gelaunt«, wie die Stimmung; denn es ist nicht wie diese aus eigentlichen Triebgefühlen oder Affekten zusammengemischt. Es hat eben nur das Kochen der Leibvorgänge in sich, besonders Eingeweideempfindungen und mehr oder minder unterbewußte des Blutkreislaufs, doch noch keine Affektgefühle, mit einem Ich dahinter. Das unterscheidet das mehr organische Zustandsgefühl des »Befindens« von dem weit mehr ichhaften der »Stimmung«; so gibt es das Diffuse hier, das Organgefühle meldet, und das Diffuse dort, das Affektgefühle wiedergibt, in welche ein Mensch sich allemal erst, launenhaftgelaunt, hineinkniet. Das Befinden gleicht einem Rauschen, das, wie jedes Geräusch, aus einem Durcheinander vieler, naturhaft gegebener, unregelmäßig sich folgender Töne entsteht. Die Stimmung gleicht dem Klangdurcheinander eines Orchesters, das vor Beginn eines Musikstücks einzelne Passagen abgebrochen und gleichzeitig spielt, keine Naturtöne, sondern solche, die ein musizierendes, komponierendes Ich hinter sich haben. Die Stimmung hat auch nicht einen solch dumpfen, unterirdischen »Grundton« wie das Befinden, sondern ihr »Grundton« ist wogend, wetterhaft, atmosphärisch, er kann sich in Extremen bewegen (wie »himmelhoch jauchzend, zu Tode betrübt«), die das Befinden in solcher Nachbarschaft gar nicht kennt. Und ferner weist jede Stimmung eine eigentümliche, an die Ausbreitung von Duftstoffen erinnernde Weite auf. Th. Lipps betonte gerade dieses, dem Körperbefinden fremde Weite; er notiert, im Fall »Heiterkeit« beispielsweise, »das fühlbare Sichausbreiten der Lust an einem Erlebnis in eine mehr oder minder weite, das psychische Gesamterleben erfassende Stimmung« (Leitfaden der Psychologie, 1903, S. 271). Oder in einer neueren Darstellung (die immerhin nicht mit dem gekommenen existenzialistischen Stimmungsdrang à la Bollnow krebst): »Die seelische Stimmung ist der verhältnismäßig beharrende atmosphärische Grund unseres Lebensgefühls, auf dem sich die wechselnden Wahrnehmungen mit besonderer Färbung abheben, von dem aber auch unsere Vorstellungen und unser Verhalten durchtränkt werden« (Lersch, Der Aufbau des Charakters, 1948, S. 41). Wegen dieses atmosphärisch-weiten und zugleich diffusen Gesamtwesens dehnt sich das Stimmungsgefühl sogar über das Ich hinaus, an dem es primär haftet. Ein Zimmer, eine Landschaft scheinen eine »Stimmung« zu haben, und auch hier desto entschiedener, je unentschiedener, das heißt diffuser der übertragene Affektzustand dreinsieht. So ist der helle Mittag dafür wenig geeignet, mehr der Vormittag, am bequemsten der Abend; bekannt ist die Gewitterstimmung (die der erste Blitz vertreibt). Schlechter dafür geeignet sind einfache große Gegenstände wie das Meer, besser die unübersichtlicheren wie der Wald. Dabei darf jedoch nie vergessen werden, daß die Stimmungsbreite, die sich dermaßen selber nach außen zieht, auch als extravertiertes Naturgefühl nie gegliedert auftritt, sondern im Wogen einer Allgemeinheit bleibt. Der Stimmung ist es wesentlich, nur als diffuse total zu scheinen; sie besteht nirgends aus einem herrschend-überwältigenden Affekt, sondern aus einer selber weiten Mischung vieler, noch nicht zum Austrag gelangter Affektgefühle. Das eben macht sie zu einem so leicht irisierenden Wesen, das läßt sie zugleich – noch jenseits des Klangdurcheinanders vor Beginn eines Musikstücks, auch ganz ohne intensive Dichte – so leicht als bloß impressionistische Erlebniswirklichkeit (Debussy, Jacobsen) ausgeben und entformen. Aus diesem impressionistischen Ungefähr kommt auch noch Heidegger her, sofern er es beschreibt und ihm zugleich erliegt. Dabei hat Heidegger innerhalb dieses Dumpfen den sozusagen tautologischen Vorzug, beachtet zu haben, »daß das Dasein je schon immer gestimmt ist«, im Sinn eines ursprünglichen Aufschlusses, wie einem ist und wird. Das Ursprüngliche ist danach nicht ein wahrnehmendes Sichvorfinden, wohl aber ein gestimmtes Sichbefinden: »Was wir ontologisch mit dem Titel Befindlichkeit anzeigen, ist ontisch das Bekannteste und Alltäglichste: die Stimmung, das Gestimmtsein« (Sein und Zeit, 1927, S. 134). Doch ist Heidegger eben über das Dumpfe, deprimiert Stockende, zugleich Flache dieser seiner Aufdeckung nicht hinausgekommen. Es bleiben Befinden und Stimmung hier ungetrennt; so hindert die Flachheit in diesem ungeschieden animalischen Gewoge jede Ahnung vom Dunkel des wirklich unmittelbaren Existere, das auch in der Stimmung sein Sein (Dunkel des gelebten Augenblicks, wovon später) noch keineswegs als Da vor sich selber bringt. So hält das interessiert Deprimierende von aller Erhellungstendenz der Stimmung ab, um statt dessen einzig das Gedrückte wiederzugeben: »Die oft anhaltende, ebenmäßige und fahle Ungestimmtheit, die nicht mit Verstimmung verwechselt werden darf, ist so wenig nichts, daß gerade in ihr das Dasein ihm selbst überdrüssig wird. Das Sein ist als Last offenbar geworden ... Und wiederum kann die gehobene Stimmung der offenbaren Last des Daseins entheben; auch die Stimmungsmöglichkeit erschließt, wenngleich enthebend, den Lastcharakter des Daseins« (l. c., S. 134). Und nicht der ganzen Menschheit Jammer, sondern einzig der des unerhellt-hoffnungslosen Kleinbürgertums faßt einen an, kommt es bei Heidegger, was die »Abgründe« solcher Befindlichkeit angeht, zu diesem Satz: »Die tiefe Langeweile, in den Abgründen des Daseins wie ein schweigender Nebel hin und her ziehend, rückt alle Dinge, Menschen und einen selbst mit ihnen in eine merkwürdige Gleichgültigkeit zusammen. Diese Langeweile offenbart das Seiende im Ganzen« (Was ist Metaphysik? 1929, S. 16). Hier also fällt aus der Stimmung, indem sie einzig als eine von erlöschendem Leben, das ist hier: von niedergehender Klasse sich kundgibt, völlig der Wunschcharakter aus, ohne den doch auch diese Diffusheit von Affekten, als eine von *Affekten*, nicht bestehen kann; es sei denn, wie Heidegger selber sagen muß, als »Ungestimmtheit«. Gerade das Farbmittel für *Wachträume* fällt aus, mit dem die Stimmung ihre blaue Stunde ausmalt, ohne daß sie allerdings existentiell-ontisch uninteressant wird und existential-ontologisch zum Nihilismus absinkt. Nicht jeder mögliche Alltag, nicht einmal jeder, der geschichtlich bereits aufgetreten, ist mit »fahler Ungestimmtheit« versehen, gar mit der Langeweile, die angeblich das »Seiende im Ganzen« offenbar macht; solche Alltagsstimmung ist vielmehr wesentlich, wo nicht einzig, dem mechanisiert-kapitalistischen Betrieb zugeordnet. Und selbst innerhalb dieses Betriebs besteht, außer der Ungestimmtheit, auch neben der fraglosen Last eines so beschaffenen Daseins jenes Klangdurcheinander lebender Triebgefühle, das eigentlich erst »Stimmung« ausmalt und worin die Neigung zum Traum, als eine zum Wachtraum, nun erst ihr *Medium* findet.

Indem dem Schlafenden der Leib verdunkelt ist, fällt auch sein Befinden aus. Wie sehr erst die das Ich voraussetzende Stimmung, sie gehört zu der blauen Stunde, nicht zu der schwarzen. Sie verlangt gleichfalls Entspannung, gewiß, doch eine, die nicht den Schlummer, sondern ein Ausreisen sucht. Dieser besonders der Bläue zugeneigte Zustand Stimmung wurde im Verhältnis zum Tagtraum bisher nicht beachtet; das ist nun nachzuholen. Die fahle Ungestimmtheit selber mag noch nicht träumerisch sein, auch die gedrückte Stimmung, das Durcheinander von *unlustigen* Affekten, ist als Medium nicht leicht genug, um ohne weiteres Tagträume sich entwickeln zu lassen. Desto eher aber ist der beständige Hang zum Besseren im Grundton von allen *Erwartungsaffekten* dazu geneigt, sich gerade die gedrückte Stimmung zu erleichtern, in gehobene zu fliehen. Und genau an dieser Übergangsstelle, zwischen Trübe und Heiterkeit, wohnt das *Medium, worin Wachtraumbilder am bequemsten sich entwickeln*. Flucht und Zuwendung, Abwehr- und Hingebungsaffekte sind in dieser helldunklen Stimmung gleichzeitig gemischt und bilden so die Aura, worin die jeweilige Einschiffung nach Cythera stattfindet. Ob sie eine kleine oder großartige, eine fahrige oder überlegt fahrende ist, ob Cythera aus einer bloßen Situationsverbesserung oder aus bislang Unerhörtem besteht, ob es um ein Butterbrot feil ist oder nicht um die ganze Welt: das freilich hängt nicht von der Stimmung ab, sondern von der Stärke und dem Inhalt der Zuwendungsaffekte, die aus ihr sich erheben, vom Rang und der Konkretheit der Phantasie, die diesen Affekten ihre Intentionserfüllung vormalt. Doch hell-dunkle Stimmung bleibt in jedem Blaulicht, Fernlicht dieser Art hängt dem Wachtraum lange an, reicht also auch in die eigentlich gestalteten Wachträume noch weit herein, negativ wie positiv. Sonst gäbe es in ihnen das Wetterhafte nicht, das ja nicht nur auf den Impressionismus beschränkt ist, auf dies Stimmungswesen relativ bequemster, nämlich schwach gestalteter und schwach verpflichtender Art. Es gäbe sonst den Lyrismus nicht, der auch streng gestaltete Tagtraumbilder begleitet, wo immer sie noch situationshaft sind. Helldunkle Stimmung ist darum, an Tagtraumwerken, nicht nur auf Weichheit à la Debussy oder Jacobsen beschränkt. Sie füllt auch so gehaltene und gehämmerte Affektbildmusik wie die bei Brahms (vierte Symphonie, vorzüglich letzter Satz), sie macht hier, statt der Weichheit, gerade das Rauhe und die Herbheit aus. Erst bei entschiedener Situation und einer Darstellung, die sich demgemäß atmosphärefrei geben kann, läßt Stimmung nach. Nicht bloß die impressionistische und die ältere sentimentalische läßt dann nach, diejenige, deren Irisierung nie über ein Gemisch abgebrochener Affekte und verschwommener Umrisse hinauskommt, sondern auch noch die *Atmosphäre* der Herbheit, mitsamt der ganzen Romantik dieses Mediums klärt sich auf, gibt den Blick auf Entschiedenes, nicht mehr so Situationshaftes frei. Das überall dort, wo eine im künstlerischen Wachtraum zur Vollendung getriebene Situation, mindestens eine durch Haltung zum Anhalten gebrachte, das Situationshafte selber von sich abweist. Dies ist täuschend wetterlos auch in aller erstrebten Kunst ohne Unruhe der Fall, ohne Bewegungs- und Zeitpathos, also in der hartkristallisch seinwollenden. Um ein Cythera, das ägyptisches Relief, byzantinisches Mosaik oder auch nur Alfieris Klassizismus heißt, ist nicht mehr so viel Stimmung wie um Gotik, Barock oder auch nur um Byrons Sturmwelt. Trotzdem liegt auch hier noch Stimmung als Pathos zugrunde; auch die ägyptische Kunst hat die Unruhe in sich, indem sie sie stillt, ja indem sie, qua ihres Wunschtraums, ein einziges steinernes Requiem sein will. Selbst der intendierten Antistimmung eines Kunstwerks liegt so immer noch, wegen des Atmosphärischen der Phantasie, Stimmung zu Füßen. Dieses Tagtraumwasser gehört zu jedem Tagtraum, Phantasietraum, auch wenn er es, in letzthin errungener Trockenheit, verläßt. Derart bestätigt es sich: die helldunkle Stimmung gibt das Medium, worin alle Tagträume, auch die mit Härte, wie sehr erst die mit dem erregenden Blau (Azur), beginnen.

Nochmals die Erwartungsaffekte (Angst, Furcht, Schreck, Verzweiflung, Hoffnung, Zuversicht) und der Wachtraum

Die Triebgefühle selber sind freilich nicht mehr so stimmungshaft, bleiben es nicht. Sie heben sich aus diesem allgemeinen Zumutesein bald deutlich heraus als »blanker« Neid, »offener« Haß, »rückhaltloses« Vertrauen. Heiterkeit etwa, dieses unbeschwert-allgemeine Lebensgefühl, ist eine Stimmung; die scharfglänzende Freude aber ist ein Affekt. Und nicht nur aus dem Diffusen treten derart die Affekte aus, auch aus dem verhältnismäßig Unbezogenen. Mithin, auch wenn das stimmungshafte Medium abzieht, tönt der Wachtraum fort: dann aber als einer, der vor allem doch im Medium aus *Erwartungsaffekten* trieb. Diese, ein ganz besonderer Schlag von Affekten, haben ohnehin den Wachtraum im Stimmungs-Medium befördert; so erscheinen sie hier aufs neue, als die von den gefüllten Affekten durch ihre stark antizipierende Intentionsrichtung verschiedenen (vgl. S. 136). Die Intention in allen Erwartungsaffekten ist eine vorausweisende, die Zeitumgebung ihres Inhalts ist Zukunft. Je näher diese bevorsteht, desto stärker, »brennender« ist die Erwartungsintention als solche; je umfassender der Inhalt einer Erwartungsintention das intendierende Selbst betrifft, desto totaler wirft sich der Mensch hinein, desto »tiefer« wird sie zur Leidenschaft. Auch Erwartungsintentionen mit einem zur Selbsterhaltung negativen Inhalt, wie Angst und Furcht, können so zur Leidenschaft werden, nicht weniger als Hoffnung. Sie wirken dann auf den Unbeteiligten »übertrieben« und sind es auch in pathologischen Fällen; zuweilen freilich läßt sie auch nur die Kenntnislosigkeit der Realsituation als »übertrieben« erscheinen, als ihr Objekt »vergrößernd«. Aber auch dann reicht der Erwartungsaffekt über seinen »fundierenden« Vorstellungsinhalt hinaus; der Erwartungsinhalt zeigt eine größere »Tiefe« als der jeweils gegebene Vorstellungsinhalt. Jede Furcht impliziert, als Erfüllungskorrelat, totale Vernichtung, die so noch nicht da war, hereinbrechende Hölle; jede Hoffnung impliziert das höchste Gut, hereinbrechende Seligkeit, die so noch nicht da war. Das unterscheidet zuletzt Erwartungsaffekte von den gefüllten (wie Neid, Habsucht, Verehrung), die allemal nur durch Bekanntes »fundiert« sind und äußerstenfalls eine »unechte« Zukunft ihres Gegenstands intendieren, das heißt, eine genau vorstellbare, objektiv nichts Neues enthaltende. Die Intentionsinhalte der gefüllten Affekte liegen, wie Husserl fälschlich von allen Affekten sagt, in einem »gesetzten Horizont«, als dem Horizont der Erinnerungsvorstellung, zum Unterschied von dem der Hoffnungsvorstellung, der vorausgreifenden, also echten Phantasie und der möglichen »echten« Zukunft ihres Gegenstands. Zwar ist überall, auch in der erinnernden Vorstellung, qua Intention, zugleich ein Erwarten wirksam, und Husserl bestimmt selber, recht unerwartet: »Jeder ursprünglich konstituierende Prozeß ist beseelt von Protentionen, die das Kommende als solches leer konstituieren und auffangen« (Zur Phänomenologie des inneren Zeitbewußtseins, 1928, S. 410). Jedoch diese »Protentionen« haben in der Erinnerung und den von ihr »fundierten« Affekten das Ihre bereits empfangen, sie haben nur einen »auf die Zukunft des Wiedererinnerten gerichteten Horizont«, der, mit seiner unechten Zukunft, eben »gesetzter Horizont« ist. Wogegen die Erwartungsaffekte und die echte Phantasievorstellung, welche ihnen ihren Gegenstand im Raum aufweist, diesen Raum zugleich als entschiedenen Zeitraum besitzen, das heißt, mit dem ungeschwächt Zeithaften in der Zeit, das echte Zukunft heißt. Wonach jeder Erwartungsaffekt, auch wenn er im Vordergrund selber nur unechte Zukunft intendieren sollte, eines Rapports mit objektiv Neuem fähig wird. Das ist das Leben, das der Erwartungsaffekt den dadurch antizipierenden Wachträumen implicite mitteilt.

Jedes nicht nur stimmungshafte Triebgefühl ist auf ein ihm äußeres Etwas bezogen. Doch wird freilich das innere Gewoge hierbei verschieden rasch oder stark verlassen. Der erste und grundlegende negative Erwartungsaffekt, die *Angst*, beginnt noch als der am meisten stimmungshaft-unbestimmte. Der Angstvolle sieht niemals das Etwas bestimmt vor sich oder um sich, aus dem es ihn anweht; dieses Gefühl ist nicht nur in seinem leiblichen Ausdruck, sondern auch in seinem Gegenstand schlotternd. Freud hat die Angst, wie angegeben, primär auf den Geburtsakt, auf die erste Beengung (angustia) im Atmen, auf die erste Trennung von der Mutter zurückgeführt. Jedes spätere Angstgefühl macht danach dies Urerlebnis von Beklemmung und von Preisgegebenheit rezent; das Reagieren auf alle Gefahrsituationen, selbst die Todesangst, soll also lediglich subjektiv und darin regressiv sein. Aber mit den vorhandenen sozialen Zuständen, die Lebens- wie Todesangst reichlich aus Eigenem beleben, wo nicht erzeugen dürften, ist der negative Bezugsinhalt überhaupt hier ausgelassen, das heißt, das objektiv Angsterregende, ohne das sich Angst gar nicht konstituieren könnte. Heidegger andererseits regrediert zwar seine Angst nicht, aber er prozessiert auch nicht über sie zu ebenso originären positiven Erwartungsaffekten hinaus, ohne die die Angst gleichfalls nicht da sein könnte, so wenig wie ein Talabgrund ohne Berg. Heidegger macht statt dessen aus der Angst das schlechthinnige, das unterschiedslose »Sosein« in allem, die existentielle »Grundbefindlichkeit«, und zwar auf eine den Menschen erst recht subjektiv vereinzelnde, ihn auf sich als solus ipse zurückführende Weise. Angst erschließt danach dem Menschen »sein eigenstes In-der-Welt-Sein«; das Wovor aber, »wovor die Angst sich ängstigt, ist das In-der-Welt-Sein selbst« (Sein und Zeit, 1927, S. 187). Und dieses Wovor ist im Grunde das gleiche, worin die Angst sich auflöst, nämlich das Nichts, das »Es war nichts«; Sein selber »hängt über in das Nichts«. So stellt hier die Angst ganz unmittelbar und par excellence vor das Nichts, als den Grund-Fundus des Unheimlich-Seins, Tod-Verfallenseins alles In-der-Welt-Seins. Die »Grundbefindlichkeit« der Angst erschließt nach Heidegger genau diesen Abgrund; von daher noch »das ständige, obzwar meist verborgene Erzittern alles Existierenden« als solchen. Heidegger, mit viel absichtlicher Erlebnis-Unmittelbarkeit (Erlebnisserei), aber auch mit, man kann sagen: viel Affekthascherei, dazu mit einem Unmaß bloßer Wortbedeutungsinterpretation, deren die Philosophie vor der Philologie sich schämt und selber nichts dabei gewinnt, außer metaphysischem Dilettantismus – Heidegger also reflektiert und verabsolutiert mit seiner Angstontologie ersichtlich nur die »Grundbefindlichkeit« einer untergehenden Gesellschaft. Er reflektiert vom Kleinbürgertum her die Gesellschaft des Monopolkapitals, mit Dauerkrise als normalem Zustand; einzige Alternative zur Dauerkrise sind Krieg und Kriegsproduktion. Was für den Primitiven noch das »Unzuhause« in der unübersichtlichen Natur war, das ist für die ahnungslosen Opfer des Monopolkapitals ihre Gesellschaft geworden, der gigantisch entfremdete Betrieb, in den sie gestellt sind. Heidegger aber – mit einer soziologischen

Unwissenheit, die dem metaphysischen Dilettantismus die Waage hält – macht diese Angst zur Grundbefindlichkeit des Menschen überhaupt einschließlich des Nichts, in das er angeblich immer und überall und unabstellbar geworfen ist. Das einzige, was von Heideggers Angst-»Hermeneutik« übrigbleibt, ist bestenfalls eine Art kleinbürgerlich geschärfte Vertrautheit mit Angst als Ahnungslosigkeit. »Daß das Bedrohende nirgends ist, charakterisiert das Wovor der Angst« (l. c., S. 186); in der Tat ist sie von Haus aus Erwartung eines negativ Unbestimmten. Indem das die Angst Veranlassende wie Begründende von allen Seiten kommen kann, waren ihre offenbarendsten Erscheinungen die Gespensterangst und das nächtliche Grauen. Wobei beide eben durch die heutigen, im Fleisch wandelnden, doch im Dunkel wirkenden Monster und Nachtmahre ersetzt sind. So ist die Angst allerdings noch nicht deutlich auf ihr äußeres Etwas bezogen, zum Unterschied nun von dem zweiten negativen Erwartungsaffekt, der *Furcht*: mit ihrem jäh-konzentrierten Modus, dem *Schreck*, und ihrem gesteigert-konzentrierten, dem *Entsetzen*. Die Bedrohung kommt hier mindestens aus einem Wetterwinkel, der durch bisherige Erfahrung bekannt ist; oder gar: das Furchterregende ist räumlich so sichtbar, daß man sich der Art seines Schlags versehen kann, wenn auch nicht seines Eintritts. Tritt das Wovor der Furcht völlig und überdies plötzlich hervor, entsteht also das Entsetzen, mit den schwächeren Graden des Schrecks, dann darf das Plötzliche dieser Affekte nicht darüber hinwegtäuschen, daß auch sie solche der Erwartung sind, obzwar gegebenenfalls (keineswegs immer) einer in statu nascendi ihres Gegenstands selbst erst geborenen. Ohne Erwartung könnte nichts Entsetzen einjagen, nichts durch Schreck betäuben; gleich einer Kugel aus dem Hinterhalt erregt ein völlig zu den Erwartungsintentionen disparates Ereignis überhaupt keinen Affekt. Es bewirkt zwar Betäubung, Blendung (sofern das Ereignis überlebt wird), also Körperempfindungen, die dem Schreck, als einem Schock, ebenfalls eignen, doch es bewirkt nicht die eigentliche Gemütsbewegung Entsetzen oder Schreck, welche allemal Erwartungsintention des Eingetretenen voraussetzt. Schließt doch diese Erwartung selbst das Überraschende ihres Gegenstands so wenig aus, daß der Gefühlscharakter des Überraschenden, sowohl des negativ wie des positiv Überraschenden (»Wunderbaren«), ohne Bereitschaft einer Erwartung überhaupt nicht eintritt. Die aktivierte Erwartung des Entsetzlichen ist allerdings kurz; dehnt sie sich, gleich der Furcht, aus, doch mit völliger Bestimmtheit (zeitlicher Unausweichlichkeit, inhaltlicher Bekanntheit) des Gegenstands, dann tritt der äußerste, härteste Grenzmodus der Furcht, der *absolut negative* Erwartungsaffekt auf: die *Verzweiflung*. Und sie erst, nicht die Angst, ist wirklich bezogen auf das Nichts; die Angst ist noch fragend-schwebend, noch von Stimmung und vom Unbestimmten, auch Unausgemachten ihres Gegenstands bestimmt, wogegen eben Verzweiflung in ihrem Gemütszustand ein Definitives, in ihrem Gegenstand, außer dem Definitiven, ein schlechthin Definiertes an sich hat. Sie ist Erwartung als aufgehobene, also Erwartung eines Negativen, an dem keinerlei Zweifel mehr statthat; mit ihr schließt daher die Reihe der negativen Erwartungsaffekte. Ihre sämtlichen Wachträume (nur das Entsetzen hat keine Zeit dazu, einen zu bilden) kreisen letzthin um ein negativ Unbedingtes: das Höllenhafte.

Gänzlich im Gegensatz dazu erscheinen nun in wie hinter all diesem die *positiven Erwartungsaffekte*. Ihre Zahl ist freilich viel geringer, es gab bisher nicht so viel Anlaß für sie. Ihrer sind nur zwei: die Hoffnung, welche die Furcht zuschanden macht, und die Zuversicht, welche der Verzweiflung korrespondiert. Die *Hoffnung* hat als aufziehende mit der Angst noch ein Stimmungshaftes gemein: nicht als das Unbehauste des Nächtlichen, wohl aber als das Dämmernd-Ausgegossene des Aurorahaften. Dieses ist im Widerhall oder Widerschein aus der Landschaft besonders treffend bezeichnet in Thomas Manns »Der Tod in Venedig«, als das unsäglich holde Blühen der Morgenröte mit all ihrem fernherscheinenden Arpeggio ante lucem. Doch steht die Hoffnung ebenso als einer der exaktesten Affekte über jeder Stimmung; denn sie ist wenig wandelbar, sehr charakteristisch in ihrer Intention und vor allem, was weder der Stimmung noch auch den negativen Erwartungsaffekten zukommt, fähig zu logisch-konkreter Berichtigung und Schärfung. Infolgedessen ist Hoffnung nicht nur ein Gegenbegriff zur *Angst*, sondern auch, unbeschadet ihres Affektcharakters, zur *Erinnerung*; das ist ein Bezug zu einem rein kognitiven Vorgang und Vorstellungswesen, der sonst keinem Affekt zukommt. Und zur Angst, gar zum Nichts der Verzweiflung verhält sie sich mit derart bestimmter Macht, daß sich sagen läßt: die Hoffnung ersäuft die Angst. Keine »Existentialanalyse« der Hoffnung wird diese jemals als eine »vorlaufende Entschlossenheit zum Tod« erschließen können, wenn anders die Analyse wirklich eine des Existere und nicht des Corrumpere ist. Hoffnung hat sich statt dessen gerade an der Todesstelle als eine auf Licht und Leben hin entworfen, als eine, die dem Scheitern nicht das letzte Wort gibt; so hat sie durchaus den Intentionsinhalt: es gibt noch Rettung – im Horizont. »Wo Gefahr ist, wächst das Rettende auch«, dieser Hölderlinvers gibt schlechthin das positiv-dialektische Wendemoment an, dem die Furcht der Todesstelle verschwunden ist. So zwar, daß Ungewißheit des Ausgangs bleibt, genau wie bei der Furcht, jedoch eine, die nicht wie die Furcht an die passive Sorge grenzt, an das Sorge-Tragen, an die Nacht, in der das Nichts ist, sondern an den Tag, der des Menschen Freund ist. Gefahr und Glaube sind die Wahrheit der Hoffnung, dergestalt, daß beide in ihr versammelt sind und die Gefahr keine Furcht, der Glaube keinen trägen Quietismus in sich hat. Die Hoffnung ist derart zuletzt ein praktischer, ein militanter Affekt, sie wirft Panier auf. Tritt aus der Hoffnung gar *Zuversicht* vor, dann ist der *absolut positiv gewordene Erwartungsaffekt* da oder so gut wie da, der Gegenpol zur Verzweiflung. Wie diese ist auch Zuversicht noch Erwartung, nämlich als aufgehobene, als Erwartung eines Ausgangs, an dem kein Zweifel mehr statthat. Aber während die Erwartungsintention im Verzweiflungsaffekt nur als Leiche vorkommt, gibt und ergibt sie sich in der Zuversicht als kluge Jungfrau, die, in die Kammer des Bräutigams eingehend, darin ihre Intention so darbringt wie aufgibt. Die Verzweiflung berührt fast völlig jenes Nichts, dem alle negativen Erwartungsaffekte sich annähern; die Zuversicht dagegen hat im Horizont fast das Alles, auf das sich bereits die schwächste, sogar die mit unechter Zukunft versetzte Hoffnung wesentlich bezieht. Die Verzweiflung transzendiert, indem ihr Nichts die Intention in Untergangsgewißheit niederschlägt, die Zuversicht, indem ihr Alles die Intention in Heilsgewißheit eingehen läßt. Während also die negativen Erwartungseffekte und ihre utopischen Bilder letzthin das *Höllenhafte* als ihr Unbedingtes intendieren, haben die positiven Erwartungsaffekte ebenso unausweichlich das *Paradiesische* im Unbedingten ihres letzthinnigen Intentionsgegenstands. Item: wenn die *Stimmung* das allgemeine *Medium* des Tagträumens ist, so geben die *Erwartungsaffekte* (samt dem Anbau, den sie an die gefüllten, etwa an Neid oder an Hochachtung, setzen können) die *Direktion* des Tagträumens. Sie geben die Linie, auf der sich die Phantasie der antizipierenden Vorstellungen bewegt und auf der diese Phantasie dann ihre Wunschstraße baut oder auch (bei negativen Erwartungsaffekten) ihre Unwunschstraße. Die Wunschstraße mit der Landschaft, wohin sie zielt, ist als Hoffnungsstraße nicht reicher, aber evidentermaßen beliebter und belebter als die Unwunsch- oder Furchtstraße; das wenigstens bei Geschlechtern, die vom Dunkeln ins Helle streben. Beide zukunftshafte Intentionen, die der Erwartungsaffekte wie der Erwartungsvorstellungen, reichen sinngemäß in ein Noch-Nicht-Bewußtes hinein, das heißt in eine Bewußtseinsklasse, die selber nicht als gefüllte, sondern als antizipatorische zu bezeichnen ist. Die Wachträume ziehen, sofern sie echte Zukunft enthalten, allesamt in dieses Noch-Nicht-Bewußte, ins ungeworden-ungefüllte oder utopische Feld. Seine, zunächst psychische, Beschaffenheit muß nun untersucht werden; durchaus cum ira et studio, mit Parteilichkeit für die begriffene Phantasie nach vorwärts, für das objekthaft Mögliche in psychischer Annäherung daran. Denn nur in der Entdeckung des Noch-Nicht-Bewußten gewinnt die Erwartung, vor allem die positive, ihren Rang: den Rang einer utopischen Funktion, sowohl im Affekt wie in der Vorstellung und im Gedanken.

Die Welt, worin utopische Phantasie ein Korrelat hat
Reale Möglichkeit, die Kategorien Front, Novum, Ultimum und der Horizont

Der Kritiker kann also an jede Form des theoretischen und praktischen Bewußtseins anknüpfen und aus den eigenen Formen der existierenden Wirklichkeit die wahre Wirklichkeit als ihr Sollen und ihren Endzweck entwickeln ... Es wird sich dann zeigen, daß die Welt längst den Traum von einer Sache besitzt, von der sie nur das Bewußtsein besitzen muß, um sie wirklich zu besitzen. *Marx, Brief an Ruge, 1843*

Ich halte mich daran, daß der Weltgeist der Zeit das Kommandowort, zu avancieren, gegeben; solchem Kommando wird pariert; dies Wesen schreitet wie eine gepanzerte, festgeschlossene Phalanx unwiderstehlich und mit so unmerklicher Bewegung, als die Sonne schreitet, vorwärts, durch dick und dünn; unzählbare leichte Truppen gegen und für dasselbe flankieren darum herum, die meisten wissen gar von nichts, um was es sich handelt, und kriegen nur Stöße durch den Kopf, wie von einer unsichtbaren Hand. Die sicherste Partie ist wohl, den Avanceriesen fest im Auge zu behalten. *Hegel, Brief an Niethammer, 1816*

Der Mensch ist nicht dicht

Sich ins Bessere denken, das geht zunächst nur innen vor sich. Es zeigt an, wieviel Jugend im Menschen lebt, wieviel in ihm steckt, das wartet. Dies Warten will nicht schlafen gehen, auch wenn es noch so oft begraben wurde, es starrt selbst beim Verzweifelten nicht ganz ins Nichts. Auch der Selbstmörder flüchtet noch in die Verneinung wie in einen Schoß; er erwartet Ruhe. Auch die enttäuschte Hoffnung irrt quälend umher, ein Gespenst, das den Rückweg zum Friedhof verloren hat, und hängt widerlegten Bildern nach. Sie vergeht nicht an sich selber, sondern nur an einer neuen Gestalt ihrer selbst. Daß man derart in Träume *segeln* kann, daß Tagträume, oft ganz ungedeckter Art, möglich sind, dies macht den großen Platz des noch offenen, noch ungewissen Lebens im Menschen kenntlich. Der Mensch fabelt Wünsche aus, ist dazu imstande, findet dazu eine Menge Stoff, wenn auch nicht immer vom besten, haltbarsten, in sich selbst. Dies Gären und Brausen oberhalb des gewordenen Bewußtseins ist das *erste Korrelat* der Phantasie, das zunächst nur inwendige, ja in ihr selbst befindliche. Auch die dümmsten Träume sind immerhin seiend als Schäume; die Tagträume enthalten sogar einen Schaum, woraus zuweilen eine Venus gestiegen ist. Das Tier kennt nirgends dergleichen; nur der Mensch, obwohl er viel wacher ist, wallt utopisch auf. Sein Dasein ist gleichsam weniger dicht, obwohl er, mit Pflanze und Tier verglichen, viel intensiver da ist. Das menschliche Dasein hat trotzdem mehr gärendes Sein, mehr Dämmerndes an seinem oberen Rand und Saum. Hier ist gleichsam etwas hohl geblieben, ja ein neuer Hohlraum erst entstanden. Darin ziehen Träume, und Mögliches, das vielleicht nie auswendig werden kann, geht inwendig um.

Vieles in der Welt ist noch ungeschlossen

Freilich ginge auch inwendig nichts um, wäre das Auswendige völlig dicht. Draußen aber ist das Leben so wenig fertig wie im Ich, das an diesem Draußen arbeitet. Kein Ding ließe sich wunschgemäß umarbeiten, wenn die Welt geschlossen, voll fixer, gar vollendeter Tatsachen wäre. Statt ihrer gibt es lediglich Prozesse, das heißt dynamische Beziehungen, in denen das Gewordene nicht völlig gesiegt hat. Das Wirkliche ist Prozeß; dieser ist die weitverzweigte Vermittlung zwischen Gegenwart, unerledigter Vergangenheit und vor allem: möglicher Zukunft. Ja, alles Wirkliche geht an seiner prozessualen Front über ins Mögliche, und möglich ist alles erst Partial-Bedingte, als das noch nicht vollzählig oder abgeschlossen Determinierte. Hierbei freilich muß zwischen dem bloß erkenntnisgemäß oder objektiv Möglichen und dem Real-Möglichen, als dem einzigen, worauf es im vorliegenden Zusammenhang ankommt, unterschieden werden. *Objektiv* möglich ist alles, dessen Eintritt auf Grund einer bloßen Partial-*Erkenntnis* seiner vorhandenen Bedingungen wissenschaftlich erwartbar ist oder wenigstens nicht ausgeschlossen werden kann. *Real* möglich dagegen ist alles, dessen Bedingungen in der Sphäre des *Objekts selber* noch nicht vollzählig versammelt sind; sei es, daß sie erst noch heranreifen, sei es vor allem, daß neue – obzwar mit den vorhandenen vermittelte – Bedingungen zum Eintritt eines neuen Wirklichen entspringen. Bewegtes, sich veränderndes, veränderbares Sein, wie es als dialektisch-materielles sich darstellt, hat dieses unabgeschlossene Werdenkönnen, Noch-Nicht-Abgeschlossensein in seinem Grund wie an seinem Horizont. So daß von hier ab gesagt werden kann: das real Mögliche *zureichend vermittelter, also dialektisch-materialistisch vermittelter Neuheit* gibt der utopischen Phantasie ihr *zweites, ihr konkretes Korrelat*: eines außerhalb eines bloßen Gärens, Brausens im inneren Kreis des Bewußtseins. Und solange die Wirklichkeit noch keine vollständig ausdeterminierte geworden ist, solange sie in neuen Keimen wie neuen Räumen der Ausgestaltung noch unabgeschlossene Möglichkeiten besitzt: solange kann von bloß faktischer Wirklichkeit kein absoluter Einspruch gegen Utopie ergehen. Es kann Einspruch gegen schlechte Utopien ergehen, das heißt gegen abstrakt ausschweifende, schlecht vermittelte, jedoch gerade die konkrete Utopie hat in der *Prozeßwirklichkeit* ein Korrespondierendes: das des vermittelten Novum. Nur diese Prozeßwirklichkeit und nicht eine aus ihr herausgerissene, verdinglicht-verabsolutierte Tatsachenhaftigkeit kann daher über utopische Träume richten oder sie zu bloßen Illusionen herabsetzen. Gibt man jeder bloßen Tatsächlichkeit in der Außenwelt dieses kritische Recht, so verabsolutiert man das fixiert Vorhandene und Gewordene zur Realität schlechthin. Es wird aber allein schon innerhalb der stark gewandelten Wirklichkeit von heute klar, daß die Begrenzung aufs Faktum eine sehr wenig realistische war; daß die Realität selber unaufgearbeitet ist, daß sie Anrückendes, Hervorbrechendes am Rand hat. Der Mensch dieser Zeit versteht sich durchaus auf Grenzexistenz außerhalb des bisherigen Erwartungszusammenhangs von Gewordenheit. Er sieht sich nicht mehr von scheinbar vollendeten Tatsachen umgeben und hält diese nicht mehr für das einzig Reale; mögliches faschistisches Nichts ist, erschütternd, in diesem Realen aufgegangen und vor allem, endlich betreibbar und fällig, der Sozialismus. Ein anderer Realitätsbegriff als der verengte und erstarrte der zweiten Hälfte des neunzehnten Jahrhunderts ist so fällig, ein anderer als der des prozeßfremden Positivismus und auch noch seines Pendants: der unverbindlichen Idealwelt aus purem Schein. Der erstarrte Realitätsbegriff war zuweilen selbst in den Marxismus eingedrungen und machte ihn dadurch schematisch. Es genügt nicht, vom dialektischen Prozeß zu reden, dann aber die Geschichte als eine Reihe aufeinanderfolgender Fixa oder auch geschlossener »Totalitäten« zu behandeln. Hier droht eine Verschmalerung und Schmälerung der Wirklichkeit, eine Abkehr von »Wirkungskraft und Samen« in ihr; und das ist kein Marxismus. Vielmehr: die konkrete Phantasie und das Bildwerk ihrer vermittelten Antizipationen sind im Prozeß des Wirklichen selber gärend und bilden sich im konkreten Traum nach vorwärts ab; antizipatorische Elemente sind ein Bestandteil der Wirklichkeit selbst. Also ist der Wille zur Utopie mit objekthafter Tendenz durchaus verbindbar, ja in ihr bestätigt und zu Hause.

Militanter Optimismus, die Kategorien Front, Novum, Ultimum

Es tut not, daß gerade der geschlagene Mann das Draußen wieder versucht. Was heraufkommt, ist noch nicht entschieden, was als Sumpf steht, kann durch Arbeit ausgetrocknet werden. Durch das Doppelte von Mut und Wissen kommt die Zukunft nicht als Geschick über den Menschen, sondern der Mensch kommt über die Zukunft und tritt mit dem Seinen in sie ein. Das Wissen, das der Mut und das vor allem die Entscheidung braucht, kann aber hierbei nicht die häufigste Weise des bisherigen haben: nämlich eine betrachtende. Denn das nur betrachtende Wissen bezieht sich notwendig auf Abgeschlossenes und so Vergangenes, es ist hilflos gegen Gegenwärtiges und blind für Zukunft. Ja es kommt sich desto mehr als Wissen vor, je weiter zurück seine Gegenstände im Vergangenen und Abgeschlossenen liegen, je weniger es also dazu beiträgt, daß aus der Geschichte – als einer in Tendenz geschehenden – für Gegenwart und Zukunft etwas gelernt werde. Das zur Entscheidung notwendige Wissen hat sinngemäß eine andere Weise: eine nicht nur betrachtende, vielmehr eine mit dem Prozeß gehende, die dem sich durcharbeitend Guten, das ist, Menschenwürdigen des Prozesses aktiv-parteiisch verschworen ist. Überflüssig zu sagen, daß diese Weise des Wissens auch die einzig objektive ist, die einzige, die das Reale in der Geschichte wiedergibt: nämlich das von arbeitenden Menschen hergestellte Geschehen samt den reichen Prozeßverflechtungen zwischen Vergangenheit, Gegenwart und Zukunft. Und das Wissen dieser Art ruft eben dadurch, daß es kein nur betrachtendes ist, durchaus die Subjekte der bewußten Herstellung selber auf. Es huldigt, indem es nicht Quietismus ist, auch in der Beziehung auf die entdeckte Tendenz nicht jenem banalen, automatischen Fortschritts-Optimismus an sich, der nur eine Reprise des kontemplativen Quietismus ist. Er ist diese Reprise, weil er auch die Zukunft als Vergangenheit verkleidet, weil er sie wie ein in sich selber längst Beschlossenes und so Abgeschlossenes anblickt. Vor dem Zukunftsstaat, der derart als abgemachte Konsequenz innerhalb der sogenannten eisernen Logik der Geschichte dasteht, kann dann das Subjekt genauso die Hände in den Schoß legen, wie es sie vor Gottes Ratschluß gefaltet hatte. Dergestalt wurde, beispielsweise, der Kapitalismus, dadurch, daß man ihn zu Ende funktionieren läßt, als sein eigener Totengräber angegeben, und sogar noch seine Dialektik erschien als sich selbst genügsam, als autark. Das alles aber ist grundfalsch, ja so sehr neues Opium fürs Volk, daß cum grano salis selbst ein Schuß Pessimismus dem banalautomatischen Fortschrittsglauben an sich vorziehbar wäre. Denn ein Pessimismus mit realistischem Maß ist immerhin nicht so hilflos überrascht vor Fehlschlägen und Katastrophen, vor den entsetzlichen Möglichkeiten, die gerade im kapitalistischen Fortgang gesteckt haben und weiter stecken. Denken ad pessimum ist jeder Analyse, die es nicht wieder verabsolutiert, ein besserer Mitfahrer als die billige Vertrauensseligkeit; es macht so die kritische Kälte gerade im Marxismus aus. Automatischer Optimismus ist für jede wendende Entscheidung nicht viel weniger Gift als verabsolutierter Pessimismus; denn wenn letzterer ganz offen der unverschämten, der sich bei Namen nennenden Reaktion dient, zum Zweck der Entmutigung, so hilft ersterer der verschämten Reaktion, zum Zweck der augenzwinkernden Duldung und Passivität. Was also statt des falschen Optimismus – zum Zweck des wahren – dem Wissen der Entscheidung, der Entscheidung des erlangten Wissens einzig zugeordnet ist, ist wiederum das *konkret-utopisch begriffene Korrelat in der realen Möglichkeit*: begriffen als eines, worin zwar keineswegs bereits aller Tage Abend ist, doch ebensowenig bereits – im Sinn des nicht-utopischen Optimismus – aller Abende Tag. Die Haltung vor diesem Unentschiedenen, jedoch durch Arbeit und konkret vermittelte Aktion Entscheidbaren heißt *militanter Optimismus.* Mit ihm werden, wie Marx sagt, zwar keine abstrakten Ideale verwirklicht, wohl aber die unterdrückten Elemente der neuen, vermenschlichten Gesellschaft, also des konkreten Ideals, in Freiheit gesetzt. Es ist die revolutionäre Entscheidung des Proletariats, welche heute, im Endkampf der Befreiungen, sich einsetzt, eine Entscheidung des subjektiven Faktors im Bund mit den objektiven Faktoren der ökonomisch-materiellen Tendenz. Und nicht, als wäre dieser subjektive Faktor, als der der Verwirklichung und Weltveränderung, eine andere als eine materielle Tätigkeit; er ist eine solche, so gewiß er auch, wie Marx in der 1. These über Feuerbach betont, als die *tätige Seite* (Erzeugung, Produktivität, Spontaneität des Bewußtseins) zuerst vom Idealismus und nicht vom (mechanischen) Materialismus entwickelt worden ist. Und wieder nicht, als ob die Aktivität, die zur Weltveränderung, also zum militanten Optimismus gehört, auch nur einen Augenblick ohne Bündnis mit den real-gegenwärtigen Tendenzen wirklich eingreifend, haltbar umwälzend sein könnte; denn bleibt der subjektive Faktor isoliert, so wird er lediglich ein Faktor des Putschismus, nicht der Revolution, der Spiegelbergereien, nicht des Werks. Sind jedoch die Anschlüsse der Entscheidung eingesehen – und es ist eben das Wissen in der Entscheidung, das diese Einsicht garantiert –, dann kann die Macht des subjektiven Faktors nicht hoch, auch nicht tief genug eingeschätzt werden, gerade als die *militante Funktion* im militanten Optimismus. Konkrete Entscheidung zum Lichtsieg in der realen Möglichkeit ist das Gleiche wie Gegenzug gegen das Mißlingen im Prozeß. Ist das Gleiche wie der Gegenzug der Freiheit gegen das vom Prozeß abgehobene, ihn aus Stockung und Verdinglichung konterkarierende sogenannte Schicksal. Ist das Gleiche wie der Gegenzug gegen alle diese Todeserscheinungen aus der Familie des Nichts und gegen den Umgang des Nichts als der anderen Alternative der realen Möglichkeit selber. Ist so letzthin der Gegenzug gegen das durchdringend Ruinöse purer Negation (Krieg, Einbruch der Barbarei), damit durch Umlenkung dieser Vernichtung auf sich selbst gegebenenfalls auch hier die Negation der Negation Platz erlange und die Dialektik aktiv siege. Konkrete Entscheidung steht dabei allemal im Kampf gegen die Statik, doch indem sie eben nicht Putschismus, sondern als militanter ebenso *fundierter* Optimismus ist, steht sie im Frieden mit dem Prozeß, der die Todes-Statik selber gegen den Strich bürstet. Mensch und Prozeß, besser: Subjekt wie Objekt im dialektisch-materiellen Prozeß stehen demgemäß gleichermaßen an der Front. Und es gibt für den militanten Optimismus keinen anderen Ort als den, welchen die *Kategorie der Front* eröffnet. Die Philosophie dieses Optimismus, das ist, der materialistisch begriffenen Hoffnung, ist selber, als das pointierte Wissen der Nicht-Betrachtung, mit dem vordersten Abschnitt der Geschichte beschäftigt, und das auch dann noch, wenn sie sich mit Vergangenheit beschäftigt, nämlich mit der noch unabgegoltenen Zukunft in der Vergangenheit. Philosophie der begriffenen Hoffnung steht darum per definitionem an der Front des Weltprozesses, das ist, an dem so wenig durchdachten vordersten Seinsabschnitt der bewegten, utopisch offenen Materie.

Nicht alles, was bekannt ist, ist auch gekannt, am wenigsten, wenn Frische vorliegt. So liegt mit dem Begriff der Front auch der damit so eng verbundene der *Neuheit* im argen. Das Neue: es geht seelisch in der ersten Liebe um, auch im Gefühl des Frühlings; letzteres hat trotzdem kaum einen Denker gefunden. Es erfüllt, immer wieder vergessen, den Vorabend großer Ereignisse, mitsamt einer höchst bezeichnenden Mischreaktion von Bangen, Gewappnetsein, Zuversicht; es fundiert, bei verheißenem Novum des Glücks, Adventsbewußtsein. Es geht durch die Erwartungen fast sämtlicher Religionen, soweit primitives, auch altorientalisches Zukunftsbewußtsein überhaupt richtig verstanden werden kann; es durchzieht die ganze Bibel, von Jakobs Segen bis zum Menschensohn, der alles neu macht, und dem neuen Himmel, der neuen Erde. Trotzdem ist die *Kategorie Novum* nicht im entferntesten zulänglich bezeichnet worden, und in keinem vormarxistischen Weltbild fand sie Raum. Oder schien sie ihn zu finden, wie bei Boutroux und vor allem in der Jugendstil- oder Sezessionsphilosophie Bergsons, dann wurde das Neue lediglich unter dem Aspekt sinnlos wechselnder Moden betrachtet und so gefeiert; es entstand dadurch nur die andersartige Starre einer immer gleichen Überraschung. Dergleichen wurde bereits bei der Sperre klargestellt, die den Begriff des Noch-Nicht-Bewußten solange verhindert hat; derart, daß die Aufdämmerung, das Incipit vita nova, auch in der sogenannten Lebensphilosophie immer wieder ein Fixum bleibt. So erscheint der Begriff des Neuen bei Bergson lediglich als abstrakter Gegensatz zur Wiederholung, ja oft als bloße Kehrseite mechanischer Gleichförmigkeit; zugleich wurde er jedem Lebensmoment ausnahmslos und deshalb entwertend zugeschrieben. Selbst die Dauer eines Dings, die als fließend vorgestellte durée, wird von Bergson auf fortwährendes Anderssein gegründet; angeblich, weil bei wirklich unverändertem Verharren Anfang und Ende dieses Zustands ununterscheidbar wären, objektiv zusammenfielen und so das Ding gerade nicht dauerte. Und das Novum insgesamt wird bei Bergson nicht durch seinen Weg erläutert, seine Sprengungen, seine Dialektik, seine Hoffnungsbilder und genuinen Produkte, sondern eben immer wieder durch den Gegensatz zum Mechanismus, durch die inhaltlose Beteuerung eines Elan vital an und für sich. Große Liebe zum Novum ist wirksam, große Inklination zur Offenheit springt in die Augen, doch der Prozeß bleibt leer und produziert immer wieder nichts als den Prozeß. Ja, die ewige metaphysische Vitalitätstheorie erlangt schließlich statt des Novum nur Taumel, eben wegen der beständig verlangten, um ihrer selbst willen verlangten Richtungsänderung; so entsteht mit ihr nicht die von Bergson gepriesene Kurve, sondern ein Zickzack, in dem – vor lauter Entgegensetzung zur Gleichförmigkeit – nur die Figur des Chaos ist. Folgerichtig endet auch das abstrakt gefaßte Futurum in einem l'art pour l'art der Vitalität, das Bergson selbst der Rakete vergleicht oder »einem immensen Feuerwerk, das stets neue Feuergarben aus sich heraussprühen läßt« (L'Evolution créatrice, 1907, p. 270). Wie auch an dieser Stelle zu betonen: es gibt bei Bergson überhaupt kein echtes Novum; seinen Begriff hat er aus lauter Übersteigerung eben nur zur kapitalistischen Moden-Novität hingebracht und so stabilisiert; Elan vital und nichts sonst ist und bleibt selber ein Kontemplations-Fixum. Der gesellschaftliche Grund für Bergsons Pseudo-Novum liegt im Spätbürgertum, das überhaupt kein inhaltlich Neues mehr in sich hat. Der dem entsprechende ideologische Grund liegt letzthin in der alten, bemüht reproduzierten Ausschaltung zweier der wesentlichsten Beschaffenheiten des Novum überhaupt: der Möglichkeit und der Finalität. In beiden sieht Bergson die gleiche Schematik des tötenden, wechselfeindlichen Verstands, die er sonst als Verräumlichung, Kausalität, Mechanismus am Werk sieht. Das mächtige Reich der *Möglichkeit* wird ihm derart ein Schein der – Retrospektion: es gibt gar kein Mögliches bei Bergson, es ist ihm eine Projektion, die von dem neu Entstehenden in die Vergangenheit hinein entworfen wird. Im Möglichen wird nach Bergson das soeben entspringende Novum nur als »möglich gewesen seiend« gedacht: »Das Mögliche ist nichts anderes als das Wirkliche plus einem geistigen Akt, der das Bild dieses Wirklichen in die Vergangenheit zurückwirft, sobald das Wirkliche entstanden ist ... Das wirkliche Hervorquellen unvorhersehbarer, in keinem Möglichen vorhergezeichneter Neuheit ist aber ein Wirkliches, das sich möglich macht, nicht ein Mögliches, das wirklich wird« (La Pensée et le Mouvant, p. 133). Bergson reproduziert damit bezeichnenderweise fast den Anti-Möglichkeits-Beweis des Megarikers Diodoros Kronos, der gerade den Eleaten, den Lehrern einer absoluten Ruhe, nahestand. Und ebenso verschließt sich Bergson dem Begriff des Novum, indem er die *Finalität* als lediglich Statuierung eines starren Endziels ansieht, statt als Zielstrebigkeit des Menschenwillens, der in den offenen Möglichkeiten der Zukunft gerade sein Wohin und Wozu erst sucht. Besser: als Zielstrebigkeit einer Arbeit, vor allem einer Planung, die ihr Wohin und Wozu pointiert hat und die Wege dahin geht. Indem Bergson aber alle Vorhersehbarkeit mit statischer Vorausberechnung zusammenfallen läßt, hat er nicht nur die schöpferische Antizipation verfehlt, diese Morgenröte im Menschenwillen, sondern das echte Novum insgesamt, den Horizont der Utopie. Und die beständig pointierte Wetterwendigkeit, Uferlosigkeit machten Bergsons Neuheits-Universum schwerlich zu dem, als was er es, mit dennoch unvermeidlicher Finalität, phantasmagorierte: zur »Maschine, um Götter zu erzeugen«. In Summa: zum Novum gehört, damit es wirklich eines sei, nicht nur der abstrakte Gegensatz zur mechanischen Wiederholung, sondern selber eine Art spezifischer Wiederholung: nämlich des noch ungewordenen totalen Zielinhalts selber, der in den progressiven Neuheiten der Geschichte gemeint und tendiert, versucht und herausprozessiert wird. Daher weiterhin: Das dialektische Entspringen dieses totalen Inhalts wird nicht mehr durch die Kategorie Novum, sondern durch die *Kategorie Ultimum* bezeichnet, und an dieser freilich hört die Wiederholung auf. Doch nur dadurch hört sie auf, daß im gleichen Maß, wie das Ultimum die letzte, also höchste Neuheit darstellt, die Wiederholung (die unablässige Repräsentiertheit des Tendenzziels in allem progressiv Neuen) sich zur letzten, höchsten, gründlichsten Wiederholung: der Identität steigert. Wobei die Neuheit im Ultimum kraft des totalen Sprungs aus allem Bisherigen heraus geradezu triumphiert, doch eines Sprungs zur aufhörenden Neuheit oder Identität. Die Kategorie Ultimum liegt nicht so undurchdacht vor wie die des Novum; das Letzte war allemal ein Gegenstand jener Religionen, die auch der Zeit eine Zeit setzten, und so vor allem der jüdisch-christlichen Religionsphilosophie. Jedoch machte es sich gerade in dieser Kategorialbehandlung kenntlich, daß die ihr sachgemäß vorherzugehende des Novum so gut wie nicht vorhanden war. Denn das Ultimum ist in der gesamten jüdisch-christlichen Philosophie, von Philon und Augustin bis Hegel, ausschließlich auf ein Primum und nicht auf ein Novum bezogen; infolgedessen erscheint das Letzte lediglich als erlangte Wiederkehr eines bereits vollendeten, verloren oder entäußert gegangenen Ersten. Die Form dieser Wiederkehr nimmt die vorchristliche des sich verbrennenden und wieder erneuernden Phönix auf, sie nimmt die Heraklitische und stoische Lehre vom Weltbrand auf, nach der das Zeus-Feuer die Welt in sich zurücknimmt und sie ebenso wieder, in periodischem Kreislauf, aus sich entläßt. Und dieses eben: der *Kreislauf* ist die Figur, welche das Ultimum dermaßen ans Primum heftet, daß es darin logischmetaphysisch verschießt. Gewiß, Hegel sah in dem Fürsichsein der Idee, das sein Ultimum ist und worin der Prozeß wie in einem Amen aushallt, das Primum des Ansichseins der Idee nicht nur reproduziert, sondern erfüllt: die »vermittelte Unmittelbarkeit« ist im Fürsichsein erreicht, statt der unvermittelten im Anfang des bloßen Ansichseins. Aber dieses Resultat blieb, wie in jeder einzelnen Gestaltepoche des Weltprozesses, so auch in seiner Gesamtheit, hier dennoch ein zyklisches; es ist der vom Novum gänzlich freie Kreislauf der Restitutio in integrum: »Jeder der Teile der Philosophie ist ein philosophisches Ganzes, ein sich in sich selbst schließender Kreis, ... das Ganze stellt sich daher als ein Kreis von Kreisen dar« (Enzyklopädie § 15). Item, trotz größerer Durchdachtheit wurde hier überall auch das Ultimum entspannt, dadurch, daß sein Omega ohne Macht des Novum sich wieder ins Alpha zurückschlingt. Auch dort gilt das schließlich, wo das Alpha-Omega mechanisch-materialistisch zum Dunstball säkularisiert worden ist, aus dem die Welt stammt und wohin sie sich wieder auflöst. Das Original und der Archetyp von alldem bleibt das Alpha-Omega im Umfassungsring eines Urwesens, zu dem der Prozeß fast als verlorener Sohn zurückkehrt und die Substanz seines Novum ungeschehen macht. Das alles eben sind Gefängnisbildungen gegen die reale Möglichkeit oder eine Desavouierung ihrer, die sogar noch das progressivste historische Produkt einzig als Wiedererinnerung oder Wiederherstellung eines einst Besessenen, Ur-Verlorenen visieren will. Folglich ist, wie gerade am Ultimum erhellt, bei diesem, aber auch bei allem Novum vorher, einzig Anti-Wiedererinnerung, Anti-Augustin, Anti-Hegel philosophisch am Platz, Anti-Kreis und Verneinung des Ring-Prinzips, des bis Hegel und Eduard von Hartmann, ja bis Nietzsche intendierten. Die Hoffnung aber, die an keinem Ende nur so weit sein will, wie sie am Anfang schon war, hebt den scharfen Zyklus auf. Die Dialektik, die in der Unruhe ihren Motor hat und im unerschienenen Wesen ihren keineswegs ante rem vorhandenen Zielinhalt, hebt den zähen Zyklus auf. Die Spannungsfiguren und Tendenzgestalten, die Real-Chiffern in der Welt, auch diese Proben auf ein noch ungelungenes Exempel heben durch ihren besonders hohen Prozentgrad von Utopie den grundsterilen Zyklus auf. Die Humanisierung der Natur hat kein Elternhaus am Anfang, dem sie entlaufen ist, zu dem sie, mit einer Art von Ahnenkult in der Philosophie, wieder zurückkehrt. Entspringen doch im Prozeß selber, noch ohne Problem des Ultimum, eine Unzahl realer Möglichkeiten, die dem Anfang nicht an der Wiege gesungen worden sind. Und das Ende ist nicht die Wiederbringung, sondern es ist – gerade als Einschlag des Was-Wesens in den Daß-Grund – die Aufsprengung des primum agens materiale. Anders gesagt: das Omega des Wohin erläutert sich nicht an einem urgewesenen, angeblich allerrealsten Alpha des Woher, des Ursprungs, sondern konträr: dieser Ursprung erläutert sich selbst erst am Novum des Endes, ja er tritt als ein an sich noch wesentlich unverwirklichter erst mit diesem Ultimum in Realität. Der Ursprung ist gewiß das Verwirklichende selbst; doch eben: wie gerade im Verwirklichen noch etwas unreif und noch nicht verwirklicht ist, so fängt die Verwirklichung des Verwirklichens, des Verwirklichenden selbst immer erst noch an, zu beginnen. In der Geschichte ist sie die Selbstergreifung des geschichtlichen Täters, als des arbeitenden Menschen; in der Natur ist sie die Verwirklichung dessen, was man hypothetisch natura naturans oder Subjekt der materiellen Bewegung genannt hat, ein noch kaum berührtes Problem, obwohl es mit der Selbstergreifung des arbeitenden Menschen deutlich zusammenhängt und in der Verlängerungslinie der Marxschen »Humanisierung der Natur« liegt. Der Austragsort für beiderlei Selbstergreifung und ihr Novum, ihr Ultimum befindet sich aber einzig an der

Front des Geschichtsprozesses und hat überwiegend erst vermittelt-reale Möglichkeit sich gegenüber. *Diese bleibt dasjenige, was der exakten Antizipation, der konkreten Utopie als objektiv-reales Korrelat korrespondiert.* Im gleichen Sinn, wie das konkret Utopische ein objektiv-realer Realitätsgrad an der Front der geschehenden Welt ist, – als Noch-Nicht-Sein der »Naturalisierung des Menschen, Humanisierung der Natur«. Das so bezeichnete Reich der Freiheit bildet sich sinngemäß nicht als Rückkehr, sondern als Exodus – wenn auch ins stets gemeinte, durch den Prozeß gelobte Land.

Das »nach Möglichkeit« und das »in Möglichkeit Seiende«, Kälte- und Wärmestrom im Marxismus

Auf dem Weg zum Neuen muß meist, wenn auch nicht immer, schrittweise vorgegangen werden. Nicht alles ist jederzeit möglich und ausführbar, fehlende Bedingungen hemmen nicht nur, sondern sperren. Rascherer Gang ist zwar dort erlaubt, ja geboten, wo die Strecke keine anderen Gefahren zeigt als überängstlich oder pedantisch ausgedachte. So brauchte Rußland nicht erst vollkapitalistisch zu werden, bevor es mit Erfolg das sozialistische Ziel verfolgen konnte. Auch die vollständigen technischen Bedingungen zum sozialistischen Aufbau konnten in der Sowjetunion nachgeholt werden, soweit sie in anderen Ländern bereits entwickelt und von dort übernehmbar waren. Dagegen kann, wie selbstverständlich, ein Weg, der überhaupt noch nicht begangen worden ist, nur mit Mißerfolgen überschlagen und übersprungen werden. Denn möglich ist zwar alles, wozu die Bedingungen zureichend partiell vorliegen, jedoch ebendeshalb ist alles noch faktisch unmöglich, wozu die Bedingungen überhaupt noch nicht vorliegen. Das Zielbild erweist sich dann subjektiv wie objektiv als Illusion; die Bewegung darauf hin geht dann unter; bestenfalls setzt sich, wenn sie vorankommt, infolge der vorhandenen und determinierenden ökonomisch-sozialen Bedingungen ein ganz anderes Ziel durch als das überschlagend-abstrakt intendierte. Gewiß, im bürgerlich-idealen Traum von den Menschenrechten waren von Anfang an schon die Tendenzen tätig, die hernach den reinsten Kapitalismus brachten. Aber selbst hier schwebte überdies eine Stadt der Bruderliebe, ein Philadelphia vor, besonders weit von dem wirklichen Philadelphia gelegen, das auf der Tagesordnung der Wirtschaftsgeschichte stand und so an den Tag kam. Und nicht viel anderes als ein solches Philadelphia dürfte auch die Frucht der reinen, der schlechthin nur chiliastischen Utopien geworden sein, wenn sie nicht untergegangen, sondern nach dem Maß des damals Möglichen ans Ziel gelangt wären. Die ökonomischen Bedingungen, die der radikale Wille zum tausendjährigen Reich von Joachim di Fiore bis zu den englischen Millenariern überschlagen hat und noch überschlagen mußte, hätten sich doch gemeldet, im Erreichten selbst gemeldet: und sie wären, wieder kraft der noch bevorstehenden kapitalistischen Tagesordnung, durchaus keine gewesen, die zum Liebesreich prädestinieren. All das ist völlig begreifbar geworden mittels der marxistischen Entdeckung, wonach konkrete Theorie-Praxis aufs engste zusammenhängt mit dem erforschten Modus objektiv-realer Möglichkeit. Sowohl die kritische Vorsicht, die das Tempo des Wegs bestimmt, wie die fundierte Erwartung, die einen militanten Optimismus in Ansehung des Ziels garantiert, werden durch Einsicht in das Korrelat der Möglichkeit bestimmt. Und zwar so, daß dieses Korrelat, wie jetzt spruchreif wird, selber wieder zwei Seiten hat, gleichsam eine Rückseite, auf welche die Maße des *jeweils* Möglichen geschrieben sind, und eine Vorderseite, worauf das Totum des *zu guter Letzt* Möglichen sich als immer noch offen kenntlich macht. Eben die erste Seite, die der *maßgeblich vorliegenden Bedingungen*, lehrt das Verhalten auf dem Weg zum Ziel, während die zweite Seite, die des *utopischen Totum*, grundsätzlich verhüten läßt, daß Partialerreichungen auf diesem Weg für das ganze Ziel genommen werden und es zudecken. Bei alldem muß festgehalten werden: *auch das dergestalt doppelseitige Korrelat: reale Möglichkeit ist nichts anderes als die dialektische Materie.* Reale Möglichkeit ist nur der logische Ausdruck für materielle Bedingtheit zureichender Art einerseits, für materielle Offenheit (Unerschöpftheit des Materie-Schoßes) andererseits. Oben, im vorigen Kapitel (vgl. S. 219), wurde, bei Gelegenheit der »störenden Nebenursachen« während der Verwirklichung, bereits ein Teil der *Aristotelischen Materie-Definitionen herangezogen.* Es wurde erwähnt, daß nach Aristoteles die mechanische Materie (τὸ ἐξ ἀνάγκης) einen Widerstand darstellt, dem gemäß die entelechetische Tendenzgestalt sich nicht rein ausprägen kann. Daraus will Aristoteles die vielen Hemmungen, Zufalls-Durchkreuzungen, auch die zahllosen Fortschritts-Torsi erklären, deren die Welt voll ist. An der angegebenen Stelle wurde diese Definition der Materie als die eines Sündenbocks bezeichnet, und das ist sie auch, sofern sie verabsolutiert wird, und sofern sie dazu dienen soll, die Materie zur Entlastung der Entelechie insgesamt zu verteufeln. Doch ist freilich von solchem Insgesamt, solcher Verabsolutierung bei Aristoteles keine Rede, vielmehr ist seine Materie keineswegs auf die mechanische beschränkt, und selbst diese, woraus τὸ ἐξ ἀνάγκης stammt, ist eben dem höchst umfassenden Begriff der δύναμις oder objektiv-realen Möglichkeit bei Aristoteles erstmals zugeordnet. Diese Zuordnung eröffnet nun auch dem Begriff der hemmenden Materie einen neuen, nicht durchkreuzenden, sondern determinierenden Sinn: τὸ ἐξ ἀνάγκης wird ergänzt und erweitert durch κατὰ τὸ δυνατὸν, das heißt: durch das *nach Möglichkeit*, nach den Maßen der Möglichkeit Seiende. Materie ist also nach dieser Seite der Ort der Bedingungen, nach deren Maßgabe Entelechien sich ausprägen; τὸ ἐξ ἀνάγκης heißt so nicht nur Mechanik, sondern viel weiter: durchgehender Bedingungszusammenhang. Und erst aus diesem Nach-Möglichkeit-Seienden schreibt sich letzthin die Hemmung her, welche die entelechetische Tendenzgestalt auf ihrem Weg erfährt. Es schreibt sich davon auch die Folge her, daß der Bildhauer, unter »günstigeren Bedingungen« arbeitend, schönere Leiber bilden kann als die physischen, die geboren sind, und daß ein Dichter seinen Gestalten die Zufälligkeit und die Enge vom Pfad entfernt, sie, wie Aristoteles in der »Poetik« sagt, aus dem καθ' ἕκαστον oder jeweils Einzelnen in das καθ' ὅλον oder die reicheren Möglichkeiten eines Ganzen versetzt. All das wäre aber nicht möglich, wenn Aristoteles – und das ist von zentralster Wichtigkeit – nicht bereits auch die andere Seite, die Vorderseite der Möglichkeits-Materie ausgezeichnet hätte, ja sie als die gänzlich hemmungsfreie erkannt hätte; Materie ist nicht nur κατὰ τὸ δυνατόν, nach Möglichkeit, also das nach dem gegebenen Maß des Möglichen jeweils Bedingende, sondern sie ist τὸ δυνάμει ὄν, das *In-Möglichkeit-Seiende*, also der – bei Aristoteles freilich noch passive – *Schoß der Fruchtbarkeit, dem auf unerschöpfte Weise alle Weltgestalten* entsteigen. Mit dieser letzteren Bestimmung ist genau die freundliche, wo nicht die Hoffnungs-Seite der objektiv-realen Möglichkeit eröffnet worden, so lange es auch dauerte, bis sie begriffen wurde; das utopische Totum ist im δυνάμει ὄν impliziert. Wir wiederholen und fassen zusammen: *der kritischen Beachtung des jeweils zu Erreichenden ist das Nach-Möglichkeit-Seiende der Materie vorgeordnet, der fundierten Erwartung der Erreichbarkeit selber das In-Möglichkeit-Seiende der Materie.* Und indem in der pantheistischen Schule der Aristoteliker aus letzterer Bestimmung das Passive gestrichen wurde, indem das δυνάμει ὄν nicht mehr wie bestimmungsloses Wachs erschien, auf dem die Form-Entelechien sich ausprägen, wurde das Potential Materie schließlich Geburt wie Grab wie neuer Hoffnungsort der Weltgestalten überhaupt. Diese Entwicklung des Aristotelischen Materiebegriffs zieht sich über den peripatetischen Physiker Straton, über den ersten großen Aristoteles-Kommentator Alexander von Aphrodisias, über die morgenländischen Aristoteliker Avicenna, Averroës und seine natura naturans, über den neuplatonisierenden Aristoteliker Avicebron, über die christlichen Ketzerphilosophen des dreizehnten Jahrhunderts Amalrich von Bena und David von Dinant bis hin zur weltschaffenden Materie Giordano Brunos (vgl. dazu Ernst Bloch, Avicenna und die Aristotelische Linke, 1952, S. 30 ff.). Ja noch das sich ausgebärende Substrat der Hegelschen Weltidee, diese von Materie sich so bald fortbewegende, enthält trotzdem ein Großteil der Materie-Potentialität, der potenzhaft gewordenen. Lenin merkt im »Philosophischen Nachlaß« (S. 62) dazu besonders den Satz aus Hegels Logik an: »Dies, was als Tätigkeit der Form erscheint, ist ferner ebenso die eigene Bewegung der Materie selbst.« Es gibt mehrere ähnliche Sätze Hegels, auch in seiner Philosophiegeschichte (Werke XIII, S. 33), den Aristoteles-Begriff der Entwicklung betreffend, wo er mindestens das Ansichsein seiner Idee der Aristotelischen δύναμις gleichsetzt. Und die Vermutung ist gerechtfertigt, daß ohne dieses Aristotelisch-Brunosche Erbstück Marx mehreres an der Hegelschen Weltidee nicht so natürlich hätte auf die Füße stellen können. Noch wäre die Dialektik des Prozesses vom sogenannten Weltgeist materialistisch herüberzuretten gewesen und an der Materie als Bewegungsgesetz erfaßbar geworden. So aber erschien eine vom mechanischen Klotz recht verschiedene Materie, die Materie des dialektischen Materialismus, als eine, woran Dialektik, Prozeß, Entäußerung der Entäußerung, Humanisierung der Natur keineswegs nur äußerliche Beiworte sind, gar angeheftete. Soviel hier über die Korrelate zur kritischen *Beachtung des Erreichbaren, zur fundierten Erwartung der Erreichbarkeit selber* innerhalb des umfassenden Korrelats: reale Möglichkeit oder Materie. Kälte wie Wärme konkreter Antizipation sind darin vorgebildet, sind auf diese beiden Seiten des real Möglichen bezogen. Seine *unerschöpfte Erwartungsfülle* bescheint die revolutionäre Theorie-Praxis als Enthusiasmus, seine *strengen unüberschlagbaren Determinierungen* fordern kühle Analyse, vorsichtig genaue Strategie; das letztere bezeichnet kaltes, das erstere warmes Rot.

Diese zwei Weisen Rotsein gehen gewiß stets zusammen, dennoch sind sie unterschieden. Sie verhalten sich zueinander wie das Unbetrügbare und das Unenttäuschbare, wie Säure und Glauben, jedes an seinem Ort und jedes zum gleichen Ziel verwendet. Der situationsanalytische Akt des Marxismus ist mit dem begeisternd-prospektiven verschlungen. Die beiden Akte sind in der dialektischen Methode, im Pathos des Ziels, in der Totalität des behandelten Stoffs vereint, dennoch zeigt sich deutlich auch die Blick- und Lagen-Verschiedenheit. Sie wurde als eine zwischen der jeweiligen Bedingungs-Erforschung nach Maßgabe des Möglichen und der Aussichts-Erforschung des In-Möglichkeit-Seienden erkannt. Die bedingungsanalytische Forschung zeigt ebenfalls Aussicht, aber mit dem Horizont als einem *begrenzenden*, als dem des begrenzt Möglichen. Ohne solche Abkühlung käme Jakobinertum oder gar völlig verstiegene, abstraktest-utopische Schwärmerei heraus. So wird hier dem Überholen, Überschlagen, Überfliegen Blei in die Sohlen gegossen, indem das Wirkliche erfahrungsgemäß selber einen schweren Gang hat und selten aus Flügeln besteht. Aber die Aussichts-Erforschung des In-Möglichkeit-Seienden geht auf den Horizont im Sinn *unverstellter, ungemessener Weite*, im Sinn des noch unerschöpft und unverwirklicht Möglichen. Das ergibt dann freilich erst Aussicht im eigentlichen Sinne, das ist: Aussicht aufs Eigentliche, auf das Totum des Geschehenden und zu Betreibenden, auf ein nicht nur jeweils vorliegendes, sondern gesamthistorisch-utopisches Totum. Ohne solche Erwärmung der historischen wie erst der aktuell-praktischen Bedingungsanalyse unterliegt letztere der Gefahr des Ökonomismus und des zielvergessenen Opportunismus; dieser vermeidet die Nebel der Schwärmerei nur insofern, als er in den Sumpf des Philistertums gerät, des Kompromisses und schließlich des Verrats. Erst Kälte und Wärme konkreter Antizipation zusammen also bewirken, daß weder Weg an sich noch Ziel an sich undialektisch voneinander abgehalten und so verdinglicht-isoliert werden. Wobei die Bedingungsanalyse auf der ganzen geschichtlich-situationshaften Strecke ebenso als Entlarvung der Ideologien wie als Entzauberung des metaphysischen Scheins auftritt; gerade das gehört zum nützlichsten *Kältestrom* des Marxismus. Dadurch wird der marxistische Materialismus nicht nur zur Bedingungswissenschaft, sondern im gleichen Zug zur Kampf- und Oppositionswissenschaft gegen alle ideologischen Hemmungen und Verdekkungen der Bedingungen letzter Instanz, die immer ökonomische sind. Zum *Wärmestrom* des Marxismus gehören aber die befreiende Intention und materialistisch-humane, human-materialistische Realtendenz, zu deren Ziel all diese Entzauberungen unternommen werden. Von hier der starke Rekurs auf den erniedrigten, geknechteten, verlassenen, verächtlich gemachten Menschen, von hier der Rekurs auf das Proletariat als die Umschlagstelle zur Emanzipation. Das Ziel bleibt die in der sich entwickelnden Materie angelegte Naturalisierung des Menschen, Humanisierung der Natur. Diese letzte Materie oder der Inhalt des Reichs der Freiheit nähert sich im Aufbau des Kommunismus, als seinem einzigen Raum, erst an, hatte noch nirgends Präsenz; das ist ausgemacht. Doch ebenso ist ausgemacht, daß dieser Inhalt im historischen Prozeß steht und daß der Marxismus sein stärkstes Bewußtsein, sein höchst praktisches Eingedenken darstellt. Marxismus als Wärmelehre ist dergestalt einzig auf jenes positive, keiner Entzauberung unterliegende In-Möglichkeit-Sein bezogen, das die wachsende Verwirklichung des Verwirklichenden, zunächst im menschlichen Umkreis, umfaßt. Und das innerhalb dieses Umkreises das utopische Totum bedeutet, ebenjene Freiheit, jene Heimat der Identität, worin sich weder der Mensch zur Welt noch aber auch die Welt zum Menschen verhalten als zu einem Fremden. Das ist Wärmelehre im Sinn der Vorderseite, der Front der Materie, also der Materie nach vorwärts. Der Weg eröffnet sich darin als Funktion des Ziels, und das Ziel eröffnet sich als Substanz im Weg, in dem auf seine Bedingungen hin erforschten, auf seine Offenheiten hin visierten. In diesen Offenheiten ist Materie nach Richtung ihrer objektiv-realen Hoffnungsinhalte latent: als Ende der Selbstentfremdung und der mit Fremdem behafteten Objektivität, als Materie der Dinge für uns. Auf dem Weg dazu hin geschieht das objektive Übersteigen des Vorhandenen in Geschichte und Welt: dies transzendenzlose Transzendieren, welches Prozeß heißt und durch die menschliche Arbeit so gewaltig auf der Erde beschleunigt wird. Materialismus nach vorwärts oder Wärmelehre des Marxismus ist derart Theorie-Praxis eines Nachhause-Gelangens oder des Ausgangs aus unangemessener Objektivierung; die Welt wird dadurch zur Nicht-mehr-Entfremdung ihrer Subjekte-Objekte, also zur Freiheit entwickelt. Das Freiheitsziel selber wird zweifellos erst vom Standort einer klassenlosen Gesellschaft her als bestimmtes In-Möglichkeit-Sein deutlich visierbar. Immerhin ist es jener Selbstbegegnung kaum fern, die unter dem Namen Kultur bildhaft gesucht worden ist; mit so viel Ideologien, doch auch mit so mancherlei Vor-Schein, Antizipationen im Horizont. Das Mittel der ersten Menschwerdung war die Arbeit, der Boden der zweiten ist die klassenlose Gesellschaft, ihr Rahmen ist eine Kultur, deren Horizont von lauter Inhalten fundierter Hoffnung, als dem wichtigsten, dem positiven In-Möglichkeit-Sein, umzogen ist.

Künstlerischer Schein als sichtbarer Vor-Schein

Vom Schönen wird gesagt, daß es erfreue, ja sogar genossen werde. Doch hat es seinen Lohn damit noch nicht dahin, Kunst ist keine Speise. Denn sie bleibt auch nach ihrem Genuß, sie hängt selbst in den süßesten Fällen noch in ein »vorgemaltes« Land hinaus. Der Wunschtraum geht hier ins unstreitig Bessere hinaus, dabei ist er, zum Unterschied von den meisten politischen, bereits werkhaft geworden, ein *gestaltet* Schönes. Allein: lebt in dem so Gestalteten mehr als einiges scheinendes Spiel? Das zwar äußerst kunstvoll sein mag, doch zum Unterschied vom Kindlichen auf nichts Ernstes vorbereitet und es bedeutet. Ist in dem ästhetischen Klingeln oder auch Klingen irgend bare Münze, irgendeine Aussage, die unterschrieben werden kann? Gemälde reizen weniger zu dieser Frage, denn die Farbe steht nur in sinnlicher Gewißheit, ist sonst aber schwächer mit Wahrheitsanspruch belastet als das Wort. Dient doch das Wort nicht nur der Dichtung, sondern auch der wahrheitsgemäßen Mitteilung; Sprache macht für letztere empfindlicher als Farbe, selbst als Zeichnung. Jede gute Kunst freilich beendet in gestalteter Schöne ihre Stoffe, trägt Dinge, Menschen, Konflikte in schönem Schein aus. Wie steht es aber *ehrlich* mit diesem Ende, mit einer Reife, in der doch nur Erfundenes reift? Wie verhält es sich mit einem Reichtum, der nur illusionär, im Augenschein, im Ohrenschein sich mitteilt? Wie verhält es sich andererseits mit Schillers immerhin prophetischem Satz, daß, was als Schönheit hier empfunden, uns als Wahrheit einst entgegengehen werde? Wie verhält es sich mit dem Satz Plotins, dann Hegels, daß Schönheit sinnliche Erscheinung der *Idee* sei? Nietzsche, in seiner positivistischen Periode, stellt dieser Behauptung die bedeutend massivere entgegen, daß alle Dichter lügen. Oder: die Kunst mache den Anblick des Lebens erträglich dadurch, daß sie den Flor des unreinen Denkens darüberlege. Francis Bacon sieht die goldenen Äpfel in silbernen Schalen erst recht nicht weit vom Blendwerk, sie gehören zu den überlieferten Idola theatri. Er vergleicht die Wahrheit dem nackten, hellen Tageslicht, worin die Masken, Mummereien und Prunkzüge der Welt nicht halb so schön und stattlich erscheinen wie im Kerzenlicht der Kunst. Hiernach sind Künstler von Anfang bis Ende dem Schein verschworen, sie haben keinen Hang zur Wahrheit, sondern den entgegengesetzten. In der gesamten Aufklärung liegen Prämissen zu dieser Antithese: Kunst-Wahrheit, und sie haben die künstlerische Phantasie vom Tatsachensinn her verdächtig gemacht. Das sind die *empirischen* Einwände gegen das Einschmeichelnd-Trübe, gegen den goldenen Nebel der Kunst, und sie sind nicht die einzigen, die aus der Aufklärung stammen. Denn neben ihnen stehen die *rationalen* Einwände, die zwar ursprünglich dem Platonischen Begriffslogos und dessen besonders berühmter, besonders radikaler Kunstfeindschaft zugehören, die aber in der kalkulatorischen Verstandesrichtung der bürgerlichen Neuzeit sich gegen die Kunst aufs neue vornehm machten. Das auch dort, wo sich die von Marx bezeichnete spezifische Kunstfeindschaft des Kapitalismus im neunzehnten Jahrhundert (mit l'art pour l'art als Gegenschlag und der Kriegserklärung der Goncourts ans »Publikum«) noch nicht bemerkbar machen konnte. Allein schon die skurrile Erkundigung jenes französischen Mathematikers gehört hierher, der nach Anhören der Racineschen »Iphigénie« fragt: »Qu'est-ce que cela prouve?« So skurril, auch fachfetischistisch diese Frage dreinsieht, so steht sie doch als *rein rationale* in einer eigenen und großen Schule von Kunstfremdheit, in einer der empirischen ebenbürtigen. Bedeutsam fällt in allen großen Verstandessystemen der rationalistischen Neuzeit die ästhetische Schicht aus; die darin wohnenden Vorstellungen gelten als wissenschaftlich überhaupt nicht diskutierbar. Überwiegend nur kunst*technische* Lehren, wenn auch bedeutender Art, vorab die Poetik betreffend, blühten im französisch-klassizistischen

Rationalismus, und einzig die mathematische Seite der Musik fand bei Descartes Interesse. Jedoch sonst weiß man weder bei Descartes noch gar bei Spinoza, daß es eine Kunst im Ordnungs-Zusammenhang der Ideen und der Sachen gibt. Selbst der universale Leibniz zog aus ihr höchstens einige Beispiele an, so über die die Harmonie erhöhende Wirkung von Schatten und Dissonanzen, weil ihm dergleichen für viel Wichtigeres: für den Beweis der besten aller möglichen Welten brauchbar war. Das harmonisch Schöne ist bei Leibniz zwar eine Art Andeutung der wissenschaftlich erkennbaren Weltharmonie, aber es ist eine nur verworrene Andeutung, und die Wahrheit kann ihrer deshalb entraten. Folgerichtig begann die Ästhetik des Rationalismus, als sie endlich sehr spät, von dem Wolffianer Baumgarten, zur philosophischen Disziplin gemacht wurde, recht seltsam; sie begann nämlich mit ausgesprochener Geringschätzung ihres Gegenstands, ja mit Entschuldigungen ihres Daseins. Der ästhetische Gegenstand war einzig das in der sinnlichen Wahrnehmung und ihren Vorstellungen wirksame sogenannte niedere Erkenntnisvermögen. Und wenn Schönheit auch Vollkommenheit in diesem Gebiet darstellte, so war sie an Wert mit der vollständigen Deutlichkeit begrifflicher Erkenntnis doch nicht vergleichbar. Die *rationalistische* Herabsetzung der Kunst reiht sich nach alldem der empirisch-positivistischen an; – und doch ist auch damit die Feindesgruppe noch nicht erschöpft. Ja, Kunsthaß wird erst dort völlig grell, wo er nicht aus der Vernunft, sondern, oft umgekehrt, aus dem Glauben, mindestens aus der Setzung eines *spirituell* Wahren herstammt. Dann ergeht Bildersturm – dieses Falls nicht gegen den goldenen Nebel Kunst, wie das empiristisch und schließlich auch rationalistisch üblich war, sondern gegen das Festland Kunst, das ist, gegen die in ihr überakzentuierte Erscheinung. Die Schönheit, so lautet hier das Verdikt, verführt zur Oberfläche, vergafft sich in die wesenlose Außenseite und lenkt so vom Wesen der Dinge ab. »Was ist Gutes daran, die Schatten der Schatten nachzuahmen?« fragt Platon und macht damit seinen Begriffslogos fast schon geistlich schroff. Andererseits: »Du sollst dir kein Bildnis noch irgendein Gleichnis machen, weder des, das oben im Himmel noch unten auf der Erde noch im Wasser unter der Erde ist«, gebietet in der Bibel das vierte Gebot und gibt das Stichwort zum Bildersturm von der Unsichtbarkeit Jahves, vom Verbot jedes Götzendienstes her. Kunst insgesamt wird so gleißende, letzthin luziferische Vollendung, die der wahren ungleisnerischen im Weg steht, ja, sie verleugnet. Das ist Kunstfeindschaft als *religiöse* und *spirituelle*; ihr entspricht in der Moralität nicht grundlos die Abwendung von der allzu großen Sichtbarkeit der »Werke«, die Hinwendung zum Unsichtbar-Echten der »Gesinnung«. Puritanertum in solch umfassendem (bis auf Bernhard von Clairvaux zurückreichendem) Sinn kulminierte zuletzt noch in Tolstois ungeheuerlichem Shakespeare-Haß, gegen das Buhlwerk Schönheit insgesamt. Ein Horror pulchri hat selbst im Katholizismus, unter dem Papst Marcellus, bis zum geplanten Verbot der reichen Kirchenmusik geführt, und dem Protestantismus gab dieser Horror, aufs Sichtbare angewandt, den kahlen Gott, der in moralischem Glauben, im Wort, das die Wahrheit ist, angebetet sein will. So verschiedener Gestalt also, empiristisch-rationalistisch, spirituell-religiös, tritt der Wahrheitsanspruch gegen das Schöne hervor. Und sind diese verschiedenen Wahrheitsansprüche (denn subjektiv ist auch der spirituelle einer gewesen) noch so untereinander entzweit, ja gegen sich selber höchst gegensätzlich aufgetreten, so sind sie trotzdem geeint im Willen zum Ernst gegen das Spiel des Scheins.

Der Fall hat auch die Künstler allemal bewegt, gerade indem sie selber ernste waren. Gerade diese fühlten sich, indem sie keine Spieler sein wollten, abgeriegelte oder dekadente, der Wahrheitsfrage verpflichtet. Wie hinreichend will Schönes auch bildhaft wahr sein in den Beschreibungen und Erzählungen großer realistischer Dichter. Das nicht nur in der Schicht sinnlicher Gewißheit, sondern auch in derjenigen breit eröffneter gesellschaftlicher Zusammenhänge, naturhafter Prozesse. Wie legitim ist der Realismus Homers, ein Realismus von solch genauer Fülle, daß sich mit ihm fast die ganze mykenische Kultur vergegenwärtigen läßt. Und vom Buch Hiob, seinem 37. Kapitel, bekundet zwar kein französischer Mathematiker, wohl aber Alexander von Humboldt, als Naturforscher: »Die meteorologischen Prozesse, welche in der Wolkendecke vorgehen, die Formbildung und Auflösung der Dünste bei verschiedener Windrichtung, ihr Farbenspiel, die Erzeugung des Hagels und des rollenden Donners werden mit individueller Anschaulichkeit beschrieben; auch viele Fragen sind vorgelegt, die unsere heutige Physik in wissenschaftlicheren Ausdrücken zu formulieren, aber nicht befriedigend zu lösen vermag« (Kosmos II, Cotta, S. 35). Dergleichen Präzision und Wirklichkeit ist jeder großen Dichtung zweifellos eigen und wesentlich, oft auch in entschieden spirituell-religiöser Dichtung, wie im Bildwerk der Psalmen. Und die Forderung des bedeutenden, des jeder Oberfläche, aber auch jeder Verstiegenheit fremden Realismus, diese Ehre Homers, Shakespeares, Goethes, Kellers, Tolstois, wird in der Kunst selber (neuerer Zeit mindestens im Roman) so sehr anerkannt, wo nicht, an Höhepunkten, erfüllt, als hätte es nie ein Mißtrauen aus Wahrheitsliebe gegen den Magister ludi und sein Spielwerk gegeben. Und doch haben die Künstler, auch als noch so konkrete, die ästhetische Wahrheitsfrage nicht *erledigt*, sie haben sie höchstens auf wünschenswerte und bedeutende Weise ihrerseits vermehrt und präzisiert. Denn gerade am realistischen Kunstwerk zeigt sich: es ist als *Kunstwerk* doch noch etwas anderes als ein Quell historischer, naturkundlicher Kenntnisse, gar Erkenntnisse. Es eignen ihm kostbare Worte, die das durch sie so treffend Bezeichnete doch ebenso über seinen gegebenen Stand hinaus übertreiben, es eignet ihm vor allem eine Ausfabelung, welche mit einer der Wissenschaft höchst fremden Lizenz zwischen Personen und Ereignissen schaltet und waltet. Als eine Ausfabelung und, im doppelten Sinn des Worts, als eine Kunst-Fertigkeit dazu, mittels deren Erfundenes die Zwischenräume im konkret Beobachteten ausfüllt und die Handlung in wohlgeschwungene Bogen rundet. Ein Schein des Rundens, Überrundens ist jedenfalls auch in noch so realistischen Kunstgebilden, besonders Kunstromangebilden unübersehbar. Und ganz »überbietend« wirkt großer Schein in jenen Kunstwerken, die sich selbst nicht als primär realistisch anbieten, sei es, daß sie neben oder über der Vorhandenheit bewußt romantisieren, sei es, daß sie weit über ein bloßes »Sujet« hinaus – Mythos fruktifizieren, diesen ohnehin ältesten Nährstoff der Kunst. Giottos »Erweckung des Lazarus«, Dantes »Paradiso«, der Himmel im Schlußteil des Faust: wie verhalten sie sich – jenseits aller Realistik in Einzelheiten – zu der Philosophenfrage nach Wahrheit? Sie sind zweifellos nicht wahr im Sinn aller unserer erworbenen Welterkenntnis, aber was bedeutet dann, in legitimer, auf Welt bezogener Weise, die ungeheure Betroffenheit von dem, doch untrennbaren, Form-Inhalt dieser Werke? So wird nun doch, erstaunlicherweise, obzwar auf ganz anderer Ebene, das »Qu'est-ce que cela prouve?« jenes französischen Mathematikers unabweisbar, auch ohne Mathematik und ganz ohne Skurrilität. Anders gesagt: die Frage nach der Wahrheit der Kunst wird philosophisch die nach der gegebenenfalls vorhandenen Abbildlichkeit des schönen Scheins, nach seinem Realitätsgrad in der keineswegs einschichtigen Realität der Welt, nach dem Ort seines Objekt-Korrelats. Utopie als Objektbestimmtheit, mit dem Seinsgrad des Realmöglichen, erlangt so an dem schillernden Kunstphänomen ein besonders reiches Problem der Bewährung. Und die Antwort auf die ästhetische Wahrheitsfrage lautet: Künstlerischer Schein ist überall dort nicht nur bloßer Schein, sondern eine in Bilder eingehüllte, nur in Bildern bezeichenbare Bedeutung von Weitergetriebenem, wo *die Exaggerierung und Ausfabelung einen im Bewegt-Vorhandenen selber umgehenden und bedeutenden Vor-Schein von Wirklichem darstellen*, einen gerade ästhetisch-immanent spezifisch darstellbaren. Hier wird belichtet, was gewohnter oder ungestumpfter Sinn noch kaum sieht, an individuellen Vorgängen wie an gesellschaftlichen, wie an naturhaften. Eben dadurch wird dieser Vor-Schein erlangbar, daß Kunst ihre Stoffe, in Gestalten, Situationen, Handlungen, Landschaften, zu Ende treibt, sie in Leid, Glück wie Bedeutung zum ausgesagten Austrag bringt. Vor-Schein selber ist dies Erlangbare dadurch, daß das Metier des *Ans-Ende-Treibens in dem dialektisch offenen Raum geschieht*, worin jeder Gegenstand ästhetisch dargestellt werden kann. Ästhetisch dargestellt, das bedeutet: immanent-gelungener, ausgestalteter, wesenhafter als im unmittelbar-sinnlichen oder unmittelbar-historischen Vorkommen dieses Gegenstands. Diese Ausgestaltung bleibt auch als Vor-Schein Schein, aber sie bleibt nicht Illusion; vielmehr alles im Kunstbild Erscheinende ist zu einer Entschiedenheit hin geschärft oder verdichtet, die die Erlebniswirklichkeit zwar nur selten zeigt, die aber durchaus in den Sujets angelegt ist. Das macht die Kunst mit fundiertem Schein kenntlich, in der Schaubühne als paradigmatischer Anstalt betrachtet. Sie bleibt virtuell, doch im selben Sinn, wie ein Spiegelbild virtuell ist, das heißt, einen Gegenstand außerhalb seiner, mit aller Tiefendimension, auf der Reflexionsfläche wiedergibt. Und der Vor-Schein bleibt, zum Unterschied vom religiösen, bei allem Transzendieren immanent: er erweitert, wie Schiller gerade den ästhetischen Realismus am Exempel Goethes definierte, er erweitert die »Natur, ohne über sie hinauszugehen«. Schönheit, gar Erhabenheit sind derart stellvertretend für ein noch nicht gewordenes Dasein der Gegenstände, für durchformte Welt ohne äußerlichen Zufall, ohne Unwesentlichkeit, Unausgetragenheit. Dergestalt lautet die Losung des ästhetisch versuchten Vor-Scheins: wie könnte die *Welt vollendet werden, ohne daß diese Welt, wie im christlich-religiösen Vor-Schein, gesprengt wird und apokalyptisch verschwindet* (vgl. dazu: Ernst Bloch, Geist der Utopie, 1923, S. 141). Kunst mit ihren jederzeit einzeln-konkreten Gestaltungen sucht diese Vollendung nur in ihnen, mit dem Totalen als durchdringend angeschautem Besonderen; indes Religion allerdings utopische Vollendung in Totalität sucht und noch das Heil der individuellen Sache gänzlich ins Totum hineinstellt, in das: »Ich mache alles neu«. Der Mensch soll hier wiedergeboren werden, die Gesellschaft zur Civitas dei verwandelt, die Natur ins Himmlische verklärt werden. Kunst dagegen bleibt gerundet, als »klassische« liebt sie Küstenschiffahrt ums Gegebene, selbst als gotische hat sie, bei allem Überschreiten, Ausgeglichenes, Homogeneisiertes in sich. Sprengend, im offenen Raum geschehend, wirkt nur Musik, als welche Kunst deshalb auch stets ein Exzentrisches gegenüber den anderen Künsten an sich trägt, gleich als wäre sie auf die Ebene des Schönen oder Erhabenen nur transponiert. Alle übrigen Künste betreiben die Darstellung des reinen Karats an einzelnen Gestalten, Situationen, Handlungen der Welt, ohne daß diese Welt gesprengt ist; daher die vollkommene Sichtbarkeit dieses Vor-Scheins. So ist Kunst Nicht-Illusion, denn sie wirkt in einer Verlängerungslinie des Gewordenen, in seiner gestaltet-gemäßeren Ausprägung. Das geht so weit, daß ein antiker Schriftsteller, Juvenal, um alle möglichen Schrecken eines Ungewitters auszudrücken, dasselbe »poetica tempestas« nennt. Das geht so tief, daß Goethe, in seinen Anmerkungen zu Diderots »Versuch über die Malerei«, gegen den bloß reproduzierenden Naturalismus die Konzentration als Realismus setzt: »Und so gibt der Künstler, dankbar gegen die Natur, die auch ihn hervorbrachte, ihr eine zweite Natur, aber eine gefühlte, eine gedachte, eine menschlich vollendete zurück.« Diese humanisierte Natur ist aber zugleich eine in sich selbst vollendetere; nicht zwar in der Weise des sinnlichen Scheinens einer ohnehin fertigen Idee, wie Hegel lehrt, wohl aber in der Richtung auf wachsend entelechetische Ausprägung hin, wie Aristoteles angibt. Ja ebendieses entelechetisch oder wie Aristoteles auch sagt: typisch zum Austrag Bringende ist kräftig neu erinnert in dem Engelsschen Satz, realistische Kunst sei Darstellung typischer Charaktere in typischen Situationen. Wobei das Typische in der Engelsschen Definition selbstverständlich nicht das Durchschnittliche bedeutet, sondern das bedeutsam Charakteristische, kurz, das an exemplarischen Instanzen entschieden entwickelte Wesensbild der Sache. In dieser Linie liegt also die Lösung der ästhetischen Wahrheitsfrage: *Kunst ist ein Laboratorium und ebenso ein Fest ausgeführter Möglichkeiten*, mitsamt den durcherfahrenen Alternativen darin, wobei die Ausführung wie das Resultat in der Weise des fundierten Scheins geschehen, nämlich des welthaft vollendeten Vor-Scheins. In großer Kunst sind Übersteigerung wie Ausfabelung am sichtbarsten aufgetragen auf tendenzielle Konsequenz und konkrete Utopie. Ob allerdings der Ruf nach Vollendung – man kann ihn das gottlose Gebet der Poesie nennen – auch nur einigermaßen praktisch wird und nicht bloß im ästhetischen Vor-Schein bleibt, darüber wird nicht in der Poesie entschieden, sondern in der Gesellschaft. Erst beherrschte Geschichte, mit eingreifendem Gegenzug gegen Hemmungen, mit ausführender Beförderung der Tendenz, verhilft dazu, daß Wesenhaftes im Abstand der Kunst auch wachsend Erscheinung im Umgang des Lebens werde. Das ist dann allerdings dasselbe wie richtig gewordener – Bildersturm, nicht als Vernichtung der Kunstbilder, doch als Einbruch in sie – zum Zweck der Fruktifizierung des in ihnen, gegebenenfalls, nicht nur typisch, sondern paradigmatisch, also beispielgebend Enthaltenen. Und überall dort, wo Kunst sich nicht zur Illusion verspielt, ist Schönheit, gar Erhabenheit dasjenige, was eine Ahnung künftiger Freiheit vermittelt. Oft gerundet, nie geschlossen: diese goethische Lebensmaxime ist auch die der Kunst – mit dem Gewissens- und Gehalt-Akzent letzthin auf dem Ungeschlossenen.

Falsche Autarkie; Vor-Schein als reales Fragment

Oft gerundet: es paßt nicht zu einem schönen Bild, sich als unfertig zu geben. Das Unbeendete ist ihm äußerlich, unzugehörig, und der Künstler, der das Seine nicht fertigmachte, ist darüber unglücklich. Das ist völlig richtig und selbstverständlich, sofern und soweit es sich um die zureichende Formkraft handelt. Der Quell der Kunstfertigkeit ist das Können, das seine Sache versteht und so völlig besorgen will. Aber freilich muß gerade um des nichtisolierten Besorgens willen immer wieder auch die Bedrohung durch jene Kunstfertigkeit notiert sein, die nicht aus dem Können, sondern aus dem Anteil des *bloßen Scheins* entspringt, den selbst der Vor-Schein hat. Dem bloßen Schein genügt der Reiz der wohlgefälligen Anschauung und ihrer Darstellung, wie imaginär das Dargestellte auch gegebenenfalls sein mag. Ja, das Imaginäre oder imaginär Gewordene kann dem bloßen Schein eine besonders dekorative Gerundetheit verleihen, eine, worin der Ernst der Sache das schön zusammenhängende Spiel am wenigsten stört, gar unterbricht. Gerade indem der bloße Schein die Bilder besonders leicht, besonders irreal beisammen wohnen läßt, garantiert er jenen wohlgefälligen Oberflächenzusammenhang, der keinerlei Interesse und Anwesenheit einer Sache jenseits der glatten Illusion zeigt. Der Unglaube an die dargestellte Sache kann der reibungslosen Illusion sogar eine Hilfe sein, mehr noch als die Skepsis. Das zeigte sich in der Renaissancemalerei, antiken Göttern gegenüber, bei deren Abbildung der Maler nicht zu befürchten brauchte, sich gegen das Heilige nicht umwittert genug verhalten zu haben; das gleiche zeigte sich wenig später in der mythologisch-gerundeten Dichtung. Camões in den »Lusiaden« läßt seine Göttin Themis ganz ironisch und doch in den blühendsten Versen sagen, sie selber wie auch Saturn, Jupiter und alle anderen auftretenden Götter seien »eitle Fabelwesen, die blinder Wahn den Sterblichen gebar, nur dazu dienend, dem Liede Reiz zu geben«. Zwar wurden hierbei durch den Gebrauch des schönen Scheins mythologische Gehalte in Erinnerung gehalten, ja eben zu den möglichen Allegorien eines Vor-Scheins eingebracht, doch mit den Mitteln jener fertigen Gefülltheit, zu der der nirgends unterbrochene Schein besonders einladet. Und schließlich, eine weitere Einladung hierzu ergeht von der Seite der *Immanenz ohne sprengenden Sprung*, wie sie jede Kunst umgibt, nicht nur die antik oder antikisierend-klassische. Gerade das Mittelalter gibt in seiner Kunst manches Beispiel einer abgerundeten Befriedigung ästhetischer Art, trotz des religiös-transzendenten Gewissens. Die Gotik enthält dies Gewissen, doch in ihr selbst gab es ebenso eine merkwürdige, vom griechisch-klassischen Gleichgewicht herstammende Harmonie. Der frühere Lukács hat seinerzeit recht scharf, wenn auch übertreibend festgestellt: »So ward aus der Kirche eine neue Polis ..., aus dem Sprung die Stufenleiter der irdischen und himmlischen Hierarchien. Und bei Giotto und Dante, bei Wolfram und Pisano, bei Thomas und Franziskus wurde die Welt wieder rund, übersichtlich, der Abgrund verlor die Gefahr der tatsächlichen Tiefe, aber sein ganzes Dunkel ward, ohne an schwarzleuchtender Kraft etwas einzubüßen, zur reinen Oberfläche und fügte sich so in eine abgeschlossene Einheit der Farben zwanglos ein; der Schrei nach Erlösung ward zur Dissonanz im vollendeten rhythmischen System der Welt und machte ein neues, aber nicht minder farbiges und vollendetes Gleichgewicht möglich als das griechische: das der inadäquaten, der heterogenen Intensitäten« (Die Theorie des Romans, 1920, S. 20f.). Deutsche Sezessionen der Gotik wie die Grünewalds sind von dieser Art Vollendung allerdings nicht betroffen. Desto geschlossener jedoch blickt uns, wenn auch keinesfalls in klassischer Stärke, aus dem mittelmeerisch bestimmt gebliebenen Mittelalter diese Hypostase des Ästhetischen an. Und darin ist eine Ausgewogenheit und eine Fertigkeit des Zusammenhangs, die nicht nur eine idealistische ist, sondern ihrer letzten Herkunft nach aus dem – großen Pan stammt, diesem Urbild aller Rundung. Pan ist das Ein und Alles der Welt, das ebenso als jenes Ganze verehrt worden war, dem nichts fehlt. Von daher die letzthinnige Verführung zu nichts als Rundung, von daher aber auch das griechische Gleichgewicht als säkularisierte Weise des völlig heidnischen, also *sprunglosen Weltbilds: des Astralmythos*. In ihm war der Kosmos wirklich »Schmuck«, nämlich ausgeglichen schön; er war ein unaufhörlich in sich Kreisendes und Hen kai pan ein Kreis selber und keine offene Parabel, eine Kugel und kein Prozeßfragment. Nicht grundlos ist daher Kunst in dieser allzu rundenden Gestalt sehr oft pantheistisch angelegt, und nicht grundlos wirkt umgekehrt ein fertig gefügtes System auch in außerkünstlerischem Vorkommen als wohlgefällig schön. Die Lust an der sinnlichen Erscheinung, an der Gottheit lebendigem Kleid, trägt gewiß zu diesem pantheistischen Zug das Ihre bei, doch stärker verführt zu ihm der harmonisch-ungestörte Zusammenhang, der »Kosmos« auch ohne »Universum«. Das alles mithin sind die verschiedenen Gründe, weshalb im Kunstwerk auch eine veritable Kunst-Fertigkeit, eine Autarkie der scheinhaften Abgeschlossenheit leben kann, die als übersteigert-immanent den Vor-Schein zunächst verdeckt. Doch ebenso, und das eben ist das entscheidend Andere, entscheidend Wahre – zeigt alle große Kunst das Wohlgefällige und Homogene ihres werkhaften Zusammenhangs überall dort gebrochen, aufgebrochen, vom eigenen Bildersturm aufgeblättert, wo die Immanenz nicht bis zur formal-inhaltlichen Geschlossenheit getrieben ist, wo sie sich selber als noch *fragmenthaft* gibt. Dort öffnet sich – ganz unvergleichbar mit bloßer Zufälligkeit des Fragmentarischen im vermeidbaren Sinn – noch ein Hohlraum sachlicher, höchst sachlicher Art, mit *ungerundeter Immanenz*. Und gerade darin zeigen die *ästhetisch-utopischen Bedeutungen* des Schönen, gar Erhabenen ihren Umgang. Nur das Zerbrochene im allzu gestillten, mit Galerieton versetzten Kunstwerk als einem zum bloßen Objet d'art gewordenen oder aber, weit besser: das selber bereits gestaltet Offene im großen Kunstwesen gibt das Material und die Form zu einer Chiffer des Eigentlichen.

Nie geschlossen: so schlägt es gerade dem allzu Schönen gut an, wenn der Lack springt. Wenn die Oberfläche bleicht oder nachdunkelt, wie am Abend, wo das Licht schräg fällt und die Gebirge hervortreten. Das Zertrümmern der Oberfläche wie weiter auch des bloß kulturhaft-ideologischen Zusammenhangs, worin die Werke gestanden haben, legt Tiefe frei, wo immer sie vorhanden ist. Gemeint ist hierbei nicht die sentimentale Ruine und auch nicht jene Art Torso, die, wie öfter bei griechischen Statuen, die Figur enger zusammenhält, größere Blockeinheit und plastische Strenge herstellt. Dergleichen ist zwar gegebenenfalls Formverbesserung, aber nicht unbedingt die Chifferverstärkung, worauf es hier ankommt. Diese geschieht lediglich durch die Risse des Zerfalls, in dem ganz spezifischen Sinn, den Zerfall am Objet d'art und als Verwandlung des Objet d'art besitzt. Es entsteht auf diese Weise statt Ruine oder Torso ein *nachträgliches* Fragment, und zwar eines, das gerade dem Tiefeninhalt der Kunst besser gerecht werden kann als die Beendetheit, die das Werk an Ort und Stelle aufweisen mochte. Ein nachträgliches Fragment wird dergestalt, im Zerfall zur Verwesentlichung, jede große Kunst, auch eine an sich so völlig geschlossene wie die Ägyptens; denn der utopische Grund geht auf, in den das Kunstwerk eingetragen war. Wenn die Aneignung des Kulturerbes immer kritisch zu sein hat, so enthält diese Aneignung, als besonders wichtiges Moment, die Selbstauflösung des zum musealen Objet d'art Gemachten, aber auch der falschen Abgeschlossenheit, die das Kunstwerk an Ort und Stelle haben mochte und die sich in der musealen Kontemplation noch steigert. Das Inselhafte springt, eine Figuren-Folge voll offener, versucherischer Symbolbildungen geht auf. Wie sehr erst, wenn sich das Phänomen des nachträglichen Fragments mit dem *im Kunstwerk selbst geschaffenen* verbindet: eben nicht im üblichen, gar platten

Sinn des Fragmentarischen als des Ungekonnten oder durch Zufall nicht Beendeten, sondern im konkreten Sinn des bei höchster Meisterschaft Ungeschlossenen, des *durch utopischen Druck Transformierten*. Das ist der Fall bei der großen Gotik, zuweilen auch im Barock, die bei aller Werkgewalt, ja wegen ihrer, einen Hohlraum hatten und dahinter eine fruchtbare Finsternis. So führt gerade die völlig ausgeführte Gotik, trotz des Pan auch hier, ein Fragment aus zentralem Nicht-Enden-Können aus. Eigentümlich, wenn danach sogar im üblichen Sinn der Abgebrochenheit Fragmente entstehen, jedoch im unüblichen, obzwar einzig legitimen Sinn eines nur angedeutet erscheinenden Ultimum. So bei Michelangelo, der mehr Fragmente hinterlassen hat als irgendein anderer großer Meister, und zwar nachdenklicherweise in seiner eigensten Angelegenheit, in seiner Plastik, nicht in seiner Malerei. Denn hierin hat er alles Angefangene beendet, wogegen er an Bildsäulen, auch in Architektur ganz unverhältnismäßig viel Halbvollendetes beiseite geschoben, nie wieder vorgenommen, zurückgelassen hat. Vasari gab der Kunstgeschichte das Signal, sich über die geringe Zahl des völlig zu Ende Geführten bei Michelangelo zu wundern und desto mehr zu wundern, als die Übergröße im vorgenommenen Ziel doch so völlig der Kraft und Natur dieses Genius entspreche. Was aber der Kunstrundung, Kunstvollendung hier Widerstand leistete, war gerade das Entsprechende zur Übergröße in Michelangelo selbst, war das Einverständnis zwischen einer übergewaltigen Natur und dem Übergewaltigen einer Aufgabe, dergestalt, daß nichts Ausgeführtes dieser Adäquation Genüge leisten konnte, ja die Vollendung selber, als eine so tief ins Überhaupt getriebene, ein Fragment wird. Solche Art Fragment ist dann nichts Geringeres als ein Ingrediens des Un-Tempelhaften, des unharmonisiert Kathedralischen, ist das Gewissen: Gotik auch noch post festum. Die Tiefe der ästhetischen Vollendung bringt selber das Unvollendete in Gang: insofern reicht sogar das im üblichen Sinn Nicht-Fragmentarische bei Michelangelo, die Figuren des Mediceergrabs so gut wie die Petersdomkuppel, in jenes Unmaß, das das Maß des Ultimum in der Kunst ist. Von daher schließlich das legitim, nämlich sachlich Fragmentarische an allen Werken dieser ultimativen Art, im Westöstlichen Diwan, in Beethovens letzten Quartetten, im Faust, kurz, überall dort, wo das Nichtendenkönnen im Enden groß macht. Und sucht man den ideologisch durchaus fortwirkenden Grund für solch inneren

Bildersturm in der groß vollendeten Kunst und gerade in ihr, so liegt er im Weg- und Prozeßpathos, im eschatologischen Gewissen, das durch die Bibel in die Welt kam. Die Totalität ist in der Religion des Exodus und des Reichs einzig eine total verwandelnde und sprengende, eine utopische; und vor dieser Totalität erscheint dann nicht nur unser Wissen, sondern auch das gesamte bisherige Gewordensein, worauf unser Gewissen sich bezieht, als Stückwerk. Als Stückwerk oder objektives Fragment gerade auch im produktivsten Sinn, nicht nur in dem der kreatürlichen Begrenztheit, gar der Resignation. Das »Siehe, ich mache alles neu«, im Sinn der apokalyptischen Sprengung, steht darüber und influenziert alle große Kunst mit dem Geist, nach dem Dürer sein gotisches Gebilde Apocalypsis cum figuris benannt hat. Der Mensch ist noch undicht, der Gang der Welt ist noch unbeschlossen, ungeschlossen, und so ist es auch die Tiefe in jeder ästhetischen Information: *dieses Utopische ist das Paradox in der ästhetischen Immanenz, das ihr selber am gründlichsten immanente.* Ohne solche Potenz zum Fragment hätte die ästhetische Phantasie zwar Anschauung in der Welt genug, mehr als jede andere menschliche Apperzeption, aber sie hätte letzthin kein Korrelat. Denn die Welt selber, wie sie im argen liegt, so liegt sie in Unfertigkeit und im Experiment-Prozeß aus dem Argen heraus. Die Gestalten, die dieser Prozeß aufwirft, die Chiffern, Allegorien und Symbole, an denen er so reich ist, sind *allesamt selber noch Fragmente, Realfragmente, durch die der Prozeß ungeschlossen strömt und zu weiteren Fragmentformen dialektisch vorangeht.* Das Fragmentarische gilt auch fürs Symbol, obwohl das Symbol nicht auf Prozeß, sondern auf das Unum necessarium darin bezogen ist; aber gerade durch diese Beziehung und dadurch, daß sie nur erst eine Beziehung ist und kein Angelangtsein, enthält auch das Symbol Fragment. Das Realsymbol selber ist ja nur eines, weil es, statt bloß für den Betrachter verhüllt und an und für sich klar zu sein, genau an und für sich noch nicht manifest ist. Das also macht die Bedeutung des Fragments aus, von der Kunst und nicht bloß von der Kunst her gesehen; das Fragment steckt in der Sache selber, es gehört, rebus sic imperfectis et fluentibus, noch zur Sache der Welt. Konkrete Utopie als Objektbestimmtheit setzt konkretes Fragment als Objektbestimmtheit voraus und involviert es, wenn auch gewiß als ein letzthin aufhebbares. Und deshalb ist jeder künstlerische, erst recht jeder religiöse Vor-Schein nur aus dem Grund und in dem Maße konkret, als ihm das Fragmentarische in der Welt letzthin die Schicht und das Material dazu stellt, sich als Vor-Schein zu konstituieren.

Es geht um den Realismus, alles Wirkliche hat einen Horizont

An den Dingen zu kleben, sie zu überfliegen, beides ist falsch. Beides bleibt äußerlich, oberflächlich, abstrakt, kommt, als Unmittelbares, von der Oberfläche nicht los. Das Kleben hält sich an sie ohnehin, das Überfliegen hat sie in seinem eigenen ungeregelten Innen wie in dem anderen, bloß verdunstet Unmittelbaren, wohin es entflieht. Dennoch freilich gehört das Überfliegen einem höheren Menschentyp zu als das Nehmen der Dinge, wie sie sind. Und vor allem: das Kleben an diesen Dingen bleibt auch als überlegtes flach, nämlich empiristisch, während die Schwärmerei als überlegte durchaus aufhören kann, bodenlos zu sein. Der flache Empirist wie der überschwängliche Schwärmer sind von dem Fluß des Wirklichen, den sie beide nicht erfassen, stets überrascht, aber der erstere, als Fetischist der sogenannten Tatsachen, bleibt verstockt, während der Phantast gegebenenfalls belehrbar ist. In der Welt entspricht nur die Verdinglichung, welche einzelne Momente des Prozesses festhält und zu Tatsachen verfestigt, dem Empiristen, und er steht und fällt mit ihr. Das Überfliegen dagegen ist selber mindestens in Bewegung, also in einem Verhalten, das mit der wirklichen Bewegung nicht grundsätzlich unvermittelbar bleiben muß. In der Gestaltung hat das Überfliegen die Kunst für sich, wenn auch mit viel Schein, viel bedenklicher Flucht nach einem geradezu absichtlich unwahren Traum-Schein. Aber die konkrete Berichtigung des Überfliegens eröffnet in der Kunst, und nicht allein in der Kunst, Bilder, Einsichten, Tendenzen, welche im Menschen wie in dem ihm zugeordneten Objekt zugleich geschehen. Gerade dies Konkrete geht nicht vom kriecherischen Empirismus und dem ihm ästhetisch entsprechenden Naturalismus her auf, welcher von der Feststellung dessen, was faktisch ist, niemals zur Erforschung dessen, was wesentlich geschieht, vordringt. Wogegen die Phantasie, sobald sie als konkrete auftritt, nicht nur den sinnlichen Überfluß, sondern ebenso die Vermittlungs-Relationen in der wie hinter der erlebniswirklichen Unmittelbarkeit zu vergegenwärtigen versteht. Statt des isolierten Fakts und des vom Ganzen gleichfalls isolierten Oberflächenzusammenhangs der abstrakten Unmittelbarkeit geht nun die Beziehung der Erscheinungen zum Ganzen ihrer Epoche auf und zum utopischen Totum, das sich im Prozeß befindet. Die Kunst wird mittels einer so beschaffenen Phantasie Erkenntnis, nämlich durch treffende Einzelbilder und Gesamtgemälde charakteristisch-typischer Art; sie geht dem »Bedeutenden« der Erscheinungen nach und führt es aus. Die Wissenschaft erfaßt mittels einer so beschaffenen Phantasie das »Bedeutende« der Erscheinungen durch Begriffe, als niemals abstrakt bleibenden, niemals das Phänomen verblassenden oder gar verlierenden. Und das »Bedeutende« ist in Kunst wie Wissenschaft das Besondere des Allgemeinen, die jeweilige Instanz für den dialektisch-offenen Zusammenhang, die jeweilige charakteristisch-typische Figur des Totum. Und das eigentliche Totum, dieses, worin auch das erfaßt epochal Ganze aller epochalen Momente selber wieder ein Moment ist, stellt sich gerade in den breit vermittelten Großwerken nur am Horizont dar, nicht in einer bereits ausgestalteten Realität. Alles Lebendige, sagte Goethe, hat eine Atmosphäre um sich her; alles Wirkliche insgesamt, indem es Leben, Prozeß ist, Korrelat der objektiven Phantasie sein kann, hat einen Horizont. Einen inneren, gleichsam senkrecht sich erstreckenden, im Selbstdunkel, einen äußeren von großer Weite, im Weltlicht; und beide Horizonte sind in ihrem Dahinter mit derselben Utopie gefüllt, folglich im Ultimum identisch. Wo der prospektive Horizont ausgelassen ist, erscheint die Wirklichkeit nur als gewordene, als tote, und es sind die Toten, nämlich Naturalisten und Empiristen, welche hier ihre Toten begraben. Wo der prospektive Horizont durchgehends mit visiert wird, erscheint das Wirkliche als das, was es in concreto ist: als Wegegeflecht von dialektischen Prozessen, die in einer unfertigen Welt geschehen, in einer Welt, die überhaupt nicht veränderbar wäre ohne die riesige Zukunft: reale Möglichkeit in ihr. Mitsamt jenem Totum, das nicht das isolierte Ganze eines jeweiligen Prozeßabschnitts darstellt, sondern das Ganze der überhaupt im Prozeß anhängigen, also noch tendenzhaft und latent beschaffenen Sache. Das allein ist Realismus, er ist allerdings jenem Schematismus unzugänglich, der schon vorher alles weiß, der seine einförmige, ja selber formalistische Schablone für Realität hält. Die Wirklichkeit ohne reale Möglichkeit ist nicht vollständig, die Welt ohne zukunfttragende Eigenschaften verdient so wenig wie die des Spießers einen Blick, eine Kunst, eine Wissenschaft. *Konkrete Utopie steht am Horizont jeder Realität; reale Möglichkeit umgibt bis zuletzt die offenen dialektischen Tendenzen-Latenzen.* Von ihnen ist die unabgeschlossene Bewegung der unabgeschlossenen Materie – und Bewegung ist, nach dem tiefen Aristotelischen Wort, »unvollendete Entelechie« – erzrealistisch durchzogen.

Die Schichten der Kategorie Möglichkeit

Wie oft stellt sich etwas so dar, daß es sein kann. Oder gar, daß es anders sein kann als bisher, weshalb etwas daran getan werden kann. Das wäre aber selber nicht möglich ohne Mögliches in ihm und vor ihm. Hier ist ein weites Feld, es muß mehr als je befragt werden. Bereits daß ein Kannsein gesagt und gedacht werden kann, ist keinesfalls selbstverständlich. Da ist noch etwas offen, kann anders als bisher gemeint werden, kann in Maßen umgestellt, anders verbunden, verändert werden. Wo nichts mehr zu können und möglich ist, steht das Leben still. »Nun muß sich alles, alles wenden«, wie wäre dieser durchaus junge Ausruf sonst selber möglich? Gewiß, es ist viel Vages im bloß Möglichen, auch Schlüpfriges, nicht nur Flüssiges oder dasjenige, was flüssig hält. Aber wie der Mensch vorzugsweise das Geschöpf ist, das sich ins Mögliche hineinbegibt und es vor sich hat, so weiß er auch, daß dieses mit Vagem nicht zusammenfällt, daß gerade sein Offenes durchaus nichts Beliebiges ist. Auch das Kannsein ist gesetzlich, selbst im bloßen Spiel der Worte wie gar im bald eintretenden Ernst. Und der vorliegende Stoff, der so manch Luftiges in sich hat, ist zugleich einer der schwersten und verlangt, streng behandelt zu werden. Anders werden vor allem die verschiedenen Schichten des Kannseins nicht sichtbar.

Das formal Mögliche

Zunächst freilich kann viel zu viel nur so dahin gesagt werden. Sprechen läßt sich an sich alles, Worte lassen sich sinnlos zusammenstellen. Gefüge sind möglich wie: »ein Rundes oder«; »ein Mensch und ist«. Außer diesem, daß sie *sagbar* sind, ist gar kein Mogliches darin; sie sind bedeutungsloser *Unsinn.* Anders aber liegt bereits der Fall bei den nicht unsinnigen, sondern widersinnigen Aussagen, bei solchen, wo der Hörer sich immerhin an den Kopf greift. Dann nämlich, wenn die Aussage sich unmittelbar widerspricht, wie in dem Begriff »rundes Viereck« oder in dem Urteil: »Er besteigt ein Schiff, das abgefahren war.« Eine solche, sich im Merkmal oder Prädikat unmittelbar widersprechende Bedeutung ist absurd, jedoch durchaus nicht Unsinn, sondern eben *Widersinn.* Dieser ist zum Unterschied vom bloß sagbaren Unsinn durchaus ein Denkmögliches, ein *formales* Kannsein; denn denkmöglich ist alles, was überhaupt als in Beziehung stehend gedacht werden kann. Ja selbst Beziehungen, deren Glieder sich nicht nur absurd, sondern völlig *disparat* zueinander verhalten, jedoch als disparate immer noch eine formal notierbare Beziehung darstellen, nämlich eben eine disparate, gehören zum Denkmöglichen. So die Aussagen: »jähzorniges Dreieck« oder: »belesene Kettenbrücke« oder: »das Pferd, das Donner ist« und anderes Unverträgliche mehr. Solche Zuspitzung zeigt zugleich, wie uferlos das bloß Denkmögliche sein kann. Hatte doch selbst die Beziehung in der Aussage, daß es zwischen den Dingen überhaupt keine Beziehung gebe, im Denkmöglichen einen unfruchtbaren Platz. Wie es Fülle im Denken aus Ungenauigkeit geben kann, schlechte Fülle also, so gibt es im Denkmöglichen auch schlechte Offenheit. Und diese neben der guten, die vor allem im formalen Kannsein des Sich-Widersprechenden sich eröffnet.

Das sachlich-objektiv Mögliche

Nicht nur gesagt, auch gedacht werden kann also noch viel zu vieles. Bestimmter sieht darum das nicht nur im Denken, sondern im Erkennen anzutreffende Kannsein drein. Dies Mögliche ist kein uferloses, sondern ein jeweils benennbares und ein nach Maßgabe der bekannten Bedingungen gradweise angebbares. Indem solche Benennungen und Grade zunächst aber nur Grade des Kennens-Erkennens ausdrücken, nicht Grade der inneren Bedingungsreife des sachhaften Gegenstands selbst, ist das Mögliche hier noch kein streng sachhaftes, sondern ein sachliches, das ist, erkennend-sachgemäßes. So gibt es sich als Aussage der Vorsicht, danach als eine des begründeten Dafürhaltens, der begründeten *Vermutung* seines Seinkönnens, kurz als sachlich-objektiv begründete Möglichkeit. Die *Begründung* ist es, die hier für die Bedingung oder den Realgrund steht, dergestalt aber, daß die Begründung, also die erkenntnismäßig vorhandene Bedingung zu einer bejahenden, sachlich gültigen Aussage selber nicht vollständig vorliegt. Denkmöglich ist alles, wobei überhaupt etwas als in Beziehung stehend gedacht werden kann, doch darüber hinaus gilt *für alle weiteren Arten* des

Kannseins: *Mögliches ist partiell Bedingtes*, und nur als dieses ist es möglich. An der so gegebenen Definition ist von hier ab festzuhalten, denn sie enthält das Kriterium für das Mögliche in allen seinen Abwandlungen. Mit anderen Worten: jedes Mögliche jenseits des bloß Denkmöglichen bedeutet eine Offenheit infolge eines noch nicht vollständig zureichenden, also mehr oder minder unzureichend vorliegenden Bedingungsgrunds. Indem nur einige, jedoch nicht alle Bedingungsgründe vorliegen, läßt sich von dem dergestalt Möglichen noch nicht auf das Wirkliche schließen, daher gilt der alte scholastische Grundsatz: a posse ad esse non valet consequentia. Zurück nun zum sachlich Möglichen selber, um das es hier geht, so ist es ebenfalls partielle Bedingtheit, jedoch des Genaueren einzig sachlich-partielle *Kenntnis-Erkenntnis* der Bedingtheit. Partiell ist diese Bedingtheit und muß es sein, weil vollzählig versammelte Bedingungen den Eintritt eines Ereignisses nicht mehr bloß vermutbar, mehr oder minder wahrscheinlich, also sachlich möglich, sondern unbedingt gewiß machten. So ist es unfair, nach voller Kenntnis voll vorhandener Bedingungen noch auf den Eintritt eines Ereignisses zu wetten; so ist es feige oder dumm, mit solcher Kenntnis in der Tasche noch den Fabius Cunctator zu spielen. Das sachlich-objektive Mögliche (wie übrigens auch das sachhaft-objekthaft und das real Mögliche, wovon später) wird in einem hypothetischen Urteil ausgesagt oder, bei noch geringerer Gewißheit, in einem problematischen. Das hypothetische Urteil unterscheidet sich, in dieser Beziehung, vom problematischen dadurch, daß es noch nicht bestätigte Vordersätze voraussetzt, während das problematische Urteil, das in seiner Form die Vordersätze verschweigt: »es kann heute regnen«, »Leukippos hat vielleicht gelebt«, »möglicherweise kommen die Höhenstrahlen von einer Sterngruppe in der Milchstraße her« – außer den noch nicht bestätigten Vordersätzen noch unbekannte voraussetzt. Das problematische Urteil ist daher das eigentlich entwickelte Urteil der Möglichkeit als einer sachlich modalen Bestimmung: P ist im Modus des Kannseins S zugeordnet. Einen hierher gehörigen Sonderfall stellen noch die uneigentlichen, ja unechten Urteile der Möglichkeit dar; es sind die der nicht forschend, sondern nur aufnehmend unzureichenden Kenntnis. Man hat dieses unechte sachliche Kannsein bisher kaum von dem echten getrennt, und doch springt der Unterschied, der um des Rangs des Möglichen willen so wichtige, in die Augen. Ein unechtes Modalurteil ist etwa dieses: »Wasser kann durch den elektrischen Strom zerlegt werden.« Wirklich aber wird das Wasser stets durch den elektrischen Strom zerlegt (falls keine neuen, gegebenenfalls störenden Bedingungen vorliegen). Ebenso ist die Kenntnis dieses Vorgangs völlig begründet, es liegen alle Bedingungen zu ihr vor; wonach der genannte Urteilsinhalt unbezweifelbar ist. Nicht so unbezweifelbar ist einzig der Wissensstand des den Lehrsatz aufnehmenden Bewußtseins, und nur in diesem psychologisch-pädagogischen, also außerlogischen Betracht ist das angezogene Urteil modal geformt, modal verkleidet. Sachlich ist es ein kategorisches oder assertorisches Urteil durch und durch, kein hypothetisches oder problematisches. Weshalb also nur nicht-pädagogische Aussagen nur Forschungs-Aussagen, bei denen ein non liquet der Kenntnis-Bedingungen zur kategorischen oder assertorischen Form vorliegt, echte sachlich-modale sind. Sachlich-objektive Möglichkeit bezeichnet derart allemal einen Gradzustand der wissenschaftlich-objektiven Begründetheit gemäß der unvollständigen wissenschaftlichen *Bekanntheit* der sachlich vorliegenden Bedingungen.

So wird hier das Urteil in Schwebe gelassen, ist nur mehr oder weniger von der Frage entfernt. Vielmehr das Bejahen und Verneinen des Urteils bleibt in Schwebe, also die bloße Beurteilung oder das qualitative Urteil über ein Urteil. Und nur in diesem Urteil über ein Urteil wohnt das sachlich Mögliche, hierin allerdings durchaus; es beginnt darin zu wohnen, bevor es weiterhin abbildlich wird. Sachliche Möglichkeit ist dieser Art bereits in der Annahme oder den Vermutungen, die zu einer formulierten Fragestellung an naturwissenschaftliche oder historisch-gesellschaftswissenschaftliche Gegebenheiten führen. Die Vermutung antizipiert in einem problematischen Urteil die hauptsächliche Bedingung oder einen Gruppenzusammenhang der Bedingungen, auf Grund deren der Untersuchungsgegenstand in seinem Realgrund geklärt und demnach in seinem Verlauf verstanden werden kann. Diese methodische Vermutung leitet die Fragestellungen und Bedingungsvariationen des naturwissenschaftlichen Experiments, sie erfüllt aber auch den eigentümlichen Überschlag, dieses also, was man das vorläufige, das arbeitshypothetische Bild von einer Sache genannt hat. Der Ausdruck Arbeitshypothese enthält zwar Bedenkliches in sich selbst, sofern er von den spätbürgerlichen Relativisten strapaziert wurde; daher sei der ältere und solidere Ausdruck gebraucht:

heuristisches Prinzip. Ein solches wirkt etwa in der hypothetischen Vereinfachung oder in einer hypothetischen Analogie zu bereits Bekannterem, womit an die Erforschung unübersichtlicher oder verwickelter Erscheinungen historisch-gesellschaftswissenschaftlicher Art zunächst herangetreten werden mag. Die Fragestellung dieses sachlich Möglichen im methodischen Gebrauch wird bestätigt oder nicht bestätigt durch Induktionen, welche in Richtung des vermuteten Bedingungszusammenhangs angestellt werden. Wobei freilich auch eine noch so umfassende Induktion ihr Resultat nie anders als wieder in einem Urteil der sachlich-objektiven Möglichkeit aussprechen kann. Denn selbst die vollständigste Induktion vermag keine vollzählige zu sein, das ist, eine Kenntnis sämtlicher Bedingungselemente als gleichartiger in allen Gegenden des Raumes oder gar gleichbleibender in der Zeit. So findet sich auch in der induktiven Bestätigung einer methodischen Vermutung noch jener Rest eines sachlich Möglichen, eines nicht total Gewissen, welcher – in Gradstufen bis hinauf zur »astronomischen Sicherheit« – komparative Wahrscheinlichkeit heißt. Und die Deduktion, die angeblich allemal ausgemachte Großform eines erschöpfend zureichenden, wesenhaft-allgemeinen Bedingungsgrunds? Es ist wahr, sie läßt nicht nur die Besonderheiten der induktiven Empirie als Momente eines Gesamtzusammenhanges erkennen, von dieser Allgemeinheit des Besonderen her, sie will auch, in einem überliefert-höchsten Anspruch, die Erkenntnis dieser Besonderheiten *mit Notwendigkeit* ableiten, folglich mit nicht partieller, sondern totaler Bedingtheit. Das ganz deutlich im ersten Modus der ersten Schlußfigur: Cajus ist auf Grund seines Menschseins notwendig sterblich. Der Mittelbegriff Menschsein gibt hier den vollständig ausreichenden »Wesensgrund« des Sterblichseins her; so entsteht das, was Aristoteles einen vollkommenen Schluß nennt, das heißt eben, einen Schluß der Notwendigkeit. »Vollkommen nenne ich einen Schluß, der, damit seine Notwendigkeit einleuchtet, außer den Voraussetzungen keiner weiteren Bestimmung bedarf« (Aristoteles, Erste Analytik, 1. Kapitel): – das sachliche Seinkönnen weicht so dem sachlichen Seinmüssen. Indes, die so behauptete Unmöglichkeit des Anders-Seinkönnens, gar des Gegenteil-Seinkönnens, findet sich nur in künstlich rein gemachten Gebieten höchster Abstraktion, und auch da nur bei Begrenzung auf das aus Axiomen Ableitbare oder auch auf das in Theoremen beherrschend Enthaltene. Die Axiome (mathematische, logische, in kopierter Form sogar die früheren naturrechtlichen) sind zwar nicht willkürlich gesetzt, also bloße Spielregeln, wie das – mit heilloser Beliebigkeit – manche luft-idealistische, angeblich tatsachenfreie »Grundlagenforschung« des Mathematischen behauptet. Die Axiome enthalten vielmehr durchaus eine Abbildung außergedanklicher Sachverhalte, wenn auch in abstraktest abgekürzter und allgemeiner Form. Jedoch sie sind auf bestimmte Gebiete ihrer rein konstruktiven Herrschaft begrenzt, und diese Grenzen sind vor allem fließend (man denke nur an den bloßen »Grenzfall« unseres euklidischen Raums und seiner Axiome oder an die Wandlung des Satzes vom Widerspruch in der elementaren, gleichsam euklidischen, und dann in der dialektisch entwickelten Logik). Sodann aber sind alle diese Axiome weit davon entfernt, mit dem von Aristoteles bezeichneten »Wesensgrund« (dem wirkenden Totum der Sache, der »Entelechie«) zusammenzufallen; sie sind dafür viel zu abstrakt gehalten. Und der »Wesensgrund« selber, etwa das angegebene Menschsein des Cajus als Mittelbegriff im ersten Modus der ersten Schlußfigur: auch der Mittelbegriff dieses Menschseins, worin Aristoteles sowohl den vollkommenen logischen Erkenntnisgrund wie zugleich den unausweichlichen Realgrund des Sterblichseins erblicken wollte, ergibt keine ein für allemal ausgemachte Notwendigkeit, im Sinn des strengen Deduktionsbeweises. Denn auch das Menschsein (wie jeder andere »Wesensgrund«) steht im *Prozeß*, kann also, im strengen Sinn, nicht einmal einer so ausnahmslosen Erscheinung wie der Sterblichkeit logische Notwendigkeit verleihen. Folglich erweist sich sachlich Notwendiges auch in der Deduktion nur als sachlich Mögliches, obzwar gegebenenfalls als eines kleinsten Grades. Insgesamt: die Bedingungsvordersätze des schließenden Erkennens können, ohne in geschlossen-weltfremden Schematismus zu fallen, nicht vollständiger sein als das unabgeschlossene Sachhafte selber, das das Sachliche auf seine Weise, in Begriff, Urteil, Schluß abzubilden hat. Auch im Sachlich-Objektiven ist das Gebiet des Möglichen, sui generis, sehr groß; es kann hier, contra Faulbett und fixiertes Ableiten, zum Leben der Forschung gehören.

Soviel über offen Bleibendes, das es ist, weil es nicht oder nicht starr ausgemacht ist. Das Kannsein dieser Art gibt derart sachliche Vorsicht in Urteilen wieder, meist in der Weise einer noch mitschwingenden Frage, eines sachlichen Vorbehalts. Anders aber als dies sachlich Mögliche ist das nun auftauchende *sachhaft* Mögliche beschaffen; insofern nämlich, als es nicht unsere Kenntnis von etwas, sondern dieses Etwas selber, als so oder so werden könnendes, betrifft. Das sachhaft Mögliche lebt nicht von den unzureichend *bekannten*, sondern von den unzureichend *hervorgetretenen* Bedingungsgründen. Es bezeichnet mithin nicht eine mehr oder minder ausreichende *Kenntnis* der Bedingungen, sondern es bezeichnet das mehr oder minder ausreichend Bedingende in den *Gegenständen selbst und in ihren Sachverhalten.* Sachverhalt, das ist das »Verhalten von Sachen« als *Gegenständen* der Erkenntnis; zum Sachverhalt gehören einmal die Arten des Habens von gegenständlichen Beschaffenheiten und Beziehungen, dann des Stehens in gegenständlichen Beziehungen. Modale Sachverhalte, als die Gegenstände der Erkenntnis, fallen mithin nirgends mit modalen Aussagen zusammen, als den bloßen *Verfahrensweisen* der Erkenntnis, von der Art der Annahmen, der Vermutungen, des antizipierenden Überschlags, der induktiv-wahrscheinlichen oder auch deduktiven Schlüsse. Sondern eben: es ergibt sich ein noch offen Mögliches auch bei sonst hinreichend abgeschlossener Kenntnis der vorhandenen Bedingungen; mithin: das Mögliche erscheint hier als *gegenständlich-strukturelles So-Verhalten* selber. Damit ist die Abbild-Schicht der Sachhaftigkeit, der Objektgemäßheit betreten, zum Unterschied von der bloßen Sachlichkeit, der Objektivität. Das bedingt auch einen Unterschied der Disziplin, in der das sachhaft Mögliche zu behandeln ist. Während die Sachlichkeit einzig die Erkenntnis betrifft und darum das Anliegen ihrer Objektivität ein erkenntnistheoretisches ist, betrifft die Sachhaftigkeit den Gegenstand der Erkenntnis, der ja nicht, nach Angabe der Neukantianer, die Erkenntnis selber ist; das reale Anliegen dieser Objektgemäßheit ist demgemäß ein kategorial gegenstandstheoretisches. Der Begriff Gegenstandstheorie trat zuerst deutlich bei Meinong auf, doch war er hier rein apriorisch auf die angeblich daseinsfreie Beschaffenheit eines Soseins bezogen, das unabhängig vom Dasein oder Nicht-Dasein der Gegenstände spuken sollte. Als Muster dieses »daseinsfreien Wissens« galt hier, wie erst recht in der späteren Husserlschen Phänomenologie, die Mathematik, soll freilich heißen: eine von all ihrem abbildlichen Realbezug künstlich entfernte, in ihrer Abstraktheit heillos verdinglichte. Und so erst recht wurde hier die Logik verdinglicht, im Sinn einer rein apriorischen »Beschreibung« ihrer Akte, einer rein apriorischen »Bedeutungsanalyse« ihrer Kategorien – mit »eingeklammertem Dasein«. Real bezogene Gegenstandstheorie dagegen ist eine, in der das Apriori noch weniger eine Verführung darstellt als in der Erkenntnistheorie. Denn obwohl die Gegenstände und ihre Sachverhalte nicht nur vom Sachlichen des Erkenntnisverfahrens, sondern auch von den eigentlichen Objekten und ihrem Realverhalten noch unterschieden werden müssen, fungieren sie gerade als die tunlichst treuesten Gestalten realistischer Abbildung. Und das hier notierte Vorangelegtsein einer Gegenstandstheorie vor der Objektstheorie enthält deshalb keinen Idealismus, weil die forschend-materialistische Abbildung selber zu der Gegenstandstheorie gehört, erst im Angesicht des Objekthaft-Realen, nicht in ihm am Werk ist und nicht mit ihm zusammenfällt. Weiter: die Abbildung der strukturellen Sachverhalte gehört nicht mehr zum methodischen Erkenntnis-Verfahren, weil sie ein Erkenntnis-*Resultat* ist, und sie ist ein solches Resultat, indem und sofern sie, als objektgemäßes, genau auf das reale Objekt bezogen ist. Die Form des Erkenntnisresultats ist die *Realdefinition*, als Angabe nicht bloß von sprachlichen Kennzeichen, begrifflichen Merkmalen, sondern von gegenständlich-konstitutiven Eigenschaften; und genau diese Realdefinition, als bezeichnenderweise »konzise«, nicht ausgebreitete, repäsentiert das Objekt nach seiner strukturellen Gegenstandsseite. Um ein Beispiel zu geben: Die sozialistische Realdefinition der Nation bildet ohne alle fremd hergeholten nationalistischen Schnurrbärte oder auch kosmopolitischen Groß-Chicagos, Hotelsaucen, Einebnungen von heute genau die konzise Gegenstandsseite des Realen ab, das heißt eben: sie macht am Objekt seine konstitutiv-reale Struktur kenntlich. Die Gegenstandslehre ist so der *Ort der Kategorien* als allgemeinster und sodann als charakteristisch-typischer Daseinsweisen, Daseinsformen. (Wäre sie nicht dieser spezifische Ort und an ihm, so fiele die Kategorienlehre mit der gesamten Realphilosophie zusammen und diese ebenso mit der Kategorienlehre.) Dergestalt nun muß, innerhalb der so beschaffenen Schicht der Sachhaftigkeit, der strukturellen Objektgemäßheit, auch die Möglichkeit in dieser Schicht eigens und als eigen bestimmte ausgezeichnet werden. Wichtig dazu ist die angegebene Unterscheidung zwischen Gegenstand und realem Objekt: die rein strukturelle Möglichkeit der Anlage zu etwas ist noch nicht das gleiche wie diese reale Anlage selber, wie die Disposition in all den reich verflochtenen, auch reich gestörten, gehemmten, wieder siegreichen Metamorphosen der Wirklichkeit. Das *sachhaft-objektgemäß Mögliche, gegenstandstheoretisch erfaßt und definiert*, macht also durchaus eine eigene Differenzierung in der Kategorie der Möglichkeit aus und ist nicht etwa eine überflüssige Verdopplung des objekthaft-real Möglichen. Das sachhaft Mögliche ist das sachhaft-partiell Bedingte gemäß dem strukturellen Genus, Typus, Gesellschaftszusammenhang, Gesetzeszusammenhang der Sache. Partiell Bedingtes erscheint hier mithin als eine strikt im Gegenstand fundierte und so erst der hypothetischen oder problematischen Erkenntnis mitgeteilte Offenheit mehr oder minder strukturell-determinierter Art.

Es treten dabei überall zweierlei Bedingungen auf, innere und äußere. Sie *verflechten* sich wechselwirkend, so jedoch, daß beider Eigenart durchaus erhalten bleibt. Aber das sachhaft bloß Mögliche bleibt bestehen, auch wenn eine von den beiden Bedingungen, die innere oder die äußere, fast erfüllt sein sollte. So kann eine Blüte die Frucht mit vollzähliger innerer Bedingtheit sicher in sich heranreifen lassen, fehlt indes die vollzählige äußere Bedingung des guten Wetters, dann ist die Frucht dennoch bloß möglich. Noch herabsetzender als die fehlende äußere wirkt umgekehrt die Schwäche innerer Bedingungen bei gleichzeitiger Fülle äußerer. Die Menschheit stellt sich zwar immer nur Aufgaben, die sie lösen kann, findet jedoch der große Moment zur Lösung ein kleines Geschlecht, dann ist diese Lösung erst recht bloß möglich, nämlich nur noch schwach möglich. Die revolutionäre Folgenlosigkeit des 9. November 1918 in Deutschland gibt davon ein Beispiel, oder, in anderer Sphäre, die ungereifte Frucht einer großen deutschen Malerei nach Dürer, obwohl doch die äußeren Bedingungen, auch im noch so kleinstaatlichen Ideologie- und Bestellerkreis, dazu vorhanden waren. Die partielle Bedingtheit darf also in *keiner der beiden Bedingungsarten* unter einen bestimmten Bruchteil sinken, sonst ist Überkompensierung durch die andere Bedingungsart selber unmöglich. Doch die Verflechtung freilich bleibt, was besonders deutlich wird, wenn die Struktur der inneren wie der äußeren Bedingung schärfer gefaßt wird, das heißt, mit Aufhebung jener *Aequivokation*, die gerade in der Gegenstandskategorie Möglichkeit seit alters enthalten ist. Möglichkeit bedeutet hier nämlich sowohl inneres, aktives Können wie äußeres, passives Getanwerdenkönnen; mithin: Anders-Seinkönnen zerfällt in Anders-Tunkönnen und Anders-Werdenkönnen. Sobald diese beiden Bedeutungen konkret unterschieden sind, dann tritt die innere partielle Bedingung als *aktive Möglichkeit*, das ist, als *Vermögen, Potenz* hervor und die äußere partielle Bedingung als *Möglichkeit im passiven Sinn*, als *Potentialität.* Verflochten eben sind beide: es gibt kein tätiges Können des Vermögens und seiner aktiven »Anlage« ohne die Potentialität in einer Zeit, Umgebung, Gesellschaft, ohne die brauchbare Reife dieser äußeren Bedingungen. Die politische Gestalt der aktiven Möglichkeit ist das Vermögen des subjektiven Faktors; und er am wenigsten kann ohne Verflechtung, ohne Wechselwirkung mit den objektiven Faktoren der Möglichkeit wirken, das heißt, mit den Potentialitäten dessen, was nach Maßgabe der Reife der äußeren Bedingungen wirklich geschehen oder wenigstens in die Wege geleitet werden kann. Aber nicht, als ob hierbei die äußeren Bedingungen selber aus der Möglichkeit in ihrem bedeutendsten Sinn, nämlich aus der Offenheit fatalisierend herausfielen. Konträr: wenn die Möglichkeit als Vermögen das Anders-Tunkönnen, das nicht Aufhebende, wohl aber *Umdeterminierende* in allen Determinierungen ist, so ist die Möglichkeit als objektive Potentialität das Anders-Werdenkönnen, das nicht Aufhebbare, wohl aber Lenkbare, *Umdeterminierbare* in allen Determinierungen. Und dieses stets mit solcher Verflechtung, daß ohne Potentialität des Anders-Werdenkönnens weder das Anders-Tunkönnen der Potenz Raum hätte, noch ohne das Anders-Tunkönnen der Potenz das Anders-Werdenkönnen der Welt einen mit den Menschen vermittelbaren Sinn hätte. Folglich auch enthüllt sich die Gegenstandskategorie Möglichkeit dominierend als das, was sie nicht durch sich selber, wohl aber durch den fördernden Eingriff der Menschen in das noch Veränderbare ist: als möglicher *Heilsbegriff.* Sie enthüllte sich zum Teil freilich ebenso als möglicher Unheilsbegriff, und zwar eben wegen des Anders-Tunkönnens, aber auch wegen des Anders-Werdenkönnens in ihm, das nicht minder einer Wendung zum Schlechteren Raum gibt, gemäß dem Prekären, das gerade in der Veränderlichkeit, hier also *Unsicherheit* einer

Lage liegen kann. Dieses Prekäre, als negativer Bestand der sachhaften Möglichkeit, reicht von dem Unfall, der zustoßen kann, bis zu dem faschistischen Höllenausbruch, der als Möglichkeit im letzten Stadium des Kapitalismus steckte und immer noch steckt. Der Unheilscharakter des Möglichen konterkariert so den angegebenen Heilscharakter, Hoffnungscharakter des Möglichen, als welcher nicht minder in der Veränderlichkeit einer Lage liegt, hier aber nicht in ihrer Unsicherheit, sondern in ihrer *Kassierbarkeit, positiven Aufhebbarkeit.* Dieses Nicht-Prekäre, sondern Segensreiche, als der so höchst positive andere Bestand sachhafter Möglichkeit, reicht von dem Glücksfall, dem Menschen begegnen können, bis zu dem Reich der Freiheit, das als sozialistische Möglichkeit in der Geschichte sich entwickelt und endlich wirklich zu werden beginnt. Alles derart Wendungsfähige (fortuna vertit) enthält freilich stets ein Stück Zufall, doch wiederum auf verschiedene Art. Es gibt das bloß Singuläre und Unvermittelte eines Unfalls oder Glücksfalls. Es gibt aber auch ein Anders-Seinkönnen, das nicht so an der Oberfläche geschieht. Hegel hat solcher Art die äußere Zufälligkeit vom dialektisch vermittelten Wandel des Prozesses mit großer Eindringlichkeit unterschieden; und zwar, indem er die äußere Zufälligkeit auf die bloß äußere Notwendigkeit begrenzt, ja sie mit ihr identisch erklärt. Demgemäß wird die Kontingenz von Hegel allein im unmittelbar-, nicht im vermittelt-Konkreten gesehen oder eben nur am Rand des Prozesses: »Das unmittelbar Konkrete nämlich ist eine Menge von Eigenschaften, die außereinander und mehr oder weniger gleichgültig gegeneinander sind, gegen die eben darum die einfache, für sich seiende Subjektivität« (das beginnende Zentrierende des Prozesses) »ebenfalls gleichgültig ist und sie äußerlicher, somit zufälliger Bestimmung überläßt« (Enzyklopädie § 250). Das ist die Zufälligkeit im überhaupt nicht vertrauenswürdigen Sinn, diejenige, welche mehr noch in der bisherigen Geschichte als in der Natur die normale und typische Entwicklung äußerlich zerstreut und verstört. Dialektisch-vermittelt-*Unabgeschlossenes* aber, als die Möglichkeitsstruktur des währenden Prozesses, hat gar nichts gemein mit schlecht-vermittelt-*Beliebigem.* Freilich wieder nicht, als wäre nun das im Anders-Seinkönnen des Prozesses Umgehende das strikte Gegenteil von jeder Art Zufall und Kontingenz. Das riesige Experiment des vermittelten Anders-Seinkönnens im Prozeß besitzt dieses Gegenteil noch nicht und hat noch weder Beruhigung noch auch einen Rechtstitel dazu, es zu besitzen. Vielmehr arbeitet in diesem Anders-Seinkönnen Möglichkeit gerade wieder dasjenige, was *Kontingenz auf höchster Stufe* genannt werden kann, mit dem Charakter dauernder, doch eben partieller Vermittlung. Diese Art Kontingenz, im endlich vertrauenswürdigen Sinn der Sache, heißt *schöpferischer, zu Bildungen und Schöpfungen offener Reichtum der Variabilität.* Es ist das eine nicht äußerliche, sondern gesetzmäßig-sachhaft vermittelte Variabilität, doch eben eine der unvereitelten Richtungsänderung, vor allem der unerschöpften Neubildung. Hier ist selbst eine sogenannte Zufälligkeit nicht mehr mit bloß äußerer Notwendigkeit zusammenfallend, sondern sie bildet, als eine mit dem gesetzhaft Notwendigen dialektisch vermittelte, gerade das Blühende, Charakteristische, die geordnete Entwicklungsfülle der offenen Welt. Kontingenz dieser Art ist zwar gleichfalls noch situationshaft, jedoch nicht im Sinn des Prekären, sie erfüllt vielmehr den mundus situalis des Neues gebärenden Prozesses. Striktes Gegenteil von jeder Kontingenz wäre erst das abgeschlossen Notwendige, das der Variabilität nicht mehr fähige, jedoch auch nicht bedürftige. Erst diese *strukturell abgeschlossene Notwendigkeit* wäre das schlechthin Vollbedingte, worin die inneren wie vor allem die äußeren Bedingungen nicht bloß völlig gereift sind, sondern zusammenfallen. Freilich ist noch keine Gegenständlichkeit der Sache in ihr so auf den Grund gegangen, daß die Gegenständlichkeit selber mit ihrer totalen Begründung zusammenfiele; wodurch sie eben strukturell notwendig wäre. Dieser Zusammenfall war bei Spinoza in der Definition der Gott-Natur als der causa sui gedacht und – mit viel größerer Hypostase logischer Identität – bei Anselm von Canterbury in der Selbstbegründung, der »Aseitas« (a se esse) Gottes. Wonach das vollkommenste Wesen notwendig existiere, indem es aus seiner eigenen Wesenhaftigkeit existiere, folglich seine Essenz ebenso notwendig seine Existenz einschließe wie seine Existenz seine Essenz. Es braucht nicht versichert zu werden, daß solche Objekthaftigkeiten jenseits ihrer Definition nicht vorliegen, es sei denn in bloßen mehr oder minder konkret antizipierbaren Wertidealen des vollkommenen Zusammenfalls von Grund und Manifestierung. Der Rahmen eines solchen Wertideals ist – auch außerhalb und gegen alle Theologie – das »Eine, was nottut«, mithin das seit alters als »höchstes Gut« Bezeichnete. Jedoch da rebus sic imperfectis auch das so Bezeichnete noch keinesfalls wirklich, sondern bestenfalls im Prozeß ist, so steht auch das strukturell Notwendige dieser Art doch wiederum erst in – struktureller Möglichkeit. Letztere allerdings erweist sich nun, mit dem *Horizont* der causa sui oder der gelungenen Identität von Existenz und Essenz, als entschiedenste Heilskategorie. Denn der ideale Punkt, wo Wesen und Erscheinung zusammenfallen, ist allemal zugleich der absolute Richtpunkt für die Strukturlinie des human-positiv Möglichen.

Das objektiv-real Mögliche

Das Kannsein würde fast nichts bedeuten, wenn es folgenlos bliebe. Folgen hat das Mögliche aber nur, indem es nicht bloß als formal zulässig oder auch als objektiv vermutbar oder selbst als objektgemäß offen vorkommt, sondern indem es im Wirklichen selber eine zukunfttragende Bestimmtheit ist. Es gibt derart realpartielle Bedingtheit des *Objekts,* die in diesem selber seine reale Möglichkeit darstellt. So ist Mensch die reale Möglichkeit alles dessen, was in seiner Geschichte aus ihm geworden ist und vor allem mit ungesperrtem Fortschritt noch werden kann. Er ist eine Möglichkeit mithin, die nicht bloß wie eine Eichel in der abgeschlossenen Verwirklichung des Eichbaums erschöpft ist, sondern das Ganze ihrer inneren wie äußeren Bedingungen, Bedingungsdeterminanten noch nicht gereift hat. Und im unerschöpften Ganzen der Welt selber: die Materie ist die reale Möglichkeit zu all den Gestalten, die in ihrem Schoß latent sind und durch den Prozeß aus ihr entbunden werden. In diesem umfassendsten Begriff realer Möglichkeit hat das dynamei on (In-Möglichkeit-Sein) seinen Ort, als das eben Aristoteles die Materie bestimmt hat. Denn wie Heraklit als erster den Widerspruch in den Dingen selber sah, so hat Aristoteles als erster die Möglichkeit realiter, im Weltbestand selber erkannt. Real Mögliches wird von hier ab begreifbar als Substrat: »Alles, was von Natur oder Kunst wird, hat Materie, denn jedes Werdende ist vermögend (dynaton) zu sein und nicht zu sein, das (was sein und nicht sein kann) ist aber in jedem die Materie« (Aristoteles, Metaphysik VII, 7). Und es ist lehrreich, daß das tätig in dieser Potentialität sich Ausprägende: die sich selbst verwirklichende Form (Entelechie), die bei Aristoteles noch dualistisch von der Materie getrennt wird, im gleichen Maße zurücktritt und selber materiell wird, wie zum Begriff der passiven Potentialität der der aktiven Potenz hinzutritt. Ex contrario beweisend ist hierfür der Kampf arabischer strenger Theisten, der sogenannten Motakhalim (das heißt, Lehrer des Worts, des geoffenbarten Glaubens) gegen die Gleichung: reale Möglichkeit = Materie. Um die Allmacht der höchsten Form (des göttlichen actus purus) absolut zu halten, mußten sie statt des dynamei on das gänzlich nichtige Nichts in einem Primum vor der Welt ausbreiten: Gott hat die Welt aus dem Nichts geschaffen, nicht aus der Materie herausgerufen, aus der realen Möglichkeit. Umgekehrt dagegen wird bei pantheistisch-materialistischen Philosophen des Mittelalters, so bei Avicenna, Averroës, Amalrich von Bena, David von Dinant, die reale Möglichkeit Materie zum gesamten Grund der Welt, und der göttliche Schöpfungswille ist stets ein Moment der Materie; ja, Gott und Materie werden identisch. Entwicklung ist bei Averroës »eductio formarum ex materia«, mit dem »dator formarum« im Weltall selbst. So erscheint die Schöpfung – mit Wegfall jedes Dualismus – einzig als Selbstbewegung, Selbstbefruchtung der Gottmaterie; in ihr ist die Potentialität und zugleich jene ihr immanente Potenz, welche einen außerweltlichen Beweger überflüssig macht. Und dieser halbe Materialismus realer Möglichkeit mehrt sich renaissancegemäß bei Giordano Bruno, bei ihm wird die Welt völlig zur Realisierung der Möglichkeiten, die in der einheitlichen Materie und als sie enthalten sind. Natura naturans und natura naturata fallen nun unten wie oben zusammen »in der dauernden, ewigen, zeugenden, mütterlichen Materie«. Das Substrat reale Möglichkeit wird dadurch, in kühner Erweiterung des Aristoteles, zugleich die Quelle, nicht nur das Gefäß der Formen: »Daher muß die Materie, die … immer fruchtbar bleibt, das bedeutsame Vorrecht haben, als einziges substanzielles Prinzip und als das, was ist und bleibt, anerkannt zu werden … Darum haben auch einige unter jenen, da sie das Verhältnis der Formen in der Natur wohl erwogen hatten, soweit man es aus Aristoteles und anderen von ähnlicher Richtung erkennen konnte, zuletzt geschlossen, daß die Formen nur Akzidenzien und Bestimmungen an der Materie seien und daß deshalb auch das Vorrecht, als Actus und Entelechie zu gelten, der Materie angehören müsse« (Bruno, Von der Ursache, dem Prinzip und dem Einen, Meiner, S. 60 f.). Das also sind die ersten Konsequenzen, wenn die reale Möglichkeit als so real genommen wird, daß sie den Schoß und die Zeugung, das Leben und den Geist, geeint in der Materie, zugleich umgreift. Wobei der Schoß auch weiter fruchtbar bleibt, die Tendenz-Latenz dessen, was realiter werden kann, im materiellen Substrat nicht abgeschlossen ist. Diese Bestimmung des dynamei on ist freilich eine, die im bloß mechanischen, im mechanistischen Materialismus unterging. Materie als Fülle mußte zunächst mit Recht hier schrumpfen, weil die quantitative Naturwissenschaft nichts davon zeigte und weil totale Mechanik die beste Brechstange gegen Jenseiterei war. Aber nicht minder war diese Schrumpfung möglich, weil die christliche Scholastik selber den Aristotelischen Materiebegriff und gar den mannigfach vorsokratischen (auf den sich Bruno ebenfalls bezieht) aus dem keimträchtigen Gebiet der Natura naturans entfernt hatte. Weshalb auch für den mechanischen = allzu mechanischen Materiebegriff, vor allem für seine tote Nachwirkung im vorigen Jahrhundert, das Wort des englischen Naturforschers John Tyndall gelten mag: »Wenn der Stoff als ein Bettler in die Welt tritt, so darum, weil die Jakobe der Theologie ihn seines Erstgeburtsrechts beraubt haben.« Die nur mechanisch gefaßte Materie wurde jedenfalls in der Folge ein geschichtsfremder Klotz, dem seine ganze reale Möglichkeit bereits statische Wirklichkeit geworden ist, im Sinn eines gleichsam von Geburt an erfrorenen Anfangs. Jedoch die fortwirkende Aristotelische Bestimmung, die mutationsfähig gewordene des dynamei on, geht – selber mutatis mutandis – ein in den historisch-dialektischen Materialismus. Subjektiver Faktor, Reife der Bedingungen, Umschlag der Quantität in Qualität, gar Veränderbarkeit: alle diese dialektisch-materialistischen Entwicklungsmomente sind in einer Klotz-Materie substratlos. Das Dialektische fällt von ihr, als einem zwar mechanisch bewegten, doch sogleich mechanisierten Quantum, ab oder bleibt an ihr ein Epitheton ornans; Übergang aus dem Reich der Notwendigkeit in das der Freiheit hat nur an unabgeschlossener Prozeßmaterie Land. Genau die bisher entferntest gehaltenen Extreme: Zukunft und Natur, Antizipation und Materie – schlagen in der fälligen Gründlichkeit des historisch-dialektischen Materialismus zusammen. *Ohne Materie ist kein Boden der (realen) Antizipation, ohne (reale) Antizipation kein Horizont der Materie erfaßbar.* Die reale Möglichkeit wohnt derart in keiner fertig gemachten Ontologie des Seins des bisher Seienden, sondern in der stets neu zu begründenden Ontologie des Seins des Noch-Nicht-Seienden, wie sie Zukunft selbst noch in der Vergangenheit entdeckt und in der ganzen Natur. Im alten Raum pointiert sich so folgenreichster Weise sein neuer Raum: reale Möglichkeit ist das kategoriale Vor-sich der materiellen Bewegung als eines *Prozesses*; sie ist der spezifische Gebietscharakter *gerade der Wirklichkeit, an der Front ihres Geschehens.* Wie anders sonst die zukunfttragenden Eigenschaften der Materie? – es gibt keinen wahren Realismus ohne die wahre Dimension dieser Offenheit.

Das wirklich Mögliche beginnt mit dem Keim, worin das Kommende angelegt ist. Das darin Vorgebildete treibt dahin, sich zu entfalten, aber freilich nicht, als wäre es vorher schon, auf engstem Platz eingeschachtelt. Der »Keim« sieht selber noch vielen Sprüngen entgegen, die »Anlage« entfaltet sich in der Entfaltung selber zu immer neuen und präziseren Ansätzen ihrer potentia-possibilitas. Das real Mögliche in Keim und Anlage ist folglich nie ein eingekapselt Fertiges, das als ein erst Klein-Vorhandenes lediglich auszuwachsen hätte. Vielmehr bewährt es seine Offenheit als wirklich entwickelnde Entfaltung, nicht als bloße Ausschüttung oder Ausfaltung. Potentia-possibilitas macht die ursprüngliche Wurzel und Origo prozessual fortdauernder Erscheinung immer wieder auf neuer Stufe originär, mit neu latentem Inhalt. So reicht der arbeitende Mensch, diese Wurzel der Menschwerdung, verwandelt durch seine ganze weitere Geschichte und entwickelt sich in ihr immer genauer. Ja man kann sagen, auch der aufrechte Gang des Menschen, dieses unser Alpha, worin die Anlage zur vollen Ungebeugtheit, also zum Reich der Freiheit liegt, geht selber immer wieder verwandelt und genauer qualifiziert durch die Geschichte der immer konkreteren Revolutionen. Bis zum klassenlosen Menschen, der insgesamt die letzthin intendierte Anlagemöglichkeit der bisherigen Geschichte darstellt. Das real Mögliche hält daher nicht nur, als Anlage zu seinem Wirklichen, diese treibend, sondern verhält sich ebenso, als das immer weiter sich entwickelnde letzthinnige Totum dieser Anlage, zu der bereits gewordenen Wirklichkeit essentiell. Derart ist das bisher Wirkliche sowohl vom ständigen Plusultra essentieller Möglichkeit durchzogen wie an seinem vorderen Rand von ihr umleuchtet. Diese Umleuchtung, ein vor-scheinendes Horizontlicht, das auch in fast allen Sozialutopien, auf mehr oder minder abstrakte Weise, reflektiert war, gibt sich *psychisch* als *Wunschbild* nach vorwärts, *moralisch* als menschliches *Ideal, ästhetisch* als natur-objekthaftes *Symbol.* Die Wunschbilder nach vorwärts haben das mehr oder minder erfaßt Mögliche eines besseren Lebens überhaupt zum Inhalt; sie sind deshalb heiter-vorspielend. Die Ideale haben in der Hauptsache das mehr oder minder realisiert Mögliche eines versucht vollkommenen Menschseins, vollkommener gesellschaftlicher Verhältnisse zum Inhalt; sie sind deshalb, in ihren Leitbildern, Leittafeln, anfeuernd-vorbildlich. Hierher gehören der unverzerrte und unverdinglichte, der schöne Menschentyp, das klassenlose Verhältnis, worin er Platz hat. Die Symbole schließlich haben, erst recht in der Hauptsache, das überall nur andeutungsweise realisiert Mögliche eines unentfremdeten Identischseins von Existenz und Essenz in der Natur insgesamt zum Inhalt; Symbole sind daher betroffen-tiefenhaltig. Sie sind, zum Unterschied von den Idealen, verhüllt, das heißt, sie bedeuten das Ihre mit besonders starkem Pathos der »Bedeutung«, und das deshalb, weil sie nicht wie die Ideale ein mehr oder minder realisiert Mögliches, sondern eben ein in sich selber nur andeutungsweise realisiert Mögliches zum Inhalt haben. Und weiterhin vor allem: dieser Inhalt steht deshalb so sehr in der »Bedeutung« oder, wie sich bei Symbolen spezifischer sagen läßt: in der »Chiffer«, weil er zentraler, folglich vorerst weniger manifestierbar ist als der Inhalt der Ideale. Die jeweiligen Träger, Existenzen einer symbolischen Bedeutung sind zwar weit zahlreicher, ja fast beliebiger als die des Ideals, jedoch sie sind dafür allemal weit umfassender in der ganzen Natur auf Essentielles bezogen. Und sie sind zentral darauf bezogen; was andererseits den Unterschied des Symbols von der Allegorie ausmacht, als dem Gleichnis eines Dings mit wieder lauter anderen Dingen, ohne daß also das Gebiet von lauter Mannigfaltigem verlassen wird. Das Verweisen des Symbols dagegen geht, wie gesehen, gerade auf eine *Einheitlichkeit* der Bedeutung; weshalb auch, zum Unterschied von der allemal vieldeutigen Mannigfaltigkeits-Verweisung der Allegorien, die echten Symbole in ihrer Bedeutung schließlich konvergieren, nämlich eben im Zentralen ihrer Bedeutung. Die gesellschaftlich bedingte jeweilige Richtungslinie aufs Zentrale hat in der – lange Strecken durch Religion führenden – Geschichte des Symbols differiert, nicht differiert aber hat der jeweils immer wieder gemeinte Grundbezug des Symbol-Gleichnisses auf ein »Unum Verum Bonum« der Essenz. Indem jedoch gerade diese Essenz nur im andeutungsweise realisiert Möglichen liegt und noch nirgends anders liegen kann, ist das Symbolische – was nun entscheidend wichtig

– nicht nur in seinem *Ausdruck*, sondern, bei allen echten Symbolen, ebenso in seinem *Inhalt selber* noch verhüllt. Denn der echte symbolische *Inhalt selber ist noch im Abstand von seiner vollen Erscheinung*, er ist darum auch objektiv-real eine Chiffer. Genau vom Licht des real Möglichen her geschieht dieser Art die fällige Notierung eines realen Kerns im Begriff des Symbolischen, eines Begriffs also, der bisher, einige objektiv-idealistische Fassungen in Hegels Ästhetik abgerechnet, fast ausschließlich subjektiv-idealistisch gefaßt worden war. Subjektiv-idealistisch deshalb, weil eben jeder Symbol-Inhalt nur als ein für den beschränkten Menschenverstand verhüllter dargestellt wurde, während der Inhalt als völlig ausgemacht galt – ohne jeden Abstand zu sich, in transzendent vorhandener Statik strahlend. Konträr zu dem ist die Wahrheit aber so: das Symbolische teilt sich einzig vom Objektinhalt her seinem Ausdruck mit, differenziert die einzelnen Symbole vom objektiv realen Material her, dessen verschieden situierten Verhülltheits-Inhalt, Sachidentitäts-Inhalt sie als dies Verhüllte und Sachidentische jeweils abbilden. Und es ist einzig diese Abbildlichkeit einer *Realchiffer*, eines *Realsymbols*, welche schließlich Symbolen ihre Echtheit mitteilt. Die Echtheit eines Konvergierens der Bedeutung, welche sich mit der Realität dieser Bedeutung in bestimmten besonders latenzhaltigen Objekten der Außenwelt verbindet. Hierher gehören Symbole wie der Turm, der Frühling, gehören die Abendlüfte in Mozarts Figaro, sodann der Schneesturm in Tolstois »Tod des Iwan Iljitsch«, der Sternhimmel über dem zu Tod verwundeten Andrej Bolkonskij in Tolstois »Krieg und Frieden«, das Hochgebirge am Schluß des Faust, überhaupt alle Symbole der Erhabenheit. Die Dichtung hat kraft ihres Bildcharakters die Symbolgegend des real Möglichen deutlicher erfaßt als die bisherige Philosophie, aber die Philosophie nimmt diese Gegend mit der Strenge des Begriffs und dem Ernst der Zusammenhänge auf. Beide aber, realistische Dichtung wie Philosophie, eröffnen: die Welt selber ist voller Realchiffern und Realsymbole, voller »signatura rerum« im Sinn zentral bedeutungshaltiger Dinge. Sie weisen in dieser ihrer Bedeutsamkeit ganz realiter auf ihre Tendenz und Latenz von »Sinn«, von einem den Menschen und seine Angelegenheit möglicherweise einst ganz empfangenden. Die partielle Bedingtheit, also Möglichkeit zur Reifung dieser Anlage geht durch sämtliche Proben aufs humane Sinn-Exempel, an denen die Welt so reich ist. Doch eben mit mehr oder minder großem Abstand vom Exempel, mit mehr oder minder großem Noch-Nicht der vollen Erscheinung, mit jenem Abstand also, der so vielfach erst Wunschbilder, Ideale, Symbole statt der Gelungenheit darbietet. Und der das essentielle Totum der Welt im schweren Prozeß seiner Heraufbringung zeigt, noch nirgends als Resultat. Wird der Abstand unterschlagen, so entsteht abstrakt-ruchloser Optimismus; wird der Abstand aber als die vermittelte Perfektibilität begriffen, die er ist, mit aller Beschaffenheit der Gefahr, so entsteht das Gegenteil der Ruchlosigkeit: militanter Optimismus. So viel hier über das real Mögliche und die Essenz darin im Anlagezustand jenes Perfektibeln, das den Menschen – mit einer Ahnung seiner künftigen Freiheit – empfängt. Die Essenz des Perfektibeln ist nach der allerkonkretesten Marxschen Antizipation »die Naturalisierung des Menschen, die Humanisierung der Natur«. Das ist die Abschaffung der Entfremdung in Mensch und Natur, zwischen Mensch und Natur oder der Einklang des unverdinglichten Objekts mit dem manifestierten Subjekt, des unverdinglichten Subjekts mit dem manifestierten Objekt. Solche Perspektive absoluter Wahrheit, das ist hier, völligen Realseins im Wirklichen selbst – und ihre Weite wie Tiefe ist unumgänglich, bei Strafe des mündungslosen Relativismus – eröffnet freilich wieder erst real-essentielle Möglichkeit, noch nicht die, in ihr selber erst angelegte, *real-essentielle Notwendigkeit.* Denn diese wäre eine mit völlig zureichenden, also unausweichlichen Bedingungen zur Existenz der Essenz, zur Essenz der Existenz. Diesseits dieser äußersten Nicht-Kontingenz oder Situationslosigkeit ist auch die real-essentielle Notwendigkeit nur erst – Möglichkeit, ja eine mit realiter kaum erst partiell vorliegenden Bedingungen. Währender Prozeß, tätiges, mit der Tendenz vermitteltes Hoffnungsbild einer besseren Welt, anfeuerndes Ideal, tiefenhaltiges Symbol, das bleiben die selber antizipierenden Realperspektiven der realen Möglichkeit – als der Frontdimensionen katexochen.

Erinnerung: Logisch-statischer Kampf gegen das Mögliche

Leicht zu sehen, wie noch manches Blatt sich wenden kann. Ein Noch-Nicht lebt überall, so vieles ist in dem Menschen noch nicht bewußt, so vieles in der Welt noch nicht geworden. Beiderlei Noch-Nicht aber wäre nicht, wenn es sich nicht im Möglichen bewegen und dessen Offenheit sich zuwenden könnte. Dennoch ist das Kannsein noch erstaunlich wenig durchdacht, in Griff gebracht. Die Kategorie des Möglichen, obgleich so wohl bekannt und stündlich gebraucht, war logisch eine Crux. Diese Kategorie ist unter den Begriffen, welche philosophisch im Lauf der Jahrhunderte herausgearbeitet und zur Schärfe gebracht worden sind, wohl die bis jetzt unbestimmteste geblieben. Sicher ist sie die am wenigsten ontologisch durchverfolgte; daher kommt sie herkömmlicherweise fast nur in der formalen Logik vor. Auch wenn die Kategorienlehre sich mit dem Möglichen befaßt, wird es überwiegend nur als Erkenntnis-, nicht als Objekt-Bestimmung bezeichnet. Gewiß, Logiker wie Joh. v. Kries, kleinere und größere Epigonen des Üblichen, so Verweyen, so zuletzt N. Hartmann, der sich sogar einen Ontologen nennt, haben diverse eigene Bücher über Möglichkeit geschrieben. Aber da bei letzteren Epigonen das Mögliche nur als Begriffsverhältnis anerkannt wird, haben sie so gut wie nichts, das heißt, nichts Reelles darüber geschrieben. Hier überall, doch nicht minder auch bei originalen Philosophen, wovon sogleich, geschieht die auffallende Entleerung des Möglichen zunächst durch Nicht-Unterscheidung von noch partieller Kenntnis der Bedingungen und partiell vorliegenden Bedingungen selbst. So wird immer von neuem das problematisch *schwankende* Urteil über einen objektiv-*entschiedenen* Sachverhalt gleichgesetzt mit dem assertorisch *entschiedenen* Urteil über einen objektiv *schwankenden* Sachverhalt, also über die objektiv vorhandene Möglichkeit. Das problematische Urteil: »Es ist möglich, daß Luise zu Hause ist«, überzieht so das assertorische Urteil: »Es steht fest, daß in absehbarer Zeit die Fahrt eines Raketenflugzeugs auf den Mond möglich ist.« Der Unterschied zwischen dem ersten und dem zweiten Urteil weist aber deutlich auf den nicht nur logisch-, gar psychologisch-immanenten, sondern eben auf den *Außenwelt-Charakter eines großen Teils der Modalität* hin. Wird die Kategorie Möglichkeit ausschließlich auf die bloße Kenntnis-Schicht des Vermutens reduziert, dann allerdings muß objektive Möglichkeit in der Außenwelt subjektiv-idealistisch verdampfen. Das Mögliche wird dann wegdemonstriert, als ob sich noch nie ein Mensch ins Modale einer Gefahr begeben hätte, als ob er ihr nie real entgangen, ausgewichen oder zur Beute gefallen wäre. Das Mögliche wird dann zur bloßen »anthropomorphen Introjektion« gemacht, als ob nicht sämtliche Organismen mit ihrem Reflex- und Reaktionsapparat auf eine objektiv-reale Welt der Möglichkeit eingestellt wären; von der Seeanemone bis zum witternden Wild, bis zur Umsicht des homo sapiens. Das Mögliche wird zur »Fiktion« entwirklicht, als ob der Begriff objektive Möglichkeit nicht das Zivilrecht wie Strafrecht erfüllte (Haftpflicht, impossibilium nulla obligatio, Bedingungsklausel, Fahrlässigkeit und so fort). Trotzdem sieht auch Sigwart, obwohl er bloße Möglichkeit richtig definiert als ein dem Einzelnen Zukommendes, »sofern es den partiellen Grund dessen enthält, was sein wird« (Logik I, 1904, S. 274), im Möglichen nur einen Ausdruck subjektiver Unentschiedenheit oder auch der Resignation unseres beschränkten Wissens. Übersteigerung der problematischen Urteilsmodalität, Verkennung der Gegenstands- und Objektsmodalität geben so das *erste Motiv* für die idealistische Leugnung realer Möglichkeit ab. Hinzu kommt aber noch ein *zweites Motiv* für die Leugnung der realen Möglichkeit, und es findet sich auch bei großen Denkern, bei solchen zudem, die in keinem Punkt subjektiv-idealistisch sind. Die Sperre ist hier die gleiche wie diejenige, welche auch die Schwesterkategorie des Möglichen: das Neue bis jetzt undurchdacht gelassen hat. Die Sperre ist die klassenmäßig bedingte Küstenschiffahrt rings ums Gegebene, ja Vergangene, ist die Abneigung des *statischen Denkens* gegen den Weltbegriff der tätigen Offenheit und Bläue. Diese Abneigung findet sich auch bei so prozessualen Philosophen wie Aristoteles und Hegel, trotz der riesigen Konzeption eines realen dynamei on beim ersten, der realen Dialektik beim zweiten. Die Setzung eines fertigen Ein und Alles, eines Universums, bei dem alles Mögliche wirklich ist (»Possest«, vollendetes »Könnensein« nennt Nikolaus von Cusa Gott, und selbst Giordano Bruno läßt im Ganzen der Welt nichts unverwirklicht Mögliches übrig): diese statische Setzung hat den Raum des Offen-Möglichen vor allem verstellt. So liegt der Kategorialbegriff Möglichkeit insgesamt in fast lauter jungfräulichem Land; er ist der Benjamin unter den großen Begriffen.

Stets scheint es das Frische, Kommende zu sein, dessen hier nicht gedacht werden soll. Selbst die Sophisten, bei denen alles Feste geistig ins Wanken geriet, zogen aus dem Möglichen nichts als Spott. So daß ebenso alles wie nichts möglich sei, da, wie Gorgias sagt, überhaupt nichts sei, weder Nichtsseiendes noch Seiendes noch aber auch etwas dazwischen, das vergehen oder werden könne, also zum einen oder anderen sich als möglich verhielte. Nicht noch radikaler, aber noch zentrierter wurde die Leugnung des Möglichen in der megarischen Schule, wo sie sich auch deutlich mit der eleatischen Lehre des unbewegten Seins verband. Der Megariker Diodoros Kronos erfand, charakteristischerweise im Anschluß an Zenos Demonstration gegen die Bewegung, seinen angeblichen Beweis gegen das Mögliche. Dieser angebliche Beweis blieb (unter dem Namen des Kyrieuon) noch Jahrhunderte hindurch berühmt, sowohl als angebliches dialektisches Meisterstück, wie vor allem eben wegen des Interesses, das das statische Denken an ihm nahm (vgl. darüber Zeller, Sitzungsberichte der Berliner Akademie, 1882, S. 151 ff.). Diodoros bildete einen Syllogismus: aus Möglichem kann nichts Unmögliches hervorgehen; da aber ein Mögliches, das nicht wirklich würde, Unmögliches aus sich hervorgehen ließe, nämlich ein anderes Ist als das Ist, das ist, so ist dieses Mögliche selber unmöglich und das Wirkliche als das einzig Mögliche bewiesen. So schwach dieser Syllogismus ist, so hat ihn doch noch die römische Stoa übernommen; er spielt bei Epiktet und bei Marc Aurel eine bedeutende Rolle in der Zufriedenheit mit der möglichkeitsfreien, notwendigkeitsvollen Weltordnung und wurde durch Cicero (De fato 6, 7) dem späteren amor fati übermittelt. Verneinung des Möglichen, Neustoizismus, amor fati reichen sich in großer Verwandtschaft die Hand bei Spinoza: sub specie aeternitatis sehen (Ethik II, Lehrsatz 44, Zusatz 2), heißt per definitionem, alles Mögliche schon als notwendig-wirklich sehen. Denn unter dem Gesichtspunkt der spinozistischen Ewigkeit gibt es, weil sie mit unbedingtem Grund-Folge-Verhältnis zusammenfällt (als dem mathematischen Fatum der Welt), kein partiell Bedingtes, also kein Mögliches mehr. Was für Spinozas Gott die Wahl zwischen den unendlich zahlreichen logischen Möglichkeiten ausschließt, die ein Leibniz vor seinem Gott (als Realisator) allerdings noch ausgebreitet sein ließ. Sogar innerhalb der vorhandenen Welt, als einer von ihrem Schöpfer aus unendlich viel möglichen realisierten, kennt Leibniz noch Möglichkeit als Anlage, obzwar als eine, die ebenfalls nichts realiter Neues, das heißt, in der ganzen bisherigen Welt nicht Enthaltenes entwickeln kann. Und gibt Leibniz, dieser einzige große Denker des Möglichen seit Aristoteles, auch einer unendlichen Zahl möglicher anderer Weltzusammenhänge Raum, so leben auch diese »primae possibilitates« wieder nur im Verstand des Schöpfers und nicht als noch realisierfähige in diese nun einmal realisierte Welt hineinragend. Spinoza jedoch bestimmt, mit aller Grundgewalt des amor fati, auch noch gegen die Möglichkeiten in Gott: »Die Dinge konnten auf keine andere Weise und in keiner anderen Ordnung von Gott hervorgebracht werden, als sie hervorgebracht sind« (Ethik I, Lehrsatz 33). Das also ist, in Ansehung des Möglichen, Diodoros Kronos großen Stils in der Metaphysik. Und wieder nicht, als wäre damit die Unlust zum Möglichen beendet, als lebte diese Unlust nicht auch in Philosophien, die dem Möglichen ziemlich offen huldigen könnten; so bei Kant, so konkreter bei Hegel. Kant hat das Ideal ausgesteckt, Hegel den Fortschritt im Bewußtsein der Freiheit; trotzdem pointiert die »Kritik der reinen Vernunft« das Mögliche ebensowenig wie, mutatis mutandis, Hegels Logik und Enzyklopädie. Kant also bringt die Möglichkeit (sowohl die »der Dinge durch Begriffe a priori« wie diejenige, »die nur aus der Wirklichkeit in der Erfahrung kann abgenommen werden«) auf die Seite der reinen Denkformen. Zwar konstituieren alle reinen Denkformen oder Kategorien, also auch die modalen, hier die Erfahrung, als das durch die Kategorien gegründete »System der Erscheinungen«, doch für die Kategorien der Modalität (Möglichkeit, Wirklichkeit, Notwendigkeit) mahnt Kant gerade im Hinblick auf Erfahrung zu betonter Vorsicht. Daher der Satz: »Die Kategorien der Modalität haben das Besondere an sich, daß sie den Begriff, dem sie als Prädikat beigelegt werden, als Bestimmung des Objekts nicht im mindesten vermehren, sondern nur das Verhältnis zum Erkenntnisvermögen ausdrücken« (Werke, Hartenstein, III, S. 193). Objektiv-real Mögliches kennt Kant folglich überhaupt nicht, objektiv-real Wirkliches kommt zu dem modal Wirklichen auch nur durch Anschauung und nicht im mindesten durch Anschluß an ein assertorisches Urteil, also an ein Wirklichkeitsurteil der Modalität hinzu. Trotzdem muß Kant, wenn auch um den Preis des Dualismus, der Möglichkeit Raum geben, nämlich in dem eigentümlichen Denkgebiet über der erkennbaren Erfahrung, welches der moralischen »Vernunft«, nicht dem erkennenden »Verstand« zugehört; welches also vom »Postulat« und vom »Ideal« bewohnt wird. Das von Fichte nachher so stark mobilisierte Postulat: »Du kannst, denn du sollst«, meint Möglichkeit als Vermögen, als *Potenz.* Das bei Kant durchgehends herrschende, abstrakt auch der Politik vorgeordnete Ideal: »Ausbreitung der Herrschaft sittlicher Freiheit« – meint andererseits Möglichkeit als *Potentialität* einer, leider unendlichen, Annäherung an dieses Ideal in der Geschichte. Doch ist die so gefaßte Möglichkeit keine objekthaft-reale; es gibt in der Erfahrungswelt des transzendentalen Idealismus keine Wege zu ihr. Und sie wird auch als Möglichkeit des Sollens, des Postulats, des Ideals durchaus nicht eigens ausgezeichnet; im geschichtslosen Sehfeld eines »Bewußtseins überhaupt« gab es für die Zukunft, für die »Hoffnung der Zukunft«, wie Kant in den »Träumen eines Geistersehers« sagte (Werke II, S. 357), wohl Zuneigung, doch keinen konstitutiven Platz. So hat sich nicht nur der »Verstand« der Erfahrungskategorien, sondern auch die »Vernunft« als »Mutter der Ideen« ihren Raum fürs Mögliche beengt. Und wie steht die Möglichkeit schließlich bei Hegel da, dem betonten Denker der (konkreten) Vernunft statt des (abstrakten) Verstandes? Der sonst so objektiv-idealistische Hegel zitiert überraschenderweise mit Zustimmung die oben angegebene Kantstelle, die die Modalität vom realen Objekt fernhält, eine Zustimmung zu Kant, die bei Hegel ja selten ist. Er fügt dem Kantzitat hinzu: »In der Tat ist die Möglichkeit die leere Abstraktion der Reflexion-in-sich, das, was vorhin das Innere hieß, nur daß es nun als das aufgehobene, nur gesetzte, äußerliche Innere bestimmt, und so allerdings als eine bloße Modalität, als unzureichende Abstraktion, konkreter genommen nur dem subjektiven Denken angehörig, auch *gesetzt* ist ... Insbesondere muß in der Philosophie von dem Aufzeigen, daß etwas möglich oder daß auch noch etwas anderes möglich, und daß etwas, wie man es auch ausdrückt, denkbar sei, nicht die Rede sein« (Enzyklopädie, § 143). Und auch dort, wo Hegel die Möglichkeit nicht nur als leere Abstraktion der Reflexion-in-sich faßt, sondern ebenso als ein An-sich-Moment der Wirklichkeit, wird diese bei ihm so genannte reale Möglichkeit gänzlich vom Kreis der gewordenen Wirklichkeit umschlossen: »Was daher real möglich ist, das kann nicht mehr anders sein; unter diesen Bedingungen und Umständen kann nicht etwas anderes erfolgen« (Logik, Werke IV, S. 211). Hegel spricht hier ersichtlich auch als Feind des leeren Meinens, des müßigen Umstellens der Geschichte nach dem, was hätte geschehen können, des abstrakten Ideals, des »Mädchens, wie es sein soll«, des »Staats, wie er sein soll« und so fort. Aber er spricht auch als Nichtdenker der Zukunft, als Kreis-Dialektiker des Vergangenen oder, was aufs Gleiche herauskommt, des ewig Geschehenden, ewig in seine Kreise Zurückkehrenden, kurz, hier spricht jenes Reaktionäre an Hegel, dem die Philosophie, um zu verändern, ohnehin immer zu spät kommt. Dem der Gedanke, laut Vorrede zur Rechtsphilosophie, ohnehin erst in der Zeit erscheint, »nachdem die Wirklichkeit ihren Bildungsprozeß vollendet und sich fertig gemacht hat«. Auch noch in diesem Satz ist ein Stück Diodoros Kronos, groß gewordenen Stils, diesesfalls als Feier der Vergangenheit, der angeblich die ganze Welt umfassenden. Genau dieses Pathos der Statik, so erstaunlich am gewaltigen Dialektiker, ließ also Hegel die Möglichkeit hintansetzen oder ins untergeordnet Abgetane versetzen. Hierher gehört auch folgender, den Prozeß abschließender Lehrsatz Hegels: »Was innerlich ist, ist auch äußerlich vorhanden und umgekehrt; die Erscheinung zeigt nichts, was nicht im Wesen ist, und im Wesen ist nichts, was nicht manifestiert ist« (Enzyklopädie, § 139). Dazu halte man freilich die frühere Bekundung aus der Vorrede zur Phänomenologie: »Es ist ... nicht schwer zu sehen, daß unsere Zeit eine Zeit der Geburt und des Übergangs zu einer neuen Periode ist. Der Geist hat mit der bisherigen Welt seines Daseins und Vorstellens gebrochen und steht im Begriffe, es in die Vergangenheit hinab zu versenken, und in der Arbeit seiner Umgestaltung« (Werke II, S. 10). So wäre denn die Konsequenz aus dieser Bekundung, die Hegel nur nicht gezogen hat, allerdings diese: wo eine Zeit der »Geburt« ist, ist auch der Schoß eines real Möglichen, dem sie entspringt, und wo »Arbeit der Umgestaltung« ist, muß die Potenz des Umgestaltens wie die Potentialität des Umgestaltbaren mehr sein als nur leere Abstraktion der Reflexion-in-sich. Item, die Logik und Ontologie des weiten Reichs des Möglichen ist erdrückt worden von dem statischen Wahn, daß alles Mögliche im Wirklichen bereits ausgestaltet sei. Daß es deshalb so gleichgültig sei wie die Ähre, aus der das Korn heraus ist, oder wie Schachfiguren nach beendetem Spiel. Die Wahrheit ist aber die Marxsche, die von aller bisherigen Philosophie sich abhebende, daß es darauf ankomme, die Welt als richtig interpretierte, das heißt eben als dialektisch-materialistisch prozeßhafte, als unabgeschlossene, zu verändern. Veränderung der veränderbaren Welt ist die Theorie-Praxis des realisierbar real Möglichen an der Front der Welt, des Weltprozesses. Und an diesem Ende ist das real Mögliche, das in jeder kontemplativ-statischen Philosophie heimatlose, das Realproblem der Welt selber: als das noch Unidentische von

Erscheinung und wirklichem Wesen, schließlich von Existenz und Essenz in ihr.

Möglichkeit verwirklichen

Der Mensch ist dasjenige, was noch vieles vor sich hat. Er wird in seiner Arbeit und durch sie immer wieder umgebildet. Er steht immer wieder vorn an Grenzen, die keine mehr sind, indem er sie wahrnimmt, er überschreitet sie. Das Eigentliche ist im Menschen wie in der Welt ausstehend, wartend, steht in der Furcht, vereitelt zu werden, steht in der Hoffnung, zu gelingen. Denn was möglich ist, kann ebenso zum Nichts werden wie zum Sein: das Mögliche ist als das nicht voll Bedingte das nicht Ausgemachte. Daher eben ist dieser realen Schwebe gegenüber von vornherein, wenn der Mensch nicht eingreift, ebenso Furcht wie Hoffnung angemessen, Furcht in der Hoffnung, Hoffnung in der Furcht. Deshalb haben die Stoiker – weise oder auch allzu passiv weise – geraten, der Mensch solle sich nicht in der Nähe von Verhältnissen ansiedeln, über die er keine Macht hat. Doch indem beim Menschen das aktive Vermögen besonders zur Möglichkeit gehört, so macht der Einsatz dieser Aktivität und Tapferkeit, sobald und soweit er stattfindet, ein Übergewicht der Hoffnung. Tapferkeit dieses Sinns ist Gegenzug gegen die negative Möglichkeit des Abwegs ins Nichts. Sie ist aber nur Gegenzug, indem sie, statt der raschen, abstrakten Heldentat, sich der genauesten Vermittlung mit den gegebenen Bedingungen versichert. Das ist: mit der Reife dieser Bedingungen sich vermittelt und mit ihrem auf der gesellschaftlichen Tagesordnung stehenden Inhalt. Nur dieses ist Praxis nach Maßgabe des jeweils Möglichen im Feld des insgesamten Möglichkeit-Seins der unabgeschlossenen Geschichte und Welt. Nur solche Praxis kann die im Geschichtsprozeß anhängige Sache: die Naturalisierung des Menschen, die Humanisierung der Natur aus der realen Möglichkeit zur Wirklichkeit überführen. Ein Zukunftsland, wie alles Totum des Möglichen, aber es ist voll genau verfolgbarer geschichtlich-tendenzieller Vermittlung. Wie die Zeit, nach Marx, der Raum der Geschichte ist, so ist der *Zukunftsmodus* der Zeit der Raum der *realen Möglichkeiten der Geschichte*, und er liegt allemal am Horizont der jeweiligen Tendenz des Weltgeschehens. Das ist theoretisch-praktisch: an der Front des Weltprozesses, wo die Entscheidungen fallen, neue Horizonte aufgehen. Und der Prozeß in diese Zukunft ist einzig der der Materie, die sich durch den Menschen als ihrer höchsten Blüte zusammenfaßt und zu Ende bildet.

Das Unsere wie auch das noch nicht Unsere hat diesen Weg vor sich, er ist rauh und offen. Menschen und Dinge sind in dieser Bahn vereint, auf diese Art hängen Mensch und Welt am besten zusammen. Wobei durch die Menschen, vor nicht mehr als einigen tausend Jahren, der entscheidende Stoß gekommen ist, durch den eröffnet wurde, was man in unbescheidener, doch nur vorläufig übertriebener Weise Weltgeschichte nennt. Der Mensch und seine Arbeit ist derart im historischen Weltvorgang ein Entscheidendes geworden; mit der Arbeit als Mittel zur Menschwerdung selber; mit den Revolutionen als Geburtshelfern der künftigen Gesellschaft, womit die gegenwärtige schwanger ist; mit dem Ding für uns, der Welt als vermittelter Heimat, wozu die Natur in kaum erst betretener, gar aufgesprengter Möglichkeit ist. Der subjektive Faktor ist hierbei die unabgeschlossene Potenz, die Dinge zu wenden, der objektive Faktor ist die unabgeschlossene Potentialität der Wendbarkeit, Veränderbarkeit der Welt im Rahmen ihrer Gesetze, ihrer unter neuen Bedingungen sich aber auch gesetzmäßig variierenden Gesetze. Beide Faktoren sind miteinander stets verflochten, in dialektischer Wechselwirkung, und nur die isolierende Überbetonung des einen (wodurch das Subjekt zum letzten Fetisch wird) oder des anderen (wodurch das Objekt, in scheinbarem Selbstlauf, zum letzten Fatum wird) reißen Subjekt und Objekt entzwei. Die subjektive Potenz fällt zusammen nicht nur mit dem Wendenden, sondern mit dem Realisierenden in der Geschichte, und desto mehr fällt sie damit zusammen, je mehr die Menschen bewußte Hersteller ihrer Geschichte werden. Die objektive Potentialität fällt zusammen nicht nur mit dem Veränderbaren, sondern mit dem Realisierbaren in der Geschichte, und desto mehr fällt sie damit zusammen, je mehr die vom Menschen unabhängige Außenwelt ebenso eine wachsend mit ihm vermittelte ist. Realisierendes ist gewiß auch, mit wilder Wirkungskraft und Samen, auch großer Breite, in der vormenschlichen und außermenschlichen Welt. Ist hier, obzwar mit keinem oder schwachem Bewußtsein, von der gleichen intensiven Wurzel, aus der dann auch die menschlich subjektive Potenz entsprungen ist. Doch noch gewisser faßt der Mensch als Realisierendes – vor allem sofern und nachdem es nicht mehr mit falschem Bewußtsein versehen ist – die zentrale Potenz in der Potenz-Potentialität der prozessualen Materie zusammen. Diese zentrale Potenz steht derart wachsend in der Möglichkeit, das treibende Kern-Interesse alles Geschehens, diesen Ursprung und Inhalt der letzten realen Möglichkeit, selber wachsend zu treffen, anzutreffen, ihn zu identifizieren, ja sich mit ihm manifest-identisch zu machen. So transfinit auch alle dergleichen Ausrichtungen sind, so liegen sie doch in der strengen und konsequenten Verlängerungslinie des mit bewußter Herstellung der Geschichte Bezeichneten – contra undurchschautes Schicksal. Wonach eben die Realisierung des Realisierenden selber, das heißt, die adäquate Manifestierung des Geschichtsbildenden, Prozeß-Erregenden, als des Kerns der Realmöglichkeit, die ebenso entlegenste wie positiv-tiefste Realmöglichkeit ausmacht; mit kaum erst partiell vorliegenden Bedingungen. Dennoch ist hier das Ganze des bewußten Herstellens der Geschichte sichtbar: erfaßte, erlangte, ausgebreitete causa sui in Gesellschaft und Natur. Wodurch die Realisierung des Realisierenden, diese letzte Realmöglichkeit, das gleiche ist wie das letzte Realproblem: Gesellschaft wie Natur in die Angeln zu heben. Und eben die Welt dieser letzten Realmöglichkeit, die wenigstens definitorisch antizipierbare Welt der causa sui, stellt sich im Exempel dar als: Einklang des unverdinglichten Objekts mit dem manifestierten Subjekt, des unverdinglichten Subjekts mit dem manifestierten Objekt. Das sind die – einer nahen wie fernen Zukunft zugekehrten – Grundproportionen der menschlichen Entwicklung. Die Angel in der menschlichen Geschichte aber ist ihr Erzeuger – der arbeitende Mensch, der endlich nicht mehr veräußerte, entfremdete, verdinglichte, für den Profit seiner Ausbeuter unterjochte. Marx ist der verwirklichte Lehrer dieser Aufhebung des Proletariats, dieser möglichen, wirklich werdenden Vermittlung der Menschen mit sich selbst und ihrem normalen Glück. Die Angel in der Geschichte der Natur aber, die der Mensch zum Unterschied von seiner eigenen Geschichte zwar beeinflußt, doch nicht macht, ist jenes mit uns kaum noch vermittelte, ja noch hypothetische Agens des außermenschlichen Geschehens, das abstrakt Naturkraft heißt, unhaltbar-pantheistisch natura naturans genannt worden war, das jedoch in dem Augenblick konkret zugänglich gemacht werden kann, wo der arbeitende Mensch, dieser stärkste, höchstbewußte, von der übrigen Natur keinesfalls abgetrennte Teil des universalen materiellen Agens, aus dem halben Inkognito seiner bisherigen Entfremdung herauszutreten beginnt. Marx ist der essentielle Lehrer dieser sich annähernden Vermittlung mit dem Produktionsherd des Weltgeschehens insgesamt, der, wie Engels sagt, Verwandlung des angeblichen Dings an sich zum Ding für uns im Maß einer möglichen Humanisierung der Natur. Freies Volk auf freiem Grund, so total gefaßt, das ist das Endsymbol der Realisierung des Realisierenden, also des radikalsten Grenzinhalts im objektiv-real Möglichen überhaupt.

Weltveränderung oder die Elf Thesen von Marx über Feuerbach

Das Denken nach vornhin ist seit langem angesagt und zu hören. Nur die Feigen reden sich aus allem heraus, und die Lügner bleiben allgemein. Nur sie verstecken sich in weiten oder spinösen Gewändern, suchen immer woanders zu sein als dort, wo man sie ertappt. Aber das Wahre kann überhaupt nicht genug bestimmt sein, auch dann und gerade dann, wenn die Sache vor dem Blick noch dämmert. Durch diesen frühen Spürsinn fürs Wesentliche gelangen bereits dem neunzehnjährigen Marx, im erhaltenen Brief an seinen Vater, scharf gefaßte Hauptsätze schlechthin. Diese Art will von Anfang an in den Kern der Sache, verspielt sich nirgends ins Unnütze, wirft es, sobald es erkannt ist, sogleich ab. So ist sie fähig, bei allem breit Erblickten, lang Durchdachten, das hinzukommt, jederzeit wieder in Form zu sein, zuschlagend und pointierend. Das Erfaßte, das sich so zu fassen versteht, zeigt die Pointen auf dem Weg. Mit und an ihnen schärft sich nun der Zug nach vorwärts, damit ihm selbst mögliche Umschweife noch dienen. Freilich auch ist dies Weisende, in seiner Folge, nicht immer so rasch überblickbar, wie es, in seiner Kürze, zitierbar ist. Denn bedeutende Kürze ist zusammenhängend, darum ist ihr Wort am wenigstens schnell fertig.

Zeit der Abfassung

So muß sich der Verstand an solchen Sätzen immer wieder neu bewähren. Das nirgends frischer als an der gedrängten Sammlung gedrängtester Weisungen, die als die Elf Thesen über Feuerbach bekannt sind. Marx hat sie im April 1845 in Brüssel niedergeschrieben, höchst wahrscheinlich im Zug der Vorarbeit zur »Deutschen Ideologie«. Veröffentlicht wurden die Thesen erst 1888 durch Engels, als Anhang zu dessen »Ludwig Feuerbach und der Ausgang der klassischen deutschen Philosophie«. Hierbei hat Engels den zuweilen nur skizzierten Text von Marx stilistisch leicht redigiert, selbstredend ohne die leiseste inhaltliche Veränderung. Engels schreibt in der

Vorbemerkung zu seinem »Ludwig Feuerbach« über die Thesen: »Es sind Notizen für spätere Ausarbeitung, rasch hingeschrieben, absolut nicht für den Druck bestimmt, aber unschätzbar als das erste Dokument, worin der geniale Keim der neuen Weltanschauung niedergelegt ist.« Feuerbach hatte vom reinen Gedanken auf die sinnliche Anschauung, vom Geist auf den Menschen, samt der Natur als seiner Basis, zurückgerufen. Wie bekannt, hatte diese so »humanistische« wie »naturalistische« Absage an Hegel (mit Mensch als Hauptgedanke, Natur statt Geist als Prius) auf den jungen Marx einen starken Einfluß. Feuerbachs »Das Wesen des Christentums«, 1841, seine »Vorläufigen Thesen zur Reform der Philosophie«, 1842, auch noch seine »Grundsätze der Philosophie der Zukunft«, 1843, wirkten desto befreiender, als auch die linke Hegelschule von Hegel nicht loskam, vielmehr über eine lediglich innerhegelsche Kritik am Meister des Idealismus nicht hinausging. »Die Begeisterung«, sagt Engels im »Ludwig Feuerbach« noch an die fünfzig Jahre später, rückblickend, »war allgemein: wir waren alle momentan Feuerbachianer. Wie enthusiastisch Marx die neue Auffassung begrüßte, und wie sehr er – trotz aller kritischen Vorbehalte – von ihr beeinflußt wurde, kann man in der ›Heiligen Familie‹ lesen« (Ludwig Feuerbach, Dietz, 1946, S. 14). Die deutsche Jugend von damals glaubte statt Himmel endlich Land zu sehen, menschlich, diesseitig.

Indessen hat sich Marx von diesem allzu vagen diesseitigen Menschsein recht bald gelöst. Die Tätigkeit an der »Rheinischen Zeitung« hatte ihn in weit engeren Kontakt mit politischen und ökonomischen Fragen gebracht, als die Links-Hegelianer, aber auch Feuerbachianer besaßen. Ebendieser Kontakt führte Marx von der Kritik der Religion, auf die Feuerbach sich beschränkte, *wachsend* zur Kritik des Staats, ja bereits der gesellschaftlichen Organisation, die – wie die »Kritik der Hegelschen Staatsphilosophie« 1841-1843 erkennt – die Form des Staats bestimmt. In Hegels Unterscheidung zwischen bürgerlicher Gesellschaft und Staat, von Marx pointiert, steckte schon selber mehr ökonomisches Bewußtsein als bei seinen Epigonen, auch bei Feuerbachianern. Die Ablösung von Feuerbach geschah hochachtungsvoll und zunächst nur wie eine Korrektur oder gar bloße Ergänzung, doch der gänzlich andere, der gesellschaftliche Blickpunkt ist von Anfang an klar. Am 13. März 1843 schreibt derart Marx an Ruge: »Feuerbachs Aphorismen sind mir nur in dem Punkt nicht recht, daß er zu sehr auf die Natur und zu wenig auf die Politik hinweist. Das ist aber das einzige Bündnis, wodurch die jetzige Philosophie eine Wahrheit werden kann« (MEGA I, 1/2, S. 308). Die »Ökonomisch-philosophischen Manuskripte«, 1844, enthalten noch eine bedeutende Feier Feuerbachs, freilich als Gegensatz zur Hirnweberei Bruno Bauers; sie rühmen so unter Feuerbachs Taten vor allem die »Gründung des wahren Materialismus und der reellen Wissenschaft, indem Feuerbach das Verhältnis ›des Menschen zum Menschen‹ ebenso zum Grundprinzip der Theorie macht« (MEGA I, 3, S. 152). Doch sind die »Ökonomisch-philosophischen Manuskripte« bereits viel weiter, als sie aussprechen, über Feuerbach hinaus. Das Verhältnis »des Menschen zum Menschen« bleibt in ihnen kein abstrakt-anthropologisches überhaupt, wie bei Feuerbach, vielmehr dringt die Kritik der menschlichen Selbstentfremdung (von der Religion auf den Staat übertragen) bereits zum ökonomischen Kern des Entfremdungsvorgangs. Das nicht zuletzt in den großartigen Partien über die Hegelsche Phänomenologie, in denen die geschichtsbildende Rolle der Arbeit kenntlich gemacht wird, in denen Hegels Werk daraufhin interpretiert wird. Zugleich aber kritisieren die »Ökonomisch-philosophischen Manuskripte« dieses Werk, weil es die menschliche Arbeitstätigkeit nur als geistige, nicht als materielle auffaßt. Der Durchbruch zur politischen Ökonomie, also weg von Feuerbachs allgemeinem Menschen, vollzieht sich in dem ersten zusammen mit Engels unternommenen Werk, in der »Heiligen Familie«, ebenfalls 1844. Die »Ökonomisch-philosophischen Manuskripte« enthielten bereits den Satz: »Arbeiter selbst ein Kapital, eine Ware« (l. c, S. 103), wonach also vom Feuerbachschen Menschsein hier nichts übrigbleibt als seine Negation im Kapitalismus; die »Heilige Familie« notierte den Kapitalismus selber als den Quell dieser stärksten und letzten Entfremdung. Statt des Feuerbachschen Gattungsmenschen, mit seiner gleichbleibenden abstrakten Natürlichkeit, erschien nun deutlich ein historisch wechselndes Ensemble gesellschaftlicher Verhältnisse und vor allem: ein klassenmäßig antagonistisches. Die Entfremdung freilich umfaßte beide: die Ausbeuterklasse wie die der Ausgebeuteten, vor allem im Kapitalismus, als der stärksten Form dieser Selbstentäußerung, Verobjektivierung. »Aber«, sagt die »Heilige Familie«, »die erste Klasse fühlt sich in dieser Selbstentfremdung wohl und bestätigt, weiß die Entfremdung als *ihre eigene Macht* und besitzt in ihr den Schein einer menschlichen Existenz; die zweite fühlt sich in der Entfremdung vernichtet, erblickt in ihr ihre Ohnmacht und die Wirklichkeit einer unmenschlichen Existenz« (MEGA I, 3, S. 206). Was eben die jeweils arbeitsteilige, klassenhafte Produktion und Austauschweise, zuhöchst die kapitalistische, als den endlich entdeckten Quell der Entfremdung erwies. Spätestens von 1843 ab war Marx Materialist; die »Heilige Familie« hat 1844 die materialistische Geschichtsauffassung geboren, mit ihr den wissenschaftlichen Sozialismus. Und die »Elf Thesen«, *zwischen der »Heiligen Familie« von 1844/45 und der »Deutschen Ideologie« von 1845/46 entstanden*, stellen so den formulierten Abschied von Feuerbach dar, zusammen mit höchst originalem Erbantritt. Politisch-empirische Erfahrung aus der rheinischen Zeit plus Feuerbach haben Marx gegen den »Geist« und wieder »Geist« der linken Hegelschule immun gemacht. Der bezogene Standpunkt des *Proletariats* hat Marx ursächlich-konkret, also wahrhaft (aus dem Fundament) humanistisch werden lassen.

Wie sich von selbst versteht, ist der Abschied hier kein völliger Bruch. Beziehungen zu Feuerbach gehen durch weite Teile des Marxschen Werks, auch nach dem Abschied der »Elf Thesen«. Am nächsten steht dem verlassenen Land, schon aus zeitlichen Gründen, die den Thesen unmittelbar nachfolgende »Deutsche Ideologie«. Manche kritische Fassung der Thesen kehrt in ihr wieder, wobei freilich die Kritik an Feuerbach und die mörderische Erledigung schlechter Hegelepigonen sich hier sehr unterscheiden. Feuerbach gehörte noch zur bürgerlichen Ideologie, also mußte die Auseinandersetzung mit ihren scheinradikalen Zerfallserscheinungen, wie Bruno Bauer und Stirner, auch ihn in die »Deutsche Ideologie« verwickeln. Doch so, daß der Philosoph stellenweise noch selber den Griff der konsequenten Waffe lieferte, mit der Marx auch gegen ihn, vor allem aber gegen die Linkshegelianer dreinfuhr. Demgemäß beginnt die »Deutsche Ideologie« grundlegend mit dem Namen Feuerbach und kritisiert, von seiner Religionskritik ausgehend, die lediglich inneridealistische »Überwindung« des Idealismus. »Keinem von diesen Philosophen ist es eingefallen, nach dem Zusammenhange der deutschen Philosophie mit der deutschen Wirklichkeit, nach dem Zusammenhange ihrer Kritik mit ihrer eigenen materiellen Umgebung zu fragen« (MEGA I, 5, S. 10). Marx betont auf der anderen Seite jedoch Feuerbachs »großen Vorzug vor den ›reinen‹ Materialisten, daß er einsieht, wie auch der Mensch

›sinnlicher Gegenstand‹ ist«. In der Tat ist mit der angegebenen Anerkennung genau so die Wichtigkeit Feuerbachs für die Heranbildung des Marxismus bezeichnet wie mit der Kritik an seinem abstrakten, geschichtslosen Menschwesen das Un-, ja Anti-Feuerbachsche des ausgebildeten Marxismus selbst. Die Anerkennung sagt: ohne den Menschen als ebenfalls »sinnlichen Gegenstand« wäre Menschliches als Wurzel aller gesellschaftlichen Dinge sehr viel schwerer materialistisch herausgearbeitet worden. Feuerbachs anthropologischer Materialismus bezeichnet so den erleichtert möglichen Übergang vom bloß mechanischen Materialismus zum historischen. Die Kritik sagt: ohne die Konkretisierung des Menschlichen zu wirklich existierenden, vor allem gesellschaftlich tätigen Menschen, mit wirklichen Verhältnissen zueinander und zur Natur, wären Materialismus und Geschichte eben dauernd auseinandergefallen, trotz aller »Anthropologie«. Hierbei bleibt aber Feuerbach für Marx stets bedeutend, sowohl als Durchgang wie als der einzige zeitgenössische Philosoph, mit dem eine Auseinandersetzung überhaupt möglich, klärend und fruchtbar ist. Die Grundgedanken, auf die Marx derart kritisch reagiert, über die er produktiv wegschreitet, stehen wesentlich in Feuerbachs Hauptschrift »Das Wesen des Christentums«, von 1841. Weiter kommen in Betracht Feuerbachs »Vorläufige Thesen zur Reform der Philosophie«, von 1842, und die »Grundsätze der Philosophie der Zukunft«, von 1843. Die früheren Schriften des Philosophen dürften für Marx kaum Bedeutung gehabt haben, da Feuerbach mindestens bis 1839 zu unoriginell war, zu sehr unter Hegels Einfluß stand. Erst von da ab hat Feuerbach den Hegelschen Begriff der Selbstentfremdung auf die Religion angewandt. Erst von da ab sagte der frühere Hegelianer, sein erster Gedanke sei Gott gewesen, sein zweiter Vernunft, sein dritter und letzter sei der Mensch. Das heißt: so wie die Hegelsche Vernunftphilosophie den Kirchenglauben überwunden habe, so setze nun die Philosophie den Menschen (mit Einschluß der Natur als seiner Basis) an Hegels Statt. Bei alldem aber konnte Feuerbach den Weg nicht finden zur Wirklichkeit; gerade das Wichtigste an Hegel: die historisch-dialektische Methode warf er fort. Erst die »Elf Thesen« wurden die Wegweiser aus bloßem Anti-Hegel in die veränderbare Wirklichkeit, aus dem Materialismus der Etappe in den der Front.

Frage der Gruppierung

Eine alte und neue Frage ist, wie die Thesen geordnet werden müssen. Denn so, wie sie dastehen, zur Selbstverständigung, nicht für den Druck bestimmt, überschneiden sie sich mehrfach. Bringen auch den gleichen Inhalt an anderer Stelle, machen den Einteilungs- und Abfolgegrund nicht überall sichtbar. Bedürfnisse des Unterrichts haben daher mancherlei Versuche gezeitigt, die Thesen nach ihrer Zusammengehörigkeit umzuordnen und sie so in Gruppen zu gliedern. Dabei wird zuweilen versucht, die Nummernabfolge bestehen zu lassen, gleich als wären die »Elf Thesen« hintereinander, in Reih und Glied subsumierbar. Solch nummerntreue Gruppierung sieht etwa folgendermaßen aus: Thesen 1, 2, 3 stehen unter: Einheit von Theorie und Praxis im Denken, Thesen 4 und 5 unter: Verständnis der Wirklichkeit in Widersprüchen, Thesen 6, 7, 8, 9 unter: Die Wirklichkeit selber in Widersprüchen, Thesen 10, 11 unter: Ort und Aufgabe des dialektischen Materialismus in der Gesellschaft. Das ist die Ordnung nach *Ziffern*; indem es noch mehrere solcher gibt und inhaltlich ganz verschiedene, ergibt sich, wie wenig der bloße Stellenwert der Zahlen hier lehrt. Jede solcher Ordnungen behandelt die Reihenfolge einerseits zu hoch, indem sie sie ewig eingegraben sein läßt, wie im Zwölftafelgesetz oder in den Zehn Geboten, andererseits behandelt sie sie so niedrig und formalistisch, als ob sie eine Briefmarkenserie wäre. Numerierung aber ist nicht Systematik, und am wenigsten hat Marx diesen Ersatz nötig. Daher also muß philosophisch, nicht arithmetisch gruppiert werden, daß heißt, die Reihenfolge der Thesen ist einzig die ihrer *Themen* und *Inhalte*. Es gibt, soweit zu sehen ist, noch keinen Kommentar zu den Elf Thesen; erst mit ihm aber, als aus der gemeinsamen Sache selber geschehend, geht auch der sich fortproduzierende Zusammenhang ihrer Kürze wie Tiefe auf. Dann erscheint: Erstens die erkenntnistheoretische Gruppe, *Anschauung und Tätigkeit* betreffend (Thesen 5, 1, 3); zweitens die anthropologisch-historische Gruppe, *Selbstentfremdung, ihre wirkliche Ursache und den wahren Materialismus* betreffend (Thesen 4, 6, 7, 9, 10); drittens die zusammenfassende oder Theorie-Praxis-Gruppe, *Beweis und Bewährung* betreffend (Thesen 2, 8). Zuletzt erfolgt die wichtigste These, als das *Losungswort*, woran sich nicht nur die Geister endgültig scheiden, sondern mit dessen Gebrauch sie aufhören, nichts als Geister zu sein (These 11). Sachgemäß wird die erkenntnistheoretische Gruppe mit These 5 eröffnet, die anthropologisch-historische mit These 4; denn diese Thesen bezeichnen die beiden Grundlehren Feuerbachs, die Marx relativ anerkennt, und über die er in den übrigen Thesen der jeweiligen Gruppen hinausgeht. Die übernommene Grundlehre ist in These 5 die Abkehr vom abstrakten Denken, in These 4 die Abkehr von der menschlichen Selbstentfremdung. Und entsprechend dem ersten Grundzug der materialistischen Dialektik, dessen Abbildung sich hier anmeldet, besteht zwischen den einzelnen Thesen innerhalb der jeweiligen Gruppe freie, sich ergänzende Bewegung der Stimmen; so wie zwischen den Gruppen selber ständige Wechselbeziehung geschieht, ein zusammenhängendes einheitliches Ganzes.

Erkenntnistheoretische Gruppe: Die Anschauung und Tätigkeit

Thesen 5, 1, 3

Anerkannt wird hier, daß auch denkend nur vom Sinnlichen auszugehen ist. Die Anschauung, nicht der von ihr nur abgezogene Begriff ist und bleibt der Anfang, an dem jedes materialistische Erkennen sich ausweist. Daran hatte Feuerbach in einer Zeit erinnert, wo noch jede akademische Straßenecke von Geist, Begriff und wieder Begriff widerklang. These 5 betont dieses Verdienst: Feuerbach ist mit dem Kopfwesen »nicht zufrieden«, er will die Füße auf dem angeschauten Boden. Aber These 5, sodann vor allem These 1 machen zugleich kenntlich, daß bei *betrachtender* Sinnlichkeit, wie Feuerbach sie einzig kennt, die Füße noch nicht gehen können und der Boden selber ungangbar bleibt. Der so Anschauende versucht auch gar keine Bewegung, er bleibt im Stand des bequemen Genießens. Daher lehrt These 5: bloßes Anschauen »faßt die Sinnlichkeit nicht als praktische, als menschlich-sinnliche Tätigkeit«. Und These 1 wirft dem ganzen bisherigen Materialismus vor, daß die Anschauung nur »unter der Form des Objekts« gefaßt wird, »nicht aber als menschliche sinnliche Tätigkeit, Praxis, nicht subjektiv«. Daher geschah es, daß die tätige Seite, im Gegensatz zum Materialismus, »vom Idealismus entwickelt wurde – aber nur abstrakt, da der Idealismus natürlich die wirkliche sinnliche Tätigkeit als solche nicht kennt«. An Stelle der untätigen Betrachtung, worin aller bisherige Materialismus, einschließlich des Feuerbachschen, verharrt, tritt so der Faktor menschliche Tätigkeit. Und das bereits innerhalb des sinnlichen, also unmittelbaren, als grundlegend-anfangenden Wissens: Sinnlichkeit als Kenntnis, als wirkliche Basis der Erkenntnis ist so keineswegs dasselbe wie (kontemplative) Anschauung. Der von Marx nun in These 1 derart betonte *Begriff Tätigkeit* stammt eben aus der idealistischen Erkenntnistheorie, und zwar nicht aus der idealistischen schlechthin, sondern erst aus der in bürgerlicher Neuzeit entwickelten. Denn dieser Begriff setzt eine Gesellschaft als Basis voraus, wo die herrschende Klasse sich selber in Tätigkeit, also Arbeit sieht oder sehen möchte. Das aber ist erst in der kapitalistischen Gesellschaft der Fall, sofern hier die Arbeit, soll heißen: der Arbeits*schein* um die herrschende Klasse, zum Unterschied von allen vorbürgerlichen Gesellschaften nicht mehr schändet, sondern geehrt wird. Das aus Notwendigkeit des Profits, der in dieser Profitgesellschaft sich entfesselnden Produktivkräfte. Die in der antiken Sklavenhalter-, auch in der feudalen Leibeigenengesellschaft verachtete Arbeit (sogar die Bildhauer zählten in Athen zu den Banausen) reflektiert sich selbstverständlich auch in den *Gedanken* der herrschenden Klasse nicht, gänzlich eben zum Unterschied von der Ideologie des Unternehmers, des Bourgeois, des sogenannten homo faber. Dessen in der Neuzeit freiwerdende, die bürgerliche Neuzeit bildende, noch lange fortschrittliche Profitdynamik sich auch im Überbau durchaus kenntlich macht und die Basis selber aktiviert. Das sowohl moralisch, in Gestalt eines sogenannten *Arbeitsethos*, wie erkenntnistheoretisch, in Gestalt eines Begriffs der Tätigkeit, eines *Arbeitslogos* in der Erkenntnis. Das Arbeitsethos, vorzüglich von den Calvinisten zwecks Kapitalsbildung gepredigt, diese kapitalistische vita activa setzte sich gegen die aristokratische Muße ab, auch gegen die vita contemplativa der beschaulichen, mönchisch-gelehrten Existenz. Parallel unterschied sich der Arbeitslogos in der Erkenntnis, dieser vorzüglich im bürgerlichen Rationalismus übersteigerte Begriff des »Erzeugens«, von dem antiken wie noch scholastischen Erkenntnisbegriff des bloßen Empfangens: der Schau, der visio, der passiven Abbildung. Wie sie im Begriff der »Theoria« selber erhalten ist, gemäß dem ursprünglichen Schau-Sinn des Worts. Auch Platon ist derart am Ende, cum grano salis, empfangender Sensualist; denn wie immer ideal und wie immer rein auf Ideen bezogen sich seine Schau gibt, so ist sie doch eben wesenhaft rezeptive Schau, und der Denkvorgang wird durchgehends entsprechend der sinnlichen Anschauung gefaßt. Nun aber steht selbst Demokrit, also der erste große, ja der bis Marx tonangebende *Materialist*, ebenfalls in dieser arbeitsfremden, *den Arbeitsvorgang nicht reflektierenden* Ideologie. Auch Demokrit faßt die Erkenntnis nur als passive; das Denken, wodurch bei ihm das wahrhaft Wirkliche erkannt wird, das Wirkliche der Atome samt ihrem Mechanismus, wird hier einzig durch den Eindruck entsprechender Bilderchen (eidola) erklärt, die von der Oberfläche der Dinge sich ablösen und in den Wahrnehmend-Erkennenden einfließen. Im Punkt erkenntnistheoretische Nicht-Tätigkeit ist zwischen Platon und Demokrit mithin gar kein Unterschied; beide Erkenntnistheorien eint die Sklavenhaltergesellschaft, das ist hier: die Abwesenheit der verachteten Arbeitstätigkeit im philosophischen Überbau. Und nun: das Paradox erscheint, daß der Rationalismus, der *Idealismus* der Neuzeit, der sich von Platon oft weit entfernt hat, viel stärker den Arbeitsvorgang erkenntnistheoretisch reflektierte als der *Materialismus* der Neuzeit, der sich von seinem antiken Stammvater Demokrit ja nie so weit entfernt hat. Der ruhend abbildende Spiegel, diese Auslassung des Arbeitsbegriffs, ist derart, bis Feuerbach einschließlich, materialistisch häufiger als das Pathos der »Erzeugung«, gar der dialektischen Wechselabbildung von Subjekt-Objekt, Objekt-Subjekt aufeinander. Unter den neueren Materialisten lehrt einzig Hobbes rationale »Erzeugung«, mit dem Grundsatz, der bis zu Kant gilt: Nur solche Gegenstände sind erkennbar, die mathematisch konstruierbar sind. Doch so sehr Hobbes mittels dieses Grundsatzes die Philosophie gerade als Lehre von der mathematisch-mechanischen Bewegung der Körper, mithin als Materialismus definieren konnte, so wenig kam er doch auch seinerseits über die von Marx gerügte »Form des Objekts«, nämlich über bloß kontemplativen Materialismus hinaus. Ein anderes geschah innerhalb des Idealismus dort, wo die »Erzeugung« aus der *geometrischen Konstruktion* in die wirkliche Arbeitsgestalt der *historischen Genesis* überging. Das gelang entschieden erst bei Hegel; erst die »Phänomenologie des Geistes« machte mit der Dynamik des erkenntnistheoretischen Arbeitsbegriffes immerhin *historisch*-idealistischen Ernst. Dieser lag auch weit über dem bloß *ma-*

thematisch-idealistischen »Erzeugungs«-Pathos, wie es bei den großen Rationalisten der Manufakturperiode, bei Descartes, Spinoza, Leibniz, in ihren Halb- oder Ganz-Idealismus hineingewirkt hatte. Kein besserer Zeuge für diese Bedeutung der Hegelschen Phänomenologie, der von Feuerbach überhaupt nicht verstandenen, als Marx in den »Ökonomisch-philosophischen Manuskripten«: die Größe der Phänomenologie wird von Marx eben darin gesehen, daß sie »das Wesen der Arbeit faßt und den gegenständlichen Menschen, wahren, weil wirklichen Menschen, als Resultat seiner eigenen Arbeit begreift« (MEGA I, 3, S. 156). Dieser Satz also erläutert aufs beste das angegebene Manko des bloß anschauenden Materialismus, bis Feuerbach einschließlich: dem bisherigen Materialismus fehlt *die dauernd oszillierende Subjekt-Objekt-Beziehung, die Arbeit heißt*. Daher eben faßt er den Gegenstand, die Wirklichkeit, Sinnlichkeit nur »unter der Form des Objekts«, mit Auslassung der »menschlich-sinnlichen Tätigkeit«. Hegels Phänomenologie dagegen stand, wie Marx sagt, »auf dem Standpunkt der modernen Nationalökonomie« (l. c. S. 157). Feuerbach aber stand erkenntnistheoretisch noch auf dem Standpunkt der Sklavenhaltergesellschaft oder auch der Leibeigenschaft, wegen des Nicht-Tätigen, noch Betrachterischen in seinem Materialismus.

Dabei macht Marx selbstverständlich klar, daß die bürgerliche Tätigkeit noch keine ganze, rechte ist. Sie kann das nicht sein, weil sie eben nur Arbeits*schein* ist, weil die Werterzeugung nie vom Unternehmer, sondern vom Bauern, Handwerker, zuletzt Lohnarbeiter ausgeht. Und weil der abstrakte, verdinglichte, unübersichtliche Warenumlauf auf freiem Markt gar nichts anderes als ein letzthin passives, äußerliches, abstraktes Verhältnis zu ihm zuließ. Deshalb betont These 1: auch der erkenntnistheoretische Reflex der Tätigkeit konnte nur ein abstrakter sein, »da der Idealismus natürlich die wirkliche, sinnliche Tätigkeit als solche nicht kennt«. Jedoch auch der bürgerliche Materialist Feuerbach, der vom abstrakten Denken weg will, der statt verdinglichter Gedanken wirkliche Gegenstände sucht, läßt die menschliche Tätigkeit aus diesem wirklichen Sein aus; er faßt sie »selbst nicht als gegenständliche Tätigkeit«. Das wird in der Einleitung zur »Deutschen Ideologie« schlagend weiter ausgeführt: »Feuerbach spricht namentlich von der Anschauung der Naturwissenschaft, er erwähnt Geheimnisse, die nur dem Auge des Physikers und Chemikers offenbar werden; aber wo wäre ohne

Industrie und Handel die Naturwissenschaft? Selbst diese ›reine‹ Naturwissenschaft erhält ja ihren Zweck sowohl wie ihr Material erst durch Handel und Industrie, durch sinnliche Tätigkeit der Menschen. So sehr ist die Tätigkeit, dieses fortwährende sinnliche Arbeiten und Schaffen, diese Produktion die Grundlage der ganzen sinnlichen Welt, daß, wenn sie auch nur für ein Jahr unterbrochen würde, Feuerbach eine ungeheure Veränderung nicht nur in der natürlichen Welt vorfinden, sondern auch die ganze Menschenwelt und sein eigenes Anschauungsvermögen, ja seine eigene Existenz sehr bald vermissen würde. Allerdings bleibt dabei die Priorität der äußeren Natur bestehen, und allerdings hat dies alles keine Anwendung auf die ursprünglichen, durch generatio aequivoca erzeugten Menschen; aber diese Unterscheidung hat nur insofern Sinn, als man den Menschen als von der Natur unterschieden betrachtet. Übrigens ist diese, der menschlichen Gesellschaft vorhergehende Natur ja nicht die Natur, in der Feuerbach lebt, nicht die Natur, die heutzutage, ausgenommen etwa auf einigen australischen Korallen-Inseln neueren Ursprungs, nirgends mehr existiert, also auch für Feuerbach nicht existiert« (MEGA I, 5, S. 33 f.). Wie entscheidend ist mit diesen Sätzen die menschliche Arbeit, die gerade als Gegenstand bei Feuerbach ganz heimatlose, als wichtiger, wenn nicht wichtigster Gegenstand in der die Menschen umgebenden Welt hervorgehoben.

Wonach also das Sein, das alles bedingt, nun selber tätige Menschen in sich hat. Das bringt ganz erstaunliche Folgen, sie machen vor allem These 3 besonders wichtig – nicht nur gegen Feuerbach, auch gegen Vulgärmarxisten. Zwei weitere Begriffe der »sinnlichen Welt«, ein schlechter und ein oft mißverstandener, sind deshalb in diesem wahrhaft gegenständlichen Zusammenhang bemerkenswert, sie gehören engstens zu ihm. Betreffen sie doch die empiristischen Lieblingskinder oder auch Trümpfe jener angeblich tätigkeitsfremden Anschauung, die die »Umstände« nur als das sieht, was um die Menschen herumsteht. Da ist einmal die sogenannte *Gegebenheit*, ein besonders objekthaft, also scheinbar materialistisch bezogener Begriff. Jedoch abgesehen davon, daß es bedeutungsgemäß ein Wechselbegriff ist, der nicht gälte, wenn es kein Subjekt gäbe, dem allein etwas gegeben wird oder gegeben sein kann, ist in der Welt, die die Umgebung der Menschen ausmacht, kaum ein Gegebenes, das nicht ebenso ein *Bearbeitetes* wäre. Marx spricht daher vom »Material«, wie es die Naturwissenschaft ja erst durch Handel und Industrie erhält. In der Tat zeigt nur die Oberflächenbetrachtung Gegebenes; bei einigem Eindringen dagegen enthüllt sich jeder Gegenstand unserer normalen Umgebung als ein keineswegs schieres Datum. Er erweist sich vielmehr als Endresultat vorhergehender Arbeitsvorgänge, und noch der Rohstoff, außer dem, daß er gänzlich verändert ist, wurde mit Arbeit aus dem Wald geholt oder aus Felsen gehauen oder aus der Erdtiefe gefördert. So viel über den ersten passiven Trumpf, der ersichtlich gar keiner ist, sondern nur am Standort der Oberfläche gilt und sticht. Der zweite Trumpf angeblich tätigkeitsfremder Anschauung benutzt zunächst allerdings einen völlig legitimen, ja entschieden materialistischen Begriff, nämlich das *Prius des Seins vor dem Bewußtsein*. Erkenntnistheoretisch spricht sich dieses Prius aus als die unabhängig vom menschlichen Bewußtsein existierende Außenwelt, geschichtlich als Priorität der materiellen Basis vor dem Geist. Aber Feuerbach wiederum hat diese Wahrheit einseitig verhärtet, er hat sie mechanistisch übertrieben, indem er auch hier die Tätigkeit ausgelassen hat. Unabhängigkeit des Seins vom Bewußtsein ist im Bereich der normalen menschlichen Umgebung keineswegs das Gleiche wie Unabhängigkeit des Seins von menschlicher Arbeit. Durch die Arbeitsvermittlung mit der Außenwelt wird die Unabhängigkeit dieser Außenwelt vom Bewußtsein, ihre Gegenständlichkeit vielmehr so wenig aufgehoben, daß sie gerade dadurch endgültig formuliert wird. Denn wie die menschliche Tätigkeit selber eine gegenständliche ist, also aus der Außenwelt nicht herausfällt, so ist auch die Subjekt-Objekt-Vermittlung, indem sie geschieht, ebenso ein Stück Außenwelt. Auch diese Außenwelt existiert unabhängig vom Bewußtsein, indem sie ja selber nicht unter der Form des Subjekts, aber freilich auch nicht nur »unter der Form des Objekts« erscheint. Sondern eben die *wechselwirkende Vermittlung von Subjekt und Objekt* darstellt, dergestalt, daß zwar überall das Sein das Bewußtsein bestimmt, aber gerade wieder das historisch entscheidende Sein, nämlich das ökonomische, außerordentlich viel objektives Bewußtsein enthält. Alles Sein aber ist für Feuerbach autarkes Prius als rein vormenschliche Basis, Naturbasis, mit dem Menschen als Blüte, doch eben lediglich als Blüte, nicht als eigener Naturkraft. Die menschliche Produktionsweise, der im Arbeitsprozeß geschehende und regulierte Stoffwechsel mit der Natur, gar die Produktionsverhältnisse als Basis, all das hat aber einleuchtenderweise selber Bewußtsein in sich; ebenso wird die materielle Basis in jeder Gesellschaft vom Bewußtseins-Überbau wieder aktiviert. Was die Wechselwirkung in dieser Seins-Bewußtseins-Relation angeht, bei aller Priorität des ökonomischen Seins, so gibt eben These 3 darüber vorzüglichen Aufschluß. Es ist ein Aufschluß, der allerdings dem Vulgärmaterialismus keine Freude bereitet; dafür aber gibt er dem menschlichen Bewußtsein den reellsten Platz in den »Umständen«, also gerade innerhalb der von ihm mitgebildeten Außenwelt. Die mechanistische Milieutheorie behauptet, »daß die Menschen Produkte der Umstände und der Erziehung, veränderte Menschen also Produkte anderer Umstände und geänderter Erziehung sind«. Über diese einseitige, auch oft ganz naturalistische Abbildlehre (Milieu gleich Boden, Klima) setzt nun These 3 die dem bisher üblichen Materialismus so überlegene Wahrheit, »daß die Umstände eben von den Menschen verändert werden, und daß der Erzieher selbst erzogen werden muß«. Das bedeutet selbstverständlich nicht, daß diese Veränderung der Umstände nun ohne Bezug auf jene objektive Gesetzmäßigkeit geschehen könnte, welche auch den Subjekt- und Aktivitätsfaktor bindet. Marx führt vielmehr einen Zweifrontenkrieg an diesem Punkt, er kämpft sowohl gegen die mechanistische Milieutheorie, im Seins-Fatalismus endend, wie gegen die idealistische Subjekttheorie, im Putschismus, mindestens in übersteigertem Tätigkeits-Optimismus endend. Eine Stelle aus der »Deutschen Ideologie« ergänzt derart These 3 durchaus, und zwar auf Grund der heilsamsten Wechselbewegung von Menschen und Umständen, von Subjekt-Objekt-Vermittlung dauernd wechselwirkender, dauernd dialektischer Art. Dergestalt, daß in der Geschichte »auf jeder Stufe ein materielles Resultat, eine Summe von Produktionskräften, ein historisch geschaffenes Verhältnis zur Natur und der Individuen zueinander sich vorfindet, die jeder Generation von ihrer Vorgängerin überliefert wird, eine Klasse von Produktivkräften, Kapitalien und Umständen, die zwar einerseits von der neuen Generation modifiziert wird, ihr aber auch andererseits ihre eigenen Lebensbedingungen vorschreibt und ihr eine bestimmte Entwicklung, einen speziellen Charakter gibt – daß also die Umstände ebensosehr die Menschen wie die Menschen die Umstände machen« (MEGA I, 5, S. 27 f.). Wie gesagt, die Wechselwirkung zwischen Subjekt und Objekt wird an dieser Stelle besonders betont, auch mit hörbarer Voranstellung der *Umstand*-Mensch-Relation vor die umgekehrte, so jedoch, daß der Mensch und seine Tätigkeit allemal das Spezifische der materiellen Geschichtsbasis bleiben, ja gleichsam deren Wurzel darstellen und ebenso deren Umwälzbarkeit. Selbst die Idee (in der Theorie) wird nach Marx eine materielle Gewalt, wenn sie die Massen ergreift; wie sehr erst ist die technisch-politische Veränderung der Umstände eine solche Gewalt, und wie deutlich bleibt auch der so verstandene Subjektfaktor innerhalb der materiellen Welt. Eine letzte Ausführung zu These 3 gibt das »Kapital«, den Menschen nun ganz entschieden zur Außenwelt schlagend, ja zur Natur: »Die seiner Leiblichkeit angehörigen Naturkräfte, Arme und Beine, Kopf und Hand, setzt er in Bewegung, um sich den Naturstoff in einer für sein eigenes Leben brauchbaren Form anzueignen. Indem er durch diese Bewegung auf die Natur außer ihm wirkt und sie verändert, verändert er zugleich seine eigene Natur ... Die Erde selbst ist ein Arbeitsmittel, setzt jedoch zu ihrem Dienst als Arbeitsmittel in der Agrikultur wieder eine ganze Reihe anderer Arbeitsmittel und eine schon relativ hohe Entwicklung der Arbeitskraft voraus« (Das Kapital I, Dietz, 1947, S. 185, 187). Damit also ist die menschliche Tätigkeit mit ihrem Bewußtsein selber als Stück Natur erklärt, als wichtigstes dazu, eben als umwälzende Praxis gerade an der Basis des materiellen Seins, das primär wieder das folgende Bewußtsein bedingt. Jener Feuerbach, der keinerlei revolutionären Auftrag spürte, der auch über den Menschen als naturhaftes Gattungswesen nie hinauskam, hatte für dieses vermehrte, *um die menschliche Aktivität vermehrte* Prius Natur keinerlei Sinn. Das ist allerletzt der Grund, weshalb die Geschichte in seinem rein anschauenden Materialismus nicht vorkommt und weshalb er über das kontemplative Verhalten nicht hinausgelangt. So bleibt sein Verhältnis zum Objekt antik-aristokratisch, in inkonsequentem Gegensatz zum Pathos des Menschen, das er – wieder nur rein theoretisch und eben als bloße Blüte der vorhandenen Natur – in den Mittelpunkt seiner Religionskritik (und keiner anderen) stellte. Hoch sieht er daher auf die Praxis herab, die er nur als gemeines Geschäft kennt: »Die praktische Anschauung ist eine schmutzige, vom Egoismus befleckte Anschauung« (Feuerbach, Das Wesen des Christentums, 1841, S. 264). Es ist diese Stelle, auf die sich Marx in der These 1 zuletzt bezieht, wenn er sagt, daß bei Feuerbach »die Praxis nur in ihrer schmutzigjüdischen Erscheinungsform gefaßt und fixiert wird«. Und wieviel Hochmut dieser Art gab es erst später, als die immer mehr »vom Egoismus befleckte Anschauung«, eine sogenannte *reine* Anschauung, dann eine sogenannte Wahrheit um ihrer selbst willen sich ideologisch beibog. Wieviel »equestrische Wissenschaft« entstand da, hoch zu Roß, au dessus de la melée (außer dem Schmutz in ihr selber); wieviel Aristokratie des Wissens (ohne aristoi), verständnisinnig der schmutzigen Praxis verschworen, von der rechten abhaltend. Ahnungsvoll setzte Marx bereits gegen ein so reines Unverständnis wie dasjenige Feuerbachs das Pathos der »revolutionären, der praktisch-kritischen Tätigkeit«. Derart betont Marx gerade als Materialist, gerade innerhalb des Seins selber, den subjektiven Faktor der Produktionstätigkeit, als welcher, genau wie der objektive, ein *gegenständlicher* ist. Und das hat gewaltige, gerade auch antivulgärmaterialistische Konsequenzen; sie machen diesen Teil der Feuerbach-Thesen besonders kostbar. Ohne den begriffenen Arbeitsfaktor selber kann das Prius Sein, das ja keinerlei factum brutum oder Gegebenheit ist, in der Menschengeschichte nicht begriffen werden. Es kann erst recht nicht mit dem Besten der tätigen Anschauung, womit These 1 schließt, vermittelt werden: mit »der revolutionären, der praktisch-kritischen Tätigkeit«. Der arbeitende Mensch, diese in allen »Umständen« lebendige Subjekt-Objekt-Beziehung, gehört bei Marx entscheidend mit zur materiellen Basis; auch das Subjekt in der Welt ist Welt.

Anthropologisch-historische Gruppe:
Die Selbstentfremdung und der wahre Materialismus

Thesen 4, 6, 7, 9, 10

Anerkannt wird hier, daß menschlich stets von der Entfremdung auszugehen ist. These 4 gibt das Thema an: Feuerbach entschleierte die Selbstentfremdung in ihrer religiösen Gestalt. Seine Arbeit bestand also darin, »die religiöse Welt in ihre weltliche Grundlage aufzulösen. Aber«, fährt Marx fort, »er übersieht, daß nach Vollbringung dieser Arbeit die Hauptsache noch zu tun bleibt.« Feuerbach hatte, wie These 6 genauer bestimmt, das religiöse Wesen auf eine weltliche Grundlage insofern gebracht, als er es in das menschliche

Wesen auflöste. Das war an sich ein bedeutendes Unternehmen, zumal da es scharf auf den Anteil menschlicher Wünsche blickte. Feuerbachs »anthropologische Kritik der Religion« leitete die gesamte transzendente Sphäre aus Wunschphantasie ab: die Götter sind die in wirkliche Wesen verwandelten Herzenswünsche. Zugleich entsteht durch diese Wunsch-Hypostase eine Verdoppelung der Welt in eine imaginäre und eine wirkliche; wobei der Mensch sein bestes Wesen aus dem Diesseits in ein überirdisches Jenseits schafft. Es gilt also, diese Selbstentfremdung aufzuheben, das heißt, durch anthropologische Kritik und Ursprungsbezeichnung den Himmel zu den Menschen wieder zurückzuholen. Hier nun aber setzt die Marxsche Konsequenz ein, die bei dem Abstrakt-Genus Mensch, dem klassenmäßig-geschichtlich ganz ungegliederten, nicht haltmachte. Feuerbach, der Hegel so sehr wegen seiner Begriffs-Verdinglichungen getadelt hatte, lokalisiert zwar sein Abstrakt-Genus Mensch empirisch, doch nur dergestalt, daß er es dem einzelnen Individuum innewohnen läßt, gesellschaftsfrei, ohne Sozialgeschichte. These 6 betont darum: »Aber das menschliche Wesen ist kein dem einzelnen Individuum innewohnendes Abstraktum. In seiner Wirklichkeit ist es das Ensemble der gesellschaftlichen Verhältnisse.« Ja, Feuerbach ist mit diesem seinem hohlen Bogen zwischen einzelnem Individuum und abstraktem Humanum (unter Auslassung der Gesellschaft) wenig anderes als ein Epigone der Stoa und ihrer Nachwirkungen im Naturrecht, in den Toleranzideen der bürgerlichen Neuzeit. Auch die stoische Moral hatte sich, nach dem Untergang der griechischen öffentlichen Polis, aufs private Individuum zurückgezogen: das war, sagt Marx in seiner Doktor-Dissertation, »das Glück ihrer Zeit; so sucht der Nachtschmetterling, wenn die allgemeine Sonne untergegangen, das Lampenlicht des Privaten« (MEGA I, 1/1, S. 133). Andererseits aber sollte sich in der Stoa, unter Überspringung aller nationalgesellschaftlichen Verhältnisse, das Abstrakt-Genus Mensch als einziges Universale über den einzelnen Individuen geltend machen, als Ort der communis opinio, der recta ratio zu allen Zeiten, unter allen Völkern: das ist, als das allgemeine Menschenhaus, eingeordnet in das ebenso allgemein-gute Welthaus. Dieses Menschenhaus war nur nicht die verschwundene Polis, sondern es war halb – mit dienstfertiger Ideologie – die Pax romana, das kosmopolitische Imperium Roms, halb – mit abstrakter Utopie – ein Menschheits-Bruderbund weise gewordener Individuen. Nicht grundlos ist derart der Begriff humanitas, als Gattungs- und Wertbegriff zugleich, am Hof des jüngeren Scipio entstanden, und der Stoiker Panaitios war sein Urheber. Feuerbach nun hat mit seinem Abstrakt-Genus Mensch vor allem den Neu-Stoizismus aufgenommen, wie er – wiederum mit hohlem Bogen zwischen Individuum und Allgemeinheit – in der bürgerlichen Neuzeit hervorgetreten war. Das zuletzt im abstrakt-erhabenen Citoyenbegriff und im Kantischen Pathos einer Menschheit überhaupt, das den Citoyen deutsch-moralisch reflektierte. Die Individuen der Neuzeit freilich sind Kapitalisten, keine stoischen Privat-Säulen, und ihr Universale war nicht die antike Ökumene, die die Völker auslöschen sollte, sondern – mit Idealisierung gerade der antiken Polis – die Generalität der bürgerlichen Menschenrechte mit dem abstrakten Citoyen darüber, diesem moralisch-humanen Gattungs-Ideal. Trotzdem sind hier wichtige ökonomisch bedingte Entsprechungen (es hätte ja sonst keinen Neu-Stoizismus im siebzehnten und achtzehnten Jahrhundert gegeben): hier wie dort ist die Gesellschaft in Individuen atomisiert, hier wie dort hebt sich über sie ein Abstrakt-Genus, Abstrakt-Ideal von Menschheit, Menschlichkeit. Marx aber kritisiert genau dieses Abstraktum über bloßen Individuen, definiert das menschliche Wesen eben als »Ensemble der gesellschaftlichen Verhältnisse«. Deshalb wendet sich These 6 sowohl gegen Feuerbachs geschichtslose Betrachtung der Menschlichkeit an sich wie – damit zusammenhängend – gegen den rein anthropologischen Gattungsbegriff dieser Menschheit, als einer die vielen Individuen bloß natürlich verbindenden Allgemeinheit. Den *Wert*begriff Menschheit behält Marx freilich noch durchaus bei; so deutlich in These 10. Der Ausdruck »realer Humanismus«, womit die Vorrede der »Heiligen Familie« beginnt, wird zwar von der »Deutschen Ideologie« aufgegeben, im Zusammenhang mit der Absage an jeden Rest bürgerlicher Demokratie, mit der Gewinnung des proletarisch-revolutionären Standpunkts, mit der Schöpfung des dialektisch-historischen Materialismus. Aber These 10 sagt trotzdem mit allem Wertakzent einer humanistischen Entgegensetzung, eines »realen Humanismus« also, der jedoch nur als sozialistischer gilt und gelten gelassen wird: »Der Standpunkt des alten Materialismus ist die bürgerliche Gesellschaft; der Standpunkt des neuen die menschliche Gesellschaft oder die vergesellschaftete Menschheit.« Das Humanum steht also nicht überall in jeder Gesellschaft »als innere, stumme, die vielen Individuen bloß *natürlich* verbindende Allgemeinheit«, es steht überhaupt nicht in irgendeiner vorhandenen Allgemeinheit, es befindet sich vielmehr in schwierigem Prozeß und gewinnt sich einzig mit dem Kommunismus zusammen, als dieser. Eben deshalb hebt der neue, der proletarische Standpunkt den Wertbegriff Humanismus so wenig auf, daß er ihn praktisch überhaupt erst nach Hause kommen läßt; und je wissenschaftlicher der Sozialismus, desto konkreter hat er gerade die *Sorge um den Menschen im Mittelpunkt, die reale Aufhebung seiner Selbstentfremdung im Ziel.* Indes gewiß nicht in Feuerbachs Manier, als eines Abstrakt-Genus, versehen mit allzu erhabenen Human-Sakramenten an sich. Marx nimmt daher in These 9 genau das Motiv der erkenntnistheoretischen Thesengruppe auf, dieses Falls contra Feuerbachs Anthropologie: »Das Höchste, wozu der anschauende Materialismus es bringt, das heißt, der Materialismus, der die Sinnlichkeit nicht als praktische Tätigkeit begreift, ist die Anschauung der einzelnen Individuen in der ›bürgerlichen Gesellschaft‹.« Eine Klassenschranke ist damit endgültig notiert, die gleiche Schranke, welche in der Erkenntnistheorie Feuerbachs die revolutionäre *Tätigkeit* versperrte, in seiner Anthropologie nun die *Geschichte und Gesellschaft.* Marxens Fortführung der Feuerbachschen Anthropologie, als einer Kritik der religiösen Selbstentfremdung, ist daher nicht nur Konsequenz, sondern erneute Entzauberung, nämlich Feuerbachs selbst oder der letzten, der anthropologischen Fetischisierung. So führt Marx vom generell-idealen Menschen, über bloßen Individuen, auf den Boden der wirklichen Menschheit und möglichen Menschlichkeit.

Dazu war der Blick auf die Vorgänge vonnöten, die der Entfremdung wirklich zugrunde liegen. Die Menschen verdoppeln ihre Welt nicht nur deshalb, weil sie ein zerrissenes, wünschendes Bewußtsein haben. Vielmehr entspringt dieses Bewußtsein, samt seinem religiösen Widerschein, einer viel näheren Entzweiung, nämlich einer gesellschaftlichen. Die gesellschaftlichen Verhältnisse selber sind zerrissen und geteilt, zeigen ein Unten und Oben, Kämpfe zwischen diesen beiden Klassen und dunstreiche Ideologien des Oben, von denen die religiöse nur eine unter mehreren ist. Dieses Nähere der weltlichen Grundlage zu finden, war für Marx eben die Arbeit, die der Hauptsache nach noch zu tun blieb, – selber ein Diesseits gegenüber dem abstrakt-anthropologischen Diesseits von Feuerbach. Dafür hatte der geschichtsfremde, undialektische Feuerbach keinen Blick, aber die These 4 gewinnt ihn: »Die Tatsache nämlich, daß die weltliche Grundlage sich von sich selbst abhebt und sich, ein selbständiges Reich, in den Wolken fixiert, ist eben nur aus der Selbstzerrissenheit und dem Sichselbst-Widersprechen dieser weltlichen Grundlage zu erklären. Diese selbst muß also erstens in ihrem Widerspruch verstanden und sodann durch Beseitigung des Widerspruchs praktisch revolutioniert werden. Also zum Beispiel, nachdem die irdische Familie als das Geheimnis der heiligen Familie entdeckt ist, muß nun erstere selbst kritisiert und praktisch umgewälzt werden.« Die Kritik der Religion verlangt also, um wahrhaft radikal zu sein, das ist, nach Marxens Definition: um die Dinge an der radix, der »Wurzel« zu fassen, die Kritik der dem Himmel zugrundeliegenden Verhältnisse, ihres Elends, ihrer Widersprüche und ihrer falschen, imaginären Lösung der Widersprüche. Bereits in der »Einleitung zur Kritik der Hegelschen Rechtsphilosophie«, von 1844, hatte Marx das so packend wie unmißverständlich formuliert: »Die Kritik der Religion endet ... mit dem kategorischen Imperativ, alle Verhältnisse umzuwerfen, in denen der Mensch ein erniedrigtes, ein geknechtetes, ein verlassenes, ein verächtliches Wesen ist« (MEGA I, 1/1, S. 614 f.). Erst nach dieser auch praktisch revolutionär fortgeschrittenen Kritik wird ein Zustand erreicht, der keiner Illusionen mehr bedarf, weder als Täuschung noch aber auch als Ersatz: »Die Kritik hat die imaginären Blumen an der Kette zerpflückt, nicht damit der Mensch die phantasielose, trostlose Kette trage, sondern damit er die Kette abwerfe und die lebendige Blume breche« (l. c. S. 608). Dazu eben muß erst die irdische Familie als das Geheimnis der himmlischen entdeckt werden, bis hin zu jener gereiften ökonomisch-materialistischen »Geheimwissenschaft«, die Marx im »Kapital« dann sagen läßt: »Es gehört übrigens wenig Bekanntschaft zum Beispiel mit der Geschichte der römischen Republik dazu, um zu wissen, daß die Geschichte des Grundeigentums ihre Geheimgeschichte bildet« (Das Kapital I, Dietz, 1947, S. 88). Folglich geht die Analyse der religiösen Selbstentfremdung, damit sie eine wahrhaft wurzelhafte sei, grundsätzlich über die Ideologien zur näheren Rolle des Staats, zur allernächsten politischen Ökonomie und erlangt hier erst die reale »Anthropologie«. Erlangt sie als gesellschaftswissenschaftliche Grundeinsicht in die »Beziehung der Menschen zu Menschen und zur Natur«. Indem, wie These 7 pointiert, »das religiöse Gemüt selbst ein gesellschaftliches Produkt ist«, kann und darf also über dem Produkt das Produzieren nicht vergessen werden, wie Feuerbach, der unhistorische, undialektische, es tut. Gerade auf diese letzte Halbheit, also Unhaltbarkeit des Feuerbachschen Auflösens ist folgende Stelle noch im »Kapital« bezogen: »Es ist in der Tat viel leichter, durch Analyse den irdischen Kern der religiösen Nebelbildungen zu finden, als umgekehrt aus den jedesmaligen wirklichen Lebensverhältnissen ihre verhimmelten Formen zu *entwickeln.* Die letztere ist die einzig materialistische und daher wissenschaftliche Methode. Die Mängel des abstrakt naturwissenschaftlichen Materialismus, der den *geschichtlichen* Prozeß ausschließt, ersieht man schon aus den abstrakten und ideologischen Vorstellungen seiner Wortführer, sobald sie sich über ihre Spezialität hinauswagen« (Das Kapital I, Dietz, 1947, S. 389). Weiter: »Bei Feuerbach fallen Materialismus und Geschichte ganz auseinander«, sagt die »Deutsche Ideologie«, hiermit den Grundunterschied des dialektisch-historischen Materialismus vom alten mechanischen statuierend: »Soweit Feuerbach Materialist ist, kommt die Geschichte bei ihm nicht vor, und soweit er die Geschichte in Betracht zieht, ist er kein Materialist« (MEGA I, 5, S. 34). Feuerbach selber hatte das so ausgedrückt, daß er nach rückwärts (also in Ansehung der Naturbasis) Materialist, nach vorwärts aber (also in Ansehung der Ethik und selbst Religionsphilosophie) Idealist sei. Gerade die Auslassung von Gesellschaft, Geschichte und ihrer Dialektik in Feuerbachs Materialismus, gerade die dadurch bewirkte Lebensvermissung am alten mechanischen Materialismus, den Feuerbach einzig kannte, bedingt zwangsläufig bei diesem Philosophen, am Ende seiner Philosophie, einen Idealismus von verlegener Art. Er machte sich in seiner Lebensethik kenntlich, er zeigt sich in den Anmutungen einer gewissen Sonntags-Bruder-Empfindsamkeit. Wieder regiert hier nur, wie These 9 sagt, »die Anschauung der einzelnen Individuen in der ›bürgerlichen Gesellschaft‹«, wieder macht sich aber auch die scheinbar erledigte *Religion* bei Feuerbach bemerkbar, als eine von ihm nur anthropologisch abgeleitete, nicht gesellschaftlich kritisierte. Das in der Weise, daß Feuerbach nicht eigentlich die religiösen Inhalte kritisiert, sondern wesentlich nur deren Verlegung in ein Jenseits und damit die Schwächung des Menschen und seines Diesseits. Sofern er dadurch die »menschliche Natur« an ihren verschleuderten Reichtum wieder erinnern wollte, stecken zwar in dieser Reduktion zweifellos Probleme. Wer wollte gerade die Tiefe der Humanität, die Humanität der Tiefe in religionsgeladener Kunst verkennen, bei Giotto, bei Grünewald, bei Bach und zuletzt vielleicht noch bei Bruckner? Aber Feuerbach, mit Herz, Bruderherz und Seelenschmelz ohnegleichen, macht aus alldem fast eine Art freireligiöse *Pektoral-Theologie*. Überdies läßt er, in der unvermeidlichen Leere seines »Idealismus nach vorwärts«, fast sämtliche Attribute des Vatergottes übrig, sozusagen als Tugenden an sich, und nur der Himmelsgott ist von ihnen gestrichen. Statt: Gott ist barmherzig, ist die Liebe, ist allmächtig, tut Wunder, erhört Gebete – muß es dann einzig heißen: die Barmherzigkeit, die Liebe, die Allmacht, das Wundertun, das Gebeterhören sind göttlich. Wonach also der ganze theologische Apparat erhalten bleibt, er ist nur aus dem himmlischen Ort in eine gewisse Abstrakt-Gegend umgezogen, mit verdinglichten Tugenden der »Naturbasis«. Auf diese Art aber entstand nicht ein Problem: humanes Erbe der Religion, wie Feuerbach es wohl im Sinn hatte, sondern es kam Religion zu herabgesetztem Preis, einem schlecht entzauberten Gewohnheits-Philistertum zuliebe, das Engels mit Recht an Feuerbachs abgestandenen Religionsresten kenntlich macht. Der Marxismus dagegen ist auch in Ansehung der Religion kein »Idealismus nach vorwärts«, sondern *Materialismus nach vorwärts, Fülle des Materialismus* ohne einen schlecht entzauberten Himmel, der auf die Erde geführt werden müßte. Die wahrhaft totale Erklärung der Welt aus sich selbst, die dialektisch-historischer Materialismus heißt, setzt auch die Verwandlung der Welt aus sich selbst. In ein Jenseits der Beschwerde, das weder mit dem Jenseits der Mythologie, noch gar mit ihren Herrn- oder Vater-Inhalten das Mindeste gemein hat.

Theorie-Praxis-Gruppe: Beweis und Bewährung

Thesen 2, 8

Nicht anerkannt wird hier, daß der Gedanke blaß und kraftlos sei. These 2 setzt ihn über die sinnliche Anschauung, mit und an der er bloß anhebt. Feuerbach hatte den Gedanken schlecht gemacht, weil er vom Einzelnen ins Allgemeine wegführe; das war nominalistisch gewertet. Bei Marx aber zielt der Gedanke durchaus nicht ins schlecht Allgemeine, Abstrakte, sondern umgekehrt: er erschließt genau den vermittelten, den Wesenszusammenhang der Erscheinung, als einen, der der bloßen Sinnlichkeit an der Erscheinung noch verschlossen ist. So ist gerade der Gedanke, den Feuerbach nur als abstrakten zuläßt, als vermittelter ein konkreter, während umgekehrt das gedankenlose Sinnliche ein abstraktes ist. Der Gedanke muß zwar wieder auf Anschauung führen, um sich an ihr, als durchdrungener, zu beweisen, aber diese Anschauung ist auch an diesem Ende keineswegs die passive, unmittelbare Feuerbachs. Der Beweis kann vielmehr nur in der Vermitteltheit der Anschauung liegen, also einzig in jener Sinnlichkeit, die theoretisch *bearbeitet* und so *Ding für uns* geworden ist. Das aber ist am Ende die Sinnlichkeit der theoretisch vermittelten, theoretisch gewonnenen *Praxis*. Die Denkfunktion also ist mehr noch als die sinnliche Anschauung eine Tätigkeit, eine kritische, eindringliche, aufschließende; und der beste Beweis ist deshalb die praktische Probe auf diese Entschlüsselung. Wie alle Wahrheit eine Wahrheit wozu ist und es keine um ihrer selbst willen gibt, außer als Selbsttäuschung oder als Spintisiererei, so gibt es keinen vollen Beweis einer Wahrheit aus ihr selbst als einer bloß theoretisch bleibenden; mit anderen Worten: es gibt *keinen theoretisch-immanent möglichen vollen Beweis*. Nur ein partialer ist rein theoretisch vollziehbar, so am meisten noch in der Mathematik; aber auch hier erweist er sich nur als ein partialer spezifischer Art, indem er nämlich über bloße innere »Stimmigkeit«, logisch-konsequente »Richtigkeit« nicht hinauskommt. Richtigkeit aber ist noch nicht Wahrheit, das heißt: Abbildung der Wirklichkeit sowie Macht, in die Wirklichkeit nach Maßgabe ihrer erkannten Agentien und Gesetzmäßigkeiten einzugreifen. Mit anderen Worten: Wahrheit ist kein Theorie-Verhältnis allein, sondern *ein Theorie-Praxis-Verhältnis durchaus*. Derart bekundet These 2: »Die Frage, ob dem menschlichen Denken gegenständliche Wahrheit zukomme, ist keine Frage der Theorie, sondern eine praktische Frage. In der Praxis muß der Mensch die Wahrheit, das heißt, die Wirklichkeit und Macht, die Diesseitigkeit seines Denkens beweisen. Der Streit über die Wirklichkeit oder Nichtwirklichkeit eines Denkens, das sich von der Praxis isoliert, ist eine rein scholastische Frage.« Soll heißen, eine schulmäßige im Sinn geschlossener Gedanken-Immanenz (einschließlich mechanisch-materialistischer Gedanken); dieses kontemplative Internat war der Raum aller bisherigen Wahrheitsbegriffe. Mit dem Theorie-Praxis-Verhältnis ist These 2 also völlig schöpferisch und neu; die bisherige Philosophie erscheint demgegenüber wirklich als »scholastisch«. Denn entweder hatte, wie bemerkt, die antike und die mittelalterliche Erkenntnistheorie die Tätigkeit nicht reflektiert, oder aber die Tätigkeit war als bürgerlich-abstrakte keine mit ihrem Objekt wahrhaft vermittelte. In beiden Fällen, zur Zeit der antiken und feudalen Arbeitsverachtung wie zur Zeit des bürgerlichen Arbeitsethos (ohne Arbeitskonkretheit), galt die Praxis, die technische wie politische, bestenfalls als »Anwendung« der Theorie. Nicht als Bezeugung der Theorie, daß sie eine konkrete sei, wie bei Marx, nicht als Umfunktionierung des Schlüssels zum Hebel, der wahren Abbildung zum seinsmächtigen Eingriff.

So wird der rechte Gedanke mit der Tat des Rechten endlich eines und dasselbe. Tätigkeit, dazu parteiische Haltung ist von vornherein in ihm darin, tritt mithin als wahrer Schluß am Ende wieder hervor. Die Farbe der Entschließung ist in diesem Schluß seine eigene, keine nachträgliche, von woanders her. Jede philosophiegeschichtliche Konfrontierung bestätigt diesesfalls das Novum des Theorie-Praxis-Verhältnisses gegenüber bloßer »Anwendung« der Theorie. Das selbst dann, wenn ein Teil der Theorie schon auf Praxis abgezielt war: so bei Sokrates, so bei Platon, als er in Sizilien seine Staatsutopie durchführen wollte, so in der Stoa, mit der Logik als bloßer Mauer, der Physik als bloßem Baum, der Ethik aber als der Frucht. So bei Augustin, dem Ortsgründer der mittelalterlichen Papstkirche, so am Ende des Mittelalters bei Wilhelm von Occam, dem nominalistischen Destruktor der Papstkirche zugunsten der heraufkommenden Nationalstaaten. Ein gesellschaftlich-praktischer Auftrag war bei diesen allen zweifellos dahinter, doch die Theorie führte trotzdem ihr abstraktes, praktisch unvermitteltes Eigenleben. Sie ließ sich zur »Anwendung« auf die Praxis nur herab, wie ein Fürst zum Volk, bestenfalls wie eine Idee zu ihrer Verwertung. Und selbst Bacon, im scharfen bürgerlich-praktischen Utilitarismus der Neuzeit: er lehrte zwar, Wissen sei Macht, er wollte die gesamte Wissenschaft neu gründen und abzielen als ars inveniendi, doch bei aller Gegnerschaft zum rein theoretischen Wissen und der kontemplativen Erkenntnis bleibt die Wissenschaft autark, und nur ihre Methode soll geändert werden. Geändert im Sinne des induktiven Schlußverfahrens, des methodisch gezielten Experiments; der

Beweis jedoch liegt nicht in der Praxis, diese gilt vielmehr auch hier nur als Frucht und Lohn der Wahrheit, nicht als deren letztes Kriterium und als Demonstration. Noch weniger haben die mehreren »Philosophien der Tat«, wie sie aus Fichte und aus Hegel, dann wieder, zurückgehend auf Fichte, in der linken Hegelschule entsprungen waren, mit dem Marxschen Praxis-Kriterium eine Ähnlichkeit. Fichtes »Tathandlung« selber, sie zeigte zwar an wichtigen nationalpolitischen Punkten Kraft und Linie, doch zuletzt wurde sie allemal Äther. Sie diente am Ende nur dazu, die Welt des Nicht-Ich durch Bearbeitung weniger zu bessern als gänzlich aufzuheben. Sozusagen bewiesen wurde durch diese au fond weltfeindliche »Praxis« nur der ohnehin ausgemachte subjektive Ausgangspunkt des Fichteschen Ich-Idealismus, nicht aber eine objektive Wahrheit, die sich mit und an der Welt erst herausbildet. Am nächsten kommt noch Hegel der Ahnung eines Praxiskriteriums, und zwar bezeichnenderweise auf Grund der Arbeitsbeziehung in seiner Phänomenologie. Weiter geschieht in Hegels Psychologie ein Übergang vom »theoretischen Geist« (Anschauung, Vorstellung, Denken) zur Antithese »praktischer Geist« (Gefühl, Triebwille, Glückseligkeit), woraus dann, synthetisch, der »freie Geist« resultieren sollte. Also proklamierte sich diese Synthese als der sich wissende Wille, als Wille, der sich denkt und weiß, der schließlich, im »vernünftigen Staat«, will, was er weiß, und weiß, was er will. Ebenso findet sich schon in der Hegelschen Logik eine Überordnung der »praktischen Idee« über die »Idee des betrachteten Erkennens«, sofern dem praktisch Guten »nicht nur die Würde des Allgemeinen, sondern auch des schlechthin Wirklichen« zukomme (Werke V, S. 320 f.). »Alles das«, notiert Lenin, »im Kapitel ›Die Idee des Erkennens‹ ..., was unzweifelhaft bedeutet, daß bei Hegel die Praxis als Kettenglied in der Analyse des Prozesses der Erkenntnis steht ... Marx knüpft folglich unmittelbar an Hegel an, wenn er das Kriterium der Praxis in die Erkenntnistheorie einführt; siehe die Thesen über Feuerbach« (Aus dem philosophischen Nachlaß, Dietz 1949, S. 133). Indes Hegel führt am Ende seiner Logik, genauso wie am Ende seiner Phänomenologie und des ausgeführten Systems, die Welt (den Gegenstand, das Objekt, die Substanz) doch fast so ins Subjekt zurück wie Fichte; wonach am Ende doch nicht die Praxis, sondern »Er-innerung« die Wahrheit krönt, »Wissenschaft des erscheinenden Wissens« und sonst nichts. Auch kommt nach Hegels berühmtem Satz, am Schluß der Vorrede zu seiner Rechtsphilosophie, »ohnehin die Philosophie immer zu spät. Als der *Gedanke* der Welt erscheint sie erst in der Zeit, nachdem die Wirklichkeit ihren Bildungsprozeß vollendet und sich fertiggemacht hat.« Der geschlossene Kreislauf-Denker Hegel, das Antiquarium des unverrückbar Vorhandenen, sie haben so den dialektischen Prozeßdenker mit seiner Krypto-Praxis letzthin besiegt. Bleibt noch – um den Abstand der Marxschen Praxislehre auch unmittelbar in der Umgebung seiner Jugend zu ermessen – die Praxis, bald auch Praktik der Hegelschen Linken und was damit zusammenhängt. Das war die »Waffe der Kritik«, die sogenannte »Philosophie der Tat«, zur Zeit des jungen Marx. Doch hier eben wirkte wesentlich nur ein Rückgang vom objektiven Idealismus Hegels zum subjektiven Fichtes; Feuerbach selber hat das an Bruno Bauer festgestellt. Begonnen wurde die Reihe der sogenannten Philosophien der Tat durch die sonst nicht uninteressante Schrift Cieszkowskis: »Prolegomena zur Historiosophie«, 1838, eine Schrift, die es ausdrücklich als notwendig darstellt, die Philosophie für eine Veränderung der Welt zu benützen. So finden sich in diesen »Prolegomena« sogar Aufrufe zu einer rationalen Tendenzforschung der Geschichte: damit richtig gehandelt werden könne; damit nicht instinkthafte, sondern bewußte Taten die Weltgeschichte bilden; damit der Wille auf dieselbe Höhe gebracht werde, auf die die Vernunft durch Hegel gebracht worden sei; damit dergestalt eine nicht nur vor-, sondern nachtheoretische Praxis Raum gewinne. Das alles klingt bedeutend und blieb doch nur deklarativ, auch in den weiteren Schriften Cieszkowskis völlig folgenlos, ja das »Interesse der Zukunft« wurde bei ihm immer mehr irrational, obskur. Die Absage Cieszkowskis an die Spekulation wurde zu einer an die Vernunft, die Tätigkeit wurde eine der »tätigen Intuition«, und der ganze Zukunftswille endete zuletzt in einer Theosophie des – Amen in der orthodoxen Kirche, herausgegeben zur Zeit des »Kommunistischen Manifests«. Im Marx-Kreis selber lebte schließlich noch Bruno Bauer, ebenfalls eine »Philosophie der Tat«, sogar eine des Weltgerichts, doch in facto die subjektivste von allen. Als die Reaktion unter Friedrich Wilhelm IV. diese »Waffe der Kritik« auf die Probe stellte, zog sie sich bei Bruno Bauer sogleich in Individualismus, ja in massenverachtende Egozentrik zurück. Bauers »kritische Kritik« war lediglich ein Gefecht in und zwischen Gedanken, eine Art l'art pour l'art-Praxis des Hochmutsgeistes mit sich selbst, schließlich wurde Stirners »Einziger und sein Eigentum« daraus. Marx selber hat das Entscheidende darüber in der »Heiligen Familie« gesagt, in eigener Sache, wie ersichtlich, zum Zweck der echten Praxis und ihrer Unverwechselbarkeit. Zum Zweck der revolutionären Praxis: mit dem Proletariat beginnend, versehen mit dem Fruchtbaren an der Hegelschen Dialektik und nicht mit Abstraktionen aus der »verwelkten und verwitweten Hegelschen Philosophie« (MEGA I, 3, S. 189), gar des Fichteschen Subjektivismus. Fichte, der tugendhaft Zornige, hatte immerhin noch energische Weisungen jeweils im Blick, vom »Geschlossenen Handelsstaat« bis zu den »Reden an die Deutsche Nation«, er hat die Franzosen aus Deutschland hinausphilosophiert; die »kritische Kritik« dagegen ritt einzig im Tattersall des Selbstbewußtseins. Und, näher zu Marx, so hatte selbst bei dem grundehrlichen Sozialisten Moses Heß das Handeln eine Tendenz, sich von der gesellschaftlichen Tätigkeit abzulösen, sich auf Reform des moralischen Bewußtseins zu reduzieren – eine »Philosophie der Tat« ohne ausgebildete ökonomische Theorie hinter sich, ohne Fahrplan dialektisch begriffener Tendenz in sich. *Die Praxisbegriffe bis Marx sind also völlig verschieden von dessen Theorie-Praxis-Konzeption, von der Lehre der Einheit zwischen Theorie und Praxis.* Und statt der Theorie nur angeklebt zu sein, dergestalt also, daß der Gedanke seine »Anwendung« rein wissenschaftlich gar nicht braucht, daß die Theorie ihr Selbstleben wie ihre immanente Selbtsgenügsamkeit auch im Beweis weiterführt, oszillieren eben, nach Marx wie Lenin, Theorie und Praxis beständig. Indem beide wechselnd und wechselseitig ineinander schwingen, setzt die Praxis ebenso Theorie voraus, wie sie selber wieder neue Theorie zum Fortgang einer neuen Praxis entbindet und nötig hat. Höher ist der konkrete Gedanke nie gewertet worden als hier, wo er das Licht zur Tat wurde, und höher nie die Tat als hier, wo sie zur Krönung der Wahrheit wurde.

Hierbei will auch dem Denken, indem es ein helfendes ist, durch aus Wärme innewohnen. Die Wärme des Helfenwollens selber, der Liebe zu den Opfern, des Hasses gegen die Ausbeuter. Ja diese Gefühle bringen die Parteilichkeit in Gang, ohne die überhaupt kein wahres Wissen mit guter Tat sozialistisch möglich ist. Aber Liebesgefühl, das selber nicht von Erkenntnis erleuchtet ist, versperrt gerade die helfende Tat, zu der es sich doch aufmachen möchte. Es sättigt sich allzu leicht an seiner eigenen Vortrefflichkeit, wird zum

Dunst eines neuen scheinaktiven Selbstbewußtseins. Dieses Falls eines nicht l'art pour l'art-kritischen, wie bei Bruno Bauer, sondern eines sentimental-kritiklosen, einer Schwüle und Vagheit. So bei Feuerbach selbst: er hat statt Praxis allemal wieder seine Äquivokation »Empfindung« gesetzt. Er entspannt die Liebe zur allgemeinen Gefühlsbeziehung zwischen Ich und Du, er offenbart den Ausfall jeder gesellschaftlichen Erkenntnis auch hier durch einen Rückzug auf lauter bloße Individuen und ihre ewig schmelzende Beziehung. Er effiminiert so die Humanität: »Die neue Philosophie ist in Beziehung auf ihre Basis (!) selbst nichts anderes als das zum Bewußtsein erhobene Wesen der Empfindung – sie bejaht nur in und mit der Vernunft, was jeder Mensch – der wirkliche Mensch – im Herzen bekennt« (Werke II, 1846, S. 324). Dieser Satz ist aus den »Grundsätzen der Philosophie der Zukunft«, in Wahrheit ist er der Tat-Ersatz aus der Vergangenheit, aus einer spießbürgerlichen, pfäffischen, ja, wie oft, tartüffehaft-sabotierenden. Aus einer Vergangenheit, die eben wegen ihrer abstrakt-deklamierenden Menschenliebe die Welt heute erst recht nicht zum Guten verändern will, sondern im Schlechten verewigen. Feuerbachs Bergpredigt-Karikatur schließt jede Härte in der Verfolgung des Unrechts aus, jede Laxheit im Klassenkampf ein; genau deshalb empfiehlt sich genereller Liebes-»Sozialismus« allen Krokodilstränen einer kapitalistisch interessierten Philanthropie. Daher Marx und Engels: »Man predigte eben der schlechten Wirklichkeit, dem Hasse gegenüber das Reich der Liebe ... Wenn aber die Erfahrung lehrt, daß diese Liebe in 1800 Jahren nicht werktätig geworden ist, daß sie die sozialen Verhältnisse nicht umzugestalten, ihr Reich nicht zu gründen vermochte, so geht daraus doch deutlich hervor, daß diese Liebe, die den Haß nicht besiegen konnte, nicht die zu sozialen Reformen nötige energische Tatkraft verleiht. Diese Liebe verliert sich in sentimentalen Phrasen, durch welche keine wirklichen, faktischen Zustände beseitigt werden; sie erschlafft den Menschen durch den enormen Gefühlsbrei, mit dem sie ihn füttert. Also die Not gibt dem Menschen Kraft; wer sich selbst helfen *muß*, der hilft sich auch. Und darum sind die wirklichen Zustände dieser Welt, der schroffe Gegensatz in der heutigen Gesellschaft von Kapital und Arbeit, von Bourgeoisie und Proletariat, wie sie in dem industriellen Verkehr am entwickeltsten hervortreten, die *andere*, mächtiger sprudelnde Quelle der sozialistischen Weltanschauung, des Verlangens nach sozialen Reformen ... Diese eiserne Notwendigkeit schafft den sozialistischen Bestrebungen Verbreitung und tatkräftige Anhänger, und sie wird den sozialistischen Reformen durch Umgestaltung der gegenwärtigen Verkehrsverhältnisse eher Bahn brechen als alle Liebe, die in allen gefühlvollen Herzen der Welt glüht« (Rundschreiben gegen H. Kriege, einen Anhänger Feuerbachs, 11. Mai 1846). Seitdem hat sich das, was Thomas Münzer nicht nur »gedichteten Glauben«, sondern »gedichtete Liebe« genannt hätte, noch ganz anders als zu Feuerbachs relativ harmlosen Zeiten ausgebreitet, unter Renegaten und Pseudosozialisten. Deren erheuchelte Menschenliebe ist allerdings nur die Kriegswaffe eines noch viel totaleren Hasses: nämlich gegen den Kommunismus; und nur um des Kriegs willen ist die neugedichtete Liebe da. Mitsamt dem Mystizismus, der schon bei Feuerbach nicht fehlt, hier immerhin noch »Idealismus nach vorwärts«, also ein progressiver sein möchte, und der im gestaltlosen Sausen seiner Herzenserfüllung, seiner anthropologisch gemachten Gottväterlichkeit noch kein schlimmeres Manko hatte als das angegebene schlecht entzauberte, freireligiöse Philistertum. Aber die Mysterien des heutigen, des nicht einmal mehr idealistischen Tiefsinngeschwätzes – vom Mystizismus Feuerbachs fast so verschieden wie dieser von der Mystik Meister Eckeharts – machen aus dem Herzen eine Mördergrube, und statt des leeren Rosennebels steht heute ein von der Bourgoisie gebrauchtes Nichts. These 8 sagt: »Alle Mysterien, welche die Theorie zum Mystizismus verleiten, finden ihre rationelle Lösung in der menschlichen Praxis und in der rationellen Lösung dieser Praxis.« Das freilich unterscheidet zwei Arten von Mysterien: nämlich diejenigen, welche Ungeklärtes, Aporien, Dickicht unbegriffener Widersprüche in der Wirklichkeit noch unbegriffen darstellen, und diejenigen, eigentliche Mystizismen genannt, welche Idolatrie des Dunkels um seiner selbst willen sind. Aber auch bloße Undurchschautheiten, gar die Nebel-Linie in ihnen können zum Mystizismus verleiten; eben deshalb ist hier einzig rationelle Praxis die menschliche Lösung, und die rationelle Lösung einzig die menschliche Praxis, die bei der Menschheit (statt dem Dickicht) sich haltende. Und auch das Wort Mystizismus wird nicht ohne Grund von Marx bei Gelegenheit Feuerbachs gebraucht, eben gegen das Nicht-Schwert abstrakter Liebe wird es gebraucht, das den gordischen Knoten beläßt. Wir wiederholen: Feuerbachs Mysterien, die Liebesmysterien ohne Klarheit, haben mit dem, was später als Fäulnis und Nacht-Irratio hervortrat, gewiß nichts gemein; Feuerbach steht vielmehr auf jener deutschen Heilslinie, die von Hegel zu Marx führt, so wie die deutsche Unheilslinie von Schopenhauer zu Nietzsche und den Folgen führt. Und die Menschenliebe, sofern sie sich klar als eine zu den Ausgebeuteten faßt, sofern sie zu wirklicher Erkenntnis fortgeht, ist zweifellos ein unerläßliches Agens im Sozialismus. Doch wenn schon das Salz dumm werden kann, wie sehr erst der Zucker, und wenn schon Gefühlschristen im Defaitismus bleiben, wie sehr erst Gefühlssozialisten im pharisäischen Verrat. Daher schlägt Marx auch an Feuerbach eine gefährliche Verblasenheit, eine, die es sich bei sich wohl sein läßt, eine letztlinige *Pektoral-Praxis*, die das Gegenteil von dem bewirkt, was ihr angepredigter Altruismus und ihre unsäglich universelle Liebe bezwecken. Ohne Parteiung in der Liebe, mit ebenso konkretem Haßpol, gibt es keine echte Liebe; ohne *Parteilichkeit* des revolutionären Klassenstandpunkts gibt es nur noch Idealismus nach rückwärts statt Praxis nach vorwärts. Ohne den Primat des Kopfes bis zuletzt gibt es nur noch Mysterien der Auflösung statt der Auflösung der Mysterien. Am ethischen Schluß von Feuerbachs Philosophie der Zukunft fehlen so Philosophie wie Zukunft; Marxens Theorie um der Praxis willen hat beide in Funktion gesetzt, und die Ethik wird endlich Fleisch.

Das Losungswort und sein Sinn

These 11

Anerkannt wird hier, daß das Zukünftige am nächsten und wichtigsten sei. Doch eben nicht in der Weise Feuerbachs, die nicht auf die Schiffe geht. Die sich von Anfang bis Ende mit der Betrachtung begnügt, welche die Dinge läßt, wie sie sind. Oder noch schlimmer: die nicht umhin zu können glaubt, die Dinge umzustellen, jedoch nur im Buch, und die Welt selber merkt nichts davon. Sie merkt schon deshalb nichts davon, weil die Welt gerade in falschen Darstellungen so leicht umgestellt werden kann, daß Wirkliches im Buch gar nicht vorkommt. Jeder Schritt nach außen wäre hier dem zusammengereimten, in seinem eigenen Schutzpark wohnenden Buch schädlich und störte das Selberleben erfundener Gedanken.

Doch auch tunlichst sachgetreue Bücher, Lehren zeigen oft die typisch betrachterische Lust, sich in ihrem gerahmten Zusammenhang, als einem nun einmal »werkhaft« gelungenen, Genüge zu tun. Wonach sie eine aus ihnen möglicherweise entspringende Veränderung der dargestellten Welt sogar fürchten, indem das Werk – und stelle es selbst, wie das Feuerbachsche, Grundsätze der *Zukunft* auf – dann nicht mehr so autark durch die Zeiten schweben könnte. Kam gar, wie wieder bei Feuerbach, eine erstrebte oder naive politische Gleichgültigkeit hinzu, so wurde das Publikum gänzlich auf den gleichfalls betrachtenden Leser begrenzt; seine Arme, sein Handeln wurden nicht angesprochen. Der Standpunkt mochte ein neuer sein, doch er blieb ein bloßer Aussichtspunkt; der Begriff ergab so keine Anweisung zum Eingriff. Daher setzt Marx kurz und antithetisch die berühmte These 11: »Die Philosophen haben die Welt nur verschieden interpretiert; es kommt aber darauf an, sie zu verändern.« Ein Unterschied zu *jedem* bisherigen Denkantrieb ist damit packend bezeichnet.

Kurze Sätze scheinen, wie eingangs bemerkt, zuweilen rascher überblickbar, als sie es sind. Und berühmte Sätze haben es zuweilen an sich, sehr wider ihren Willen, daß sie kein Nachdenken mehr erregen, oder daß man sie zu roh herunterschlingt. Sie verursachen dann mitunter Beschwerden, diesesfalls intelligenzfeindliche, mindestens intelligenzfremde, wie sie dem Sinn des Satzes nicht ferner sein könnten. Was ist also mit der These 11 genau gedacht, wie muß sie im allemal philosophischen Präzisionssinn von Marx verstanden werden? Sie darf nicht verstanden oder besser: *mißbraucht* werden in irgendeiner Vermischung mit dem Pragmatismus. Letzterer stammt aus einer dem Marxismus völlig fremden Gegend, aus einer ihm feindlichen, geistig inferioren, zuletzt schlechthin ruchlosen. Trotzdem hängen sich immer wieder busy bodies, wie man gerade in Amerika sagt, Betriebsamkeiten also, am Marxsatz an, gleich als wäre er – amerikanische Kulturbarbarei. Dem amerikanischen Pragmatismus liegt die Meinung zugrunde, Wahrheit sei überhaupt nichts anderes als geschäftliche Brauchbarkeit der Vorstellungen. Es gibt danach ein sogenanntes Aha-Erlebnis der Wahrheit, sobald und sofern diese auf einen praktischen Erfolg abgezielt ist und sich auch tatsächlich geeignet zeigt, ihn herbeizuführen. Bei William James (»Pragmatism«, 1907) sieht der Geschäftsmann, als »american way of life«, noch gewissermaßen allgemeinmenschlich aus, ist sozusagen human, auch geradezu lebensfördernd-optimistisch garniert. Das sowohl wegen der damals noch möglichen Rosapackung des amerikanischen Kapitalismus, wie vor allem wegen der Tendenz jeder Klassengesellschaft, ihr Spezialinteresse als das der ganzen Menschheit auszugeben. Deshalb gab sich der Pragmatismus anfangs auch als Gönner jener verschiedenen, auswechselbaren logischen »Instrumente«, mittels deren der Geschäftsmann höherer Ordnung geradezu »Humanerfolg« erzielt. Aber es gibt so wenig und noch weniger einen humanen Geschäftsmann, wie es einen marxistischen Lebemann gibt; so hat sich der Pragmatismus in Amerika, in der gesamten Weltbourgeoisie rasch nach James als das kenntlich gemacht, was er ist: als letzten Agnostizismus einer von jedem Wahrheitswillen entblößten Gesellschaft. Zwei imperialistische Kriege, der erste generell-imperialistische von 1914 bis 1918, der zweite partial-imperialistische der Nazi-Aggressoren, haben den Pragmatismus gar zur Roßtäuscher-Ideologie reif gemacht. Auf Wahrheit kommt es nun überhaupt nicht mehr an, auch nicht im Sinn, als wäre sie ein immerhin zu pflegendes »Instrument«; und die Rosapackung des »Humanerfolgs« ging völlig zum Teufel, der von Anfang an darin war. Nun schwankten und änderten sich die Ideen wie Börsenpapiere, je nach der Kriegslage, Geschäftslage; bis endlich der volle Schandpragmatismus der Nazis erschien. Recht war, was dem deutschen Volk, soll heißen: dem deutschen Finanzkapital nützte; Wahrheit war, was das Leben, soll heißen: den Maximalprofit förderte, ihm zweckdienlich erschien. Das also wurden, nachdem die Zeit erfüllt war, die Konsequenzen des Pragmatismus; und wie harmlos, ja wie täuschend mochte er doch ebenfalls nach »Theorie-Praxis« aussehen. Wie scheinhaft wurde auch hier eine Wahrheit um ihrer selbst willen abgelehnt und nicht gesagt, daß es wegen einer Lüge um des Geschäfts willen geschieht. Wie schein-konkret wurde auch hier von der Wahrheit die Bewährung in der Praxis verlangt, sogar in der »Veränderung« der Welt. Wie groß also ist die Verfälschbarkeit der These 11 im Kopf von Intelligenzverächtern und Praktizisten. Gewiß, was die Praktizisten in der sozialistischen Bewegung angeht, so haben sie moralisch, wie sich von selbst versteht, mit den Pragmatisten nicht das Mindeste gemein; ihr Wille ist sauber, ihre Absicht revolutionär, ihr Ziel human. Doch indem sie den Kopf dabei auslassen, folglich nichts Geringeres als den ganzen Reichtum der marxistischen Theorie mitsamt der kritischen Aneignung des Kulturerbes in ihr, entsteht doch, am Ort der »trial-and-error-method«, der Handwerkelei, des Praktizismus, jene grausame Verfälschung der These 11, die an Pragmatismus methodisch erinnert. Praktizismus, der an Pragmatismus angrenzt, ist eine Konsequenz dieser Verfälschung, eine wie immer unbegriffene; doch Unkenntnis einer Konsequenz schützt nicht vor Verdummung. Die Praktizisten, mit dem bestenfalls kurzfristigen Kredit für Theorie, gar für komplizierte, machen mitten im marxistischen Lichtwesen die Finsternis ihrer eigenen privaten Ignoranz und des Ressentiments, das mit Ignoranz sich so leicht verbindet. Zuweilen sogar ist nicht einmal Praktizismus, also doch immerhin eine Tätigkeit nötig, um solche Theoriefremdheit zu erklären; denn Schematismus der Gedankenlosigkeit lebt auch aus eigener, aus untätiger Antiphilosophie. Kann aber so noch weniger auf die kostbarste These über Feuerbach sich berufen; aus Mißverständnis wird dann Blasphemie. Immer wieder muß darum betont werden: *bei Marx ist nicht deshalb ein Gedanke wahr, weil er nützlich ist, sondern weil er wahr ist, ist er nützlich*. Lenin formuliert das Gleiche in dem schlagenden Diktum: »Die Lehre von Marx ist allmächtig, weil sie wahr ist.« Und fährt fort: »Sie ist die rechtmäßige Erbin des Besten, was die Menschheit im neunzehnten Jahrhundert in Gestalt der deutschen Philosophie, der englischen politischen Ökonomie und des französischen Sozialismus geschaffen hat.« Und bekundet wenige Zeilen vorher: »Die ganze Genialität Marxens besteht gerade darin, daß er auf die Fragen Antwort gegeben hat, die das fortgeschrittene Denken der Menschheit bereits gestellt hatte« (Lenin, Drei Quellen und drei Bestandteile des Marxismus, Ausgewählte Werke I, S. 63 f.). Mit anderen Worten: Wirkliche Praxis kann keinen Schritt tun, ohne sich ökonomisch und philosophisch bei der Theorie erkundigt zu haben, der fortschreitenden. Sowie es daher an sozialistischen Theoretikern gefehlt hat, bestand allemal die Gefahr, daß gerade der Kontakt mit der Wirklichkeit Einbuße erlitt, dieser nie schematisch und simplizistisch zu interpretierenden, wann anders Praxis sozialistisch gelingen soll. Sind das offene Türen, die der Antipragmatismus der größten Praxis-Denker, weil treuesten Wahrheits-Zeugen offenhält, so können sie doch durch eine interessierte Fehlinterpretation der These 11 immer wieder geschlossen werden. Durch eine, welche groteskerweise aus dem – in These 11 geschehenden – höchsten Triumph der Philosophie eine

Abdankung der Philosophie, eben eine Art unbürgerlichen Pragmatismus herauszuhören glaubt. Genau jenem Zukünftigen ist damit schlecht gedient, das nicht weiter unbegriffen auf uns zukommt, sondern dem umgekehrt unsere tätige Erkenntnis hinzukommt; – Ratio wacht auf dieser Strecke der Praxis. So wie sie auf jeder Strecke humaner Heimkehr wacht: gegen das Irrationale, das sich letzthin auch in der begrifflosen Praxis zeigt. Denn wenn die Zerstörung der Vernunft ins barbarische Irrationale zurücksinkt, so die Unkenntnis der Vernunft ins dumme; wobei letzteres zwar nicht Blut vergießt, aber den Marxismus ruiniert. *Auch die Banalität ist so Gegenrevolution gegen den Marxismus selber*; denn er ist der Vollzug (nicht die Amerikanisierung) der fortschrittlichsten Gedanken der Menschheit.

Soviel über falsches Verstehen, ganz zuletzt, wo es auftaucht. Das Falsche bedarf ebenfalls der Beleuchtung, gerade weil These 11 die *wichtigste* ist – corruptio optimi pessima. Zugleich ist diese These die am prägnantesten gefaßte; so muß ein Kommentar hier viel mehr als bei den anderen aufs Wörtliche gehen. Was also ist in These 11 der Wortlaut, was ist ihr scheinbarer Gegensatz zwischen Erkennen und Verändern? Der Gegensatz ist keiner; selbst das hier nicht konträre, sondern erweiternde Partikel »aber« fehlt im Marxschen Original (vgl. MEGA I, 5, S. 535); ebensowenig findet sich ein Entweder-Oder. Und den bisherigen Philosophen wird zum Vorwurf gemacht, oder besser: es wird an ihnen als Klassenschranke kenntlich gemacht, daß sie die Welt nur verschieden *interpretiert* haben, nicht etwa, daß sie – philosophiert haben. Interpretation aber ist der Kontemplation verwandt und folgt aus ihr; *nicht*-kontemplative Erkenntnis also wird nun als neue, als wahrhaft zum Sieg tragende Fahne ausgezeichnet. Doch als Fahne der *Erkenntnis*, als die gleiche Fahne, die Marx – freilich mit Aktion, nicht mit betrachtender Ruhe – seinem Hauptwerk gelehrter Forschung aufgesetzt hat. Dies Hauptwerk ist lautere Anweisung zum Handeln, doch es heißt »Das Kapital«, nicht »Führer zum Erfolg« oder auch »Propaganda der Tat«; es ist keinerlei Rezept zur raschen Heldentat ante rem, sondern steht mitten in re, in sorgfältiger Untersuchung, philosophierender Zusammenhangs-Erforschung schwierigster Wirklichkeit. Mit dem Kurs auf begriffene Notwendigkeit, auf Erkenntnis der dialektischen Entwicklungsgesetze in Natur und Gesellschaft insgesamt. Von den Philosophen also, die »die Welt nur verschieden *interpretiert* haben«, und von sonst nichts stößt die Kenntlichmachung des ersten Satzteils ab; sie geht auf die Schiffe, doch eben auf höchst durchdachte Fahrt, wie sie der zweite Satzteil kenntlich macht: auf die einer neuen, einer aktiven Philosophie, einer zur Veränderung so unumgänglichen wie tauglichen. Zweifellos hat Marx scharfe Worte durchaus gegen Philosophie gerichtet, doch nicht einmal gegen kontemplative *schlechthin*, wann immer sie eine bedeutende aus großer Zeit war. Sondern genau gegen eine *bestimmte Art* kontemplativer Philosophie, nämlich die der Hegel-Epigonen seiner Zeit, welche vielmehr eine Nicht-Philosophie war. Am härtesten polemisiert daher, bezeichnenderweise, die gegen diese Epigonen gezielte »Deutsche Ideologie«: »Man muß die Philosophie beiseite liegenlassen, man muß aus ihr herausspringen und sich als ein gewöhnlicher Mensch an das Studium der Wirklichkeit begeben, wozu auch literarisch ein ungeheures, den Philosophen natürlich unbekanntes Material vorliegt; und wenn man dann wieder einmal Leute wie Kuhlmann oder Stirner vor sich bekommt, so findet man, daß man sie längst ›hinter‹ und unter sich hat. Philosophie und Studium der wirklichen Welt verhalten sich zueinander wie Onanie und Geschlechtsliebe« (MEGA I, 5, S. 216). Die Namen Kuhlmann (ein damaliger pietistischer Theologe) und gar Stirner zeigen überdeutlich, an welche Adresse oder Art Philosophie diese mächtige Invektive gerichtet war; sie war an philosophische Windbeutelei gerichtet. Nicht war sie an die Hegelsche Philosophie und andere große der Vergangenheit gerichtet, so kontemplativ diese auch gehalten war; Marx war der letzte, der am konkreten Hegel, am kenntnisreichsten Enzyklopädisten seit Aristoteles, ein »Studium der wirklichen Welt« vermißt hätte. Dergleichen haben grundsätzlich andere Köpfe als Marx und Engels Hegel vorgeworfen, es waren die Köpfe der preußischen Reaktion, später des Revisionismus und ähnliche »Realpolitiker«, wie bekannt. Von der wirklichen bisherigen Philosophie dagegen spricht Marx auch in der »Deutschen Ideologie« ganz anders, nämlich im Sinn eines schöpferischen reellen Erbantritts. Vorher hatte das die »Einleitung zur Kritik der Hegelschen Rechtsphilosophie«, von 1844, bereits dahin klargestellt, daß die Philosophie nicht aufgehoben werden könne, ohne sie zu *verwirklichen*, nicht verwirklicht werden könne, ohne sie *aufzuheben*. Das erstere, mit dem Akzent auf der *Verwirklichung*, ist für die »Praktiker« gesagt: »Mit Recht fordert daher die *praktische* politische Partei in Deutschland die *Negation der Philosophie*. Ihr Unrecht besteht nicht in der Forderung, sondern in dem Stehenbleiben bei der Forderung, die sie ernsthaft weder vollzieht noch vollbringen kann. Sie glaubt, jene Negation dadurch zu vollbringen, daß sie der Philosophie den Rücken kehrt und abgewandten Hauptes einige ärgerliche und banale Phrasen über sie hermurmelt. Die Beschränktheit ihres Gesichtskreises zählt die Philosophie nicht ebenfalls in den Bering der *deutschen* Wirklichkeit oder wähnt sie gar *unter* der deutschen Praxis und den ihr dienenden Theorien. Ihr verlangt, daß man an *wirkliche Lebenskeime* anknüpfen soll, aber ihr vergeßt, daß der wirkliche Lebenskeim des deutschen Volkes bisher nur unter seinem Hirnschädel gewuchert hat. Mit einem Worte: *Ihr könnt die Philosophie nicht aufheben, ohne sie zu verwirklichen.*« Das zweite, mit dem Akzent auf der *Aufhebung*, ist für die »Theoretiker« gesagt: »Dasselbe Unrecht, nur mit *umgekehrten* Faktoren, beging die *theoretische*, von der Philosophie her datierende politische Partei. Sie erblickte in dem jetzigen Kampf *nur* den *kritischen Kampf der Philosophie mit der deutschen Welt*, sie bedachte nicht, daß die *seitherige Philosophie* selbst zu dieser Welt gehört und ihre, wenn auch ideelle *Ergänzung* ist. Kritisch gegen ihren Widerpart, verhielt sie sich unkritisch zu sich selbst, indem sie von den *Voraussetzungen* der Philosophie ausging und bei ihren gegebenen Resultaten entweder stehenblieb oder anderweitig hergeholte Forderungen und Resultate der Philosophie ausgab, obgleich dieselben – ihre Berechtigung vorausgesetzt – im Gegenteil nur durch die *Negation der seitherigen (!) Philosophie*, der Philosophie als Philosophie, zu erhalten sind. Eine näher eingehende Schilderung dieser Partei behalten wir uns vor« (sie geschah in der »Heiligen Familie« und der »Deutschen Ideologie«, mit schwerster Kritik der verkommenen Kontemplation, der kritischen »Ruhe des Erkennens«). »Ihr Grundmangel läßt sich dahin reduzieren: *Sie glaubte, die Philosophie verwirklichen zu können, ohne sie aufzuheben«* (MEGA I, 1/1, S. 613). Marx gibt also beiden damaligen Parteien ein Antidoton zu ihrem Verhalten, eine jeweils umgekehrte Medicina mentis: er legt den Praktikern von damals ein Mehr-Verwirklichen von Philosophie auf, den Theoretikern von damals ein Mehr-Aufheben von Philosophie. Jedoch auch die »Negation« der Philosophie (ein selber so höchst philosophisch geladener, aus Hegel stammender Begriff) bezieht sich hier ausgesprochenerweise auf die *»seitherige* Philosophie«, nicht auf jede mögliche und künftige überhaupt. Die »Negation« bezieht sich auf Philosophie mit Wahrheit um ihrer selbst willen, also auf autark-kontemplative, auf eine die Welt lediglich antiquarisch interpretierende, sie bezieht sich nicht auf eine die Welt revolutionär verändernde. Ja auch innerhalb der »seitherigen Philosophie«, der von den Hegel-Epigonen freilich so grundverschiedenen, gibt es, bei aller Kontemplation, so viel »Studium der wirklichen Welt«, daß eben die deutsche klassische Philosophie nicht ganz unpraktisch unter den »drei Quellen und drei Bestandteilen des Marxismus« figuriert. Das schlechthin Neue in der marxistischen Philosophie besteht in der radikalen Veränderung ihrer Grundlage, in ihrem proletarisch-revolutionären Auftrag; aber das schlechthin Neue besteht nicht darin, daß die einzige zur konkreten Weltveränderung fähige und bestimmte Philosophie keine – Philosophie mehr wäre. Weil sie das ist wie nie, daher gerade der Triumph der Erkenntnis im zweiten Satzteil der These 11, die *Veränderung* der Welt betreffend; Marxismus wäre gar keine Veränderung im wahren Sinn, wenn er vor und in ihr kein theoretisch-praktisches Prius der *wahren Philosophie* wäre. Der Philosophie, die, mit langem Atem, mit vollem Kulturerbe, nicht zuletzt auf Ultraviolett sich versteht, soll heißen: auf die zukunfttragenden Eigenschaften der Wirklichkeit. Verändern im unwahren Sinn läßt sich freilich vielfach, auch ohne Begriff; die Hunnen haben gleichfalls verändert, es gibt auch eine Veränderung durch Cäsarenwahnsinn, durch Anarchismus, ja durch die Geisteskrankheit der Faselei, die Hegel ein »vollkommenes Abbild des Chaos« nennt. Aber *gediegene* Veränderung, gar die zum *Reich der Freiheit*, kommt einzig durch gediegene Erkenntnis zustande, mit immer genauer beherrschter Notwendigkeit. Durchaus Philosophen haben seitdem dergestalt die Welt verändert: Marx, Engels, Lenin. Praktizisten aus der hohlen Hand, Schematiker mit Zitatenschatz haben sie nicht verändert und auch nicht jene Empiristen, die Engels »Induktionsesel« genannt hat. Philosophische Veränderung ist eine mit unaufhörlicher Kenntnis des Zusammenhangs; denn wenn Philosophie auch keine eigene Wissenschaft über den anderen Wissenschaften darstellt, so ist sie doch das eigene Wissen und Gewissen des Totum in allen Wissenschaften. Sie ist das fortschreitende Bewußtsein des fortschreitenden Totum, da dieses Totum selber nicht als Faktum steht, sondern einzig im riesigen Zusammenhang des Werdens mit dem noch Ungewordenen umgeht. Philosophische Veränderung ist derart eine nach Maßgabe der analysierten Lage, der dialektischen Tendenz, der objektiven Gesetze, der realen Möglichkeit. Darum also geschieht philosophische Veränderung letzthin wesentlich im Horizont der überhaupt kontemplations-unfähigen, interpretierungs-unfähigen, wohl aber marxistisch erkennbaren Zukunft. Und unter diesem Aspekt erhob sich Marx auch über die oben angegebene, nur antithetisch gesetzten Wechselakzente: Verwirklichung oder Aufhebung der Philosophie betreffend (Verwirklichung akzentuiert gegen die »Praktiker«, Aufhebung akzentuiert gegen die »Theoretiker«). Die *dialektische Einheit* der recht verstandenen Akzente lautet, am Ende der zitierten »Einleitung« (MEGA I, 1/1, S. 621), wie bekannt: »Die Philosophie kann sich nicht verwirklichen ohne die Aufhebung des Proletariats, das Proletariat kann sich nicht aufheben ohne die Verwirklichung der Philosophie.« Und die Aufhebung des Proletariats, sobald es nicht nur als Klasse, sondern ebenso, wie Marx lehrt, als schärfstes Symptom der menschlichen Selbstentfremdung gefaßt wird, ist ohne Zweifel ein langer Akt: die völlige Aufhebung dieser Art fällt mit dem letzten Akt des Kommunismus zusammen. Des Sinns, den Marx in den »Ökonomisch-philosophischen Manuskripten« ausdrückt, mit einer Perspektive, die sich gerade aufs philosophisch äußerste »Eschaton« versteht: »Erst hier ist ihm (dem Menschen) sein *natürliches* Dasein sein *menschliches* Dasein und die Natur für ihn zum Menschen geworden. Also die *Gesellschaft* ist die vollendete Wesenseinheit des Menschen mit der Natur, die wahre Resurrektion der Natur, der durchgeführte Naturalismus des Menschen und der durchgeführte Humanismus der Natur« (MEGA I, 3, S. 116). Hier leuchtet die von Marx zu formulieren gesuchte letzte Perspektive des Veränderns der Welt. Ihr Gedanke (das Wissen-Gewissen jeder Praxis, worin das noch ferne Totum sich spiegelt) verlangt zweifellos ebensoviel Neuheit der Philosophie, wie er Resurrektion der Natur schafft.

Der archimedische Punkt; Wissen nicht nur auf Vergangenes, sondern wesentlich auf Heraufkommendes bezogen

Erstmals wurde der Geist so mächtig, endlich versteht er sich darauf. Und genau deshalb, weil er sich seines früheren, oft falsch erhabenen Wesens begeben hat. Weil er ein wahrhaft politisches Lied geworden ist, sich endlich selber aus dem Betrachteten und Vergangenen zur Gegenwart herausmachte. Zu einer damaligen Gegenwart überdies, die den Geist nicht als Äther zuließ, sondern als materielle Gewalt brauchte. Hierfür ist erneut der Zeitpunkt wichtig, wo mit den anderen Frühschriften auch die »Elf Thesen« an dieses kräftige Licht traten. Marx schrieb darüber im »Kommunistischen Manifest«, 1848, also wenig später: »Auf Deutschland richten die Kommunisten ihre Hauptaufmerksamkeit, weil Deutschland am Vorabend einer bürgerlichen Revolution steht, und weil es diese Umwälzung unter fortgeschritteneren Bedingungen der europäischen Zivilisation überhaupt und mit einem viel weiter entwickelten Proletariat vollbringt als England im siebzehnten und Frankreich im achtzehnten Jahrhundert, die deutsche Revolution also nur das unmittelbare Vorspiel einer proletarischen Revolution sein kann.« Von daher also der besondere Anstoß, ein von Feuerbach nicht empfundener, der die neue Philosophie sogleich, in statu nascendi, auf die Barrikaden brachte. Bereits in der These 4 war der archimedische Punkt entdeckt, von dem dergestalt die alte Welt aus den Angeln, die neue in die Angeln zu heben ist, der archimedische Punkt in der »weltlichen Grundlage« von heute: »Diese selbst muß also erstens in ihrem Widerspruch verstanden und sodann durch Beseitigung des Widerspruchs praktisch revolutioniert werden.« Und nun, *was ist es endgültig*, was den Ansatzpunkt der »Elf Thesen«, also die beginnende *Philosophie der Revolution* entdeckt hat? Es ist doch nicht der neue, der proletarische Auftrag allein, so entscheidend er von der Betrachtung losriß, die Dinge nicht hinnehmen, gar verewigen ließ, wie sie sind. Auch ist es nicht nur das kritisch-schöpferisch angetretene Erbe der deutschen Philosophie, der englischen politischen Ökonomie, des französischen Sozialismus, so notwendig diese drei Fermente, vorab Hegels Dialektik und Feuerbachs erneuerter Materialismus, für die Herausbildung des Marxismus waren. Sondern dasjenige, was endgültig zum archimedischen Punkt führte und mit ihm zur Theorie-Praxis, kam in gar keiner Philosophie bisher vor, ja ist in und an Marx selber noch kaum völlig reflektiert worden. »In der bürgerlichen Gesellschaft«, sagt das Kommunistische Manifest, »herrscht die Vergangenheit über die Gegenwart, in der kommunistischen die Gegenwart über die Vergangenheit.« Und es herrscht die Gegenwart *zusammen mit dem Horizont in ihr*, der der Horizont der Zukunft ist, und der dem

Fluß der Gegenwart den spezifischen Raum gibt, den Raum neuer, betreibbar besserer Gegenwart. Also wurde die beginnende Philosophie der Revolution, das ist, der Veränderbarkeit zum Guten, allerletzt am und im *Horizont der Zukunft* eröffnet; mit Wissenschaft des Neuen und Kraft zu seiner Leitung.

Alles Wissen aber war bisher wesentlich auf Vergangenes bezogen, indem nur dieses betrachtbar ist. Das Neue blieb so außer seinem Begriff, die Gegenwart, in der das Werden des Neuen seine Front hat, blieb eine Verlegenheit. Das Denken in Warenform hat diese alt überkommene Ohnmacht besonders gesteigert; denn das kapitalistische Zur-Ware-Werden aller Menschen und Dinge gibt ihnen nicht nur Entfremdung, sondern es erhellt: die Denkform Ware ist selber die gesteigerte Denkform Gewordenheit, Faktum. Über diesem Faktum wird das Fieri besonders leicht vergessen und so über dem verdinglichten Produkt das Produzierende, über dem scheinbaren Fixum im Rücken der Menschen das Offene vor ihnen. Aber die falsche Wechselbeziehung zwischen Wissen und Vergangenheit ist sehr viel älter, ja ihren Ursprung hat sie eben dort, wo der Arbeitsvorgang in der Erkenntnis überhaupt nicht reflektiert war, so daß das Wissen nicht nur, wie oben gezeigt, schlechthin Schau, sondern der Gegenstand des Wissens schlechthin Ausgestaltetes, die Wesenheit schlechthin Ge-wesenheit sein mußte. Hier hat die Platonische Anamnesis ihren Ort: »Denn wahrlich«, sagt Sokrates im Dialog »Menon« (81 B-82 A) und weist auf Schau gerade in der Urvergangenheit der Seele, »Suchen und Lernen sind ganz und gar nur – Erinnerung.« Es ist der Bann dieses kontemplativen Antiquariums, der – aller gesellschaftlichen Veränderungen des Erkenntnisbegriffs ungeachtet – die Philosophie bis Marx nicht nur in der Betrachtung, sondern eben auch in der bloßen, jeder Betrachtung eingeschriebenen, *Relation zur Gewordenheit* gehalten hat. Selbst dem Entwicklungsdenker Aristoteles ist das Wesen das τὸ τὶ ἦν εἶναι, das »Was-war-Sein«, im Sinn der abgeschlossenen Bestimmbarkeit, statuarischen Ausgeprägtheit. Selbst dem großen dialektischen Prozeßdenker Hegel ist das Geschehen völlig unter seine fertige Geschichte gebeugt, und das Wesen ist die gewordene Wirklichkeit, worin es »mit seiner Erscheinung eins ist«. Nicht zuletzt bei Feuerbach notiert Marx selber diese Sperre: »Feuerbachs ganze Deduktion in Beziehung auf das Verhältnis der Menschen zueinander geht nur dahin, zu beweisen, daß die Menschen einander nötig haben und *immer gehabt haben.* Er will das Bewußtsein über diese Tatsache etablieren, er will also, wie die übrigen Theoretiker, nur ein richtiges Bewußtsein über ein *bestehendes* Faktum hervorbringen, während es dem wirklichen Kommunisten darauf ankommt, das Bestehende umzustürzen« (Deutsche Ideologie, MEGA I, 5, S. 31). Der Effekt von alldem war nun der, daß der Geist der Anamnesis seine Erkenntniskraft gerade dort gesucht hat, wo *am wenigsten Gegenwart, gar Zukunft* zur Entscheidung steht. Während also die bloße Relation: Wissen-Vergangenheit zu Fragen der Gegenwart, gar zu Entscheidungsproblemen der Zukunft in einem fast nur kannegießernden Verhältnis steht oder im Verhältnis des kurzsichtigsten bürgerlichen Klassenstandpunkts, wird ihr (freilich ohne daß der verewigte Klassenstandpunkt aufhörte) erst in der *Abgeschiedenheit des Präteritum* gleichsam heimatlich zumute. Und zwar desto heimatlicher, je ferner die Objekte zeitlich zurückliegen, je adäquater also ihre Abgeschlossenheit zu der Ruhe der Kontemplation erscheint. Daher erlauben in der Relation: Wissen-Vergangenheit die Kreuzzüge sozusagen mehr »Wissenschaftlichkeit« als die beiden letzten Weltkriege, Ägypten wiederum, das noch fernere, mehr als das Mittelalter. Gar das scheinbare totale Vorbei der physischen Natur steht oder stand da als eine Art Über-Ägypten oder Potenz von Ägypten, ganz weit zurück, mit der granitnen Gewordenheit einer Materie, die, nicht ohne methodischen Jubel, tot genannt wurde. Wie anders aber das alles im Marxismus, wie groß ist dessen Macht gerade an der Gegenwart geraten. Wie bewährt sich seine *neue*, seine *durchgängige Geschehens- und Veränderungs-Wissenschaft* gerade an der Front des Geschehens, in der Aktualität der jeweiligen Entscheidung, in der Tendenz-Beherrschung zur Zukunft hin. Marxistisch ist auch die Vergangenheit nicht wachsend antiquarisch gestaffelt, denn die Geschichte als urkommunistische wie als eine von Klassenkämpfen macht auch ihre weitest zurückliegende Epoche zu keinem Museum; noch weniger aber macht sie die näherliegende, wie in der bürgerlichen Kontemplation, zum wissenschaftsfreien Moratorium. Wonach so große Teile der bürgerlichen Gelehrsamkeit, ohne alles konkrete Wissensverhältnis zur Gegenwart, dieser, als sie Entscheidung verlangte, entweder hilflos gegenüberstanden oder, in letzter Zeit, sich dem Anti-Bolschewismus noch über alles Klasseninteresse hinaus mit skandalöser Unwissenheit, Unweisheit verkauften. Sogar noch die damit unvergleichlichen wissenschaftlichen Bahnbrecher der bürgerlichen Gesellschaft, die gewiß zur Gegenwarts- und Zukunfts-Relation gehaltenen großen und reinen Ideologen des siebzehnten und achtzehnten Jahrhunderts standen dem Heraufkommenden ihrer eigenen revolutionären Klasse allemal mit Illusionen oder unkonkret überschießenden Idealen gegenüber; das also nicht nur wegen der jeweiligen Klassenschranke, sondern ebenso wegen der Schranke vor der Zukunft, die bis Marx mit der Klassenschranke durchgehends gesetzt war. Dies alles eint sich, je länger, je mehr, eben mit der Anamnesis oder der kontemplativ-statischen Wissenssperre gegen das wirklich Anrückende, Heraufkommende. Und ebenso, nun völlig entschieden: wo das *Wissen-Vergangenheits-Verhältnis* in der Gegenwart nur Verlegenheit sieht und in der Zukunft Spreu, Wind, Gestaltlosigkeit, dort erfaßt das *Wissen-Tendenz-Verhältnis* das Wozu seines Wissens überhaupt: als den vermittelten Neubau der Welt. Die dialektisch-historische Tendenzwissenschaft Marxismus ist derart die vermittelte *Zukunftswissenschaft* der *Wirklichkeit plus der objektiv-realen Möglichkeit in ihr*; all das zum Zweck der *Handlung*. Der Unterschied zur Anamnesis des Gewordenen, samt ihren sämtlichen Abwandlungen, könnte nicht einleuchtender sein; er gilt sowohl für die erleuchtende marxistische Methode wie für die in ihr erleuchtete unabgeschlossene Materie. *Erst der Horizont der Zukunft, wie ihn der Marxismus bezieht, mit dem der Vergangenheit als Vorraum, gibt der Wirklichkeit ihre reelle Dimension.*

Unvergeßlich ist hier auch der neue Ort des archimedischen Punktes selber, von dem her in die Angeln gehoben wird. Er liegt gleichfalls nicht weit hinten, im Vergangenen, Abgetanen, zu dem der frühere, bloß betrachtende Materialismus die Welt herunteranalysiert hatte. Das wirkte in der Folge, gerade als seine entzaubernde Rolle längst dahin war, hemmungslos retrograd; er löste die historischen Erscheinungen in biologische, diese in chemisch-physikalische auf, bis herab auf die atomare »Basis« von allem und jedem. Dergestalt, daß auch von historisch höchst geladenen Erscheinungen, etwa der Schlacht bei Marathon, nur noch Muskelbewegungen übrigblieben, also die Griechen und Perser samt dem gesellschaftlichen Inhalt dieser Schlacht in gänzlich unterhistorische Muskelbewegungen verschwanden. Diese lösten sich dann wieder aus der Physiologie in organisch-chemische Vorgänge auf, und die organische Chemie wiederum, die ohnehin allen Lebewesen gemeinsame, landete schließlich beim Tanz der Atome, eben als der generellsten »Basis« von allem und jedem. Damit war freilich nicht nur die Schlacht bei Marathon, die doch erklärt werden sollte, völlig verschwunden, sondern die ganze gebaute Welt zeigte sich im Allgemeinen einer totalen Mechanik untergegangen – mit Verlust sämtlicher Erscheinungen und ihrer Unterschiede. Der mechanische Materialismus erblickte in dieser Zerlegung auf Atomistik und sonst nichts des Pudels Kern; in Wahrheit war hier wirklich erst jene Nacht, von der einmal Hegel sprach, die Nacht, wo alle Kühe schwarz sind. Dasjenige fehlte, was gerade Demokrit, der erste große Materialist, διασώζειν τά φαινόμενα, Retten der Erscheinungen genannt und methodisch gefordert hatte. Hier leistete Feuerbach mit seinem nicht physikalischen, sondern »anthropologischen« Materialismus dem jungen Marx allerdings einen großen Dienst, einen im ganzen Tenor der »Elf Thesen« anerkannten. Atome und dann die ganze Biologie liegen zwar entwicklungsgeschichtlich jedem weiteren Bau zugrunde, doch der »starting point«, wie später Engels in der »Dialektik der Natur« das nannte, dann der archimedische Punkt (für die Geschichte) ist dem Marxismus der arbeitende Mensch. Seine gesellschaftlichen Weisen der Bedürfnisbefriedigung, das »Ensemble der gesellschaftlichen Verhältnisse«, wie es an Stelle des Feuerbachschen Mensch-Abstraktums trat, der gesellschaftliche Austauschprozeß mit der Natur selber: all das wurde nun als die einzig relevante und wirkliche Basis erkannt, was das Reich der Geschichte und Kultur angeht. Es war das gleichfalls eine materielle Basis, ja eine viel ausgeprägter materielle als die der unsichtigen Atomvorgänge, doch gerade als ausgeprägtere, als historisch-charakteristische machte sie die geschichtlichen Erscheinungen und Charaktere nicht zur Nacht. Sie brachte vielmehr erstmals Licht, ein genuines Licht, worin zugleich der archimedische Punkt lag, der heißt: Beziehung der Menschen zu Menschen und zur Natur. Und eben weil der historische Materialismus, zum Unterschied vom einseitig naturwissenschaftlichen, kein betrachtender war, entdeckte er am spezifischen Ort seines archimedischen Punkts nicht nur den Schlüssel der Theorie, sondern den Hebel der Praxis. Marxismus also zerstört am wenigsten diesen Hebel und, dem entsprechend, nicht die höhere, die neue Organisation lebendiger Materie, zu der der Hebel hebt. So nochmals These 10: »Der Standpunkt des alten Materialismus ist die ›*bürgerliche*‹ Gesellschaft, der Standpunkt des neuen die *menschliche* Gesellschaft oder die vergesellschaftete Menschheit.« Und Weltveränderung dieser Art geschieht sinngemäß einzig in einer Welt der *qualitativen Umschlagbarkeit, Veränderlichkeit selber*, nicht in der des mechanischen Immer-Wieder, der puren Quantität, des historischen Umsonst. Es gibt ebenso keine veränderbare Welt ohne den erfaßten Horizont der objektiv-realen Möglichkeit in ihr; sonst wäre selbst ihre Dialektik eine des Auf-der-Stelle-Tretens. Ja noch viel mehr Gewalt der Schöpfung hat sich in der weltumfassenden Dialektik des Marxismus erkennbar gemacht und kommt zur Wissenschaft. Die Hoffnung, die Herder im »Genius der Zukunft« hymnisch anzurufen suchte: »... denn was ist Lebenswissen! und du, / Der Götter Geschenk, Prophetengesicht! und der Ahndung / Vorsingende Zauberstimme!«, – gerade die *Hoffnung des Lebenswissens* wurde, damit es wirklich eines sei, bei Marx Ereignis. Das Ereignis ist nicht abgeschlossen, denn es ist selber ein einziges Vorwärts in der veränderbaren, Glück implizierenden Welt. So bekundet die Gesamtheit der »Elf Thesen«: Die vergesellschaftete Menschheit im Bund mit einer ihr vermittelten Natur ist der Umbau der Welt zur Heimat.

Zusammenfassung antizipatorische Beschaffenheit und ihre Pole: dunkler Augenblick – offene Adäquatheit

Wer aber treibt in uns an? Einer, der sich selbst nicht innehat, noch nicht hervorkommt. Mehr ist auch jetzt nicht zu sagen, dies Innen schläft. Das Blut läuft, das Herz schlägt, ohne daß zu verspüren ist, was den Puls in Gang setzt. Ja, tritt keine Störung hinzu, so ist überhaupt nichts unter unserer Haut spürbar. Was in uns reizfähig macht, reizt sich selber nicht. Das gesunde Leben schläft, als in sich webend. Es steckt ganz in dem Saft, worin es kocht.

Puls und gelebtes Dunkel

Daß man lebt, ist eben deshalb nicht zu empfinden. Gerade dieser unmittelbare Puls schlägt einsam. Akte wie Vollzug des Wollens, Vorstellens und so fort treten aus dem unmittelbaren Dunkel ihres Geschehens nicht heraus. Aber am meisten dunkel bleibt schließlich das Jetzt selber, worin wir als Erlebende uns jeweils befinden. Das Jetzt ist der Ort, worin der unmittelbare Herd des Erlebens überhaupt steht, in Frage steht; so ist das gerade Gelebte selber am meisten unmittelbar, also am wenigsten bereits erlebbar. Nur wenn ein Jetzt gerade vergangen ist oder wenn und solange es erwartet wird, ist es nicht nur ge-lebt, sondern auch er-lebt. Als unmittelbar daseiend, liegt es im Dunkel des Augenblicks. Nur das gerade Heraufkommende oder das gerade Vergangene hat den Abstand, den der Strahl des Bewußtwerdens braucht, um zu bescheinen. Das Daß und Jetzt, der Augenblick, worin wir sind, wühlt in sich und empfindet sich nicht. Dementsprechend also wird der jeweilige Inhalt des gerade Gelebten nicht wahrgenommen.

Platz für möglichen Vormarsch

Aber was im Jetzt treibt, stürzt zugleich dauernd vorwärts. Es bleibt darum nie in sich selber webend, denn das Daß des Lebens ist gierig. So ungeäußert sein Innen noch sein mag, darin äußert es sich, daß es das Seine nicht hat, vielmehr draußen sucht und meint, also daß es Hunger hat. Und das Draußen, in das das Subjektive greift, muß wenigstens so liegen, daß sich nach ihm greifen läßt. Wäre um das Drängen nach dem, was ihm fehlt, nichts als lauter enge, erstikkende, fest gewordene Mauer, dann wäre nicht einmal Drängen da. So aber ist ihm noch etwas offen, sein Drängen, Wünschen, Tun hat Platz. Was nicht ist, kann noch werden, was verwirklicht wird, setzt Mögliches in seinem Stoff voraus. Es gibt im Menschen dies Offene, und Träume, Pläne wohnen darin. Das Offene ist ebenso in den Dingen, an ihrem vorderen Rand, dort, wo noch Werden möglich ist. Und das Drängen hat daran nicht nur den Auslauf oder das Freie, wo noch gegangen, noch gewählt, noch geschieden, Weg eingeschlagen, Weg gelegt werden kann, sondern außer dem Weg ist im objektiv Möglichen ein uns möglicherweise Entsprechendes, woran das Drängen nicht endlos ungesättigt weitergeht. Das Entsprechende ist als solches nicht selber ausgemacht und garantiert, es ist nicht empfangend, gar lösend, aber es ist seines Möglichen gewärtig und so immerhin als Gewärtiges empfangend. In den Dingen ist ein Treiben, worin unsere Angelegenheiten noch betrieben werden können, eine Front, worin unsere Zukunft, gerade diese, entschieden werden kann. Solch Veränderbares ist keinesfalls selbstverständlich: es könnte ja auch nichts Neues mehr unter der Sonne geschehen. So aber gibt es im Fluß der Dinge, also der Ereignisse, noch durchaus ein Noch und Noch-Nicht, was dasselbe ist wie echte, das heißt, aus nie so Gewesenem bestehende Zukunft. Zeiten, in denen nichts geschieht, haben das Gefühl fürs Novum fast verloren; sie leben in Gewohnheit, und das Kommende ist keines, sondern abgezirkelt wie das Gestrige auch. Aber Zeiten wie die heutige, in denen Geschichte, vielleicht für Jahrhunderte, auf der Waage steht, haben das Gefühl fürs Novum extrem, sie spüren, was Zukunft ist, mit angehaltenem Atem, mit befördernder Arbeit am Heraufziehenden, heraufziehend Möglichen. Solche Zeiten sind der Ort, um das Korrelat des Möglichen besonders zu erfahren, über zersprungener Gewordenheit. Das Jetzt des Treibens hat nur unter ungeschlossenen Dingen Platz, um zu verwirklichen, um seine Inhalte wachsend manifest zu machen.

Wird recht verwirklicht, so kommt das Leben dorthin, wo es noch nie war, nämlich nach Hause. Zwei Momente aber machen, in dieser möglichen Verwirklichung eines noch Möglichen, *letzthin* Quell und Mündung aus. Der Quell ist bezeichnet durch das *Dunkel des Jetzt*, worin Verwirklichen entspringt, die Mündung durch die *Offenheit des objekthaften Hintergrunds*, wohin die Hoffnung geht. Es wurde erkannt: im Verwirklichen ist selber etwas unreif und noch nicht verwirklicht, daher schwächt es (vgl. S. 221); dieses Unreife macht sich kenntlich im Dunkel des gelebten Augenblicks. Es wurde weiter erkannt: im objekthaften Hintergrund oder Korrelat ist Offenheit, noch entscheidbar Real-Mögliches, ist Utopie als Frontbestimmtheit der Objekte selbst (vgl. S. 235); dies Reifbare macht sich kenntlich als immer noch währende Tendenz, immer noch dämmernde Latenz. Dunkler Augenblick hier, adäquate Offenheit dort bezeichnen folglich Quell und Mündung des Heraufkommens; sie sind die Pole des antizipierenden Bewußtseins wie dessen, was ihm objekthaft entspricht. Mündung allerdings, das bezeichnet ein Moment des Endzustands, der noch mehr bedeutet als adäquate Offenheit, vielmehr: in dem sich diese als offene *Adäquatheit* gibt. Invarianz eines stets Gemeinten oder utopischen Endes, das in der Richtung ist, diese einzig gültige Invarianz wurde ebenfalls ausgezeichnet (vgl. S. 255); sie ist Unum necessarium in der Richtung, ist überall identisch angelegtes Element des utopischen Endzustands. Und nun: die offene Adäquatheit macht sich nicht in Erfahrungen des *weiterlaufenden* Weltprozesses kenntlich, mit experimentierter Mündung, sondern in kurzer, seltsamer Erfahrung eines *antizipierten Stillehaltens*. Erfahren wurden in diesem Stillehalten allemal knappste *Symbolintentionen eines Überhaupt*, subjektiv zunächst, ja lyristisch scheinend und doch erzphilosophisch in der Sache selbst fundiert, nämlich in einem Aufblitzen von utopischem Endzustand. Solche Erfahrungen eines utopischen Endzustandes fixieren ihn gewiß nicht, sonst wären sie keine Erfahrungen bloßer *Symbolintention* und keine utopischen, gar zentralutopischen. Aber sie betreffen in der Tat den *Kern der Latenz*, und zwar als letzte Frage, in sich selbst widerhallend. Diese Frage ist auf keine bereits vorhandene Antwort hin konstruierbar, auf kein irgendwo in der vorhandenen Welt bereits geschlichtetes Material beziehbar. Beispiele hierfür sind in dem Buch »Spuren« gegeben, wo »das fragende, das bodenlose Staunen« an einer Stelle aus Hamsun erläutert wird (Ernst Bloch, Spuren, 1930, S. 274 ff.). Besonders aber im »Geist der Utopie«, worin solch letzthinnige Symbolintention als »Gestalt der unkonstruierbaren Frage«, das heißt eben, als Gestalt der auf keine bereits vorhandenen Lösungen hinbiegbaren, hinkonstruierbaren Fragen zuerst bezeichnet worden ist: »Ein Tropfen fällt, und es ist da; eine Hütte, das Kind weint, eine alte Frau in der Hütte, draußen Wind, Heide, Herbstabend, und es ist wieder da, genauso, dasselbe; oder wir lesen, daß sich Dimitri Karamasow im Traum verwundert, wie der Bauer immer ›Kindichen‹ sagt, und wir ahnen, hier wäre es zu finden; ›die Ratte, die raschle, solange sie mag! Ja wenn sie ein Bröselein hätte!‹, und wir fühlen, bei diesem kleinen, schnöden, sonderbaren Vers aus Goethes ›Hochzeitslied‹, hier, in dieser Richtung liegt das Unsagbare, das, was der Knabe liegenließ, als er wieder aus dem Berg herauskam, ›vergiß das Beste nicht!‹ hatte der Alte zu ihm gesagt, aber noch keiner konnte dieses Unscheinbare, tief Versteckte, Ungeheure jemals im Begriff entdecken« (Ernst Bloch, Geist der Utopie, 1918, S. 364). Man sieht daran, es sind ganz uneigentliche Anlässe und Inhalte, zu denen derart das Subjekt gegebenenfalls inkliniert, doch in ihnen, den für jeden Menschen verschiedenen, obzwar allemal bedeutungsidentischen Anlässen und Inhalten, kündigt sich der Gehalt des tiefsten Staunens an, zwischen Subjekt und Objekt, beide in durchdringender Betroffenheit auf einen Augenblick identifizierend. So läuft die unkonstruierbare, die absolute Frage allerdings auch wieder auf den Augenblick zu, in sein Dunkel hinein. Nicht als Lichtung, doch als unverwechselbarer Hinweis auf das unmittelbare Dunkle des Jetzt, sofern dessen inhaltlich zentrale Latenz sich immerhin in solch staunendem Fragen, fragendem Staunen abbildet. Wäre der Inhalt des im Jetzt Treibenden, im Da Berührten positiv heraus, ein »Verweile doch, du bist so schön«, dann wären gedachte Hoffnung, gehoffte Welt am Ziel.

Nochmals: Dunkel des gelebten Augenblicks; Carpe diem

Was in uns reizfähig macht, wurde gesagt, reizt sich selber nicht. Es schläft als warm und zugleich verdunkelt, weckt sich selber am wenigsten empfindend auf. Auch das Empfinden innerer und äußerer Reize nimmt an dem Punkt, wo diese ins Jetzt eintauchen, an dessen Dunkel teil. So wenig wie das Auge an der Stelle des blinden Flecks sieht, wo der Nerv in die Netzhaut tritt, so wenig wird von irgendeinem Sinn das gerade Erlebte wahrgenommen. Dieser blinde Fleck in der Seele, dieses Dunkel des gelebten Augenblicks muß bei alledem vom Dunkel vergessener oder vergangener Vorgänge durchaus unterschieden werden. Wenn sich Vergangenes zunehmend mit Nacht bedeckt, so ist das aufhebbar, Erinnerung hilft auf, Quellen und Funde können ausgegraben werden, ja historisch Vergangenes steht, wenn auch lückenhaft, gerade fürs betrachtende Bewußtsein besonders objektivierbar da. Das Dunkel des gerade gelebten Augenblicks dagegen bleibt in seiner Schlafkammer; aktuelles Bewußtsein ist gerade nur in bezug auf ein eben vergangenes oder für ein erwartet anrückendes Erlebnis und seinen Inhalt da. Der gelebte Augenblick selber bleibt mit seinem Inhalt wesenhaft unsichtbar, und zwar desto sicherer, je energischer Aufmerksamkeit sich darauf richtet: an dieser Wurzel, im gelebten Ansich, in punktueller Unmittelbarkeit ist alle Welt noch finster. In punktueller Unmittelbarkeit: – geschieht freilich alles *Erleben* punktuell und atomistisch, folglich *in Augenblicken und als diese?* Das wird von vitalistischen Psychologen verneint, sie lassen Seelisches pulslos fließen. So sieht James, ungeachtet daß er »transitive parts of the consciousness« zuläßt, psychisches Leben als einen Strom. Teilung gilt bei Vitalisten insgesamt, besonders bei Bergson, als künstlich, als wissenschaftlich-ideale Abstraktion, angeblich nach mathematischem Muster hergestellt; auch der Augenblick wäre danach kein unmittelbares Sichbefinden, gleitend und diskret zugleich, sondern eine hergestellte Fiktion. Jedoch all diese vitalistische Augenblicksleugnung bleibt im vorliegenden Fall gänzlich unzuständig; denn eben zum Leben gehört der punktuelle Puls, er ist an ihm keine Abstraktion. Abstrakt dagegen ist der Strom der Bewußtseins-Vitalisten selber; denn ihm fehlt gerade der schlagende Puls, dies Element des Lebensstroms zum Unterschied von einem wellenlosen, ununterbrochenen Geschiebe. Das Bild des Bewußtseinsstroms zeigt seine eigene Abstraktheit darin, daß es von einem wirklichen Strom fast nichts mehr enthält, vielmehr in sich selber stationär ist. Der Bewußtseinsstrom der Vitalisten ist auch darin so wenig wirklicher Strom, daß er weder Quell noch Mündung aufweist, und vor allem hat er mit dem einzigen konkreten Begriff des Stroms, mit dem des Prozesses, nichts gemein, als welcher dezidiert aus Unterbrechungen besteht, nämlich aus dialektischen Momenten des dialektischen Zusammenhangs. So gewiß der Prozeß aus ihnen nicht »zusammengesetzt« ist, nach einer selber verdinglicht-mechanistischen Auffassung, so verdankt er ihnen doch seinen diskontinuierlichen Charakter, eben den »Puls der Lebendigkeit«, wie Hegel sagt. James, auch Bergson sind in diesem Punkt nicht nur hinter Hegel, sondern selbst hinter den ihnen so viel näherstehenden, nämlich undialektischen Hume zurückgefallen. Dessen Lehre von den »indivisible moments of time and consciousness« ist bedeutend konkreter als die bloße Oberflächenanschauung: Bewußtseinsstrom, mit der pulslosen Abstraktheit, wozu sie verdinglicht worden ist. Selbst von Husserl wäre hier das Rechte zu erfahren, wenigstens was das Zeithafte im angeblichen »Aktkontinuum« angeht: »Während eine Bewegung wahrgenommen wird, findet Moment für Moment ein Als-Jetzt-Erfassen statt, darin konstituiert sich die aktuelle Phase der Bewegung selbst.« Und weiter: »Das Fließen ist nicht nur überhaupt Fließen, sondern jede Phase ist von einer und derselben Form ... Die Form besteht darin, daß ein Jetzt sich konstituiert durch eine Impression, und daß an diese ein Schwanz von Retentionen sich angliedert und ein Horizont der Protentionen« (Zur Phänomenologie des inneren Zeitbewußtseins, 1928, S. 391, 476). Kein Fluß kann überhaupt gedacht, gar dialektisch verstanden werden ohne jenes Jetzt-Inmitten in seiner Zeit, welches nicht einmal selber Zeit ist, sondern »das sonderbare Etwas«, nach Platons Wort, woraus die Zeit (nicht nur die Zeitauffassung) des wirklichen Bewegungsstroms entspringt und worin Bewegung mit unruhiger Ruhe selber geeint ist. Platon, der sich besser als James und Bergson auf das diskontinuierliche Kontinuum versteht, zeichnet eben deshalb den Augenblick (τὸ ἐξαίφνης, das Plötzliche) entschieden aus. Er figuriert hier als Momentum des Übergangs zwischen Bewegung und Ruhe, Ruhe und Bewegung: »Denn aus der Ruhe geht nichts über, solange es noch ruht, noch aus der Bewegung während es sich noch bewegt, in die Ruhe; sondern der Augenblick, dieses sonderbare Etwas, liegt zwischen der Bewegung und der Ruhe, keiner Zeit angehörig; und in ihm, aus ihm geht das Bewegte in die Ruhe über und das Ruhende zur Bewegung« (Parmenides, 156 D-E). Und zuletzt – den Fluß als einen zur Mündung (Ruhe) betreffend – hat sowohl der Tenor des Faustplans wie der ihm verwandte der Mystik den Augenblick als keine Abstraktion in sich. »Verweile doch, du bist so schön«: es soll zum Augenblick als einem höchsten gesagt werden können, auch zu jenem vollkommen erfüllten und so standhaften, bestandhaften, der in Eckardts Mystik als das Nu (nunc stans) der Vollkommenheit pointiert ist. Derart einen sich alle diese, untereinander so verschiedenartigen, Bekundungen in der Anerkennung eines realen Jetzt; zum Unterschied vom Abstraktionsstrom der Vitalisten. Und es bleibt letzthin der Puls, der auch dem intermittierenden Augenblickscharakter des Bewußtseins das Modell gibt oder besser: als Entsprechung im Leib geschieht. Vom Pulsschlag her wird der seelische Augenblick im Klopfen seines Jetzt erfahren, im Vorwärtsstürzenden, auch Transitiven aller Augenblikke. Mehr allerdings geht in dieser Unmittelbarkeit noch nicht davon auf, auch erstreckt sich das Gewahrwerden nur so weit, daß der gelebte Augenblick eben als dunkler erfahren und bezeichnet werden kann. Wobei das Entscheidende hinzutritt, das ohnehin im ganzen Bisherigen das Problem über bloße Psychologie hinaustrieb: das Dunkel des gelebten Augenblicks ist abbildlich für das Dunkel des objektiven. Also für das Sich-nicht-Haben jenes intensiven Zeitelements, das sich noch nicht selber in die Zeit und den Prozeß als inhaltlich manifestiert entfaltet hat. Nicht das Fernste also, sondern *das Nächste ist noch völlig dunkel* und ebendeshalb, weil es das Nächste, das Immanenteste ist; *in diesem Nächsten steckt der Knoten des Daseinsrätsels.* Das Leben des Jetzt, das eigentlichst intensive, ist noch nicht vor sich selbst gebracht, als gesehen, als aufgeschlossen zu sich selbst gebracht; so ist es am wenigsten Da-Sein, gar Offenbar-Sein. Das Jetzt des Existere, das alles treibt und worin alles treibt, ist das Unerfahrenste, was es gibt; es treibt noch ständig unter der Welt. Es macht das Realisierende aus, das sich am wenigsten realisiert hat – ein tätiges Augenblicks-Dunkel seiner selbst.

Woraus auch das Seltsame aufgeht, daß noch kein Mensch richtig da ist, lebt. Denn Leben heißt doch Dabeisein, heißt nicht nur Vorher oder Nachher, Vorgeschmack oder Nachgeschmack. Es heißt den Tag pflücken, im einfachsten wie gründlichen Sinn, heißt sich zum Jetzt konkret verhalten. Aber indem gerade unser nächstes eigentlichstes, unaufhörliches Dabeisein keines ist, lebt noch kein Mensch wirklich, gerade von dieser Seite her nicht. Carpe diem im raschen, gedankenlosen Genuß, es scheint so einfach, auch verbreitet, ist jedoch so selten, daß es als wirkliches Pflücken gar nicht vorkommt. Nichts ist gerade gegenwartsflüchtiger als jenes übliche Carpe diem, das ganz im Genuß des Jetzt aufzugehen scheint, nichts weniger seinsmächtig, nichts mehr Banalität ante rem. So rasch also läßt sich das Pflücken des Tags nicht vollziehen, es sei denn, das Verweile doch, zum Augenblick gesprochen, wird in der Tat mit einem Faulbett verwechselt. So sehr urkräftiges Behagen seine Ehre hat, so ist es doch nur scheinbar in Auerbachs Keller oder gar in philisterhafter Besitzeslust zu Hause. Oben bereits (vgl. S. 207 ff.) wurden Lenau und Kierkegaard als nicht unbedenkliche, doch sehr bedenkenswerte Nicht-Meister des Carpe diem erinnert. Sie waren beide dazu verdammt, das Bild der Geliebten mit ihr selber im Gedränge zu sehen. Das mag oft Lebensschwäche sein, jedoch das gewaltige Sujet der ägyptischen Helena zeigt an, daß mit Schwäche, auch mit romantischem Überschwang, auch mit einer Art utopischer Neurose der Fall nicht erschöpft ist. Über das bloße Impressible, über die Oberfläche des Lust- und Schmerzmoments kommt das übliche Carpe diem nicht hinaus, ja es ist – konträr zu seiner Horazischen Lesart – das Zerstreute, das Unverweilende, das Gegenwartlose selber. Kurz: so wenig wie die Neugier utopisch ist, so wenig ist das übliche Carpe diem, das doch gerade von einem »Augenblick« zum anderen springende, den Tag im Tag vertuende, seinsmächtig. Echtere Berührung des Moments gibt es einzig in starken Erlebnissen und an scharfen Wendestellen des Daseins, sei es des eigenen, sei es der Zeit, sofern sie von geistesgegenwärtigem Auge bemerkt werden. Außerordentliche Tatmenschen scheinen ein echtes Carpe diem zu bieten, als Entscheidung im geforderten Augenblick, als Kraft, dessen Gelegenheit nicht zu versäumen. Mommsen exemplifiziert diese Kraft an Cäsar, nennt sie »geniale Nüchternheit« und fährt bedeutsam fort: »Ihr verdankte er das Vermögen, unbeirrt durch Erinnern und Erwarten energisch im Augenblick zu leben; ihr die Fähigkeit, in jedem Augenblick mit gesammelter Kraft zu handeln.« Aber hat Cäsar, haben die meisten Täter der Klassengesellschaft, das heißt hier: der *undurchschauten* Geschichte, den Augenblick, den sie taten, auch ebenso nach seinem geschichtlichen Inhalt erfaßt? Dieser Fall ist so selten, daß sich als einziges Beispiel fast nur das Goethesche anbietet, eines Mannes zudem, der kein Täter war, wohl aber ein Konkretblick ohnegleichen. So gehört Goethes Satz am Tag der Kanonade von Valmy hierher: »Von hier ab und heute geht eine neue Epoche der Weltgeschichte aus, und ihr könnt sagen, ihr seid dabei gewesen«; es gibt aber dergleichen Vergegenwärtigungen nicht viele. Nicht viele solcher Bemerkungen eines sonst unbemerkten Augenblicks: als eines transitorischen, mit fruchtbarstem Motiv, als einer Treffstelle weitverzweigter Vermittlungen zwischen Vergangenheit und Zukunft – mitten im unsichtigen Jetzt. Ein plötzliches, nicht historisch-horizontales, sondern senkrecht einschlagendes Licht fällt dann auf Unmittelbarkeit, so daß sie fast vermittelt zu sein scheint, ohne freilich aufzuhören, unmittelbar oder überdichte Nähe zu sein. Das großartigste Beispiel für *durchschaute* Vergegenwärtigung geben die Situationsanalysen von Marx und Engels, an der Spitze der »Achtzehnte Brumaire«. Und Lenin hat sein Leben lang Gegenwärtiges mit historischem Durchblick erfaßt, bis zu jenem durchdachten Carpe diem, welches Große Sozialistische Oktoberrevolution heißt. All das setzte freilich bereits ein völlig unkontemplatives Verhalten voraus, nämlich Begreifen-Ergreifen der aktuellen Triebkräfte des Geschehens selbst. Das ist der Klassengesellschaft unvollziehbar, die notwendig über dem Produkt das wirklich Produzierende übersah; doch der rechte Weg zur aktiven Aktualität ist auch mit der Situationsanalyse erst begonnen. Sein Ziel bleibt die Erhellung dessen, was im letzten Daßgrund des Geschehens so treibt wie sich noch verborgen ist. Gewiß auch: durch alle Gesellschaften hindurch ziehen sich die keineswegs nur lyristischen, vielmehr erzphilosophischen Erfahrungen der unkonstruierbaren Frage, als des absoluten Staunens, ein beginnendes Carpe diem des unüblichen, echten Sinns; doch wie viel Scheu, wie viel bloße Symbol-*Intention* wiederum ist in dieser unscheinbaren Alltags-Mystik, der einzigen, die geblieben ist, die wert ist, zu bleiben. Sonst überall ist Nicht-Da der Zustand des Jetzt, und selbst noch das Hier dieses Nicht-Da bildet eine *Zone des Schweigens genau dort, wo die Musik gespielt wird.* Dadurch steht nicht nur das Existieren, sondern vor allem doch das Subjekt des Existierens im Inkognito, gerade also das Treibende, letzthin Inhaltliche des Existierenden selbst. Hierfür erst wäre das *volle Carpe diem* entscheidend, dergestalt, daß das Existierend-Aktuelle und seine zeitlich-räumlich angrenzende Umgebung durch die Nähe, die diese noch unmittelbare Erlebnisschwierigkeit hat, keineswegs trübe und schwierig gemacht würde. Aber die Augenblicke schlagen noch ungehört, ungesehen, ihre *Präsenz* ist bestenfalls im Vorhof *seiner noch nicht bewußten, noch nicht gewordenen Präsenz.*

Dunkel des gelebten Augenblicks, Fortsetzung: Vordergrund, schädlicher Raum, Melancholie der Erfüllung, Selbstvermittlung

Das gelebte Dunkel ist so stark, daß es nicht einmal auf seine unmittelbarste Nähe begrenzt ist. Vielmehr wirkt es auch in seine Umgebung ein, in die ans gerade Jetzt sich anschließende Zeit, sodann in den ans gerade Hier sich anschließenden Raum. Diese Wirkung verhindert, daß die erlebniswirkliche Nähe, besonders als *geschehende*, in gehörigen und beruhigenden Abstand kommt, also auf übliche Weise betrachtet werden kann. Dadurch entsteht das eigentümliche, nicht leicht betrachtbare, aber auch nicht leicht faßbare und wißbare Zwielicht des jeweils aktuellen Vordergrunds. Einige Sprichwörter wissen darüber besser Bescheid als die meisten bisherigen Denker; so etwa: Was er webt, weiß kein Weber, oder: Am Fuß des Leuchtturms ist kein Licht. Und merkte nicht Ödipus, weil er sich selber im Licht stand, als letzter, daß er seine eigene Mutter geheiratet hatte? Das Rätsel der Sphinx, das von außen betrachtbare, hatte er leidlich gelöst, zu seinem eigenen Fall aber, als einem unmittelbar nahen, verhielt er sich hilflos. Und so weiter im unverstandenen Text der Jetzt-Zeit, des Hier-Raums, wo immer bloße Betrachtung, vom Abstand, vom Gewohnten her, sich dazu vorwagt. Am verräterischsten erscheint dergleichen, wie oft bemerkt (vgl. S. 281), sobald die verdinglichte Betrachtung, als die eines Erstarrten, Gewordenen, in der Gegenwart ankommt und zu diesem Nahen, Geschehenden, Werdenden ihr Wort zu sagen versucht. Dann zerreißt die Gewöhnung an die Art Zusammenhänge, zu der das Abstandhafte weit hinten in der Vergangenheit Anlaß gegeben hatte. Schon die relative Nähe des neunzehnten Jahrhunderts macht die bürgerlichen Historiker, wenn sie bei diesem Jahrhundert im Verlauf ihrer Darstellung ankommen, charakteristisch verlegen; Meinungen schieben sich an Stelle der bisherigen Zusammenhangsurteile. Und die vollends verblüffende Unwissenschaftlichkeit dieser Historiker ist erinnerlich, als die Geschichte zum Weltkrieg ging; aus dem Gelehrten wurde der kannegießernde oder auch hurrapatriotische Oberlehrer. Das aber nicht nur wegen des klassenmäßig bedingten unkonkreten Verhaltens des Bourgeois zu den Annexen des Jetzt, sondern diese besondere Sehschwäche, samt dem ideologischen Fälschungsinteresse dazu, wird durch den allgemeinen Einsturz der sozusagen objektiven Betrachtung, wie ihn die Nähe bewirkt, zentral begünstigt, und die Fehlurteile der bürgerlichen Parteilichkeit schlagen sich besonders interessiert in die Bresche der aktuellen Unmittelbarkeit, der durch bloße Betrachtung nie zu bewältigenden. All das mag, indem es und soweit es die Schwierigkeit des Aktuellen samt dem sich daran anschließenden *Jetzt-Vordergrund, Hier-Vordergrund* angeht, durch ein Problem der *Landschaftsmalerei* verdeutlicht werden. Das Problem des Aktuellen lautet malerisch: Wo denn fängt in einem Bild die dargestellte Landschaft an? Der Maler malt nicht sich selber mit, obwohl er sich unmittelbar, als innerster Ring des Unmittelbaren, ebenfalls in der Landschaft befindet. Indes auch der zweite Ring der Unmittelbarkeit: der eigentliche Vordergrund des Bilds, ist nur schwierig objektivierbar; sie hat immer noch zuviel Nähe zum Standort des Malers. Und genau das Durcheinander aus Nähe bewirkt die relative Undurchformtheit auch des räumlichen Vordergrunds, seine Unzugehörigkeit zur eigentlichen Landschaft. Die dargestellte Landschaft beginnt also nicht nur, wie selbstverständlich, außerhalb des Malers, der sie malt, sondern auch jenseits der noch zerstreuten Gegenstände seiner näheren Umgebung. Mit einem Begriff, der aus der Physik der Luftpumpe entnehmbar ist, wird klar: der Vordergrund ist für die Darstellung *schädlicher Raum*, das heißt, ein solcher, aus dem die Atmosphäre noch nicht ganz entwichen ist. Dieses Falls die Atmosphäre der Unmittelbarkeit, das währende Dunkel und die währende Unordnung des Jetzt und Hier, der Nähe. Auf die Frage: wo fängt die Landschaft an? wo beginnt zusammenhängende Objektivierung? kann daher nur geantwortet werden: jenseits des schädlichen Raums, im Abstand von ihm, genau dort, wo das Dunkel der Unmittelbarkeit samt ihren Ausläufern aufzuhören beginnt. Und da zwischen Subjekt und Objekt der Betrachtung überall dieser merkwürdige Zwischenraum liegt, eben als schädlicher Raum sui generis, aus dem die Atmosphäre der unvermittelten Unmittelbarkeit noch nicht hinreichend entfernt ist: so entspricht der schwierige Vordergrund des Landschaftsbilds und sein Problem methodisch scharf der angegebenen Schwierigkeit *geschehender, in der Zeit geschehender* Aktualität. Innerhalb dieser allerdings ist die Einwirkung des gelebten Dunkels noch unvergleichlich folgenreicher als im räumlichen Beachtungsrelief die Sache selbst, und ist nicht nur ein Exempel ihrer, wie in der malerischen Komposition. Das zeigt sich schon daran, daß der Hier-Raum als *räumlicher Vordergrund* doch schließlich in Landschaft übergehen, mit ihr gleichsam abschließen kann, daß ein unerledigter Rest von Nähe in der Ruhe dieses Abschlusses sich nicht meldet. Die Jetzt-Zeit dagegen als *Vordergrund der Zeit* läuft nicht ohne weiteres in Faßbares, Gestaltbares, Wißbares über, und zwar – eine neue Schwierigkeit – auch nicht *ohne weiteres in die Wißbarkeit*, die keine passive Betrachtung, sondern *aktive Tendenzkunde* ist. Denn sonst müßte diese Wißbarkeit das die Jetzt-Zeit nachher Umgebende, also die *Zukunft*, so völlig in den objektiven Griff bekommen wie, mutatis mutandis, das Landschaftsbild die Landschaft hinter dem Hier-Raum. Was höchst bekanntlich in Ansehung der Zukunft, außer den nächst, übernächst zu vollziehenden Schritten und der großen Perspektive, nicht der Fall sein kann, auch nicht in der Grundwissenschaft des beherrschten Geschehens, in der endlich konkreten Tendenzwissenschaft: Marxismus. Und zwar deshalb nicht, weil das Zukünftige – anders als das Raumferne – selber so *unbeherrschtes* Jetzt, also Dunkel enthält, wie das Jetzt selber noch *unaufgeschlossene* Zukunft, also Neuheit enthält und sich nach dorthin vorwärtsstürzt. Vergangenheit, dieses auch nur scheinbar, auch nur für die Betrachtung Geschlossene und so mit der objektivierbaren Raum-Landschaft scheinbar Vergleichbare, kommt im Zeitbewußtsein wie in der Zeitphase erst später, erst nach dem Stürzen in Zukunft auf und ist mit der objektivierten Landschaft, wie sie direkt an die Raum-Aktualität sich anschließt und hinter ihr als fertig dasteht, deshalb doch nicht vergleichbar. Konträr: Das Zukunfthaltige der Jetzt-Aktualität setzt sich – über alle Vergangenheitsformen hinweg – auch in seiner Vordergrundsaktualität und in allen ihren Horizont-Umgebungen immer wieder fort. Indem aber Zukunft derart zur Aktualität gehört, nimmt auch sie, die Zukunft, mit allen ihren Vordergrunds- und Horizont-Objektivitäten am Dunkel des gelebten Augenblicks teil. Und sie nimmt daran in einer Weise teil, die die *wesentlichste Eigenschaft der Zukunft* ausmacht: der Betrachtung verschlossen, aber auch der Tendenzkunde noch relativ unbekannt zu sein. Dieser *Zusammenhang von Augenblicks- und Zukunftsdunkel* wurde im »Geist der Utopie« erstmals so formuliert: »Das Dunkel verstärkt sich, sobald nicht nur wir, sondern auch die andere, gedrehte Seite unentschieden bleibt, sobald wir uns also dem *Zu-*

künftigen zuwenden, das selber, sofern es vor allem logisch neu ist, nichts anderes bedeutet als unser *vergrößertes Dunkel*, als unser Dunkel in der Ausgebärung seines Schoßes, in der Vergrößerung seiner weiteren Geschichte; und ebenso verstärkt es sich Gott als dem Problem des radikal Neuen gegenüber, der nicht etwa für uns nur sichtbar werden muß, um zu sein, so daß sich der ganze Weltprozeß elastisch zu einer Bewegungsbeziehung zwischen zwei ›getrennten‹ Realitäten reduzierte, sondern der sich *selber* nur als *Hoffnung*, als Nicht-Fürsichsein, gleich uns im schattenhaft Ungeschehenen, noch Unrealen innehat« (Geist der Utopie, 1918, S. 372). Gemäß dieser unheimlichen Formulierung fällt also das Dunkel des gelebten Augenblicks in seiner völligen Tiefe mit der essentiellen, doch nicht da-seienden Existenzweise des Zielinhalts selber zusammen, der einmal unter der mythologischen Bezeichnung Gott intendiert war, und der nach der zitierten Stelle eben der noch nicht da-seiende, noch nicht herausgebrachte Zielinhalt des Existierens selber ist. Das Carpe diem oder Präsenz des absoluten Zielinhalts steht aber in dem gleichen Grund, in dem das Subjekt des Existierens steht, und aus dem gleichen Grund wie dieses steht der Zielinhalt als realisierter noch aus: aus dem Grund jenes ungelichteten Existenzherds, der *mit unmythologischer Bezeichnung Agens wie Kern der sich entwickelnden Materie ist.* So weit, so tief also reicht das Wurzeldunkel des gelebten Augenblicks; so genau ist es dem Novum in beiden zugeordnet, dem Ultimum des Inhalts. Und es ist ebenso die gleiche Zukunft: das in der Zeiten Schoß Enthaltene, welches das im Augenblick Enthaltene zu erschließen berufen ist. Einzig das Seinkönnen, das leitungsmächtig beförderte und aufgeschlossene, bringt das unmittelbare Sein des treibend-verborgenen Augenblicks zu sich und herauf; einzig dieses aufgeschlossene Transzendere ins Novum schließt das immanente Existieren inhaltlich auf. Je näher hierbei die Anwesenheit zum existentiellen Erzeuger des Geschehens, also geschichtlich zum Menschen, je radikaler die Selbstergreifung des geschichtsbildenden Subjekts, desto mehr löst sich die blinde Aktualität, desto eingreifender kann sie als Durchgangspunkt weitverzweigter dialektischer Vermittlungen erkannt werden. Das eigentliche, metaphysische Dunkel des gelebten Augenblicks erhellt sich mittels solch geschichtlicher Subjekterfassung noch nicht oder erst in Anfängen, doch das Vordergrundproblem, mit dem Riß des Jetzt und Hier in den Abbildungen des

Weltzusammenhangs, wird endlich in Griff gebracht. Es wird zum Problem des vermittelten Durchgangspunkts und darin der aktuell-konkreten Entscheidung an der Front des Weltgeschehens aufgehoben.

Nicht, daß dieser Riß im Leben, also selbst bei einem nicht betrachtenden, damit verschwände. Denn letzthin ist die Wirkung des gelebten Dunkels auch auf die angegebenen mannigfachen Vordergründe nicht beschränkt. Sondern der blinde Fleck, dieses Nicht-Sehen des unmittelbar eintretenden Jetzt und Hier, tritt eben auch bei jeder *Verwirklichung* auf. Ja, das Sehen wird durch allzu nahen Abstand nur getrübt, während die bis jetzt vorhandene Art des Verwirklichens nicht an irgendeinem Vordergrund, sondern im Verwirklichten selber sich verfinstert. Auch echtes Carpe diem ist von dieser Melancholie nicht ausgenommen, dann nämlich, wenn es nicht bloß geistesgegenwärtig ist, sondern die Früchte einer erfüllten Hoffnung pflückt. Und die Erfahrungen des zentralen Staunens, in der unkonstruierbaren Frage, werden von dieser Melancholie nur deshalb verschont, weil sie eben nur blitzhafte Anzeichen eines da-seienden Jetzt, Hier und Da enthalten, und das an stellvertretenden, oft skurrilen Gegenständen, aber nicht, noch nicht an der verwirklichten Sache an und für sich selbst. Sonst überall ist ein Riß, ja Abgrund im Verwirklichen selbst, im aktuiert-aktuellen Eintreten des so schön Vorhergesehenen, Ausgeträumten; und dieser Abgrund ist der des ungefaßten Existere selbst. Also gibt das Dunkel der Nähe auch den *letzten Grund für die Melancholie der Erfüllung*: kein irdisches Paradies bleibt beim Eintritt ohne den Schatten, den der Eintritt noch wirft. Es ist ja nicht nur so, daß ein Fiasko droht, wenn zu weit überholende Träume verwirklicht werden sollen oder wenn allzu erhabene Träume ihren Vollzug gefährden. Ein Rest im Realisieren selbst wird auch dort noch gefühlt und liegt vor, wo angemessene Ziele realisiert worden sind, oder wo monumentale Traumbilder mit Haut und Haaren, mit Leib und Seele in Wirklichkeit getreten zu sein scheinen. Es gibt ein Verwirklichen, das von der Tat der Verwirklicher selber absieht und sie nicht enthält; es gibt Ideale, die sich als abgehobene, tendenzfremde, abstraktfixe geben und so auch das Unfertige, Unverwirklichte ihrer Verwirklicher unterschlagen. Gerade in der Melancholie der Erfüllung meldet sich genauso dies zutiefst noch nicht Erfüllte im Subjekt, wie sich das Unzureichende im Fixierten des Ideals darin kritisiert. *Auch das Element des Verwirklichens also gilt es, im gleichen Zug mit dem Element der künftigen Gesellschaft, wachsend in Freiheit zu setzen.* Derart eben wurde beim Problem der Verwirklichung bereits gesehen (ägyptische Helena): der Wunsch- oder Idealinhalt kommt, gerade wenn er sein Verwirklichungsziel erreicht, an einem Punkt dunklerer Wirklichkeit an, als er sie vorher, im schwebenden, utopischen, bloß wesenden Realcharakter besaß. Wie zu wiederholen: Realisierung, so sehr sie den kontemplativen Abstand aufhebt, wirkt nie schon gänzlich als Realisierung, *weil im Subjektfaktor der Realisierung selbst etwas ist, das sich noch nirgends verwirklicht hat.* Der Subjektfaktor der Daseinsgebung ist selber noch nicht da, er ist nicht prädiziert, nicht objektiviert, nicht realisiert; das zuletzt kündet sich im Dunkel des gelebten Augenblicks. Und dies Inkognito bleibt noch das mitgehende Grundhindernis in jeder Verwirklichung, als einer vollen. Es zu entfernen, den Erzieher selbst zu erziehen, den Erzeuger selbst zu erzeugen, den Realisierenden selbst zu realisieren, darauf gehen alle humanistischen Wunschträume; sie sind die radikalsten wie die praktischsten. *Wachsende Selbstvermittlung des Herstellers der Geschichte* ist derart nicht bloß die Hilfe, um konkrete Tendenz-Antizipationen konkret zu verwirklichen, sie ist auch die Hilfe, um Verwirklichung ohne ihren eigentümlich bitteren Rest einzuleiten. Ohne jenes bleibende Minus, das das dunkel gebliebene Unmittelbare des Existierens selber bezeichnet und letzthin das Stück Nicht-Ankunft in der Ankunft ausmacht. Ein Menschsein, das in seinem Daseinskreis mit nichts ihm Fremdem mehr behaftet ist, ein Realisierendes, das selber realisiert ist: dieses ist der Grenzbegriff der Verwirklichung als Erfüllung.

Nochmals Staunen als absolute Frage, in Angst- wie Glücksgestalt; der schlechthin utopische Archetyp: höchstes Gut

Was im Jetzt treibt, wurde gesagt, stürzt ebenso zukünftig in ein Offenes vorwärts. Dies Offene aber hat einen seelisch doppelten Ort hinter sich, von dem her seine Früchte erwartet, auch getrieben werden. Der *eine Ort* bleibt die Angst, eben als solche, die desto größer ist, je ungewisser sie ihre Anlässe von überall her erwarten kann. Nicht mehr die neurotische Angst, die aus unverwendbarer

Libido stammen mag, auch nicht die normale Realangst in gefährlichen Lagen ist hier zuständig, wohl aber eine ebenso unbedingte wie auf Endgültiges bezogene. Auch Angstträume, wie angegeben, selbst Kindergrauen vor der Dunkelheit, selbst Gespensterfurcht grenzen an sie nur atavistisch an, doch sie bezeichnen die Richtung. Die Hölle war dem Gläubigen mit lauter solchen Phobien bevölkert, auch dann noch, als die äußere Angst, die vor der unbekannten Natur, gar nicht mehr so groß zu sein brauchte. Die Hölle ist kraft der Aufklärung verschwunden, doch das Korrelatsproblem des ganz und gar durchdringenden, des metaphysischen Grauens ist geblieben. Sein Aufenthalt ist allemal das Jetzt, ein blutiger Spalt im Dunkel des Jetzt und des in ihm Befindlichen. Daß ein solch unmittelbares Grauen existiert, daß es von anderer Art ist als die entsetzliche Realangst vor wirklich Gewordenem, steht außer Zweifel. Sein Element ist der *unerträgliche Augenblick*, ein oft, doch nicht immer pathologisches Gebilde, ein fast fällendes Entsetzen an sich selbst. Epilepsie, in der Aura vor dem Anfall, scheint zu diesem Unerträglichen besonders genauen Bezug zu haben, Paranoia liefert davon die dem Angsttraum nächsten Bilder, den Angsttraum am Tag. Büchners Fragment über den wahnsinnig werdenden Dichter Lenz berichtet hierüber unvergeßlich: »Hören Sie denn nichts?« fragt der irre Dichter, »hören Sie denn nicht die entsetzliche Stimme, die um den ganzen Horizont schreit, und die man gewöhnlich die Stille heißt?« Und in Büchners »Woyzeck« wird die Angst überall von einem brüllenden Nichts erweckt, vom Wind, vom Abendhimmel, von der Erwartung eines unbestimmt Negativen unter, über allen Dingen, von jeder Richtung her den armen Teufel bedrohend. Angst erscheint in diesen sämtlichen, untereinander noch so weit abstehenden Zeugnissen als eine Erwartung nach der unbestimmt-finstersten Seite, nach Seite des würgenden, starrenden Nichts im Real-Möglichen. Bildhaft ist dies Unbildbare gleichfalls notiert, in *Dürers »Melancholia«*, und zwar diesseits wie jenseits der darin enthaltenen astrologischen Beziehungen. Auch jenseits des Saturn, der der Frauengestalt aus den Augen herausscheint, dessen Embleme das Blatt füllen, nur unterbrochen durch das freundlichere Quadrat des Jupiter, an der Wand hinter der Figur. Aber Saturn, der Stern der Grübelei und doch auch Sammlung, erklärt, obwohl er ebenso der Stern des Unglücks ist, nicht den Grund, in den Melancholia blickt. Sammlung ist nur im Auge der Figur, vielleicht in der Kugel des Vordergrunds, vielleicht sogar im schlafend gekrümmten Hund, doch nicht im Ensemble der Gegenstände, noch im Objekt, worauf die Figur blickt. Dieses Objekt selber ist nicht auf dem Bild, doch gerade seine völlig ungesammelte Beschaffenheit ist vom Ensemble angedeutet. Treffend wurde von Dehio aufs Dissolute dieses Interieurs hingewiesen: der Zirkel ruht müßig in der Hand, zerstreutes, gramseliges Licht liegt auf zerstreuten Gegenständen, die Ordnung, welche sonst Gelehrtenstuben des sechzehnten Jahrhunderts auszeichnet, ist völlig fern, kein größerer Gegensatz als zwischen diesem Ensemble und dem aufgeräumten des Blatts »Hieronymus im Gehäus«. Das eben macht: Dürers Blatt »Melancholia« zeichnet, mit astrologischen Hilfsmitteln, die Angst als die Berührung mit einem möglichen Abgrund, der nicht einmal einen Boden hat, auf dem das Fallen zerschellt. Das Blatt zeichnet Stupor, worin eine in dauerndem Jetzt eröffnete Verzweiflung starrt; Dürers »Melancholia« ist so das unschätzbare Dokument *negativen Staunens*, gerade ohne Spuk und Hölle, selbst ohne die Bestimmtheit Saturn. Auch *im Negativen* gibt es also Gestalten der unkonstruierbaren, der absoluten Frage, es gibt unerträgliche Augenblicke des Staunens. Sie sind sinngemäß verwischter als dessen positive Beschaffenheiten, denn sie sind nur darin präzis, daß sie radikal unbestimmtes Grauen bedeuten, am Ort des Abgrunds. Freilich: der Abgrund ist nicht allein vorhanden an diesem Ort, das Gorgonische ist selbst in der Melancholia nicht allein auf der Welt, sondern außer dem Stupor des Staunens gibt es eben eine Hieronymus-Ruhe des Staunens, und diese zeigt intentional den *anderen Ort* des noch Offenen an. Denn der Gesichtertausch, der »Gegensinn der Urworte«, der bereits in allen radikalen Affektzuständen, besonders in den Erwartungsaffekten zu sehen war, fehlt im radikalen Staunen am wenigsten. Daher oft der gleiche Anlaß, welcher das negative Staunen hervorruft, Glück als das *Positivum des Staunens* hervorzurufen vermag. Und auch hier ist der Ort allemal das Jetzt, doch nicht als blutiger Spalt im Dunkel des Jetzt und des in ihm Befindlichen, sondern Hoffnung fängt an zu blühen, beim Einschlag der positiven Symbolintention in dieses Dunkel, rätselhaft an Unscheinbarem bestätigte. Das Element dieses positiven Staunens ist der *ruhemächtige Augenblick*, jener, wo eine sonst ganz gleichgültige Wahrnehmung oder ein Bild das Existierend-Intensive glücklich erschüttert und – stellt. Tolstoi spricht im »Tod des Iwan Iljitsch« von Stauden im Schneesturm, Sturm und Kälte herrschten lebensfeindlich, die Landschaft selber lag in äußerster Verlassenheit; dennoch oder deshalb erschien, in einem unsäglichen Nebenbei, an dieser Landschaft plötzlich Heimkehr und Antwort, zentraler als an jeder Apotheose. Tolstoi verbindet sogar das kleine, fast lächerliche zentrale Nebenbei der Stauden im Schneesturm durchaus mit den seltenen großen Augenblicken, worin Menschen, meist im Moment des Tods, Ein und Alles aufgeht, aufzugehen scheint. Ein Bogen zieht zu dem Erlebnis des tödlich verwundeten Andrej Bolkonskij auf dem Schlachtfeld von Austerlitz, der den Sternhimmel erblickt wie nie zuvor, auch zu dem Einheitserlebnis von Karenin und Wronski am Sterbebett Annas; – aber freilich auch: diese Unio mystica mit Sinn, Ewigkeit, Ganzheit ist wieder viel zu groß und zu bestimmt, viel zu verabredet in ihrem theologischen Gegenstand, um gegen die Bescheidenheit des Abseitigen, nirgends Formulierten anzukommen. Das Haus steht in allen herkömmlich religiösen Erfahrungen als bereits wirklich, gleich als läge es nur an der Blindheit der Menschen, es nicht zu sehen, nur an der Schwäche des Fleischs, nicht einzutreten. Dennoch ist der Bezug zu den unscheinbaren Symbolintentionen unvermeidlich, sie sind in allen diesen Betroffenheiten enthalten wie Keime eines Summum bonum, eines absolut menschlich-adäquaten Da. Das so sich kundgebende Da jedoch steht in bloßer realer Möglichkeit, und sämtliche positiven Symbolintentionen rufen nur sein Zeichen im Menschen hervor, dieses allerdings; sie rufen den verständlich-unverständlichen Namen der guten Existenz, in antizipierter Stille. Und ebenso rufen sie ihn in zentraler Abseitigkeit, dicht neben der Angst-Betroffenheit, mit ebenso jäher, ebenso unentschiedener Konzentration. Utopie des Endes rührt den Menschen in solch objektivem, zugleich objekthaftem Staunen an; wobei ein Inhalt des Grauens durchaus in den des Wunderbaren verwoben sein kann. Als Zeichen der Paradoxie des Wunderbaren oder eben der Noch-Nicht-Bestimmtheit, Noch-Nicht-Entschiedenheit, die dem Endcharakter des Eigentlichen und überhaupt der Tendenz zukommt. Hier überall ist diese Adäquatheit (die Naturalisierung des Menschen, die Humanisierung der Natur) noch offen: nicht nur ihrem erst künftigen Eintritt nach, sondern auch ihrem noch unfixierbaren, durch einen Sprung über jedes bis jetzt Gewonnene hinausliegenden Inhalt nach.

Dergleichen trägt sich im eigenen Jetzt nur zu, weil es am Quell von allem sich zuträgt. Und in dem Quell ist eine Mündung angelegt, ob sie erreicht wird, ist eine andere Frage. Aber die Mündung selber ist als *lebende Frage* allem vorgesetzt, als die nach dem Überhaupt, als die des noch nicht vorhandenen Überhaupt selbst. Unkonstruierbare Frage und ihr Staunen wurden oben definiert als der in sich selbst einschlagende Blitz des letzt Real-Möglichen, den Kern der Latenz betreffend; indem das Real-Mögliche so in sich selbst einschlägt, reicht es sich die Hand zu einem Anhalt, hört es auf, endlos zu sein. Und dieser Anhalt geschieht eben am Treiber des Real-Möglichen selbst: die überhelle Betroffenheit des Staunens vor aufblitzenden Momenten und Signaturen der Adäquation hat daher genauestens Bezug zum Daß des Existierens in der Schlafkammer des gelebten Augenblicks. Wie also das Dunkel des gelebten Augenblicks den einen Pol des antizipierenden Bewußtseins, der antizipatorischen Weltbeschaffenheit selber darstellt, so das Realstaunen mit der offenen Adäquatheit als Inhalt den anderen; und sie ziehen sich heftig an, die Symbolintention des Überhaupt und Omega weist auf das Dunkel des Alpha oder der nächsten Nähe. Es ist der im Dunkel des gelebten Augenblicks immer noch treibende und immer noch verborgene Quell oder Anfang der Welt, der in den Signaturen seiner Mündung sich erstmalig faßt und löst. Nur antizipierend faßt und löst, an ganz schwachen, ganz kleinen Zeichen: der Weltknoten, der nirgends anders als im unmittelbaren Daß des Existierens steckt, wird ebenso nur durch intensivste Nähe zu dieser immanentesten Daß-Intensität, durch *Evidenzen in Nähe* entwirrt. Gerade das dermaßen *allernächst Unscheinbare*, die *feine Signatur* dieser Evidenzen ist das einzige, was von der früheren vermeintlichen Götternähe geblieben ist, ja was in ihr, soweit sie ein Ens perfectissimum zu enthalten schien, allemal den Kern ausgemacht hat. Die großen Vor-Scheine der echten Mystik bleiben als solche in experimentierender Geltung, denn was auch in ihnen als letzte Symbole, als Real-Symbole erschienen war, hatte Anschluß an feine Signatur und nahm sie auf. Hier steht der Vor-Schein des Andante, ja der Idylle als Finale, mit jenem Tao der Welt, das Laotse ohne Geschmack nennt, und das deshalb den durchdringendsten Geschmack hat. Ruhe, Tiefe war allemal in diesem Unscheinbaren fundiert und ist als bezeichenbare geblieben: »Aber nicht, als ob das geheime Fach in jedem Objekt noch große Entrollungen und

Dokumente enthalten müßte wie in früheren Zeiten, als eine riesenhafte Emballage noch mit aller Tiefe mitgegeben war und dieser – Götter, Himmel, Mächte, Herrlichkeiten, Throne – als wesentlich gehalten wurden. Sondern schlafend, lautlos kam Odysseus nach Ithaka, gerade nach Ithaka kam er schlafend, jener Odysseus, der Niemand heißt, und in jenes Ithaka, das eben die Art sein kann, wie diese Pfeife daliegt oder wie sich sonst ein Unscheinbarstes plötzlich gibt und das stetig Gemeinte sich endlich anzublicken erscheint. So fest, so sehr unmittelbar evident, daß ein Sprung ins Noch-Nicht-Bewußte, ins tiefer Identische, in die Wahrheit und das Lösewort der Dinge getan ist, der nicht zurückgeht; daß mit der plötzlich letzten Bedeutungsintention des Beschauers am Objekt zugleich das Gesicht eines noch Namenlosen, das Element des Endzustands, allenthalben eingebettet, in der Welt auftaucht und diese nicht mehr verläßt« (Ernst Bloch, Geist der Utopie, 1923, S. 248). Der Donner, der glaubt, daß er noch das Letzte und sein erscheinender Ausdruck sei, ist dekadent geworden; denn das Endgültige ist lautlos und einfach. Daß aber der Endzustand auch im unscheinbarsten Staunen, vor und hinter jedem Vor-Schein, noch nicht gestellt ist, das erwies sich an der ebenso negativen wie positiven Utopie, wie sie an diesem Ende aufgeht und eben in ihrem Letzten noch nicht Wirklichkeit geworden ist, weder als negative des Pessimum und seines Nichts noch als positive des Optimum und seines Alles. Zwischen beiden besteht selbst im unbedingten Staunen noch das gefährliche Ineinander einer letzthin unentschiedenen Alternative, und sie besteht objekthaft im Mündungsproblem der Welt. Doch ebenso freilich – und das ist auch ihrer Aussicht nach das gewaltige Plus der Hoffnungs-Betroffenheit – ebenso hat das Optimum des Zielinhalts die Offenheit des weiterwährenden, bis jetzt keineswegs niedergeschlagenen Geschichtsprozesses für sich: noch ist nicht aller Tage Abend, noch hat jede Nacht einen Morgen. Auch die Niederlage des erwünscht Guten schließt seinen künftig möglichen Sieg solange in sich ein, als in Geschichte und Welt nicht alle Möglichkeiten des Anderswerdens, Besserwerdens erschöpft sind; als eben das Real-Mögliche mit seinem dialektisch-utopischen Prozeß noch nicht zu Ende fixiert ist. Als noch Wunsch, Wille, Plan, Vor-Schein, Symbolintention, Chiffer des Einen-Gemeinten im Prozeß Raum haben, ja im Prozeß virtuelle Paradiese bilden. Und die letzte Symbolintention bleibt eben die heimathafte der unkonstruierbaren Frage des »Verweile doch, du bist so schön« in seinem Optimum. Die Invariante dieser Richtung führt am Schluß, wie jetzt spruchreif wird, auf den einzigen Archetyp, der nichts Archaisches an sich hat. Das ist: auf den *rein utopischen Archetyp, der in der Evidenz der Nähe wohnt, auf den des Summum bonum als ein noch unbekanntes, allüberbietendes.* Der Archetyp: höchstes Gut ist der Invarianzinhalt des glücklichsten Staunens, sein Besitz wäre der, welcher verwandelt im Augenblick und eben als dieser Augenblick, zu seinem völlig gelösten Daß. Der Archetyp des höchsten Guts ist deshalb nicht archaisch, nicht einmal historisch, weil es keine einzige Erscheinung bereits gegeben hat, die ihm sein Bild auch nur annähernd erfüllt hätte. Noch viel weniger kehrt er, mit Platons Anamnesis, zum Unvordenklichen einer Vollkommenheit zurück, um an ihr sein Optimum zu füllen. Wohin dieser Archetyp des unkonstruierbaren Glücks zurückkehrt, das ist einzig der selber völlig unerschienene Ursprung, in den er einkehrt und den er, durch sein Omega, erst zum Alpha bringt, zur erscheinenden Genesis von Alpha und Omega zugleich. Sämtliche Gestalten der unkonstruierbar-absoluten Frage, in ihrem hellen Teil, umkreisen oder umgeben daher das Optimum dieses Einschlags ins Gelungensein des Omega, worin das Rätsel-Alpha des Daß oder Weltanstoßes als gelöst hervortritt. Summum bonum wäre völlig gelungene Erscheinung des Gelungenen: daher ist es ebenso aus der Erscheinung ausgetreten; daher ist es selber unscheinbar, ein utopisches Summum jener unscheinbaren Symbolintentionen, an denen jede Erscheinung in die Sache selbst übergeht. Der Inhalt der gründlichsten Wünschbarkeit, den das höchste Gut bezeichnet, ist zwar noch genauso im gärenden Inkognito wie dasjenige in den Menschen, was diesen Inhalt wünscht. Doch sein intendiertes Alles bezeichnete allemal die Spitze der Träume vom besseren Leben, sein utopisches Totum regiert durchgehends die Mündungs-Tendenzen im gut betriebenen Prozeß.

Das Nicht im Ursprung, das Noch-Nicht in der Geschichte, das Nichts oder aber das Alles am Ende

Was an sich und unmittelbar als Jetzt vor sich geht, ist so noch leer. Das Daß im Jetzt ist hohl, ist nur erst unbestimmt, als ein gärend *Nicht.* Als das Nicht, womit alles ansetzt und beginnt, um das jedes

Etwas noch gebaut ist. Das Nicht ist nicht da, aber indem es derart das Nicht eines Da ist, ist es nicht einfach Nicht, sondern zugleich das Nicht-Da. Als solches hält es das Nicht bei sich nicht aus, ist vielmehr aufs Da eines Etwas treibend bezogen. Das Nicht ist Mangel an Etwas und ebenso Flucht aus diesem Mangel; so ist es Treiben nach dem, was ihm fehlt. Mit Nicht wird also das Treiben in den Lebewesen abgebildet: als Trieb, Bedürfnis, Streben und primär als Hunger. In diesem aber meldet sich das Nicht eines Da als ein Nicht-Haben, und zwar durchaus als ein Nicht, nicht als ein Nichts. Weil das Nicht Anfang zu jeder Bewegung nach etwas ist, so ist es eben darum keineswegs ein Nichts. Vielmehr: Nicht und Nichts müssen zunächst so weit voneinander gehalten werden wie möglich; das ganze Abenteuer der Bestimmung liegt zwischen ihnen. Das Nicht liegt im Ursprung als das noch Leere, Unbestimmte, Unentschiedene, als Start zum Anfang; das Nichts dagegen ist ein Bestimmtes. Es setzt Bemühungen voraus, lang ausgebrochenen Prozeß, der schließlich vereitelt wird; und der Akt des Nichts ist nicht wie der des Nicht ein Treiben, sondern eine Vernichtung. Auf das *Nicht* bezieht sich das Dunkel des gelebten Augenblicks, auf das *Nichts* erst das negative Staunen, genau wie das positive sich auf das *Alles* bezieht. Das Nicht ist freilich Leere, aber zugleich der Trieb, aus ihr herauszubrechen; im Hunger, in der Entbehrung vermittelt sich die Leere gerade als horror vacui, gerade also als *Abscheu des Nicht vor dem Nichts*. Und auch an diesem Punkt, besonders an diesem, zeigt sich, daß kategoriale Grundbegriffe (Gründlichkeiten) einzig durch die Affektlehre hindurch zugänglich gemacht werden. Denn nur die Affekte, nicht die affektlosen, vielmehr affektlos gemachten Gedanken reichen so tief in die ontische Wurzel, daß an sich so abstrakt scheinende Begriffe wie Nicht, Nichts, Alles samt ihren Unterscheidungen mit Hunger, Verzweiflung (Vernichtung), Zuversicht (Rettung) synonym werden. Diese Begriffe erhellen so die Grundaffekte, wie die Grundaffekte die ontologischen Grundbegriffe, indem sie ihnen den intensiven Stoff kenntlich machen, dem sie entspringen, durch den sie brennen, und den sie erhellen. Ontologische Grundbegriffe: hier werden also das Nicht, das Noch-Nicht, das Nichts oder aber das Alles als diejenigen ausgezeichnet, welche in abgekürztester Terminologie den intensiv sich bewegenden Weltstoff in seinen drei Hauptmomenten kenntlich machen. Darum bezeichnen diese scharf-gedrängten Grundbegriffe

Realkategorien, nämlich Gebietskategorien der Realität durchaus; denn ihre konzise Ontologie bildet den objektiven Affektgehalt, also Intensitätsgehalt in den drei Hauptmomenten der Prozeßmaterie aufs Angenähertste ab. Dergestalt aber, daß das *Nicht*, wie es sich nicht bei sich aushält, den intensiven, schließlich interessehaften *Ursprung* (das Daßhaft-Realisierende) von allem charakterisiert. Das *Noch-Nicht* charakterisiert die *Tendenz* im materiellen Prozeß, als des sich herausprozessierenden, zur Manifestierung seines Inhalts tendierenden Ursprungs. Das *Nichts* oder aber das *Alles* charakterisiert die *Latenz* in dieser Tendenz, als zu uns negative oder positive, vorzüglich am vordersten Frontfeld des materiellen Prozesses. Auch diese Latenz aber bezieht sich wieder nur auf den Inhalt des intensiven Ursprungs, das ist, auf die Füllung des in seinem Hunger Gemeinten, auf die einschlagende Befriedigung dieses Interesses. Weiter, wie bemerkt: im Hunger, in der Entbehrung vermittelt sich die Leere (der Nullpunkt des unmittelbaren Daß des Existierens) gerade als horror vacui. Dieser horror vacui ist der originäre Daß- und Setzungsfaktor, der intensive Verwirklichungsfaktor, der die Welt in Gang bringt und in Gang hält, sie als Experiment der Ausschüttung ihres Daß-Inhalts in Gang hält. Der Start zum Anfang allen Da-Seins liegt hierbei allemal in dem mit sich noch unvermittelten Dunkel selbst, nämlich im Dunkel des Jetzt oder gerade gelebten Augenblicks; das Fiat aller Weltbewegungen geschieht unmittelbarst in diesem Dunkel. Und das Dunkel ist eben kein weit entferntes, kein unvordenkliches am Anfang der Zeiten, als einem längst passierten und mit Fortsetzung oder Kosmos überdeckten Anfang. Sondern konträr: das Dunkel des Ursprungs bleibt als unmittelbares unverändert in der nächsten Nähe oder im währenden Daß jedes Existierens selbst. Dieses Daß ist in jedem Augenblick als noch ungelöst; die Rätselfrage, warum überhaupt etwas ist, wird vom unmittelbaren Existieren selber als seine eigene gestellt. Ihr Ausdruck ist die in und durch jeden Augenblick erneute Schöpfung; die Welt als Prozeß ist das Experiment zur Lösung der immer und überall treibenden Ursprungsfrage. Oben wurde dies Ungelöste als der Weltknoten bezeichnet, der im ungelösten Daß des Existierens steckt; so erschafft sich die Welt in ihrem unmittelbaren Da-Sein jeden Augenblick neu, und diese fortgesetzte Schöpfung erscheint ebenso als Erhaltung der Welt, nämlich des Weltprozesses. Der Start zum Anfang und das Punktuelle des Starts, das Ursprung und Weltgrund heißt, befindet sich in ebenjenem Jetzt und Hier, das noch nicht aus sich hervorgetreten ist, also sich überhaupt noch nicht von seiner Stelle bewegt hat. Dieser Ursprung im strengen Sinn ist selbst noch nicht entsprungen, aus sich entsprungen; sein Nicht also ist zwar genau jenes, das die Geschichte letzthin treibt und Geschichtsprozesse zu seiner Bestimmung setzt, aber selber noch nicht geschichtlich geworden ist. Der Ursprung bleibt das durch die Zeiten sich hindurchbewegende und ebenso aus sich noch nicht herausbewegte Inkognito des Kerns. Jeder gelebte Augenblick wäre mithin, wenn er Augen hätte, Zeuge des Weltanfangs, der in ihm immer wieder geschieht; *jeder Augenblick ist, als unhervorgetreten, im Jahr Null des Weltanfangs*. Der Anfang geschieht in ihm so lange immer wieder, bis das unbestimmte Nicht des Daßgrunds durch die experimentellen Bestimmungen des Weltprozesses und seiner Gestalten entweder zum bestimmten Nichts oder zum bestimmten Alles dem Inhalt nach entschieden ist; *jeder Augenblick enthält mithin ebenso, als potentiell, das Datum der Weltvollendung und die Data ihres Inhalts*. Indem das Nicht in seine Was- oder Inhalts-Objektivierungen hineingerät, verändert es sich, soweit es ein vermitteltes wird, allerdings unaufhörlich, denn es steht nun selber im zeiträumlichen Prozeß, den es setzt und in dem es seinen Inhalt experimentell ausschüttet. Die Schöpfung, die es ständig neu setzt, ist nun nicht Erhaltung im Sinn des Gewordenseins, sondern Erhaltung im Sinn des Werdens, das heißt des Experimentierens auf den Inhalt des Daß-Kerns. Und die ständig neue Setzung vermittelt sich historisch zu besonders ausgezeichneten Punkten: zum Durchbruch eines historisch Neuen. Eben indem der gründlichste Inhalt des Existierens, als noch nicht manifestiert, historisch fort und fort herausgetrieben werden muß, entwickelt der Prozeß der Herausbildung immer wieder Fronterscheinungen dieses Ungekommenen, also das Noch-nie-so-Gewesene oder Novum am Horizont, in jenem, wohin er einströmt, wohin er schließlich einsinnig zu münden tendiert. Die ganze mannigfaltige Fülle in dieser Recherche des Kerns nach seiner Frucht ist freilich, samt dem immer wieder möglichen Novum, ebenso fortdauernder Mangel, nämlich an Einem, das noch nicht gefunden ist; weshalb die zeiträumliche Wirkungssphäre mit Scherben und Schalen ohne Zahl, mit wilden, saurierhaften Ausgeburten nicht minder bedeckt ist, wie sich fortschreitende Anstalten zum Einen, Guten, Lösenden zeigen. Derart zeigt sich aber auch das Nicht – in diesem seinem Fortgang genommen – zugleich unweigerlich als *Noch-Nicht*: es geht geschehend-geschichtlich als dieses auf. Das Nicht als *Noch-Nicht* zieht quer durchs Gewordensein und darüber hinaus; der Hunger wird zur Produktionskraft an der immer wieder aufbrechenden Front einer unfertigen Welt. Das Nicht als *prozessuales Noch-Nicht* macht so Utopie zum Realzustand der Unfertigkeit, des erst fragmenthaften Wesens in allen Objekten. Daher ist die Welt als Prozeß selber die riesige Probe aufs Exempel ihrer gesättigten Lösung, das ist, auf das Reich ihrer Sättigung.

Das Nicht äußert sich, wie bemerkt, als Hunger und was sich tätig anschließt. Als Meinen und Intendieren, als Sehnsucht, Wunsch, Wille, Wachtraum, mit allen Ausmalungen des Etwas, das fehlt. Aber das Nicht äußert sich ebenso als die Unzufriedenheit mit dem ihm Gewordenen, daher ist es, wie das Treibende unterhalb alles Werdens, so das Weitertreibende in der Geschichte. Das Nicht erscheint in jeder bisherigen Bestimmung zum Etwas als die unberuhigte Verneinung, welche besagt: dieses Prädikat ist doch nicht die letzthin adäquate Bestimmung seines Subjekts. So eben macht sich das Nicht im Prozeß als aktiv-utopisches Noch-Nicht kenntlich, als utopisch-dialektisch weitertreibende Negation. Als eine in der positiven Setzung selbst erwachsende Verneinung, und zwar letzthin vom adäquaten Endzustand des Alles her, worin das Nicht einzig zur Ruhe käme, nämlich zum positiven Austrag des in ihm Gemeinten. Derart ist das Noch-Nicht freilich auch zerstörend oder der auflösende Widerspruch in allem Gewordensein, gemäß der materialistischen Dialektik. Und es ist dieser Widerspruch genau deshalb, weil jede Stufe der Bestimmung für das dadurch Bestimmte und Großgezogene wieder zur Schranke werden muß, mit anderen Worten: weil kein Gewordensein in der Tendenz zum Alles bereits ein Gelungensein darstellt. Der Widerspruch zum Gewordensein äußert sich im Subjekt wie im Objekt des Prozesses, als den zwei Seiten der gleichen bewegten Realität. Im bewußten oder Menschensubjekt entsteht der subjektive Widerspruch zur unzureichenden oder hemmend gewordenen Gewordenheit, im Objekt entspricht ihm der objektive Widerspruch, welcher im Gewordenen selbst auftritt, als die herangereifte Tendenz zur nächstfälligen, mit den Produktivkräften vermittelteren Daseinsform. Das Noch-Nicht wird hierbei desto bestimmter, seine Tendenz aufs Erfüllende desto stärker, je mehr die Aufgaben, die es sich stellt, objektiv lösbare geworden sind. Nun aber muß weiterhin festgehalten werden und ist höchst entscheidend: das Nicht als *bloßes Noch-Nicht allein* könnte subjektiv wie objektiv das inadäquate Gewordensein doch nur beunruhigen, es könnte es nicht in der angegebenen Weise immanent sprengen. Sprengung ist Vernichtung: und der Akt des Vernichtens per definitionem wie der Sache nach ist nur vom umgehenden *Nichts* beziehbar. Das Nicht, wie es sein Alles sucht, geht daher – im Stirb und Werde – *ebenso eine Verbindung mit dem Nichts ein, wie es eine mit dem Alles hat.* Bereits Vergehen, wie gar Vernichtung, wird nur dadurch konstituiert, daß im Wechsel des Prozesses und als dieser Wechsel ebenso das *Nichts* umgeht oder die ständig drohende *Vereitlung*. Desgleichen aber geht im Vergehen ein – wie immer noch unzureichendes – *Alles* um, als jenes, welches relative *Gelungenheit*, vor allem in Meisterwerken, möglich macht: sonst gäbe es von der Vergangenheit überhaupt nur Vergessen und nicht auch das partial Gerettete und Rettbare, welches Geschichte und Nachreife heißt. Die Verbindung des Nicht und Noch-Nicht mit dem *Alles* ist eine des Ziels, sie wurde angegeben als diejenige, welche besagt und erkennen läßt: dieses Prädikat ist doch nicht die letzthin adäquate Bestimmung eines Subjekts; oder konkret: die Menschen wie die ganze Welt befinden sich rebus sic stantibus immer noch in der Vorgeschichte, im Exil. Die Verbindung des Nicht und Noch-Nicht mit dem *Nichts* dagegen ist keine des Ziels, wohl aber ist sie eine des *Gebrauchs*, den die dialektische Negation mit dem Nihil der Vernichtung anstellt, nämlich im Sinn der Vernichtung inadäquaten Gewordenseins durch immanente Sprengung. Dieser dialektische Gebrauch des Nichts verdeckt in keiner Weise den angegebenen Grundunterschied zwischen Nicht und Nichts, zwischen dem Start und Horror vacui hier, dem möglichen Definitum der Vernichtung und Mors aeterna dort. Die dialektische Gebrauchbarkeit des Nichts verdeckt auch nicht die gänzlich antihistorische Vor-Erscheinung, welche das Nichts als schlechthinnige Zerstörung hat, als eine in der Geschichte immer wieder aufgehende Mördergrube; denn gewiß ist in dieser Grube gerade ein Stück Geschichte, ein Stück Licht im Aufgang vernichtet. Von der *dezidierten Mächtigkeit*, dezidierten Vor-Erscheinung eines solchen Nichts gibt es keine Dialektik, das heißt, keine fortschreitende Negation der Negation: Vernichtungen wie der Peloponnesische Krieg, der Dreißigjährige Krieg sind bloß Unglück, nicht dialektische Wendung; die Mortifikationen Neros, Hitlers, alle diese satanisch wirkenden Ausbrüche gehören zum Drachen des letzten Abgrunds, nicht zu den Beförderungen der Geschichte. Anders jedoch wirkt eben die Verbindung des *Gebrauchs*, welche an *nicht so dezidierten Erscheinungen des Nichts, gar an den der Sache immanenten Negationen* statthat, mithin an solchen, worin Geschichte weitergeht. Dann muß das Nichts durchaus zum Besten dienen, und der Akt der Vernichtung wird als Negation, vor allem als Negation der Negation produktiv. Derart besteht Dialektik durch Nichts darin, daß alles noch ungelungen Seiende den Keim seines Vergehens in sich selbst trägt, wodurch eben zugleich der Beharrung im Vorläufigen der jeweils erreichten Gewordenheit der Krieg erklärt wird. Dieser Krieg muß sich der steten Ungenügsamkeit des Noch-Nicht verbinden und ihm zu Diensten sein: Inadäquates wird aus dem Weg zum Alles fortgeräumt, geht aus dem Gewordensein ins Nicht-Mehr-Sein des Orkus. Ja, die Dialektik durch Nichts bezieht sich sogar auf den ungeheuren Komplex des Gewordenseins, der sich *nicht als das Alles, sondern als bloßes All oder Universum* aus dem Prozeß heraushebt, auch in allen rein kosmischen Perspektiven der Philosophie, von Parmenides bis Spinoza, dem Alles sich substituiert. Das All ist das erst astralmythische, dann pantheistische, dann mechanistische Substitut des Alles und steht an seinem Platz als Inbegriff der gegebenen Welt und des Genügens an ihr. Es erscheint so als das Ganze der Bewegung, das sich nicht bewegt, als Harmonie des Gewordenseins, worin die Differenzen des Werdens und das Defizit der Einzelheiten, wie nach dem Gesetz der großen Zahl, sich ausgleichen; eine entronnene, eine positive Stabilität. Aber die Dialektik durch Nichts hat sogar noch Weltvernichtung in sich einbezogen, hat dem Universum Vorläufigkeit testiert, mit Gebrauch des Nichts. Der physikalisch als Kältetod, mythologisch ganz umgekehrt als Weltbrand bezeichnete Orkus hat physikalisch die Geburt eines anderen Alls oder Universums in sich, utopisch sogar die Geburt eines total erfüllenden Alles. Neuer Himmel, neue Erde, die Logik der Apokalypse setzen die dialektische Umfunktionierung des sonst satanisch gewerteten Vernichtungsfeuers voraus; *jeder Advent enthält den Nihilismus als verwendet-besiegten*, den Tod als verschlungen in den Sieg. Die Vereitlung und Vernichtung ist zwar die ständige Gefahr jedes Prozeß-Experiments, der ständige Sarg neben jeder Hoffnung, sie ist aber auch das Mittel, welches inadäquate Statik bricht. Und nicht zuletzt mischt sich Dialektik durch Nichts in sämtliche bedeutende *Positivitäten* ein, hier nicht als ihre Gefahr, sondern als ihre wichtige Folie, als *Erschwerung ihrer Evidenz.* In dieser Erschwerung ist die Schwärze zu Hause, das einbezogene Element von Rauhigkeit, von Nicht-Geheurem, welches auch in höheren Regionen bloßes Rosenrot verhindert. Die Schwärze verhindert Verflachung, soweit sie durch billigen Glanz, durch faule Apotheose erzeugt wird; an deren Stelle wird gerade durch Nicht-Glätte, durch Rauhigkeit das Tiefe wie das Erhabene getroffen. Ist das Schaudern der Menschheit bestes Teil, so ist genau das Nichts zu aller Glätte, zu aller verabredeten Lösung im Schauder der Erhabenheit gedacht und mitverschlungen. So ist das Nihil, wohin Dürers Melancholia blickt, auch ein Gebrauchs- und Bildungselement des positiven Staunens oder der Alles-Perzeption im zuversichtlichen Sinn. Ja, erst wenn mit dem riesig heraufgezogenen Bewußtsein des Nichts in der Welt, gar in der scheinbaren Überwelt Ernst gemacht wird, tritt die *zentrale Unscheinbarkeit* einer Landung, eines Alles hervor, das bisher vom Kosmosjubel oder auch von Thronen, Mächten, Herrlichkeiten verdeckt worden war. Dadurch hat der vorgerückte Zustand des Nichts, der in der Geschichte immer stärker ausbrechende und nicht etwa von ihr steigend zugedeckte, *der Dialektik zum Alles selber konstitutive Macht* gegeben. Utopie dringt vor, im Willen des Subjekts wie in der Tendenz-Latenz der Prozeßwelt; hinter der zersprungenen Ontologie eines angeblich erreichten, gar fertigen Da. So ist der Weg des bewußten Realitätsprozesses gerade steigend einer des Verlustes des fixierten, gar hypostasierten Statik-Seins, ein Weg *des steigend perzipierten Nichts, freilich dadurch auch der Utopie.* Diese erfaßt nun gänzlich das Noch-Nicht wie die Dialektisierung des Nichts in der Welt; sie unterschlägt im Real-Möglichen *aber ebensowenig die offene Alternative zwischen absolutem Nichts und absolutem Alles.* Utopie ist in ihrer konkreten Gestalt der geprüfte Wille zum Sein des Alles; in ihr also wirkt nun das Seinspathos, das vordem einer vermeintlich bereits fertig gegründeten, gelungen-seienden Weltordnung, gar Überweltordnung zugewandt war. Aber dies Pathos wirkt als eines des Noch-Nicht-Seins und der Hoffnung aufs Summum bonum darin; und: es sieht, nach allem Gebrauch jenes Nichts, in dem die Geschichte noch weitergeht, eben von der Gefahr der Vernichtung, selbst vom immer noch hypothetisch möglichen *Definitivum eines Nichts* nicht weg. Auf die Arbeit des militanten Optimismus kommt es hierbei an: wie ohne sie Proletariat und Bourgeoisie in der gleichen Barbarei untergehen können, so kann ohne sie im Weiteren wie Tieferen immer noch Meer ohne Ufer, Mitternacht ohne Ostpunkt als Definitivum drohen. Diese Art Definitivum bezeichnete dann das schlechthinnige Umsonst des Geschichtsprozesses, und es ist, als noch nicht geschehen, so wenig ausgeschlossen wie, im positiven Sinn, das *Definitivum eines allerfüllenden Alles*. Zuletzt also bleibt die wendbare Alternative zwischen absolutem Nichts und absolutem Alles: das absolute Nichts ist die besiegelte Vereitlung der Utopie; das absolute Alles – in der Vor-Erscheinung des Reichs der Freiheit – ist die besiegelte Erfüllung der Utopie oder das Sein wie Utopie. Triumph des Nichts am Ende ist mythologisch als Hölle, Triumph des Alles am Ende als Himmel gedacht gewesen: in Wahrheit ist *das Alles selber nichts als Identität des zu sich gekommenen Menschen mit seiner für ihn gelungenen Welt*. Der Daß-Satz: Am Anfang war die Tat, der Alles-Satz: Das Unzulängliche, hier wird's getan – beide unidealistischen Sätze bestimmen den Tendenzbogen der sich qualifizierenden Materie. Unsere Intentions-Invariante darin bleibt: Naturalisierung des Menschen, Humanisierung der Natur – als der mit den Menschen total vermittelten Welt.

Utopie kein dauernder Zustand; also doch: Carpe diem, aber als echtes an echter Gegenwart

Das Jetzt als nur flüchtiges ist mit alldem nicht richtig, soll nicht so sein. Aber ebensowenig soll ein endlos hinziehendes Träumen sein, worin anwesender Genuß erschwert, gar geflohen wird. Ist doch Utopisches letzthin nichts, wenn es nicht auf das Jetzt hinweist und dessen ausgeschüttete Gegenwart sucht. Als echte Gegenwart, nicht mehr als eine aus Jetzt, gerade Vergangenem und dem Zugleich des umgebenden Raums zusammengestückte. Gewiß, das bloße unmittelbare, vorüberfliegende Jetzt ist zu wenig, es vergeht und weicht dem nächsten, weil noch nichts darin richtig gelungen ist. Daher fühlt Jean Paul Wahres, wenn er sagt: »Gäbe es für das Herz nichts als den Augenblick, so dürftest du sagen, um mich und in mir ist alles leer.« Aber er sagt gegen diese Leere Falsches, wenn er

Vergangenheit, selbst Zukunft statt dessen verdinglicht; wenn er sie, auf romantische und idealistische Weise, überhaupt nicht in Gegenwart einrücken lassen will. Wenn er – mit echt gefühltem Dunkel des gelebten Augenblicks, doch ebenso mit verabsolutiertem Aufenthalt in Erinnerung, selbst Hoffnung – nicht nur ein noch unzureichendes, schlecht äußerliches Carpe diem, sondern jedes Präsenz folgendermaßen herabsetzt: »Da ihr schöne Tage nie so schön erleben könnt, als sie nachher in der Erinnerung glänzen oder vorher in der Hoffnung: so verlangtet ihr lieber den Tag ohne beide; und da man nur an den beiden Polen des elliptischen Gewölbes der Zeit die leisen Sphärenlaute der Musik vernimmt und in der Mitte der Gegenwart gar nichts; so wollt ihr lieber in der Mitte verharren und aufhorchen, Vergangenheit und Zukunft aber – die beide kein Mensch erleben kann, weil sie nur zwei verschiedene Dichtungsarten unseres Herzens sind, eine Ilias und eine Odyssee, ein verlorenes und wiedergefundenes Milton-Paradies – wollt ihr gar nicht anhören und heranlassen, um nur taubblind in einer tierischen Gegenwart zu nisten.« Selbst wo der Zukunft von dem Idealismus Jean Pauls eine völlige Gegenwart und Wirklichkeit zugegeben wird, zeigt sich Herabsetzung dieser Greifbarkeit, folglich Verdinglichung des Strebens, Verewigung der Utopie: »Wenn hinieden, sag ich, das Dichten Leben würde und unsere Schäferwelt eine Schäferei und jeder Traum ein Tag: so würde das unsere Wünsche nur erhöhen, nicht erfüllen, die höhere Wirklichkeit würde nur eine höhere Dichtkunst gebären und höhere Erinnerungen und Hoffnungen – in Arkadien würden wir nach Utopien schmachten, und auf jeder Sonne würden wir einen tiefen Sternhimmel sich entfernen sehen, und wir würden – seufzen wie hier« (Titan, 45. Zykel, Schluß). Dergleichen ist allerdings nur melancholisch gesagt und nicht mit Zustimmung, auch ergeht in der prophezeiten Endlosigkeit der Sehnsucht eine Warnung gegen jenen Utopismus, der ein Arkadien als gesteigerte Sommerfrische oder auch als resignierte Schäferei für den letzten Wunschinhalt hält. Doch wo von vornherein, wie im Fall Arkadien, nur Flucht- und müder Kontrastwunsch antreiben, läuft die Flucht allerdings leicht weiter – eben aus Arkadien sich wieder heraussehnend, herausseufzend. Womit nun freilich Jean Paul selber, als der mit Goethe und Gottfried Keller größte Meister der Anschaulichkeit in deutscher Sprache und des goldenen Überflusses der Welt, dem verewigt Utopischen schließlich absagt. Auch ist es das Politikum des Demokraten in ihm, das sich, um der »Dämmerungen für Deutschland« willen, von bloßer romantischer Traum-Vergaffung ins Nicht-Jetzt am Ende auch losreißt. Jean Paul selber gibt darum einem Willen zum Präsens, zum utopischen Präsens das letzte Wort: »Die Gegenwart ist an die Vergangenheit gefesselt wie sonst Gefangene an Leichen, und Zukünftiges zerrt am anderen Ende; aber einst wird sie frei.« Nichts widerstrebt derart gerade utopischem Gewissen mehr als Utopie mit unbegrenzter Reise; Unendlichkeit des Strebens ist Schwindel, Hölle. Wie statt der immer wieder vorüberfliegenden Augenblicke oder bloßen Schmeckpunkte ein Anhalt sein soll, so soll auch statt der Utopie Gegenwart sein und in der Utopie wenigstens Gegenwart in spe oder utopisches Präsens; es soll zu guter Letzt, wenn keine Utopie mehr nötig ist, Sein wie Utopie sein. Der wesentliche Inhalt der Hoffnung ist nicht die Hoffnung, sondern indem er ebendiese nicht zuschanden werden läßt, ist er abstandslos Da-Sein, Präsens. Utopie arbeitet nur um der zu erreichenden Gegenwart willen, und so ist Gegenwart am Ende, als die schließlich intendierte Abstandslosigkeit, in alle utopischen Abstände eingesprengt. Gerade weil utopisches Gewissen sich mit Schlecht-Vorhandenem nicht abspeisen läßt, gerade weil das weitest reichende Fernrohr notwendig ist, um den wirklichen Stern Erde zu sehen, und das Fernrohr heißt konkrete Utopie: gerade deshalb intendiert Utopie nicht einen ewigen Abstand von dem Objekt, mit dem sie vielmehr zusammenzufallen wünscht, als mit einem dem Subjekt nicht mehr fremden. Das Daß, weshalb und zu dessen Erhellung die Welt-Odyssee in Fahrt und noch nicht Odyssee des Stilliegens ist, wirft sich nicht ewig in Entwerfen und Prozeß; denn das Intensivum dieses Daß will in seinem Grunde statt endlosem Prozeß einzig knappes Resultat. Ist auch ein stehenbleibendes Anhalten auf dem Unterwegs so schlimm und noch schlimmer als verabsolutiertes Unterwegs selbst, so ist doch jeder Anhalt richtig, in dem das utopische Gegenwartsmoment des Endzustands selber nicht vergessen ist, konträr, in dem es durch Zusammenstimmung des Willens mit dem antizipierten Endzweck (summum bonum) behalten ist. Solche Momente sind in jeder konkreten revolutionären Arbeit, in der Verwirklichung des Proletariats als Aufhebung der Philosophie, in der Aufhebung des Proletariats als Verwirklichung der Philosophie. Sie sind in jeder Artikulierung des unbekannten Selberseins durch künstlerischen

Vor-Schein und im Herd aller Artikulierungen der zentralen Frage. Sie sind selbst im Stupor des negativen Staunens, wie erst im Überrieseln des positiven, als einer angeläuteten Landung. Darin ist durchaus utopisches Präsens, eben im Sinn begonnener *Aufhebung des Abstands von Subjekt und Objekt*, also auch des sich aufhebenden utopischen Abstands selbst. *Die Magnetnadel der Intention beginnt sich dann zu senken, denn der Pol ist nahe*; der Abstand zwischen Subjekt und Objekt läßt nach, indem der Einheitspunkt vorbewußt dämmert, wo die beiden Pole des utopischen Bewußtseins: dunkler Augenblick, offene Adäquatheit (zur Daß-Intention), auf den Punkt geraten, zusammenzufallen. Daran geht Utopie sinngemäß nicht weiter, sie geht vielmehr in den Inhalt dieser Präsenz hinein, das ist, in die Anwesenheit des Daß-Inhalts, zusammen mit seiner nicht mehr entfremdeten, nicht mehr fremden Welt. Das als solche Anwesenheit, als solch manifestierte Identität Intendierbare steht, wie leider nur zu erweisbar, noch nirgends in einer Gewordenheit, aber es steht unabweisbar in der Intention darauf hin, in der nirgends abgerissenen, und steht unverkennbar im Geschichts- und Weltprozeß selber. Für diesen kam erst recht noch kein Abbruch durch ein entschiedenes Umsonst und Nichts. Darum gibt sich die Identität des zu sich gekommenen Menschen mit seiner für ihn gelungenen Welt zwar als bloßer Grenzbegriff der Utopie, ja als das Utopissimum in der Utopie und gerade in der konkreten: jedoch dieses Allererhoffteste in der Hoffnung, höchstes Gut genannt, stellt ebenso die Region des Endzwecks dar, an der jede solide Zwecksetzung im Befreiungskampf der Menschheit teilnimmt. *Das Alles im identifizierenden Sinne ist das Überhaupt dessen, was die Menschen im Grunde wollen.* So liegt diese Identität allen Wachträumen, Hoffnungen, Utopien selber im dunklen Grund und ist ebenso der Goldgrund, auf den die konkreten Utopien aufgetragen sind. Jeder solide Tagtraum meint diesen Doppelgrund als Heimat; er ist die noch ungefundene, die erfahrene Noch-Nicht-Erfahrung in jeder bisher gewordenen Erfahrung.

4. Substrat auf dialektischem Feuer

Abbilden und Fortbilden

Nur sehen wollen, das hält noch beiseite. Nimmt auf und hin, was ins Auge fällt. Zwar kann auch der Blick wandern, aber er faßt nichts an, wenn er bloß auffaßt. Der nur Betrachtende ist ruhig, und je mehr er sich so hält, desto ungestörter, auch unstörender kann er betrachten. Hierbei hält er sich eben für sich, berührt nichts.

Aber das Tasten, so viel dumpfer es auch ist, greift zu. Ja es liegt ihm, das von ihm Erfaßte auch zu verschieben. Damit biegt sich das Auge die Hand bei, dies durchaus Tätige an unserem Körper. Sehendes kommt so aus dem bloß Betrachtenden heraus, derart daß es dem anpackenden, gar bildenden Zugriff den Weg zeigen kann. Machen, Eingreifen, Bilden wird in dieser Helle ein anderes als Verschieben, gar ungeschickt Umwerfen, wie es blind geschieht. So ist gerade das Auge mit auf dem Weg; es spiegelt ab, wohin die Hand gar nicht greifen kann.

Nun wurde aber gerade diesem Sehen als einem Spiegeln wieder zu viel gegeben. Die Hand kam dann schon dem Rang nach gegen den abbildenden Blick nicht auf. Vor allem dort, wo ein Machen, Erzeugen auch als Handwerk höherer Ordnung noch ungeschätzt war und fernlag. Also im griechischen Denken und hier nicht zuletzt wegen der Verachtung der Arbeit. Sie gehörte zum unteren Stand, als mit körperlicher Mühe verbunden oder mindestens damit ansetzend, zum Bauern und Banausen. Die Oberen dagegen hatten, wie übrigens auch beim weniger attischen Adel seit je, nur Krieg und Verwaltung als standesgemäße Tätigkeit und darüber eben die Muße des Betrachtens. Die Schau wurde von daher der nicht nur platonische Ausdruck für Erkennen schlechthin, ein Abbild wie im Spiegel des Auges galt als Zeichen jedes Erkennens, jedes »treu« auffassenden. Und der Spiegel selber, sein reines oder unreines Glas, ist von hier bis Bacon, ja Lenin immer wieder als Auge des Erkennens bemüht worden, nicht nur im Gleichnis. Das Spiegelbild gibt darnach das gleiche wie ein Abbild der Gegenstände, die außerhalb seiner sind; *alles* Erkennen sollte derart ein Abbilden sein. Dabei störte wenig, daß ein Spiegel doch nicht selber sieht, wie es der Mensch tut. Daß zur Messung vor allem, ob das Abbild treu und also wahr sei oder nicht, nicht der Spiegel ausreicht, sondern ein Drittes, nämlich ein Beobachter, geradezu erschlichen werden muß, damit er das Spiegelbild mit dem Gegenstand »vergleichen« kann. Und wer sollte dann den zweiten Spiegel, den zwischen dem ersten und seinem Gegenstand sozusagen hin und her blickenden, selber auf seine wahre Wiedergabe prüfen, woran sollte diese wieder gemessen werden? Es war aber genau dies Mißbeschaffene, welches die Abbildlehre schließlich wachsend umgab. Bis ohnehin der Macher, Erzeuger, der homo faber, Arbeit als des Bürgers Zierde in der Neuzeit gesellschaftsfähig wurden; bis Hobbes, dann vor allem Kant das Erzeugen gerade in die Erkenntnis einsetzten. Nach Hobbes (im Einklang mit Galilei) kann überhaupt nur insoweit erkannt werden, als der zu erkennende Gegenstand aus seinen einfachsten Elementen konstruiert werden kann. Und Kant gab der passiven Abbildlehre vollends den Rest, indem er alle wissenschaftliche Erfahrung als synthetisch erzeugte gedacht wissen wollte. Darnach soll in jeder Wissenschaft nur soviel Wissenschaft sein, als mathematisches Denken, Herstellen ihres Gegenstandes in ihr anzutreffen ist. Vor allem aber sollten dadurch die Kennzeichen einer wahren, mit ihrem Gegenstand übereinstimmenden Erkenntnis gänzlich vom Gegenstand weg in dessen Erkenntnis verlegt werden. Nur im Erzeugen a priori also, nicht in einem angeblichen Abspiegeln nachträglicher Art soll derart Wahres als solches geprüft werden können. Der Verstand kann darnach so wenig aus sich heraustreten, wie der angebliche Spiegel aus sich heraustreten kann, um das in ihm erscheinende Bild mit dem außer ihm befindlichen Gegenstand zu vergleichen. Aber zum Unterschied vom Spiegel soll der Verstand vollkommen die inneren Bedingungen enthalten, aus denen und gemäß denen der Gegenstand der wissenschaftlichen Erfahrung selber entspringt. Wonach also die Schau insgesamt, auch als noch so gedankliche, in der neueren Erkenntnisart nichts mehr zu melden hat. Arbeit kommt auch hier zu Ehren, in der Folge zu solch ungeheuerlichen, daß sie außer ihr nicht einmal einen Rohstoff voraussetzen wollte.

War also vorher dem Spiegeln zuviel gegeben, so machte Erzeugen das mehr als wett. Es kam in Gefahr, schließlich nur noch eine Art Stricken des Strickens zu werden, mit einem Machen, das nur noch sich selber antraf. Und am wenigsten die auch *außerhalb* seiner, geschichtlich, welthaft, vorliegenden Bedingungen, gemäß deren überhaupt gemacht, erzeugt, erkannt werden kann. Auch wurde der Anspruch auf formale Erzeugung von nicht selber formalen Gegenständen, also von geschichtlich gegebenen, ja gar nicht erhoben. Es gab geschichtlich zu viele Inhalte, nicht nur zu sehr einzelhafte, sondern vor allem zu reich ausgebreitete, als daß pure Erzeugung ohne alles Erbe von »Abbildung« da ausgereicht hätte. Dabei freilich hätte gerade das aufbauende Denken, als das das erzeugende ebenfalls erschien, das kompositive, wie Galilei sagt, den Gang ins inhaltliche Geschehen selber, den geschichtlichen Mitgang erleichtert. Um so mehr, da Hobbes nachher außer der beschreibenden Bestimmung eine genetische auszeichnete, eben eine aus dem Vorgang der Erzeugung selber definierende. Wird nur beschreibend bestimmt, so sind Kreise ebene Figuren, deren Grenzlinie von ihrem Mittelpunkt überall gleich weit entfernt ist. Genetisch bestimmt hingegen sind Kreise ebene Figuren, die durch Drehung einer Linie um einen ihrer Endpunkte erst entstehen. In der Tat hat Vico, als einer der frühesten Geschichtsdenker der Neuzeit, genau den Begriff des Erzeugens, als eines ebenso genetischen, verwendet, um gerade nun Entstehen selber als Wissenschaft zu haben und zwar als – einzige. Denn wenn nur das erkannt werden kann, was von uns erzeugt wurde, dann rangiere die Geschichte am höchsten, weil nur sie von uns gemacht wurde, die physischen Körper aber nicht. Und als die Zeiten gekommen waren, nicht nur natur-, auch geschichtswissenschaftlich zu denken, ging eben die Erzeugung, jetzt als nicht-mathematische, einen besonderen Bund mit geschichtlich »abzubildendem« Reichtum ein; das bei Hegel. Hier allerdings um den Preis allzu enger Annäherung von »Denken« und »Sein«, bis zum völligen Zusammenfall beider. Doch bleibend richtig wurde die *Bewegung* als Gemeinsames zwischen solchem Denken und solchem Sein erfaßt, also zwischen erkennend Erzeugendem und erkannt darin »Abgebildetem«. Beide sollen nun in ihrem Fortgang die gleiche Schwimmrichtung haben, so daß ebenso von einem sachlich-vermittelten Erzeugen wie von einem arbeitend-vermittelten Abgebildetsein die Rede sein könnte.

Indes, die eingreifende Hand bleibt auch hier vor dem Sehen weit zurück. Die noch so betonte Arbeit tritt nicht als ebensolche Mitarbeit am fortwaltenden Gang der Sache auf. So meldet sich doch auch die *alte* Abbildlehre wieder, die untätige, hinnehmende, betrachtende, als hätte Kant sozusagen umsonst gelebt, als gäbe es keine eigene, ob auch dem Sein höchst verpflichtete Tätigkeit des

Bewußtseins. Gut ist gewiß, daß die sinnlose Übertreibung eines Erzeugens an sich gedämmt wurde; daß die sachhafte Mitsprache; ja Hauptsprache, die im Abbilden immerhin vernommen war, wieder auftauchte. Aber wenn ein Erzeugen an sich, ein weltloses, nun wegfiel, so fiel aus dem neuen *Abbilden* auch das Einzige aus, was eine Hochzeit mit dem *Erzeugen* fruchtbar machen könnte: das *Fortbilden.* Als eines, das seine Sache auch überholen kann, in ihrer Schwimmrichtung, versteht sich. Und das den tätigen, nicht wie bisher belassenden, Anteil hinter sich hat, den Anteil am Heraufkommenden in der Sache, dem die erkennende Treue vor allem gehalten wird. Ein Auge kommt hier durchaus wieder, doch keinesfalls mehr als nur betrachtendes. Es sieht vielmehr, wie schlecht die Dinge sind, wie gut sie sein könnten, und leitet so an, sie mitbildend zu verändern.

Das Augenlicht und das beleuchtete Gegenständliche

Mit einem falschen Schuh aber kommt man nicht weit. Ein trübes Glas macht auch das trübe, was hineingegossen wird. So müssen die Menschen sich erst über sich selber verständigen und klar sein, bevor sie Neues beginnen. Nicht nur sittlich gibt es so ein Insichgehen, vor allem dann, wenn Reue empfunden wird. Es gibt auch eine Prüfung, die die Grenzen gerade der fortbildenden Fähigkeit kennen will und muß, damit sich nichts übernimmt. Der rechte Mann am rechten Ort, darauf ist mindestens der äußere Ort selber aus. Desto besser, wenn der Start schon weiß, ob er in Form ist. Wonach dann das Können stimmt, und auch der Ort richtig ist, der ausgesucht ward.

Doch wieweit können denn die Menschen, selbst ihrem Können nach, über sich entscheiden? Sein Sosein hat sich niemand ausgesucht, und seine Anlage bleibt, so sehr sie mit den Zwecken wachsen mag. Die äußeren Verhältnisse, in die einer geboren ist, nicht nur als der, der er ist, sondern als das, wozu er gemacht wird, hat sich ohnehin keiner ausgesucht. So kommt jeder schon disponiert in die Welt, er ist vor seiner Geburt mindestens der Anlage, den Anlagen nach schon vorgebildet. Und die Stelle der Welt, wo er aus dem Mutterschoß auftaucht, die Zeitstelle der gesellschaftlichen Welt über dem Teich, aus dem jeweils der Storch den Ankömmling herausholt, braucht mit den Anlagen, den mitgebrachten, nicht übereinzustimmen. Da gibt es zwar oft Glück, öfter wohl einen Bruch, der dem Können des hineingeborenen Menschen, aber auch dem möglichen Auftrag, den eine jeweilige Gesellschaft an ein jeweiliges Können hätte, nicht wohltut. Denn wie häufig fand sowohl ein großes Geschlecht einen kleinen Moment, wie ein großer Moment ein kleines Geschlecht. Wie wichtig ist von daher das Dasein von Personen in der Geschichte, wie nackt und leer aber auch konnte eine Epoche dahingehen, überhaupt keine sein, wenn ihr zu ihren gesellschaftlich vorhandenen großen Aufträgen die »geborenen« Täter fehlten.

Das ist das eine, ebenfalls zu den Augen und der Hand gehörend. Zu wenig wurde dieser biologische Faktor in der Geschichte, dieser vom ökonomisch bestimmenden noch fast unabhängige, bisher beachtet; das, obwohl er zur ökonomisch-sozialen Geschichtsauffassung sowohl durch seinen gesellschaftlich wirkenden Zuschuß wie vor allem auch durch seinen Ausfall hinzukommt. In unserem Zusammenhang, die Macht der Prüfung und Reinigung des bloßen kritisch fruchtbaren Selbstverständnisses betreffend, ist der Ausfall am lehrreichsten. Und zwar als *negativ*-organischer zuerst, eben indem die Menschenfrucht ihre organisch-fehlende Anlage, vor allem der Begabung nach, weitgehend bereits dahin hat. Sie kann in diesem Betracht nicht »umgezeugt« werden, sie kann durch Aufträge, durch ein »Begabtwerden« mit diesen Aufträgen seitens der jeweiligen Gesellschaft zwar »geweckt«, aber nicht ersetzt und angesetzt werden. Hier hat die Kraft des eigenen geistigen Augenlichts, als nun einmal organisch weithin vorgegebene, eine Schranke ihrer selbst. Die *positiv*-organische Anlage selber hat ihre Schranke an dem gegebenenfalls rauhen Klima, noch schlimmer: schalen oder gar epigonalen Zeitcharakter, zu dem eine Menschenfrucht, eine reich dotierte, aufgetaucht ist. So beschränkt und ohne Auslauf finden sich zu früh oder zu spät geborene Begabungen, große Momente in kleinem Geschlecht, lauter ausgesetzte Iphigenien, ihr Land der Griechen mit der Seele suchend, und verkümmernde dazu. Auch dann noch, wenn eine sehr spezifisch disponierte Begabung eine volle Zeit, doch von ganz anderem »Geschmack« vorfindet: was hätte ein Mozartsches Wesen in der Zeit des romanischen Stils angefangen, was ein Grünewaldsches im Rokoko? Ja gerade bei *leuchtend* vorhandenem Augenlicht, dem einzigen, das schließlich zum Zweck des wahren Sehens interessiert, gehört entscheidend, daß es das Licht der Welt auch als helfendes Licht erblicken kann, nicht etwa als ungastliches Minus.

Wie also, wenn zwar Auge und Hand noch so kräftig geschickt sind oder dazu gefördert werden können? Wenn aber das von ihnen »denkjenseitig« zu Erfassende selber so wenig beleuchtet ist, daß es in Nacht und Nebel liegt? Dann kann auch der bedeutendste, der geprüfteste Erkenntnisapparat wenig leisten, er bringt nur einen geringen Teil der Sache an sich, und der noch ist bedenklich. Bacon wollte den abbildenden Spiegel reinigen, Kant prüfte die konstituierenden Bedingungen des Erkennens und suchte, zusammen mit ihrer Gerechtsame (quaestio iuris), deren Grenzen auszumitteln. Wie, wurde so gefragt, muß der Erkenntnisapparat beschaffen sein, der Erkenntnis liefert (bei Kant notwendig-gültige), und wie weit kann er sie liefern? Doch offenbar betrifft diese kritische Frage nur die eine Seite der Erkenntnistheorie, die ihres treffenden Bewußtseins und seiner Erkenntnis »gründenden« Beschaffenheit. Die Frage geht aber weiter, und zwar durchaus als fortfragend-kritische, obzwar die in ihr *mitbedeutete andere, objektive* Seite der erkenntnistheoretischen Selbstverständigung betreffend. Die Frage lautet dann nicht nur: Wie muß das Instrument beschaffen sein, damit es Erkenntnis lieferte (und nicht etwa Schwärmerei, »mit Vernunft rasend«), sondern dazu: Wie muß die *Welt* beschaffen sein, damit sie eine konstitutiv-*erkennbare* sein kann? Ist freilich der Gegenstand der Erkenntnis einzig die Erkenntnis selbst, dann bleibt von der Welt nur das gänzlich unnuancierte, totale Dunkel des Dings an sich. Doch diese Nacht, als eine, in der die Katzen nicht einmal grau, ja überhaupt keine Katzen sind, drückt immerhin, wider Willen, ein Illuminationsproblem der anderen Seite aus, ja genau dieses selber, obzwar als total negativ erledigtes. Weniger »kritisch« gesprochen, so sind die objektiven Schranken der Erkenntnis zwar geschichtlich stets vorhanden gewesen, eben durch den Horizont der Gesellschaft determiniert, in der sie auftauchte und vor sich ging, doch die Schranken waren ebenso variabel, das Dunkle im X des Erkennbaren war nicht gleichförmig, sondern – auch in seinem »Widerstand« gegen Erkanntwerden – wechselnd geschichtet und nuanciert. Was gerade wieder, vom bloßen Erkenntnisinzest weg, auf das echte Objektproblem des beleuchteten und so nur letzthin erkenntnisfähigen Gegenstands zurückführt, also auf das Lichtproblem *in der Welt selber*. Als der letzten Voraussetzung, die nötig ist, um die bloß inseitigen Bedingungen zu geschehender Erkenntnis objektiv komplett zu machen. Lehrreich hier, sich an die alten, die leider zu bald abgebrochenen Fragen zu erinnern, ob nur *Gleiches* Gleiches auffassen könne oder ob, umgekehrt, *Ungleiches* dazu geeigneter wäre. Behauptete doch das erstere Empedokles (und vorher Parmenides), das zweite Anaxagoras, aber Empedokles hat gesiegt. Sein Aperçu vom notwendig Gleichen in Auffassung wie Aufgefaßtem geht neuplatonisch wieder auf, und Goethes Vers vom Sonnenhaften im Auge, das nur deshalb die Sonne erblicken könne, ist die wörtliche Übersetzung eines Plotin-Satzes (Enneaden I 6,9). Vor allem aber muß danach ein Sonnenschein selber einfließen, damit das Auge der Vernunft ihn mit wechselseitiger Entsprechung fassen könne. Und schließlich, gerade im Hinblick aufs nötige Licht in der lichtempfänglich erfaßten Welt: nicht weit von hier zu Augustin, nämlich zu dessen sogenannter Illuminationstheorie. Sie ist zwar durchaus nicht objektiv-objekthaft, sondern dogmatisch-verschoben, auch noch neuplatonisch-jenseitig; doch ihr Problem ist davon, wie zu sehen sein wird, fast unabhängig. Augustin hatte behauptet, daß wir die körperlichen Dinge und auch die unkörperlichen überhaupt nicht erkennen könnten, wenn wir sie nicht »in rationibus aeternis« erkennten. Das ewige Licht der göttlichen Ideen lasse ein Licht in unseren Intellekt einfließen, und dieses Licht sei das außen helfende Erkenntnismedium, ohne das die Welt auch für die Erkenntnis tohu wabohu wäre, wüst und leer, wie vor der Schöpfung. Malebranche, der französische Oratorianer des 17. Jahrhunderts, eher noch mehr dogmatisch-jenseitig allerdings, lehrte sogar eine intelligible Körperwelt in Gott, dergestalt daß Wissenschaft überhaupt alle Dinge nur in Gott schaue, und daß es sonst eine Erkenntnis der körperlichen Außenwelt gar nicht gäbe. Ja dergleichen reicht noch bis zum vorkritischen Kant selber, sogar mit Berufung auf Malebranche; auch Kants Inaugurationsschrift läßt den Verstand die Dinge »gewissermaßen« nur in Gott sehen. Erinnert aber wird das einzig deshalb, um eben das darin intendierte Beleuchtungsproblem *in der Welt selber* kenntlich zu machen; diese *andere* kritische Seite ist unerledigt. Nicht das angeblich einfließende göttliche Licht im Menschen ist dabei wichtig oder die neuplatonisch angeblichen Ideen; das gehört nicht hierher. Wohl aber sieht sich, auf so krausem Umweg, die Frage der Erkenn-*barkeit* selber gestellt, damit Erkenntnis nicht nur über sich verständigt, sondern vor allem real sein könne. Und ihre Welt veränderbar, als so wenig fertig wie der Begriff, der sie gemäß ihrem eigenen Hellsein, Hellwerden beleuchtet.

Was ist derart Wahrheit in der Welt?

Lügen und Irren

Sehr leicht wird ein Kind ermahnt, nicht zu lügen. Sittlich nämlich wird das gesagt oder gepredigt und als selbstverständlich wird vorausgesetzt, daß es weiß, was es als wahr zu sagen hätte. Aber gewiß nicht so selbstverständlich ist das Wahre im außersittlichen Sinn des Wortes. Sein Gegensatz ist dann nicht Lüge, sondern Irrtum; und ist er menschlich, so kann er doch nicht sittlich bewertet, bereinigt werden. Es sei denn, der ihm Unterliegende beharre auf ihm, aus Eitelkeit oder Trägheit oder was sonst, so daß er dann allerdings auf die Stufe des Lügners, auch des leugnenden Angeklagten zurücksinkt. Oder sophistische Worte werden gewählt, gar bewußt betrügerisch, um die durchschaute, mindestens leicht durchschaubar falsche Sache immer noch kursfähig zu halten. Aber auch das gehört dann zu dem, was intellektuelle Unredlichkeit heißt, mithin zum Feld des sittlich-, nicht des intellektuell-Wahren, diesesfalls Unwahren, so sehr es sich phrasenhaft herausreden oder drapieren mag. Auch wenn es noch oder wieder besonders schwebend in einem Gebiet hergehen sollte, auch dann ist bloße Schlauheit, gar Feigheit, die sich mit der Antwort nicht festlegen will, von der rein wissenschaftlichen Vorsicht wohl unterscheidbar. Der Lügner (oder auch bloße Aufschneider) wird überführt, gibt auf und gesteht, was er ohnehin wußte, aber verschwieg. Der Suchende, Denkende, Forschende dagegen ist aufrichtig ohnehin, das hier Wahre dagegen muß gerade für ihn und von ihm selber noch gefunden werden. Das auf Wegen, die immer wieder auf etwas gerichtet zu sein haben, treffend, was noch niemand weiß.

Über das Richtige und das Wahre

Hierbei macht sich Denken als solches die noch etwas kahle Mühe, rein zu sein. Indem es den sauberen, noch formalen Weg geht, scharfe Begriffe zu bilden, aus ihnen ebensolche Urteile, aus ihnen ebensolche Schlüsse. Man hat es hier also mit formal Wahrem, also *Richtigem*, zu tun und noch nicht mit jenem eigentlich Wahren, das sich auf *Inhalte* der Aussage bezieht. Und so freilich das richtige Verfahren der Aussage, wie es in formaler Logik untersucht und gehütet wird, voraussetzt. Aber nicht, als wäre das Denken des Richtigen und seine Prüfung vom Erkennen dessen, was der Fall ist, oder gar vom weiteren Verhalten der Sache, der tiefer zusammenhängenden Sachverhalte trennbar. Wurde doch die Kenntnis des Richtigen selber erst aus Bemühungen ums andere, ums inhaltlich Wahre gewonnen und so – als conditio sine qua non – formalisiert. Gewiß, logistisch wird das Formale völlig selbständig zu machen versucht; das sowohl rückwärts, sozusagen, gegen die Beiwirkung der Sprache hin wie vorwärts, sozusagen, gegen nur »faktisch«, nicht »logisch« verifizierbare Realaussagen hin. Dergleichen ist aber einzig zu dem Zweck selber richtig, daß mit logistischen Zeichen abkürzender, gleichsam stenologisch gearbeitet werden kann, und dann können diese Zeichen das Kramen in vieldeutigen Worten, auch Irrtümer, die rein durch die Sprache fortgeerbt werden, abservieren. Solche logistischen Absichten, wenn sie nicht übertrieben werden, liefern unzweifelhaft ein Gegengift gegen die gleichfalls oft übertriebene Ehrfurcht vor einer Weisheit der Sprache schlechthin, nicht zuletzt gegen heideggernde Kalauer höherer Ordnung (vom Zukommen auf Zukunft kommend, oder, warum nicht auch?, von der Rose auf Geröstetes). Doch solche Polizeidienste erschöpfen den Logos des Richtigen nicht, die Logistik täte also besser, beim Zweig einer mathematischen Disziplin zu bleiben, die sie bestenfalls ist. Gerade die Prüfung des formal Richtigen, also logisch Gültigen im Rücken des eigentlichen Erkennens ist seit alters von der Logik selber besorgt worden; es ging ganz gut, auch ohne Prothesen. Der »herumliegende Vorrat und Unrat der Sprache«, wie der Dichter Wilhelm Lehmann mit so viel Recht sagte, wurde von Karl Kraus, als einem Wortkenner, auf den Mist geworfen, nicht von Formelschreibern, die von Sprache überhaupt nichts verstehen. So wenig verstehen, daß sie die Umgangssprache, mit der man so umgeht, ja meist selber fühllos außer Dienst sprechen und schreiben. Ebenso wie beamtete östliche Logistiker das elendeste Funktionärsdeutsch ganz ungestört von ihrem Kalkül in ihm pflegen, all die wirklich unsauberen Phrasen, die wirklich das Wirkliche verstellen und verschmieren. Und davon abgesehen, in wieder reinerer Schicht: wie wenige wirkliche Denker brauchten oder vermißten je den logischen Kalkül, wenn sie scharfe Begriffe von einem bisher äquivoken

Sprachgebrauch getrennt haben. Ja, wenn es *Logistiker* gewesen wären, die als erste etwa den Unterschied zwischen Erkenntnisgrund und Realgrund deutlich gemacht hätten (gegen das Mehrdeutige im *Wort* »Grund« also). Es waren aber *Logiker*, zuerst der altmodische, ob auch geometrisierende Crusius aus der Wolffschen Schule, dann gar der Erzmetaphysiker Schopenhauer, welche dergestalt sauber die logische Beziehung Grund-Folge von dem realen Verhältnis Ursache-Wirkung schieden. Das war aber gerade nur dadurch möglich, daß das Formale als nicht autark, sondern eben als präformierend zu realen Erkenntnissen gedacht war, das heißt als Treiben der Welt bereits im logischen Treiben, das darauf formal gedrängt sich richtet. Nicht die Sprache, sondern ihre Sache läßt so sagen: S ist P, das Subjekt bezieht sich im Urteil durch die Kopula auf sein Prädikat; es gibt die Urteile, Folgerungen, Schlüsse des Einzelnen und des Allgemeinen, ja des Pochenden und des Sammelnden, alles gemäß der Welt, zu der bereits ihr Denkenkönnen sich formal geschickt verhalten soll. Weshalb die Logik noch weniger als die Logistik sich autark verhalten darf, das ist hier: zu Formalem um seiner selbst willen verdinglicht. So Konzises wie die sogenannten logischen Grundsätze (vom Widerspruch, von der Identität) macht das Vorschattende, dadurch aber Silhouettenhafte im Formalen besonders deutlich. Ein gedrängter Umriß geht auf, in dessen Kürze das beziehende Denken sich aber übersichtlich bewegen kann, bevor es in die weiten Felder des sachlich-Wahren geht. Insofern hat die Lehre vom Richtigen, strategisch gesprochen, alle Vorteile einer inneren Linie, mit besonders übersichtlichen Verbindungen; und das Denken des Wahren hält sich immer wieder in diesem nur scheinbar trockenen Feld auf, diesem nützlich-abstrakten. Subjekt ist Prädikat: – in nuce steckt darin alles, was zum Bestimmen eines X, zum Erscheinen, Manifestieren eines Was gehört. Samt: S ist noch nicht P, das heißt, es ist in seinem Was noch nicht erschienen, herausgekommen, gar voll identifiziert.

Logisch und objektiv Wahres

So viel, selber sehr einleitend, über das Richtige, sich sauber haltend. Das *Wahre* in eigentlicher, nämlich *inhaltlicher* Bedeutung wurde davon wohl unterschieden. Als nicht formal, sondern objektiv-objekthaft Stimmendes, Treffendes, als ein den Sachverhalt, gar Sachgehalt Antreffendes. Hierbei ist wichtig, daß das noch so klärend formale Denken es leichter hat als jedes Erkennen, in seinen weniger reinen, häufig verwickelten Gegenstand verstrickt. Der Schillersatz: »Leicht beieinander wohnen die Gedanken, doch hart im Raume stoßen sich die Sachen« gilt auch im formal-materialen Übergang, im Übergang von der formalen Bucht zum materialen Meer und eigenen Widerstand. An diesem Punkt tauchte zuerst die Frage auf, wie das Erkennen beschaffen sein müsse, um seinen Gegenstand treffen zu können. Es ist die *instrumentale* Frage, und der erkenntnistheoretische Stachel in ihr hat sich eben von der Abbildtheorie bis zur Erzeugungstheorie und darüber hinaus zur Fortbildtheorie immer bemühender vermehrt. An dieser Stelle tauchte aber auch – obgleich, wie gesehen, viel weniger Begriff und Schule machend – die Beleuchtungsfrage in der Welt selber auf, meistbedeutet in Augustins erwähnter *Illuminationstheorie.* Sobald also das präformierende Denken des Richtigen ins Erkennen des real-Wahren geht, ist die Frage des Treffenkönnens eines *Antreffbaren suo loco* brennend. Denn wie soll bereits die formale Urbeziehung S ist P, wie sollen gar die Sätze vom Widerspruch, von der Identität wissenschaftlich elementar sein, wenn die Welt auch der Erscheinungen, nicht nur des sogenannten Dings an sich zu all solch Logischem fremd steht? So eben hatte Anaxagoras statt der Lehre, daß nur Gleiches Gleiches auffassen könne, den Gegensatz gemeint: Nur Ungleiches könne auffassen und aufgefaßt werden, nur Warmes durch Kaltes, nur Kaltes durch Warmes. Immerhin wurde es hier noch – aufgefaßt, sollte gerade als Konträres erkennbar sein; wie aber als Disparates, gar Absurdes? Womit man also, im Riß zwischen logisch und objektiv Wahrem, im Subjekt-Prädikat-Bruch, vollen modernen Nihilismus anliefe. Camus auf mehr blinde, Sartre auf mehr gesprenkelte, widerspruchsvolle Weise haben geistig-Sinnvolles so vor dem objektiv-Seienden vereinsamen lassen. Camus macht sogar die menschliche Freiheit sinnlos, sisyphoshaft: wir haben nur die Freiheit, den Sisyphoskampf eines Sinnvollen im Unsinnigen zu wollen, diesen Kampf in einer absurden Welt mit immer wiederholter Frustration. Sartres Freiheit dagegen meinte immerhin noch eine eigene, ja besonders heroische Funktion zu haben, wenn sie trotz Ekel und Übelkeit in einer ständig situationshaft schwankenden Welt noch tun und bessern will, zuletzt auch mit Marxanleihen; indes doch das »Sein an sich« unvermittelbar disparat bleibt. Und bei Camus eben total absurd, samt dem ewig vergeblichen Werk und Tag darin: »Das Absurde, unzurückführbar; nichts, nicht einmal ein tiefes und geheimes Delirium der Natur kann es erklären. Vor dieser großen rauhen Pfote hatten weder Ignoranz noch Wissen irgendeine Bedeutung, die Welt der Erklärungen, der Gründe ist nicht die der Existenz.« Und es ist nur zeitlich, nicht sachlich weit von diesem Plus-quam-Agnostischen zu einem Miserabilismus, der sich sogar des logischen, ja des dialektischen Gewands bediente, um seinen Horror zwar unlesbar, doch grell vorzuführen. Gemeint ist der längst vergessene, nie reüssiert habende, doch gerade hier höchst einschlägige Absurdist Julius Bahnsen, als verschollener Camus mit Bildung. Camus hatte das Absurde der Welt nicht zuletzt darin notiert, daß es nicht etwa keine Wahrheit, aber erst recht nicht Eine Wahrheit, sondern unendlich viele gäbe, eine zusammenhanglose Welt von Einzelobjekten. Dieser unendliche Pluralismus kulminierte gerade bei Bahnsen (»Der Widerspruch im Wissen und Wesen der Welt«, 1881): ein in unendlichen Widersprüchen entzweiter Wille macht ihn als Wesen der Welt zu jedem Wissen inkommensurabel; es sei denn zum Wissen um unaufhebbare Selbstzerfleischung überall, au fond. Schopenhauer also am Ende, selber mehr redivivus heute, als der Absage an objektiv-Logisches, an einen Übergang vom Logischen zur Welt bewußt ist; mutlos wirft die Hoffnung auf mögliche Übereinstimmung von Gedankenwelt mit »Weltgedanken« hier Anker und weiß nicht einmal, wohin ihn werfen. Ist sogar schlimmer dran als Schopenhauer, der noch mono- und nicht polysatanisch war, der vor allem (»Sein ist schrecklich, Sehen selig«) sein ästhetisch-platonisches Kabinett auf der Entsagungsseite der Philosophie hatte. Wie anders aber, auch wie allzu einig wiederum war der Übergang von Logischem zu Weltwesen eben unter der Maxime des *Gleichen*, das *Gleiches* erkennt, vor sich gegangen, mit dem Axiom des Parmenides vor allem: »Denken und Sein sind dasselbe.« Das wiederum war *panlogisch schlechthin*; more geometrico siegreich bei Spinoza, more dialectico (mit gut eingemeindetem »Nachtpunkt« des Konträren, mindestens Kontradiktorischen selber) bei Hegel. Spinoza sähe das Absurde als die irrtümlichste, die inadäquateste aller nur denkbar »inadäquaten« Vorstellungen an; denn so zweifelsfrei steht hier das Panlogische, daß jede »adäquate« Erkenntnis eo ipso in ihm ist. »Ordo et connexio idearum eadem est ac ordo et connexio rerum«; ja, der Erkenntnisgrund aus logischer Folge und der Realgrund (notwendiges Hervorgehen der Dinge aus Gott) fielen vollen Umfangs zusammen. Was bei Hegel, wenn er die Weltinhalte aus Logik-Ontologie restlos, auch finit sich entwickeln ließ, sogar noch ein besonders erprobter, nämlich per aspera ad astra siegreicher Panlogismus werden sollte: antithetisch mit Negativitäten verwundet wie nie, synthetisch mit Eingemeindungen des Negativen gestärkt wie nie. Das Axiom des Parmenides, die angebliche Identität von Denken und Sein, soll hier selbst das Nichts regieren, das Parmenides, dessen Denken undialektisch war, geleugnet hatte. Nun finden Nachtseiten, Schmerz, Schädelstätte, Chronos, der seine Kinder frißt, kurz, alle cruces des alten Panlogismus Platz, doch sie sind ebenso in geschlossenen Lichtdienst gestellt, e contrario, kraft der Hegelschen Dialektik, die das Negative allzeit fürs Positive schaffen läßt, damit es noch positiver sei. Da heißt zwar die Negation, als pure logische Differenz, gar Differenz vom Logischen und nicht etwa als wendender Nachtpunkt, »die Sphäre, in der Gott« (also der Logos der alten Denken-Sein-Einheit) »nicht wohnt«. Und doch soll dem die Dialektik machen, daß sozusagen der Teufel, und gerade er, das Kirchlein baut, wie in der Legende von St. Martin; wonach also die Dinge restlos auch Urteile sind, und wodurch also gerade mit dem negativen Abbruch inmitten die Logik und nichts anderes als sie sich restlos zugleich als Realontologie darzustellen hatte. Und das tote Festhalten, die Schädelstätte, die harte und härteste Negation im Panlogismus? – gewiß doch, nur eben nicht als totbleibende, eher als todsicher ins Positive wieder umschlagende. Fast überall kommt so – durch zuviel ausgemachten logisch-realen Einklang – dem Tod selber der Tod, der Negation ihre Negation, gar hinter Golgatha sein termingemäß wie inhaltlich fest bestimmtes Ostern. Also zahlt dem *allzu Absurden* ein *allzu Panlogisches* heim: zweifellos nicht leicht, zweifellos mit der sauren Arbeit eines ganzen Mannesalters von Welt, doch ebenso mit Harmonie im Kopfe, als wäre sie ebenso gleich und voll in der Welt. Absurde Untertreibung eines objektiv-Logischen in der Welt bei den Absurden, todsichere, noch gegen den Tod sichere Übertreibung bei den Panlogikern – beides folglich ist falsch. Ist abknappend in diesen Alternativen, als wären sie samt Eintritt und Inhalt entschieden, sozusagen vordatiert. Noch ist nicht Nacht im

Haus, und noch werden die Konflikte nicht zu Glücksfiguren begradigt. In den Statuierungen des Absurden wie des Panlogischen ist selber Statik; kurz, es fehlt der *Ernst des Utopischen.*

Vom Denken zum Erkennen gehend ist selbst ein vorhandener Weg nie gleich rauh oder hart. Auf die Verhältnisse kommt es hier an, in denen nicht nur der Mensch, sondern auch seine Sache angeht. Und sie sind in dem zu Erkennenden selber, in seinem Wahrsein, sowohl zeitlich-geschichtlich wie der gegenständlichen Schicht nach jeweils wechselnd-verschieden. Folglich auch: nicht alles kann zu allen Zeiten gleichmäßig, das heißt mit *gleicher Reichweite des Begriffs* erkannt werden. Gibt es hier doch einen ökonomisch-sozial bedingten und variierten Fahrplan, ja eben eine Schrankenfolge, die den logischen Weg, den Methodus in die Sache schließt, erleichtert, wieder – nämlich vor anderen Aspekten – schließt. Nicht als ob einige dieser Aspekte sich nicht andrängend gemeldet hätten, aber es stand vor ihnen der Verstand still, sie wurden vom jeweiligen ideologischen Habitus einer Gesellschaft nicht bewältigt. Wie gesehen, drangen so die Griechen nicht zum Arbeitsbegriff, Erzeugungsbegriff vor, von dem der irrationalen Zahlen zu schweigen. Eine andere Sperre verhinderte in der mittelalterlich-feudalen, der hierarchischen Gesellschaft den dynamischen Funktionsbegriff, anstelle der subsumierenden Gattungsbegriffe oder neben ihnen. Wieder eine andere Sperre steht in der bürgerlichen Neuzeit vor dem Ideologiebegriff, das heißt vor dem erkannten Zusammenhang zwischen Unterbau und Überbau. Zwischen den herrschenden Produktionsverhältnissen also und dem herrschenden »Geist einer Zeit«, als einem, der ja nicht aus sich selbst entsteht, wie die Idealisten meinen, und sich ebenso nur parthenogenetisch verändert. Und wie nicht alles zu allen *Zeiten des Bewußtseins* gleich leicht oder schwer erkannt werden konnte, so geht es fürs Erkennen, auch zu gleicher Zeit, nicht in *allen Strukturen des Seins* gleich homolog her: Literaturgeschichte ist strukturell einfacher als etwa Thermodynamik. Das deutet auf wechselnde Unwegsamkeiten im Prozeßstand der Schichten selber und der objektiv verschiedenen Selbsterhellung, worin Geschichte und physische Natur noch stehen. Wobei gewiß gerade Geschichte weit von dem schön geschlossenen, fix logisierten Zusammenhang vor sich geht und expeditioniert; geschieht sie doch als menschliche ganz besonders an der offenen Front der Welt. Ja, in der menschlichen Geschichte und durch sie wird erst deutlich, was am ganzen Weltprozeß auch logisch noch fragwürdig und unentschieden ist: »Sie ist keineswegs, wie bei Spengler, zerfallene Bilderfolge, keineswegs auch, wie im säkularisierten Augustinismus, ein festes Epos des Fortschritts und der säkularisierten Vorsehung, sondern harte gefährdete Fahrt, ein Leiden, Wandern, Irren, Suchen nach der verborgenen Heimat; voll tragischer Durchstörung, kochend, geborsten von Sprüngen, Ausbrüchen, einsamen Versprechungen, diskontinuierlich geladen mit dem Gewissen des Lichts« (Thomas Münzer als Theologe der Revolution, 1969, S. 14 f.). Aber geschieht solche, sage man: unregelmäßige Logik am grünen Ast der *Geschichte*, wie dann erst am relativ ungeblüht habenden der *Natur*. Der organischen, aus der der humane Alogos des individuellen Tods kommt, der anorganisch-kosmischen, in der noch die riesige Anschlußlosigkeit (Inkonsequenz) aller unserer Zweckreihen ihren Platz, ihre Entropie, ihr Nihil hat. Daher denn: die der ordnenden Logik gegenüberstehende Welt ist zwar nicht, gewiß nicht ein Absurdes, worin überhaupt kein Weltlicht ist, das Erkennen mit-illuminierend, aber es steht dem Erkennen auch keineswegs ein ordo sempiternus rerum gegenüber, der logischen Ordnung selber schlüssig und abschlußhaft korrespondierend. Sondern die Welt ist *Unterbrechung*, und sie ist es negativ, ihrem darin *umgehenden* nihilisierenden Nihil gemäß, in dem sie durchgehends korruptibel ist, sie ist es *positiv*, indem sie noch durchgehends *prozeßhaft veränderbar* ist. Diesem ihrem Zustand entspricht also auf Seite des Erkennens am wenigsten ein geschlossenes System, als ebensolches der Geschlossenheit, des übertünchten Fragmentcharakters aller Objekte. Dem noch so wenig arrondierten Experiment- und Fragmentzustand des Weltlaufs und seiner Gestalten entspricht vielmehr einzig ein *offenes System*, das ist eines mit diskontinuierlichen, obzwar dialektisch vermittelten Einsätzen und – dem Fragmenthaften *positiv* gemäß – mit ununterschlagenem, unverstelltem Horizont. Objekthafte Offenheit ist also vor allem auch das gleiche wie objekthafte *Veränderbarkeit*; wonach denn gerade die Wahrheit einer *Theorie* sich letzthin nicht am beobachteten *Fixum* von *Tatsachen* verifiziert, sondern in der möglichen *Praxis* einer Veränderung von *Prozessen* und deren *Resultaten*. Das also meistert erst die Wege vom Denken zum Erkennen und im Erkannten zuletzt; wobei, um Kants Umfunktionierung der Philosophie als »Magd der Theologie« zu gebrauchen, auch die dienende

Erkenntnis dem Weltsein »nicht die Schleppe nachträgt, sondern die Fackel voranträgt«. Ja, es ist die *erkannte* Wahrheit der veränderbaren Sachen, welche gerade der *essentiellen* Wahrheit in den dazu veränderbaren Sachen selber zum Durchbruch verhelfen mag. Wahrheit wird also auf dieser Stufe befördernder Hervortritt des in der Sache Wesentlichen, das nicht mehr mit einem ihm Fremden behaftet ist. Item: Hat das formal Richtige transparent für das Wahre zu sein, so dieses Wahre für das *Hervortreibbare, Tendenzhafte, ja Postulierende, utopisch Wesenhafte einer Sache.*

Logisch und objektiv Wahres, Fortsetzung

Derart geht also Wahres weit über die Sätze hinaus, worin es ausgesagt wird. Freilich gilt das nur mit Maß für die faktisch hinnehmenden Aussagen dessen, was der Fall ist. Denn in diesen fehlt genau das Wahre als selber bedeutender Wert, der nicht genug daran hat, die Dinge zu nehmen, wie sie sind, und an diesem Vorhandenen sich erschöpft. Während doch auch die *tiefdringende* empirische Bestandsaufnahme und Erklärung über diesen bloß faktisch beruhigten Begriff des Wahren hinausgeht. Das bereits intentional, also in der Absicht des Forschens, die diagnostisch, gar marxistisch ans Vorhandene herangeht, aber um es ursächlich zu verändern, nämlich auf ein »Besseres« hin. Und das Vehikel dieses Veränderns ist nicht die Faktizität, sondern der Prozeß, worin statt nochmaliger Verdinglichung von Dingen Wahrheit im Hinblick auf *Tendenz* statthat. Solch anderer Rang von Wahrheit gilt hier erst recht in den Gehalten, den positiven Möglichkeiten der Tendenz, zu deren Beförderung der angegebene utopische Sinn der Wahrheit das Amt hat; wie dieser utopische Sinn, so stehen seine Sinngehalte, statt einzig vérités de fait zu sein, in der normativ-eingedenkenden Vernunft des *Postulats.* Eben deshalb wurde oben, im 14. Kapitel, auf der Stufe »Weisungen utopischen Inhalts«, eine Unterscheidung »Wissenschaftliche Phantasie in Tatsachenkenntnis, Prozeßkenntnis« vorentwickelt, deren Macht sich auf vorliegender Stufe, der des logisch-offenen Substrats, systematisch erweitert. Gemäß einem daran fortgeführten »Plus ultra der Philosophie«, wie es Abstraktionsbegriffe ex facto von jenen Postulatsbegriffen normativ-eingedenkender Art distanziert, die in facto sich zwar stets berichtigen lassen müssen, gegebenenfalls bis zu ihrem temporären Ansatz herab, die sich aber von ihrem »Wesentlichen« (ihrer utopisch-konkreten Forderungs-Wahrheit) nicht fakthaft herunterhandeln lassen. So vor allem, um ein höchst aktuelles Beispiel utopisch-konkreter Wahrheit zu nehmen: Das Anliegen des Marxismus, das in ihm Intendierte wie das durch ihn zu Prozessierende wird durch seine gekommene faktische Entstellung so wenig »widerlegt«, daß diese Entstellung selber ja nur durch marxistische Analyse genuin zu begreifen ist und vor allem nur vom marxistischen Tendenz-Postulat her (eines »Übergangs vom Reich der Notwendigkeit in ein Reich der Freiheit«) in Grund und Boden zu kritisieren ist, also immanent. Doch weiter zum Topos konkret-utopischer Wahrheit insgesamt, so hat diese eben mit Bedeutung jenes Eigentümliche, von vérité de fait Unterscheidende, das unabdingbar heißt. Es ist genau in der Eigentlichkeit der Frage, in der von Pilatus so lehrreich unverstandenen: was etwas *in Wahrheit* sei, als einer, die nicht von der bisherigen Vorhandenheit ist. Die vielmehr – das ist entscheidend – mit einem Eros, nachhause zu gelangen, also mit einem *Prinzip Heimat* zusammenhängt. Darum nochmals und jetzt im Feld *objekthafter Wahrheit ante essentiam pro essentia zugleich*: »Denn das, was ist, kann nicht wahr sein, aber es will durch die Menschen zur Heimkehr gelangen. Was also darin wirkt und fortarbeitet nach dem Grundsatz: ›begonnen ist der Weg, vollende die Reise‹, ist nicht mehr die Frage, was die Dinge im jeweils Gegenwärtigen seien, in ihrer empirischen Verhaltungsregel und deren einzelwissenschaftlicher Kodifizierung, sondern es ist, anders betont und mit dem nicht Entsagenwollen religiöser Art, die Frage, was die Dinge, Menschen und Werke *in Wahrheit* seien, nach dem Stern ihres utopischen Schicksals, ihrer utopischen Wirklichkeit gesehen« (Geist der Utopie, 1918, S. 338 f.). Einleuchtend ist dieses nicht hinnehmende, sondern aktive Pathos Wahrheit im Kampf gegen Entfremdung angesiedelt und im letzthinnigen Postulat: statt dieser Entfremdung der Menschen und anders der Dinge von sich selber wachsend vom »Wesentlichen« zu handeln. Von diesem noch nicht herausgebrachten, noch nicht prädizierten, identifizierten, gemäß dem Experimentstand der Welt, worin das Produkt: Sein = Wesen noch derart das Real-Postulat selber ist.

Sehr viel einfacher wird schon in der täglichen Sprache das wahr genannt, was mit sich überein geht. Wobei deren Ansprüche wesenhafter Art gewiß viel »bescheidener«, auch oft nicht durchdacht genug gefaßt sind, doch stets – Unverfälschtes bedeuten. So wird von einem »wahren Freund« gesprochen, als einem nicht nur inwendig echten, sondern: er kann sich als Freund auch sachhaft sehen lassen. Er entspricht sichtbar dem »Begriff eines Freundes«, leibhaftig herausgestellt; und so gibt es auch viel lebloser Ausgestaltetes, etwa einen Sommerabend, »wie er im Buche steht«. Wesentliches scheint hier bereits in Seiendes hereingezogen, auf freilich so wenig mehr weiterforschende Weise, als wäre noch viel mehr »Vernünftiges wirklich«, schon wirklich. Es überrascht daher nicht, daß der apologetische Hegel allzu viel Vorhandenheiten, besonders politische, so wesenhaltig auszustatten suchte, »wie es im Buche steht«. Nur die Naturdinge sollten darnach außerstande sein, sich zu ihrem »Begriff«, als der Gestalt ihres Wesens-Wahren, konkret zu verhalten, nicht aber die Geschichtsgestalten, die angeblich panlogisch gesättigten. Wobei freilich, ja gerade deshalb, die *Prävalenz des wahren Wesens als Lichtwesen* hervortritt, zielhaft aufsteigend zu seinem wahren Begriff. Daher nennt Hegel vorzüglich »die teleologische Betrachtung die wesentliche«, hier trotz Verlust ihres weltunzufriedenen, ihres Postulatscharakters. Aber nun muß selbst Hegel bekunden, daß *dies Wahre* nicht nur erkennend, sondern auch objekthaft noch unerreicht ist, also *im Objekt selber noch unzureichend adäquiert* sein kann. Der entscheidende Satz heißt in der Einleitung zur Phänomenologie: »Nennen wir das Wissen den Begriff, das Wesen oder das Wahre aber das Seiende oder den Gegenstand, so besteht die Prüfung darin, zuzusehen, ob der *Begriff* dem *Gegenstande* entspricht. Nennen wir aber das Wesen oder das Ansich des Gegenstandes den Begriff und verstehen dagegen unter dem Gegenstande ihn als Gegenstand, nämlich wie er für ein anderes ist, so besteht die Prüfung darin, daß wir zusehen, ob der *Gegenstand* seinem *Begriff* entspricht« (Werke II, S. 76 f.; Philos. Bibliothek, S. 71). Oder, das Gleiche am Negativen, am objekthaft Unwahren ausgedrückt: »Unwahr heißt dann soviel als schlecht, in sich selbst unangemessen. In diesem Sinn ist ein schlechter Staat ein unwahrer Staat, und das Schlechte und Unwahre überhaupt besteht in dem Widerspruch, der zwischen der Bestimmung oder dem Begriff und der Existenz eines Gegenstandes stattfindet. Von einem solchen schlechten Gegenstand können wir uns eine richtige Vorstellung machen, aber der Inhalt der Vorstellung ist in sich ein

Unwahres« (Enzyklopädie § 24, Zusatz 2). Wie bemerkt, ein auffallender Satz für einen Philosophen, dem Panlogos manifest geworden ist, im Großen, Ganzen, doch ebenso ein notwendiger Satz für einen Dialektiker, dem im Unterwegs und Detail dieses Panlogos gerade die Nicht-Adäquatheit von Vorhandensein und Wesen das Zielagens dieser Dialektik ausmacht. Wahrheit bleibt, daß es allemal, philosophischen Sinnes, nicht nur eine Adäquation des Verstandes an den zu erkennenden Gegenstand zu geben hat, sondern ebenso, in dieser erkennenden Adäquation, einen Bedeutungs-Zug der Gegenstände selber zu ihrer tieferen Wahrheit, der ihres ihnen angemessenen Wesens. Diese lebt durchaus nicht, trotz Hegel, in der Landschaft der Platonischen Idee, der über den Dingen thronenden, fix und fertig am himmlischen Ort. Wohl aber lebt ein Anklang dieser wesenhaften Wahrheit in den Aristotelischen Entelechien als denen, deren geprägte Form sich lebend entwickelt, und die vor allem auch, Leibnizisch gefaßt, zu dem Geschlecht gehören, das aus dem Dunklen ins Helle strebt. Das Aufdämmernde dieser konkret-utopischen Wahrheit steht allemal am Horizont der »unvollendeten Entelechien«, und radikal steht es, wie hier nicht erst nachzutragen, gegen jene *konträre Folie* des wahrhaft-Wahren, die ihm gleichfalls zugehört, nämlich als das Nichts gegen ein postuliertes Alles, und die deshalb vom rein faktizitätshaften Wahrheitsblick gleichfalls nicht getroffen, wohl aber hart vom Denken dessen, was *wertgemäß in Wahrheit* eingedenkbar ist. Gerade als solches und nur als solches Eingedenken, wie es sich eben nicht davor hütet, rechten Orts antifaktisch zu sein, steht sein hochfragmentarisches Lichtwesen gegen den so viel mehr bekannten, so viel riesiger vorhandenen Vorrat der konträren Folie des Wahrhaft-Wahren, steht es gegen jene mächtig-finsteren Negationen, deren Grunderscheinung der Tod und deren Chef das Nichts ist. Die Dialektik kann diese Negationen in die Mitte nehmen und sie in den Dienst von Unum, Bonum, Verum einprozessieren, doch sie wird sie deshalb nicht vergolden, mit wahllosem Verschlungensein in einen doch noch schwerlich errungenen Sieg. Wobei das utopisch Wahre sich erstens am wenigsten in subjektiv-weltfernen Programmen und Deklarationen zu ergehen hat und sich zweitens, eben wegen wirklicher Weltnähe, konkreter Prozeßnähe, am wenigsten die zahlreichen Karfreitage, auch niederer Ordnung, denen keine Negation ihrer Negation gekommen ist, dialektisch überschlägt. Soviel jetzt zu diesem Wahren, als dem des Überhaupt: weltkundig durchaus, doch erst recht postulatskundig, also empirisch sich berichtigend, doch nicht kapitulierend. Es ist eine Wahrheit, die unter anderem im revolutionären Naturrecht, ja in jedem Kampf gegen das goldene Kalb und was es an der herrschenden Vorhandenheit erhält, zum Ausdruck kommt, und die sich, wenn sie, hart wie nichts sonst, Illusionen, Ideologien zerstört, doch auch nicht davor hütet, erbaulich zu sein. Ihr heftigstes Eingedenken steht sogar in einem Psalmwort: »Meine Rechte soll verdorren, wenn ich dein vergesse, Jerusalem.« Soweit konnte ein Gewissen-Wissen reichen, ein gutes Wissen, auch wenn es, bestenfalls, seinem Inhalt nach in bloßem Vor-Schein steht und seinem Seinsgrad nach, bestenfalls, in der Latenz einer realen Möglichkeit. Das Problem der wahren Wahrheit braucht gewiß, um nicht im Flor eines so unreinen wie abstrakten Wunschdenkens an sich zu bleiben, Vermittlung mit Welt; und diese Vermittlung kann nicht konkret genug sein. Doch eben, es ist keine Vermittlung mit verdinglichten Fakten, sondern mit jener geschichtsträchtigen Welt, die selber noch im Begriff des Wegs ist, sich zu – verifizieren.

Über künstlerische und religiöse Wahrheit

Durchaus wurde eingangs ein Lügen, das nur nicht herausrückt, vom Irren getrennt. Wahrsein heißt sittlich, aufrichtig zu sein, und ist damit tugendhaft, nicht induktiv oder spekulativ. Wie aber steht es nun mit anderen nicht-wissenschaftlichen Gebieten außer der Moral? Gibt es ein eigen zur Wahrheit Gehöriges in den Aussagen von Kunst und Religion? Also nicht nur im schön eingekleideten Lehrstück oder, mehr umgekehrt, im rational eingekleideten Mythos. Beide Formen machen Anleihen bei wissenschaftlich als wahr Behauptetem, gleich wie wenn ihnen eine Art Wahres in ihnen selber nicht ausreichte, ja verdächtig wäre. Letzteres aber zeigt bereits, daß die forschende Wahrheitsfrage künstlerischen, dann religiösen Aussagen gegenüber immerhin stellbar ist und auch »Lüge« in Kunst, dann vor allem Religion, nur bei ganz dubiosen Fällen (Komödiantentum, Priesterbetrug) mit dem anders Unwahren moralischer Art gleichgesetzt wurde. Das desto weniger, als an Künstler und wie erst an Priester die *sachliche* Wahrheitsfrage der von ihnen vertretenen Sache wachsend gestellt wurde. Hierbei schnitt die Kunst meist besser ab als die Religion; denn erstere sollte mehr zum Vergnügen da sein, folglich wurde ihr mehr Narrenfreiheit zugebilligt. Die Religion aber tritt a limine mit einem Ernst auf, der zu Vergleichen auffordert. Vor allem hat sie in ihren Mythen eigens vorwissenschaftliche oder aus anderen »Weltbildern« stammende Behauptungen eingesprenkelt, die sich nicht etwa als »übervernünftig« geben können, sondern sich zu vernünftiger Messung anbieten und dann ein »starkes Stück« sind. Das Fahren unreiner Geister in Säue und viel dergleichen gehört an der Oberfläche hierher, die Erschaffung der Welt, der himmlisch vorhandene Thronstaat Jahwes, diese mythisieren sich in der Tiefe, und das überdeutlich leere Grab Christi. Das alles begünstigt Abwendung, eben indem es wissenschaftlich sozusagen konkurrieren will, fern vom Schutz eines möglicherweise anderen (dann sehr auf anderes bezogenen) Wahrseins. Es ist gewiß eine widrige Dummheit, wenn Plattköpfe versichern, der Sputnik habe keine Spur vom lieben Gott entdeckt. Aber am sozusagen naturwissenschaftlichen Ton dieser Dummheit ist so etwas wie der Katechismus selber schuld. Und es ist auch keine Anderheit, sondern die gleiche Ebene, wenn entgegnet wird: Gott sei eben unsichtbar. Die *Kunst* dagegen wartet sehr oft heiterer auf, goldene Äpfel in silbernen Schalen, und die Bühne, sagt der Genießende, ist ohnehin nur abends und nur so lange hell, als man darauf spielt. Das erlaubt der Kunst eben mehr vor- oder außerwissenschaftliche Züge, auch Erinnerungen, ohne daß Entzauberung hier das Spiel verdürbe. Vulgär konnte Darwin gegen »Moses« ausgespielt werden; an die Hilfe der Athene bei Homer, an den Teufelspakt Fausts glaubt ohnehin niemand. Trotzdem wird auch bei der Kunst auf eigne Wahrheit gepocht, selbst dort, wo sie selber, wie im sogenannten sozialistischen Realismus, zum unwahrsten Kitsch wurde. Schon das Wort Kitsch aber wäre ohne Wahrheitsfrage nicht entstanden, so wenig wie der Kampf gegen Flitter, Phrase, Schönfärberei. Dieser Kampf ist gewiß anders beschaffen als der antimythische in der *Religion*, doch Naturalismus, Verismo hier, irreligiöses Zu-Verstande-Kommen dort gingen nicht nur gleichzeitig vor sich, sondern standen sich in der Haltung realistisch, wie man sagte, bemerkenswert bei. Auch das sowjetische Gegenbeispiel: religiöse Entzauberung und besonders fauler Draperiezauber zugleich – besagt gegen sonstige Verismo-Entsprechungen nichts; denn Niveauloses (zum Unterschied von der Sowjetkunst der zwanziger Jahre) kann Verschiedenes in sich verbinden. Auch die Kunst jedenfalls hatte öfter beträchtliche Mühe, sich der Wahrheitsfrage zu stellen. Diese Frage, selber recht gestellt, ist ästhetisch nicht weniger legitim als vor religiösen Aussagen (wo sie nur scheinbar älter ist).

Was Kunst angeht, so wurde auch die klarste mit Nebel verglichen. Das geschah sogar von außerordentlich verschiedener Rangart eines messenden Verstandes her. Volle Farbenblindheit hat gewiß nichts zu melden; vor dem Kammerdiener gibt es auch hier keinen Helden. Doch ist es bereits ein Bedenken, das etwas zu denken gibt, wenn ein französischer Mathematiker, im 18. Jahrhundert, bei einer Aufführung von Racines »Iphigenie« so töricht wie auch immer, gefragt haben soll: »Qu'est-ce que cela prouve?« Und weit pauschaler sogar als dieser Banause haben hohe und künstlerische Geister, haben Platon und Nietzsche sozusagen gemeinsam bekundet: Alle Dichter lügen. »Der Flor unreinen Denkens« ist es, den der mittlere Nietzsche, der »der freien Geister«, an Kunst denunzieren wollte. Übrigens merkwürdig konform mit etwas ihm so Entferntem wie der deutschen Quasi-Aufklärung der Wolffschen Schule, mit Baumgartens »Aesthetica«, 1750. Gerade diese entschuldigte sich ja gleichsam dazusein, also gelehrte Würde an ein solch Unmännliches, sicher Unweises wie Kunstgenuß angewandt zu haben, woran nichts als »confusa conceptio« sei, sinnlich tief unter der »conceptio clara et distincta« des logischen Verstands. Eine Schattenseite mithin findet sich in der Kunst immer wieder; ihre Lehrsache hat sich davon erst bei Kant, Schelling, Hegel ganz befreit. Mittels des spezifischen Verstands eines »interesselosen Wohlgefallens«, einer »real-ideal einheitlich brennenden Flamme«, eines »sinnlichen Scheinens der Idee«. Das Amt, »die Natur zu erweitern, ohne über sie hinauszugehen«, fügt Schiller insbesondere der ihm höchsten Kunstweise, der naiven, hinzu. Und nun, in Sachen spezifisch-künstlerisch entdeckter Wahrheit, spezifischer Sachwahrheit: was ist es, wenn, wie oben schon angemerkt, ein Freund, auch ein Sommerabend ist, »wie er im Buche steht«, das heißt hier: künstlerisch ausgeformt? Was bedeutet es, wenn Juvenal einen Sturm, der sozusagen wissen läßt, was das heißt, und mit Recht, gleichsam ausgetragen, so heißt, eine »tempestas poetica« nennt? Was ist also dies in künstlerischer Form zu ersichtlich spezifischer Bestimmtheit Gebrachte selber, kurz, was unterscheidet doch Kunst, sofern und indem sie durchgeformt Durchgeformtes zeigt, schließlich ganz von dem doch Nicht-Wahren, das hier nichtiger Schein, auch Blendwerk sein müßte? Bis zu jenem an den Sirenen geschulten, ihnen neu gemäßen Blendwerk, das Rilke sagen ließ, das Schöne sei nur des Schrecklichen Anfang. Was macht aber, von »tempestas poetica« her, was erlaubt, ja verpflichtet, von einer durchaus eigen wahr behauptbaren *Stellung des »Schönen« im Weltall* zu sprechen? Dazu wären Kriterien nötig, um künstlerische Wahrheit spezifisch von empirischer wie auch philosophischer abzuheben, so daß sie als eigene Schicht und Eigenes antreffend legitimiert ist. Wobei der »tempestas poetica« und ihrer unvollendeten, hier vielmehr als vollendet vor-formierten Entelechie, zwar neue Probleme erwachsen, aber prinzipiell genau ansteht, der Schicht der *philosophischen* Wahrheit benachbart zu sein, nämlich suo modo helfend. Etwa in Ansehung dessen, daß künstlerische Aussagen (vorzüglich in Landschaftsmalerei, Landschaftsdichtung) sinnliche Qualitäten hochhalten, die die mathematische Naturwissenschaft fragwürdig aus ihrer Wahrheit hinausgeworfen hat, und die eine spekulative Naturphilosophie noch fragwürdig hoch, allzu hoch romantisiert hat. Doch näher zu soliden Kriterien einer künstlerischen Wahrheit, wie sie zweifellos gilt und sich unterscheidet, so sind es diese zwei: *Rettung des Besonderen* und darin *Artikulierung eines fortgestaltet Wesenhaften* (geringer, cum grano salis, gesagt: Typischen). Das *Besondere*, es ist hier immer nur das Besondere des Allgemeinen, auch wenn das letztere zu manchen Zeiten und Stoffen das Allgemeine eines Scherbenhaufens sein sollte, Joycehaft, und nicht etwa nachgemacht klassisch. Das Besondere ist in solchen Zeiten sogar sonderlich lehrreich, nämlich über sein nirgends mehr verabredetes, klischierbares Gesicht. Und dann über ganz entlegenaufgehende Zusammenhänge selber, die bisher nahe beieinander Wohnendes als weit getrennt, bisher weit voneinander Entferntes ungeahnt nah verbunden erscheinen lassen. Geordnete, sozusagen ordentliche Zeiten jedoch und ihre Stoffe lassen das Besondere ihres Allgemeinen überall bündig situiert und wohl am Platz erscheinen. Die künstlerische Gestaltung, die ungefährlichere Rettung ihres Besonderen lohnt sich dann durch jene unvergleichliche, nur in Kunst gelingende Dichte der dargestellten Personen, Situationen, Schicksale, welche eben wieder der Fleischwerdung im *Detail*, als einer hier eingebauten, zu verdanken ist. Wichtiger aber ist auch hier, gerade hier das der künstlerischen Gestaltung so eigene Zu-Ende-Treiben der Personen, Situationen, Schicksale auf ihr *Wesenhaftes* hin, gemäß dem zweiten Kriterium künstlerischer Wahrheit. Ein Zu-Ende-Treiben gesehen im Medium des Scheins als eines virtuell ausgestalteten Vor-Scheins ausgeborener Entelechien, immanent vollendeter Art. Wieder und wieder ist dafür das Kronzeugnis wichtig, das Lessings »Emilia Galotti« den Maler Conti folgendermaßen sprechen läßt, utopisch-entelechetisch: »Die Kunst muß malen, wie sich die plastische Natur – wenn es eine gibt – das Bild dachte: ohne den Abfall, welchen der widerstrebende Stoff unvermeidlich macht, ohne das Verderb, mit welchem die Zeit dagegen ankämpft.« Verwandt rühmt Keller, gegen alles Zufällige, Shakespeares kanonische Kunst, welche seine Männer und Frauen »ganz das Metier ihres Charakters betreiben läßt, mit vollem Karat«. Und mächtig in gleicher Verlängerungslinie Brecht: »Über die abendliche Heide schrieb / uns der Elisabethaner Verse, / die kein Beleuchter erreicht, noch / die Heide selber.« Von unnotwendigen Zufällen und Störungen befreit, auf den Austrag der hier einschlägigen Essenz gebracht ist dieses künstlerische wahr und wahrer Machen jedoch *gänzlich immanent*. Das heißt: Jago oder Richard III. oder die Schärfe des Schwerts ebenso »vollkommen« darstellend wie Desdemona oder, bei Tasso, den Zaubergarten der Armida. Und ist die Kunst, nach Schopenhauer, überall am Ziel (obzwar stets nur virtuell), so ist ihr Grundgeschäft doch nicht das Verklären. Daher bleibt folgende Fassung des zweiten Kriteriums: des fortgestaltet *Wesenhaften, Essenzhaften* in der Kunst, auch noch für »Schönheit« als Trostgesang so gültig wie beherzigenswert: »Wie könnten die Dinge vollendet werden, ohne daß sie apokalyptisch aufhören« (Geist der Utopie, 1923, S. 141), »ohne daß diese Welt, wie im christlich-religiösen Vor-Schein, gesprengt wird und apokalyptisch verschwindet« (Das Prinzip Hoffnung, 1959, S. 248). Die Gefahr solcher Schönheit und ihres doch nur virtuellen Vor-Scheins ist die, daß sie in ihm bleibt, daß sie neben sinnloses Sein nur eben seinlosen Sinn setzt; Sartre etwa unterlag episch dieser Gefahr. So ganz anders steckt sie auch, das Virtuelle überpointierend, in Kants Lehre vom »interesselosen Wohlgefallen«, nämlich als dem reinen Wohlgefallen am ästhetischen Vorstellungsbild des Gegenstands, »gleichviel ob dieser für die Erkenntnis objektiv vorhanden ist oder nicht«. Doch gerade wieder das ebenso Vorlaufende wie als vorläufig Erscheinende des künstlerischen Vor-Scheins und seines spezifischen Wahrseins machte Schönheit viel seltener quieszierend als zum – weiteren Austrag begierig.

Was Religion angeht, so braucht auf die Nebel nicht erneut hingewiesen zu werden. Sie sind bekannt genug, heißen noch viel mehr blauer Dunst als je Erdichtetes hieß. Auch kommen Spott und Abneigung gegen die sonderbaren religiösen Mären immer wieder, selbst wenn es öffentlich noch so scheinheilig hergeht. Der Satz vom Pfaffenbetrug blieb unter der Hand näher und selbstverständlicher als der, daß alle Dichter lügen; was ohnehin nur ausgeruhte Köpfe zu vernehmen pflegen. Dagegen wie gewaltig, mit welch politisch genauem Auftrag hat der antireligiöse Kampf gewirkt. Wie trat er gerade als Kampf der Wahrheit schlechthin auf, gegen etwas, das nichts als Finsternis sein sollte. So wurde, von Epikur und Lukrez bis zu den Enzyklopädisten, bis Marx und Engels Religion fast nur als Produkt aus Furcht und Unwissenheit dargestellt; was in Ansehung der vielen Vitzliputzli darin auch nie ganz falsch war. So nannte Marx die Religion Opium fürs Volk oder auch das beste Mittel, um durch Blumen an der Kette das Volk an der Kette zu halten, mit ihr sich zu versöhnen; was, trotz Thomas Münzer und Bauernkrieg mit Christo, in Ansehung von Weihwasser und Säbel, Thron und Altar erst recht nicht ganz falsch war. Wobei Marx dem Satz von der Blume und Kette zwar hinzufügte, daß entscheidend sei, »die Kette abzuwerfen und die – lebendige Blume zu brechen«. Aber dies auch religiös Andere als Mohnblume, Verneblung, Vertröstung wurde oft durch die Kirche so praktisch desavouiert, daß es bei Marx an dieser Stelle ein Aperçu blieb, in der Sozialdemokratie eine Privatsache wurde, im Bolschewismus so gut wie unterging. Wie heftig sticht also die Wahrheitsfrage an Religion, diese ihrem Mythos wie ihrer Praxis zusetzende, vom bißchen Achselzucken übers Komödiantische, Illusionäre in der Kunst ab. Sogar Anti-Kunst, obwohl sie beim Künstler Platon die Künstler aus seinem Staat entfernen wollte, grenzte doch nie an die Erbitterung Voltaires, gar an den Antichrist Nietzsches an, konnte nicht daran angrenzen. Dieser Unterschied stammt aber letzthin nicht nur aus der Kirchenmacht der Religion (verglichen mit der Ohnmacht oder abhängigen Macht der Kunst); er stammt viel genauer aus dem verschiedenen Ernst der Sache, worin Kunst und Religion das Ihre intendieren. Kam doch selbst der gegen die Kunst gerichtete Bildersturm (in der Reformation, halbislamisch in Byzanz) nicht aus Haß gegen Erdichtetes, sondern aus dem erzbiblischen Pathos des Unsichtbaren. Mit dieser Feststellung, als einer des unnachlaßlichen Ernstes, wie ihn am deutlichsten die Bibel zeigt, kommt in die fast ganz religionsfeindliche Wahrheitsfrage an die Religion zugleich ein *neuer*, ein zweifellos *paradoxer* Zuschuß. Er ist nichts Geringeres als eine gerade auch *innerreligiös* vorhandene Wahrheitsfrage, also Kritikfrage an die Religion. An Kunstwerke konnte diese Frage nicht eigentlich aus ihnen selber herantreten; dazu fehlt ihnen eben das Unnachlaßliche, das schlechthin Behauptende. Ist doch die Kunst in ihren Gebilden *pluralistisch* und nicht *zentralistisch*, wie es alle nichtpolytheistischen Religionen sind (zu höchst die auf die Bibel gegründeten, aber auch, suo modo, Buddhismus, Taoismus). Was sich in der regierenden Aussageform selber sogleich entscheidend kenntlich macht: Die pluralistische Kunst bewegt sich darstellungsmäßig, trotz eindeutigem Verwesentlichen, im Umkreisenden, Mehrdeutigen von *Allegorien*; die zentralistische Religion faßt sich darstellungsmäßig, trotz allem Gebrauch transparenter Poesie, im eindeutig Gerichteten, letzthin Konvergierenden von *Symbolen*. Dadurch aber macht das biblisch Zentrierte hier selber gegen ein Mythisches empfindlich, sofern dieses sich auf die »Heidengötter« bezog. Zwar wurde lange nicht an ihrer Existenz gezweifelt, doch jeder Anteil an ihr galt als lästerlich, und vor allem ihre Macht galt gegen die Eine Jahwes als null und nichtig. So verspottet der Prophet Elia (1. Kön. 18, 27) die Baalpriester und ihren Gott mit fast voltairischem Spott: man müsse lauter zu ihm schreien, vielleicht schlafe ihr Gott oder er dichte oder er sei auf Reisen. Ja wäre Elia so naturwissenschaftlich und zugleich so geschmacklos wie Haeckel gewesen, so läge seinem Spott der weitere nicht fern: Baal sei ein gasförmiges Wirbeltier. Aber nun, weit höher hinauf, nämlich bei den großen Propheten, so treten die heidnisch-mythischen Züge, die Gemeinsamkeiten mit ihnen, auch im Jahweglauben zurück. Mit Kampf gegen Brandopfer, gegen Äußerlichkeit des Kults und viel anderes, was Jahwedienst mit den polytheistischen oder »Abgöttern« bisher gemeinsam sein konnte. Ja bei Jesajas wird sogar der Mythos der Schöpfungsgeschichte kaum erwähnt, vielmehr tritt der Jahwe des Sechstagewerks völlig zurück vor dem Exodusgott der Auszugs aus diesem Ägypten, vor der Schaffung eines neuen Himmels und einer neuen Erde, worin nicht irdischer Druck seinen

Herrengötzen wahre, sondern Gerechtigkeit fließe wie ein Strom. Bis dann ein Menschensohn selber den Topos Jahwes einnimmt (»Ich und der Vater sind eins«), ohne allen Mythos des Furchtbaren, des polytheistischen Hofstaats und zum Menschen Heteronomen (Auch die Griechen, sagte Hegel, in Ansehung dieses Cur deus homo, haben ihre Götter nicht zu viel, sondern zu wenig vermenschlicht). So wird denn gerade hier jene erste *innerreligiöse* Kritik, jene eigentlichst *humane* Wahrheitsfrage in Religion an Religion gesetzt, die mindestens die Herren-Hypostase im Mythos, in Jahwe als Mythos abtut. Aut Christus aut Caesar heißt von hier ab deutlich die Alternative unter den Inhalten im Topos Jahwe selber. Die Frohbotschaft und ihr Zentrum wird demgemäß – atheistisch *im Hinblick auf alles Machtgötterhafte*, alles die Macht reflektierende und zugleich ideologisierende *Herren-Mythische* auch im Baal-, Marduk-, Ptah-, Jupiter-Jahwe zuletzt. Innermythologisch auf befreiende Art ist also der Reflex abgetan (ob auch gewiß nicht durchschaut), den Furcht und Tyrannei in einen recht hohen Himmel geworfen haben: nicht kein Mythos schlechthin tritt an die Stelle, aber ein heller, gerade was Licht ohne Kette, mit Blume und in seinem Eschaton angeht. Gewiß, dem Mythischen als solchem, als Reflex und Apologie von Herrschaftsverhältnissen, ist Finsternis angestammt; der regierende Archetyp darin ist und bleibt daher, wie Adorno mit Recht sagt, antikisch das unentrinnbare Zug-um-Zug-Schicksal, im Christlichen die Hölle. Doch eben: mit dem Protest, dem Exodus, dem Christusimpuls geschah im Mythos selber ein Anti-Mythos, ein *Sprengmythos* der Befreiung (also auch fern der zahmen Reihe, worin Blutmanns neubürgerliche »Entmythologisierung« steht). Soweit eben der paradoxe Zuschuß, den die Wahrheitsfrage an die Religion *aus vorhandenen Antithesen zum Mythos*, als Fremdmythos, *in der Religion erhält*, soweit sie selber kein Opium, sondern Protest, Zentriertheit ohne Heteronomie, Symbol-Intention eines Unum, Verum, Bonum ohne Aberglauben zu sein vermag. »Das ist religiöse Protestaktion, sich zum Selbst nicht mehr als zu einem Unaufgedeckten (Verschütteten) verhaltend und zum Sursum corda nicht mehr als zu einem hypostasiert Oberen, worin der Mensch nicht vorkommt: Eritis sicut Deus ist die Frohbotschaft des christlichen Heils« (Das Prinzip Hoffnung, 1959, S. 1504). Dies Eritis ist offensichtlich das subversivste Wort in allen anthropozentrisch hell gemachten Mythen; von der Schlange bis – Prometheus, bis zur Auflösung des unter Gott Ersehnten, Gedachten im »tertium evangelium« christförmiger Gemeinde. Indem seine anthropologische Kritik der Religion dergestalt nicht entmythologisiert zu werden braucht, fällt endlich auch auf das möglich Legitime, einzig Legitime an *religiöser Wahrheit* ein von Aberglauben freihaltbares Licht. Es ist aber – viel mehr als bei immanenten Austragungen der Kunst – ein noch schlechthin utopisches, gar eschatologisches; seine Form ist Verkündigung eines in Hoffnung Stehenden, Kommenden, das »aufgedeckte Angesicht«, menschliches Heil in seiner Essenz betreffend. Die Wahrheit der vorhandenen Welt ist, im Text der Propheten wie im Logion Christi (Marc. 13) wie gar in der Apokalypse, dargestellt als der Untergang dieser so vorhandenen Welt; sehr eben zum Unterschied eines durchaus nicht-apokalyptischen Zum-Austrag-Treibens im Vor-Schein der Kunst.

Oben wurde gesagt, das Wahre brauche sich nicht schlechthin davor zu hüten, erbaulich zu sein. Indem letzteres ja nicht stetig mit rosa Verschmierendem oder auch weltlos fliegender Schwärmerei erschöpft zu sein braucht. Der wichtigste Akzent, den die Bibel auf die Welt legt, ist der des Zukünftigen: damit sich falsch, finster, tödlich Vorhandenes darin breche und wende. Die *philosophische* Wahrheit aber, was kann sie, darf sie, vielleicht gar muß sie von dieser mächtigen Offenbarung aus Hoffnung erfahren, sich erfahren lassen? Daß Kunst ein philosophisches Organon sein könne, kraft der sinnlichen Besonderheit ihres herausgetriebenen Wesentlichen: die kritische, die illusionsfreie Erfahrung aus dieser Art Vor-Schein ist aus der Bedeutung klar, die nicht nur die Erkenntnis für die Ästhetik, sondern die Ästhetik für die Erkenntnis, bei Kant, Schelling, Hegel, gewonnen hat. Bei der Religion eben liegt das, wegen der ungeheuren Menge Aberglauben, reaktionärem Mythos, törichtem Anspruch auf Wissenschaftsersatz, weithin anders. Auch das »Credo quia ineptum, quia absurdum«, wie es seit Tertullian nicht etwa nur das christliche Paradox und das echte Absconditum bezeichnen will, sondern Widervernünftiges hochspielt und Übervernünftiges wider beschränkten Untertanenverstand ausspielt: dieses erhabene Dunkelmännertum steht zu einem Organon philosophischer Wahrheit schiefer als je ein Blendwerk in der Kunst. Indes, wie gesehen: die totale Hoffnungsexpansion des Humanismus kam nirgends anders als in der Bibel auf die Welt: welches Grundbuch von Hoffnung könnte einem Transcendere auch ohne Transzendenz, ohne eine als seiend gesetzte, inhaltlich dick erfüllte, philosophisch wichtiger sein? Und erst die Bibel brachte der Philosophie das Bewußtsein des *Bösen* in ihren Weltbegriff, brachte es gerade seit Augustinus in jeden Illuminationsbegriff der Welt. Von daher dann auch die Schärfe im *Postulatsbegriff* des Rechten, indem er an der dunklen schwierigen Erde erst seinen Auftrag hat, als Kampfauftrag aus Unvorhandenem, Gesolltem. Von daher vor allem, gegen das drohende Nichts, der philosophische *Wagnisbegriff* selber; tritt er doch als experimenteller auf, als einer des Zielmodells durch und durch. So sieht er zwar für das ausstehend *wahre-Wahre* im Unterwegs der Welt immer erst nur, bestenfalls, Proben aufs Exempel, aber er führt von der darin währenden Richtung keinerlei Relativismus mit sich. Die Welt ist voller variierender Versuchsmodelle, auch immer wieder fortreifender, nachreifender Zeugnisse und Werke eines moralischen, ästhetischen, religiösen Vor-Scheins. Es ist der Vor-Schein von »aufgedecktem Angesicht«, und als solcher, in sehr seltenen Bekundungen, zu einem gegenwärtigen Dasein erst von – Vor-Schein gediehen. Aber was diese Zeugnisse vor jeder bloßen wechselnden »Interessantheit« schützt und sie als wirkliche Experimente des Ernstfalls auszeichnet, ist stets die Invarianz einer *utopisch-zentralen Richtung*. »Wer an einen Stern gebunden ist«, sagt dergestalt Leonardo, »kehrt nicht um«; was *vom Religiösen her* zuverlässig auch meta-religiös überall gilt. So bleibt die invariante Richtung auf das Praktischste, was es gibt, nämlich auf die Potenz, Ideal zu haben und zu halten, genau in der Welt, von der die Bibel sagt, daß ihr Wesen vergeht (1. Kor. 7, 31), als das noch nicht wahre. In religiöser Hülle war damit der »bessere Aion« bedeutet, ja ein messianisches Omega, was, wieder in religiöser Hülle, Optimum Maximum hieß. Aber eine bereits *»präsentische«* Eschatologie daran zu setzen, ist, im Blick auf die Welt, die auch nach dem Kreuz noch sehr im Argen liegt und immer anders dahin fällt, nicht nur in empirischer Hinsicht irreal, sondern in Ansehung des wahrhaft-Seienden selber, dessen Seinsgrad auch metaphysisch Noch-Nicht heißt. Indes präsentisch ist durchaus, daß es die Welt im Argen nicht aushält, und daß es auch jenes unverwüstlich Kritisch-Antistatische in ihr gibt, das die Wahrheit in Unruhe ihrer zeigt. Also nicht an angehaltenen Dingfakten und, im wahren Wahren, nicht in einer hypostasierten Himmelfahrt, sondern – treibend und dialektisch, latent und noch ungelungen – im Prozeß.

Was ist Dialektik und ihr Substrat?

> Daß die Wahrheit nicht eine ausgeprägte Münze ist, die fertig gegeben und so eingestrichen werden kann. *Hegel, Vorrede zur Phänomenologie*

Murren unterwegs

Wie still wäre alles, wenn eins auf das andere glatt folgte. Bloßes Zeigen auf dieses, dann jenes mag noch glatt vor sich gehen. Auch Zählen nacheinander, von eins zu zwei zu zehn und so fort, ist an sich gleichförmig bewegt. Doch wie, wenn gesagt wird, allzu scharf mache schartig oder höchstes Recht werde höchstes Unrecht. Dann wölkt sich etwas, schlägt um, setzt ein Gegenteiliges zum Bisherigen. Auch das Zählen läuft nicht mehr gleichförmig weiter, sobald mehr als formell gereiht wird. Dann murrt es in der Reihe, unterbricht sie, wechselt dialektisch um. Sonst gäbe es nirgends ein Verändertes, vom Vorher sich deutlich absetzend.

Zeugen des dialektischen Denkens

Erst zwar muß das von mehrerem getrennt werden, das einen Witz daraus machte. Dialektisches Denken schreitet durch auftretende Widersprüche im Sachverhalt eines Denkens fort. Aber ein Mensch, der sich dauernd widerspricht, ist dadurch noch kein Dialektiker, nur ein *Fasler*. Und auch Faselei, die logisch benennbar vielleicht etwas zu denken gibt, selbst widersinnige also, steht auf einem anderen Blatt. Ein einfach Widersinniges von der Art wie »hölzernes Eisen« bringt es, weil nur aus Worten bestehend, nichts bedeutend, trotz des Widerspruchs ebenfalls zu keinem dialektischen Stil. Immerhin ist hier auch Vorsicht geboten: ein viereckiger Kreis etwa, der ist purer Widersinn, ein unendlich-eckiger Kreis dagegen mitnichten. Er ist gerade die richtige, die wohlanklingende Definition des Kreises als eines unendlichen Vielecks. Weiter aber hat, außer dem Fasler, auch der *Verdreher* mit Dialektischem nichts gemein. Mehrdeutiges wird hier ausgenutzt, um in jeder Sache einen Haken zu finden, doch nur, damit selber Krummes, gar Betrügerisches daran aufzuhängen sei. Advokaten in alten Volksbüchern waren dafür berüchtigt, Sachen mit Dreh überhaupt, mit diskreditierendem Anschein von Dialektik. Bedeutsamer gehören sogar mehrere Fangschlüsse der alten Sophisten noch etwas in rabulistische Gegend. Sie nutzen begriffliche Mehrdeutigkeit oder auch absichtliche begriffliche Verengung, um – wie etwa im bekannten Beispiel vom Kreter – die Lösung widersprüchlich zu verwirren. Doch auch hier wieder ist Vorsicht ratsam; gerade bei den Sophisten (obzwar nicht bei den Rabulisten) geht auch echte Dialektik um. Zu erinnern ist nur an die anderen Fangfragen: »Beim Ausfall welchen Haares entsteht ein Kahlkopf?, bei welchem Korn entsteht ein Haufen?« Hierbei ist, trotz frivoler Hülle, ja durch sie befördert, bereits echt Dialektisches mitgedacht, nichts Geringeres als plötzliches begriffliches Umschlagen. Verwirren wurde ein Mittel, ein hier ernstlich nötiges, um jetzt schon Begriffe *flüssig* zu halten, in anstoßender Reizung.

So gesprenkelt ging es folglich, im widersprüchlichen Denken, gegen den glatten Trott her. Das war eine schwere Geburt, trotz Solon, der keinen Menschen vor seinem Ende, als gälte ein Ja dauernd, glücklich preisen wollte. Flüssige Begriffe, gar ein Zugleich entgegengesetzter, waren und sind nichts für den gesunden Menschenverstand, sofern dieser nur ja und nein kennt, und was er darüber hinaus sagt, ist vom Übel. Der von dem sokratischen Satz also weit entfernt ist: Wenn zwischen zwei Dingen zu wählen sei, so mache man es wie die Kinder und nehme beide. Selbst *Sokrates* führt Dialektisches mehr als bloßes Dialegein, als Gespräch also, das sich selber durch Einwände vorantreibt. Nur an den Suchenden tritt es heran und vorher an den Unwissenden, damit er sich in jene Widersprüche verwickle, aus denen er nicht herauskommt, und die ihm seine billig-fertige Ansicht erschüttern. Lange bleibt so die dialektische Weise wesentlich mehr eine des *Forschens*, keine der bewegten Sache selber, des Glücks oder der Tugend. *Zenon*, der Eleate, hat die Unruhe des Widersprüchlichen rein methodisch sogar dazu verwendet, um – Bewegung als ungereimt zu widerlegen. Ohne Anschluß also an etwaige Entzweiung in der Weltsache selber, mit einer auch *objektiven* Dialektik. Letzteres hat, obzwar lange vor Sokrates und vielleicht auch von persischen Dualismen unterstützt, erst *Heraklit* kenntlich gemacht. Denn, wie Diogenes

Laertius glaubhaft berichtet, war Heraklit nur so lange über die immer wieder auftretenden Widersprüche in reinem Denken beunruhigt, bis zur Verzweiflung, als er an eine *einheitliche* Welt glaubte. Nicht mehr, sobald er auch sie als voller Entzweiung sah und gerade ihre Einheit, wo sie auftrat, als eine von Gegensätzen, von Abwärts und Aufwärts, von Winter und Sommer, von Hades und Dionysos zugleich. Dieses also und nicht allein die pädagogisch-methodische »Hebammenkunst« seines Lehrers Sokrates, durch Bereinigung der Widersprüche, hat schließlich auch Platons objektive *Ideenlehre* mit Dialektik erfüllt, ja Platon, neben Heraklit, in diesem Punkt zum Lehrer Hegels gemacht. Der philosophische Grundtrieb selber, der Eros, ist hier schon von Hause aus dialektisch, ist das Haben und Nichthaben, Reichtum und Armut (deren Sohn Eros ist) zugleich. Vor allem der Dialog »Parmenides«, mit der Dialektik des Einen im Vielen, des Vielen im Einen, setzt ein Exempel gespanntester Zuordnung antithetischer Begriffe als Ideen. Der (vermutlich echte) »Siebente Brief« des späten Platon lehrt ein dialektisches *Werden* (Heraklits Fluß contra Zenons Unbewegtheit) in den, vordem so statisch gehaltenen, Welt-Ideen an sich. Der Neuplatoniker Proklos gar, die eine Bewegung als »Emanation« der Idee zur Welt herab in die Ideen geradezu kosmogonisch hereinbringend, formulierte zuerst die Reihenfolge von Thesis-Antithesis-Synthesis in der Dialektik; hier als monē, proodos, epistrophē, als Einheit, Herausgang, Rückkehr zum Ur-Einen. Die Heraklitisch angestammte Spannung von Gegensätzen trat dabei allerdings zurück, gemäß einer so hoch herkommenden Dialektik, voll Prius des Urlichts. Doch desto folgenreicher machte sich der Widerspruch in der *Mitte* dieser Trias geltend, als Abfall, Unterbrechung, auch Aufstörung einer Einheit, die sonst, nach einem so viel späteren Ausdruck Jakob Böhmes, nicht »schiedlich« würde, nach einem noch viel späteren Hegels, des bewußten Proklos-Erben, »der leblose Einsame bliebe«. Aber *Hegel* nun ist nicht nur Proklos-Erbe, sondern er totalisierte in seinem System die ganze bis dahin entwickelte Objektdialektik überhaupt. Er hat, hochidealistisch und doch mit konkret pointierender Fleischwerdung, aus einer »dialektischen Selbstbewegung des Begriffs« den gesamten Weltinhalt zu entwickeln geglaubt. Wieder als Dialog, aber nicht als einen zwischen Personen, Gesprächspartnern, sondern als den des Weltgeistes mit sich selbst. Dessen Dialegein, Dialektik wird abgekürzt in der Philosophie wiederholt, die aber bei jedem Ruck und Umschlag im Innersten des Weltprozesses dabei gewesen ist; so eben kommt es, konkreter als je, darauf an, die Begriffe *flüssig* zu halten, veränderlich. Der Sprung gehört zu ihnen, den alten Stand abreißend, am bekanntesten als Umschlag vom Quantum ins Quale. Der Widerspruch im erreichten Stand, gegen ihn, wird so in der ganzen Schärfe seines *Wühlens* kenntlich gemacht, des »Maulwurfs sous la terre«. Keinesfalls wird dabei der Satz des Widerspruchs, in seiner ersten, Aristotelischen Formel überrannt: wonach eine Aussage in bezug auf denselben Gegenstand sich nicht widersprechen dürfe; vielmehr genau wegen dieses Ungültigen, Unhaltbaren treibt ja ein entstanden Widersprechendes im Gegenstand so heftig auf seine Lösung auf neuer Stufe. Der Widerspruch ist bei Hegel also gerade das, was es nicht bei sich *aushält*, und das Überalterte, Einengende, drückend Widerstandshafte am Status, das den Widerspruch unvermeidlich macht, ist das *Unhaltbare* schlechthin. Freilich ist ebendadurch das Widerspruchslose unterwegs am wenigsten das Zeichen des Wahren, des Wahren eben als eines Prozesses und nicht als einer einstreichbaren Münze. Was aber den Prozeß derart mit Negationen und dann wieder mit Negationen dieser Negationen treibt, dies dialektische Sprengpulver hat nicht nur den »Maulwurf sous la terre« für sich, sondern, was fast utopisch hereinwirken könnte, noch ein Verborgenes ganz anderer Art, nämlich das zu der vorhandenen Existenz *noch unangemessene Wesen*. Ja letzthin ist es die nur *inadäquat* manifestierte *Vollkommenheit*, die bei Hegel im Widerspruch *zielhaft* anwesend ist und ihn so erst immer wieder – heliotropisch macht. Das sogar wider Hegels Abrede; denn so sehr der Philosoph des Absoluten jede Harmonie und Einheit anfällig werden läßt, so identisch soll Hegels dialektischer Prozeß *im Ganzen* bereits gerundet, ja ewig geschehend-geschehen sein. Trotzdem findet sich, aus der dialektischen Hauptsache heraus, folgender Zusatz eines umgehenden »Noch-Nicht«, wenn auch gewiß nicht im ausgesorgten Absoluten: »Es ist der verborgene Geist, der an die Gegenwart pocht, der noch unterirdisch, der noch nicht zu seinem gegenwärtigen Dasein gediehen ist und heraus will, dem die gegenwärtige Welt nur eine Schale ist, die einen anderen Kern in sich schließt, als der zur Schale gehörte.« Ein Gewissenssatz aus Perspektive, obwohl der Leugner der Zukunft auch das hier verwendete Noch-Nicht in einem bereits Absoluten präsent sein ließ. Doch gerade wieder zum »Maulwurf sous la terre« findet sich dann folgende Ergänzung, nämlich aus seinem Wühlen zum Licht, um des Lichts willen: »Innerlich sich entgegengesetzt ist er innerliches Fortarbeiten, bis er, in sich erstarkt, jetzt die Erdrinde, die ihn von seiner Sonne, von seinem Begriffe schied, aufstößt, daß sie zusammenfällt« (Werke XVI, S. 685). Selbst der Maulwurf also hat hier die Sonne zu seinem »Begriff«, wie sehr erst haben wirklich subversivere Widersprüche auch einen Eros zum verhindert Besseren, ausstehend Vollkommenen als objektives Agens in sich. Soviel hier zum Expansiven in Hegels Dialektik; es setzt zweifellos zu seinem und in seinem Aufbegehrenden auch ein Größeres, wohin es aus der Enge aufbegehrt, zu dem es sich wendet. Und in jedem Fall: dialektisches Denken geriet, weit weg vom nichtigen Denken des Drehs, als eines der methodischen Drehung, der objektiven Wendeform.

Widerspruch, auf den Boden gestellt

Was sich aber derart wendete, hatte eben seinen Lohn bereits dahin. Es war im Vergangenen bereits geschehen und ausgetragen, Hegel datierte dahin jedes Künftige zurück. Deshalb lief auch die Wendung nur in rückkehrender, in Kreisbewegung: es gibt nichts Neues im Dreitakt Anfang, Mitte, Schluß, das nicht der auf höherer Stufe reproduzierte Anfang wäre. Die Thesis des Anfangs enthält hier die Synthesis des Schlusses bereits in nuce; allerdings, wie gesehen, mit einem gewissen noch »formellen«, »abstrakten« Modellcharakter der Thesis. Doch auch diese abstrakte Vor-Zeichnung verhält sich zum ausgeführten Schluß sehr oft, als wäre sie, über die Antithese hinweg, nun nur noch zu füllen gewesen, farbig, plastisch, konkret. Und nicht, als gäbe der dialektische Prozeß bedeutend mehr hinzu als bloße Rückkehr, bloße Auswirkung des in nuce-Inhalts der Thesis. Entscheidend aber ist, dies Regredierende aus der immer nur *betrachtenden* Erinnerung fundierend, aus der Begriffs-Minerva des Wirklichen post festum und in ihm: Hegel ließ die dialektische Entwicklung rein im Geist vor sich gehen; eine dialogische Selbstbewegung des Weltgeistes, nachvollzogen im Kopf der Philosophen. Wobei gerade auch die Negation, die Antithesis sogleich durch die Synthesis danach wieder entspannt werden konnte, – den guten, den optimistischen, den Vorsehungs-Manieren in einer so sicheren Gegend wie dem Hof des Weltgeistes entsprechend. Das trotz Hegels betroffener Worte über den Schmerz, den Ernst, die Härte des Negativen in der Welt; denn wo so unausweichlich, so panlogistisch auf jede Dissonanz ihre Auflösung folgt und auf jede neue Dissonanz in dieser Auflösung wieder Harmonie, dort wird die zerreißendste Negation eine gefahrlose Würze, wird selbst Karfreitag zur bloßen Zeremonie ewiger Auferstehung. Genau ging darum die Marxkritik an der Hegelschen Dialektik auf dieses Geistwesen, auf diese Entspannung aller realen Konflikte zu solchen im Kopf, sei es dem philosophischen, sei es dem hypostasierten eines Weltgeistes selber. Das Dialektische wurde aus solch sicherem Port deshalb in die Unruhe des wirklich Konkreten gebracht, ins Gegenwärtige wie Zukünftige des Wirklichen, des materiellen Prozesses. Das ist der Sinn der Marxschen »Umstülpung«, zum Zweck, die stete Neuerzeugung der Widersprüche und ihren weltverändernden Ausbruch vom bloßen Reflex im Kopf endlich auf die Füße zu stellen. Dadurch sollte vor allem das Erzkritische aus der mystifizierenden Hülle hervortreten, wie sie schließlich alles rechtfertigt, panlogisiert, gerade auch den Maulwurf der Negation zum bloßen Zeremonienmeister eines längst Gutgewordenen, ewig Guten maskiert. Daher konnte Marx sagen: »In ihrer mystifizierenden Gestalt war die Dialektik deutsche Mode, weil sie das Bestehende zu verklären schien. In ihrer rationellen Gestalt ist sie dem Bürgertum und seinen doktrinären Wortführern ein Ärgernis und ein Greuel, weil sie in dem positiven Verständnis des Bestehenden zugleich auch das Verständnis seiner Negation, seines notwendigen Untergangs einschließt, jede gewordene Form im Flusse der Bewegung, also auch nach ihrer vergänglichen Seite auffaßt, sich durch nichts imponieren läßt, ihrem Wesen nach kritisch und revolutionär ist« (Nachtrag zur zweiten Auflage des »Kapital«). Derart nannte der russische Demokrat Alexander Herzen, im Bedenken von 1848, recht unabhängig von Marx, die Dialektik die »Algebra der Revolution«, direkt auf die Hegelsche Linke bezogen. Ja, was das »Kritische« angeht: als expandierende Statthalterschaft eines Zukünftigen im vorhandenen, hemmenden Zustand, so hat, weit entfernt von Hegel und doch sein Erbe beeinflussend, der dynamische Leibniz bekundet (als wäre die Tradition die Revolution der Abgeschiedenen, die Revolution aber die Tradition der Zukünftigen): »Wie in dem elastischen Körper, welcher eingeengt, seine größere Dimension als

Streben liegt, so in der Monade ihr zukünftiger Zustand.« Weiter gar, mit der ganzen antithetischen »inquietude poussante« des Leibnizschen Dynamismus und seiner Tendenz: »Man kann sagen, daß in der Seele, wie überall sonst, die Gegenwart *mit der Zukunft schwanger geht*« (Brief an Bayle, 1702); kurz, auch von hier ist die Gewalt des Widerspruchs als nicht nur logisch, gar nur zeremoniell in die Dialektik eingezahlt (vgl. Subjekt-Objekt, Erläuterungen zu Hegel, 1962, S. 132 f.). In der Tat wird die »Algebra der Revolution« verständlicher (trotz der Konzilianz des sonstigen Leibniz, des Konservatismus des sonstigen Hegel), wenn die Gegenwart mit der Zukunft schwanger ist wie eine eingeengte Gasmenge mit ihrer größeren Dimension. Hat doch das berühmte Marxsche Diktum von der Gewalt als der »Geburtshelferin einer Gesellschaft, welche mit der künftigen schwanger geht«, mit dem Leibnizschen nicht nur das Bild gemeinsam, sondern eben die Sphäre Zukunft, welche bei Hegel fehlt. Dafür reflektierte Hegel, am stärksten seit Heraklit, das Weltgesetz Dialektik so sehr als »Puls der Lebendigkeit selber«, daß nachher gerade auf materiellen Füßen zum *objektiven* Widerspruch der *subjekthaft-aktive* hinzutrat. *Objektiv fundiert* hinzutrat, gemäß der Einsicht, daß jedes fruchtbar Unterbrechende des *Zusammenhangs* ebenso in einem fortschreitenden Zusammenhang des *Unterbrechenden* steht, um fruchtbar zu sein. Auch der Zusammenhang freilich wurde dergestalt auf die Füße gestellt, also aus dem idealistischen Geistwesen zu befreien versucht, das heißt, aus der rein geisthaften Parthenogenesis, ja Inzestform der Dialektik. So kam *materialistisch beschaffene* Dialektik in den Begriff: nicht eben als vermenschlichende, anthropomorphe, aber auch nicht als eine selber nur begriffhafte Verbindung, gleichsam als Hochzeit der Dame Dialektik (aus so vornehmem idealistischem Haus) mit dem plebejischen oder plebejisch gewordenen Burschen Materialismus. Vielmehr: Dialektik und Materie wurden nun als gleichen Stamms gelehrt; ohne das rein Geisthafte der Konflikte hier, ohne das rein Klotzhafte von Materie dort.

Derart hört auch alles gleichförmige Klappern dessen auf, was sich entzweit und höher eint. Dieser ewige Dreitakt war als solcher nur formal herangebracht; statt dessen ergibt sich das Dialektische gerade durch seinen jeweiligen Stoff als jeweils selber gewandelt. Das Haben als ebensolches Nichthaben geht durch den ganzen Fluß, qua Fluß, zwar hindurch, aber da dieser Fluß keiner des überall schon korrespondierenden Geistes, sondern ein hart gebrochener ist, setzt er immer wieder an. Die Konflikte haben nun wirklich etwas zu nagen und beißen, müssen es fort und fort, auf wirklich harte Weise. Sie sind durch nichts Voriges, nichts Nachheriges in ihrem prekären Verlauf bereits präjudiziert; so ist *materielle* Dialektik, anders als Hegels ideelle, auch in ihrem Taktschlag, erst recht in ihrem wirklichen, inhaltlichen Zusammenhang diskontinuierlich. Was bedeutet: sie ist selber voll Unterbrechungen und voll jener Nova, die ihr nicht in irgendeiner Thesis-Antithesis-Synthesis-Form des Anfangs oder gar Endes bereits gesungen worden sind. Erst derart, nicht im reinen Geist also, aber gewiß auch nicht an einer mechanistischen Klotzmaterie, vom Fluß höchstens dekorativ umspült, kommt die Dialektik zum Zug, den sie wirklich hat. Und weder das verdinglichte Denken der »Positiven« noch der ebenso verdinglichte, der bürokratisch wie ideologisch versteinerte, der nicht nur mechanistisch, sondern monolithisch gewordene »Diamat« treiben das aus. Mit toter Ausgemachtheit historisch, als wäre die Zukunft ein auswendig gelerntes Schema, mit Abgestandenheit metaphysisch, als wäre das Realproblem Welt selber nur ein vulgärer, monolithischer Klotz. Statt dessen also gibt es, am »Puls der Lebendigkeit«, nur dort einen (falschen) Halt, wo die Lebendigkeit im Vorhandenen angehalten, ja vernichtet worden ist oder aber, wo – wie im gesamten Idealismus bisher – die Welt als eine im Ganzen bereits geschlossene dargestellt wird. Während sie doch allenthalben, der gleichsam ins Unreine geschriebenen Welt gemäß, nicht nur unglatte, sondern schöpferische Offenheitsrelationen aufweist. Da ist, ganz nahe zu uns, die *Anlage* zu etwas, mit dem peinlichen und kräftigen Gefühl, zu sein, was man doch ebenso nicht oder noch nicht ist. Da bewegt sich die *Bewegung*, die Engels den sinnfälligsten Widerspruch nannte, indem mit ihr ein Körper am selben Ort zugleich ist und nicht ist. Das reicht bis in den, von Eddington sprachlich formulierten, Widerspruch des sogenannten Wellikels hinein, als eines entgegengesetzten Zugleich von Partikel und Welle im kleinsten subatomaren Bewegungselement. Unter Menschen aber – nun gerade höchst anschaulich – tobt der Widerspruch im Gleichen als die reiche, überreiche Spannung der *Konflikte*; mit nur vorübergehender Widerspruchslösung. So vertraut ist diese Art Polarität, daß Stichworte (im buchstäblichen Sinn) genügen; vor allem während der Dauer unserer noch so antagonistischen Gesellschaft. Da sind die Widersprüche zwischen den jeweils Einzelnen in ihrem Lebenskampf, zwischen der Klasse der Abhängigen und der Herrschenden, zwischen den Freiheitskräften (facultas agendi) hier, den Ordnungsmächten (norma agendi) dort. Da ist der Reflex und experimentelle Austrag solcher Widersprüche in den Antithesen der *Tragödie*, ambivalent in ihrem Antigone-Typ, rebellisch in ihrem Prometheus-Typ; so auch in den allerhörbarsten Entzweiungen, Tagbildungen, denen der Beethovenschen *Symphonien*. Da gibt es nicht zuletzt – durch die genannte Reihe der dialektischen Prozesse hindurch – den *Umschlag* eines gesättigten Zustands zu einem qualitativ neuen Zustand, der im vorigen heranwuchs und nun, wenn das Maß voll ist, mit einem Sprung es sprengt. Genau das Neue hat darin jene Vermittlung in der dialektischen Reifung des Vorhergehenden, die realiter vom anorganischen Sprung zum Leben, vom biologischen Sprung zum Bewußtsein bis zum Durchbruch (wenn »die Zeit erfüllt ward«) unerschöpfter Transzendierungen und Transparenzen in die Kulturen, ja in Exodus und Reichs-Religion hinausgeht. Das alles geschieht mithin genau ohne das Mißverständnis und Gefängnis einer Klotzmaterie, ist in dem unfertigen, sich immer wieder selber aufsprengenden Substrat der Welt fundiert. Der Welt, die nicht aus Fakten, sondern aus Prozessen besteht und darin – mittels des immer wieder brechenden, aufbrechenden Widerspruchs zu unzureichend Gewordenem – aus Unterbrechung, Abbruch, Umbruch. Eben aus lauter *Versuchsgestalten, Auszugsgestalten*, kurz *Realmodellen* eines noch nicht Gelungenen, woran erst Einheit der *Einheit und der Widersprüche* offen wäre. S ist noch nicht P (der Kern des Seienden ist noch nicht manifestiert): »Dieser dialektische Grundsatz bedeutet derart in Ansehung des inadäquat Bestimmten, hemmend Gewordenen: Ceterum censeo Carthaginem esse delendam. In Ansehung der bevorstehend adäquaten Bestimmbarkeit (des inhaltlichen Novum) bedeutet er: Quidquid latet apparebit« (Subjekt-Objekt, 1962, S. 517). Und letztere Ruhe »am Ende«, als *Erfüllung* gedacht, ist nicht etwa eine Abdankung der Dialektik oder Kirchhofsfrieden hernach, sondern ihrer Bewegung inhärent. Damit sich diese unterwegs nicht vergebliche Unruhe mache oder aber gerade in falsche Ruhe-Inhalte vergaffe. Nur Bewegung also mit *dem zu Erfüllenden* in sich ist die wirkliche Dialektik der Unruhe, nämlich der Unerfülltheit, Unangemessenheit. Eben darauf, auf die unvorhandene Anwesenheit des

Vollkommenen im Unvollkommenen, damit letzteres überhaupt ein so schmerzliches wie stachelndes sein könne, zielte Hegels tiefer Satz: »Das Unvollkommene als das *Gegenteil seiner selbst* ist der Widerspruch, ... der Impuls des Lebens in sich selbst, die Rinde der Fremdheit seiner selbst zu durchbrechen« (Werke IX, S. 55). Hegel hat seine dialektisch schwierige Erde freilich schon im Himmel seiner geschlossen-gelungenen, absoluten Idee; gleichwohl läuft auch in besserer Einsicht, im noch ungeschlossenen System dialektischer Aufklärung die dialektische Unruhe nicht als endlose, folglich letzthin fruchtlose Bewegung, sondern mit jenem latenten Omega Vollkommenheit, ohne dessen Utopie es gar keine Geschichte und deren Experimentum gäbe.

Das Draußen als äußerlich

Im Innen, worin man webt, geht es mehr luftig her. Draußen dagegen, im Getasteten, steht alles dicker, fester, obwohl sich doch gerade dort auch die Luft erst faßlich findet. Innen und Außen, man sah es und sieht es täglich, machen so die Grenze, wo das übliche Bild vom Stoff beginnt, dem auswärtigen. Sein Draußen ist allemal ohne uns da, so wie er auch selber, der vorzugsweise tot genannte, ohne sich da zu sein scheint. So wirkt dieser Stoff als nur von außen bewegt, und wenn die Steine, samt Luft und Wasser, nichts anstößt, dann liegen sie scheinbar ruhig. Stoff ist hier nur das, worauf ein Stoß wirkt; er selber liegt hernach wie vorher. So fern vom Ich wird er nun gesehen, nachdem die frühen, spukhaften Belebungen, als Innen und Außen noch ineinander liefen, abgezogen sind. Was derart herumgeworfen wird, gilt nur als Ding und so als äußerlich.

Der Stein fällt, die Flamme steigt

Ich und Innen aber, ohnehin spät eingetreten, trennen nicht allein ab. Viel älter ist der Riß zwischen Unten und Oben; das wirkt im Bild vom Stoff erst recht nach. Desto mehr, als diese Trennung im äußeren Raum selber geschieht, schon in dem des eigenen Leibs. Stehen die Füße unten, der Kopf oben, so ist das mit der Empfindung der Schwerkraft verbunden, und die Erde liegt zu Füßen, die Wolken segeln oben. Das Feste setzt sich unten an, das Leichte, das schon nicht mehr so ganz als Stoff erscheint, schwebt frei. Indem es derart nicht lastet, sich vielmehr in die Höhe schwingt, wo auch die Herren thronen, setzen sich hier mühelos Wertungen an. Zugleich sexuelle: rückte das Weib in der patriarchalischen Zeit immer mehr nach unten, das Weib als Leib, so steigt der Mann als Geist auf, als Verstand gegen Trieb, als Weite gegen Höhle, als Flamme, die aufwärts brennt, während der Stein wie Eva fällt. Freilich zählte diese Wertung weder im hetärischen, vorehelichen Zeitalter noch in dem demetrischen, mutterrechtlichen, wo die bergende Höhle, die fruchtbare Erde gerade über alles geehrt wurden. Die aufwärts brennende Flamme, sogar das Hochschwebende, Schwerelose von Äther ließ sich auch bei den vorsokratischen Denkern nicht gegen den Stoff ausspielen, den angeblich nur lastenden; im Gegenteil. Hat doch Heraklit, stofftrunken, stofflebendig, hylozoistisch wie nur einer, die Flamme selber dem Stoff als Feuer zugeschlagen; und Anaximenes lehrte, ebenso materiell, genau die Luft, den Äther als Wesen der Dinge. Auf sie trifft also der Spott nicht, den Nietzsche, ganz nach unten abschätzig, gegen Thales machte: man suchte das Wesen der Welt, und als man es hatte, war es Wasser. Und was wirklichen Stoffspott angeht, so fand er gerade nach Platon, dem idealistischen, eine besondere, eine selber emotionale Umkehr. Das bei Epikur und seinem späteren Dichter Lukrez: nun erhebt sich zwar der Geist aus dem Dunst, doch dieser selber soll gar nicht der diesseits drückende Stoff sein, sondern der jenseits drückende Aberglaube. Die Linie geht hierbei, wenn sie zum Unten gehört und ihm treu bleibt, durchaus auch hoch: jedoch nicht für Zeus, sondern für Venus und nicht zu ihm und dem Oben auffahrend, sondern gegen ihn aufsässig. Lukrez will ausdrücklich von der Furcht befreien, die er vom Himmel erregt sein läßt, als einem nun selber abgewerteten Droben. Und der entzaubernde Verstand, vom olympischen Aberglauben befreiend, soll sich desto sicherer zur Erde kehren, der Quelle aller Freuden; ihr und der epikurischen Lust zum Lob. Aber trotzdem: die buchstäbliche Herabsetzung des Materiehaften ins Unten, als sozusagen Unfeines, wurde auch durch die noch so vornehmen Hexameter des Lukrez bei Idealisten nicht beseitigt. Desto weniger als in der Neuzeit etwas materialistisch auftrat, was dem antiken Stoffdenken allerdings fremd war. Und wozu auch der entschiedenste Materialist im neueren Sinn, Demokrit, keinen sozialen Auftrag hatte: nämlich von einem deutlich auch politischen Unten her, rebellisch. Trat doch letzterer Gebrauch vom Unten, vereint mit der alten Diesseitigkeit des Standpunkts, erst mittels des aufsteigenden, revolutionär werdenden Bürgertums vor. Im achtzehnten Jahrhundert kulminierend, eine Brechstange gegen Adel und Klerus, gegen das nun deutlich soziale Oben, das vom möglichst jenseitigen Äther sich seinen Glanz herleitete. Grund genug, um auch so die neuen Stoffdenker, die materialistischen Diderot und Holbach, im Unten zu sehen, samt dem Aufrollen der Höhen von der angeblichen Niederung, ja dem Niedrigen her. So verschieden gelagert also, so parteiisch und werthaft wirkte sich demgemäß die Schichtung Erde-Äther, Stoff-Geist aus. Dem entsprachen die gewollt-irdenen der Welt aus sich selber, die gewollt-feinen aus lauter Überbauten, lauter Nichts-als-Geist.

Die Umkehr des Oben-Unten und ihr Maß

Wie aber, wenn der Blick von unten nun wirklich entzauberte? Wenn er die Schuppen von den Augen fallen ließ und entfernte, was nicht zu des Pudels Kern gehört? Wenn also zunächst die einfachsten Elemente aufgedeckt, erforscht, bei Namen genannt werden, so die libidinösen, vor allem aber die egoistisch-interessenhaften im Getriebe? Dann reicht das fortklingende, selber interessenhafte Minus, das dem Unten beigebogen wurde, nicht aus, nicht weiter. Wohl aber reichte das alte Lukrezsche »rerum cognoscere causas« scharf ins bloß Hochgestochene, auch in den Überbau hinein. Es fiel das Wort Überbau, er ist nach Marx, wie bekannt, der Ort für Recht, Staat, Kunst, Religion und Philosophie. Ihm zugrunde aber liegt die ökonomisch-technisch-materielle Basis, und zwar, nach Marx, gerade mit solchem kausalen, auch inhaltlichen Vorrang, daß alles im Überbau schließlich nur ein mehr oder minder dunstiger Reflex materieller Vorgänge sein soll. Diese materiellen und so vorrangig wirklichen Vorgänge werden als die der jeweiligen Produktions- und Austauschweise bestimmt, als das Unterbau-Ensemble von Produktivkräften (samt Produktionsmitteln) und Produktionsverhältnissen. Recht, Staat, Kunst, Religion, Philosophie, das sind, genau in gleicher Reihenfolge, die Hegelschen oberen Sphären, und das qua »objektivem, absolutem Geist«; mit besonderer Retourkutsche hat so gerade die ökonomisch-materielle Geschichtsauffassung dem Wert-Idealismus durch eine ganz andere, eigentlichst ökonomische Wertlehre pariert. Also bedingt nun das materielle Sein das Bewußtsein, nicht umgekehrt, und in weiterer Zuspitzung folgten die bekannten Sätze, die e contrario wahrhaft grell erleuchtenden, über Geschichte als eine von Klassenkämpfen, über die herrschenden Gedanken einer Zeit als die ihrer herrschenden Klasse, über die Geschichtsmacht des ökonomischen Interesses, nicht der Idee, über die Handmühle als stille Bedingung der feudalen Gesellschaft, die Dampfmühle als revolutionierende der kapitalistischen. Lauter Bewegungen also, um, nach dem berühmten Satz von Marx, nicht nur die Dialektik, sondern eben auch das Wertverhältnis Oben-Unten vom Kopf auf die Füße zu stellen. Insofern, freilich nur insofern gilt dafür Rickerts altes Diktum, das sonst ahnungslose: historischer Materialismus sei Platonismus mit umgekehrtem Vorzeichen.

Das Unten ist recht gegen den Nebel, der es verdecken soll. Und außer diesem Entzaubernden gibt es vor allem die Stelle ab, wo der Hebel angesetzt, wo ursächlich verändert werden kann. Jedoch: nicht Marx, sondern die vulgären Nichts-als-Retourkutscher nachher haben das Unten nun wieder übertrieben. Haben es zugleich derart einseitig verplattet, daß selbst die ebenso einseitigen idealistischen Nebler gegen die ökonomischen Stoffhuber noch ein Innen und Oben, wenn auch ein selber vulgäres, immer wieder aufputzen und im Schilde führen konnten. Der Vulgärmaterialismus hat derart, gerade auch als ökonomistischer, selbst soziologistischer, das alleinige Phrasentum von oben herab geradezu erfrischt. Marx hat großartig detektivisch gesagt: Wenn ein Interesse und eine Idee zusammenstießen, so sei es (bisher) allemal die Idee gewesen, welche sich blamiert; er sagte aber noch mehr. Er lehrte, daß der Mensch und nicht, wie bisher, die Wirtschaft das Maß aller Dinge zu sein habe. Ermahnte (contra jeden Ein- und Alles-Ökonomismus): Wenn das gesellschaftliche Sein das Bewußtsein bedingt, wenn es die Umstände sind, die den Menschen bilden, so müssen die Umstände menschlich gebildet werden. Und Engels ergänzte den heuristisch-polemisch übersteigerten Lehrsatz, wonach allein die Produktions- und Austauschweise den Überbau regiere, dahin, daß sie ihn einzig »in letzter Instanz« bestimme. So ist also – um eine der irrealsten Grotesken des Vulgärmaterialismus zu zitieren – die Reformation wirklich etwas mehr gewesen als »der ideologische Ausdruck tiefgehender Veränderungen auf dem europäischen Wollmarkt«. Und weiter dürfte so etwas wie der späte Schelling, wie Nietzsche oder Joyce oder Kafka wohl durch Klischees wie Reaktion, Imperialismus, Dekadenz nicht ganz erschöpft sein. So gewiß auch sich die Geschichte nicht idealistisch-parthenogenetisch, als reines Geistergespräch und Ideen-Austauschweise fortpflanzt, fortbewegt, verursacht hat. Unterbau-Überbau insgesamt: es gibt zwischen ihnen dauernd Vermittlungen, wie sie ohne ein relatives Eigenleben des Überbaus überhaupt nicht möglich wären. Es sind Vermittlungen, die aber nicht nur die scheinhafte Autarkie des Überbaus aufheben, sondern ebenso die isolierte der Basis. Überall gibt es hier Zwischenglieder, Wechselwirkungen, nirgends steht ein ideologisches Dach direkt auf dem Boden der Wirtschaft, und nirgends auch ist eine Wirtschaftsweise feudalistisch, kapitalistisch, sozialistisch umgesprungen, ohne daß psychisch-ideologische Veränderungen und Ideen vom Überbau her am neuen ökonomischen Unterbau mitgewirkt haben. Kein Zweifel hierbei: die materiellen Prozesse an der Basis, die gerade über den Köpfen der Menschen wachsenden, ihnen über die Köpfe wachsenden Widersprüche zwischen Produktionsweise und Produktionsverhältnissen geben den letzthin entscheidenden gesellschaftlichen Anstoß; das bleibt fürs ökonomisch-kausale *Prius* wahr. So gibt auch im Ganzen einer Gesellschaft ihre jeweilige ökonomische Hauptkategorie die Prägung für den gesamten »Geist der Zeit« her: das Grundeigentum bestimmt primär den Geist des Feudalismus, die Ware und ihr Umlauf bestimmen den Geist des Kapitalismus (samt den Rebellionen dagegen). Doch eben: der ökonomisch disponierte Geist im Überbau ist nicht nur Reflex, er kann vielmehr so kräftig in Wechselwirkung stehen, daß er den Unterbau gar noch aktiviert. Ja ihn gegebenenfalls so sehr mit *Primat* aktiviert, daß die Aufklärung der Französischen Revolution vorherging oder auch ein ideologischer Import des ab ovo westeuropäisch fundierten Marxismus die Veränderungen im sowjetischen Unterbau (»Sozialismus plus Elektrifizierung«) nicht etwa nachträglich spiegelt, sondern gerade erst verursacht hat. Wobei zudem, erst recht entscheidend, einige besonders erhellende Gestaltungen des Überbaus auch noch *posthum* von ihrem gewesenen Unterbau sich abheben können. Nämlich als die großen Werke einer Zeit: in so viel späteren Epochen weiterlebend, mit immer neuer Nachreife des Tua-fabula-narratur, auch wenn der Unterbau, worauf sie entstanden sind, den sie an Ort und Stelle gespiegelt haben, längst vergangen ist. Der Unterbau kann nicht nur vergangen, er kann sogar vergessen oder actualiter ganz gleichgültig geworden sein, wie Hekuba: und doch lebt seine »Ilias« weiter, Odysseus und Ithaka geschehen keineswegs nur auf ihrem längst passierten, historischen Boden, Marx nennt die griechische Kunst, mit Recht oder Unrecht, sogar ein ewiges Muster, die Pyramiden, die Kathedralen heben sich von ihrem damaligen gesellschaftlichen Unterbau desto betreffender und transzendierender in die Zeiten, je länger die altägyptische, die romanisch-gotische Gesellschaftsweise abgetan ist. Verwandtes gilt für große

Philosophien der Vergangenheit (zum bezeichnenden Unterschied vom Gang der Einzelwissenschaften, worin bedeutend mehr Vergangenes, »Erledigtes« ist); denn eben: Philosophie ist nicht nur, wie Hegel sagt, »ihre Zeit, in Gedanken gefaßt«, sie blickt vielmehr, falls sie auf zureichender Höhe steht, auch in die nächste Zeit, ja, falls sie in zureichender Tiefe steht, ins ganze Zeitanliegen hinein. Item, es ist so das *Utopische* in bedeutenden Werken, das diese, viel mehr als dem Historismus, aber auch dem Soziologismus und dem Ökonomismus und zuletzt dem Vulgärmaterialismus lieb ist, aus der bloßen Verabsolutierung, ja nochmaligen Verdinglichung des Unterbaus heraus zu einer eigenen Materie im Stand des Überbaus hinführt. Das organische Leben ist ja selber schon eine Art Überbau, verglichen mit den Kohlenstoffverbindungen, die seine Basis sind; also liegt auch gegenüber der Bewußtseinsschicht, dann Ideologieschicht zunächst mehr ein dualistisch-idealistisches Begriffserbe, wo nicht bloßes Worterbe vor, wenn wohl organische, doch keine psychische, kulturgeschichtliche *Materie* graduieren soll. Obwohl Marx doch bereits eine halbe Bresche mit dem Begriff einer materialistischen *Geschichtsauffassung* schlug, mitten also in zwischenmenschlichen Beziehungen, ins nicht mehr physische Ensemble sozialer Verhältnisse. Das sind bereits mächtige Begriffserweiterungen des als Materie Bezeichneten; die Aggregatzustände des geistigen Überbaus, seiner durchaus materiellen Gewalt, sobald er die Unterbauten ergreift, schließen sich prozessual auf. Also muß der Begriff Materie endlich wieder durch den offenen, auch transparenten Begriff des Substrats erläutert werden, weit genug, um nicht nur die äußere Sonne in sich aufgehen zu lassen. Auch mindestens so vornehm wie ein Oben, das immer pneumahafter von Leben und Konkretheit weg verschießt, statt daß es – einem sehr dialektisch-materialistischen Programm gemäß – den Menschen naturalisiert, die Natur humanisiert.

Formal, mechanisch, spekulativ und die dialektisch-materialistische, schließlich: utopisch-materialistische Union

Seit längerem soll im Draußen nichts mehr sein, was sich auch sehen lassen könne. Alles, was hier gerechnet wird, gerät unanschaulich, formal, als hätte der Stoff sonst nichts mehr zu melden.

Seine Teilchen sollen nur noch in Formeln, ja als diese, zerstrahlen, schwingen, schweben. Welch eine Wendung gegen eine Physik, wo das Atom noch als fester, unveränderlicher Baustein galt, als sehr einfacher und, wie der Name sagt, unteilbarer. Diese Zeit liegt gar nicht weit zurück; ihr gehört die Meinung zu, daß alles immer simpler würde, je weiter man herunteranalysierte. Nur so waren die schäbigen Kraft- und Stoffhuber Büchner und Moleschott einmal möglich, 1855, denen die ganze Welt zu gestoßenen Klötzchen einschrumpfte. Nur so aber auch der Mensch als Maschine bei Lamettrie, 1748, das Uhrwerk letzthin als Weltmodell in Holbachs »System der Natur«, 1770. Freilich ist dieser Clou der Aufklärung, qua Aufklärung, mit dem Aufklaricht im vorigen Jahrhundert unvergleichbar; dennoch konnten auch in ihr die Bausteine nicht einfach und starr genug sein. Bis allerdings kraft der vordringenden Chemie die Retorte das Uhrwerkmodell ablöste und neben, über der bloßen mechanischen Veränderung des Orts die qualitative von Eigenschaften wieder vortrat. Damit auch der Begriff einer *gärenden*, vor allem *prozeßhaften* Materie, die sich physisch zum Licht, organisch zum Bewußtsein zu organisieren versteht. Der junge Schelling ging den leider bald vergessenen Weg dieses neu-epikurischen und, über Paracelsus, zugleich neu-alchymischen Begriffs; mit dem Menschenkind als eigenem Kind der Materie selber, worin sie ein Auge aufschlägt, sich reflektiert. Eben die Goethische, die organische Naturauffassung stand hier bei, und mit ihr stand der hylozoistische Gedanke wieder Pate, zusammen mit dem renaissancehaften einer natura naturans, wie er bis zu den hylozoistischen Aristotelikern Avicenna und Averroës zurückreicht. Gewiß, der stofffreie Geist triumphierte über dergleichen bald wieder stark, im Verein von himmlischer Reaktion und spekulativem Idealismus (»Die Jakobe der Theologie«, sagte später der englische Naturforscher Huxley, »haben der Materie ihr Erstgeburtsrecht geraubt.«). Auch ist die große, oft tolle Phantastik der eigentlich romantischen Naturphilosophie bekannt, gerade auch in Ansehung dessen, daß sie in ihrer Naturretorte zuviel Organisches auf- und niedersteigen, ineinanderwirbeln, sich analogisieren sah. Aber das Problem einer sich aufschließenden, aufschließbaren Materie schlief hier trotzdem nicht ein, bei aller Enteignung schließlich durch Geist und nichts als Geist. Ja gerade ein von Haus so theologischer (hierin freilich eschatologischer) Begriff wie der einer künftigen »Verklärung der

Natur« korrigierte eine Behauptung wie die überraschende Hegels: die einzige Wahrheit der Materie sei, keine Wahrheit zu haben. »Verklärung« also wurde die Kategorie von der ganz anderen Seite, wodurch, bei einem wichtigen religiösen Philosophen der Hegelzeit, der Geist im Menschen die Materie nicht absetzte, sondern vollendete. Franz von Baader verkündete derart, in seiner sonderbaren Schrift »Über die Begründung der Ethik durch die Physik«, folgende Potentialität der Materie: »Wie im Aufgang des äußeren Sonnenbilds der ganze äußere Organismus sich entfaltet, so sollte im Aufgang des Gottesbilds im Menschen diese äußere Natur zur Entfaltung und Auswirkung eines inneren, höheren Organismus befähigt und bekräftigt werden.« Ob auch mythologisch kam so ein neuer Schuß, ein perspektivischer Stoß in den Hylozoismus der romantischen Natur, und das durch Analogie der Sonne im Frühling mit dem – Geist des Pfingstfestes. Zwar war der Materie auch in dieser Spekulation das Erstgeburtsrecht geraubt, doch genau der Logosmythos zeigte sich ihr zur Neugeburt gnädig. Nach innen geht der geheimnisvolle Weg, sagte Novalis; nach außen geht der geheimnisvolle Weg, intendierte Goethe. Das Baadersche aber, über die »Verklärung« des Draußen hin, goß sogar den christologischen Erntesatz ein, ja den paracelsisch gewendeten Satz von Thomas: Gratia natura non tollit, sed perficit.

Wie weit ist das freilich von jedem nur halbwegs nüchternen Blick aufs stoffliche Draußen entfernt. Und auch von dem, der neuestens, eben als *formaler* Blick, auf andere Art geisthaft sein will, nämlich rein beziehungshaft überall, abstrakt. Auch das Zerstrahlen des Stoffs wird hier, wenn es erfaßt wird, ein Gedankending gleich diesem selber; die großartige energische Auflösung des mechanischen Klotzes gerät so aufs neue nur idealistisch. Auf andere Art, wie gesagt, nämlich nicht panlogisch wie in dem immerhin objektiv-panlogischen Schellingsatz: die Natur sei sichtbarer Geist, der Geist unsichtbare Natur, sondern freischwebend insgesamt, gemäß dem Berkeleysatz: alle Körper, gerade als mathematisch erfaßte, seien Vorgestelltwerden, und alles Sein der Außenwelt beziehe sich auf keines von eigener Substanz, sondern auf Ideen. Bei voller mathematischer Setzung verdinglicht sich das rein Mathematische, Formalisierte ganz, und nichts auch nur quantitativ Anschauliches soll übrig bleiben, geschweige ein nichtformaler Inhalt. So Eddington: »Wie sieht es im Inneren der Atome aus?, es sieht überhaupt nicht aus«; denn auch die Strahlung und ihr Feld, gerade diese, soll nur mehr ein rein mathematisches, freischwebendes Beziehungsgefüge sein. Eben auch die Quantitäten der Anschauung, der euklidische Raum, die historische Zeit, sind in den rein logischen Strukturen der subatomaren und der makrokosmischen Natur gegenstandslos geworden, in der immer großartiger formulierten Abstraktheit dieses totalen Niemandslands. Das ist der stärkste Gegenschlag sowohl gegen die alte noch quantitätsverschworene Mechanistik partout wie erst recht gegen das qualitätsbesessene Dichtungswesen und Dichtungsunwesen der romantischen Naturphilosophie. Zugleich aber, mit dieser Ausweisung aller Anschaulichkeiten, der doch so reich vorhandenen in der menschlichen Erfahrungswelt Natur, werden diese Anschaulichkeiten, mit ihren tönenden, farbigen, blühenden Inhalten, noch weit mehr als in der Mechanistik wissenschaftlich heimatlos. Wenn Goethe das Holbachsche »System der Natur« als »kimmerisch« empfand, das ist, als so licht- und eigentlich weltlos wie die Arktis der sagenhaften Kimmerier, dann müßte ihm das totale Niemandsland (wohlverstanden: als Weltphilosophie, nicht als Forschungsgebiet) wie Spuk und, trotz der »Ideen«, gerade als Anti-Schau erscheinen. Ein Vergißmeinnicht der heimatlos gewordenen qualitativen Naturinhalte findet sich derart allmählich auch auf der Höhe des neuen physikalischen Bewußtseins, und ein Bedenken. Es entsteht als eines gegen Verapparatlichung auch hier, meint die total gewordene Entfremdung von Qualitäten und ihrer Materie. Wobei außer dem formalen Denken auch noch das quantitative zur Abstraktheit geworfen wird, als das *von Haus aus Qualitäten auskreisende*. So in folgendem Menetekel aus der physikalischen Werkstatt selber: »Die Welt, einschließlich der Lebewesen, wird zu einer sinnlosen, mechanisch-quantitativ ablaufenden Maschine ... Aber diese Auffassung bedeutet nicht nur eine Überbewertung des Quantitativen, sondern gleichzeitig auch eine Abwertung von allem, was nicht quantitativ ist, also auch des Menschen, im Extremfall eine Abwertung auf den absoluten Nullpunkt ... Demgegenüber bleiben die eigentlichen Naturerscheinungen, die stark durch Qualitäten beherrscht werden und die von der Physik ausgeschlossen sind, weithin unverstanden ... Offenbar bestehen Räume, die wissenschaftlich bis jetzt kaum oder gar nicht betreten sind. In diesen Räumen muß alles vorkommen, was nicht quantitativ ist, also die Farbqualitäten, Ton, Geruch und so weiter; es muß auch alles vorkommen, was sich überhaupt auf den Zusammenhang von physikalisch-chemisch-materiellen Vorgängen mit dem tierischen und menschlichen Innenleben bezieht – und vieles mehr« (Heitler, Der Mensch und die naturwissenschaftliche Erkenntnis, 1961, S. 21 f.). Die so bekundete Vermissung gebraucht auch für die n-dimensionale Mannigfaltigkeit, für die völlig unanschaulich gewordenen mathematisch-physikalischen Strukturen noch das Wort Quantität; gemeint ist es jedenfalls als der angestammte Gegenbegriff zum Qualitativen schlechthin und als inhaltsfremde Leerform des Kalküls. Wonach also die mathematische Physik überhaupt, seit sie in der Renaissance, bei Galilei, aus einem neuen Pythagoreismus geboren worden ist, nur den *halben Pythagoras* an sich gebracht hatte, nämlich den Denker der quantitativen, nicht aber der qualitativ betreffenden Zahlen im »Buch der Natur«. Gewiß sind die qualitativen Zahlen und ihre Figuren bei Pythagoras sehr oft nur abergläubisch qualitativ, gar wertgeladen (etwa das Quadrat für Gerechtigkeit und so fort), doch das dispensiert nicht vom ebenso zweifellos vorhandenen Problem und Postulat einer Mathesis des Qualitativen. Vorzüglich in Ansehung einer nicht oder nicht nur quantitativen, nicht nur abstrakt strukturierten Materie. Nun ist es allerdings nicht so, daß das Quantifizierende selber, wenn es die Natur durchaus nicht erschöpft, wenn es sie im Gegenteil nur mit halbem Pythagoras darzustellen vermag, deshalb, mit seinen Modellen, überhaupt nichts an ihr, selbst in ihr antreffen könnte. Das wäre ein Agnostizismus, zu dem zwar der physikalische Formalismus, qua Inhaltlosigkeit, selber neigt, dem aber erstens seine ständige Beziehung zu »verifizierenden Fakten« wie vor allem die Früchte seiner technischen Praxis widersprechen. Das gilt für die alte, rein quantifizierende Physik ebenso wie für die so sehr viel kompliziertere »Weltmechanik« der neuen, formalisierenden, und für letztere nicht weniger. Die euklidische Geometrie gab eine taugliche Grundlage für die klassische Mechanik, und diese war durchaus zutreffend, um ihr gemäß die funktionierenden Maschinen der ersten industriellen Revolution zu bauen. Die nicht mehr euklidische, die Riemannsche Geometrie gab eine taugliche Grundlage für die Relativitätstheorie, die Gruppentheorie gab sie für die Quantenmechanik, damit für die Theorie der Elementarteilchen, ist also ihrerseits durchaus zutreffend, um ihr gemäß die funktionierenden Atomreaktoren einer vermutlich zweiten industriellen Revolution zu bauen. Folglich zeigt hier die Praxis (und daß sie möglich ist, daß sie gelingt) einen *Sektor in der Natur*, wo auch der nichtqualitative Pythagoras objektiv so mächtig gilt und statthat. Aber – und das ist entscheidend –: das von Qualitäten Abstrahierende betrifft und trifft eben nur einen Sektor, nicht jedoch den *ganzen farbigen Kreis* und gar das *Zukunfthaltige der Natur*. Quantitatives betrifft so weder jene Materie, die, wie gerade Marx gegen den bloß »naturwissenschaftlichen Materialismus« des siebzehnten und achtzehnten Jahrhunderts sagt, »den Menschen in ganzer sinnlicher Fülle anlacht«, einschließlich des »Quallens, Quellens« bei Jakob Böhme, den Marx (»Heilige Familie«) hier gleichfalls zitiert. Noch betrifft der halbe Pythagoras jene Materie, die von Aristoteles, erst recht von der Aristotelischen Linken (Avicenna, Averroës bis Bruno und Goethe) als Schoß der Weltgeburten, als *Dynamei on, in Möglichkeit-Sein*, als Substrat der objektiv-realen Möglichkeit insgesamt bezeichnet worden ist. Es bleibt also, bei aller Verehrung auch des halben Pythagoras und des pythagoreischen Demokritismus dazu, es bleibt also dieser qualitativ-potentielle Rest, und er ist die *Hauptsache in der Natur*. Ersichtlich aber gehört das Plus ultra des Philosophierens dazu, dem eigentlichen, dem unabgeschlossenen Prozeßwesen Materie, mit allen Tendenzgestalten und Latenzen, seinen qualitativen Topos zu halten und sein per se unmanifestes Substrat: das Dynamei on. »Mit dieser letzteren Bestimmung« (der des materiell Unerschöpften) »ist genau die freundliche, wo nicht die Hoffnungsseite der objekt-realen Möglichkeit eröffnet worden, solange es auch dauerte, bis sie begriffen wurde; das utopische Totum ist im Dynamei on impliziert« (Das Prinzip Hoffnung, 1959, S. 238). Insgesamt: nicht einmal die *Materie nach rückwärts*, die bisher manifeste, hat im Qualitätslosen und im mechanisch-Abgeschlossenen ihren volleren Begriff. Geschweige denn die *Materie nach vorwärts*, die weiter in Gestaltung steht, der die historische Dialektik ihr Leben ist und eine »Verklärung der Natur« ihre eigenste, ob auch fernste Utopie.

Das ist es, was gerade den sonderlich geheimnisvollen Weg ins Draußen ausmacht. Dabei haben sich Verbindungen gezeigt, die noch so kühne Feldgleichungen weit überbieten. Das, obwohl sie anschaulich, darin konkret und trotzdem paradox sind, das heißt gegen die bisher gängige Meinung. Die *erste*, bekanntest gewordene Verbindung ist die zwischen *Dialektik* und *Materie*. Eine auffallende Hochzeit zwischen zwei von Haus aus so verschieden scheinenden Begriffspartnern, aber von Marx nicht etwa gestiftet, sondern objektiv am Werk erblickt. Die Dialektik freilich ist philosophiegeschichtlich wie eine Tochter aus sehr vornehmem idealistischem Haus (Heraklit, Platon, Cusanus, Hegel; und Jakob Böhme, der nicht vornehm, ist immerhin höchst spekulativ). Der Materialismus dagegen verhält sich dazu wie ein Mann, der, wenn auch nicht immer von plebejischer Herkunft, so doch unter den erlesenen Philosophen bisher selten war, trotz Demokrit. Dennoch gelang zwischen beiden, über die Welt als Geschichte und Prozeß, die objektiv bestehende Allianz; und Aristoteles gab den Begriff der Schichten hinzu, den Startpunkt des Umschlags von der Schicht bloßer Ortsveränderung (kinēsis im engsten Sinn) zur Eigenschaftsverwandlung (alloiosis), zur organischen Verwandlung (auxēsis-phtisis). Die *zweite*, viel paradoxer erscheinende Verbindung aber wird durch den Bogen: *Utopie und Materie* bezeichnet. Dieser Bogen freilich ist gegenstandslos beim mechanischen Materialismus, bei einem Materiebegriff also, der lediglich analytisch und zuletzt vor allem statisch ist; der nur Ortsveränderung unveränderlicher Teilchen kennt und keine Geschichte, gar Perspektive, Horizonte einer Verwandlung. Ebenso ist ein abstraktes Utopisieren, als bloßes wishful thinking welthaft, prozeßhaft unvermittelter Art, mit Materie per definitionem nicht vermittelt; sie verhalten sich noch disparater zueinander als leicht beinander wohnende Gedanken und hart im Raum sich stoßende Sachen. *Konkrete* Utopie aber, genau diese, ist ja eine solche, weil sie sich mit dem Geschichtsindex der historisch-prozeßhaften Materie vermittelt hat. Und sie ist als *reale* Utopie überhaupt nur deshalb in der Welt, weil die Materie der Welt selber noch nicht geschlossen ist, weil der Prozeß dieser Materie weder vereitelt ist (was Utopie erstickte) noch bereits gewonnen (was Utopie zur Ankunft machte). Und hier wieder bewahrheitet sich die Begriffsbestimmung, die Aristoteles eben der Materie eingeschrieben sah: die Begriffsbestimmung des Potentiellen. Und zwar sowohl des potentiellen Kata to dynaton, des nach-Möglichkeit-Seienden, den Fahrplan der jeweils vorhandenen Bedingungen setzend, wie zentral des Potentiellen überhaupt, eben des Dynamei on im *Substrat der Welt*. Bedeutet doch das Kata to dynaton in der Folge genau so die nötige Anzahl der partialen Bedingungen, damit Utopie eine konkrete, eine materiell durchführbare sein könne, wie das Dynamei on die Grundbedingung überhaupt angibt, wodurch Utopie in der Welt noch ein Substrat hat. Beide Bestimmungen aber gehören der Aristotelischen Realdefinition der Materie an, und sie sind zugleich solche von *vermittelt-utopischer Art im Kata to dynaton, von fundierend-utopischer Art im Dynamei on.* Daß solche Definition der Materie nicht an ihrem ersten Aristotelischen Ort stehen bleibt, braucht nicht versichert zu werden, und ebensowenig, daß der bisherige, reichlich dem subjektiven Faktor zugeschriebene Begriff Utopie sich durch solche Extraversion mächtig in seiner Objektivität erfassen läßt. Wie nun völlig erkennbar, gibt lediglich der Mißbegriff einer mechanistisch fertigen, statischen Materie hier eine Raumbremse ab, am wenigsten aber die historisch-dialektische, die Prozeßmaterie. Sie ist selber lautere Utopie als das so unfertige wie immanente Substrat der Welt, wie es auf dem dialektischen Feuer seines Prozesses sich auskocht. Im eigenen Laboratorium versuchter Selbstbestimmungen des letzthin noch ausstehenden Was von unser aller Materie. Nur derart läuft ihr Organisationsprozeß über Leben, Bewußtsein, Artikulierungs Geschichte, Werke des sinnhaften Vor-Scheins in der nicht aus ihrer Möglichkeit gestoßenen Materie, sondern in der nach vorwärts offenen. Was ist Materie?, diese Frage ist derart, an diesem Perspektivpunkt, das eigenste, das noch in seinem welthaften Lösungsversuch befindliche Problem *aller Materie selber.* Es ist das Wasproblem des menschlichen Inhalts samt dem der uns nicht nur tragenden, sondern kosmisch so ungeheuer, so ungeheuerlich umgebenden Natur. Mensch und Möglichkeit, dieser jetzt erst auftauchende Dichtungs-, Philosophie-, Politikstoff, sein Possibile, wie ist es möglich? Einzig in einem Weltsubstrat noch offener, disponibler, latenter Eigenschaften; Prozeß überhaupt wäre ohne solch utopisch beschaffene Materie nicht möglich.

5. Wunschlandschaft und Weisheit sub specie aeternitatis und des Prozesses

Was hab ich,
Wenn ich nicht alles habe, sprach der Jüngling,
Gibt's etwa hier ein Weniger und Mehr?
Ist deine Wahrheit wie der Sinne Glück
Nur eine Summe, die man größer, kleiner
Besitzen kann und immer doch besitzt?
Ist sie nicht eine einz'ge, ungeteilte?

Schiller, Das verschleierte Bild zu Sais

Wenn eine einzige Wahrheit gleich der Sonne herrscht, das ist Tag.

Hamann, Aesthetica in nuce

Der Begriff ist der Zaun, die Physik der Garten, die Ethik die Frucht. *Der Stoiker Chrysipp*

Die Suche nach dem Maß

Es gibt kein Denken um seinetwillen und hat es nie gegeben. Das Denken begann damit, eine Lage erkennen zu wollen, um sich in ihr auszukennen. Hinter ihm standen Ängste und vor allem wünschende Bedürfnisse, die befriedigt werden sollen, und zwar abkürzend, überlegt. Es gibt hier keinen Weg, der nicht dazu gemacht worden wäre, damit Menschen auf ihm gehen und dort ankommen, wohin sie interessegemäß zu gehen wünschen. Wozu sie sich mit Licht über der Arbeit in einer mit ihnen halbwegs vermittelten Welt aufgemacht haben. Das ergibt Wunschländer auch im Erkennen, vor allem dort, wo das Leben im Ganzen, also philosophisch, überblickt wird und auf das zu Fliehende, das zu Suchende gebracht werden soll. Denn gerade mit dem zu Fliehenden, dem zu Suchenden insgesamt ist das erste wirklich freie Denken, das griechische, angetreten. Hat seine Welt nach Maßen dieses rechten Wunschs, des Wunschs nach dem Rechten übersichtlich zu zeichnen versucht. Nehme man derart die sogenannten sieben Weisen, sie alle bereits zeichneten in ihren Regeln und Hauptsachen dasjenige Denken aus, woran sie sich *halten* konnten. Es war das Mittlere im Leben und in den Umständen der

Dinge, es war noch nicht das »Eigentliche« überhaupt; doch genau dies Mittlere war nun durchschlagend und betonte dasjenige, worin die Dinge nach dem bon sens wirklich laufen. Sofern es, nach Meinung dieser Weisen, in dem Ausschnitt, den ihnen die Welt bot, wunschgemäß mit rechten Dingen hergeht. So haben Bias, Solon und andere Männer der Sinnsprüche vor allem Zufriedenheit und keine Reue gepriesen, ein »Nichts zuviel«, welches die griechische Weise des Tao darstellen mag, des Lebenstakts. Das freilich auf der Ebene des Alltags und in eingezogener Weise: der Sinn dieser Sinnsprüche stellt gleichsam ein Stilleben in Form des Gedankens dar und der Gelassenheit als Schutzhaus. Wobei der Angstgrund, auf den und gegen den auch in der Folge all das gezogen wurde, die Vergänglichkeit und Hinfälligkeit des Lebens ist, die Unsicherheit aller seiner Verhältnisse. Durch das ganze frühgriechische Denken zieht die Klage des Simonides, daß die Menschen hinsinken wie das Laub im Wald; ebenso aber zieht die Annahme hindurch, daß sich in der Mitte alles am ruhigsten und längsten erhält. Also wurden die sieben Weisen deshalb solche genannt, weil ihr Denken in dem unordentlichen Leben Maß und Einklang suchte, woran Segen war. Ja mit neuer Fähigkeit den Schlüssel für ein Dauerhaftes abgab, für den vermutlich ältesten Sinn dessen, was man φύσις nannte: nichtalternd zu sein, zusammenzuhalten. Die Toren machen sich um das aus dem Maß Gerückte, woran kein Segen ist, viel vergebliche Unruhe, die besagten Weisen setzten, in allem sonst skeptisch, auf das Ausgewogene. Es sollte eben der menschliche und dingliche bon sens zugleich sein, in wünschbarster Weise. Es sollte der Einstand des Zeigers in der Waage der Umstände sein, der ordentliche Wandel, wo sich gut sein läßt. Durch diese Welt geht, was immer wieder, von der Stoa bis Goethe, als »Gesunden« schlechthin und sein Halt bezeichnet worden ist. Es fällt da anziehenderweise mit dem wahren Sein selber zusammen, als dem Land des Einfachen, das immer zwischen Extremen sich faßt. Wonach das Wahre sich auf das beschränkt, was sich dauernd ins Rechte denkt und es als gute Welt ist. Wenn auch diese nicht so ruhig daliegt, wie Haus, Hof, Garten es sehen lassen.

Das große Denken ging sogleich, als es eintrat, zu den Dingen schärfer hinaus. Aufklärend, gegen veralteten Brauch, jenseitigen Nebel, aber auch gegen bloßen sinnlichen Schein. Und es wurde darauf vertraut, daß das Wesen zu finden sei und daß es, auch als Wasser, Balken habe. Das heißt, etwas sei, mit dem der Mensch, als einem freundlichen Stoff, als tragender Physis, im »Eigentlichen« verwandt sei. Der Gegensatz: Gleiches könne nur von Gleichem wahrgenommen, gar erkannt werden, geht schon rein erkenntnistheoretisch vertrauensvoll durch das sogenannte vorsokratische Denken. Er liegt bei Thales stillschweigend zugrunde und deutlich bei Heraklit, wenn er auch erst bei Empedokles bewußt geworden ist. Dergestalt, daß wir nur durch das Kalte das Kalte, durch das Warme das Warme erfassen können, nur durch Haß den Haß, durch Liebe die Liebe und so fort im Entsprechenden von Mensch und Welt. Was dann bei Plotin und bei Goethe zu der großen Ausweitung ins beiderseitig Vollkommene führte: »Wär' nicht das Auge sonnenhaft, nie könnt' die Sonne es erblicken.« Die Auskünfte über dies Wahlverwandte können so verschieden sein wie das ruhelose *Lebensfeuer* Heraklits und die unbewegte *Seinskugel* der Eleaten; gemeinsam ist dennoch die Gleichsetzung dieses »Eigentlichen« oder Ursprungstoffs mit dem, woran ein »Eigentliches« im Menschen seine Bewegung, sein wahres Wesen hat. Daher sagt Heraklit, die Seele, je trockner und feuriger sie sei, desto besser nehme sie an dem vernünftigen Urfeuer teil (fr., Diels, 118). Daher sagt Parmenides, Themis und Dike, also die Göttinnen des unwankenden Rechts, höben den Schleier dort, wo das unveränderliche Hen kai Pan thront, »der wohlgerundeten Wahrheit unerschütterliches Herz« (fr. 1). Diesen wertgetönten Zeichnungen des Wesentlichen widerspricht der verblüffend ökonomische Reflex bei Heraklit am wenigsten: »Alle Dinge sind Austausch für Feuer und Feuer für alle Dinge, so wie Waren für Gold und Gold für Waren« (fr. 90). Denn in diesem Satz gibt sich ein frühes Warendenken in den jonischen Handelsstädten gerade dadurch, daß es sich kosmisch macht, zugleich mit Gold als allegorischem Dauerwert ein Stelldichein. Wie es selber, so strahlt nun das allemal kostbare Feuer, »von keinem Gott und keinem Menschen gemacht, nach Maßen immer wieder erlöschend, sich immer wieder entzündend« (fr. 30); so ist aber auch umgekehrt das statische Hen kai Pan jedem Wechsel entrückt. Bewußt freilich hat erst Empedokles den Erwählungssatz formuliert, daß nur Gleiches Gleiches wahrnehmen, erkennen könne. Und er ist auch hier keineswegs auf Warmes oder Kaltes beschränkt, sondern gibt sich als Schlüssel für nichts Geringeres als für ein Willenshaftes im Umsatz der Dinge selbst. Dergestalt geht Empedokles nicht nur sympathetisch zu den Elementen, sondern auch zu einer Art Wertleben zwischen ihnen: »Mit unserem Erdstoff erblicken wir die Erde, mit unserem Wasser das Wasser, mit unserer Luft die göttliche Luft, mit unserem Feuer das vernichtende Feuer, mit unserer Liebe endlich die Liebe (der Welt) und ihren Haß mit unserem traurigen Haß« (fr. 109). So werden hier zum erstenmal Grundaffekte wie Liebe und Haß in den Bewegungen, Trennungen, Verbindungen von vier Elementen getroffen. Nichts Geringeres eben als das Willenshaft-Intensive, das »Interesse« selber war damit zum erstenmal als objektiv bewegender Faktor in der Welt bezeichnet – eine gärende Landschaft voll Zerstörung, aber voll Aufbau zuletzt. Denn so sehr νεῖκος, der Haß, das All stört, zerstört, das schön sich Rundende immer wieder sondert, so ist im Empedokleischen *Affektstoff* doch ebenso die Unruhe der stärkste Sucher der Ruhe. Zuletzt führt φιλία, die Liebe, die Elemente wieder zu einem wahren Wunschland zusammen, bis sie alle in vollständiger Harmonie vereinigt sind. Diese Harmonie bildet in ihrer vollkommensten Form den Sphairos, als letztes, siegreiches Gegenbild des Haßstrudels. Mit alldem nähert sich Empedokles dem Heraklitischen Grundgedanken vom Streit als Vater aller Dinge. Und er entspannt diesen Gedanken freilich wieder, indem ihm der Streit nicht nur kein Vater, sondern mehr ein Moloch ist, so daß gerade die produktive Dialektik Heraklits verlorengeht. Aber sie geht eben in dem verfrühten Vorgriff auf völlige Harmonie verloren – mit der ganz und gar wunschbildhaft prophezeiten Windstille im wiederhergestellten, nur noch von Liebe bewegten Wesen. »O Iris Bogen! über stürzenden / Gewässern, wenn die Wog in Silberwolken / Auffliegt, wie du bist, so ist meine Freude« – was Hölderlin derart seinem Empedokles nachdichtet, erneuert in der Tat das Regenbogenlicht in dieser hocherhobenen Landschaft. Gleiches wird durch Gleiches erkannt, also nicht nur die Erde durch Erdiges, auch der Äther durch das höchste Element: durch den Luftstoff Seele.

Das ist starker Wunsch, samt dem Draußen, das ihm entsprechen soll. Auf solidem, bewußt materialistischem Boden steht dagegen der nüchternste und wichtigste sogenannte Vorsokratiker: Demokrit. Die Physis ist von allen mythischen Zügen entzaubert, aber dadurch ist sie ebenso im wertmäßigen Sinn erhellt, nämlich ganz einheitlich freundlich. Von Dämonischem ist absichtlich das Finsterste: die Moira, die alte Schicksalsgöttin erinnert, doch siegreich erinnert. Das Schicksal wird zur völlig verstehbaren kausalen Notwendigkeit. Diese gibt den einzigen Erklärungsgrund für alles Geschehen in der Welt, und die Ananke, die als so *erhellte Notwendigkeit*, ist nun ohne Spuk und Wolken, ein neuer, gänzlich gekühlter Äther gleichsam und einer in sämtlichen Bewegungen, Erscheinungen des Stoffs, schon jetzt. Diese Erkenntnis bewirkt nach Demokrit das Erstrebenswerteste, Glücklichste im Menschen, die γαλήνη, die Meeresstille (Diog. IX), doch ebenso ist das Wunschbild Stille das der gesetzmäßig durchwalteten Landschaft selbst. Die feine und sanfte Bewegung der »Feueratome«, die die menschliche Seele bilden, gibt ja nicht nur ruhiges Glück, sondern erschließt auch – wieder mit Gleichem Gleiches erkennend – die Welt; so ist diese Welt selber eine des ebenmäßigen Gangs, des unausweichlichen, doch durchschaubaren Zwangs der Ursachen. Epikur und Lukrez haben nachher das Furchtfreie in dieser Landschaft betont, die Stoa – mit noch stärkerem Preis der Notwendigkeit – das Weltvertrauen. Das ewige Wesen bei Demokrit ist die Gesamtheit der durch ihre Schwere sich bewegenden und die Welt bildenden Atome. Kein Zweifel aber: in dieser Naturnotwendigkeit steckt zugleich eine den Glückswunsch befriedigende Deutung ihrer; sie steckt in der Aussicht: heiteres Fatum.

Kant und intelligibles Reich; Platon, Eros und die Wertpyramide

Erst ziemlich spät hat das Denken sich auf den Menschen gerichtet, ja mit ihm angesetzt. Die Sophisten brachten diesen sozusagen inneren Blick, freilich als einen von Haus aus gar nicht inwendigen im späteren, vor allem deutschen Sinn, sondern als einen skeptischen. Er gehört zur athenischen Aufklärung, die von der vorhergehenden in den Kolonien ja dadurch verschieden ist, daß sie das gesuchte »Eigentliche« in den subjektiven Faktor bringt. Und es darin entweder mehr oder minder individualistisch zerreibt, wie bei den Sophisten, oder aber es darin neu durch philosophisches Handwerk (σοφός, der Weise, heißt ursprünglich Handwerker) zu eruieren sucht, wie bei Sokrates. Auch er aber bleibt subjektiv oder anthropologisch: »Von den Bäumen kann ich nichts lernen, wohl aber von den Menschen in der Stadt.« Die Physis hört also auf, das erste zu sein, an ihrer Stelle sollen nun die Seele, die Gesinnung, der Geist primär sein. Das idealistische Bewußtsein beginnt und überzieht nun – in wieviel Formen, auf mehr oder minder reaktionäre Weise auch das mythische Bewußtsein wieder einlassend – die Welt. Freilich ist der so freigelegte Idealismus, trotz seiner heillosen Einseitigkeiten und Übertreibungen im Geist, eines der wichtigsten antithetischen Fermente der philosophischen Entwicklung geworden, gerade für den Materialismus selber. Er wurde wichtig sowohl wegen des subjektiven Ansatzes, also des erkenntnistheoretischen Stachels, der seit der sophistischen Skepsis nicht mehr außer Betrieb zu setzen ist, wie wegen des Reichtums an Bestimmungen, den die dauernde Beachtung gerade des Logischen in der Welt erschließen konnte. So sehr auch dieses Logische auf den Kopf gestellt war, das heißt, aus einem materiellen Prädikat zum alles tragenden Subjekt gemacht wurde. Und es ergibt sich von selbst, daß zu dem eigentlich experimentierenden Reichtum der Idealismen auch eine neue Perspektive von Wunschinhalten, das heißt hier: von *Idealen* gehört – aus dem Subjekt, doch gegebenenfalls auch aus den Tendenzen des Objekts quillend. Wobei weiterhin festgehalten werden muß: der Kampf zwischen Materialismus und Idealismus ist in der Geschichte der Philosophie nicht nur so aufteilbar wie ein Kampf zwischen zwei Sportgruppen. Hier Dessau gegen Schwerin, hier Dynamo gegen Turbine, hier Materialisten gegen Idealisten, diese ein großes I, die anderen ein großes M auf dem Sweater. Sondern der Kampf findet häufig in bedeutenden Philosophien selber statt: nicht bei Sokrates, nicht bei dem so scharf prononcierten Groß-Idealisten Platon (der bezeichnenderweise Demokrit nicht einmal erwähnt), wohl aber in der Stoa, bei Aristoteles, Leibniz, Hegel. So auch bei dem Größten in der von Sokrates herlaufenden Reihe des subjektiven Faktors, bei *Kant.* Denn seine »Theorie des Himmels« von 1755 war fast rein mechanisch-materialistisch, seine »Kritik der reinen Vernunft« ist im Ansatz, dem transzendentalen, völlig idealistisch, jedoch ihr Gegenstand ist ausschließlich die Newtonsche Mechanik, und die idealistischen Ideen: Gott, Freiheit, Unsterblichkeit werden aus der Wissenschaft verwiesen. Dafür sollen sie, als »Ideen des Unbedingten«, die in der vorhandenen Welt lückenloser Bedingungszusammenhänge schlechthin nicht vorkommen, einen irrealen Platz im Glauben erhalten, samt allen – noch irrealen – Vollkommenheitsbildern des Ideals (zuletzt des höchsten Guts). Kant also will zwar »das Wissen aufheben, um dem Glauben Platz zu machen«, doch das Aufzuhebende ist keineswegs *alles* Wissen, am wenigsten das hochanerkannte der Mechanik, sondern vor allem doch das falsche, dogmatische, das über die »Ideen des Unbedingten« handelt, als wären sie mehr als bloßer »transzendentaler Schein«, als wären sie vorhandene, empirische Realität. Und durch diese Reduktion des »Eigentlichen« auf ein letzthin nur erstrebbares »Überhaupt« in der Welt tauchte eben eine besonders akzentuierte Wunschlandschaft, das heißt hier: Vollkommenheitslandschaft in der Philosophie auf – mit beibehaltenem Materialismus im Sein, abstrakt-postulativem Idealismus im Sollen. So entsteht allerdings – *mitten in der materialistisch-idealistischen Koalition* – ein neues Zweiweltenreich, ein allzu mechanistisches und ein erst recht allzu losgelöstes, intelligibles. Bedeutsam jedoch wird gerade vom vorkritischen, also noch nicht so dualistischen Kant der Tenor seines »Glaubens« als ein keineswegs bloß weltloser angegeben. »Ich finde nicht, daß irgendeine Anhänglichkeit oder sonst eine vor der Prüfung eingeschlichene Neigung meinem Gemüte die Lenksamkeit nach allerlei Gründen für oder dawider benehme, eine einzige ausgenommen. Die Verstandeswaage ist doch nicht ganz unparteiisch, und ein Arm derselben, der die Aufschrift führt: *Hoffnung der Zu-*

kunft, hat einen mechanischen Vorteil, welcher macht, daß auch leichte Gründe, welche in die ihm angehörige Schale fallen, die Spekulationen von an sich größerem Gewichte auf der anderen Seite in die Höhe ziehen. Dieses ist die einzige Unrichtigkeit, die ich nicht wohl heben kann und die ich in der Tat auch niemals heben will« (Träume eines Geistersehers, Werke, Hartenstein, II, S. 357). Dergleichen bezieht sich an Ort und Stelle zwar scheinbar nur auf – abgeschiedene Seelen und die künftige Welt dieser Art, jedoch ist in Wahrheit ein intelligibles Reich in dem bedeutenden Satz impliziert, zu dem der Zugang nicht der Tod ist, sondern die Geschichte in weltbürgerlicher Absicht. Wie denn gerade der späte Kant die »Hoffnung der Zukunft« dahin aussprach, daß »das menschliche Geschlecht im Fortschreiten zum Besseren immer gewesen sei und so fernerhin fortschreiten werde« (Streit der Fakultäten, Werke VII, S. 402). Im Sinn des schönen Ideals einer Verwirklichung des Sittengesetzes, »die wir nicht als empirische Vollendung *absehen*, sondern auf die wir nur im kontinuierlichen Fortschreiten und Annäherung zum höchsten auf Erden möglichen Guten *hinaussehen*, das ist, dazu Anstalt machen können« (Religion innerhalb der Grenzen, Werke VI, S. 234 f.). Letzthin geht diese Hoffnungsperspektive bei Kant auf ein moralisches Reich Gottes auf Erden, erläutert durch den Citoyen. Die deutsche Misere riß zwar dieses Wunschbild immer wieder von der sich historisch bewegenden Wirklichkeit ab, und so blieb es bei Kant besonders stark in Inwendigkeit und ewig ferner Abstraktheit. Indes, diese Abstraktheit und Ferne umriß eben bei Kant kein Jenseits, sondern ausschließlich einen Himmel in der sich hocharbeitenden, zu befördernden Humanität. Ihr dienen die Postulate, welche die Ideen des Unbedingten (Gott, Freiheit, Unsterblichkeit) rein auf die Moralität beziehen. Ihr dienen die Ideale als die »regulativen Begriffe des im Feld der menschlichen Vernunft ganz Vollständigen und Vollkommenen«. Postulate, Ideen des Unbedingten und Ideale stellen so eine ganz einzigartige Sternlandschaft dar, einen bestirnten Himmel reiner praktischer Vernunft. Wobei die Entsprechung des Bilds so weit geht, daß alle diese gestrengen Lichter, gleich den Sternen, ihre Erhabenheit nur rein normativ ausstrahlen, ohne die Zwischenräume am Nachthimmel empirisch zu erhellen. »So ist es mit dem *Ideale der Vernunft* bewandt, welches jederzeit auf bestimmten Begriffen beruhen und zur Regel und zum Urbilde, es sei der Befolgung oder Beurteilung, dienen muß« (Werke III, S. 392). Kant verwahrt sich durchaus dagegen, zu denen zu gehören, die ihr Licht beim Platon angezündet haben, doch sein eigener Idealismus macht freilich, daß er Platonische Urbilder oder Ideen zum Teil aus dem metaphysischen Sein in moralisches Sollen gebracht hat. Darin strahlen sie nun in reiner, allzu reiner Zukunft vor, am unvermittelten Himmel guten Willens und moralischen Endzwecks.

Das Reine, das sich hier nicht findet, wurde vorwärts, wurde aber erst aufwärts gesucht. Letzteres ist die mythische Weise, sie war in den jonischen und sizilischen Handelsstädten verlassen worden. Gar die athenische Aufklärung hatte, wenn sie bei den Sophisten schon die irdische Obrigkeit als fingiert erklärte, erst recht verkünden lassen, es gäbe kein himmlisches Oben, keine Götter. *Platon* nun ist demgegenüber der aristokratische und mythische Rückschlag, doch, wie sich gerade an der Höhe, ja besonderen Lichthaftigkeit des gefährlichsten und größten Idealisten von selbst versteht, nicht nur dieses. Platon fiel es als einem Wunschdenker, wie bisher keiner war, leichter, ans Unsichtbare als ans Sichtbare zu glauben, und das Aufwärts wurde bei ihm eine Sehnsucht, ein Eros, ein Wettstreben, zuletzt freilich eine sogenannte Schau des Unsichtbaren. Als läge die Welt im Dämmer und nur die begrifflichen Urbilder in ihr seien das Wahre, einzig Wirkliche, in unsinnlicher Reinheit Erfüllende. Ein Wunschland durchaus, mit viel reaktionärer Beziehung zur spartanischen Ordnung, viel sentimentalischer zu ägyptischer Ruhe, und eines, das als das Reich der Figuren und Gattungen die Welt überzog, begriffshaft verdoppelte, hierarchisch gliederte, idealistisch verdeckte. Hierbei jedoch wirkt eben wegen des starken Wunschwesens sehr viel ganz Emotionales mit, bis es zu der scheinbar so rein geistigen Schau kommt. So die Sehnsucht, die das Gleiche, das sie fassen will, überhaupt nicht in einem sinnlich Vorhandenen zu treffen meint. So der Eros, der überhaupt nicht nur aus Gleichem, sondern ebenso aus dem Stachel des Ungleichen, des vorhandenen Mangels, bestehen soll und derart, immer wieder dialektisch getrieben, den Schatz des Rechten weder hat noch nicht hat, sondern sucht. So emotional beschaffen ist nicht zuletzt auch das Bild des Agon, des Wettkampfs, worin der immerhin noch liebenswürdige, ja spielerische Eros, wie Platon ihn im »Symposion« darstellt, im »Phaidros« zum Allesbeginner, Allesbildner wird. Steht der Eros des »Symposion« (203 C-E) in dem Übergang vom

Nicht-Haben zum Haben und umgekehrt, als »der Sohn des Reichtums und der Armut, mit den Eigenschaften beider«, so ist er im »Phaidros« (247 B, C) ein Flügel und ein Gespann, als antreibendes Agens zum Vollkommenen, »den Weg ganz steil hinauf bis zu den Gewölben des Himmels, und mit den Göttern selber kreisen jetzt die Gewölbe selber um das große Sein, farblos und ohne Gestalt und ungreifbar«. Dorthin blickt die *Liebe* zur Weisheit, eine dialektische Schau, sofern sie, vor allem im »Parmenides«, bestimmte Gegensätze wie das Viele und das Eine, das Ungleiche und das Gleiche umfaßt und nicht auch, wie bei Heraklit, eine objektive Dialektik durch die Gesamtheit der Welt ist. Statt dessen beharrt die ganze Welt in einem Dualismus zweier Sphären, von denen die obere in den finsteren Raum der unteren nur hineinscheint. Allerdings auch mit ihren sämtlichen geometrischen Figuren und quantitativ-qualitativen Gattungen darin verkehrt, jene Schönheit bietend, die noch in den Neuplatonismus des Faustmonologs geht: »Wie Himmelskräfte auf und nieder steigen / Und sich die goldnen Eimer reichen! / Mit segenduftenden Schwingen / Vom Himmel durch die Erde dringen, / Harmonisch all' das All durchklingen.« Dergleichen bleibt bei Goethe trotz aller Transparenz monistisch, mit einer Umfassung, besser Besiegung jedes Anklangs von Zweiweltenbild durch Spinozas geräumige natura sive deus. Bei Platon aber ist die Himmelsleiter-, spätere Kirchenfenster-Landschaft Welt deutlich eine vom Licht zur Nacht, von Nacht zum Licht. Die Welt ist aus sich bei Platon völlig unerklärbar, ja an sich selbst, als leerer Raum, gar nicht vorhanden: einzig μέθεξις, annehmende Teilnahme an den Ideen, παρουσία, sich mitteilende Gegenwärtigkeit der Ideen, geben den Dingen ihre Eigenschaften, ihre Gattungen, ihr Palmenhaftes, Löwenhaftes, Schönes, Gutes hoch hinauf. Und das getrübt, in bloßer Nachahmung, verglichen mit der reinen Himmelsleiter, der mit immer wahrerem Sein zu immer höherer Vollkommenheit aufsteigenden Ideenpyramide. Soll doch deren Spitze die *Idee des Guten* sein, als einzige und letzte Bestimmung in das mystisch Unbestimmte des höchsten Seins hineinragend. Diese Idee soll zugleich die Zweckursache der ganzen methexis und parusia sein, hiermit auf das starke Wunschwesen zurückkommend, das, wie gesehen, von Anfang an, mit Sehnsucht, Eros, Agon, Platons scheinbar so kontemplative Schau begleitet hat. Von daher, von der obersten Idee des Guten her (Platon nennt sie, selber nicht ohne

Zweckursache, τὸ μέγιστον μάθημα, sein wichtigstes Lehrstück) will sich sowohl Platons reformatorische Tätigkeit begründen, samt der hierarchischen Utopie, wie seine folgenreiche Gleichsetzung von immer höherer Vollkommenheit mit immer seienderem Sein und umgekehrt. Letztere Gleichsetzung soll die Wunschlandschaft Platonismus sogar zu einer immer – realeren machen, je höher sie in den Äther der Ideen steigt; eine idealistische Hypostase (je vollkommener, desto realer), die schließlich bis in den Anselmschen Gottesbeweis (ens perfectissimum – ens realissimum), ja bis in das immer realitätsdichtere Fürsichsein des »absoluten Geistes« bei Hegel nachwirkt. Womit zugleich die entschiedenste Folie (e contrario) zu der Ideal-, aber nicht Realbestimmung des Kantischen »moralischen Endzwecks« gegeben ist; als welcher zwar, gleich allen »normativen Urbildern« Kants, den Platonismus voraussetzt, samt seiner Zweiweltentheorie, jedoch gerade das Realsein, gar das mit den Idealen aufsteigende, ausläßt. Das Idealland ist in Ansehung der letzten Idee, der des Guten, das gleiche, so aber, daß es bei Kant in der Hoffnung steht und in leider nur unendlicher Annäherung an seine Realisierung, bei Platon dagegen in stärkster, jedem Werden entrückter Realität. Vor allem in seinem Alterswerk, dem »Philebos«, hat Platon die Idee des Guten als solch teleologisch-reale Zentralsonne entwickelt, mit den doppelten Zugängen: Lust und Einsicht zugleich, eben als das »allen Wünschenswerte und (real) Vollkommene schlechthin« (61 A). Und der Zentripetalzug dahin gab schließlich für den fortwirkenden *Eros-, Agon-Platonismus* in sonst so wenig dualistischen, doch realteleologischen Philosophien wie denen des Aristoteles, Leibniz', Hegels selber das Heliotrope ab. Der Eros ist bei Aristoteles der Drang (ὁρμή) des Stoffs nach der Form, zuhöchst der reinen = Gott; so strahlt hier die Welt als sich verkörpernde Form. Der Eros ist bei Leibniz die inquiétude poussante oder Tendenz der Monaden zu immer wacherer, reicherer Widerspiegelung (repraesentatio) des Universums; so strahlt hier die Welt als sich aufklärendes Lichtwesen. Der Eros ist bei Hegel die Durchschlagskraft der dialektischen Gestaltung, Umgestaltung, heraus aus dem Hades des abstrakten Ansich durch den Dschungel des physischen Außersich zum Fürsichsein Kultur; so strahlt hier die Welt als Prozeß ihres sich ausschüttenden, sich mit sich zusammenschließenden Geistgehalts. Das sind alles Idealismen in der Äther-Richtung ihres Wunschs und ihrer Abzielung, jedoch

Idealismen, die nicht nur ohne das hierarchische Platonreich keine objektiven geworden wären, sondern die die Erkenntnis gerade der Welt aus sich selbst weit über Demokrit und Demokritismus hinaus bereichert haben. Nämlich durch verwandelnde Einbeziehung der ursprünglich so statischen Ideenpyramide in ein hervortretendes Nacheinander; wodurch eben eine neue, noch lange nicht erschöpfte Perspektive erschien: die der immanenten Teleologie.

Bruno und das unendliche Kunstwerk; Spinoza und die Welt als Kristall

Und nun wendet sich das Denken wieder nach außen, damit es erneut auf Stoff blicke. Das geschah in den neueren, bürgerlichen Haltungen, soweit sie dem Diesseits und sonst nichts mehr verschworen waren. Sofern sie in den Garten des Diesseits gehen und nicht nur darin arbeiten wollten, sondern auch an ihm sich erfreuen. So hatte Thales das befruchtende Wasser, Anaximenes die belebende Luft alles umfließen lassen, und beide machten das bereits weltfromm. Der Stoff wurde erhöht und beseelt, auch das Ätherische, und gerade dieses fand Platz in ihm. Nie geschah das aber schöner, vor allem weiter als in der Sicht *Giordano Brunos*, die endlich wieder eine stofflich-immanente sein will wie die der ersten jonischen Denker (Bruno rühmt sie bewußt), aber hierbei eine Fernsicht ist. Der Augenschein des Gewohnten wird im Zeitalter der Entdeckungen und der kopernikanischen Umwälzung zu schmal: »Offenbar töricht ist es doch«, sagt Bruno, »es gäbe keine anderen Geschöpfe, keine anderen Sinne und anderen Verstand als die uns bekannten.« Ein selber ungeheurer Wunsch ins Unbegrenzte geht nun an, il eroico furore, ein ozeanisches Gefühl, ein kosmisches Bewußtsein, wie auf großer Berghöhe mit den Wolken unter sich und nur noch der Sonne, den Sternen über sich, um sich. So tritt Bruno vor, ein philosophischer Minnesänger der Unendlichkeit, im Geist des Kopernikus, aber weit über ihn hinaus, denn auch noch die Himmelsdecke springt, an der dieser die Fixsterne belassen hatte. Die Perspektive ins diesseitig Unendliche, sie hat in Bildern, im großen Horizont bei Jan van Eyck früher begonnen als im Gedanken; trotz großer Vorbereitungen bei Alain de Lille, besonders bei Nikolaus von Cusa. Nun wird dieser neue Raum, ein Zentrifugalraum, gänzlich rundherum um die Erde gerissen, nicht nur an den Horizont, auch in den Zenith: damit verschwindet die Erde, jedoch ebenso die Sonne als Mittelpunkt, und es bleibt nur die unendliche Sphäre, deren Mittelpunkt überall ist. Weiter sollen »Minimum« und »Maximum« im übergreifend Unendlichen nun zusammenklingen: das Minimum als Punkt, Atom, Monade, das Maximum als das Universum, worin diese individuelle Fülle befaßt ist. Nicht numerisch befaßt wie in einem toten Raum, sondern so, daß die unerschöpfbare Tätigkeit des der Welt innewohnenden Prinzips eine ebenso reiche und unterschiedene Fülle der Gestaltungen setzt. Zugleich aber wird das *Ganze* des Universums wieder als Ausgleich all dieser Unterschiede gefeiert, dergestalt, daß die Welttrunkenheit, so hoch gestiegen, wirklich alle Wolken des Daseins unter sich sieht, sehen möchte. Also auch die Unterschiede zwischen Schatten und Licht und vor allem die Schatten selbst; das soll sich nun genauso in Harmonie ausgleichen, sub specie toti, wie Gleich und Ungleich, Bewegung und Ruhe, schließlich Möglichkeit und Wirklichkeit. Letzteres vor allem: die Leugnung einer eigenen, noch bestehenden Möglichkeit im *Ganzen* der Welt, gleichsam die fertige Ausgeschüttetheit des Universums als eines abgeschlossenen behauptend, – bezeichnet eine merkwürdige Unterbrechung in der Unendlichkeits-Perspektive Brunos selbst; und das eben gemäß dem Wunschbild einer *kosmisch vorhandenen Vollkommenheit.* Denn nur die endlichen Dinge sind, nach Bruno, nicht alles, was sie sein können, ja die den Dingen innewohnende Bildkraft wird ihm nie müde, neue Formen zu schaffen, doch im Ganzen des Universums sollen Mögliches und Wirkliches vollkommen zusammenfallen, weil es selber das Vollkommene ist. Denn hätte es noch eine unverwirklichte Möglichkeit in sich, wären nicht alle Möglichkeiten in ihm verwirklicht, dann – so argumentiert Bruno – ermangelte es etwas, wäre also nicht vollkommen. Damit hat aber Bruno nicht nur den klassischen Harmoniebegriff und den der Renaissance auf das Universum übertragen, mit der Kunst, die angeblich überall am Ziel ist, sondern auch das Ens perfectissimum der scholastischen Theologie. Und dazu noch, gegen alle Aussicht in offene Unverwirklichtheiten der Welt, das göttliche »Possest«, »Könnensein« des Gottes bei Nicolaus Cusanus, als der absoluten Wirklichkeit, in der eo ipso alle Möglichkeiten realisiert sind. So hat Bruno in seine Unendlichkeit gerade wieder eine Endlichkeit hineingebracht, nämlich die des statischen Abgeschlossenseins im Großen, Ganzen des Universums selbst; an dieser Stelle also, gegen die Zukunft hin, ist die Himmelsdecke noch nicht gesprengt. Die Verführung dazu ist freilich – wie bei dem großen Antitheisten selbstverständlich – nicht die Theologie, sondern letzthin die große Wunschlandschaft der Welt als *vollendeten Kunstwerks.* Und das Kunstwerk weist auf den Künstler, auf ein Göttliches als Künstler

– weltimmanent und werkmeisterlich gerade im Inneren der Natur selber. Damit aber hat Bruno die Möglichkeit, wenn nicht im Totum der Welt, so doch für alles einzeln Gestaltende innerhalb dieses Totum wieder eingesetzt und vor allem für das Werkmeisterliche darin: die »natura naturans«. Diese ist das Lebensfeuer, das bildend durch die Dinge läuft, das πῦρ τεχνικόν Heraklits, aber *untrennbar mit der Materie verbunden*. Die Materie ist der gebärende Schoß, sie enthält alle ihre Formen und Formgestalten potentiell, führt sie zugleich mit *eigener Potenz* ans Licht: »So gelangen wir zu einer würdigeren Anschauung der Gottheit und dieser Mutter-Natur, die uns in ihrem Schoße hervorbringt, erhält und wieder aufnimmt, werden fernerhin nicht mehr glauben, daß irgendein Körper ohne Seele sei, oder gar, wie manche lügen, daß die Materie nichts anderes sei als eine Jauchegrube chemischer Stoffe« (Werke, 1909, VI, S. 120 f.). Andere »Dimensionen« hat die Materie unter der Form des Menschen, andere unter der des Pferdes, andere unter der Form der Myrte, andere unter der des Auges: doch gleichmäßig hat sie das Potentielle zu alldem und zugleich die Potenz, es auszugestalten, auszuprägen. Es ist dasselbe materielle Prinzip, das in den Metallen, Pflanzen, Tieren bildet, das in den Menschen denkt und organisiert, nur daß es sich auf unendlich verschiedene Weise äußert. Folgerichtig nennt Bruno die Trennung: formlose Materie, immaterielle Form eine pure Abstraktion und schafft sie ab. Er feiert statt dessen die Materie selber als »dator formarum«, als Mutter-Natur (natura naturans) und Gestalten-Natur (natura naturata) in Einem; er vollendet so die »Naturalisierung« des Aristoteles, wie sie von seinem Nachfolger Straton, von seinem Kommentator Alexander von Aphrodisias, von Avicenna und Averroës, von Avicebron und den Amalrikanern zu immer entschiedenerem Materialismus hingetrieben hatte. Zu einem qualitativen freilich, einem, worin die Materie weithin nach des Menschen Bilde auftrat, nach dem Lebens- und Schöpferbild des Renaissancemenschen, mit Renaissance-Dimension. So voll schmiedendem »Vulcanus« war auch der Weltstoff bei Paracelsus, so voller »Quellgeister« bei Jakob Böhme. »Unter den der Materie eingeborenen Eigenschaften ist die Bewegung die erste und vorzüglichste, nicht nur als mechanische und mathematische Bewegung, sondern mehr noch als Trieb, Lebensgeist, Spannkraft, als Qual – um den Ausdruck Jakob Böhmes zu gebrauchen – der Materie«: dieser Marxsatz aus der »Heiligen Familie« gilt gleichermaßen für Bruno, samt der Bekundung: »Die Materie lacht in poetisch-sinnlichem Glanz den ganzen Menschen an.« Ja diese Bekundung gilt besonders für Bruno, für die Welt als Kunstwerk. Für das Wunschbild: Mensch als Kind in Mutter-Natur, für den Enthusiasmus, der sich eins wissen will mit dem Diesseits von Unendlichkeit. Wo das All für das Alles steht und die Natur schon vollkommen auf den Platz zu gehören scheint, den sie einnimmt.

Auch das Denken, das sich nicht davor hütet, erbaulich zu sein, läutert sich als helles zuvor. Der Spiegel des Erkennens wird auf Flecke oder unebene Stellen geprüft, bevor mit ihm gearbeitet wird. Zuerst kam die Prüfung auf Sinnestrug, später und wichtiger erfolgte die auf unreine logische Bestandteile, dazu auf solche emotionaler Art. Bruno glaubte keinen Anlaß zu sehen, das Denken anders zu klären als durch Fensterschlagen, Erweitern nach allen Seiten. *Spinoza* aber, als er gleichfalls den geheimnisvollen Weg nach außen nahm, schrieb seinen moralischen Versuch »Über die Verbesserung des Verstands«. Dieser Versuch ist moralisch und nicht nur – wie bei dem zweifelsfreiesten aller Rationalisten selbstverständlich – erkenntnistheoretisch; doch desto eifernder will er gerade den Verstand vom Getöse der ihn trübenden und schwächenden Affekte reinigen. Und zu ihnen gehört alles, was auf vergängliche Güter hinlockt (Sinneslust, Reichtum, äußere Ehre), zum Unterschied vom dauernden Gut und Gegenstand eines wahrhaften Lebens. Zu ihnen gehört alles, was nur als solche Lockung einleuchtet, zum Unterschied von dem echt Einleuchtenden, das durch unbestechlichen Verstand in Gewißheit gewonnen wird und das einzig und allein stetige Freude verschafft. Also scheinen auch keinerlei Wünsche darin Platz zu haben, indem das Wünschen, vor allem als Hoffen, jenes Ungewisse mit sich führt, das der Freude wie dem Stolz des Erkennens abträglich ist. Noch deutlicher hat Spinoza in seiner »Ethik« alle solche »inadäquaten Affekte« als Träger »inadäquater Ideen« auszuscheiden versucht; mithin nicht nur die Reue und dergleichen, als Niederdrückendes, sondern ebenso die Hoffnung und dergleichen, als Ungewisses (Eth. III, Tafel der Affekte 12). Ja, inadäquate Ideen ohne allen realen Bezug sollen auch in allen qualitativen und Werturteilen stecken, wie: »gut, böse, Ordnung, Verwirrung, warm, kalt, Schönheit und Häßlichkeit« (Eth. I, Anhang). Und doch hat der gleiche Philosoph in seinem System eine der heitersten Ordnungslandschaften der Welt entworfen – eben auf Grund dessen, was er rationale Einleuchtung nennt. Nicht ohne Inkonsequenz (sie ist bei Spinoza häufig besonders bemerkbar, indem er verschiedene Gedankenreihen so konsequent entwickelt, daß sie sich nicht mehr harmonisieren lassen) gibt es vom Guten und Schlechten nun doch eine Erkenntnis, ja eine mit Affekten verbundene: »Die Erkenntnis des Guten und Schlechten ist nichts anderes als der Affekt der Freude oder Trauer, sofern wir uns seiner bewußt sind« (Eth. IV, Lehrs. 8). Und noch mehr: die Urteile über Vollkommenheit, Unvollkommenheit sollen zwar rein subjektive sein, »Modi des Denkens« mit falscher, rein anthropomorpher Messung (Eth. IV, Einl.), aber die Vollkommenheit selber wird als dermaßen objektiv ausgezeichnet, daß Spinoza sagen kann: »Unter Realität und Vollkommenheit verstehe ich dasselbe« (Eth. II, Def. 6). Das heißt, es soll deshalb keine Werturteile über Vollkommenheit geben, weil es überhaupt kein meßbares Mehr oder Minder von Vollkommenheit im Sinn von Meinungen, sondern nur ein Mehr oder Minder im Sinn von Realität gibt (Eth. V, Lehrs. 40) und gar keine objektiv-reale Unvollkommenheit. Man blickt hier also, wider die Abrede, in das vollkommenste Desiderat – a non desiderando, in eine so *perfekte Wunschlandschaft Philosophie, daß in ihr nichts mehr zu wünschen übrigbleibt.* Das alles ergibt sich für Spinoza aus der einzigen Erkenntnisart, die er zuläßt: aus derjenigen sub specie aeternitatis und ihrer Perspektive. Als einer schlechthinnigen Großheit der Betrachtung, nichts verwünschend, nichts verlachend, sondern alles unter der Form der Ewigkeit erkennend, die ebenso die Form der begriffenen Notwendigkeit von allem ist: »Die Dinge konnten auf keine andere Weise und in keiner anderen Ordnung von Gott hervorgebracht werden, als sie hervorgebracht worden sind« (Eth. I, Lehrs. 33). Es gehört also nicht, wie bei Bruno, zur unendlichen Schöpferkraft der natura naturans, gerade auch das Unvollkommene neben dem Vollkommenen zu bilden, sondern: »Aus dem Vorangegangenen folgt klar, daß die Dinge in höchster Vollkommenheit von Gott hervorgebracht sind; sind sie doch aus der gegebenen vollkommensten Natur notwendig gefolgt« (Eth. I, Lehrs. 33, Anm.). Notwendig gefolgt, das heißt hier: wie die Mathematik als vorbildliche Erkenntnisart der Notwendigkeit gilt, so sind die Dinge more geometrico, mit gleicher apodiktischer Konsequenz, aus der Gottnatur gefolgt. Wonach auch noch die menschlichen Handlungen und Triebe (so sehr sie großenteils als

»inadäquate Affekte« oder neustoisch als »perturbationes animae« denunziert werden mögen) ebenso betrachtet werden, »als wenn die Untersuchung es mit Linien, Flächen und Körpern zu tun hätte« (Eth. III, Einl.). Spinozismus ist von hier in der Tat das Novum: *mathematischer* Pantheismus; was ihn von dem enthusiastischen Brunos besonders deutlich unterscheidet. Nicht aber unterscheidet es ihn von der gewaltigen Immanenz Brunos (mit Avicenna, Averroës hinter sich), als welche bei Spinoza vielmehr erst Weltfigur wird, ebenfalls natura naturans, natura naturata betreffend und enthaltend: »Nämlich daß wir unter natura naturans das zu verstehen haben, was in sich ist und durch sich begriffen wird, oder solche Attribute der Substanz, die ewige und unendliche Wesenheit ausdrücken. Unter natura naturata aber verstehe ich alles, was aus der Notwendigkeit der Natur Gottes oder eines jeden von Gottes Attributen folgt, das heißt die gesamten Modi der Attribute Gottes, sofern sie als Dinge betrachtet werden« (Eth. I, Lehrs. 29, Anm.). Deus sive natura ist als naturierend mithin genauso der Grund oder die impliziert vollkommene Welt, wie er als genaturiert die inhaltlich gleiche Folge oder die expliziert vollkommene Welt ist. »So schaff' ich am sausenden Webstuhl der Zeit / Und wirke der Gottheit lebendiges Kleid«: diese Bekundung des Goetheschen Erdgeists trennt zwar sein terrestrisch Wesen von der universalen Gottheit, doch enthält im Ganzen durchaus die jubelnde Identität natura naturans – natura naturata. Und in den Tiefen der Spinoza-Welt, der die Einheit von amor fati, amor dei intellectualis sich zuwendet, herrscht jene Stille, worin Lebensflut wie Tatensturm ausklingen, einklingen. Herrscht die ungeheure Wunscherfüllung: »Über allen Gipfeln ist Ruh«, empfängt sich die andere Seraphik Goethes: »Denn alles Drängen, alles Ringen ist ew'ge Ruh in Gott dem Herrn.« Der Denker also, der den Verstand völlig von allem läutern wollte, was nicht des Verstandes ist, hat am Ende die feierlichst schöne Wunschgemüt-Landschaft in seinem All notiert. Die Welt steht hier da als *Kristall, mit der Sonne im Zenith, so daß kein Ding einen Schatten wirft.* Kein Gott stößt hierbei von außen, Spinoza verwahrt sich im »Theologisch-politischen Traktat« glänzend dagegen, daß aus Religion Wissen zu erfahren sei, daß deus sive natura mit dem Götterbild irgendeiner Religion verwechselt werde: so ist er nicht nur mathematischer Pantheist, sondern pantheistischer Materialist. Mit lauter »Welt, die sich selbst gemacht hat« (Eth. I,

Anhang), mit Weltlichkeit des höchsten Bewußtseins, Bewußtsein der höchsten Weltlichkeit. Zeit fehlt, Geschichte fehlt, Entwicklung fehlt und vollends jede konkrete Vielheit in dem einen Ozean der Substanz. Aber der Spinozismus schenkt – und das macht seine einzigartige Höhenlage aus – ein Weltbild, das keine Subjektivität zu haben scheint, weil sie ganz von vollkommener Objekt-Substanz erfüllt ist, und keinen Zweck, weil das Vollkommene keinen braucht. Spinozismus steht da, als wäre ewiger Mittag in der Notwendigkeit der Welt, im Determinismus ihrer Geometrie und ihres so sorglosen wie situationslosen Kristalls – sub specie aeternitatis.

Augustin und Zielgeschichte; Leibniz und die Welt als Erhellungsprozeß

Das Denken, das nach außen blickt, geht an den Dingen entlang. Ist diese Bewegung wesentlich eine *zeithafte*, nach vorwärts gehende, so vertraut sie sich einem Fluß an, nicht der Ruhe. Auf Fortgang wird dann hinausgesehen, und die Ruhe selber ist nicht im Ganzen, Runden, sondern nur in einem Mündenden, spät, wohl gar zuletzt. Es ist bezeichnend, daß der Flußdenker Heraklit die Zeit den »ersten Körper« genannt hat, ja noch früher ist ihm in dieser Linie sogar das orphisch-mythische Denken vorangegangen. Pherekydes, ein solcher Orphiker, hatte den Chronos derart an den Anfang gestellt und aus ihm das Feuer, den Lufthauch und das Wasser entspringen lassen, also lauter Bewegtheiten; Zeus, der Himmel, und Chthonia, die Erdtiefe, stehen hier erst in der zweiten Reihe. Dem folgte Heraklit mit seinem so seltsamen wie richtunggebenden Satz nach; die Götter verschwanden, der in jedem Sinn urtümliche Kronos-Chronos blieb. Damit aber war zugleich ein zweiter Zug der mit der Zeit anhebenden, in ihr laufenden Perspektive angelegt: nämlich die Sicht des Werdens als eines wertbetonten *Hellwerdens*. Empedokles hatte, wie gesehen, ohnehin so durchaus Interessehaftes, also Wertbetontes wie »Haß und Liebe« zum Agens der Bewegung erklärt, des Trennens und Verbindens der Stoffe. Und von hier aus war nun ein Blick möglich, der wirkliche *Geschichtszeit* in der Welt pointierte, mit Ruhe nur im Anfangs- und Endzustand der Welt. Dazwischen liegt das Eingreifen des trennenden Hasses, und zwar in drei Perioden: der der aufkommenden Trennung der Stoffe, der ihrer völligen Sonderung durch vollständiges Übergewicht der Liebe; wonach der Strudel des Prozesses, von Haß wie Liebe, von Bewegung des Trennens wie Verbindens gleichmäßig befreit, wieder in den »Sphairos der Harmonie« einmündet. Doch wieder in ihn als einen zeitlichen; denn auch der Sphairos ist vergänglich, indem immer wieder der sondernde Haß in ihn einbricht und das Naturleben, samt der wieder verbindenden Liebe, in Gang setzt. Das Eigentümliche des Empedokles ist also, daß er nicht nur Wertbegriffe in die Naturbetrachtung eingeführt hat, sondern daß er vor allem die Naturbewegung durch die wechselnden Verhältnisteile von Haß und Liebe zu periodisieren versuchte – mit schließlichem Erlöschen beider in einer Art von Weltlosigkeit überhaupt. Zweifellos lagen auch hier mythische Bestimmungen noch zugrunde, wie bei Heraklits Lehre von der Zeit als »erstem Körper« und gar bei dem Chronos, der alles begonnen, bei Pherekydes. Ja, die mythischen Bestimmungen des Heraklitischen Zeitkörpers haben sogar die gleiche mythische Herkunft wie die Haß-Liebespotenzen bei Empedokles, nämlich persische. Die »grenzenlose Zeit« steht auch im Zendavesta an der Spitze der Weltentstehung; und erst recht agieren im persischen Mythos die Gegenbewegungen Haß-Liebe als die des zerstörenden Ahriman, des lichten Ormuzd. Und dieser persische Dualismus, viele Jahrhunderte später durch Mani und seine Sekte erneuert, ergriff wiederum so viele Jahrhunderte nach Empedokles einen spätantiken Denker, der ein – Manichäer war, bevor er ein Kirchenvater wurde: *Augustin*. Es ist also keinerlei Sprung über historische Abgründe, wenn nun an dieser Stelle, fast über alle dazwischenliegenden griechischen Philosophen hinweg, Empedokles und Augustin zusammenrücken – als persisch-mythisch verbunden, als Denker eines *Prozeßkampfs*, einer Perspektive des Liebessiegs, Lichtsiegs. Wobei der klare Auftrag Augustins: dem Christus gegen Caesar gesellschaftlich Platz zu schaffen, die Zweiheit von Haß und Liebe, Dunkel und Licht selbstverständlich besonders schärfte. Wobei weiterhin die volle Einsetzung Ahrimans oder des Teuflischen in den Haßpol, Ormuzds oder des Göttlichen in den Liebespol den Weltprozeß ungeheuer dramatisierte; aus einem wechselnden Prozeßverhältnis von Haß und Liebe wird er zu einem *Schlachtfeld zwischen Satan und Christus*. Diese neue Perspektive erscheint, als welthistorisch eingespannt zwischen dem Sündenfall und dem Jüngsten Gericht, in Augustins 22 Büchern »De civitate Dei«, einer einzigen vorbereitenden Aktivierung der feudal-klerikalen Gesellschaft und viel mehr zugleich. Wonach also dieses Buch noch einen anderen Zusammenhang und Inhalt zeigt als den behandelten der Sozialutopie, – einen Inhalt, der die gesamte Geschichte befeuert, spannt und abzielt. Dahin ist nun die als gegeben gesetzte Ruhe eines Hen kai Pan, als einer Kugel oder später als einer mathematischen Kristallnatur. Dahin ist aber auch die ewige Wiederkehr eines Kreislaufs, mit gar keinem anderen Resultat in seiner Dynamik als einem Sphairos, der immer wieder durch die Haßpotenz zerspringt. Konträr: Die Weltgeschichte ist einmalig, samt ihrem Höhepunkt Christus; sie wird der Sphairos (hier die »Sabbatruhe der Welt«), ist als nicht mehr störbarer Triumph der lux aeterna dargestellt. Zu diesem Ende soll nun, nach Augustin, der Weg der Geschichte gehen, in sechs Epochen (articuli temporis) durch Nacht zum Licht, durch Kriegs- und Pilgerfahrt der Erwählten und ihres Gottesreichs quer durch die civitas terrena der sündigen Kreatur (und gefallenen Natur). Das Ziel selbst freilich ist hier fertig gegeben, hoch droben bereits existent, ja für einen allwissenden Gott ist umgekehrt die Geschichte als Prozeß nicht existierend: »Alle Geschehnisse sind in praedestinatione Dei schon geschehen ... ideo nihil recens sub sole« (De civ. Dei XII, 14). Und mit einer weiteren, rein räumlichen Tingierung, wo nicht Eliminierung der Zeitkategorie: »Die civitas Dei ist so weit von der civitas terrena entfernt wie der Himmel von der Erde« (l. c., V, 17). So daß also der Geschichtsprozeß des Lichts am Ende als bloß pädagogischer dastehen mag, als einer der bloßen fortschreitenden *Licht-Findung* statt der fortschreitenden, in der Sache geschehenden *Licht-Entzündung selbst.* Doch ist gerade diese, bei aller Ablehnung menschlicher Hybris, in Augustins Perspektive intendiert und hat – zwar nicht in die Kirchengeschichte, gewiß nicht, wohl aber in die Ketzergeschichte hineingewirkt. Am allermeisten mit der *Gerichtetheit der Zeit*, als einer heilsgeschichtlich nicht umkehrbaren, aber auch in keinem bisherigen civitas-Dei-Modus anhaltbaren. Wonach denn diese Gerichtetheit gerade bei dem größten Ernstnehmer des Augustinischen Gottesreichs wieder lebendig geworden ist, bei Joachim di Fiore, dem Jesajas des dreizehnten Jahrhunderts. Bei dem der Lichtstatus auch seiner Existenz nach ein erst heraufkommender ist, so daß er nun mittels der historischen Stadienbildung nicht gefunden wird, sondern *selber in Geburt steht.* Und es wirkt in dieser Gerichtetheit der Augustinische Satz von der Wiederherstellung des menschlichen Ebenbilds am Ende der Geschichte, welcher die Ketzergeschichte entscheidend befeuert hat. Und zwar wegen des scharf eschatologischen Akzents, der ihm trotz der »Wiederherstellung« (der bloßen restitutio in integrum) und trotz der angegebenen Ablehnung jeder Geschichtsproduktion (in Ansehung des Gottesreichs) eignet. Wirksam war vor allem dieser ungeheure und *ersichtlich Neues enthaltende* Wunschland-Satz: »*Der siebente Tag werden wir Menschen selber sein*«, »Dies septimus etiam nos ipsi erimus, quando eius fuerimus benedictione et sanctificatione pleni ...« (l. c.,

XXII, 30). Auf dem Weg dahin bleibt aber Augustin der bis zu Leibniz größte Entdecker der objektiven Zeitfunktion: und zwar als einer der Welt selber, trotz der mythologisch-starren Beziehungen. Denn Augustin pointierte schließlich, in immer wieder unausweichlicher Fernsicht des Prozesses, nichts Geringeres als die ihn ermöglichende *Mutabilität der Welt*. Und das im buchstäblichen, sowohl negativen wie schließlich vertrackt positiven Sinn des Begriffs Veränderlichkeit – als Fall ins Vergängliche (corruptio, defectus), aber vor allem auch als Fortgang (augmentatio, profectus) des Rettenden. Hierbei ist allerdings der Zeitbegriff Augustins (und dieser erste Geschichtsphilosoph war sinngemäß auch der erste, der über die Zeit tief nachgedacht hat) seltsam sowohl an die bloße Erlebniswirklichkeit wie ans Bild der lediglich herabrieselnden Sanduhr gefesselt. Die Zeit rieselt gleichsam aus dem Kolben der Zukunft durch den schmalen Spalt der Gegenwart unaufhörlich, unaufhaltsam in den Kolben der Vergangenheit; womit zugleich ein Schwerkraft-Bild, ein Antiflug-Bild in Gang kommt. Insofern überwiegt nun auch, von hier gesehen, das Depravierende, ja der Sterbecharakter im Zeitablauf, der Transport aus vager Zukunft durch die so schmale Aktualität des Moments hinab in ein immer mehr sich anhäufendes Nichtmehrsein Vergangenheit. Die Veränderlichkeit, solcherart überwiegend als corruptio und defectus gefaßt, bedeutet also in ihrer Zeit lediglich eine Unvollkommenheit im Sein, einen Mangel, ja ein schlechthinniges Übel; Augustin glaubt diese Art Veränderlichkeit verschlingen zu können mit dem Nichts, aus dem die Welt geschaffen, in das »alle Dinge auch vergehen können, quae ex nihilo facta sunt« (l. c., XII, 8). Doch dringt Augustin aus dem Fallen dieser Sanduhr-Zeit dialektisch durchaus zur Zeit als Pilgerfahrt vor, zur Bewegung aus dem defectus ins Nichts zum profectus in die erwartende Fülle. Versinkt das Zeitsein der Geschöpfe und der Welt wegen ihres Nichts-Anteils immer wieder in Vergangenheit, so begibt sich das *Zeitsein als Entfaltung* immer wieder in die Zukunft hinein, von der her ihm Existenz und schließlich immer wahrere zuwächst. Haltend über dem Abgrund und schließlich rettend vor dem Abgrund ist nach Augustins Mythologie freilich nur der creator mundi selber, also Gott; es gäbe sonst keinen Prozeß nach oben. Auch so aber rückt das Geschehen, statt nur ins spezifische Nichts der Vergangenheit abzufließen, in die Entfaltung der Zukunft, in die Realisierung ihrer Möglichkeiten, vorzüglich der ihr vorgeordneten Heilsmöglichkeiten. Deren Inhalt liegt allerdings bei Augustin wieder gänzlich außerhalb der Zeitlichkeit, er ist Sein ohne alle Zeit: »Beachte die Änderungen der Dinge, so findest du Erit et Fuit; denke Gott, so findest du Est, worin Fuit et Erit nicht sein kann« (In Joh. ev. tractatus 38, 10). Damit erhebt sich sogar aus allen Dissonanzen der Zeit der Ruhekristall, aber als einer des *Endes der Geschichte*. So ist er der dem Pantheismus fremdeste, ist keiner einer kosmischen Rundung, sondern der durchaus transzendenten Tiefe, keiner des Raums, sondern der Ewigkeit. »Nunc stans aeternitas«: das ist bei Augustin das Urlicht, das erst nach völlig beendeter geschichtlich-kosmischer Erhellung durchbricht.

Ein Denken, das mit Zeit geladen ist, zeigt sich meist auch menschlich geladen. Denn Vergehen und Entstehen werden nicht nur angeblickt, sondern zunächst besonders nahe und beteiligt am eigenen Leib und Sein erfahren. Auch wenn die Zeit keineswegs die Form des inneren Sinns ist, sondern eine materielle Daseinsweise durch und durch, so schließt ihr Bewußtsein doch mehr als das des Raums ein Streben und Wohin im Sein auf. Man findet deshalb bei allen Denkern, die nach außen blicken und trotzdem subjekthafter Regung voll sind, die Bewegung der Dinge als ebenso erregte. Eine Verschlingung von emotionalen und Weltvorgängen findet statt, wie sie zuerst mit »Haß und Liebe« bei Empedokles bedeutet worden war. Wie sie aber auch bei dem großen progressiven Entwicklungsdenker Aristoteles als ὁρμή, das ist als der angegebene »Drang des Stoffs nach der Form«, dann als »Selbstverwirklichung der Form im Stoff« aufging. Wie sie zuletzt in der Antike, mit Abschied an die alte, mit Signalbildung für die neue Gesellschaft, Augustins Weltperspektive einer kämpfenden Pilgerfahrt erfüllte. All das nun verstärkt sich mit dem beginnenden bürgerlich-selbstbewußten und so subjektreichen, schließlich dynamischen Bewußtsein der Neuzeit. Sofern es eben als *Tendenz zum Licht*, als *Licht in Tendenz* auftritt und nicht bereits als Raumvollendung des Lichts. Ein Grundzug von Eckart bis Hegel ist in dieser überwiegenden Zeitlandschaft von Philosophie (also dem Nicht- oder Noch-Nicht-Spinozismus) das Miteinander von Selbsterhellung und Welterhellung, derart, daß das Fiat lux in beiden sich beisteht und forterschallt. Da ist *Eckart*: der Grund von allem, was ist, spricht sich aus, der Mensch ist sein höchstes Wort, und in ihm kehrt er als erkannter wieder in sich zurück. Sind die nicht-denkenden Geschöpfe die Fußstapfen des Grunds, der sich herausgemacht hat, so ist die denkende Seele sein Ebenbild, sein von allem unoffenbaren Dunkel gelöstes. Es folgt *Paracelsus* oder die Lehre vom Grund als der schaffenden Naturgewalt selber, drinnen wie draußen, im Fieber wie im Sturm, im Menschen wie in der Welt. Aber der Mensch ist das höchste Fürnehmen dieser natura naturans, und ihm kommt es zu, das Werden der Dinge immer weiter zu bestärken und zu läutern. Gott will, daß alles, was er angelegt und unvollkommen gelassen hat, zur Vollendung gebracht werde: der Arzt als Philosoph, der Philosoph als Arzt steht so ganz in diesem Prozeß der Läuterung. Die Läuterung geschieht in einem sehr breiten Sinn alchymisch: sowohl als Ausscheidung der unlauteren Bestandteile wie als Steigerung der virtus, Tüchtigkeit, Lebensfülle. All das soll geschehen durch Naturtreue, das heißt, der natura naturans treue »Imagination«, wie sie sich auf »Quintessenz« versteht. Das heißt wiederum: auf den Auszug der wesentlichen Essenz aus allem, auf Fortführung des »Mais der großen Welt«; noch das Jüngste Gericht wird derart moralisch-chemisch, chemisch-moralisch verstanden. Es folgt – gerade in solcher Herausprozessierung verwandt – *Jakob Böhme* oder die Lehre vom Offenbarwerden des dunklen Urgrunds durch Qual, Quallen, Qualität hin zum Lichtreich. »So man will von Gott reden, was Gott sei, so muß man fleißig erwägen die Kräfte in der Natur.« Diese aber (und dergleichen ward seit Heraklit nicht mehr gehört) sind selber Kampf zwischen Gegensätzen. So zunächst: »Die Natur hat zwei Qualitäten in sich, eine liebliche, himmlische und heilige, und eine grimmige, höllische und durstige« (Aurora, Vorrede 9); das erinnert noch an die alte manichäische Zweiheit. Doch nun kommt der Fortgang: »Alle Kreaturen sind aus diesen zwei Quellen gemacht, und alles, was aus der Erde wächst, das lebt und quillt aus der Kraft dieser Qualitäten ... Denn durch seinen zweifachen Quell hat alles seine große Beweglichkeit, Laufen, Rennen, Quellen, Treiben und Wachsen« (l. c., Kap. 2, 1); das folglich geht von dem Manichäischen zu objektiver Dialektik. Mit sieben »Quellgeistern« oder »Naturgestalten«, vom Herben, Bitteren übers Blitzfeuer zum warmen Licht, zum Freudenschall bis zum gesamten Corpus naturae und zum Christus im Menschen, »tausendmal größer als der Vater«, das ist, als der unentwickelte Anfang oder Urgrund. So ist hier das Sich-Explizieren des Grunds nicht nur dessen *Selbsterkenntnis*, wie bei Eckart, sondern außer dieser dessen *Selbstberichtigung*. Als ein Thema, das minus der chemischen Nächte und Tage, mit denen es bei Paracelsus und Böhme tingiert war, von hier an in der Prozeßphilosophie unverlierbar wurde.

Doch nun freilich, das alles war, obwohl es durchaus Denken der Lichtwerdung meinte, aus deren Gären nicht heraus. Sein gewaltiges inneres und äußeres Wetter bildete deshalb gegen den Spinozismus des Kristalls noch kein eigen-strenges Pendant. Dieses ist erst in jener so kräftig wie umfassend sich erhellenden Landschaft gegeben, welche durch *Leibniz* bezeichnet ist. Mithin durch den Denker der genetischen Aufklärung, durch die in immer klarerer, immer deutlicherer Spiegelung sich entwickelnde Perzeption und Explikation des Weltinhalts. Demungeachtet steht jedoch Leibniz durchaus in der durch Paracelsus und Böhme betretenen Prozeßlandschaft; er hat unter soviel Reichtum sogar wesentlich diese spezifisch deutsche Renaissance-Dimension. Die Leibnizsche Aufklärung hat, ihrem rationalistischen Genius entsprechend, das gärende Retortenwesen verlassen, an Stelle einer schäumenden Goldküche tritt eine kontinuierliche Intensitätsfolge der Lichtvermehrung, doch eben: diese Lichtvermehrung bildet gerade bei Leibniz die *Welt als Erhellungsprozeß*, die Landschaft ihrer perfectibilité. Fünf Hauptpunkte springen im vorliegenden Zusammenhang hieran besonders hervor, sie alle zeigen Mensch, Zeit, Welt wiederum als verschlungen und aufs Hellwerden bezogen. Erstens soll hier alles Sein aus psychischen Kraftpunkten bestehen, jeder von ihnen ein völlig inneres Leben, das keine Fenster hat, doch alles Außen in sich findend, nämlich spiegelnd. Zweitens eignet diesen Monaden im Spiegeln ein appetitus, eine Tendenz, denn sie sind gefaßt als Weltbürger der Aufklärung, sie sind allesamt aus dem Geschlecht, das aus dem Dunklen ins Helle strebt, und es gibt für Leibniz nichts anderes als diesen appetitus des Lichts. Drittens läuft die Tendenz, als »inquiétude poussante«, *sprengend*, besonders bei Einengung, und Leibniz gebraucht hier die erzprozeßhafte, auf lange unerhörte Gleichung von offenem Raum und – Zukunft: »Wie in dem elastischen Körper, welcher eingeengt, seine größere Dimension als Streben liegt, so in der Monade ihr künftiger Zustand«, und weiter, in einer Erwiderung auf Bayle, 1702: »Man kann sagen, daß in der Seele, wie überall sonst, die Gegenwart mit der Zukunft schwanger geht.« In solchen Bestimmungen hat vor allem die objektive Dialektik deutlicher als je bisher die engste Verbindung mit dem Prozeß erreicht, und zwar als einem wesentlich mit der Zukunft, nicht nur mit der Vergangenheit vermittelten (vgl. Ernst Bloch, Subjekt-Objekt, 1951, S. 123 f.); das trotz der Sperre vor der echten Zukunft, vor dem realiter Neuen, die auch Leibniz zeigt. Viertens besitzt die Tendenz gerade als immanente, den Monaden selber eigene, ihr Wohin als Wozu; sie kann ohne solche *Zweckbeziehung* nicht einmal gedacht werden. Leibniz unterscheidet sich vor allem auch in diesem Punkt von Spinoza und nicht minder von Bacon, Hobbes, als welche alle die Zweckkategorie verworfen haben; Spinoza nannte sie das Asyl der Unwissenheit. Indes, diese Verwerfung richtete sich hauptsächlich gegen die Gleichung Teleologie-Theologie, also gegen die transzendente Zwecksetzung durch einen göttlichen Willen, durch göttliche Vorsehung und dergleichen. Spinoza selber vermied aber die Zweckkategorie durchaus nicht, wenn er sie naturalistisch, das heißt, im Menschenwerk, nicht in einem sogenannten Gotteswerk am Werk sah: so etwa in der Definition des Staats als einer von den Menschen zum Zweck ihres Wohlergehens gebauten Maschine. Und so sehr Leibniz seinen Zweckbegriff letzthin, das heißt mit einem metaphysischen Grenzbegriff, in einer göttlichen Zwecksetzung des möglichst Besten fundieren will, so wenig hebt er bei ihm doch den ausnahmslosen kausalen Determinismus auf; dieser herrscht vielmehr, um, wie bei einer Maschine, den Zweck zu erfüllen. Und der Zweckbegriff ist eben auf immanente Tendenz bezogen, als Wohin-Verbindung zwischen der natürlichen und der moralischen Welt. Er garantiert die perfectibilité der Welt, folglich nicht nur die Harmonie aller Monadentätigkeiten, sondern die immer hellere Repräsentation des Universums in den Monaden, bis hin zur Verwandlung der Welt zur höchsten Helligkeit ihres Inhalts. Fünftens eröffnete Leibniz mit echten Prozeßgedanken zum erstenmal seit Aristoteles wieder den Begriff der *Möglichkeit*, diese sowohl als »Anlage«, »Dispositio« zur Entfaltung in jeder Monade gefaßt, wie als »Reich unendlicher Möglichkeiten«, von denen die vorliegende Welt eine teilweise Realisierung ist. Die »Anlage« ist das virtuelle Enthaltensein der Prädikate im Subjekt, wieder mit scharfer Beziehung auf die Tendenz: »Omne possibile exigit existere.« Das »Reich unendlicher Möglichkeiten« andererseits, aus denen die vorhandene Welt eine teilweise Realisierung darstellt, bedeutet trotz der rein theologischen Lokalisierung, die Leibniz diesem Reich gibt, einen riesigen Möglichkeitshorizont, der eben auch in die vorliegende Welt selber (kraft der »Anlagen« in ihr) sich erstreckt. Soviel in diesem Zusammenhang, als dem der Prozeßlandschaft, über die fünf Hauptpunkte einer *Weltentwicklungslehre sub specie perfectionis statt einer Weltvollkommenheitslehre sub specie aeternitatis.* Indem Leibniz einen anorganisch-organisch-humanen Stufenbau des Universums als Klimax der Erhellung darstellt, setzt er ebenso den Prozeß dieser Klimax, den pluralistisch-dynamischen, als ebensoviel Terrassenbildung zur Vollkommenheit. »Jede Substanz ist wie eine Welt für sich und wie ein Spiegel Gottes oder vielmehr des ganzen Universums, das sie, jede auf ihre Weise, ausdrückt« (Philos. Schriften, Gerhardt, IV, S. 434), – nämlich auf immer klarere und deutlichere Weise. Durchgehends steigen und steigern sich so die Selbsttätigkeit der Kräfte und die Selbstentwicklung der Dinge, mit dem Endzweck einer Deutlichkeit, die sowohl die »Maschine Gottes« wie den »Staat Gottes« repräsentiert, das heißt, der höchsten Vollkommenheit. »Kraft dieser Harmonie führen die Wege der Natur von selbst zur Gnade« (Monadologie, § 88): Das ist die Leibnizsche Weltprozeß-Utopie anstelle von Spinozas Einheit von Natur und Gnade wie gegen Augustins transzendente Einwirkung von Gnade. Der »dunkle Grund« freilich, der »finstere Ungrund« Jakob Böhmes ist in diesem Rationalismus, als einem ab ovo usque finem, ebenfalls ausgefallen. Auf ihn hat erst der spätere *Schelling* wieder hingewiesen, nicht ohne einen ganz anders obskuren, nämlich reaktionären Auftrag, doch außer diesem nicht ohne die Kraft der Erinnerung, daß gerade im Strebenden, Willenshaften, Dynamischen der Leibnizschen Tendenz noch ein anderes steckt als bloßer Logos der Ratio. Daher die Schellingsche Unterscheidung zwischen dem setzenden, willenshaften Daß-Element und dem rationalen Was-Element im Prozeß (aristotelisch angedeutet als Unterschied zwischen dem ὅτι und dem διότι, scholastisch ausgedrückt als Unterschied zwischen der quodditas und der quidditas). »Das erste Seiende, dieses primum existens, ist also zugleich das erste Zufällige (Urzufall). Diese ganze Konstruktion fängt also mit der Entstehung des ersten Zufälligen – sich selbst Ungleichen –, sie fängt mit einer *Dissonanz* an und muß wohl so anfangen« (Schelling, Werke X, S. 101). Läßt man die von Schelling dem hinzugefügte »Abfalls«-Mythologie dieses ersten Seins beiseite, so ist mit dem unter Böhmes »Ungrund« gedachten Intensitätsfaktor des Prozesses allerdings ein unübersehbares Prozeßelement bedacht. Denn hätte das Wachstum der kosmischen Helligkeit schlechthin nur *rationale* Elemente, so gäbe es ja gar nichts, was das Wachstum mit *intensivem* Agens betriebe. Es gäbe weiterhin, wenn der Prozeß nicht etwas herauszubringen, zu manifestieren hätte, was keineswegs schon ab ovo quidditas ist, auch gar keinen Prozeß, ja es gäbe in ihm nicht einmal die Leibnizsche Kategorie Relation. Es gäbe statt dieser, gar statt der Helligkeits-Unterschiede innerhalb einer rein logischen quidditas überhaupt keine Unterschiede und Verbindungen, sondern Zusammenfall aller Relationen zu prozeßloser Identität. Wie das in Spinozas totalem Rationalismus gemäß dessen radikaler Ausschaltung des Prozesses auch ganz konsequent der Fall ist. Aber wie bedeutsam stammt schließlich auch der Begriff des Prozesses bei Böhme von dunkel-intensivem Emporringen und seiner Aurora her; wie unübersehbar sind sowohl ein *Heilungsprozeß* wie ein *Gerichtsprozeß* unter die gesamte Prozeßkategorie befaßt, wie sind beide auf ein Negatives bezogen, das mittels des Prozesses zu heilen und zu berichtigen ist. Und der Prozeß in jeder dieser Gestalten muß – gewonnen werden; denn er weist auf ein Unerledigtes, Nicht-Seinsollendes zurück, das ihm zugrunde liegt, ohne daß er darin gründet. Weshalb gerade *Hegel* – so fern er der Schellingschen Irratio stand, ja so sehr diese gerade ihn kritisierte – die alte Böhmesche »Widerständigkeit« von einem Ungrund her durchaus aufnahm und erkannte. Weshalb weiterhin die Leibnizschen Intentionen auf Dialektik durch Hegel so dynamisch geschärft wurden, nämlich durch Verlegung des prozeßtreibenden Agens in die Negation. Indem diese als »Nacht- und Wendepunkt der Existenz« zugleich jeweils spannt und umbricht, ist ein Moment vom Ungrund ständig ins Leibnizsche Kontinuum geschickt, freilich dadurch auch wieder logisiert. Aber ein Sauerteig, ein Element von Schwärze kommt dadurch in den Leibnizschen Perfektionismus, ja in die Idee des Prozesses als einer sich einfach auslegenden Selbstliebe, Selbsterkenntnis Gottes aus der Vollkommenheit: »Diese Idee sinkt zur Erbaulichkeit und selbst zur Fadheit herab, wenn der Ernst, der Schmerz, die Geduld und Arbeit des Negativen darin fehlt« (Hegel, Werke II, S. 15). Das Negative, diese riesige Treibmacht, ist in Hegels Prozeßperspcktive eben deshalb die »Ungleichheit der Substanz zu sich selbst«, weil das Positive erst das durch seine Entwicklung sich vollendende »Wesen« ist. Das Wesen als das in Wahrheit Seiende, dieses Eigentliche oder in Hegelscher Sprache: Absolute rückt also gänzlich an die Spitze der genetischen Welterhaltung, das ist, an ihr Ende. Die Zeitlichkeit triumphiert so als wahre Produktionsstätte, wenigstens in der Welt des historischen Fürsichwerdens; so lebt das Wesen in seinem Fürsichsein nur als Ziel. Die Prozeßwelt als Dominante zu dieser Tonika wird nun ein völliger *Blüte-Frucht-Archetyp* zum Unterschied von dem des Kristalls: »Es ist von dem Absoluten zu sagen, daß es wesentlich Resultat, daß es erst am Ende das ist, was es in Wahrheit ist« (l. c., S. 16). Freilich bewirkt hierbei die erneute eminente Logisierung, daß Hegels Prozeßphilosophie ihre Welt rein auf den Gedanken stellt, so sehr, daß auch noch jedes Intensiv-Materielle samt Differenz und Negation aus Geist und nichts als Geist bestehen soll. Ebenso sind wie bei Leibniz, ja mehr als bei diesem, alle Prädikate des »Resultats« weit davon entfernt, wirklich entspringende Nova zu sein, vielmehr sind sie in jeder Stufe bereits fix enthalten und nur noch nicht klar und deutlich. Das ist die alte Kontemplations- und Anamnesis-Schranke sogar in Prozeßphilosophien, die bis vors Tor des Marxismus erhalten gebliebene. Anamnesis bleibt allemal konservativ und verhindert so die wirkliche Abbildung wirklicher, das heißt ins Neue wirkender Prozesse. Trotzdem eröffnet die Linie von Eckart bis Hegel, auch die vorher so transzendent eingespannte Geschichtsphilosophie Augustins, eine einzige Auflösung von Nebeneinander, selbst Übereinander zu Nacheinander, von Raum zu Zeit und wieder gefaßt zu Endgestalt als Resultat; – es ist die Linie Gotik statt Ägypten in der Philosophie.

Der wachthabende Begriff oder das »Eigentliche« als Aufgabe

Gibt es kein Denken um seinetwillen, so muß es gerade deshalb reinlich sein. Eben indem es ein Bedürfen und Wollen hinter sich hat, kommt dieses Wollen und sein Gedachtwerden nur als jeweils fortschrittliches, nicht als trübes in Frage. Die oben angegebenen Denker standen derart auf der Höhe ihrer Zeit, wenn auch mit verschiedenem Rang ihrer selbst und ihrer Zeit und vor allem mit verschieden treffsicherem Blick in des scheinbaren Weltgeistes Kern. Doch alle suchten, idealistisch und wie sehr erst materialistisch, in konkreter Abzielung, das wirklich Seiende, an das der Mensch sich halten kann. So daß sein Gang nicht fünf Schritte vom Haus in Dunkel und Dickicht strauchelte, sondern Wege geschlagen wurden, der Weg als reale Beziehung erkannt wurde, das gesuchte Wesen als ergreifbar in den Begriff kam. Hierbei zeichnet es den großen Zug im Philosophieren aus, daß das Wesen, das derart als An-Wesen, nämlich als Haus, Halt gezeigt wurde, ein Alles sein sollte, in dem das jeweilige menschliche Anliegen wie sämtliche äußeren Erscheinungen befaßt sind. Die Auskünfte über dieses Totum (man denke nur an Heraklits Feuer, dann an die starre Seinskugel der Eleaten) sind so verschieden, daß törichte Verwechsler von reicher Forschung mit abgedorrtem Katechismus die Geschichte der Philosophie die stärkste Widerlegung der Philosophie glaubten nennen zu können. In Wahrheit deprimieren die verschiedenen großen Begriffe, als solche, die nicht vergängliche Ideologie vergänglicher Verhältnisse oder gar Klopffechtereien des gesellschaftlichen Rückschritts und Niedergangs darstellen, keinesfalls zum Relativismus. Vielmehr repräsentieren diese großen Weltbegriffe, oft in vergänglicher Hülle, mit so viel idealistischen, aber auch mit mechanistischen Eierschalen, nacheinander oder nebeneinander Sektoren und, weniger statisch gesprochen, jeweilige Frontgebiete der Wirklichkeit, in sich ergänzender Weise. Dergestalt sagt der umfassende Leibniz, er habe nirgendwo einen völlig falschen Gedanken gefunden, und ist dergleichen auch allzu umfassend, so ist doch Hegel von solch objektivistischem Nebenton des Universalen frei, wenn er erstens nur bedeutende stufenbildende

Gedanken als solche zuläßt und zweitens diese als fortschreitende Erschließungen des Weltinhalts behandelt. Sein Fehler ist, daß er diese Erschließungen als konkrete Reproduktionen seiner abstraktlogischen Kategorien darstellt, sein Verdienst ist, daß er endlich die Geschichte der Philosophie von einer Art geistiger Anekdotensammlung befreit hat, worauf sie als fortschreitende Entfaltung des wissenschaftlichen Weltbewußtseins erkennbar wird. Dazu kommt eine weitere, bisher kaum genügend beachtete Eigentümlichkeit großer Philosophien: das Zu-Ende-Treiben ihrer Grundgedanken, mit dem willenshaften, gesellschaftlich-parteilichen Grundantrieb darin und dahinter. Das Zu-Ende-Treiben eben macht die spezifische Wunschlandschaft in den Philosophien aus, das heißt, die Vollkommenheit, wozu ein versprechendes Motiv der Erkenntnis, eine andeutende Seite der ihr zugewandten Welt hochgetrieben worden ist. Das wurde in seinem utopischen Charakter durch das formale Zu-Ende-Treiben der logischen Konsequenz und das architektonisch-totale des Systems teils erleichtert, teils verdeckt. Erleichtert, weil die logische Konsequenz die willenshaft-emotionale aufnimmt, gleich dem Dampf der Lokomotive, der die Heizgase mit sich reißt und so den Zug im Feuerkessel befördert. Verdeckt wird die Perspektive utopisch-vollendeter Art durch die – fast nur bei Kant unterbrochene – Rundung eines geschlossenen Systems in den vormarxistisch aufgeführten Lehrgebäuden der Philosophie; weshalb das als das »Eigentliche« Ausgezeichnete ebenso als fertig vorhanden, als auch sachlich geschlossen, mithin ohne Front und Novum auftrat. Wieder wirkt hier überall der alte Bann der Platonischen Anamnesis, die Lehre, alles Lernen sei nur Wiedererinnerung an längst Geschautes, zeitlos Seiendes; dieser antiquarische Bann verdeckt auch in Form des geschlossenen Systems das keineswegs Antiquarische in der jeweiligen Perspektive aufs »Eigentliche« oder Wesen. Dennoch ist diese Perspektive als solche überall vorhanden, und eben: sie ist, sub specie toto, sub specie aeternitatis, eine, worin einer der großen Archetypen der Welt insgesamt (Bewegung, Ruhe, Stoffmeer, Licht, Kristall) zum Ende-Bild, Vollkommenheitsbild hochgetrieben ist. Derart traten Heraklit, Parmenides, Demokrit, traten Bruno und Spinoza, trat anders Leibniz nahe – lauter Proben der Welt, in verschiedenen Sektoren oder auch Fronten, auf das Exempel des Wesens. Und es erhebt sich vor allem an dem schon *überall* leidlosen, taghellen Materialismus, an dem Weltbaum Brunos, an dem Mittags-Kristall Spinozas das selber perfektionierende Bewußtsein, erhebt sich der kritische Optativ: *Wenn es doch so wäre! Wenn doch die Welt so enthusiasmierend wäre wie bei Bruno, so voll schattenloser Kristallbildung wie bei Spinoza!* Wenn diese Steigerung, ja Übersteigerung eines nur erst fragmentarisch Vorhandenen doch eine Lösung des Weltgeheimnisses bedeutete! Solcher Optativ gilt trotz des völligen Fehlens von Geschichte bei Spinoza, die doch allein das fragmentarische Fast-Nicht am projizierten Mittags-Kristall in einem Noch-Nicht begreifen und betreiben ließe. Der Optativ gilt trotz des rationalistischen Dogmatismus des Systems, trotz des Pantheismus, der den verneinten Gott des Himmels als den bejahten der Natur setzt und der, wie Feuerbach mit Recht sagt, die Negation der Theologie auf dem Standpunkt der Theologie darstellt. Doch wird Spinozas Substanz in ihrer strahlenden Ruhe – cum grano salis ähnlich der Giotto-, Dante-Ruhe in der Kunst – als *Korrektiv* des Leibnizschen Unruhe- und Prozeßziels erscheinen. Wie weit also ist die so gefaßte Notierung und Auszeichnung philosophischer Vollkommenheitsbilder von Relativismus entfernt und gar von den subjektivistischen Abschwörungen der Wahrheit, die Pragmatismus oder Fiktionalismus heißen. Aber wie weit auch ist die angegebene Notierung von der Undialektik entfernt, die das »Eigentliche« und Wesen der Dinge oder auch nur das Totum bereits als statisches Fertigsein ansieht – mit der Perspektive nur als intendierendem Blick darauf oder dahin und nicht auch als *Objekttendenz selber*. Die Entscheidung hier lautet: Der Optativ, der je nach den philosophischen Annäherungen an dies Wesenhafte mehr oder minder betroffen einschlägt, hat zur *Aufgabe* zu werden, um das »Eigentliche« im gleichen Zug wachsend zu erkennen und wachsend zu manifestieren. Anders gesagt: Das Wesenhafte braucht Menschen zu seiner immer identischeren Heraufführung; und diese gründlichste Theorie-Praxis ist die Moral der berichtigten Wunschlandschaft in der Philosophie.

Nichts ist von hier aus falscher als der unbesehene Satz, etwas sei zu schön, um wahr zu sein. Er muß besehen werden, wie das Pflicht ist und ohne das an diesem Schönen gewiß nichts von vornherein bejaht, aber auch so nicht verneint werden kann. Was bedeutet: mehr als irgendwo gehört bei einem Wertgehalt, gar dem höchsten, mit dem das wahrhaft Seiende versehen worden ist, der wachthabende Begriff hierher. Er ist keinesfalls der werthaft zerstörende, nach Weise eines miserablen, letzthin erst recht subjektivistischen Positivismus, doch er ist so scharf wie nirgends (denn corruptio optimi pessima) der berichtigende. Deshalb hat Aristoteles die wissenschaftliche Aussage als Satz bezeichnet, der eben im Gegensatz zum Wunschsatz als wahr oder falsch auftritt. Was freilich einzig bedeutet, daß Wunschsätze negativer oder positiver Art, auch wenn sie sich auf objektiv Mögliches beziehen, sich auf etwas nicht oder nicht völlig Eingetretenes und Vorhandenes beziehen, so daß sie daran nicht oder nicht voll bejahbar oder verneinbar sind. Wohl aber bewegen sich alle Wunschsätze als wissenschaftlich behandelbare in der Sphäre mehr oder minder großer Wahrscheinlichkeit zum Falschen oder Wahren hin; und zwar bestimmt sich diese Wahrscheinlichkeit je nach dem Grad der mehr oder minder großen objektiven Möglichkeit des Wunschsatz-Inhalts. Möglichkeit also, das ist partielles, doch keinesfalls zur Verwirklichung schon ausreichendes Vorhandensein von Bedingungen, das macht die Sphäre aus, worin gar nichts zu schön sein kann, um nicht, nach Maßgabe der Bedingungen, immerhin künftig wahr zu sein. Ja worin die Wahrheit, gerade als eine des Wesens, mit dem vollen, sehr alten Goldklang des In-Wahrheit-Seins, sich allenfalls nicht einmal davor hüten muß, erbaulich zu sein. Allenfalls freilich, und das bedeutet eben: nach *Berichtigung* durch eingehende Kenntnis des real vorsichgehenden Prozesses, der objektiv-realen Möglichkeit, worin die gesamte Prozeß-Wirklichkeit als eine der Prozeßfähigkeit selber substanziiert ist. Diese Berichtigung ist durch Marx gekommen, und sie hat hier am wenigsten die Aufgabe ausgelöscht, daß die Welt bis zur erwünscht-humanen Kenntlichkeit verändert und das Wesen dasjenige eines umfassenden Zuhause werde. Ohne Übereilung, nicht Seiten überschlagend. um rascher ans Ende zu gelangen; ohne Aufblähung einzelner Faktoren, auch Sektoren, um die Welt idealistisch, aber auch vulgär-materialistisch zu verarmen. Ohne idealistische Verdinglichung von Abstraktionen insgesamt, wie sie die Welt auf den Kopf stellen, das Prädikat zum Subjekt machen und das Prius im Geist suchen statt in den Interessen und materiellen Verhältnissen. Zuletzt aber auch ohne jede angegebene Nachwirkung der Anamnesis kosmischen Stils, gleich als ob das »Eigentliche« schon herausgebracht wäre und nicht nur als ens perfectissimum, sondern bereits als ens realissimum stationiere. Eben weil dem nicht so ist, aus dem Fundament noch nicht so ist, arbeitet der wachthabende Begriff und seine Praxis während der Berichtigung und nach ihr ebenso unermüdlich als Eingedenken des Verum Bonum, die wahrhaft höchstorganisierte Materie im Blick. So steht dann die Welt allerdings mit einem Kristall-Licht von Spinozismus im *philosophischen Vor-Schein*, wie er die Welt ohne Unwesentliches, mehr: ohne wahrhaft wirkliches Unwesen sieht. Im Horizont der Aufgabe, welche aus dem amor fati zur Beherrschung des begriffenen Schicksals fortgeht und aus dem amor dei intellectualis zur Weltfrömmigkeit, aber zur rechten und zu der einer rechten Welt.

Zwei Wunschsätze: Die lehrbare Tugend, der kategorische Imperativ

Nüchternes Denken ist besonders trefflich, wenn es nicht auch schmal ist. Kühnes Denken ist besonders kostbar, wenn es auch die Grenzen kennt, die es erweitert. Und doch gibt es Fälle, wo nicht nur über die Schranken, sondern sogar übers Ziel hinausgeschossen werden muß, um es zu treffen. Wie es umgekehrt eine Formel aller Gemeinheit sein kann, die Dinge zu nehmen, wie sie sind, im Sinn, sie dabei zu belassen. Es gibt darum nicht nur große Weltbilder, sondern auch einzelne philosophische Sätze, die rein tatsachengemäß falsch sind und die doch, indem noch mehr an ihnen zu wünschen übrigbleibt, nicht wahrheitsgemäß völlig erledigt sind. Sei es, daß auch an ihnen, in ihnen der Wunsch aufgeht: wenn es doch so wäre! Sei es gar, daß diese Sätze, mindestens teilweise, deshalb tatsachengemäß falsch sind, weil sie ein noch nicht Fälliges behauptet haben, auf übereilte Weise, weil sie zu früh kamen. Auch hier ist dann der Wunsch der Vater des Gedankens, doch nicht, wie so oft sonst, eines närrischen, verstiegenen, wohl gar lügnerischen, sondern eines, wenn auch auf übertriebene Weise, vorauseilenden. Solch ein Gedanke kann später auch viel nüchterner wirken als viele Abklatsche und Ratschläge aus dem gerade Vorhandenen, die sich zu ihrer Zeit wunder wie faktisch vorkamen. Gewiß, die trockene Feststellung, wie die Dinge sind und zur Zeit liegen, ist unerläßlich und kann nicht trocken genug sein. Aber ein anderes ist es, diesen Stand bei schlechten Dingen zu notieren, ein anderes, ihn zu bejahen oder auch nur für unabstellbar zu halten. So sagt einer der sieben Weisen schon: »Die meisten sind die Schlechten«, was nicht weit von dem bis vor kurzem fast überwiegend richtigen Befund des Hobbes ist, der Mensch sei dem Menschen ein Wolf. Doch es kommt darauf an, solchen Befunden nicht zuzustimmen; die Ursachen zu kennen, aus denen sie nicht für immer erwachsen, zu erwachsen brauchen; wissend, wie schlecht noch so viele Dinge sind, tiefer wissend, wie gut sie sein könnten. Letzteres eben steckt, auf übereilende Weise, auch oft mit abstraktem Bausch und Bogen, in einigen sonst gar nicht recht verständlichen philosophischen Sätzen; so etwa in dem des Sokrates, niemand tue freiwillig Unrecht. Solche Sätze teilen ihre, sage man: heitere Übereilung mit manchen Wunschsätzen viel geringerer Art; wobei ihnen noch fehlt, daß sie sich ihres Wunschs gar nicht bewußt zu sein scheinen. Doch sind diese Sätze so angelegt, daß sie den Wunsch nur ironisch verschweigen, mitsamt dem wohlbekannten Abstand zu der Behauptung und dem Land, worin sie einheimisch sind. Das macht ihren Ernst dem so besonders unsichtbaren und unaufdringlichen des Humors verwandt, der wiederum gar nicht übereilt, wohl aber fünf gerade sein läßt, weil er das Unglück noch weniger, viel weniger wichtig nimmt als sich selbst. Dabei haben die Sätze der gemeinten, angegebenen Art mit dem Humor keineswegs sein Lächeln gemein, wohl aber sein empirisch oft so unbegreifliches, jedoch nirgends fluchtartiges, durchaus wohlbehaustes Entronnensein. So daß in ihnen nicht nur die Gedanken, auch die Sachen leicht beeinander wohnen, in wohl herausgehobenem Vor-Schein. Als welcher deshalb doch nicht in der Luft schwebt oder schweben müßte, wenn es schon überall mit rechten Dingen zuginge.

Man nehme eben den Satz, daß kein Mensch freiwillig Unrecht tue. Indem *Sokrates* das sagt, behauptet er viel mehr als nur das, die Tugend sei lehrbar und erlernbar. Er behauptet auch mehr als die Einerleiheit von Tugend und Einsicht, des Sinns, daß die wahre Tugend in Wissen bestehe oder, etwas einschränkend, daß letzthin alle Tugenden nur eine seien: Wissen. Wobei dieses Wissen bei Sokrates ohnehin nur als eines ums Gute zugelassen wird, indem von den Bäumen nichts zu lernen sei, wohl aber von den Menschen in der Stadt, und ein Wissen um Bäume und noch Entfernteres der rechten Lebensführung, auf die es allein ankommt, zu gar nichts nütze sei. Das bringt, bei aller Enge, den Sokrates in seiner Verteidigungsrede sogar zu dem erhabenen Ausspruch, ob der Tod ein Übel sei, wisse er nicht, aber daß Unrechttun eines sei, das wisse er.

Und indem dieses völlig wißbar, lehrbar, erlernbar ist, geht Sokrates nun zu der sehr viel weiteren, an Ort und Stelle fast unsinnig klingenden Behauptung über, ein Mensch sei überhaupt nicht imstande, wenn er das Rechte weiß, das Falsche zu tun. Das Wissen des Guten als solches sei stets das Stärkere, könne von keiner Begierde mehr überwältigt werden; es sei also, um sittliche Tüchtigkeit und εὐπραξία, glücklich allgemeine Nützlichkeit des Handelns, zu erwecken, nicht der Wille, sondern einzig die Einsicht zu verbessern. Gewiß, Sokrates hat damit, als echter Aufklärer, den Menschen vom bloßen dumpfen, oft rohen Herkommen losgesprochen. Der Kantische Ruf ist der seine: »Aufklärung ist der Ausgang des Menschen aus seiner selbstverschuldeten Unmündigkeit.« Aber wie die Begierde, so wird auch der *Trotz* nicht gesehen und wahrgehabt, justament das Gute nicht zu wollen, nicht zu tun. »Ich bin gewillt, ein Bösewicht zu sein«, sagt Richard III., er hat also, ganz gegen die hohe Lehrmeinung des Sokrates, durchaus noch die psychische Wahlfreiheit, das Böse zu tun, obwohl er es (und das Böse ist ja nur ein Wechselbegriff des Guten) erkannt hat. Gar die *Verhältnisse* fallen gänzlich weg, in denen die Menschen leben und von denen ihr Wille weit dringender determiniert wird als vom noch so einleuchtenden Einmaleins sittlicher Erkenntnis. Mehr braucht hier über das unsinnig Klingende, ja selber Unsinnige des Sokratischen Tugend-Wissen-Satzes nicht gesagt zu werden, und es wurde auch nur gesagt, um eine Folie für seinen hier einschlägigen Sinn zu haben, trotz allem. Zweifellos ist in diesem Satz der Wunsch der Vater des Gedankens, jedoch eben ein nicht selber unsinniger Wunsch, ein nicht immerdar abwegiger, sondern nur ein zu früh ergangener. Werden die Verhältnisse geordnet, die die Menschen vom Tun des Guten, ja von der ungefälschten, ideologiefreien Einsicht seiner weghalten, dann ist der bestimmende Einfluß der Einsicht auf die Handlung allerdings nicht mehr schwer. Es braucht nicht einmal so lange gewartet zu werden, bis die Verhältnisse (es sind grundlegend die des Eigentums) sich alle verändert haben, denn ihr Verändern selbst wird, wenn es konkret ist, dominierend durch die Einsicht des Rechten bestimmt. Bloßes Elend wird erst eine revolutionäre Kraft durch den Begriff, den es von seiner Lage und der wahren Eupraxie gewinnt, und die sittliche Pflicht, hier zu wenden, entspringt allerdings unweigerlich einem Wissen, das gerade in diesem entscheidenden Fall nicht zuletzt ein Wissen um die »Tugend« ist.

Also ist der angegebene Sokratessatz zwar an Ort und Stelle noch nicht wahr, hat aber gleichsam den Vorzug, immer wahrer zu werden, werden zu können. Sokrates sagte nicht ohne weiteres, der Mensch sei gut, sondern er sagte, die Tugend sei das einzig *wahre* menschliche Sein. Und um dieses Wahre freiwillig zu tun, dazu darf erstens keiner mehr dazu gezwungen sein, unfreiwillig, nämlich bei Strafe des Untergangs, Schlechtes zu leiden oder auszuführen, und zweitens muß das Gute allerdings so erkannt wie bekannt geworden sein. In einer endlich freundlichen, als freundlich möglichen Beziehung von Menschen zu Menschen, in dieser von Sokrates so verfrüht angenommenen »Eupraxie« kann sich das gewußt Gute allererst unvermeidlich machen. So tut in der Tat kein Mensch freiwillig Unrecht, wenn dem Wunschbild dieses Satzes gemäß die Verhältnisse geändert werden, die ihn unsinnig machten, weil sie ihn verhinderten.

Nun nehme man den noch viel wünschbareren Satz, daß der Mensch niemals bloß ein Mittel, sondern ein Zweck sei. Das lehrt *Kant*, und daß damit vorerst nur ein Fordern ausgesagt ist, liegt leider auf der Hand. Individuell gewendet lautet dies Sollsein: »Der Mensch ist unheilig genug, aber die Menschheit in seiner Person muß ihm heilig sein.« Sozial ausgebreitet lautet dies Sollsein: »Handle so, daß die Maxime deines Willens zugleich als Prinzip einer allgemeinen Gesetzgebung gelten kann, das heißt, daß beim Versuch, die Maxime dieses Handelns als allgemein befolgtes Gesetz zu denken, kein Widerspruch herauskommt.« Dergleichen gebietet dann schlechthin, als kategorischer Imperativ, wie bekannt, als angeblich innewohnend-autonomes Gesetz der reinen praktischen Vernunft a priori. Und wieder erheben sich – mutatis mutandis wie beim Sokratischen Tugend-Wissen-Satz – Betretenheit, ja Ablehnung und Betroffenheit ineinander. Je nachdem, ob die Landschaft dieses Moralsatzes unmittelbar, an Ort und Stelle oder utopisch, in ihrem intendierten und legitim intendierbaren Zukunftsgehalt bedacht wird. Als so sonderbar wie unhaltbar springen am Kantischen Moralsatz zunächst sein allzu Innerliches, sein kalt Formales, sein preußisch-citoyenhaftes Amalgam ins Auge. Das aber mit soviel Ferne vom alten Adam und Erdenrest, daß Jean Paul, gerade im Hinblick auf diesen Moralsatz, sagen konnte, Kant sei ein ganzes strahlendes Fixsternsystem auf einmal. Zweifellos ist der kategorische Imperativ stark *inwendig*, die Gesinnung ist ihm entscheidend, mit der gehandelt wird, als guter Wille an sich. Dazu wird diese Gesinnung recht preußisch als eine solche dargestellt, in der nicht einmal irgendeine Wärme, irgendeine Neigung zum Rechttun vorkommen darf, bei Strafe, nicht rein zu sein. Das einzige Gefühl, das ihr gestattet wird, ist das sehr herbe, welches Achtung heißt, vor dem sittlichen Gesetz, das schlechthin gebietet. Gleich unfreundlich, ja sauertöpfisch ist wohl selten ein Reines aus lauter Reinheit geradezu maskiert worden, eine so böse Miene zu einem so guten Spiel. Zweifellos auch ist der kategorische Imperativ stark *formal*, das heißt: seine pflichtgemäße Gesinnung soll sich in der Form, nicht im Inhalt des Wollens erweisen. Sowenig wie ihr Antrieb, ihr Motiv soll auch ihr Kriterium ein einschmeichelndes sein, eines, das das moralische Gebot nicht um seiner selbst willen auszeichnet und es so von allen bloßen »Ratschlägen der Klugheit«, allem Schielen auf Nebenzwecke und auch Folgen unterscheidet. Letztere gaben nur unreine, je nach der Lage sich ändernde, also hypothetische Imperative, während das wahre Sittengebot, als bedingungslos gebietendes, eben ein kategorisches ist und sein muß. Und ebendeshalb muß nach Kant ein Kriterium ein rein formales sein, das ist, ein von situationshaften Schwankungen wie historischen Veränderungen seines empirischen Inhalts schlechthin freies, ja ein so sehr formales an Ort und Stelle, daß Kant überhaupt kein ethisches Kriterium mehr zu benennen weiß, sondern nur noch eines aus der – formalen Logik. Es ist eben das der Widerspruchslosigkeit; wonach also die Fähigkeit einer Maxime, als allgemein befolgtes Gesetz gedacht zu werden, ihre Sittlichkeit einzig an der bleibenden Einheit dieses so Gedachten messen und entscheiden läßt. Danach kann der Mensch nur deshalb nicht wollen, daß allgemein gelogen werde, weil es dem Begriff der Aussage widerspreche, gelogen zu sein. Oder der Mensch kann nur deshalb nicht wollen, daß ein Depositum unterschlagen werde, weil es dem Begriff des Depositums, als einer zum Wiedergeben bestimmten Summe, widerspreche, unterschlagen zu werden. Formaler hat sich in der Tat kaum je eine Moral angelassen, auch nicht die mühseligste Reflexionsmoral; wieder vor lauter Reinheit bedarf die Tugend der reinen Gesinnung allemal eines Collegium logicum, als der Prüfungsanstalt ihres Metalls. Zweifellos auch, zum letzten, ist der kategorische Imperativ stark *ideologisch*, nämlich preußischer Krückstock plus idealisiertes Reich der Bourgeoisie. Der preußische Krückstock, in die eigene Gesinnung aufgenommen, wurde sogar oft als das Mächtigere in Kants Moralsatz empfunden und so entweder verworfen, von den Opfern der verdammten Pflicht und Schuldigkeit, oder gepriesen, von den Profosen, ja Schlachtbanktreibern. Als sähe in der Tat das absolute Sittengesetz, schlechthin gebietend gegen die natürlichen Antriebe der Kreatur, dem Willen des absoluten Monarchen, schlechthin gebietend gegen den Untertan Kreatur, nicht ganz unähnlich. Wie dem immer sei, weit deutlicher jedenfalls als der Krückstock findet sich in Kants Moralsatz, ideologisch gefaßt, das idealisierte Reich der sich aus dem Mittelbürger entwickelnden Bourgeoisie. Darin findet sich kein Monarch, sondern die formale Gleichheit aller vor dem Gesetz, gegen die ständischen Privilegien, erst recht gegen privilegierte Herrenmoral; all das reflektiert mit deutscher, nichts umstürzender Abstraktion. Der Citoyen, der sich selbst in der französischen Revolutionsideologie unvermittelt-ideal über dem realen Geschäftsmenschen der Bürgerklasse erhoben hatte, wurde nun erst recht zu einer Menschheit im erhaben Allgemeinen spiritualisiert oder vergeistigt. Wobei dann wieder verblüffend kurze Querverbindungen aus so großer normativer Höhe zu eben dem realen Geschäftsmenschen bestehen; so in dem angegebenen Kriterien-Beispiel für allgemeine Denkbarkeit einer Maxime, im Beispiel des Depositums. Insofern freilich ist dann der Kantische Moralsatz auch gar nicht nur formal, auch gar nicht nur reine praktische Vernunft ohne alle Rücksicht auf empirische Beweggründe, auf heteronome, das heißt, außerhalb ihrer Selbstgesetzgebung liegende Sanktion. Sie entscheidet vielmehr die Frage: was für Maximen sich zum Prinzip einer allgemeinen Gesetzgebung eignen, letzthin durchaus nicht empirielos und auch nicht bedingungslos-autonom. Nämlich sie entscheidet nach den Folgen, die sich aus der allgemeinen Geltung innerhalb der bürgerlichen Gesellschaft ergeben würden. Diese ist dann so sehr die bürgerliche Dimension der Kantischen Moralkriterien, daß gerade, was das Depositum und seinen Widerspruch zum Unterschlagenwerden angeht, Kant gar nicht auf die Frage kommt, die Hegel, der gewiß nicht unbürgerliche, sehr früh radikal-inhaltlich gesehen hat: »Daß es aber gar kein Depositum gäbe, welcher Widerspruch läge darin?« (Werke I, S. 352). Soviel also über eine Vergänglichkeit an einem so tief betreffenden Moralsatz, an einem, der zwar den Charakter zeigt, gleich einem neuen Glokkenklang über alles Ephemere hinweg, lakonisch wie Glocken und dabei ohne alles gestaltlose Sausen, zur Sammlung zu rufen, zur inwendig-allgemeinen, formal-konformen Sammlung, doch eine Pflicht feiert, die über die Hälfte mehr Königsberg in Preußen als Marseillaise zu tätigen scheint oder an Ort und Stelle enthält.

Aber wie, wenn auch Kants so starr scheinender Satz seiner Zeit gerade vorauseilte? Wenn er in seiner Richtung eine Kühnheit und ein Glück enthielte, die nur darauf warten, endlich erscheinen zu können? Wenn sein Bedenkliches wieder zugleich eine Folie wäre, von der sich ein höchst Bedenkenswertes und mehr als das mit naher Zukunft abhöben? Ist doch Kants erwähnte und *allem anderen zugrundeliegende* Forderung, den Menschen niemals bloß als Mittel, stets zugleich als Zweck anzusehen, nicht eben bürgerlich; sie ist überhaupt in keiner Klassengesellschaft vollziehbar. Denn jede dieser Gesellschaften beruhte, wenn auch in verschiedener Verkehrsform, auf dem Verhältnis Herr-Knecht, auf der Verwendung von Menschen und ihrer Arbeit zu Zwecken, die durchaus nicht ihre sind. Der Mensch als einziger Zweck: so allgemein auch dies Humane und gar das Abstraktum »Menschheit im Menschen« bei Kant noch vorliegen mögen, übrigens bis Feuerbach einschließlich vorgelegen haben, es ist damit die Ausbeutung schlechthin verneint. Nur moralisch verneint, gewiß, Kants praktischer Vernunft fehlt wegen der deutschen Misere jede wirkliche Praxis, doch sie läutet vom Prinzip her der Ausbeutung ihr Gericht. Und wie dem Raubbau am Menschen, so dem Raubkrieg, der untrennbar damit zusammenhängt: all das mit Projektion vom moralischen Prinzip, aber auch von einer sich ihm annähernden Zukunft her. Da bleibt auch der kategorische Imperativ nicht starr, sowenig wie er auf das idealistische Reich der Bourgeoisie beschränkt bleibt oder letzthin bleiben mag. Erleuchtend dafür ist ein wahrhafter Blitz- und Donnersatz aus dem »Streit der Fakultäten«, 1798, also einer sehr späten Schrift, ohne Pardon für Bourgeoisie und Feudalismus zusammen: »Denn für die Allgewalt der Natur oder vielmehr ihrer uns unerreichbaren obersten Ursache ist der Mensch nur eine Kleinigkeit. Daß ihn aber auch die Herrscher von seiner eigenen Gattung dafür nehmen und als eine solche behandeln, indem sie ihn teils tierisch, als bloßes Werkzeug ihrer Absichten, belasten, teils in ihren Streitigkeiten gegeneinander aufstellen, um sie *schlachten zu lassen – das ist keine Kleinigkeit, sondern Umkehrung des Endzwecks der Schöpfung selbst«* (Werke, Hartenstein, VII, S. 402 f.). Des Endzwecks der Schöpfung:

mit diesem Begriff meint Kant keine empirische Realität, aber auch keine theologische Scheinrealität; er meint das Sollsein des Sittengesetzes und seine Verwirklichung durch die geschichtliche, vor allem zukünftige Entwicklung des Menschengeschlechts. Damit aber – und das fundiert gerade die donnernde Ethik des angegebenen Satzes –, damit aber ist eine Schicht berührt, die ganz besonders mit utopischem Pathos bei Kant geladen ist. Wonach die bloße Idealisierung ideologischer Art (als die des Reichs der Bourgeoisie), so sicher sie an Ort und Stelle besteht, mit einer ganz anderen Signatur durchsetzt wird. Es ist, logisch gesprochen, die Signatur der Wertbegriffe, diesesfalls eines Sollseins, das vor einem nur einmal Gegebenen keineswegs bedingungslos kapituliert. Und zwar deshalb nicht, weil die in Rede stehenden Wertbegriffe (und nur die eines wirklichen Werts, also progressiv-humane, kommen hier in Betracht) die Wunsch-, Willens- und Tendenzinhalte einer aufsteigenden, noch nicht zur vollen Macht gekommenen Klasse tragen und darin zugleich, bei genügender Gründlichkeit, den radikalen Inhalt des gesamten menschlichen Befreiungskampfs implizieren. Ein solcher Wertbegriff ist dann nicht bloß von fertigen Tatsachen abstrahiert, sondern von Tendenzen; infolgedessen kann er auch nicht ohne weiteres von einer vorhandenen *Breite* der Erfahrung berichtigt, widerlegt oder bestätigt werden, sondern sozusagen nur von ihrer *tendenzhaften Längserstreckung*, das heißt, von der im *Geschehen befindlichen* Wirklichkeit des Heraufkommenden, zum Sieg Fähigen. Zu dieser Art gehören aber nicht nur, in eminenter Weise, die bereits sozialistisch reifen Wertbegriffe, sondern gehörten, mit selbstverständlichem Abstand, auch die radikal bürgerlich-revolutionären, außerhalb ihrer Beimengung ideologisch vergänglicher oder auch bloß illusionärer Bestandteile. So wurden etwa die Inhalte des bürgerlich-revolutionären Naturrechts, soweit sie sich auf die unabdingbare menschliche Würde beziehen, durch keine damalige Gegebenheit von Recht und Staat widerlegt; konträr, Rousseau widerlegte jene. Daß etwas um so schlimmer für die Tatsachen sein kann, wenn eine Theorie mit ihnen nicht übereinstimmt: dieser bei allen nichtnormativen Begriffen so unhaltbare Satz ist im Gebiet eines progressiv-konkreten Sollseins durchaus haltbar und nicht einmal grotesk. Ja, es hat die Ehre des Rousseauschen Naturrechts ausgemacht, zum Unterschied von dem nur so drapierten eines Christian Wolff oder selbst eines Pufendorf, daß es in der vorhandenen »Empirie«, als einer des Feudalismus, keineswegs einen Probierstein seines Rechten suchte; er wäre für den bürgerlichen Revolutionär eher eine Beglaubigung seines Irrtums, ja Verrats gewesen. Und nun betrachte man den Satz des kategorischen Imperativs, indem er ja durchaus zu denen des Sollseins gehört, des humanen »Endzwecks der Schöpfung«, auf entsprechend-rechte Art sub specie aeternitatis vel substantiae humanae, in Kants eigenem approximativen Sinn. Dann ergibt sich gerade für den Kantischen Moralsatz: er entwirft ein Sollsein, *das, wider die Abrede an Ort und Stelle, in keiner Klassengesellschaft auch nur annäherbar ist.* Kant gab das Widerspruchsfreie als Kriterium an, um eine Maxime des Handelns als allgemein gefolgtes Gesetz denken zu können; gewiß, das ist heillos formal. Doch wenn der Widerspruch nicht im *Begriff* gedeckt wird und gar in Begriffen bloßer Geschäftsmoral (wie im Beispiel des ununterschlagbaren Depositums), wenn er statt dessen in der *Willensmaxime selber* auftritt, dann wird er in der Tat ein Kriterium, das die moralische Vollziehbarkeit oder Nichtvollziehbarkeit einer Handlung als allgemeingültiger entscheiden kann. Und die Entscheidung macht dann die Befolgbarkeit des *kategorischen Imperativs insgesamt*, also nicht nur seiner einzelnen Probleme aufs Exempel, in der Klassengesellschaft unmöglich. Denn kein Proletarier kann wollen, daß die Maxime seines Handelns als Prinzip einer allgemeinen Gesetzgebung gedacht werden könne, die auch die Kapitalisten einschließt; das wäre nicht Moralität, sondern Verrat seiner Brüder. Der tollste Widerspruch in der moralischen Gesinnung würde gerade dadurch hervorgerufen, ja die radikale Verhinderung des kategorischen Imperativs durch ihn selber. Er verhindert sich aber nach Kants so unzweideutig richtender Bekundung einzig in einer Gesellschaft, deren Herrscher die Menschen »teils tierisch, als bloßes Werkzeug ihrer Absichten, belasten, teils in ihren Streitigkeiten gegeneinander aufstellen, um sie schlachten zu lassen«. Er verhindert sich nicht weniger in der nach Kant gekommenen rein kapitalistischen Welt, in der Betrugswelt, die Hegel das »geistige Tierreich« nannte. So enthält der kategorische Imperativ ein Humanum in sich, das so wenig nur abstrakt-allgemein und so deutlich auch antizipierend-allgemein ist, daß es mit seiner Menschenlandschaft in keiner Klassengesellschaft unterkommt. Vielmehr wirkt dieser Grundsatz, mit dem unüberhörbaren Optativ hinter sich, fast wie eine *Antizipationsformel hin zu einer nicht-antagonistischen Gesell-*

schaft, das ist zu einer klassenlosen, in der überhaupt erst wirkliche Allgemeinheit moralischer Gesetzgebung möglich ist. Erst hier gibt es, mit individueller Maxime als ebenso allgemeinem Prinzip, jene Verwandlung der »forces propres in gesellschaftliche«, wie Marx prophezeit; gemäß einer total *möglich gewordenen Solidarität.* Der kategorische Imperativ wird derart unter Sternen, die er sozusagen berechnete, aber noch nicht sehen konnte, zum Stück einer Formel für klassenlose Solidarität; sein scheinbar graues Feld ist in Wahrheit voll fernem Enthusiasmus.

Der Satz des Anaximander oder Welt, die sich ins Gleiche stellt

Kein Denken ohne Not, aber das dauernde Stutzen über etwas führt es weiter. Das Stutzen und Erstaunen nicht nur über besonders jäh auftretende, sondern auch über gewohnte Dinge. Es kann derart außer dem Wie eines Seins gerade auffällig werden, daß überhaupt etwas ist. Also tritt die Welt als fremd entgegen, und dies Fremde eben gibt den Anstoß, weiter und weiter darüber nachzudenken. Deshalb ist die oben angegebene Behauptung des Empedokles, die so reich variierbare: daß nur Gleiches Gleiches auffassen könne, nicht unwidersprochen geblieben. Mindestens nicht für das Denken der *Frage*, der Verwandlung des Gewohnten in ein Auffälliges, keineswegs Selbstverständliches; ja dergleichen soll dann bereits bei dem Erfassen als Wahrnehmen beginnen. Darum behauptete Anaxagoras umgekehrt wie Empedokles: die Eigenschaften der Objekte seien nur mittels des Gegenteiligen in uns erfaßbar; Gleiches könne also nur durch Ungleiches empfunden, begriffen werden. Dem schließt sich noch die ungemein feine, der Störung kundige Bemerkung an: wegen des Gegenteiligen darin gehe jede Wahrnehmung μετὰ λύπης vor sich, also »mit Unlust« verbunden; freilich auch erschließe (aus demselben Gegensatz) erst das Sichtbare das Unsichtbare (fr., Diels, 26a). Sicher nehme nur das Kalte das Warme, das Bittere das Süße wahr und umgekehrt, so wie nur der Kranke merkt, e contrario, was die dem Gesunden unmerkbare Gesundheit ist. Ja eben das Erstaunen selber setzt ein unstimmiges, wenn auch nicht unstimmig bleiben müssendes und wollendes, Verhältnis zur Welt voraus. Zur Welt, in der das Unzuhause, das Unheimliche zwar nicht mehr, wie in der Primitive, überwiegt, aber als Stachel zur Frage geblieben ist, als Merkbarkeit eines nicht ganz Evidenten, nicht ganz Kristallhaften in der jetzt oder bis jetzt vorhandenen Welt. Also hat Anaxagoras mit dem Diktum relativer Ungleichheit zwischen erkennendem Subjekt und Objekt das Empedokleische Gleichheits-Diktum bedeutsam ergänzt. Und zwar mit folgenreichem Hinblick auf das, was die Welt an logischer, aber auch metaphysischer Evidenz sozusagen zu wünschen übrigläßt. Ist doch die logische Crux allemal das Einzelne und Besondere im Verhältnis zum Allgemeinen, das Viele im Verhältnis zum umfassend Einen gewesen. Eben das Einzelne und Besondere, das tatsachenhaft Viele der Erscheinungen ist für die erkenntnistheoretische Gleichung Denken-Sein ja immer ein Stein des Anstoßes gewesen und, wie hinzuzufügen ist, auf eine den Idealismus fruchtbar beunruhigende Weise. Diese Beunruhigung wurde völlig sichtbar im spätmittelalterlichen Nominalismus, als das tatsachenhaft Einzelne und Viele die »Universalien«, also die dem logischen Denken so homogen vorkommenden Gattungsbegriffe, sprengte. Der dem Idealismus ganz unaufhebbare Riß zwischen logisch-allgemeiner Evidenz und faktenhafter Einzelgegebenheit wurde dann präzisiert in der Leibnizschen Unterscheidung der »vérités éternelles« mathematisch-moralisch-metaphysischer Art und den daraus unableitbaren »vérités de fait«, also den nicht logisch einleuchtenden, sondern sich empirisch aufdringenden Wahrheiten der Erfahrung. Erst Hegel hat an den abstrakt gewordenen Gegensätzen des Einzelnen und Allgemeinen die dialektische Einheit notiert, und Marx hat sie materiell erfaßt; wonach nun alles wirksam Besondere dasjenige eines Allgemeinen und alles konkret Allgemeine dasjenige eines Besonderen ist. Aber der andere Stachel der Ungleichheits-Frage, der der Nichtevidenz des vielen Einzelnen, vor allem auch der des Weltseins selber als eines keineswegs panlogischen, keineswegs kristallhaft-vollendeten, dieser Stachel ist auch materialistisch nicht verschwunden und revolutionär-materialistisch am wenigsten. Gibt es doch, wie zu sehen war, gerade in revolutionären Idealen ein Sollsein mit Evidenz (und keineswegs nur einer logischen, sondern so vermittelt wie inhaltlich humanen), das vor dem bloßen Faktum, wenn es dem Ideal inadäquat ist, die Fahne nicht herunterholt, den Degen nicht übergibt. Vielmehr ist die revolutionäre Vernunft zwar eine durch Schaden berichtigte, doch nie durch ihn vernichtete oder auch nur au fond widerlegte Antizipation. Die wirkliche Einheit von Denken (diesesfalls von revolutionär-totalem) und Weltsein muß vielmehr erst noch gefunden werden; sie ist am wenigsten dialektisch schon eine Gegebenheit, sondern im eminentesten Sinn eine dialektische Aufgabe. Bis zur Grenzlandschaft ihrer Erfüllung gilt der historische Prozeß, dessen Fortlauf ja nicht wäre, wenn nicht etwas wäre, das nicht sein sollte. Der wahre Gedanke, der ebendeshalb noch unvollendete, ist die Kunst des rechten Wegs nach Hause in diesem Unterwegs.

Aber das Erstaunen bleibt wirksam, mischt sich auf so lange in den Zug ein. Verkauft sich nur teuer, nämlich um den Preis eines verfrüht als »eigentlich« ausgegebenen Seins. Das nun desto kostbarer zu scheinen hat, obwohl es doch, angesichts des Argen, worin so viele Welt noch liegt, nur tief versuchender Vor-Schein sein kann. Ungleiches-Gleiches. Gleiches-Gleiches – bedeutsam trifft es sich nun, daß genau der erste erhaltene Satz eines der frühesten europäischen Denker schmerzliches Erstaunen des Ungleichen und danach Einklang enthält. Gemeint ist der Satz des *Anaximander*, er ist der Deutung auf sein Dunkel und sein gesuchtes Zuhause so fähig und bedürftig wie nicht viele spätere. Der Satz ist bei all dem Dunklen in ihm der eines Materialisten, der die Welt aus sich selber erklären wollte, eines urwüchsigen, doch keineswegs einfachen. Seine These lautet in der Übersetzung, die Diels gegeben hat (Die Fragmente der Vorsokratiker, 1912, S. 15), folgendermaßen (fr. 9): »Anfang der Dinge ist das Unendliche (ἄπειρον, der ungestalte, unerschöpfliche Urstoff). Woraus aber ihnen die Geburt (γένεσις) ist, dahin geht auch ihr Sterben nach der Notwendigkeit (χρεών). Denn sie zahlen einander (ἀλλήλοις) Strafe und Buße (δίκην καὶ τίσιν) für ihre Ruchlosigkeit (ἀδικία) nach der Zeit Ordnung (τάξιν).« Das Problem dieses Satzes ist offenbar einmal die Vielheit der einzelnen Dinge (τῶν ὄντων, des Seienden im Plural), sodann, nach der Notwendigkeit (χρεών, vielleicht auch: Brauch), ihr Vergehen, also das sehr Un-Einleuchtende der Vergänglichkeit, besonders einschließlich des Menschen. Die »Lösung« des Problems ist zunächst bezeichnet durch Strafe und Buße, also durch eine Art Wiedergutmachung des Entstehens der Dinge in ihrer Vielheit; sodann ist in dem Vergehen der Dinge wohl auch ihre Rückkehr ins Apeiron impliziert. Wenn auch das wichtige Wort ἀλλήλοις (das heißt, »gegenseitig einander« und nicht dem Apeiron selber Strafe und Buße zahlend) sicher nicht interpoliert ist, obwohl es bei dem Doxographen Simplikios fehlt, ist das Apeiron als letzter Rückkehr-Ort (wie später Heraklits wieder »ungeteilt« werdendes Urfeuer) trotzdem der Hintergrund dieses Zugrundegehens, zu Grunde-Gehens. Die aus ihrem Maß heraustretenden, aber auch aus dem Apeiron herausgetretenen Sonderdinge müssen deshalb δίκη (Buße, wohl allgemeiner: Gerechtigkeit) zahlen für ihre ἀδικία (Ruchlosigkeit, wortgetreuer und allgemeiner: Ungerechtigkeit) nach der τάξις (Ordnung, wohl besser: jeweilige Strafnorm) der Zeit (vgl. im verblüffend verwandt erscheinenden Sinn: »Die Weltgeschichte ist das Weltgericht«). Die Dikē selber, die solchergestalt nach der Ordnung der Zeit waltet, galt im Mythos, nach dem Vorgang Herodots, als eine der drei Horen, zusammen mit Eunomia, der Wohlgeordnetheit, Eirēnē, dem Frieden; lehrreicher aber ist: die Horen, unter denen Dikē eine wurde, waren ursprünglich Luft- und Windgöttinnen, verwandelten sich dann in die der Jahreszeiten, wonach dann Dikē, die auch namentlich als Tochter des Chronos, nicht mehr des Zeus aufgeführt wurde, die Gerechtigkeit der Zeitfolge, das Weltgericht als Weltgeschichte auch allegorisch leicht übernehmen konnte. Ganz eng ist gar das Gegenbild zu Dikē, die von ihr verfolgte Adikia, mit Anaximanders Ungleichheits-Welt, sich erst herstellender Evidenz-Welt verbunden. Adikia, Ungerechtigkeit, ist, wie angegeben, erstens die Vielheit der einzelnen Dinge und zweitens, mit dieser Sonderung und ihrer daraus folgenden Aufblähung genau zusammenhängend, ihre Vergänglichkeit. Das führt also bei Anaximander zu dem Verblüffenden einer ganz frühen objektiven Dialektik, aber bevor darauf eingegangen wird, ist eine Versicherung am Platz, die Perspektiven-Landschaft betreffend. Nichts darf aus einem Philosophen, gar aus einem frühen, herausgehört werden, was in ihm selber nicht angelegt ist, auf belegbare Weise; es gibt keine Hermeneutik, außer einer frechen und dekadenten, also außer ihrem Gegenteil, ohne die solide Lesekunst, die im engeren Philologie heißt. Es gibt aber in einem Philosophen, sofern er bedeutend, das heißt des Kulturerbes fähig ist, dieses gerade in ihm selber Angelegte: nicht nur an Ort und Stelle gedacht zu haben, also nicht nur seine Zeit, sondern auch bleibendes Zeitanliegen in Philosophie gefaßt zu haben, in philosophische Perspektive. Andererseits würden große Denker, ja alles Große, was gebildet wurde, nur Schlaf der Vergangenheit sein, ganz überflüssig aufgeweckter oder besser: von selber Schlafenden zur Vermehrung ihrer einzigen Trunkenheit, der defaitistischen Schlaftrunkenheit, aufgesuchter; statt daß die vergangenen Philosophen als unvergangene zitiert werden, nämlich nach ihrem Unabgegoltenen, wie es in den Zukunftsraum solch fortarbeitender Gedanken hineinwirkt. So verhält es sich also auch mit der frühen, bereits namhaft gemachten Dialektik des Lichtzeugen Anaximander, als einer durchaus belegbaren und gerade im Erstaunen über die *Adikia* versammelten.

Entscheidend ist hierfür seine Lehre, wie die verschiedenen

Dinge denn nun so vergänglich zustande kamen. Wie Warm und Kalt, Dichte und Dünne aus dem selber eigenschaftslosen Apeiron hervortraten, aber diese Gegensätze sich weiter zu den Elementen verbinden, zu Wasser, Erde, Luft, Feuer. Doch entsteht dadurch auch der Zustand einer dauernden Unausgeglichenheit dieser Elemente untereinander, eben ein Übergriff, ein Übergewicht (ἀδικία) des einen über das andere, dergestalt, daß das Warme das Kalte verdrängen will und umgekehrt, daß das Wasser oder die Erde die Luft oder das Feuer alles andere zu unterdrücken, ihm den Platz zu benehmen droht. Oder, wie die Physik des Aristoteles ganz im Sinn Anaximanders gegen die Verbindung von Luft und Unendlichkeit bei Anaximenes sagt: »Wenn ein einziges Element unendlich wäre, würden die anderen aufgehört haben zu sein.« Nun besteht aber die Welt aus lauter wechselndem Übergewicht der Elemente und auch der aus ihnen gebildeten Sonderdinge: so daß sie in lauter dermaßen gesteigerten Unterschieden, immer neu aufgegipfelten Gegensätzen arbeitet. Hier also zeigt sich eine objektive Dialektik ganz unübersehbar, offenbar auch eine, die aus dem immer wechselnden Übergewicht von Demos und Stadtadel in den jonischen Handelsstädten das Verhältnis der kosmischen Elemente auffaßte. Das Dialektische erschien so als eine in der Zerstörbarkeit der Sonderdinge, in der Hinfälligkeit der Lebewesen, im Kreislauf des Stoffs immer wieder berichtigte, gerichtete Adikia; es zeigt sich aber ebenso in der Löschung der Adikia, nämlich im schließlichen Verhältnis der Sonderdinge zum Apeiron. Diese vergehen gerechterweise aneinander, indem der *übersteigerte Unterschied* ihres Sonderseins sich bis zur Vernichtung seiner selbst abreibt; die Dinge vergehen aber auch, indem ihr *Sondersein insgesamt sich an einem Ende der Welt ins Gleiche stellt*, in der Gegensatzlosigkeit des Apeiron sich aufhebt. Dort ist dann der Einklang, durch die Dikē erreicht, die mit der Zeit alles an den Tag bringt und eben mehr als: die es in den Tag bringt, in die Harmonie des Unendlichen. Damit klingt zugleich ein ganz ungewöhnlicher orientalischer Ton an; ungewöhnlich deshalb, weil den Griechen das Unendliche (als Ungestaltes, Unplastisches) sonst überall ein Minus war. Erst im späten Hellenismus, also eben bei ungehemmtem Einbruch des Orients, kam die Umwertung des Unendlichen gerade zur allerhöchsten, mindestens allerhöchst theologischen Kategorie. Nur bedurfte eben Anaximanders Perspektive in ein Apeiron nicht erst der falschen, späthellenistischen Patriarchenluft; der Charakter des θεῖον, des Göttlichen, den er gerade seinem Urstoff als dem Un-endlichen gab, ruhte noch ganz unmittelbar auf der Mystik des Orients. Wobei aber bei Anaximander, als dem Materialisten, das Unendliche nirgends das Unendliche eines Gottes oder auch eines Nirwana ist, sondern allemal das eines Urstoffs, eines unbestimmten. Und darum ist hier die Feststellung des Aristoteles über dies Apeiron so sachkundig wie besonders wichtig: im unbestimmten Urstoff des Anaximander bestehe – wie in der Aristotelischen Materie-Bestimmung – alles »aus potentiell (δυνάμε) Seiendem, aktuell aber nicht Seiendem« (Metaph. XII, 2). Darüber hinaus aber gibt das früheste erhaltene Diktum der europäischen Philosophie sehr mannigfach spätere, ja letzte Perspektiven – und das, in ungeheurer Weise verfrüht, hin zu Einbringung und Frieden. Das Diktum ist mit Einsamkeit und weittragenden Gedanken geladen, es zeigt in einem ersten Begriff von Materie als *Potenzialität* zugleich das erste philosophische Wunsch- und Intentionsbild *von Identität* – gegen die Andersheit der Menschen zur Welt und der Welt zu sich selbst.

Leichtheit in der Tiefe, Freudigkeit des Lichtwesens

Kein Denken ohne Not, doch zuweilen wird es darum her mit einem Schlag heiter. Dies tritt bereits ein, sobald Menschen imstande sind, auch eine ungelegene Sache leicht zu nehmen. Und das Leichtnehmen weist gegebenenfalls auf ein keineswegs selbstverständliches Leichtseinkönnen in den Sachen selbst. Sein Ort ist nicht der oft nur subjektive Witz, die nicht erwartete blitzschnelle Vergleichung von unvereinbar scheinenden Sachverhalten, Gegenständen. Sein Ort ist vielmehr der Humor, die Bereitschaft von Sachverhalten, Gegenständen selber, in Menschen, die dazu selber bereit und vor allem fähig sind, ihre Schwere nicht mehr als so wichtig, mindestens nicht als so ausschließlich und endgültig zu haben. Beide allerdings, Witz und Humor, haben dasjenige gemeinsam, daß sie gerade in billiger und billigster Ausgabe weitverbreitet blühen. Besser: grassieren und grimassieren, gemäß dem Lachvorrat, der in der Albernheit des Subjekts zweifellos größer ist als in der objektiven Welt. Berlioz stellte sogar fest, nirgends werde so viel gelacht wie im Irrenhaus; er hätte die Juchzer und Salven dionysischer Spießerinnen und Spießer hinzufügen können. Nicht nur der tierische Ernst hat den ganzen Viehstand auf seiner Seite, auch der kleinbürgerliche Amüsierdrang und was ihm genügt. W. Benjamin bemerkte zu dem merkwürdigen Fall treffend und entscheidend, der Humor sei eine Pflanze, die sich in den Niederungen sehr zahlreich und sehr wertlos finde, die aber desto seltener und vor allem desto kostbarer werde, je höher die Lage sei, in der sie vorkommt. Der Humor, in solch edler wie in weniger edler Gestalt, wird wiederum, neben seiner höheren oder niederen Lage, in mehreren Gebieten notiert, doch neben denen der Haltungsattitüde üblicherweise nur oder fast nur in Werken der *Kunst*, nicht der *Philosophie*. Das ist desto auffallender, als die Erscheinung des Weisen, aber auch die Weisheit als solche eine Umbetonung, und gerade eine lächelnde, des Wichtigen enthalten, die seit alters wie die Wunschlandschaft eines tiefen Leichtnehmens erscheint, also dem Humor, und zwar einem besonders kostbaren, verbunden ist. Laotse der Weise warnt zwar unter bestimmten Umständen vor dem Leichtnehmen: »Das

Gewichtige ist des Leichten Wurzel / Durch Leichtnehmen verliert man die Wurzel« (Taoteking, Spruch 26), aber er warnt nur vor Leichtigkeit im Sinn des Leichtsinns, ja der windigen Frivolität, die einen Herrscher »den Erdkreis leicht nehmen« läßt. Dagegen leuchtet gerade im Taoteking der Rat des Zarten, Mühelosen, Unaufdringlichen, was alles das Element des wahren Leichtseins im Gang der Dinge, in der wahren, spielenden Drehung um die wahre Mitte bedeutet. Und der Rat leuchtet voll Unaufdringlichkeit gegen alles Aufgedonnerte, gegen den schwergewappneten und so nicht nur tierischen Ernst. Item, auch diesseits von Laotses stillstem Tao: »Daß er möglich ist, der Humor, bedeutet nicht, unter Tränen zu lächeln, in dem Sinn, daß man jederzeit aufs neue in Träumen eingesperrt, sein Leben glücklich und vornehm führen könne, indes der Grund der Welt unverändert, real traurig sei. Sondern sein Leichtmachen, Herausheben bedeutet gerade – und hier blitzt ein feiner, rätselhafter Lichtstrahl, ein nur von innen genährtes, unerklärliches, in nichts gestütztes, mystisches Wissen ins Leben herein –, daß darin etwas nicht stimmt, daß die Tränen nicht ganz ernst zu nehmen sind gegen unsere unsterbliche Seele, so entsetzlich real sie auch mitsamt dem Weltgrund erscheinen mögen, dem sie entstammen; daß der Goethische Satz: Gut Gedicht wie Regenbogen ist auf dunklen Grund gezogen, wohl für die tiefen, aber nicht für die wesenhaftesten Äußerungen gilt; daß mithin das Träumen, das scheinbar so völlig illusionshafte Hoffenkönnen, das bedeutsame, zwar beantwortete, aber in nichts garantierte Leichtsein, das unbegreiflich sich Freuen an sich, – der Wahrheit und Realität, die ja nicht der Weltgrund zu sein braucht, näher steht als all das Drükkende, Belegbare, Unzweifelhafte der faktischen Umstände mit ihrer gesamten sinnlich realsten Brutalität« (Ernst Bloch, Geist der Utopie, 1918, Seite 75 f.) Die wichtige Beziehung des Humors zu freudigen, ja freudigsten Inhalten, die nur so nicht sind, als ob sie noch nicht sind, steht jedenfalls außer Zweifel, auch wenn diese Inhalte so fern sind, daß sie fast nur wider die Hoffnung selber erhofft werden können. Durchdringender Humor verhält sich sogar, als wären die Inhalte seiner seltsam-bedeutenden Freudigkeit heimlich und noch nicht da, sondern wie ein Durchklang von Endzustand. Das auch dann, wenn die Tochter aus Elysium sehr lange nicht die Treppen heraufgeschritten kam, erst recht dann, wenn der Humor gar keine Botschaft aus Elysium zu sich braucht. Denn vor allem eben liegt dem Humor (einer seiner skurrilsten und nachdenklichsten Grenzfälle ist nicht umsonst der sogenannte Galgenhumor) keinerlei garantiertes Zuversichts-Sein oder gar ein fixes Jenseits-Sein im Raum seines Justament. Das totale Justament geht freilich nicht so weit, daß es etwa sagen könnte: Ich wüßte nicht, daß es die vorhandene Welt gäbe, wenn es sie nicht gäbe, das heißt, wenn sie sich mir nicht empirisch aufdrängte. Aber ich weiß, daß es das ehedem unter Göttlichem Gemeinte und Bezeichnete gibt, obwohl es faktisch nichts dergleichen gibt, ja weil es faktisch nichts dergleichen gibt. Denn eine solche Bekundung wäre nicht nur reiner Idealismus, sondern ein verdinglichter, permanent gehaltener Utopismus dazu, mit Fremdheit nicht nur gegen eine inadäquat vorhandene Welt, sondern gegen jede Verwirklichung und ihre Wirklichkeit überhaupt. Gleich wie wenn das Justament sozusagen grundsätzlich, bei seiner Ehre, ein König Johann ohne Land zu bleiben hätte. Oder wie wenn jede Verwirklichung der vollkommenen Evidenz, der Evidenz des Vollkommenen einen Makel zufügte; noch weit über die bekannte Melancholie der Erfüllung, sogar über die romantische Traumverdinglichung hinaus. Aber Humor, der ja die *unaufdringlichste aller Utopien* ist, sie mindestens in sich hat, verdinglicht sich nicht, und sein heiteres Justament zielt nicht auf etwas außerhalb der Wirklichkeit, sondern pointiert eben in dieser einen Durchklang ihres möglichen Endzustands – voller Leichtigkeit, voller Liquor des Anderssein-Könnens, Andersseins in der Essenz, ohne Verfestigung, ohne Flucht, auch ohne alle Überwelt eines lärmenden oder feierlichen Jubels. Mit einem Wort: Dem Humor eignet ausschließlich Transparenz auf jene Leichtigkeit und Friedlichkeit des Seins, die die Schwere Lügen straft. Und dieses, ohne daß die Leichtheit empirische Bestätigung in ausreichendem Umfang schon hat noch gar eine überempirische Garantiertheit (Gottvertrauen) braucht.

Alles Aufheitern folgt aus dem Licht, aber geht ihm zugleich voran. Es begleitet den Aufgang sogar auf *doppelte* Art, einmal als besonders unbeschwertes Auflösen des Veralteten, dann als Gruß des Heraufkommenden. Das *Auflösende* beschäftigt sich im Alten und mit ihm nur noch fröhlich, als mit einem Land, das sich zuweilen selber dazu anläßt, unschwer, ja komisch zu verschwinden. »Damit die Menschheit heiter von ihrer Vergangenheit scheide«, sagt hierzu *Marx*; dies gilt, indem selbst die blutigen Despoten, an denen eine niedergehende Gesellschaft reich ist, einen komischen Schatten werfen. Wie sehr erst gilt der heitere Abschied dort, wo wirklich großer Stoff des Vergangenen, Veralteten sich vor dem Neuen unfeierlich, als Stoff zum Lachen, auflöst. »Die Geschichte ist gründlich und macht viele Phasen durch, wenn sie eine alte Gestalt zu Grabe trägt. Die letzte Phase einer weltgeschichtlichen Gestalt ist ihre Komödie. Die Götter Griechenlands, die schon einmal tragisch zu Tode verwundet waren im gefesselten Prometheus des Äschylus, mußten noch einmal komisch sterben in den Gesprächen Lucians« (Marx, Zur Kritik der Hegelschen Rechtsphilosophie, Einleitung). Wonach also die Heiterkeit des Abschieds zuweilen einiger Nachhilfe bedarf, und diese heißt dann Satire. *Hegel* selber hatte, in idealistischer Dialektik, das Stichwort zum Verschwinden der jeweils abgelebten, zum Auftauchen der jeweils neuen ästhetischen Vor-Schein-Landschaft angegeben, und zwar dreifach: als Auflösung der »symbolischen Kunst« im Epigramm, der »klassischen Kunst« in der Satire, der »romantischen Kunst« in völlig ausgebrochenem Abschied durch Humor. »Der Geist arbeitet sich nur solange in den Gegenständen herum, solange noch ein Geheimes, Nichtoffenbares darin ist ... Hat nun aber die Kunst die wesentlichen Weltanschauungen, die in ihrem Begriffe liegen, sowie den Kreis des Inhalts, welcher diesen Weltanschauungen angehört, nach allen Seiten hin offenbar gemacht, so ist sie diesen jedesmal für ein besonderes Volk, eine besondere Zeit bestimmten Gehalt losgeworden, und das wahrhafte Bedürfnis, ihn wieder aufzunehmen, erwacht nur mit dem Bedürfnis, sich *gegen* den bisher allein gültigen Gehalt zu kehren; wie in Griechenland Aristophanes zum Beispiel sich gegen seine Gegenwart und Lukian sich gegen die gesamte griechische Vergangenheit erhob und in Italien und Spanien, beim scheidenden Mittelalter, Ariosto und Cervantes sich gegen das Rittertum zu wenden anfingen« (Werke X^2, S. 231 f.). Dergleichen also bezeichnet den Humor der *ersten, kritischen Art* (und Epigramm wie Satire sind dann nur seine spitzen oder scharf gerippten Erscheinungen); er schafft in der Tat Abschiedsraum, er setzt auch die Lächerlichkeit, die unangestrengt erledigt, tötet. Noch viel wichtiger aber, nämlich in der *zweiten, positiven Art,* zum *Aufgang* des Lichts gehörend, bleibt und wird der Humor als *Land im Heraufkommenden, darin noch Geheimen, Nichtoffenbaren selbst.* Hier ist es das durchaus Überraschende, daß gerade Hegel, der doch ein gänzlich geschlossenes System aufstellte und darin gar nichts noch Geheimes, Nichtoffenbares offen ließ, dennoch dem Humor außer dem kritischen einen geradezu über alles hinausweisenden Charakter zuerkennt. Wenigstens in der Kunst und über sie hinaus, scheinbar hinaus und hinüber zur Religion, näher: zum Zurückgehen des Menschen in sich selbst; doch ist ihm der Humor als *Humanismus* uneingestanden ein Unabgeschlossenes überall. Er ist die Auflösung ausgesungener Verhältnisse gerade als das selber nicht Ausgesungene, als der Umgang einer schlechthin künftigen Leichtheit in der Anstrengung und Schwere des Prozesses. Das, obwohl der Erinnerungs- und Kreis-in-Kreisen-Denker Künftiges schlechthin begriffslos, lichtlos halten will: »Die Vergangenheit ist die Aufbewahrung der Gegenwart, als Wirklichkeit, aber die Zukunft ist der Gegensatz hiervon, vielmehr das Gestaltlose ... es kann also überhaupt in der Zukunft keine Gestalt angeschaut werden« (Werke XIV, S. 105); – doch der Humor zeigt in seiner Flüssigkeit auch bei Hegel Transparenz von nicht manifest gewordener Gestalt. Von daher gerade Hegels Abneigung gegen bloß beliebigen Humor, gegen die »kecke und glänzende Schiefheit, die kometarische Welt aus Duft und Klang, ohne Kern, das Spiel in wirklichkeitslosen Tönen des hohlen Geistes«; von daher die Zuordnung des wahren Humors zu einer ganz weit hinaus liegenden Tiefe. Hegel notiert diesen Zug zu ihr, den durch keinen vorhandenen Weg bereits ganz gewiesenen, durch keinen vorhandenen bedeutenden Gegenstand bereits ganz ausgewiesenen, als »ein unbefangenes, leichtes, unscheinbares Fortschlendern, das in seiner Unbedeutendheit gerade (!) den höchsten Begriff von Tiefe gibt, und da es eben Einzelheiten sind, die ordnungslos emporsprudeln, muß der innere Zusammenhang um so tiefer liegen und in dem Vereinzelten als solchem den Lichtpunkt des Geistes hervortreiben« (Werke X^2, S. 228). Hegel setzt hier, mit der Funktion des Fortschlenderns, nur eine bestimmte und nicht die höchste humoristische Literatur für das utopische Leichtheitswesen Humor schlechthin, doch nicht nur die Zuordnung zu einem höchsten Begriff von Tiefe ist bezeichnet, sondern auch – was die bloße *Ästhetik* des Humors sprengt – zu Lichtpunkten überall. In der Tat ist es die Freudigkeit des *Lichts*, die auch hier überall gegen die Schwere gestellt wird und die in diesem ganzen so zukunftsfremden System, malgré lui, immer wieder mit weiter deutender, weiter bedeutender Transparenz Bildungen der Leichtigkeit blicken läßt, weit außerhalb der Ästhetik. Das Helle bricht überall vor, wo »der in sich gehende Nachtpunkt der negativen Einheit« positiv umschlägt. So in der Naturphilosophie: wenn das Licht als erstes »die Schwere des Außersichseins erheitert« und Bewußtsein schließlich die Rinde sprengt. So in der Geschichtsphilosophie, wenn nach der wilden Pracht des orientalischen Lichtaufgangs Griechenland »in seiner schöneren Natürlichkeit, Freiheit, Tiefe und Heiterkeit, wie die Braut aus der Kammer, hervortritt«. So in der Religionsphilosophie, wo Hegel das Lichtwesen scheinbar entronnen kulminieren lassen will: »Aller Kummer, alle Sorge, diese Sandbank der Zeitlichkeit, verschwebt in diesem Äther, es sei im gegenwärtigen Gefühl der Andacht oder der Hoffnung. In dieser Region des Geistes strömen die Lethefluten, aus denen Psyche trinkt, worin sie allen Schmerz versenkt, alle Härten, Dunkelheiten der Zeit zu einem Traumbild gestaltet und zum Lichtglanz des Ewigen verklärt« (Werke XI, S. 4). Der engere Bezug zum Geist des Humors, nämlich zu einer unaufdringlichen Heiterkeit, ist hier freilich verlassen; auch kommt das feine Blitzen und Leuchten des Humors, obwohl es durchaus nicht weltzerbrechend sein kann, aus einem ganz anderen Frieden als dem, den Hegels Philosophie mit einer unvollkommenen Welt gemacht hat. Doch es wirkt eben das selber nicht Ausgesungene, also noch objektiv Utopische um all diese aufeinanderfolgenden »Lichtpunkte« (contra Schwere), zusammen mit einem positiven Element des Endzustands, ohne dessen Mißbrauch Hegels Philosophie nicht so schlecht apologetisch, ohne dessen Gebrauch sie nicht so gut optimistisch hätte sein können. Soviel hier über die *zweite, positive Art* der philosophisch leuchtenden Transparenz, durchaus zum Gruß eines Heraufkommenden gehörig, obwohl der Vergangenheitsdenker es in einem abgeschlossenen System begrub. Auch im Lichtpunkt Optimismus aber wird erst seit *Marx* die Vergangenheit nicht nur in die Gegenwart und diese wieder in die kontemplierte Vergangenheit, sondern beide sind auf den Horizont der Zukunft gebracht. Und das beim Optativ: Leichtheit-Heiterkeit-Friedlichkeit Gedachte wird durch den Marxismus nicht nur auf die Füße gestellt, sondern auf die Hände verwiesen. Denn mehr als ein Versprechen, daß all das behauptet Lichtvolle so sein könne, findet sich neben dem Wunsch, daß es so sein möge, auch von der Heiterkeit aus gesehen an den abgeschlossenen Lichtsystemen nicht. Hier darf nochmals an den

Spinozismus erinnert werden, an die Welt als behaupteten Kristall, und die ungeheure philosophische Utopie muß überdacht werden, die sich als solcher Weisheit letzten Schluß so formen möchte wie formt: »Es gibt nichts in der Natur, was der intellektuellen Liebe entgegen ist oder sie aufheben kann« (Eth. V, Lehrs. 37). Solch ein Lichtsatz ist gerade in seiner Extremheit ohne empirischen Sinn, doch eben ein Versprechen ist darin impliziert, mit ihm die nicht mehr sinnfremde, wenn auch ungeheuer bleibende Extremheit der *Aufgabe*, das so implizierte Versprechen approximativ zu halten. Dergestalt, daß das Zuhause im Diesseits, das Diesseits jedes Zuhause, wie es im Utopischen solcher Sätze beschienen ist, durch Veränderung der Geschichts- und Weltnatur auch empirisch nicht unbewährt bleibt. An in sich gehenden oder auch weniger in sich gehenden Nachtpunkten der negativen Einheit fehlt es im empirischen Prozeß gewiß nicht, doch noch weniger an Lichtpunkten, trotz wie mittels dieser Negativa, und an Licht in Latenz. Die Landschaft des wahrhaft Wesentlichen, mit positiver Entschiedenheit seines Inhalts, ist ein gänzlich dämmernder Grenzinhalt; dieser aber steckt im materiellen Prozeß, und der Prozeß geht mit Aufheiterung seines Inhalts. Wobei die philosophischen Gesamtblicke im *Wunsch nach durchdringendem Wissen* ebendeshalb auch den *Willen zum wahrhaft Wesentlichen* mit sich führen; – es ist nicht aller dieser Tage Abend, nicht aller dieser Morgen Tag. Die Philosophien sind ihre Zeit, in Gedanken ausgedrückt, doch ihre *großen Themen* liegen deshalb, weil sie in einer einzigen Epoche nie erschöpfbar, nicht einmal ganz formulierbar sind, weit über die jeweilige Zeit, auch Gesellschaft hinaus. Sie liegen im Zeitanliegen, Prozeßanliegen überhaupt – und das zentralste dieser Prozeßthemen heißt: Verum Bonum. Der Mensch als Frage danach, eine Welt als Antwort darauf: *Das ist, wiederum suo genere geographisch, die Wunschlandschaft in Philosophien.* Einzig die Wahrheit des Wesens im *Durchbruch* ist ihr Weg und Ziel, als die ohne Illusion erfreuliche.

6. Die Macht des Todes als stärkste Nicht-Utopie

Der letzte Rock hat keine Taschen.
Sprichwort

Jeder Mensch, vor dem die Möglichkeit eines Unglücks auftaucht, besinnt sich sofort auf den eisernen Bestand, den er bei sich trägt. Dieser eiserne Bestand kann für den einen seine Idee sein, für den anderen sein Glaube, ein dritter gedenkt allein seiner Familie. *Anna Seghers, Das siebte Kreuz*

Mir ist wie einem, der nach getanem Tagewerk sich eine Weile zurückzieht,
Meiner vielen Wandlungen eine steht mir bevor, ich steige empor aus meiner Menschwerdung, wieder neuen Formen zu.
Eine unbekannte Sphäre, wirklicher als ich träumte, unmittelbarer, wirft erweckende Strahlen um mich – Leb wohl!
Walt Whitman, Grashalme

Derjenige müßte gleichsam die Menschheit ausgezogen haben, der bei den Fragen gleichgültig bleiben könnte: wohin zielt die ganze Geschichte, welcher endliche letzte Zustand ist dem ganzen Geschlecht bestimmt, oder ist auch hier nur der traurige, immer wiederkehrende Zirkel von Erscheinungen? Man hat daher gewiß die Ansicht der Mysterien sich sehr beschränkt, indem man gar nicht auf diesen Gedanken fiel, daß sie auch über die Zukunft des menschlichen Geschlechts gleichsam eine Offenbarung enthielten ... Dionysos in seiner höchsten Potenz war das Ziel, der letzte Sinn der ganzen Mysterienlehre.
Schelling, Philosophie der Offenbarung

Und dann bringt der Geist die Hoffnung, die Hoffnung im strengsten christlichen Sinn, die Hoffnung, die wider Hoffen ist. Denn eine unmittelbare Hoffnung ist in jedem Menschen; sie kann in dem einen lebenskräftiger sein als im anderen; im Tod aber erstirbt jede derartige Hoffnung und verkehrt sich in Hoffnungslosigkeit. In dieser Nacht der Hoffnungslosigkeit (es ist ja der Tod, den wir beschreiben) kommt dann der lebendigmachende Geist und bringt die Hoffnung, die Hoffnung der Ewigkeit. Sie ist wider Hoffen, denn für jenes bloß natürliche

Hoffen gab es keine Hoffnung mehr; diese Hoffnung ist also eine hoffnungswidrige Hoffnung.

Kierkegaard, Zur Selbstprüfung der Gegenwart anbefohlen

Je m'en vais chercher un grand Peut-être.

Letztes Wort des sterbenden Rabelais

Einführung

Vom Sterben nicht reden

Wie drängt man die letzte Angst von sich ab? Heute fällt das vielen nicht mehr so schwer wie in unaufgeklärten Tagen. Die Uhr schlägt, wieder ist es eine Stunde näher zum Grab. Doch der Blick auf dieses ist zerstreut, oder er wird künstlich kurzsichtig gemacht. Wie es vorläufig steht, ist die Furcht vorm Alter quälender geworden als das Denken an den Tod. Er soll nicht erinnert werden, billige Bilder verdrängen ihn. Eines von ihnen meint, der Mensch gehe aus wie eine Kerze. Das kann zwar der Fall sein, aber nicht deshalb, weil der Mensch einer Kerze ähnlich ist. Er ist ihr vor dem Erlöschen nicht ähnlich, ist zum Beispiel nicht kopflos, also wirkt der Vergleich auch nachher nicht zwingend. Die Menschen waren niemals neugierig, ihre immer weniger werdenden Jahre zu zählen, doch was bürgerlich nur in den Tag hinein lebt, wird unter anderem dazu ermuntert, überhaupt nicht ans Ende zu sehen. So staut sich alles auf einen rotbäckigen Anfang zurück, und ist er nicht mehr da, so wird falsche Jugend angeschminkt. Das Sterben wird weggeschoben, nicht als ob man so gern lebte, aber auch nicht, als ob man irgendwo gern in ein Kommendes sähe oder sehen ließe, auch nicht an diesem persönlichen Punkt. Man lebt derart in den Tag wie in die Nacht hinein, des dicken Endes soll nirgends gedacht werden. Gewünscht wird hier lediglich, nichts davon zu hören und zu sehen, selbst wenn das Ende da ist. Wodurch die Furcht wenigstens schrumpft, flach wird, wie so vieles Übrige auch.

Utopien der Nacht, die auf dieser Welt keinen Morgen mehr hat

Aber nichts ist so fremd und finster wie der Hieb, der jeden fällt. Auch das Leben stimmt nicht, immerhin ist man darin zu Hause und anwesend, es kann verbessert werden. Doch hinter dem Sterben wurde noch keiner als anwesend gesehen, es sei denn als Leiche. Grauen vor ihr ist aber nicht das einzige Gefühl, das sie erweckt und das diesem seltsamen Abgang unserer selbst gemäß ist. Sondern sogar Grinsen mengt sich ein, gleich dem des Totenkopfs selbst; denn daß der lange planende Mensch abfährt wie Vieh, ist auch gleichsam witzig. Und erst recht hatte jener allerhöchste Ernst Platz, der verzweifeln läßt und der der Jugend, weil sie finaler ist, vor dem Tod noch näher liegt als dem Alter. Das macht: nicht nur die Leiche ist bleich, auch unser Streben sieht sich durch dieses sein Ende zu schlechter Letzt ausgeblutet und entwertet. Grab, Dunkel, Fäulnis, Würmer hatten und haben, wann immer sie nicht verdrängt werden, eine Art rückwirkend entwertende Kraft. Auch der Geschäftsmann, der vom Begräbnis eines Freundes kommt, setzt sich mit etwas vermindertem Elan an seine Korrespondenz und denkt nicht nur an die Versicherung für Frau und Kind. Dazu kommt das steigende Mißverhältnis, in das die Bewegung und Länge unserer Zweckreihen zu der gleichbleibenden Kürze des Lebens geraten sind. Dies Mißverhältnis war nicht immer so groß, die lange vorkapitalistische Zeit kannte es nicht oder nur ungefähr, ihr schien Geschichte statischer, zyklischer, sozusagen jahreszeitenhafter als heute. Marc Aurel bemerkt noch, in seinen Selbstbetrachtungen, ein vierzigjähriger Mann, mit offenen Sinnen und in genügend hoher Stellung, habe alles gesehen, was vor seinen Zeiten geschehen ist und nachher geschehen wird, weil es einerlei sei mit dem, was er selbst erlebt. Heute ist der Zug der Ereignisse so sehr viel länger als unser Leben, der Geschichtsgang ins Neue geometrisch wie dynamisch so verschieden von unserem sich naturhaft senkenden Lebensbogen, daß kein wackerer Mensch noch lebenssatt, im historischen Sinn, sterben kann. Das Grab vernichtet den neugieriger gewordenen Zeugen, und er hat in seinem kurzen Leben vom Ausgang, gar Sieg der im Schwang befindlichen Ereignisse zu wenig perzipiert. Wie der Knabe in Wedekinds »Frühlings Erwachen«, der aus dem Leben geht, ohne die Freuden der Liebe kennengelernt zu haben, und der so höhnisch-bedeutend ausruft: »In Ägypten gewesen und die Pyramiden nicht gesehen«, so konnte es mutatis mutandis und wenigstens partial manchem in spannungsreichen Zeiten Abscheidenden erscheinen, als habe er nichts erblickt und erreicht als historisches Stückwerk. Völlig überwunden scheint dergleichen nur dort, wo durch Hingabe des eigenen Lebens für die künftige Sache deren subjekthafte Erfahrung von vornherein, gewollt und bewußt, eliminiert wird, also in erster Linie beim Märtyrer. Doch selbst was diese allermoralischste Person für sich selber verneint, nimmt anderen nicht das Recht zur Klage, sich beim Sieg nicht anwesend zu wissen, sich nicht als unabgebrochenes Subjekt des Siegs zu wissen. Daß der Name des Märtyrers im Herzen der Arbeiterklasse eingeschreint ist, gibt diesem Namen keine Augen, kein leibhaftig anwesendes Dasein zurück, auch er liegt als Leiche weitab vom intendierten Ziel. Wie weit auch ist das erlittene Märtyrertum außerhalb der späteren Gerechtigkeit, die – falls sie eintritt – von durchaus anderen erfahren wird. Die Welt ist voll geschlachteter Güte und voll reüssierender Verbrecher, mit langem, friedlichem Lebensabend; die Märtyrer erleben ihre Auferstehung nicht, die Verbrecher des weißen Terrors so oft ihr Gericht nicht, der Tod macht in beiden Fällen alles irreparabel. Und noch dort eben, wo etwas in Ordnung geraten ist, fällt das letzte Beil ins Glück, als in ein allemal temporäres. Selbst das utopisch gespiegelte Glück der Märchen-Menschen gilt nur so lange, bis »zu ihnen kam der Vernichter aller Wonnen und der Trenner aller Gemeinschaft«, wie in Tausendundeiner Nacht der Tod heißt und heißen muß, trotz Islam und Ergebung. Das letzte Fiasko bleibt kein Rahmen oder dunkler Grund, von dem der kurze Sonnentag sich desto bewußter abhebt; Memento mori ist im Bewußtsein selber der Bankrott. Auch eine hektische Lebensfreude wie in Pestzeiten ist umgeschlagene Verzweiflung oder Galgenhumor, woran keine Antwort aufs Nichts und keine Überwindung ist; – Lust will vielmehr Ewigkeit. Was bedeutet selbst der höchste Augenblick, das in der zentralsten Utopie intendierte »Verweile doch, du bist so schön«, wenn der Tod, ohne selber getroffen zu sein, der existenzmächtigsten Erfahrbarkeit die – Existenz streicht? Kein Feind erschien darum zentraler, keiner war so unausweichlich postiert, keine Gewißheit in dem durchaus ungewissen Leben und seinen Zweckbildungen ist mit der des Todes auch nur vergleichbar. Nichts steht so finalistisch wie er am Ende, und nichts zerschmettert zugleich den Subjekten der historischen Zwecksetzung ihre Arbeit so antifinalistisch zum Fragment. Die Kiefer des Todes zermalmen alles, und der Schlund der Verwesung frißt jede Teleologie, der Tod ist der große Spediteur der organischen Welt, aber zu ihrer Katastrophe. Keine Enttäuschung also mißt sich mit seinem negativen Ausblick, kein Verrat kurz vor Ziel scheint dem des Exitus letalis gleichzukommen. Desto heftiger aber auch die Notwendigkeit, *Wunsch-Evidenzen* gegen diese so wenig einleuchtende Gewißheit zu setzen, als gegen eine bloße Tatsachen-Wahrheit in der mit dem Menschen unvermittelten Welt. Den Leitbildern des Lebens entsprechen derart Leitbilder des Fortlebens, den Leitfiguren der Unruhe Figurenbildungen gegen den Kirchhoffrieden, dem tiefen Todeszauber der Musik ein älterer religiöser. Es handelt sich in Folgendem um die wechselnden *Todesutopien in großen Weltreligionen*; ihnen nachfolgend ist das *nicht mehr so religiöse Todesbild.* Nämlich das aus dem ehemaligen mannigfachen Glauben im achtzehnten und neunzehnten Jahrhundert säkularisierte, auch rational abgewandelte. In den mannigfachen Bildern des Fortlebens hat die Menschheit nicht nur ihren Egoismus und ihre Unwissenheit, sondern auch die unleugbare Würde an den Tag, in die Nacht gelegt, sich mit dem Kadaver nicht zufriedenzugeben. Das Inventar der menschlichen Wunschträume enthält so im Todeskapitel auch gewisse malerische, poetische, musikhafte Wunschlandschaften des Paradiesischen wieder, doch unter anderem Aspekt, aufs to be or not to be bezogen, als utopischen Anti-Tod. Hier fand und findet sich, um nur vom Wunsch zu sprechen, gewiß auch viel klebrig-schäbiges Haftenwollen am kleinen Ich; Shaw hat das mit Recht dem Geiz verglichen. Hier wirkte und wirkt erst recht das obskurante Interesse der herrschenden Klassen und ihres Pfaffentums an transzendentem Betrug; durch jenseitige Schreckensbilder das Volk einschüchternd, durch jenseitige Himmelsbilder vertröstend. Ohnehin ist das Schattenreich, wie Kant sagt, das Paradies der Phantasten; und nicht nur das heilige Rom hat darin einträgliche Provinzen. Jedoch neben diesem, worin gerade die ärgste Schwärmerei transzendenter Ausmalungen sich als hocherfahren und weltklug erwies, ist gleichfalls nicht übersehbar: es gab, um wieder nur vom bloßen Wunsch zu sprechen, darunter auch noch andere, gerade aufbegehrend andere Motive, so nicht zuletzt religiös ein Stolz-, Verwandlungs-, Ausbruchs-Motiv, bei Paulus rüttelnd an den Stäben dieses Todes. Ob solche Überstreckung – wohlverstanden: auch der Geringsten, nicht nur der Herren – ins Postmortale und gar zur Kenntlichkeit Verändernde Opium fürs Volk war oder aber Stärkung des Gefühls vom unendlichen Wert der eigenen Seele und folglich Stärkung des Willens, sich jetzt schon nicht als Vieh traktieren zu lassen: das hängt von den Männern und Verhältnissen ab, unter denen vom Himmel gepredigt wurde; Thomas Münzers Predigt etwa, obwohl mehrfach aufs »himmlische Ingesinde« bezogen, war kein Opium fürs Volk. Ob jedes Hineinleuchten der Traumlaterne ins Schattenreich Phantasterei ist und als solche unterschiedslos erscheint, das wiederum hängt von der erlangten Begriffs- und Grenzbestimmung des Wirklichen ab. Auch eine Bestimmung, die mit der sogenannten Faktizität nicht aufhört, die statt dessen unverdinglichte Prozesse und offene Räume anerkennt, wird diese Räume nicht mit mehr oder minder abgeschmackten Erbaulichkeiten besetzen lassen. Immerhin wird eine solche Bestimmung Inhalte, über die man nichts weiß, nicht schon deshalb als gänzlich irreal oder als realitätsunfähig ablehnen, weil außer dem Wunder die Unsterblichkeit des Glaubens liebstes Kind ist und weil statt dessen die menschliche Metamorphose ins Nichts nicht nur bei Existentialisten als ausgemacht vorkommt. Deshalb allein sind aber die humaneren Wunschbilder des »Non omnis confundar« noch nicht in ihrem zugrundeliegenden Würdeproblem abgeschafft, das heißt: sie sind *dieses Problems und seiner Welt* in jeder – auch nicht notwendig phantastischen – Gestalt nicht verlustig geworden. Für Kant fiel das Wirkliche mit dem Gegenstand der Newtonschen Naturwissenschaft zusammen; was darüber war, war entweder von Übel oder ein bloßes reflexives Postulat. Der dialektisch-materialistischen Erkenntnis, die solchen Dualismus nicht anerkennt, die im Wirklichen selber ein Postulieren (eine unabgeschlossene Tendenz) und im Postulieren eine mögliche Wirklichkeit begreift, ist die Welt mit Newtons Mechanik nicht zu Ende. Die Welt hat kein Jenseits (Materialismus ist und bleibt Begreifen der Welt aus sich selbst), doch sie hat auch keine Schranke im Diesseits, vielmehr keine andere als die in der dialektischen Prozeßrichtung gesetzte. Der dialektische Materialismus kennt daher sowenig eine naturgewollte Ordnung und Abgeschlossenheit, wie der mechanische eine gottgewollte gekannt und anerkannt hat. Alles Einzelne, Fixe unter den todüberwindenden Wünschen und Prozeduren, den griechischen, den ägyptischen, den christlichen Todeshoffnungen ist Phantasterei, aber die Sphäre dieser spezifischen und im Nachfolgenden zur Erinnerung gebrachten Hoffnung selber ist mehr als erlaubt: denn kein Mensch weiß noch, ob der Lebensprozeß keine, wie immer unsichtige, Verwandlung enthält und duldet. Das kahle, wenn auch bisher noch so empirische Nein bringt keine Entscheidung; es ist das Nein einer bloß blinden Notwendigkeit, keiner durchschauten, also beherrschten, also mit dem menschlichen Zweckreich vermittelten. Auch wirkt dieses Nein nur deshalb auf den Zweckwillen nicht völlig lähmend, weil dieser, wie schließlich zu zeigen sein wird, immer noch postmortale Sinnbilder lombardiert, auch dann eben, wenn diese nicht mehr geglaubt sind und ihre Substanz verschwunden ist. Der Tod kann heutzutage (unbekannt, wie lange noch) hinter dem Leben versteckt werden, weil hinter dem Tod einmal neues Leben versteckt worden, das heißt hineingeträumt worden war. Auch diese Träume gehören zur Utopie, wenngleich zu einer überwiegend mythologisch gebundenen, und sie punktieren abgebrochene Zweckreihen weiter, als wären das Grab und das anorganische Weltall, zu dem auch die Leiche gehört, human erhellbar. Diese Erhellungsträume haben sich mit einem Schicksal, in seiner finstersten Gestalt, nicht abgefunden; das macht ihre Ehre aus, das fundiert diese Ehre. Und sie haben, mit überwältigender Paradoxie des Nicht-Entsagens, gerade an die äußerste Vernichtung, neben schrecklichem Fortleben, das Glücksbild eines Erwachens, einer himmlischen Identität angeschlossen; so im Islam, so im Christentum. Wo diese Steigerung gefehlt hat, fuhr ein als unverweslich Postuliertes zwar ins Schattenreich, doch nie mit dem Leib zusammen in die Grube. Die Unsterblichkeitswünsche wollten dem Selbst eben die Grablampe mitgeben, die sepsisfreie, noch die fremdeste Nacht bescheinende; sie haben den Tod mehrenteils überlogen, sie haben ihn aber auch überleuchtet.

Religiöse Kontrapunkte aus Tod und Sieg

Vom Toten nur Gutes

Die Angst zu sterben drückte früh nieder und bleibt also ursprünglich. Die Leiche zeigt dem Fühlen wie Denken, was jeden erwartet, das Grauen vor ihr ist das älteste. Doch wurde nicht erst gewünscht, fortzuleben, außerhalb der Leiche fortzuleben, das war zu selbstverständlich. Tod galt ohnehin nur als Abreise, bei allen primitiven Völkern und jetzt noch bei Kindern. Gewünscht wurde hier lediglich Schutz vor den Toten, indem man sie sicher oder behaglich drüben unterkommen ließ. Das freilich kam jedem zugute, indem jeder zuletzt zu den Leichen versammelt wurde. Dienst an der Leiche, Verschönung ihrer Nacht war eine Einladung an alle, sich gegen eigene Bedrohung zu schützen. Der Tote an sich war in das geisterhafte Dunkel gerückt, aus dem alles Böse und wenig Gutes kam. Er war in der Nacht, im Land ohne Feuer und Licht, außerhalb der runden Hütten und zurückverlangend. Ihm aber die Rückkehr zu verriegeln, dazu dienten alle Totenbräuche, mitsamt dem Ahnendienst. Die Leiche wird mit den Füßen voran aus dem Dorf getragen, damit sie den Rückweg nicht findet, oder es werden ihr, bei den Buschmännern, die Nägel abgeschnitten, Hände und Füße gebunden, ja die Augen ausgestochen. Zuweilen wird auch die Hütte des Toten niedergebrannt; der Ort, der ihn bindet und worin es ihm sozusagen wohlergeht, soll das Grab sein. Landstreicher wurden auch in deutschen Gegenden lange gebunden beerdigt, damit sie nicht wiederkommen. Sind aus der älteren Steinzeit Gräber bis jetzt nicht nachweisbar, so desto zahlreichere, unter wie über dem Boden, aus der jüngeren. Ebenso weit reicht auch die Sitte zurück, der Leiche Speise und Trank ins Grab mitzugeben; wonach statt des rückverlangenden, gar blutsaugenden der begütigte, ja wie aus manchen Märchen noch erkennbar, der dankbare Tote entstehen soll. Freilich waren Speise und Trank nicht fürs Grab gedacht, sowenig wie die Weiber und Sklaven, die den Vornehmen mitgegeben, das heißt an ihrem Grab geschlachtet wurden. Sondern all diese Mitgaben waren für einen Verzehr und Gebrauch an einem anderen Ort gedacht, damit die Seele des Toten nicht ungeehrt ums Grab, ums Dorf schweife und damit das Grab die Leiche wirklich bindet. Ihre Seele, das ist hier der letzte Atemzug, lebte, sobald dem Leib die Ehre des Begräbnisses oder der Verbrennung erwiesen war, nun ruhig am anderen Ort. Nicht mehr als Spuk, sondern als Schatten, und zwar als solcher, der das von dem Körper gewohnte Leben selbständig fortsetzte. Unter Jägervölkern ist auch das Drüben noch für alle gleich, unter Ackerbauern und Viehzüchtern macht nicht einmal der Tod alle gleich. Die Unterschiede zwischen Arm und Reich setzen sich fort, ausgeglichen wird nicht im mindesten. Die besseren Plätze werden auch im Jenseits für die Vornehmen freigehalten, ebenso die schlechten und schlechtesten fürs gemeine Volk. Auf Tonga kommt nur der Häuptling ins selige Land Bolotu, die Niederen stehen im Dunkel, wie hier. Ähnlich wird auf Hawaii zwischen einem Himmel für Fürsten und Vornehme, einer Unterwelt für die niedere Schicht unterschieden. So entspricht seliges und höllenhaftes Gefild auch drüben der Klassenteilung, ist zuverlässig erst mit ihr entstanden. Strafe für hochgestellte Übeltäter, Belohnung für Arme, für solche freilich, die im herrschenden Sinn zugleich brav waren, dieser gewünschte Ausgleich wird erst später sozusagen durchgesetzt. Er findet sich erst in widerspruchsvoller gegliederter Sippe, wenn der Häuptling nicht mehr als fragloser Leitaffe angesehen wird, der auch im Jenseits, ganz gleich, ob er gut oder böse war, einer bleibt. Jeder Tote, sobald er beigesetzt ist, wurde von den Seinen ohnehin als Ahne geachtet.

Schatten und griechische Dämmerung

Auch dort lebte der Mensch fort, wo sein Drüben ganz blaß schien. Die Griechen ließen am meisten von allen Völkern die Leiche altern, zum Schatten übergehen. Aber der Schatten selber hält sich, auch die Aufklärung lehrt hier selten Vernichtung oder nur in dem Sinn, daß das gewohnte Ich aufhört. So freilich erscheint hinter dem Tod ein halbes Nichts, nämlich das Gegenteil von dem, was dem Menschen unter der Sonne blüht. Eine Grabinschrift in Pompeji sagt: »Nach dem Tod gibt es nichts mehr, nur was du siehst, ist der Mensch.« Eine andere lautet: »Freund, der du dieses liest, lebe ein gutes Leben, denn nach dem Tod gibt es weder Lachen noch Scherz noch Freude.« Soweit die etwas platte Schwermut dieser Sprüche, eine, die wahrscheinlich nicht einmal auf die Spätzeit und die Landstädte beschränkt war. Doch war der Mensch bei alledem keineswegs ausgelöscht oder in einen unvorstellbaren Zustand von ganzem Nichts geraten. Er behielt das merkwürdige, das immerhin von Leid, Umtrieben, Hinfälligkeit befreite Sein seines Schattens, er kam in eine milchige Nacht, am Rand des Lebens, doch nicht in eine schlechthin todeshafte. Die Nacht kommt auch im Leben vor, im nachlassenden Leben; gehemmte oder gebannte Menschen haben sie, die sich ohnehin im Hades ihrer selbst aufhalten. Völlige Verlorenheit und Zwecklosigkeit erfüllt sie, so mächtig und zugleich hohl, daß der Hades der Griechen, obwohl er an diesen Zustand zuweilen angrenzt, unzweideutig mild erscheint, sozusagen gesund. Der Tod ist bei Homer immerhin der Bruder, sogar der Zwillingsbruder des Schlafs; bei Hesiod bewohnen beide gemeinsam einen Palast am Eingang der Unterwelt. Unten erwartet Lethe (wer Vergessenheit trinken wollte, hatte schon getrunken und brauchte Lethe nicht mehr), der Styx trennt endgültig, Charon, mit grauen Haaren, schmutzigem Mantel, aber feurigen Augen, bringt hinüber. Und nicht, als schlösse das Hadesgrau Unterschiede und Unterscheidungen zwischen seinen Bewohnern aus; als gäbe es in ihm keine Art Hölle, keine Gefilde der Seligen. Das griechische Jenseits hat ein Totengericht am Eingang, wie das ägyptische und nachher das christliche; Wunschbilder der Vergeltung und des Ausgleichs wirken so durchaus. Ebenso wirken sie aus dem Hades, aus seiner reich gegliederten Dämmerung, ins Leben auf der Erde herein; von daher die auch bei Griechen bemerkbare sittliche Nachdenklichkeit der letzten Stunde. Als Perikles starb, versammelte er seine Freunde, bat jeden um Verzeihung für das Unrecht, das er ihnen angetan haben sollte, wollte von seinen Taten nichts anderes hören, als daß er nie einen Bürger in Trauer versetzt hätte. Die griechische Hölle aber verfinstert das Schattenreich höchst merkwürdig nach unten, nämlich überwiegend zu fruchtlosem Einerlei, zur Qual fruchtloser Wiederholung des Gleichen; so für Sisyphos, Tantalos, die Danaiden. Die Gefilde der Seligen verbessern das Hadesgrau still nach oben, in die freundliche Eigenschaft angenehmer Dämmerung, der Dämmerung eines ewigen Frühlingsabends. Es geht so gewiß auch in diesem Elysium nicht volltönend her, nicht golden wie auf Lebensfesten, aber silbern, nämlich ohne Leidenschaften und Langeweile. Ursprünglich war der griechische Himmel nur für Lieblinge der Götter bestimmt, nicht für gute Menschen schlechthin. Erst als Elysium in der nachfeudalen, nachhomerischen Zeit aus dem westlichen Ozean in die Unterwelt verlegt worden war, schien es auch für gute Menschen geeignet, wie der Tartaros nebenan für die bösen. So wirkt das noch so blasse Leben dieses Jenseits doch recht wunschhaft: die Toten werden in einer Traumwelt voll Schattenrisse gedacht, die Bösen darin in der unveränderten, ausweglosen des Angsttraums, die Guten in der kraftlosen, aber auch mühelosen Süßigkeit eines Bilderlebens. Und noch etwas, das Wichtigste, macht das griechische Jenseits, in anderer Schicht, sinnvoll. Denn neben dem populären Hadesbild hielt sich aus der pelasgisch-orphischen Zeit ein anderes, das der Mysterien. Ihr Bild ist das Rad: der Mensch steigt mit den ansteigenden Speichen zum Leben auf, mit den absteigenden sinkt er zum Tod; vor allem aber: es ist nicht nur dasselbe Rad, es ist auch derselbe Mensch, der aufsteigt, absteigt und gemäß dem Rad wieder aufsteigt, Seelenwanderung wird gelehrt. Und Reinigung wird gelehrt, die aus dem kreisenden Tod das Beste zieht, dergestalt, daß der Mensch mit bewahrter Substanz den Tod besteht und auf höherer Stufe wiederkehrt. So in den eleusinischen Mysterien, so, mit dionysischem Akzent, in den orphischen; beide wollten ausschließlich in den Tod weihen, nicht für sein Nichts, sondern für dessen Überwindung.

Bejahung der Wiederkehr; orphisches Rad

Das Grab sollte nun mit sich sprechen lassen, ja selber bewegt werden. Es galt als Saat unter dem Boden, die Frucht kommt also nach oben zurück. Ziel war, aus dem Hades wieder *ins Leben* zu treten, und zwar als derselbe, wenn auch sich höher Bewußte, der man gewesen war. Der Erinnerung dieses Bewußtseins und dieser Gewißheit dienten die eleusinischen Weihen, die Mysterien der Persephone. Die Sage, die ihnen zugrunde liegt, enthielt wohl von vornherein ebensoviel Wachstums- wie Todeszauber. Entsprechend der Einheit, wonach mutterrechtliche Zeiten die Erde gleichmäßig als Acker fürs Korn wie für die Toten verehrt hatten; und Eleusis diente der Demeter, der Mutterrechts-Göttin. Kreist ihre Tochter Persephone zwischen Totenreich und Oberwelt, im Winter drunten, im Sommer droben, so galt das nicht nur als Sinnbild des Pflanzenwuchses. Es galt sehr früh als Wunschbild der Auferstehung: das Korn Persephone war zugleich die vom Hades geraubte menschliche Seele. Uralt sind diese – in den eleusinischen Mysterien bewahrten – Zusammenhänge, auch hatte Demeter einst selber das Amt des Pluton, sie bewohnte nicht, wie in der späteren griechischen Zeit, den Olymp. Sie war die Göttin des Mutterrechts, und das Grab, das alle Geburten frißt, gehörte ebenso zum Schoß und seiner Welt wie die Geburt. Die Erdmutter war als Herrin der Toten eine furchtbare und zornige Macht, doch ebenso war diese Grabesgöttin die Göttin der Lebens-Wiege, eine gütige, Frucht spendende Mutter. Derart waren die Funktionen von Geburt und Tod im vorhomerischen, im pelasgischen Mythos noch eng verbunden, Gäa-Demeter beherrschte den Glauben, erst die Götter Homers, die neuen Götter, gehören der Vaterrechts-Zeit an, so präsidieren sie weder der Geburt noch dem Tod, und sie selber sind dem Tod fern. Doch eben in den eleusinischen Mysterien wurde Demeter in ihrer alten Doppelfunktion angerufen, und ihre Tochter Persephone war der sterbende Mensch, der in den chthonischen Kreislauf gebundene. Und daraus galt es nun das Beste zu ziehen: Kunst des Todgebrauchs, Kunst glücklicher Wiedergeburt als die Moral aus Persephone. So wurden die Mysten, am Gleichnis des Saatkorns, mit dem Tod versöhnt: der Untergang trägt tausendfältige Frucht, er ist notwendig zur reicheren Wiederkehr. Trostreiche Alternierung von Tod und Leben geht an: Persephone entrinnt dem Hades immer wieder, obgleich sie immer wieder zu ihm zurückkehrt; Eleusis lehrte Seelenwanderung, und zwar als lebensbejahende. Als eine, die nach aufwärts fährt, aus immer neuen Eintauchungen in den Hades, und die nicht bloß Schoß und Grab, sondern auch Grab und Geburt mit sich bringt. Nach dem Glauben der Mysten ist leibliche Wohlfahrt der Gewinn, den die Mysterien für die Dauer des Lebens verleihen, den höheren Gewinn geben sie aber als Hoffnung einer schöneren Wiedergeburt in der Zeit nach dem Tod. Statt aus Lethe wird aus dem Quell der Erinnerung früherer Geburten getrunken, das soll den Weg in neue, verbesserte Geburt bahnen. Die Seelenwanderung wird derart höchst optimistisch gefaßt, als Medium zum Aufstieg; das Rad der Wiederkehr ist bejaht.

Und der Tote schien gerade, indem er begraben wurde, gut verpuppt zu sein. Das Grab behält nicht, es reift, der Schatten in der Höhle soll aus ihr wiedergeboren werden. In der eleusinischen Formel, als der uralt-mutterrechtlichen, hat sich das Hockergrab aus der

Steinzeit erhalten, worin die Leiche, zum Embryo gekrümmt, ihre neue Geburt erwartet. Weiter aber schließt die eleusinische Hoffnung den Menschen auch in das Frühlingsbild ein, worin die Erde selber aus der Leichengestalt wieder hervorgeht. Zu *Demeter-Gäa* tritt so *Dionysos*, mit dem dialektischen Namen ἡμέρα νυκτερινή, nächtlicher Tag, Licht in der Erde und aus ihr. Selbst im extrem vaterrechtlichen Rom hat sich, von den Etruskern her, dieses so gänzlich erdfromme Trost- und Doppelwesen erhalten. Die römischen Florealien waren zugleich ein Toten- und ein Frühlingsfest, Bacchus ist der Herr der Totenseelen, deren Schwärme mit Beginn des Frühlings der Erde entsteigen, im gleichen Zug bringt er das Blühen der Erde. Darum sind die Wände der etruskischen Grabkammern voll obszöner Szenen, der Totendämon etruskischer Leichenspiele tritt als Satyr auf, ebenso erhalten sich auf römischen Sarkophagen die bacchantischen Szenen, mit dem Phallos als Grabornament. Statt zu verblassen, wurde auch im apollinischen Griechenland die dialektische Erinnerung an Demeter-Dionysos, ja Pluton-Dionysos immer stärker; die eleusinischen Mysterien selber verbanden sich vom neunten, entschieden vom sechsten Jahrhundert ab mit Dionysos und seinem wiedergebärenden, orphisch läuternden Feuer. Die Statue des Dionysos wurde von Athen nach Eleusis in den Tempel der Demeter getragen, er galt als ihr Sohn, er überstrahlte ihre Tochter Persephone, er galt im betonten Sinn als »der Mutter Sohn«, als Herr des feuchten und befruchtenden Naturlebens. So erschien er den Mänaden, als Stiergott erschien er den Liebesfleischerinnen und wurde sterbend-auferstehend zerrissen, er war ihnen, die dem Tod und der Vergänglichkeitsklage ebenso vertraut waren wie dem Orgasmus und der Lust, die Einheit von Tod und Leben. Dionysos ist der Weg von Demeter zum männlichen Naturleben, von der weiblichen Höhle zum Phallos; an ihm, nicht nur an der Einheit Grab-Wiege, sucht nun die Hoffnung auf Unsterblichkeit und Wiedergeburt ihr Emblem. Bachofen hat diese Zusammenhänge zuerst wiedererinnert: »Der Mensch ist in der unbeweinten niederen Schöpfung, aber der phallischen Naturmacht und ihrem enthüllten Sinnbild bleibt der endliche Sieg. In dem Zauber üppiger Paradieseslust befriedigt sich jeder Anspruch an das Leben und jede Hoffnung des Jenseits« – die Naturklage der alten Welt verstummt. Dionysos wird statt des finsteren Pluton ein gleichsam solarer: »Er ist, wie ihn Makrob bezeichnet, die Sonne der unteren Erdhälfte (sol in inferno hemisphaerio), das heißt das solare Prinzip der finsteren Erde, das, der fernen Heimat entrückt, die verschlossenen Tiefen der Materie erleuchtet« (Bachofen, Die Unsterblichkeitslehre der orphischen Theologie, 1867, S. 26). Als dieser chthonische Helios holt nun Dionysos die Seelen aus dem Hades hervor, ohne Zwang zur Rückkehr, aber – und das ist gegen Demeter-Persephone das zweite Novum –, aber auch *ohne Notwendigkeit, wiedergeboren zu werden*. Das zwingende Rad der Wiederkehr war in Eleusis vor oder außerhalb der orphischen Reformation bejaht; innerhalb der Orphik wird es verneint. Ein erweitertes Wunschbild geht damit an, ein nicht nur gegen Hades, sondern ein gegen Hades und ebenso gegen die Geburt gerichtetes. Ein asketisches Wunschbild mithin, wie es allerdings auch mit dem Frühlingsgott, dem ursprünglichen Fruchtbarkeitsgott Dionysos nicht mehr zusammengeht. Sondern die Orphik, wo sie einbrach, schloß sich hier *an die Überlieferung eines zweiten Dionysos an*, an einen selber wiedergeborenen. Es ist Dionysos-Zagreus, der von Titanen zerrissen wurde und der, nachdem Zeus sein unversehrt gebliebenes Herz verschluckt hat, in dem zweiten Dionysos wieder auflebt. Der Wiedererstandene hat die Glut und Freude, die er ist und zu der er führt, nicht eingebüßt; als Dionysos-Jakchos, das ist: der Jauchzende, wurde er in den Mysterien ausgerufen. Aber er lebt nicht mehr in seinem alten Körper, ja überhaupt nicht mehr im Leib des Todes und der mit ihm alternierenden Geburt; κύκλος γενέσεως, der Kreislauf der Geburt, wie die Orphik mit einem wahrhaft indischen Ausdruck sagt, ist mit dem Tod zusammen gesprengt. Der zweite Dionysos wird dadurch keineswegs transzendent oder auch nur olympisch, er bleibt höchste Lebensfülle, doch eben eine der zweiten, der vom Kreislauf freien Natur. Und ihm folgten zuletzt die orphischen Mysten nach, Wunsch wird Auszug aus dem σῶμα-σῆμα, aus dem Körper-Grab insgesamt, um weder Tod noch Wiedergeburt in der Körperlichkeit zu erfahren; freilich geht der Auszug keineswegs ins Lebensfeindliche, in Geist. So sichtbar hier Askese vorlag, im Zusammenhang mit dem Niedergang der griechischen Wirtschaft und Polis, so ist sie doch nur insofern eine lebensfeindliche, als sie die Wonnen des Leibs diesem anfällig-unsteten Wesen abnimmt und der Seele zufügt. Es ist falsch, in der orphischen Leibfeindschaft Entsagung zu sehen; wie wäre sonst Dionysos ihr Gott? Der Leib als Kerker der Seele, das bedeutet hier, daß er den Schmetterling Psyche hindert, dieses Brausen empor. Nicht Übung bürgerlicher Tugenden, nicht Zucht, nicht sittliche Umbildung des Charakters wurden in der Orphik verlangt, sondern einzig Hinwendung zum orgiastischen Gott. Erst recht enthielt die orphische Askese keine Leibpeinigung, konträr, sie rettete gleichsam die Leibesfreude aus dem vergänglich-kreisenden Schauplatz. Sind also im Haß gegen das Geburtsrad indische Anklänge unverkennbar, so bleibt doch auch der zweite Dionysos von dieser Welt. Wein und Liebe verschaffen den Rausch, der aus dem Leib selber seine Essenz herauszieht und aus ihr sich begeistert. Eleusinisch erschien der als beständig angenommene Wechsel von Geburt und Tod erträglich, der mögliche Übergang vom Tod in bessere Geburt trostreich. Orphisch wird ein ganzes endgültiges Heil und sein Heiles in die Seele zu ziehen versucht, die aus jeder Wanderung heraus ist, sowohl aus der zum Tod wie der zur Geburt, und die das, was der Hadesvorstellung bloßer Schatten war, auf der Erde schon mit Blut füllen will.

Elixiere der Seele und gnostische Himmelsreise

Vom Leib dieses Tods befreit zu sein, das wurde immer wilder und fremdartiger ersehnt. Die sich auflösende spätantike Gesellschaft förderte in allen ihren Kreisen eine Angst, wie sie gleich stark bisher kaum gefühlt worden war. Sie bezog sich am heftigsten, fast zusammengedrängt, auf den Tod, obwohl dieser dem traurigen Leben doch ein Ende zu setzen schien. Doch er wurde keineswegs als Ende empfunden und am wenigsten als Ausweg; er wirkte eher als dauerndes Schlachthaus. Die Zeit des stoischen, gelassenen Selbstmords und seines – selber so düsteren – Trosts war vorüber; der Tod erschien von allem Hinfälligen als der unheimlichste Teil. Alles in allem war Eleusis noch ein Fest gewesen, und die meisten hatten dort mehr irdischen Segen als jenseitigen erfleht. In der Spätantike aber wurde dieses Fest zum Hilfeschrei; Lebensangst und Todesfurcht zusammen kamen damals in die Welt, Rettung aus beiden wurde gesucht. Nun erst bildeten die griechischen Mysterien, vermehrt durch eine fast vollzählige Einfuhr orientalischer, eine riesige Flucht-, Ausfluchtstraße. Niemals wurde gleich verzweifelt und so merkwürdig durch alle Klassen hindurch nach dem Kraut verlangt, das gegen den Tod gewachsen war, niemals heftiger nach Unsterblichkeit, als Paß aus dem Schlachthaus. Seit Hadrian verband sich das Wunschbild der Mysterien (Gewißheit der Auferstehung) mit jedem Aberglauben; Amulette, Geistersiegel, sämtliche Fischhaken der Beschwörung wurden ausgeprobt, um Unsterblichkeit zu fassen. An den Göttern schien nicht dieses groß oder der Nachfolge wert, daß sie mächtig sind oder weise oder selbst glücklich; sondern daß sie unsterblich sind, das war ihr begehrtes ambrosisches Teil. Dieses also zu erwerben, dazu dienten ganz überwiegend die Weihen, Riten, Liturgien, Prozeduren der spätantiken Mysterienreligion. Sittliche Reinigung wurde hierbei gewiß erstrebt, als Stärke, Verschwiegenheit, brüderliche Liebe, doch galt dergleichen nicht für entscheidend. Wichtiger als die Wegwaschung von Sünden war die Tingierung mit jenem magischen Stoff, durch den der Einzuweihende getauft und vom Todesleib befreit werden konnte. Galt doch bereits in den orphischen Mysterien der von den Mänaden zerrissene und verschlungene Opferstier, der den Dionysos darstellt, als der sterbende Jahrgott, der zu neuem Leben erwachen wird; Dionysos nimmt die von seinem Blut Trunkenen mit in die Unsterblichkeit. In offenbarem Zusammenhang damit arbeiteten die späteren »Taurobolien«: der Myste stand in einer Grube, über der ein Stier geschlachtet wurde, ließ sich von dem niederstürzenden Blut überströmen, erlangte dadurch die Taufe, ja eine Art heidnisches Abendmahl erhoffter Unsterblichkeit. Die Überströmten trugen auch danach auf der Straße, in Geschäften, ihre blutstarrenden Kleider, teils ein Gegenstand des Spotts, teils der Verehrung. Paulus (1. Kor. 10, 18 ff.) hat nicht grundlos auf eine Analogie des heidnischen Opfermahls mit dem Abendmahl hingewiesen; nennt er das heidnische Opfer (zu dem auch die Taurobolien gehörten) »den Tisch, den Kelch, die Gemeinschaft der Teufel«, so bestätigt diese Antithese gerade die religionsgeschichtliche Entsprechung und Verwandtschaft. Selbst Jesus siegte im Wettkampf mit den Mysterien nicht als Messias der Mühseligen und Beladenen, sondern als der »Erstling von den Toten«, und sein Charakter war »die Auferstehung und das Leben«. Die Taufe war damals insgesamt ein magisches Sakrament, ihr Wasser galt als Lebenswasser, Christus hat vom Tod losgekauft. Vor allem der Christus in gnostischer Auffassung war ganz primär Antidoton gegen den Tod; auch galten hier keineswegs alle seine Gläubigen losgekauft, es sei denn nach erfolgter Totentaufe. Es gab eine gnostische Totentaufe als Hauptsakrament, das Haupt des Toten wurde in den Markus-Kulten mit Wasser und Öl gesalbt, er sollte dadurch, wie Irenaeus berichtet, »für die Archonten und Mächte unsichtbar werden«. Und dergleichen Tarnkappe vor dem Bösen nach dem Tod war von Jesus nicht weniger ersehnt; auch unter den Christen Korinths war zur Zeit Pauli noch eine Totentaufe üblich (1. Kor. 15, 29), die zeigte, wofür man den Lebensgott gekommen hielt. Gnostisch wurden die Tauf-Elixiere ergänzt durch Elixiere des Wissens, nicht jedem zugänglich und desto heißer im künftigen Äon gesucht; der gnostische Christus war ein gelehrter Erlöser. Er beseitigte die Unwissenheit, er offenbarte sich ganz erst den »Pneumatikern«, also den Geistesaristokraten, oder, wie sich sagen läßt: nur Doktoren der Himmelfahrt hat er den Tod abgeschafft. Freilich war das gnostische, selbst das philosophische Wissen dieser Zeit keineswegs von Wille, Gemüt und auch der damaligen aufgeregt-trüben Folklore abgetrennt. Proklos, einer der scharfsinnigsten Denker dieser Zeit, sammelte Volksmärchen, wo er sie fand, ließ sich, als ob das mit den Märchen zusammen ginge, in sämtliche Mysterien einweihen und verband so – auf keinesfalls geistesaristokratische Weise – das Populäre und das Hermetische, beides wahllos einladend, mit der Distinktion des Begriffs. Erst recht war die Gnosis, als heidnische wie christliche, keine Religion des dürr gewordenen antiken Kopfs, konträr: sie war der erste und letzte große Einbruch von Wunsch-Mythologie in den Kopf. Das erweist sich vor allem an einer ihrer seltsamsten, immerhin großartigsten Phantasmagorien: an der Lehre von der *Himmelsreise der Seele*.

Sie schloß sich an die Taufe durch Blut an, um sich gegen das Sterben unsichtbar zu machen. Aber sie gab deutlich den Paß hinzu, der eine völlig ausgemalte, im Bösen wie Guten ausgemalte Reise hinter den Tod glücklich bestehen ließ. Näher hat es mit dieser Auffahrt oder Himmelsreise und mit der Notwendigkeit, für sie vorbereitet zu werden, folgende Bewandtnis: Zwischen Himmel und Erde liegen die sieben Planetenkreise, beherrscht von bösen Geistern, von den Herren dieser Welt. Sie sind die Archonten oder Schicksalsdämonen, und als Dämonen mit Tiergesichtern, als Löwe, Stier, Drache, Adler, Bär, Hund und Esel wurden sie gnostisch dargestellt; sie knechten den Menschen und legen eine Blockade zwischen ihn und den Himmel. Darum werden die Archonten in dieser negativ gewerteten Astrologie als Zöllner bezeichnet, als

»Vögte der leidvollen Straße«; der Planetenkreis selber erscheint als »Zaun der Bosheit«. Dergestalt wurde das antike Weltvertrauen, das noch bis weit in die mittlere Stoa hinein so mächtig und optimistisch gewesen war, verteufelt. Nero und Caracalla erschienen ideologisch in Sterndämonen verankert, die eigene Preisgegebenheit, die verschlingenden Wirbel des untergehenden Spätrom wurden ins Weltall projiziert. Doch nicht nur das Leben selbst, mehr noch seine Präexistenz und Postexistenz, der Zustand der Seele vor der Geburt und nach dem Tod gerieten in die gewaltig-düstere Lokalität des Archonten-Systems. Denn indem die Seele vom Himmel auf die Erde niederfuhr (der Mond galt als Tor für den Abstieg), passierte sie die sieben Sphären, und jede gab ihr ein Stück Bann mit, für ihr irdisches Schicksal. Nach dem Tod nun muß die Seele, bei der Auffahrt zum Himmel, an den gleichen Archonten wieder vorüber (die Sonne galt als Tor für den Aufstieg), und an jeder Station tritt ihr, den Weg sperrend, der alte Archont entgegen, als »Gott des Verderbens und des zweiten Tods«. Ja nicht nur die Planeten, auch die zwölf Tierkreise der Fixsternsphäre und die zwölf Sternbilder des Tierkreises haben zu den Dämonen des Untergangs gezählt; der ganze Sternhimmel war ein Teufelsgebiß, das ganze Weltall eine Tyrannei. Sonne, Mond und Sterne sind insgesamt die fatale, die Schicksalssphäre, die Sphäre der Heimarmene; Weltregent ist der Teufel. Hier war nun die Stelle, wo die Gnosis ihren Mythos von der Himmelsreise einsetzte, im sozusagen technischen Sinn, als Brechung der astralen Blockade. Der Myste wurde in der Kenntnis des Paßworts unterrichtet, das an den sieben Archonten vorbeipassieren läßt und dem »Zaun der Bosheit« die Macht nimmt. Einige Paßworte bildeten mit höchst unbegreiflichen Heullauten die Namen der jeweiligen Archonten nach; die Kenntnis des Namens ist, nach uraltem Glauben, identisch mit der Macht über den Benannten. Auch die besondere Lehre vom Paßwort geht weit zurück: im 125. Kapitel des ägyptischen Totenbuchs verlangt an jeder Pforte des Hades der sie bewachende Gott von den Toten, daß sie seinen Namen wissen, ehe er ihnen den Weg freigibt. Vielleicht ist noch diese ägyptische Überlieferung wirksam, wenn gerade im koptischen Schrifttum der Gnosis die Losungen besonders klassifiziert werden: in erster Reihe feierliche Mitteilung der Dämonennamen, dann der Symbole und Zeichen, die man vorweisen müsse, dann der Formeln und Zauberworte, die man zur Abwehr zu sprechen habe.

Und als Erfolg wurde fürs Ende ausfabuliert: die Seele legt die häßlichen Hüllen und Befleckungen ab, die sie bei der Durchfahrt durch die Planetenkreise einst mitbekommen hatte. Im späteren persisch-gnostischen System Manis legt die Seele sogar sämtliche Bestimmtheiten der unteren Welt ab, also nicht nur ausgemachte Laster: dem Mond gibt sie die Lebens- und Ernährungskraft zurück, dem Merkur die Habsucht, der Venus die Wollust, der Sonne den Intellekt, dem Mars den Kriegsmut, dem Jupiter den Ehrgeiz, dem Saturn die Trägheit. Auch ist hier jeder Archont von einem Engel des persischen Lichtgotts Ormuzd bewacht, er tut das übrige, daß die Seele ohne Ballast zum Urlicht heimfindet. Und an dessen Eingang tritt sich die Seele des Gerechten selber »in Gestalt einer Jungfrau« entgegen, die ihn empfängt und in den obersten Himmel führt; bei Mani springt so hinter dem letzten Planeten keiner mehr hervor, sondern eben (in Dantes Beatrice später erinnert) die »Gestalt einer Jungfrau«, nämlich als reine Menschengestalt und Himmelsführerin. Wahrscheinlich dienten bereits die persisch-römischen Mithras-Mysterien nicht nur dem Kult des Sol invictus, sondern der Hilfe, die er den Toten gibt. Die siebenstufige Treppe, die in der Höhle dieser Mysterien, ganz im Einklang mit der Himmelsreise, aus sieben Metallen als den Planetenzeichen aufgebaut war, versinnlichte außer dem All eben die Paßwort-Durchfahrt durch die sieben Planetenkreise hindurch, zum Beleber Mithras hinauf. Am bewegtesten bleibt aber allemal die Perspektive in der jüdisch-christlichen Gnosis, gemäß ihrer völligen Verschlingung von Wunschmythos gegen den Tod mit Welt und dem Menschensohn, der besser als die Welt ist. Mit Bildern des Alten Testaments wird so der Übergang ausgedrückt bei den Peraten; die von Hippolytos überlieferte Stelle lautet: »Der Tod erfaßt die Ägypter im Roten Meer samt ihren Streitwagen; alle Menschen ohne die Gnosis sind Ägypter. Und das ist die Bedeutung des Auszugs aus Ägypten, nämlich des Auszugs aus dem Körper, der ein kleines Ägypten ist. Das Überschreiten des Roten Meeres aber bedeutet das Überschreiten des Wassers der Vergänglichkeit, welches der Saturn ist; und das Jenseits des Roten Meers ist die Wüste, wo zugleich alle Götter des Verderbens und der Gott der Erlösung sind. Die Götter des Verderbens aber sind die Sterne, die den Geschöpfen die Notwendigkeit sich wandelnder Geburt auferlegen« (Hippolytos, Elenchos V, 16). In »Pistis Sophia«, dem bis vor kurzem einzigen erhaltenen gnostischen Buch, einer Art pneumatischem Roman, nimmt Jesus selber den Archonten »ein Drittel ihrer Kraft«, wendet ihnen »ihre Häupter und ihre Bahn auf die Hälfte des Jahrs, so daß sie nicht nach den Menschen blicken können« und Gott allein Schicksal wie Aufstieg bestimmt. »Wahrlich«, spricht hier Jesus, »wenn ich nicht ihre Bahn gewendet hätte, so würden eine Menge Seelen vernichtet worden sein, und sie würden lange Zeit zugebracht haben, wenn nicht die Archonten der Äonen und die Archonten der Heimarmene und der Sphaira und alle ihre Örter und alle ihre Himmel und alle ihre Äonen vernichtet wären, und es würden die Seelen lange Zeit außerhalb hier zugebracht haben, und die Vollendung der Zahl der vollkommenen Seelen würde sich verzögert haben, welche zum Erbe der Höhe durch die Mysterien gerechnet und im Lichtschatz sein werden« (Pistis Sophia, cap. 23). Hier also tritt zum Paßwort der gnostische Heiland selber hinzu, und er macht es überflüssig, nicht als Lehrer, sondern bereits als Pantokrator, als Herr gegen die Archonten. Gegen die gleichen Archonten, die selbst im Neuen Testament als »Kosmokratoren« geglaubt werden, wenigstens im Epheserbrief, wenn er auch nicht ausgemacht von Paulus herrührt: »Zieht an den Harnisch Gottes, daß ihr bestehen könnt gegen die listigen Anläufe des Teufels. Denn wir haben nicht mit Fleisch und Blut zu kämpfen, sondern mit Fürsten und Gewaltigen, nämlich mit den Kosmokratoren, die in der Finsternis dieser Welt herrschen, mit den bösen Geistern unter dem Himmel« (Eph. 6, 11 f.). Jesus kauft also nicht nur von der Sünde frei, sondern auch vom astralisch verhängten Schicksal (wie es im Saturn als der bösen Fee im Märchen, als der bösen Sieben in der Astrologie hernach übriggeblieben ist), er nimmt das Regiment der Sterne, oder wie noch Augustin, recht im Sinn der Himmelsreise, pointiert: »Das Christentum ist deshalb der heidnischen Philosophie überlegen, weil es die bösen Geister unter dem Himmel bannt und die Seele von ihnen befreit« (vgl. De civ. Dei, X). So hoch-hindurch wirkte dieses utopisch-pedantische Reisebild ein, das erste, das nicht abwärts in den Hades fuhr, sondern aufwärts ins Licht. Das erste, das den Tod nicht als Versinken, sondern als Flug ausphantasierte, geschirmt und versiegelt dazu, mit Fahrplan und höchst plastischer Ausschweifung. Eine Erinnerung an die gnostische Himmelfahrt scheint noch bis in Dantes Läuterungsberg hereinzureichen – ohne Dämonen, wie sich versteht, doch mit graduiertem Aufstieg durch sieben Pforten. Sie öffnen sich in der Gnosis aufs Urlicht, bei Dante immerhin auf den Garten Eden und den Wunderbaum. In der Gnosis sind es die bösen Planetensphären, bei Dante sind diese freilich längst entsühnt und eingemeindet, machen die leitende Topologie selbst. Aber die siebenstufige Fegefeuerwanderung der Seele ist durchaus erhalten, am nächsten zur Fassung Manis, auch wenn die Planetensphären in Dantes Paradiso nicht die der gnostischen Himmelsreise geblieben sind. Und wie bei Mani tritt eben eine schöne Jungfrau am Ende der Fegefeuerfahrt entgegen, das zum Himmel leitende Weib; Beatrice bei Dante, Gretchen im Faust. Hätte die Spätantike einen großen Dichter hervorgebracht, so wäre der Stoff der Himmelsreise glänzender sichtbar, als dies die Berichte seiner Widersacher oder auch die verworrene »Pistis Sophia« vermitteln. Oder auch wie er in einigen, zum Teil noch erhaltenen Hymnen- und Liturgiedichtungen vorkommt, die in dem Hymnenbuch der manichäischen Kirche gesammelt wurden. Auch so aber enthält dieser Fahrtmythos eines der weitesten, obzwar tollsten Abenteuerbilder gegen den Tod und eine der seltsamsten Befreiungsmythen gegen das – in Sternkaiser projizierte – Schicksal.

Der ägyptische Himmel im Grab

Einmal konnte die letzte Angst, auch stiller, ja vertrauter ausgeredet werden. Dort nämlich, wo sich bereits das ganze Leben in einen Vortod verwandelt. So hielten es die Stämme, die seit den ältesten Zeiten den unteren Nil bewohnten, sie haben als erste das ruhende Grab beneidet. Sie hatten schon vor dem alten Reich seltsam fahle, makabre Zeichen und Götzen. So wurde im Delta ein entblätterter Baum verehrt, auch die abgestreifte Haut einer Schlange. Kein anderes Volk hat sich nachdem so unablässig mit dem Tod beschäftigt wie die Ägypter, war so absurd-wunschvoll mit ihm als wahrem Leben einverstanden. Keines hat soviel Vorbereitung auf die Kunst des Sterbens verwandt, keines der Versorgung der Toten im Jenseits eine so große Aufmerksamkeit gewidmet. Keines so viel Aufwand und Zeit für den Gräberbau übrig gehabt und sich das Drüben mit gleich sorgfältiger Liebe ausgemalt. Auch haben die Ägypter als erste moralische Vorstellungen mit denen eines guten Tods in Verbindung gesetzt. Bereits in der fünften Dynastie betont ein Vornehmer auf seiner Grabstätte: »Ich habe dieses Grab gebaut als gerechtes Eigentum, nie habe ich etwas genommen, was einem anderen gehörte, nie habe ich jemandem Gewalt angetan.« Es gab zwar Ablässe, von der Priesterschaft zu erwerben, Zauberformeln im Innern des Sargs oder auf dem heiligen Skarabäus, den man, in Stein geschnitten, den Mumien unter die Brustbinde legte. Doch selbst die Zauberformeln begannen noch mit dem bedeutsamen Satz: »Mein Herz, stehe nicht auf gegen mich als Zeuge.« Zum erstenmal in der Geschichte, tausend Jahre vor den Griechen und ausführlicher als in Israel, tritt der Wunschgedanke auf, daß das Geschick der Toten nicht bloß Fortsetzung ihres irdischen Wohlergehens sei, sondern vom sittlichen Wandel abhänge. Totenrichter entscheiden über guten oder schlechten Aufenthalt, der göttliche Schreiber Thot zeichnet das Urteil auf, nachdem das Herz des Toten gewogen worden ist, Osiris selbst führt den Vorsitz. Das Bleibende am Menschen aber war nicht nur seine Seele, dies unstete und gleichsam noch unreife Wesen. Man dachte es sich als einen Vogel mit Menschenkopf, der nächtlich umherflattert, also sehr entfernt von seliger Ruhe. Das Bleibende ist das Urbild der Körperperson selbst, das Ka; diese harte Entelechie ging mit dem Menschen durchs Leben, betrat, nach dem Tod, die andere Welt. Nur zur Vermittlung mit dem Ka wurden die Leichen mumifiziert, und in höherer Mumifizierung wurden sie plastisch verewigt: Bildhauerkunst galt den Reichen und Mächtigen als ein Hilfsmittel auf dem Weg ihrer jenseitigen Verewigung. Das plastische Porträt enthielt das Ka und wurde in der Totenkammer aufgestellt: »Größere Sorgfalt«, sagt daher Diodorus, »wird auf die Wohnung der Toten als der Lebendigen verwandt; die Gräber allein betrachten die Ägypter als die wahren und dauernden Wohnsitze für alle Zeiten.« Das Streben ist so nicht nur, das irdische Dasein in Ewigkeit zu verlängern, sondern das ewige Dasein selber erscheint als Leben im Tod, und zwar gründlich. Dazu schien der Lebenslauf, ohne Decrescendo, selber zu reifen, vielmehr schwer zu werden, Würde zu werden; denn das Kind stirbt flach und taucht wenig ein, der Alte aber sinkt tief, findet Todesleben, durch das Alter selber eingeschult zum Bewußtsein des Tods. Völlig war derart in Ägypten eine Kultur des Tods ausgelotet, durch tiefes Eintauchen in ihn, weit unter die oberflächliche Lebens- und Sonnenlinie, hinunter zur Vollendung dessen, was der Mensch hier erst unvollkommen ist, hinunter zum lebenden Leichnam und zur Tiefe des

Alters, als der des Totenreichs. Mit dem Ka erstreckt sich eine utopisierte Starre ebenso ins Leben, wie sich das Leben in eine situationslose Form erstrecken soll. Das Ka, das zu Osiris versammelt wird, war bereits auf Erden der gemeißelte Mensch, der Mensch der Ruhe, Gravität, Geschlossenheit, wie er der gesamten hieratischen Plastik Ägyptens zugrunde liegt. Als trockene Mumie, für die Ewigkeit eingenäht, erreicht der Mensch seine erste äußere Form, als geometrische Starre im Stein seine wahre. Das Werdenwollen wie Stein ist, wie zu sehen war, die Wunschlandschaft der ägyptischen Kunst überhaupt und ebendieser »Todeskristall geahnter Vollkommenheit« ist geleitet vom Werdenwollen wie der Tote selbst, hat eine *anorganische Zielform*. Nicht nur die eigentlichen Grabbauten, die Pyramiden und Mastabas, sind, nach Hegels Wort, ein Kristall, worin ein Toter haust, auch die hieratische Plastik denkt den Ka als kristallen, in bewegungsfremder Blockeinheit, schlechthin konkordant mit dem Stein. Sehr gut fügt sich dem der historische Sinn ein, das Gedächtnis, die Tradition, die beispiellose Treue zur Gewohnheit: Ägypten insgesamt ist das Wunschland eines Raums ohne Zeit, einer heiligen Geometrie.

Wohin der Tote nun fährt, dieses Land war freundlich, doch gleichsam nur starrend belebt. Hierbei schien es keinesfalls lichtlos oder, als abgeschieden und bloße Unterwelt, der Sonne selber abgekehrt. Das widerspräche sowohl der bleibend sichtbaren Ruhe wie der Verehrung, die der Sonne erwiesen wurde, der untergehenden, nicht verschwindenden. Das Totenreich säumte so die unterirdische Wasserstraße, auf der die Sonnenbarke, wenn sie ins Meer eintauchte, von Westen nach Osten unter der Erdscheibe lief. Wurde doch auch der Himmel über der Erdscheibe als Land mit Wasser vorgestellt, mit Inseln, Kanälen und einem Meer, auf dem Sonne, Mond und Sterne in Barken fuhren. Diesem Ägypten des Taghimmels entsprach das Ägypten des Nachtscheins der Sonne – freilich aber entsprach es mit Gravität, mit Grave. Die fortgesetzten, fröhlich dargestellten Arbeiten, in denen sich niederes Volk im Jenseits weiterbewegt, dürfen über die lebenden Leichname nicht wegtäuschen. Auch die bunten Szenen im Innern feudaler Sargwände, die Angaben des ägyptischen Totenbuchs über Pflügen, Ernten, Segeln und andere Tätigkeiten einer nicht mehr misera, doch contribuens Jenseits-Plebs verdecken nicht die Unsterblichkeit im unbewegten Altersstil des Tods, die statuarisch gewollten Menschen höher zukam. Gewiß, der König empfängt von seinem göttlichen Vater das Zeichen des »Lebens«, die Formel »mit Leben beschenkt« gehört seit den ältesten Zeiten zur Titulatur der Pharaonen. »Die Hieroglyphe des Lebens – nicht des gewöhnlichen irdischen, sondern des erhöhten göttlichen – ist das Henkelkreuz, das auf überaus zahlreichen Darstellungen der Gott dem König überreicht, oft in der Weise, daß er es dem Gesicht des Königs nähert, damit dieser das Fluidum, das von dem Symbol ausgeht, durch die Nase einatme. Hierdurch übertragen die Götter das ihnen eigene Pneuma, das ist den göttlichen Lebensodem, auf die Könige als ihre geliebten Söhne« (vgl. Norden, Die Geburt des Kindes, 1924, S. 119). Aber das dergestalt betonte »Leben« ist keineswegs eben das irdisch vergleichbare, das bewegte, in Bewegung sich äußernde, so wenig wie es dem Pharao als solchem zukommt, dem gleichsam schon vor dem Tod erstorbenen, das heißt statuarisch zu Raum statt Zeit gewordenen. Daher wird neben die »Lebens«-Hieroglyphe, die der Gott dem Pharao überreicht, allemal jene andere gestellt, die den Begriff »Dauer« bezeichnet, Dauer in dem Sinn, wie sie Osiris, der selber tote Gott, auf der Stele in Abydos für Sesostris III. bereithält oder wie Ptah, Mumien- und Bildhauergott zugleich, sie Ramses II. zuspricht. Und was dem Pharao allerhöchst eigen, ist jedem Ägypter, der auf Gravität und ihr Grave zu sehen vermag, als Amt eigen und Ziel, als Todesamt und würdiger Amts-Tod. Damit sein »Leben« nicht in einem Sterben mündet, das noch zum Wechsel gehört, sondern in heiliger Starre, am Nil der Verewigung. Osiris selber ist unbewegt, er war von Isis lediglich zum Todesbewußtsein erweckt worden, gerade als vollkommenste Leiche wurde er neben der Sonne angebetet. Dieser Unterweltkönig war wahrscheinlich schon in seiner ältesten Verehrung ein Grabgott, dazu dann wurde er später auf den unterirdischen Lauf der Sonne bezogen, als regierende Statue in deren Grab- und Westreich selber. Die Bilder des Osiris bleiben derart seit alters makaber; eben der erwähnte vorgeschichtliche Fetisch des entblätterten Baums wurde auf Osiris als seine Hieroglyphe übertragen. Die offizielle Kunst des alten Reichs stellt den Gott stets als Leiche dar, in Mumienbinden gehüllt, ja das mittlere Reich, vollends die Spätzeit hat dann sogar noch Ptah, den höchsten Gott, eingeschreint. Auch er wurde zuletzt als Grabgestalt abgebildet, als Mumie eines kahlen Priesters; so wurde Ptah, der Weltschöpfer, zum Schutzgott der Königsgräber, verschmolz schließlich mit Osiris. Dieser selbst war und blieb »der Erste derer, die im Westen sind«, er war durch die mächtigen Zaubersprüche der Isis, seiner Gemahlin, von der Lähmung des physischen Tods befreit, doch eben nur so, daß er den *lebendigen Tod* darstellte, die Auferstehung in glücklichen Tod. Der Verstorbene wird seit dem mittleren Reich geradezu Osiris N. N. genannt, gleich als wäre er der Gott selbst (vgl. Erman, Ägypten und ägyptisches Leben im Altertum, 1923, S. 347); so fraglos lag das Wunschbild der Vollendung den Ägyptern im Wunschland eines göttlichen Leichen-Seins. Nicht Rede, nicht Gesang reichten noch dahin, Osiris war der schweigende Gott katexochen, in seinem Tempel zu Abydos war es untersagt, Musik zu machen. Das Bild *vom Frieden des Tods* kam durch Ägypten in die Welt, wobei entscheidenderweise dieser Friede weder in Auslöschung noch umgekehrt in einer Art von höherem, also gesteigertem Leben bestand. Der Friede des Osiris war vielmehr der eines wechsellosen Dauerzustands, eines Tods ohne Lähmung, doch auch ohne Dramatik von Hölle und Himmel. Kurz, der ägyptische Wunschtod war Erstarrung im ungestörten Tun und Sein, dazu leuchteten der tote Osiris und die Sonne der Unterwelt. Die Wiederholungsmythen, welche den Griechen die Verdammnis bezeichneten, mit dem Zusatz der Vergeblichkeit (Tantalos, Sisyphos, Danaiden), bezeichnen hier Seligkeit. Das Definite und darin ewig Gleiche ist im ägyptischen Todeswunsch das gleiche wie Aktionen des Ka, wie Freuden der endlich gelungenen Statue.

Biblische Auferstehung und Apokalypse

Es überrascht, daß die letzte Angst jüdisch sehr lange nicht bedacht und überträumt worden ist. Dies Volk war so diesseitig wie die Griechen, aber es lebte doch unvergleichlich viel stärker auf Künftiges und Ziele hin. Dennoch traten Wunsch und Bilder des Fortlebens nur langsam vor, obzwar dann darüber fröhlich, darüber rächend gewordene. Bis dahin schoben langes Leben, Wohlergehen auf Erden das Ende hinaus und hinab, in Scheol, die ferne Unterwelt, hinab. Es gab im alten Israel Ahnen- und Totenkult, das setzt Glauben an ein Fortleben voraus, aber das gehörte noch zum kanaanitisch übernommenen Zauber, nicht zum frommen Glauben. Wenn Saul durch die Hexe von Endor den Totengeist Samuels beschwört, so begeht er gerade eine Sünde; überdies wird der aufsteigende Geist nicht als Mensch, sondern als »Elohim« bezeichnet (1. Sam. 28, 13), folglich als übermenschliches Wesen, *nicht als Seele.* Dasselbe gilt für die merkwürdige und als sehr früh belegte Stelle über Henoch: »Und weil er ein göttliches Leben führte, nahm ihn Gott hinweg und ward nicht mehr gesehen« (1. Mos. 5, 24). Es sind das, gleich der Entrückung Eliae, selber große Ausnahmen, und als solche werden sie ausgezeichnet: vor allem aber: Elohim, nicht Menschen stecken hinter diesen unsterblichen Namen. Ist es doch möglich, daß Henoch, mit seinen 365 Lebensjahren, einen früheren Sonnengott bezeichnet; auch Elias fuhr ja auf einem »feurigen Wagen«. Scheol, Unterwelt des Grabs, blieb statt dessen lange des Menschen Teil, so noch im Buch Hiob (um 400 v. Chr.), wenn auch mit prometheischer Aufbäumung dagegen: »Ob ich gleich lange harre, so ist doch die Unterwelt mein Haus, und in Finsternis ist mein Bett gemacht. Die Verwesung heiße ich meinen Vater und die Würmer meine Mutter und Schwester« (Hiob 17, 13 f.). Durchbruch der Unsterblichkeit geschah im Judentum erst durch den *Propheten Daniel* (um 160 v. Chr.), und der Antrieb dahinter kam nicht aus dem alten Wunsch nach langem Leben, nach Wohlergehen auf Erden, nun transzendent verlängert. Er kam vielmehr aus Hiob und den Propheten, aus dem *Durst nach Gerechtigkeit*; so wurde der Wunsch Postulat, die postmortale Szene durchaus Tribunal. Glaube ans Fortleben wurde hier eines der Mittel, um den Zweifel über Gottes Gerechtigkeit auf Erden zu beschwichtigen; vor allem wurde die Auferstehungshoffnung selber eine juristisch-moralische. Ein Totengericht kam, wie gesehen, viel ausgeführter schon in Ägypten vor, aber ein wesentlich Neues, das gerade den Reichen und Herren in der Gemütsruhe nicht gut tun sollte, kam im späten Israel hinzu. Denn das Grundmotiv zur verlangten Auferstehung wird jetzt drohend, es heißt *Nachholung des fehlenden irdischen Gerichts*: »Und viele, so unter der Erde schlafen liegen, werden aufwachen, einige zum ewigen Leben, andere zur ewigen Schmach und Schande. Die Lehrer aber werden leuchten wie des Himmels Glanz, und die, so viele zur Gerechtigkeit weisen, wie die Sterne immer und ewig« (Dan. 12, 2 f.). Das ist der moralische Einmarsch der Auferstehungshoffnung in den frommen Glauben, unabhängig von Totenkult, Zauberriten, Gottmenschen; und es ist der erste Einmarsch. Die scheinbar frühere Verkündigung in einigen Psalmen – vor allem in Psalm 49, 16: »Gott wird meine Seele erlösen aus der Gewalt des Scheol, denn er hat mich angenommen«, auch der Vers in Jes. 26, 19: »Aber deine Toten werden leben, meine Leichname werden auferstehen« – stammt in Wahrheit aus einer ebenso späten Zeit wie Daniel, ist interpoliert gleich dem Komplex der Jesajaskapitel 24-27. Allerdings werden auch nach Daniel nicht alle, nur viele erwachen, nämlich nur die frommen jüdischen Märtyrer und von den Ungerechten nur die schlimmsten Bluthunde. Auch diese noch nicht zu einer Hölle, sondern zu ihrer Schmach und Schande und damit sie den Triumph der Gerechten sehen. *Allgemeine Auferstehung selber*, die aller Menschen, wird erst in den Bilderreden des äthiopischen Henochbuchs ausgesprochen, gegen Ende des ersten vorchristlichen Jahrhunderts; das ägyptische Totengericht, die persische Weltbrandlehre gaben ihre Farbe ab. Das Henochbuch machte Daniels Verheißung nicht nur generell, es führte in sie auch die verschwenderisch ausgemalte Szene von Hölle, Himmel, Jüngstem Gericht ein, zum erstenmal. Und die Esra-Apokalypse des ersten nachchristlichen Jahrhunderts macht das Gericht zur letzten Enthüllung: »Es gibt ein Gericht nach dem Tod: da wird der Name der Gerechten kund, die Taten der Frevler werden offenbar« (4. Esra 14, 35). Die uralte ägyptische Idee vom Buch des Lebens wirkte ein, in welches das Gewicht der menschlichen Taten eingeschrieben wird. Der Schreibergott Thot, der dies Amt beim ägyptischen Totengericht besorgte, kehrt als Engel Jahwes wieder, ja als dieser selbst. Und die Eintragung wird jährlich jeweils am jüdischen Neujahrstag eingeleitet, am Versöhnungstag beendet, als dem höchsten und erntesten jüdischen Feiertag. Als einem postmortal gezielten Bußtag, der freilich, bezeichnenderweise, im vorexilischen Judentum noch völlig unbezeugt ist, im sogenannten Bundesbuch, bei der Anordnung der Feste (2. Mos. 23), nicht erwähnt wird. Der Gerichtsbuch-Mythos selber wurde immerhin in einen alten Text interpoliert, so in 2. Mos. 32, 32f., auch der erste Jesajas nennt ihn: »Und wer da wird übrig sein zu Zion und überbleiben zu Jerusalem, der wird heilig heißen; ein jeder, der geschrieben ist unter die Lebendigen zu Jerusalem« (Jes. 4, 3). Das hat sich erhalten bei Lukas 10, 20: »Freut euch, daß eure Namen im Himmel geschrieben sind«, es tönt fort im kirchlichen Requiem: »Liber scriptus proferetur in quo totum continetur.« Mit dem erstarkten Wunsch- und Traumblick in die Gerechtigkeit eines wenigstens

Jüngsten oder letzten Gerichts und seines Dahinter kam nun freilich auch die Zeit für eine Umdeutung vermeintlich früherer Zeugnisse. Besonders eben bewegte jetzt der Genesis-Bericht über den vorsintflutlichen Patriarchen Henoch und seine Entrückung; er galt der spätjüdischen Literatur als der erste derer, die dem Scheol, ja dem Tod entronnen sind. Ein »Buch vom Henoch«, ein »Buch der Geheimnisse Henochs« entstand, worin die Mysterien der anderen Welt ausphantasiert wurden, welche der Patriarch zu sehen bekommen hatte; die neutestamentliche Epistel St. Judä feiert Henoch, »den siebenten von Adam«, als Weissager des letzten Gerichts (Ep. Jud. 14 f.). Auferstehungsutopie wurde so schließlich orthodox, trotz offenbar vorhandener Widerstände, wahrscheinlich aus den Kreisen der »epikurischen« Sadduzäer (»welche da halten, es sei keine Auferstehung«, Luk. 20, 27). Um die Zeit Christi kam ein Sanhedrin-Beschluß heraus: »Keinen Anteil an der zukünftigen Welt hat, wer sagt, daß die Wiederbelebung der Toten sich nicht aus der Thora beweisen lasse.« Mithin aus den fünf Büchern Mosis, wo doch zuverlässig noch kein solcher Glaubensartikel vorliegt: es sei denn in dem erwähnten Ahnenkult, der, jenseits der Zauberbräuche, über einen lokalisierten Gräberkult wenig hinauskam. Bald machten sich auch sehr läppische Endbilder groß, drangen selbst in den Talmud, etwa ein künftiger Leviathan: »Dies ist das Fischungeheuer, von dessen Fleisch nach der Weltdämmerung die Auserwählten genießen und aus dessen Haut ein Zelt bereitet wird, worunter die Gerechten aller Völker in Glückseligkeit wohnen«; das Meertier wurde so eine Art jenseitiges Manna. Und eines, das beim Genuß nicht abnimmt, auch zeigt, daß selbst Leviathan, die Schreckgröße (Hiob 41, 2-26), dem Seligen einmal zum Besten dienen wird. Mit erneuter Lehrgewalt hat dann Maimonides, in den dreizehn Artikeln eines Credo, Unsterblichkeit der Seele, Auferstehung des Leibs vorgeordnet. Salomon Reinach bemerkt hierzu in seinem »Orpheus« nicht ganz mit Recht: diese Artikel seien vom biblischen Judentum so fern wie der Katholizismus des Trientiner Konzils von den Evangelien. Denn was bei Maimonides die Auferstehung angeht, so hat das im nachexilischen Judentum emotionale Vorbereitung und seit Daniel juristisch-moralische. Über der Angst des physischen Tods tauchte das Entsetzen des zweiten Tods auf, die Verdammnis, die den Ungerechten erwartete. Jesus gar lebte in diesem Glauben, der tief in den Volksschichten zu Hause geworden war, und sprach aus ihm, als Droher so gut wie als Erretter. Er berief die Auferstehung als einen selbstverständlichen, als einen für die meisten gefährlichen Akt (Matth. 11, 24, Luk. 10, 12); Glaube an Auferstehung und Gericht zählte in der Jesus-Sekte zur Lehre vom Anfang christlichen Lebens überhaupt (Hebr. 6, 1f.). Desto strahlender hatte der Himmel zu leuchten, desto heftiger wirkte, über der politischen Verheißung des Gesalbten, die Verheißung ewigen Lebens. Als Besiegung des zweiten Tods, hinter dem ersten, hinter der bloß physischen Vernichtung, die die Seele zu Hölle oder Himmel übrigläßt. So wurde seit Daniel, zuletzt auch unter iranischen Einflüssen, die Unsterblichkeit in ein nicht nur individuell-künftiges, sondern kosmisch-künftiges Drama ungeheuerster Gewalt hereingestellt; in Weltbrand und lauter Nacht, lauter Licht dahinter. Alle Menschen sind dabei anwesend, das wird der Sinn des Jüngsten Tags, er spielt sich nicht vor einem zufällig letzten Geschlecht und vor der menschenleeren Natur ab. Ja die Welt der Apokalypse, worin das späte Judentum ankommt, hätte auf ihre Gläubigen als nichtig und subjektlos gewirkt, wenn sie nicht eine auferstandene Versammlung aller Menschen seit Adam betroffen und beschert hätte.

Desto brennender der Wille, sich auf die rechte, auf die siegreiche Seite zu schlagen. Jesus trat zuerst als heilend auf, so und noch nicht politisch oder gar von Sünden befreiend hat er geworben. Er tritt gegen den ersten Tod auf und gegen die Krankheit zu ihm hin, er heilt zunächst Lahme, Blinde, Blutende, er erweckt eine Leiche. Davon sind die frühen, gänzlich zaubermännischen Wunderberichte erfüllt; noch nicht von Buße. Diese trat als Predigt und als Erbe Johannis des Täufers erst später hinzu und dann wieder in erwekkender Verbindung, in der mit dem zweiten Tod. So fällt das ganz und gar nicht innerliche, das magisch-materielle Wort: »Was ist leichter zu sagen: dir sind deine Sünden vergeben, oder zu sagen: stehe auf und wandle« (Luk. 5, 23). Um wissen zu lassen, daß der Menschensohn Macht hat, die Sünden zu vergeben, dazu hat der Jesus dieser Stelle, nach der bereits pneumatischen Deutung Lukae, geheilt, aber gewirkt hat er als Brot des Lebens, nicht nur als Sündenvergeber. Und gesiegt hat er, nach der Taufe in seinen Tod, durchaus als die Auferstehung und das Leben. Als der geglaubte Erstling derer, die da auferstanden sein sollen, als Bringer des zweiten oder Himmellebens gegen den zweiten Tod oder die Hölle. Erlösung von der todbringenden Sünde war die Wurzel oder der Stamm, aber Erlösung vom Tod war die begehrte Frucht des damaligen Juden-, erst recht Heidenchristentums. So das Wort eines gleichsam heiligen Tauroboliums: »Wer mein Fleisch ißt und trinkt mein Blut, der hat das ewige Leben, und ich werde ihn am Jüngsten Tag auferwecken« (Joh. 6, 54). So erst recht die Definition, die in dem am wenigsten faktischen, am meisten pneumatischen Evangelium aller Zeichen und Wunder zusammengefaßt: »Ich bin die Auferstehung und das Leben; wer an mich glaubt, der wird leben, ob er gleich stürbe« (Joh. 11, 25). Welch ein Unterschied also zu den Göttern der Antike, die dem Tod, aber auch der Belebung fremd sind. Es kommt zwar vor, daß sie bei der letzten Stunde erscheinen, so tritt bei Euripides die Artemis ans Sterbelager des Hippolytos, aber sie verheißt ihm keineswegs Unsterblichkeit, sondern einen Tempel und Nachruhm, und sie, die selber nie den Tod schmeckte, verläßt ihn im Sterben. »In deine Hände befehle ich meinen Geist«: kein Grieche konnte das zu einem seiner Götter sagen. Auch Jahwe freilich war mit Unsterblichkeit bisher wenig bemengt; so fehlt auch folgende Überbietung bei Jesus nicht: »Eure Väter haben Manna gegessen in der Wüste und sind gestorben. Ich bin das lebendige Brot, vom Himmel gekommen, wer von diesem Brot ißt, wird leben in Ewigkeit« (Joh. 6, 49 und 51). Trotzdem wird die Substanz des ewigen Lebens selbst, die *bisher als unbekannt gesetzte Substanz*, auch im Vater nun behauptet und gesetzt, als durch Jesus bekanntgemacht: »Jetzt aber geoffenbart durch die Erscheinung unseres Heilands, der dem Tode die Macht hat genommen und das Leben und ein unvergänglich Wesen an das Licht gebracht« (2. Tim. 1, 10). Jesus führt in einem zweiten Auszug aus Ägypten weg, vom Osiriswesen weg: »Gott aber ist nicht der Toten, sondern der Lebendigen Gott; denn sie leben in ihm alle« (Luk. 20, 38). Und das Osterwunder, auch ohne den paulinischen Opfertod, wird in der begonnenen Teilhabe an dieser Substanz geglaubt: »Denn wie der Vater das Leben hat an ihm selbst, so hat er dem Sohn gegeben, das Leben zu haben in ihm selbst« (Joh. 5, 26). Genau die in Christi Tod Getauften sollen also auch in seine Auferstehung getauft sein, in den wirklichen Henoch oder wirklichen »Erstling derer, die vom Tode auferstanden sind«. Und von hier teilt sich der Impuls oder die Oster-Utopie der christlichen Kunst mit, vor allem, wie zu sehen war, der organischen, metaorganischen, gotischen. Sie ist nicht

Werdenwollen wie Stein, sondern konträr: »Lebensbaum als geahnte Vollkommenheit, christförmig nachgebildet«; das wird die letzte Wunschlandschaft der Gotik. Das Leben soll dem Tod entronnen sein, obzwar immer nur für die durch Christus Gerechtfertigten, nirgends im zweiten Tod für die Verdammten, nirgends in der Hölle. Diese eben wurde genauso unvermeidlich gemacht wie der Himmel; *Hölle und Himmel zusammen machen das Lokal des Exitus aus*, das nun gänzlich generalisierte. Nichts bleibt übrig, von der ganzen Schöpfung, als die Zweiheit von Strafe und Lohn, von Gezeter und Gesängen, von Hölle und Himmel. Über den Termin des Eintritts ins eine oder andere stehen freilich zwei Vorstellungen nebeneinander, obwohl sie sich ausschließen, ungeduldige und geduldige. Sobald nämlich die Todessekunde mit dem Ende der Welt konkurrierte, konnten dem Menschen Hölle wie Himmel auch *sogleich* beschieden werden, nicht erst am Jüngsten Tag. Vor allem die Hölle wurde als nahe Zukunft gedacht, sie stand bereits hinter dem Sterbebett des Sünders, mit offenen Tatzen, hungrigen Augen, dem ganzen Schlund. Überdies nahmen in späterer christlicher Zeit die grausamen Gerichtsverfahren lauter Hölle auf und vorweg; Rädern, Pfählen, Vierteilen, Hexenbrand warteten nicht erst den Teufel ab. Auch sonst ragte christliches Jenseits als Verdammnis allenthalben ins Leben herein, die Dachböden und Kreuzwege, die Schluchten und meist noch ungelichteten Wälder waren gefüllt von Seelenspuk, der keine Ruhe fand, von einer schon unmittelbaren postmortalen Schrecklichkeit. Das Fegefeuer wird vom Dogma sogleich hinters Lebensende gesetzt, aber bei Dante sind auch Hölle und Himmel bereits eingetretene Entscheidungen, ein Jüngstes Gericht kann diese ehernen Zustände nicht mehr alterieren. Die Inferno-Grüfte sind nur noch nicht zugedeckt, die viereckigen Sarkophage in jener stillen, düster-brennenden Halle, gefüllt mit Menschen und Qualen, warten nur noch darauf, am Gerichtstag für die Ewigkeit geschlossen zu werden. Sonst fügt das Weltende zu Dantes Schwefelhöhlen oder Lichtkreisen schwerlich etwas hinzu, das Buch des Lebens wirkt bereits als geöffnet. Jesus selbst häuft zwar alles Entsetzen, alle Rettung wesentlich auf einen *erst künftigen Tag*, wenn auch auf einen nahe bevorstehenden; immerhin, fürs Paradies gibt es Vorwegnahmen. So für den gläubigen Schächer, so für Lazarus, der von den Engeln, ohne Grab und Auferstehung, sogleich in Abrahams Schoß getragen wird (Luk. 16, 22). Einhellig bleibt bei alldem nur, daß der Zustand in der künftigen Welt vom Verhalten und der Durchchristung in dieser Welt abhängt; nach dem Tod ist die Saat beendet, es folgt nur noch die *Ernte*. Und eben eine schlechthin dualistische: unausdenkliche Pein, unausdenkliche Freude krönen das kurze Leben mit einem Kontrast, den keine Jenseits-Erwartung, auch die Ägyptens nicht, bisher gekannt hatte. Es ist der manichäische Gegensatz von Nacht und Licht, der, als einer zwischen zwei unabhängigen Großmächten, von der Kirche sonst überall zurückgewiesen wurde, aber in ihrem Jenseits sich verabsolutiert. Der Gegensatz war nicht von Anfang an so dauerhaft, Paulus hat in 1. Kor. 15, 21-29 die Ewigkeit der Hölle verneint, in Römer 6, 23 bejaht; Origines, der Begründer der Fegefeuerlehre, ließ alle Geister, selbst die Dämonen, dereinst geläutert zu Gott zurückkehren. Aber die Kirche setzte, in einem ihrer härtesten Dogmen, Ewigkeit der Höllenstrafe; gerade der neue Gott der Liebe barg an diesem Ort einen weit tieferen Pfuhl der Grausamkeit als selbst Ahriman. Hierbei freilich wurde der Strafzustand der Sünde, der aversio a Deo, vom Dogma allemal nur als ein *umgekehrtes Bild der Verklärung* betrachtet. Ist der Himmel Verwandlung der Natur ins Licht, so die Hölle Verwandlung ins Weltbrandfeuer, so daß die negativ verklärte Natur sich ständig am Rand der Vernichtung fühlt. Ja die Hölle wird in der katholischen Rache-Utopie auf den anderen Anblick des gleichen Gotts zurückgeführt: der Verdammte apperzipiert gleichfalls die göttliche Liebe, aber, indem er sie zurückgestoßen hat, nur noch als Verlust und Zorn (vgl. Scheeben, Die Mysterien des Christentums, 1912, S. 587). Desto erhobener erscheint das Paradies, als vita aeterna über den Kontrast-Verliesen der mors aeterna: »Was kein Auge gesehen hat und kein Ohr gehört und in keines Menschen Herz gekommen ist, das hat Gott denen bereitet, die ihn lieben« (1. Kor. 2, 9). Förmliche Gottwerdung wird dem allerhöchsten Wunschbild gegen den Tod eingezeichnet, und das nicht nur in häretischer Mystik, sondern an der sozusagen korrektesten Stelle, im Catechismus Romanus (I, cap. 13, qu. 6): »Die Gott genießen, ziehen, obgleich sie ihre eigene Substanz behalten, doch eine und fast göttliche Gestalt an, so daß sie eher Götter als Menschen zu sein scheinen (tamen quandam et prope divinam formam induunt, ut dii potius quam homines videantur).« An so großen Hoffnungsbildern siegte nun doch die *zukünftige* Apokalypse über jene erste individuell-postmortale, welche heute noch, also ohne Weltende, im Paradiese sein ließ. Auch die Toten sind nun, vom Fegefeuer abgesehen, den Mysterien der transponierten, mythologisierten Rache- wie Triumph-Utopie nicht näher als die Lebenden; ihr Leib schläft ihnen vielmehr entgegen. Erst die Wiederkehr Christi endet die Adventszeit, für Lebende wie Tote, wenn auch die Toten ihr Protokoll dahin haben und das aufgeschlagene Buch am Ende der Tage es nur offenbar macht. Der Zweifel an der göttlichen Gerechtigkeit, der so viele Beschwichtigungen gefunden hatte, fand nun die letzte und wenigstens nicht mehr empirisch widerlegbare: die Heimzahlung am Jüngsten Tag. Die Kirche freilich hat die Apokalypse lediglich als Instrument ihrer Herrschaft gebraucht (nämlich als Zukunftsbild der ecclesia triumphans), nicht als Sieg der Erwürgten über die große Babel, die sie doch selber geworden ist. Trotzdem behielt die Heimzahlung aller Lebenden nach dem Tod, aller Toten nach dem großen Appell einen revolutionären Wunschsinn für die Mühseligen und Beladenen, die sich realiter nicht zu helfen wußten oder im Kampf unterlagen. Verschoben ad calendas apocalypticas, war doch der Gerichtstag jede Stunde erwartbar, und am nächsten wurde er nachdem in revolutionären Zeiten erwartet, während der Albigenserkriege, während des deutschen Bauernkriegs. Hier klang die Danielische Predigt Christi anders als in den Kirchen, und anders klang das »Dies irae, dies illa, solvet saeclum in favilla«, das »Iudex ergo cum sedebit, quidquid latet, apparebit, nil inultum remanebit«. Nichts wird ungerächt zurückbleiben: darin wirkt Daniels Postulat der Unsterblichkeit, als juristisch-moralisches, nicht als behaglich-perseverierendes, und ist groß geworden. Der gehängte Jesus selber, außer daß er auferstanden ist, kommt am Ende der Tage als Richter zurück; in dem gleichen Archetyp, der so manche geschlagenen Revolutionen begleitet hat. Mit dem Ruf: Wir kommen wieder, mit der Bedeutung: als Rächer und vollkommener Sieg kommt das ehemalige Martyrium wieder. Es ist das ein erzutopischer Archetyp, auch wenn die Apokalypse, die ihn enthält, mit der fixen Zweiheit von Hölle und Himmel die Zweiheit der alten Klassengesellschaft ebenfalls mitreproduziert und verewigt hat. Der wiederkehrende Jesus wird in ihr durchaus nicht mehr als sanfter Dulder gemalt, sowenig wie die Seinen: »Und ich sah den Himmel aufgetan und sah ein weißes Pferd, und der darauf saß, hieß Treu und Wahrhaftig und richtet und streitet mit Gerechtigkeit. Und seine Augen sind wie eine Feuerflamme und auf seinem Haupt viel Kronen und hatte einen Namen geschrieben, den niemand wußte als er selbst« (Off. Joh. 19, 11 f.). Den Tod, den alten Feind, enthält das neue Jerusalem nicht einmal als Erinnerung: »Und Gott wird abwischen alle Tränen von ihren Augen, und der Tod wird nicht mehr sein noch Leid, noch Geschrei, noch Schmerzen, denn das Erste ist vergangen« (Off. Joh. 21, 4). In Ägypten fiel die Abwesenheit von Leid und Tränen gerade mit dem Tod zusammen, als dem Stein-Glück des Osiris; im Christentum wird nicht den Toten, sondern den Lebenden das Reich gepredigt, und selbst aus Steinen könnten Kinder erweckt werden (Matth. 3, 9). Statt Styx, Hades, Osiris zeigt der Engel der Apokalypse lauter Organik: »Und er zeigte mir einen lauteren Strom des Lebenswassers, klar wie ein Kristall; der ging von dem Thron Gottes und des Lamms. Mitten auf ihrer Straße und auf beiden Seiten stand der Baum, trug zwölferlei Früchte und brachte sie alle Monate« (Off. Joh. 22, 1 f.). So babylonisch-astralmythisch, also voll anorganischer Bilder auch gerade die Apokalypse durchsetzt ist, sie enthält doch die entschiedenste Gleichsetzung der neutestamentlichen Grundkategorien: Phos-Zoē, Licht – Leben. Neben dem gräßlichen und nachher der Kirche so dienlichen Pfuhl der Hölle stand so das höchste aller Luftschlösser, das pure Lichtschloß Paradies. Die Himmelfahrt Christi galt als Heerweg dahin; dieser Ostermythos wurde im Christentum absolut und der des Endes.

Mohammedanischer Himmel, Stärke des Fleischs, Zaubergarten

Als edles Sterben galt langhin, vorm Feind zu fallen. Das wirkt scheinbar unbeschwerter als der sogenannte Strohtod im Bett. Mancher Angriffstrieb, den der Kampf befreit, richtet sich nicht nur auf den Gegner, er reißt auch den eigenen Leib in sich. Es entsteht so eine oft ununterscheidbare Mischung, ein Rasen im allgemeinen, gleichsam gesichtslos werdenden Tod. Das ist der Kampfrausch; sobald er ausgebrochen ist, wird ihm Angstschweiß von allen Dingen das fremdeste. Der Tapfere, der vorm Feind gefallen, kommt bei allen Kriegsvölkern auch sogleich in ein glückliches Jenseits, in ein weiter orgiastisch bemaltes. Worin Waffengebrauch sich als Spiel fortsetzt und die übrigen Freuden, wie Schmaus, Beute, Weib, die Erholung des Kriegers füllen. Der Islam nun hat seit der Zeit, da Mohammed das Schwert gegen Mekka zog, mindestens die *Glut* des Kriegs in den Frieden hereingebracht, in die Erholung des Kriegers und den Genuß des Friedens, den dieses Jenseits darstellt. Seinen Truppen sagte Mohammed vor der Schlacht bei Bedr, keiner werde umkommen, ohne nicht sogleich ins Paradies einzugehen: »Zwischen uns und dem Himmel ist nichts als der Feind.« Und der Himmel selber: es fehlen ihm zwar alle Kriegsformen, alle ewigen Jagdgründe und alle Kämpfe Walhalls, doch bleibt ein *Himmel der gewonnenen Schlacht*, und er glänzt fanatisch. Gerade sein Genuß, seine vielberufene Sinnlichkeit sind unersättlich wie Kriegsrausch, und seine Ruhe ist die nach einem heißen Tag. Sieben Höllen tun sich den Verrätern und Ungerechten auf, sieben Himmel den Bewährten und Gläubigen; die Wunschbeschaffenheit dieser Himmel ist im Koran erst angedeutet, doch Legende und Kommentatoren haben sie, zum Teil im Einklang mit Talmudsagen, nachher desto reicher ausgeführt. Hierbei ließ allerdings, bei nachlassenden Missionskriegen und wachsendem Genuß des arabischen Kaufmanns- und Fürstenkapitals, das Paradies der grünen Fahnen nach; es verwandelte sich mehr und mehr in einen Frieden, der keinen Sieg mehr braucht, und in ein Serail. Doch bleiben ebendeshalb die Wonne und das Brennen, als Affekte, die vom Kampf noch deutlich herkommen; sie lassen mit Fanatismus, nicht mit Schwachheit ins Weib und in den Frieden reiten. Himmelsmädchen nehmen auf, die nie ermüden, von süßen Winden werden sie wie Gedanken hergetragen, und sie erscheinen – ein sublimes Motiv – in Gestalt jener Favoritinnen, die im Leben am meisten geliebt worden sind. Hinter den sieben Planeten liegen die Pforten der sieben Paradiese, öffnen sie sich, so ist der höchste Wunschtraum also ein Harem. Doch nun einer aus bleibender Jungfräulichkeit, aus einer Ekstase mit Abendkühle und Reinheit: »Auf gestickten Polstern ruhen die Seligen, umkreist von Jünglingen mit Bechern, Näpfen, Schalen des Klarflüssigen, das nicht berauscht und nicht verdüstert, mit Früchten, wonach sie gelüsten, und Fleisch von Vögeln, das sie wünschen. Umkreist von Huris mit großen Augen, gleich Perlen in der Muschel, als Belohnung fürs getane Gute. Die Seligen hören dort kein töricht Wort noch Sünde, nur Friede, Friede, Friede« (56. Koran-Sure). Die religiöse Folklore des Islam war unermüdlich, noch besondere Wunschbilder aus denen des Korans hervorgehen zu lassen. Der Augenblick der Lust ist zu tausend Jahren verlängert, das Paradies liegt im Schoß der Schönen, in einer Umarmung, die die irdische Liebe genau in die himmlische übergehen läßt. Noch der Schlaf wird von Engelsgesang erquickt und von den Harmonien der Bäume, an denen Glocken hängen, welche ein vom Thron Allahs gesandter Wind bewegt. Hier ist die Sphärenmusik erkennbar und der Weltbaum des altorientalischen Mythos, woran die Sterne als Früchte oder Glocken hängen. Unter allen Bäumen aber ragt der Baum des Glücks hervor, dessen Stamm im Palast des Propheten steht, dessen Äste in die Wohnungen der Seligen reichen; jedes Wunschgut wächst auf seinen Zweigen. Das ist der Garten Allahs: ersichtlich steht er den Vorstellungen, welche das ganze Mittelalter hindurch vom irdischen Paradies entworfen worden sind, am nächsten. Das arabische Paradies wurde auch das Vorbild jedes Cythera, und es ist Armidas Zaubergarten bei Tasso. Ist die Insel der Venus, auf der die tapferen Portugiesen in den »Lusiaden« des Camoës landen, ein griechisch verkleidetes, doch durchaus morgenländisches Elysium. Wie fern ist dieses dem kühlen Satz Christi über die Seligen: »In der Auferstehung werden sie weder freien noch sich freien lassen, sondern sie sind wie die Engel Gottes im Himmel« (Matth. 22, 30), Folgerichtig klingt das arabische Paradies als Gegenbild zu einer Gralsburg noch in Klingsors Zaubergarten nach: die Blumenmädchen des »Parsifal« sind die Huris, bevor das Kreuz sie verdorrt. Ja selbst wirkliche Mystik hat sich nie von solch sogenannt roh-sinnlichen Ausmalungen des Jenseits abgestoßen gefühlt, auch nicht vom Paradies im Schoß einer Huri. Denn fast mehr noch als die mohammedanische hat jüdische und christliche Gottesliebe Wollustbilder in sich eingemengt, ohne Wunschmädchen, doch mit dem Allah selbst. Die Kabbala hat die Mystik des Hohen Lieds bis zur frommen Blasphemie eines göttlichen Harems gesteigert: »Im geheimnisvollsten und erhabensten Raum des Himmels ragt ein Schloß der Liebe; dort geschehen tiefe Wunder; dort sind die geliebtesten Seelen des himmlischen Königs versammelt; dort wohnt der himmlische König und vereint sich mit den heiligen Seelen in den Küssen der Liebe.« So sagt das Buch Sohar der Kabbala und überbietet doch das sogenannte grobmaterielle Glück des mohammedanischen Paradieses erheblich. Die Materie ist nach arabischer Anschauung unerschaffen, also unvergänglich, Allah ist unerschaffen, also unvergänglich; beide füllen derart das Paradies. Daneben standen allerdings reine Seelenlehren, Unsterblichkeiten ohne Auferstehung des Fleischs, so bei Avicenna; Averroës lehnte überdies die Fortdauer der individuellen Seele ab, ließ nur den allgemeinen, allen Menschen gemeinsamen Intellekt unsterblich sein. Aber diese Lehren, halb Materialismen, halb Vergeistigungen, drangen weder in die mohammedanische Kirche noch gar in den Volksglauben ein; gerade auch wegen ihrer Ablehnung des leibhaftigen Paradieses konnte diese Aufklärung angeschwärzt werden. Ihre Schriften wurden vernichtet, ihre Lehren galten als Ausflüsse des Scheïtan, das ist des Vernichters und Todbringers selbst. Allah ist der, der niemals schläft, so genießen auch die Seinen, die er zum Bewußtsein von lauter barem und präsentem Glück ausgewählt hat. Diese Glücksbilder vom Jenseits behalten ihren besonderen sinnlich-übersinnlichen Klang, sie entsprachen der kräftigen Natur ihres Stifters, ja hatten bei aller Transzendenz noch Wasser des Lebens übergenug, in jenem Wunschbild aus Liebeserweckung, ewigem Liebesfrühling, das im »West-östlichen Divan« widerklingt. »Der hernieder sendete vom Himmel Wasser nach dem Maß, mit dem wir das Gefild erweckten, das tote, desgleichen werdet ihr aus den Gräbern hervorgehen« (43. Koran-Sure): Alles wird Oase, samt den Knochen des Leibes, und die trockene, heiße Wüste, gleichfalls unausdenklich gesteigert, kommt in die Hölle. Irdisches und geistliches Paradies fallen in dieser Art Jenseits zusammen, aus den Tapferen und Gerechten ist nach dem Tod die Schwäche des Fleischs entfernt, die Stärke des Geistes in einen Sabbat aus lauter Garten und Weib eingeträumt, hineingeführt.

Lauter Ruhe sucht auch noch Befreiung vom Himmel, Wunschbild Nirwana

Wie aber, wenn das Leben mehr als das Sterben gefürchtet wird? Wenn der Tod selber nur als ein Teil des unruhigen und ungeliebten Lebens erscheint? Dann wird es selbstverständlich, daß hinter dem Tod das unruhige Dasein gleich weitergeht, als Wiedergeborenwerden oder auch als Auferstehen. Aber diese Fortdauer wirkt nicht als Trost, denn gerade das wechselvolle Dasein wird gefürchtet, und das Sterben gehört am meisten zu ihm. Geburt und Tod, Tod und

Geburt oder auch Auferstehung erscheinen dann als Wechselformen im gleichen Sein. An Stelle der Todesangst tritt dann die Lebensangst oder genauer: die Angst vor dem Sein, von dem Leben und Tod nur Teile sind. Dieser Mensch wünscht den Tod nur weg, weil er die hinter ihm gefürchtete Wiedergeburt wegwünscht; dergleichen erschien bereits als der orphische Haß gegen den Kreislauf der Geburten. Dort allerdings mit dem Willen, die Bewußtlosigkeit, die Seinslosigkeit trunken, enthusiastisch zu gewinnen. Ganz anders läuft der einheitliche Lebens-Tod-Haß, wo der »Durst« des Seins überhaupt überwunden werden soll; wo ein *Heraus schlechthin* erwünscht ist. Dem dient, trotz großer Unterschiede im einzelnen, die gesamte religiöse Unterweisung Indiens, von den Veden bis Buddha. Auch Tugenden werden hierzu als Mittel einbezogen, doch keineswegs grundsätzlich und endgültig. Denn auch das tugendhafte Begehren bindet noch ans Leben, auch die Leidenschaft des Guten gehört über die Hälfte zur Welt des »Haftens«, des Willens. Es wäre zuviel behauptet, daß in Indien keine private Sittlichkeit gelehrt worden wäre, es gibt dort gewiß fromme, auch heilig gesprochene Tugenden. Sie sind um Milde, Geduld, Mitleid gruppiert, ja die Bhagavad-Gita enthält lange vor Buddha das erschütterndste Leitbild der Milde. Krischna spricht: »Furchtlosigkeit und Reinheit, Wille zur Freiheit, Liebesfülle für alles, was lebt, Ausdauer, Opfermut, Zurückgezogenheit und Selbstbeherrschung, Entsagung, Unschuld, Wahrheitsliebe, Güte, Freigebigkeit, Barmherzigkeit, Geduld, Bescheidenheit und Gleichmut, innere Ruhe, Beständigkeit, ein freudiges Gemüt, Zornlosigkeit, Keuschheit und Stärke, Verstandesklarheit und ein ruhig Herz: das sind die Eigenschaften aller Wesen, die himmlischer Geburt entgegengehen.« Trotzdem ist nicht die Sünde die letzthin erlösungsfeindliche Macht, und *die Tugend allein erlöst nicht*; entscheidend hierfür sind vielmehr *Askese und untätige Betrachtung*. Diese weltflüchtige und so freilich durchaus spirituelle Unterweisung wurde auch durch die vorhandenen irreligiösen, materialistischen Denker Indiens nur wenig auf die Dauer gestört. Denn sie erhielt das Volk, zum Nutzen einer sehr langdauernden despotischen Sklavenhaltergesellschaft, wie nichts anderes beim Dulden, und ebenso lenkte der Quietismus (in den schließlich sogar die fabelhafte Willenstechnik des Yoga mündete) die Intelligenz von allem sozialen Verändernwollen ab. Das bereits in den Upanishaden, wie sehr erst in der Anweisung Buddhas, der jeder Tat und weltlichen Bindung fremden. Sittlichkeit verbessert hier zwar das Karma, also die Vergeltungs- und Belohnungskausalität, welche zwischen den Taten einer früheren und dem Zustand, auch Rang einer späteren Verkörperung besteht; Sittlichkeit aber endet noch nicht den Kreislauf der Wiedergeburten selbst. Erst Erleuchtung soll ihn enden, dergestalt, daß mit dem Willen überhaupt auch der böse Wille aufhört, ja gleichgültig wird, daß mit der gesamten Weltindifferenz auch die moralische entsteht: der Heilige darf Unrecht tun, denn er kann gar nicht Unrecht tun. Er ist der ethischen Vergeltungsmechanik der Karma, folglich der ethischen Forderung entronnen, »am Heiligen haftet keine Tat«. Dem vereint sich freilich im Buddhismus, wenn auch nicht in der Hindu-Lehre, eine noch weit erhabenere Indifferenz: die *Gleichgültigkeit gegen Götter*. Auch die Götter läßt der Heilige hinter sich, auch der Himmelswelt gegenüber bezeugt sich noch radikaler – Akosmismus. Denn sie ist immerhin noch Welt, so wird das gegen Tod wie Leben errichtete Wunschbild Nirwana auf seine Art atheistisch. Und es wird atheistisch, weil es akosmisch ist, weil vor dem Heiligen Welt wie Überwelt beide Illusionen sind. Als Buddha von dem Baum aufstand, unter dem er ein Erleuchteter geworden war, verneigten sich die Götter vor ihm, ja ein Schüler des Erhabenen belehrte hernach den Götterkönig über die Gesetze der Vergänglichkeit, denen auch die Himmlischen unterworfen sind. Der indische Heilige erlangte seinen Stand keineswegs durch Gnade und steht nicht nur, wie der christliche, über Engeln; er ist vielmehr der »Tathagata«, das ist der sich selbst Erlösende, während noch der Himmelskönig, bis herab zum Gewimmel der Lokal- und Funktions-Gottheiten, zu Samsara gehört, der Scheinwelt, die dem Heiligen zu Füßen liegt, ja für ihn bereits vergangen ist. Auch das Paradies, das nach der Hindu-Lehre die Fast-Vollkommenen aufnimmt, ist ein endliches, mitsamt der »fünfhundertstimmigen Himmelsmusik«, und es vergeht zusammen mit der Unwissenheit, der Samsara sein Dasein verdankt. Die Hölle aber ist – Samsara selbst, das wechselvolle Dasein, das endlose Reich der Wiedergeburten, dessen Darstellung im indischen Kunstwerk durchaus das Inferno vertritt. Schiva, der Dämon in der hinduistischen Dreieinigkeit, trägt zugleich mit dem Halsband von Totenköpfen den Lingam als Symbol der Zeugung, und Krischna, im elften Gesang der Bhagavad-Gita, zeigt dem Ardjuna den Lebensstrom als ein grauenvolles Ineinander von

Schlachthaus und Gebärhaus, als Höllenschlund, der seine Geburten frißt, seinen Fraß gebärt. Und aus diesem Pessimismus, dem nun mehr antikosmischen als akosmischen, ergibt sich auch der Unterschied der indischen Seelenwanderungslehre von ihren europäischen Reprisen, besonders in der Kabbala, und ihrer *Bejahung* der Wiederkehr. Was indisch als Hölle erscheint, »die mehrmalige Versetzung der Seelen«, nennt die Kabbala umgekehrt eine »Barmherzigkeit Gottes über Israel«. Eine Barmherzigkeit, sofern dem Menschen, durch die Seelenwanderung, mehr als nur ein einziges Leben zur tätigen Vollendung seiner Anlagen gegeben wird. Dem Buddhismus jedoch liegt diese moralisch-instrumentelle Wertung des Geburtenrads völlig fern, er erkennt freilich auch keinen Gott an, der imstande wäre, über einen auf dem Pfad der Vollendung Wandelnden Barmherzigkeit zu üben. Nirwana endet ein für allemal Leben und Tod, Geschichte und Wiedergeburt, irdische Moral und himmlische Belohnung zugleich; die wahre Unsterblichkeit ist Auslöschung von Sterblichkeit und Unsterblichkeit an der beiden als identisch angegebenen Wurzel: dem »Durst«, dem »Drang«. Nur der Hinduismus kennt noch mehrere Wunschziele außerhalb Nirwanas, innerhalb von Welt und Überwelt. So freilich, daß auch hier die Wünsche letzthin auf Ruhe gehen, ja die Belohnungen für die Frommen nach dem Maß der Ruhe graduiert sind. Die Hindu-Lehre verheißt unten Wiedergeburt in glücklicherer Lage, als es die jetzige ist; höher Wiedergeburt in einem Schöpferparadies, doch auf begrenzte Zeit und so, daß nachher wieder eine Geburt auf der Erde erfolgt; noch höher zeitlich unbegrenzte Aufnahme in die selige Gegenwart eines überirdischen Gottes (Vischnu), also Unsterblichkeit der individuellen Existenz im Alleinen oder im Nirwana (wobei zwar dieses letzte Wunschziel innerhalb des Hinduismus nicht ganz orthodox ist). Der Buddhismus dagegen beschränkt die innerweltlichen wie außerweltlichen Güter auf die frommen Laien; das Ziel selber ist ihm schlechtweg davon abgehoben. Eben als jene radikale Abstraktion, die das Seiende wie die theistische Illusion – als wäre beides das gleiche – zum Schein eines Lärms einebnet und nur die Weglassung selber als Wahrheit läßt. Nirwana bleibt einzig *Daseinsvernichtung in beiderlei Gestalt*: Auslöschung von Erde wie Himmel.

Wie unterscheidet sich dieser Zustand, sofern er schon vor dem Tod erreicht wird, vom bloßen Tiefschlaf? Die indische Beherrschung, auch Abstellung des Willens hat mancherlei Stufen, nur die letzte führt aus dem »Durst« heraus. Die Yogis üben erstaunliche Macht über Atem und Blutkreislauf, sie kennen äußere Erstarrung und »innere Körperstille«. Das alles aber wird nur angestrebt, um dem Yogi außergewöhnliche Macht zu verleihen, besonders eine der Fernwirkung, wirklicher oder vorgespiegelter, hier gleichviel. Das Ganze bleibt in der Willenswelt, und zwar in einer besonders gesteigerten, es bleibt überdies im Zusammenhang des Ich, freilich nicht im europäischen Sinn des Worts. Eigentliche Meditation, wie vom Buddhismus gelehrt, meint ein ganz anderes: Entleerung des Bewußtseins, um Raum für das »Atma« zu schaffen, das ist für das der individuellen Seele überlegene, überall wesensidentische und alleine Selbst. Der Buddhismus kennt kein Ich im europäisch festen Sinn, auch das Wesen, das in neuen Geburten sich verkörpert, ist nicht die vorige menschliche Person. Sie kann es schon deshalb nicht sein, weil die buddhistische Seelenwanderungslehre bei großen Sündern auch einen Fall ins Tierreich vorsieht, bis herab zur niedersten Verkörperung: dem Wurm im After eines Hundes; wo so heftig zu changieren ist, kann das menschliche Ich kein Träger sein oder bleiben. Tragend und zugrundeliegend ist lediglich der »Durst« nach Dasein, nur er läßt, sobald ein Individuum im Tod zerfällt, ein neues zusammenschießen, belastet mit dem Karma des früheren. Auch das Ich selbst ist eine Halluzination, genauso, wie die Erlebnisse des angeblichen Ich nach dem Tod als Halluzinationen bezeichnet werden, ungeachtet dessen, daß es durchaus zum Priestergeschäft gehört, diese aufzuzeichnen. Gerade die ausgemalte Halluzination wird im Buddhismus verwendet, um ein Wegweiser durch sie zu sein. Es gibt dieser Art die Übung des Kundalinu-Yoga, als Einschulung in die Vorgänge des Sterbens, damit sich der Letale rasch über seine Täuschebilder erhebe. Besonders lehrreich ist hierzu das vor kurzem edierte Tibetanische Totenbuch, eine zwar späte und nicht eben vom Geist des Erleuchteten erfüllte Anweisung oder Mitteilung, doch ein erstaunliches Dokument indischen Seelsorge-Glaubens über den Tod hinaus, auf Grund der Halluzinationslehre. Das Totenbuch (Bardo Thödol) stammt aus dem achten Jahrhundert unserer Zeitrechnung, wurde niedergeschrieben vom Gründer des Lamaismus, dem Buddhapriester Padma Sambhava, und intendiert nichts Geringeres als eine Führung des Leichen-Ich durch »die neunundvierzig Tage zwischen Tod und

Wiedergeburt«. Die Führung geschieht, indem der Priester dem Toten fortlaufend eine Art von Reise-Belehrung über die täglich neu auftauchenden Schreck- und Lockungserlebnisse in seinem Zwischenzustand zuflüstert; indem er ihm diese Erlebnisse eben als reine Halluzinationen deutet. Dadurch wird der Tote von seinen postmortalen Angstträumen befreit, dadurch soll er vor allem von den Lockungen einer schlechten Wiedergeburt behütet werden, die sich in versucherische Erscheinungen kleidet, in desto falschere, üppigere und gefährlichere, je mehr sich die Seele, im Bogen der Reinkarnation, wieder dem irdischen Samsara nähert. Der klassische Buddhismus kannte die Praktiken eines solchen Totenbuchs nicht, doch die Halluzinationslehre des Ich und des Samsara, das dem Ich auch im Tod noch Trugbilder malt, hat trotzdem klassischen Ursprung. Und die Halluzination der Persönlichkeit zerfällt bei Buddha nicht mit dem Tod, sondern mit dem Ende des Wollens: »Ebendieses Durstes vollkommen restlose Auflösung, Abstoßung, Austreibung, Aufhebung, Vertilgung, Bruder Visakho, das ist Auflösung der Persönlichkeit, hat der Erhabene gesagt« (Die Reden Gotamo Buddhos, übersetzt von Neumann, I, S. 692). Und was nach dieser Auflösung folgt, das Nirwana, kann erst recht nicht mit Zuständen aus dem Leibdasein, also aus dem Individuationskomplex gleichgesetzt oder auch nur gedeutet werden. Nirwana ist nicht Tiefschlaf, am wenigsten Tod; denn dieser blüht dem Menschen ohnehin und ausschließlich aus dem Lebenswillen. Buddha heißt nicht der Entschlafene, sondern »der vollkommen Erwachte«, und Nirwana verspricht dem Menschen auch kein Jenseits, keinen Götterhimmel, hat mit dem irdischen Aspekt auf Tod und Nach-Tod nichts mehr gemein. Es ist das Wunschbild der vergessenen, der in der Wurzel eliminierten Wünsche, es ist der Preis des Abgewendeten, »der ohne Selbstqual, ohne Nächstenqual schon bei Lebzeiten ausgeglüht, erloschen, kühl geworden ist, sich wohlfühlt, heilig geworden im Herzen« (Reden II, 160). Tiefschlaf können die Hindugötter haben, die zur Welt gehören, und wo er hier erscheint, wirkt er primitiv und komisch, nicht entronnen. Welch ein Wertkontrast zwischen dem weltlos versunkenen Buddha und jenem Hindugott, der seit Äonen gleichfalls im Schlummer liegt, aber in einem weltlicher Faulheit: das Haupt, der Leib, die Füße ruhen auf dem Schoß seiner Weiber, unaufhörlich fließt ein Zucker- und Milchsee in den Gott; – Tiefschlaf in dieser Götter-Groteske ist wie hingestellt zum

Kontrast gegen das zu nichts und in nichts sich erholende Nirwana. Eben wegen seines Akosmismus und wegen der Unvergleichbarkeit, die darin gegründet ist, wird Nirwana auch so völlig unbestimmt gelassen. In stets wiederholten Negationen, die selber sich wieder durchstreichen, heißt es nur »Verwehen« oder »Auslöschen« oder »Wahnauflösung« oder »Durstversiegung«. Äußerstenfalls läßt Buddha einen Reflex aus leerem Wasserspiegel oder Äther in diese Ruhe fallen; so wird Nirwana auch »innere Meeresstille« genannt oder »selige Heiterkeit in der Einheit des Gemüts«. Doch ist diese letzte Bestimmung lediglich auf den Weg zu Nirwana beschränkt; sie gilt deshalb für die sich überall verwandte mystische Psychologie überhaupt und mag insofern als »Einheit des Gemüts« an Eckarts »Funken« oder »Burg im Abgrund der Seele« erinnern, sie gilt keinesfalls für Buddhas mystischen Inhalt. Buddha, trotz seiner Lehre, daß »Nichtwissenswahn« der schlimmste sei, hat in der mystischen Sphäre alle Nachdenklichkeit als heilsschädlich abgetan; vorzüglich das Forschen über Nirwana galt dem korrekten Buddhismus fast als Ketzerei. Sogar mit Mystik kann es schließlich nicht mehr zusammengedacht werden, jenseits der bloßen mystischen Psychologie. Es wird zwar mit Bezeichnungen, die man von der Mystik aller Zonen kennt und die in Europa vor allem von Plotin formuliert worden sind, das Einfache genannt, das Unzusammengesetzte, vor allem das Unaussprechliche. Doch vom Unaussprechlichen der Mystik ist Nirwana schon deshalb verschieden, weil Verzückung vor dem »lauteren Nichts« bei Plotin, den Sufis, Meister Eckart ekstatisch ist und Nirwana dagegen die Kühle selbst. So als Anti-Wunschbild soll hier das entlegenste Wunschbild trösten, das die Menschen gegen den Tod, vielmehr gegen jenes wechselvolle Dasein aufgerichtet haben, das als seine Kehrseite den Tod einschließt. Nicht anders auch ist der scheinbare Bezug zu bloßer Todüberwindung gemeint, wenn Buddha, die Kühle pädagogisch enthüllend, also ohne Kühle, den Mönchen, denen er zuerst seine Lehre bringt, zuruft: »Leiht Gehör, ihr Mönche, die Unsterblichkeit ist gefunden«; oder wenn unverkennbarer Jubel die Losung ausgibt: »Erdröhnen soll in finstrer Welt die Trommel der Unsterblichkeit« (Reden II, S. 581 ff.). Diese Art Erwachen hat aber mit Todüberwindung und Unsterblichkeit als einem Auferstehen, gar Leben gar nichts gemein. Hier ist vielmehr jene Unsterblichkeit ohne Sterblichkeit und Unsterblichkeit, welche Buddha ja erst gefunden haben will, als Ruhe-Novum über

Tod wie Leben wie Himmel. »Versiegt ist die Geburt, vollendet das Asketentum, gewirkt das Werk, nicht mehr ist diese Welt«: das ist, als Unsterblichkeit im *absoluten* Nichts, Wunschüberwindung des *wertlosen* Nichts, das das Leben für Buddha ist, und des *betrügerischen* Nichts, das der Tod für Buddha darstellt.

Lebenslust und Fragment in allen Dingen

Forschende Reise in den Tod

Kommt man um die letzte Angst herum, indem sie überhaupt keine ist? In der Tat lebt zuweilen, wenn ein gesunder Mensch ans Ende sieht, noch ein ganz anderes Gefühl auf. Die Angst wird durch ein seltsames Gefühl der Neugier verändert, durch die Lust zu wissen, was es mit dem Sterben auf sich habe. Dieser Affekt wird gereizt durch die große Veränderung, welche der Tod auf alle Fälle mit sich bringt. Die Neugier verwandelt den fallenden Vorhang in einen ebenso entzweireißenden; das Ende des Lebens ist ihr zugleich der Anfang eines völlig Unerhörten, sei es auch des Nichts. Die Neugier kann sich bis zu einer Art Forschungs- und Erkenntniswunsch verbessern, sie ist auf den Akt des Sterbens wie auf den einer Enthüllung gespannt. Dieser Forschungstrieb setzt freilich ein Ich voraus, das während des Sterbens, ja nach ihm erhalten bleibt, um den Tod beobachten zu können. Schopenhauer spottet sehr bemerkenswert hierüber, er vergleicht den Menschen, der im Tod besondere Aufschlüsse erwartet, einem Gelehrten, der einer wichtigen Entdeckung auf der Spur ist, doch im gleichen Augenblick, wo er die Lösung zu sehen meint, wird ihm das Licht ausgeblasen. Trotzdem kreist das Subjekt, bevor ihm das Licht ausgeblasen wird, mit unleugbarer Erwartung um die Geheimnisse der Bahre; diese Erwartung besteht noch neben der Todesangst (solange sie keine akute ist) und setzt Wißbegier für Angst. Grübelnde Pubertät, philosophisches Naturell, das sich erhalten hat, hegen so vor allem den Wunsch, sich nach Torschluß durch Erkenntnis überraschen zu lassen. Wobei nicht zu vergessen ist, daß sich genau an dieser Stelle auch die billigste metaphysische Art angesiedelt hat. Geisterseherei im Stil Cagliostros, Spiritismus leben von der Neugier, vorher einen Zustand zu wissen, den jeder ohnehin früher oder später erfahren wird. Immerhin ist die Erwartung, die an so finsterem Ort auftritt, allemal eine auffallende Gabe, besonders wenn sie, wie hier zumeist, sich unter dem Ende ein Unerhörtes vorstellt. Sich gar einen Schlüssel zu ihm hinzudenkt, der innere Türen aufschließt und Türen zu dem gleichen leichten, leuchtendern Zustand, worin geliebte Tote erinnert werden und worin eine

Rückkehr zu ihnen möglich ist. Die Erwartung intendiert dann den Tod als eine Art Reise, sowohl in das eigene Subjekt wie in das übermächtige Daseinsgeheimnis. Vom Subjekt scheint ihr im Augenblick des »Abscheidens« die Hülle des Inkognito zu fallen, vom Daseinsgeheimnis die sogenannte äußere Schale. Jede Reise kann von hier aus ein Stück der letzten vorwegnehmen, ein Stück der nördlichen, doch bunten Sterbenacht als der äußersten Exotik. Sicherer als die Liebesnacht nach Seite des Versinkens mit dem Tod umschlungen ist, ist die Liebesreise nach Seite des Sezessionierens mit ihm verschlungen, nach Seite der großen Expedition. Das ist ein Trieb, welcher die letzte Angst recht wunschhaft durchdringt und ihr, als ausfahrender, gerade eines ihrer wesentlichen Merkmale nimmt: angustia, die Enge.

Der Augenblick als Nicht-Da-Sein; Exterritorialität zum Tod

Ein zweiter fahrender Trieb sucht weit tiefer, geht daher noch schwerer zugrunde. Er befindet sich, wie nicht anders erwartbar, *mitten* im Augenblick, an dem Punkt, wo ein Mensch an seinen Kern herantreten mag. Dies uns Nächste unseres Seins ist zugleich der setzende Grund, das nackte Daß unseres Seins. Wegen seiner unüberbietbaren, völlig unmittelbaren Nähe ist der gerade gelebte Augenblick oder das Jetzt, das dieses Daß ist, ebenso noch völlig unsichtig, dunkel, nirgends gestellt und objektiviert (vgl. S. 285 f., S. 294 ff.). Die Zukunft, nicht die Vergangenheit, ist seine Ausweitung; daher ist auch das Zukünftige so unsichtig und unobjektiviert wie der gerade gelebte Augenblick, obgleich nicht im gleichen Grad. Denn das unmittelbare Daß kann im Handeln für die Zukunft, in der Entscheidung sich aktiv ergreifen. Das unmittelbare Daß hat sich andererseits auf eine vor uns ziehende Strecke begeben, wo es als nicht nur setzend, sondern als treibend erscheint, als Tendenz, und überdies mit dem Vergangenen vermittelt ist. Indem aber das Zukünftige unser sich ausgebärender Kern ist, unterliegt es an sich selber, von vornherein, keinen Erinnerungskategorien wie das Gewordene, die Vergangenheit; es kann nur getan und utopisch geahnt werden. Gewußt kann Zukünftiges nur insofern werden (in wissenschaftlich gewordener Ahnung), als es in seinen Vermittlungen mit weiterlaufenden *Tendenzen* der Vergangenheit steht, also den unabgeschlossenen, offenen Kategorien wissenschaftlich-konkreter Utopie in vermitteltem Novum zugänglich ist und sie darstellt. Hat nun der Tod, dieses ebenso bevorstehende wie in extreme Vergangenheit reißende und darin ausgemachte, wie in völlig unerfahrene Andersheit bringende und darin immerhin unausgemachte Ereignis, zum Dunkel des gelebten Augenblicks einen Bezug? Er ist nach seiner *einen, ausgemachten Seite* Verwandlung in extreme Vergangenheit, aber er unterliegt keinen Erinnerungskategorien, auch dann keinen, wenn er mit dem Zustand vor der Geburt als identisch erklärt wird. Der Tod nach seiner *anderen, durchaus problemreich bleibenden Seite* (als Definitivum in einer Welt, worin es mehr Fragmente als Definitiva gibt) sträubte sich jedoch nie, trotz wie wegen der härtesten Gegen-Utopie, die er in realitate darstellt, einer Menge Schwärmereien und Ahnungen Platz zu geben. Er sträubt sich, wegen der fehlenden Kontinuität mit dem bisherigen Leben, den Kategorien wissenschaftlich-konkreter Utopie Platz zu geben; doch eben Zukunftsraum, Ausgebärungsraum unseres Kerns hat er hypothetisch die Fülle. In diesem ganzen Gebiet sind vorerst nur Fragestellungen möglich, äußerstenfalls ist eine Vermutung möglich, daß der Tod im Dunkel des gelebten Augenblicks eine philosophische Wurzel hat, ja daß beide die *gleiche* Wurzel haben. Das unobjektivierte Daß, das Daß-Sein, aber noch nicht Da-Sein des Existenzgrunds ist zweifellos in der Zukunftsreihe der Treiber des *Werdens*, also der versuchten Herausobjektivierung des Daß-Seins zum vermittelten Da-Sein; insofern aber ist der in den Prozeß eingehende Existenzgrund als Werdegrund auch der Grund der *Vergänglichkeit*. Und zwar so lange und so weit, als der Augenblick sich nicht haltbar objektiviert, als sich das Daß des Existierens nicht selbst realisiert hat. Weil aber *der zentrale Augenblick* unseres Existierens sich überhaupt noch nicht in den Prozeß seiner Objektivierung und, schließlich, Realisierung begeben hat, deshalb kann *er selber freilich nicht der Vergänglichkeit unterliegen*. Ganz unabhängig von der weitergehenden, vorerst unentscheidbaren Frage, ob Dunkel des gelebten Augenblicks und Tod die gleiche Wurzel haben, nämlich noch involviertes Daß-Sein ohne Da-Sein; unabhängig davon hat zweifellos die prozessuale Ausbreitung dieses Dunkels als Vergänglichkeit denselben Inhalt. Kronos verschlingt seine Geburten, denn die echte ist noch nicht heraus, das »Verweile doch, du bist so schön« noch nicht erschienen. Doch eben auch: der nicht in den Prozeß getretene Kern unserer Existenz trifft den Prozeß mit seinen Vergänglichkeiten nicht an, wird folglich auch von ihnen selber nicht angetroffen. Ein in sich unmittelbar Verschlossenes, ein Sein, das nicht im Da-Sein steht, kann den Tod als andere Art dieser Involutio zum Nachbar haben, aber den Tod als Vernichtung eines Da-Seins nicht zum Schicksal. Und würde sich der noch verschlossene Kern unserer Existenz aus seiner Unmittelbarkeit öffnen, würde er gleichfalls in den Prozeß oder die Evolutio eintreten, so würde er eben in keinen – Prozeß mehr eintreten, einzutreten haben. Denn die Sache selbst wäre dann heraus, die tiefste noch nicht bewußte, noch nicht gelungene Sache; so gäbe es keinen Anlaß zum Prozeß mehr, mithin auch keine – mit dem bloßen Werden stets verflochtene – Vergänglichkeit.

Damit vereint sich ein anderes Licht, das unscheinbarste und stärkste aller bekannten. Es beleuchtet zwar das Dunkel des gelebten Augenblicks nicht, doch es bezieht sich darauf hinreichend genau. Erlebnisse (noch nicht mehr als diese) finden sich vor, worin ein in allen öffentlichen Zusammenhängen fast Nebensächliches plötzlich beeindruckt, als wäre darin ein erster Blick des Daß. Oben in der »Grundlegung« (Seite 299 ff.) wurde dieser Punkt bezeichnet, als der des Staunens schlechthin. Dergleichen kann bereits die Art sein, wie ein Blatt im Wind sich bewegt, das so Gemeinte kann sich aber auch mit bekannteren, höheren Inhalten füllen. Mit dem Lächeln eines Kinds, dem Blick eines Mädchens, der Schönheit einer aus dem Nichts aufsteigenden Melodie, dem schnöden Blitz eines seltsamen, nirgends recht zugehörigen Worts. Doch ist dies Höhere nicht notwendig, um die so erscheinende Symbolintention des Tua res agitur zu erregen und zu erfüllen. Sie ist das tiefste Staunen, ohne alle Ablenkung, oder das Element eines Eigentlichen in Gestalt seiner in sich selbst widerhallenden Frage. Das hier Gemeinte und Einschlagende ist bei der Durchforschung des antizipierenden Bewußtseins als Gestalt der absoluten Frage erschienen; sie bezeichnet die letzte aller Betroffenheiten und ihrer künftigen Archetypen. Diese letzte Betroffenheit ist schwebend, doch hat sie unzweifelhafte, obgleich noch äußerst schmale Korrelate der Landung für sich. Es zeigt sich ein Ort des in sich selbst einschlagenden Existierens, ein Ort der nüchternen, gleichsam alltäglichen Mystik, das heißt jener, die kein »höchstes Objekt« braucht, um ins Ende zu sehen, sondern im Gegenteil ein nächstes, ein besonders nahes. Das Nächste eben ist sich der Kern des Existierens selbst, als Keim des Noch-Nicht-Gelungenen; dieser füllt den menschlichen Augenblick, den unbekannten, sich zuweilen nur annähernden Augenblick des Menschen. Das »Verweile doch, du bist so schön« zeigt unter den mancherlei so leisen wie gewichtigen Leuchtzeichen, worunter es siegen könnte, nun auch sein ernstestes: Index des Non omnis confundar zu sein. Gerade auf Grund der Fähigkeit zum positiven Staunen und dessen, was es in der objektiven Tiefe, im schmalst-zentralen Latenzlicht ihrer wiedergibt, lebt in jeder Phänomenologie des Non omnis confundar eine rätselhafte, aktuell oft gar nicht gedeckte Freude; sie entspringt großer Gesundheit, von unten an bis oben hinauf, und gibt dem Bewußtsein einer utopischen Glorie im Menschen Raum. Und die positive Gestalt der absoluten Frage ist dergleichen allemal eine Glücksgestalt, keine brausende, durchaus nicht, sondern eben eine unscheinbare, flüchtige, noch unbenennbare; sie schließt sich trotzdem an diese Glorie an, als Schlichtheit ihrer Tiefe. Genau nun diese Freude und diese Staunensgestalt wollen dem Tod mit sonderbarer Gewißheit entgegensehen: *nicht nur als einer Reise äußerster Ordnung, sondern als einer Befreiung gerade des – Lebensüberschwangs.* Pathos des in der absoluten Frage angenäherten Augenblicks spürt in dessen Dunkel bereits einen neuen Tag und ein neues Ufer, zu dem er lockt: kein transzendentes Ufer, sondern das immanenteste selbst. Der Tod, welcher als individueller wie als ferne Möglichkeit kosmischer Entropie dem zukunftsgerichteten Denken als absolute Zwecknegation begegnet, der gleiche Tod geht nun, mit seinem möglichen Zukunftsinhalt, in die Endzuständlichkeit, Kernzuständlichkeit ein, welche von noch ungedeckter Freude und den Latenzlichtern des Eigentlichen beleuchtet wird. Der Tod wird daran nicht mehr Verneinung der Utopie und ihrer Zweckreihen, sondern umgekehrt Verneinung dessen, was in der Welt nicht zur Utopie gehört; er schlägt es weg, so wie er sich selber vor dem Non omnis confundar der Hauptsache wegschlägt: im Todesinhalt selber ist dann kein Tod mehr, sondern Freilegung von gewonnenem Lebensinhalt, Kern-Inhalt. Das ist eine erstaunliche Wendung, eine, welche der Zukunft gerade ihre finsterste Position phänomenologisch umgeht, obzwar – wie überflüssig zu betonen – noch keineswegs real besetzt. Aber nicht nur ein Vorgefühl unserer Fähigkeiten, sondern der fundierte Schein einer

Erfüllung hat hier Platz. Der Platz ist bezeichnet durch das schlechthin paradoxe Dur im Trauermarsch, und sein Licht ist das Lux luceat eis, als Wunschkonjunktiv einer Gewißheit mitten im Requiem. Gerade deshalb aber, gerade wegen dieses existentiellen oder Musikkorrelats ist der Schein hier mehr als Vor-Schein, blüht er nicht am Horizont, sondern in einer wie immer noch unvermittelten Unmittelbarkeit zentraler Art. Deshalb schlagen auch, in so zahllosen Berichten, Bewußtsein des Vortods (gewiß nie des unberichtbaren Todesaugenblicks selbst) und Bewußtsein einer Verwesentlichung zusammen. Bei Tolstoi sind es fast ausschließlich die großen Augenblicke des phänomenologisch erscheinenden Sinns und des Alles, des Alles wird gut, das er zu enthalten angibt. Hierher gehört immer wieder das Erlebnis des schwerverwundeten Andrej Bolkonskij auf dem Schlachtfeld von Austerlitz; sogar das Einheitserlebnis von Karenin und Wronskij am Sterbebett Annas gehört hierher, obwohl es eines von außen ist, ein bloßer Wunsch, so sterben zu können. Oben, bei der Beziehung des Tods zum Dunkel des gelebten Augenblicks, war gesagt worden, daß das Dunkel und sein Kern den Tod (als Involutio) wohl zum Nachbar haben können, aber den Tod (als Vergänglichkeit) nicht zum Schicksal. Eben also der Kern des Existierens hat sich noch nicht in den Prozeß begeben, wird infolgedessen auch von den Vergänglichkeiten des Prozesses nicht betroffen; er hat dem Tod gegenüber den Schutzkreis des Noch-Nicht-Lebendigen um sich. Wäre der Kern selber aber in den Prozeß eingetreten, wäre diese seine Selbst-Objektivierung, schließlich Selbst-Intensivierung und folglich Selbst-Realisierung keine des Prozesses mehr: mit diesem herausgestellten Augenblick wäre das Reich des fressenden Kronos völlig zu Ende. Nirgends ist das Wunschwesen zum Eigentlichen, das nicht Rost und Motten fressen, leidenschaftlicher erschienen als an seinem empirisch härtesten Gegenschlag, dem Tod, und nirgends freilich hat es zugleich so transzendente Gegenbewegungen hervorgerufen, Verschlingungen der Utopie mit Religion. Konnte Utopie in Religion landen, erschien das mit Gott Bezeichnete als höchstes Leben, als Objekt des höchsten Wunschs? Zweifellos, soweit abstrakte, gar mythische Utopie trieb und getrieben worden ist; sie lebt vom Himmel. Die großen Menschheits-Religionen waren dem Willen zur besseren Welt oft seine mißbrauchende Vertröstung, lange aber auch sein geschmücktester Raum, ja sein ganzes Gebäude. In der nicht mehr abstrakten, in der konkret-vermittelten Utopie hat sich jedoch, wie am Todesbild zuletzt sichtbar, die Transzendenz behoben: eine Andacht zur Menschenbefreiung und der ihres neuen Daseinsraums ist da; außer diesem ist keine da. Statt des Blicks nach oben entspringt einer hinein in den Ursprung, vorwärts in den Prozeß und in die Identifizierung der Menschen als Ursprung zum guten Ende. Der Tod gehört dann zu diesem Prozeß, aber nicht zu den Subjekten, aus denen der Prozeß erst kommt und auf deren Identifizierung er gerichtet ist. Item erstens: Der Kern des Existierens ist, als noch *ungeworden*, allemal *exterritorial* zum Werden und Vergehen, von welch beiden unser Kern eben noch gar nicht erfaßt ist. Item zweitens: Der Kern des Existierens, wäre er geworden und darin zugleich, als herausgebracht, gutgeworden, so wäre er in dieser *Gelungenheit* erst recht *Exterritorialität* zum Tod; denn dieser selbst wäre mit der prozeßhaften Unzulänglichkeit, wozu er gehört, abseitig und abgestorben. Die Utopie des Non omnis confundar liefert und gibt der Negation Tod jede Schale zum Knacken, aber sie gibt ihm nur die Macht, die Schalen um den Subjekt-Inhalt aufzuknacken, der, wenn er nennenswert heraus, gar wenn er gelöst und bestimmt wäre, keine Erscheinungs-Schale mehr wäre. Wo immer Existieren seinem Kern nahekommt, beginnt Dauer, keine erstarrte, sondern eine, die Novum ohne Vergänglichkeit, ohne Korrumpierbarkeit enthält. Erst wenn der Prozeß des sich herausobjektivierten, zu seinem Eigentlichen sich materiell entwickelnden Agens zu einem absoluten Umsonst gekommen wäre, würde der Tod den Kern der Natur treffen, der Menschen im Herzen ist. Er hätte dann erst die Macht darüber, die er über den Lebensüberschwang im Menschen, als das noch Ungetane, nicht hat. Derart erfüllt sich Epikurs altes Wort, daß, wo der Mensch ist, der Tod nicht ist, und wo der Tod ist, der Mensch nicht ist. Ja der Satz von der währenden Nichtbegegnung beider erfüllt sich in einem viel tieferen Sinn, eben in Ansehung des noch ungeborenen, also auch der Gruft unzulänglichen *Grundimpetus*, der in den Menschen, wenn auch verschieden stark, konzentriert ist. Kindheit und Zukunft werden in ihm nicht weniger, noch jenes überzählige und ungemessene Dasein, das sein Resultat nicht dahin hat. Non omnis confundar, noch unsichtbar, betrifft in diesem glühend-dunklen Kern letzthin aber vor allem das *potentiell Adlerhafte der menschlichen Materie*; diesem Empor zum Alles ist noch am wenigsten, solange die Welt geht, das Nichts gekommen. Ist nicht die ganze Ewigkeit mein? fragte Lessing; mindestens gilt dieser seelenwanderische Anspruch für das intensive Mein des Menschen in der Welt, das noch nicht sichtbar geworden ist.

7. Transzendieren ohne Transzendenz

Die Formel Incipit vita nova

Reiz der Schwelle

Es ist nicht alles neu, was beginnt. Zwar gibt sich jeder Morgen als scheinend frisch. Jede Knospe im Frühling wirkt jung und spricht so. Doch wie oft ist es mit dem Neuen in beiden Fällen nicht so weit her. Der Wecker ruft zu einem Tag, der in den meisten Fällen einer ist wie jeder andere auch. Die Knospe verspricht einen Frühling und Sommer, der, wenn die Menschen nichts Besonderes in ihm anfangen, großenteils vom Grün des vorigen Jahres sich nicht unterscheidet. Statt alles, alles zu wenden, wie es im Lied heißt, bewirkt der Frühling dem Angestellten nur, daß der Wecker bereits bei Taglicht klingelt. Auch die Schwelle des neuen Jahres führt in eines, das vom alten meist nicht so ganz verschieden ist. Und doch ist der Anfang von etwas seit je dazu geeignet, zu verführen, wie nichts sonst. Er ist das Versprechende schlechthin und der Trost gegen das Abgestandene, daß es nicht bleiben muß. Zarte wie feurige Farbe trägt der Anbruch gleich leicht; zarte als Knospe, Kind, Braut, feurige als Morgenröte, als Frühling, der rings anglüht, als Umsturz. Das Merkwürdigste aber ist, daß dieser Anfang, sobald er geschichtlich erhofft ist, in einer fernen Spätzeit gedacht wird. Nicht das einzelne, wohl aber das geschichtliche Leben gibt sich dann so, als wolle und könne es erst im Alter jung werden. Das macht, viel Leid ist hier vorausgesetzt, viel Eis, um zu schmelzen.

Phönix, Renovatio, Reformatio

Daß neues Leben möglich ist, dies war nie selbstverständlich. Am wenigsten in ruhenden Zeiten, in gebundenen Gesellschaften, wo alles zu sein und zu bleiben schien, wie eh und je. Doch auch dann floß dem Menschen die Zeit ab, das heißt, sie floß nach abwärts, sobald er die Mitte seines Lebens überschritten hatte. Als wenigstens organische Erneuerung findet sich darum der Effekt eines Jungbrunnens im Märchen. Auch im Bericht aus fernen Ländern: zahlreiche Fabeln dieser Art liefen über Indien, auch über Florida um. Bezeichnend war, im Zusammenhang mit der statischen Gesellschaft, daß die Wiedergeburt insgesamt nur durch Wunder oder Wunderdinge erwartet wurde. Und das eigentliche, das den ganzen Menschen verwandelnde Wasser des Heils floß nicht aus natürlichen Brunnen, es sollte durch mysterische Taufen und Tinkturen gespendet werden. Hierdurch erschien erst die rechte Abspülung vom Schmutz der Sünde, von den Werken des Tods. Wobei weiterhin auch das Feuer, dies gründlichste Element der »Läuterung«, eine nicht erst durch den Parsismus vermittelte Bedeutung gewann. Als Allegorie der Wiedergeburt bot sich hier der morgenländische Phönix an, der sich selbst verbrennende und aus seiner Asche wieder auferstehende. Ein Lehrgedicht des Ovid (Metam. 15) zeigt, wie lebendig die Phönixsage, als eine der Wiedergeburt, später auch Renaissance genannt, im Zeitalter des Augustus geblieben und geworden war. Die Natur selber wird zur »rerum novatrix«, so erneuert sich in ihr Rom, so wurde der Phönix nachher, vor allem durch Albertus Magnus, der ihn aus dem Naturleben insgesamt in die mystische Theologie wirft, ein Sinnbild jeder Erneuerung – trotz der Selbstverbrennung und durch sie. Aber die dramatische, nicht nur allegorische Prozedur des Stirb und Werde geschah eben in den Mysterien, als den geglaubten Anstalten des Crescens zum Novum. Zur Besprengung mit Wasser, zum Sprung durchs Feuer, zur Bemalung mit magischen Siegeln trat der gleichfalls uralte Verwandlungsvorgang des Mysten durch »Nachahmung« des auferstandenen Mysteriengotts. Die orphischen Mysterien führten in den Tod und die Auferstehung des Dionysos; zur gleichen Mit-Wiedergeburt hin waren die spätantiken Isismysterien, die syrischen des Attis-Adonis gebildet. Oft war die »Nachahmung« so wörtlich, daß – wie in primitiven Kulten – die Maske des Mysteriengotts angelegt wurde. Bis in die Sprache des Paulus, ins Geheiß, den alten Adam auszuziehen, um sich mit Christus zu bekleiden (Eph. 4, 22; Kol. 3, 10), reicht die dramatisch-symbolische Wiedergeburts-Zeremonie. Bonus intra, melior exi, als guter Mensch tritt ein, als besserer gehe fort, lautet die Inschrift auf dem Mosaikboden eines afrikanischen Äskulaptempels: in den Mysterien regierte die Parole der vollkommenen Wiedergeburt im auferstandenen Gott – ego sum Osiris. Und das Christentum trug das Pathos: renovatio, reformatio weiter durch die Jahrhunderte (wenn auch inhaltlich gewiß nicht als Wiedergeburt = Rezeption der Antike). Ja, in der Bibel beginnt, von den Propheten herab, ein Verjüngungsstrom ganz eigener Art. Er hat sich bei Paulus streckenweise mit den Mysterien vereinigt, doch fast nur zum Schein, um nicht zu sagen, zur Propaganda. Das selber Neue im christlichen Mythos ist dieses, daß keine Auferstehungsgötter aus uralter Zeit nachgeahmt werden, sondern daß die Auferstehung und das Leben, als völliges Novum der Geschichte, jetzt erst entsprungen sein sollen. Erst der gestorben-lebendige Jesus öffnete seinen Gläubigen die Erneuerung des inneren Menschen, von Tag zu Tag (2. Kor. 4, 16), fundierte den Christen die Worte vom neuen Himmel und der neuen Erde (Jes. 26). Erst der vorher nie erschienene Stern, der den Magiern den Weg gezeigt hatte zu einem vordem noch nie gesehenen Ereignis, beleuchtete die Vision des Apokalyptikers vom neuen Jerusalem und das total umwälzende Wort seines Stadthaupts: Siehe, ich mache alles neu (Off. Joh. 21, 5). So kam schließlich nur durch die Bibel eine so öffentlich wie zentral entspringende Vorstellung des Incipit vita nova in die Welt, obzwar noch keineswegs sein Begriff. Der Jungbrunnen des Märchens sprang hier nicht seit eh und je in einem fernen Raum oder in einer erinnerten Urlegende Osiris oder Attis. Er tauchte vielmehr selber erst auf, ein Novum in der Zeit, als hätte es vor Jesus überhaupt kein wirklich Neues gegeben, nur Sehnsucht danach, Hinweise, Erwartung. Wie das noch ein später Mystiker formuliert hat: »Der ungewordene Gott wird mitten in der Zeit, / Was er nie ist gewest in aller Ewigkeit« (Silesius, Cherubinischer Wandersmann, IV, 1). Das Incipit vita nova nahm so selber, fürs christliche Bewußtsein, in der Geschichte seinen datierten Anfang, sub Pontio Pilato. Um am Ende der Geschichte, wenn der Paraklet erschienen ist (Joh. 16, 7), die Renovatio dermaßen ganz zu beginnen, daß kein Stein auf dem anderen bleibt. Auf diese Weise veränderte sich auch der Begriff der Schöpfung zum Sinn einer zweiten Schöpfung, in re, nicht ante rem. Sie rückte, als Genesis des Rechten, bei den Evangelisten mitten in die Geschichte, beim Apokalyptiker an ihr Ende.

Retterkönig und wirklich neuer Aeon

In novitate vitae ambulamus
(Röm. 6, 4)

Allerdings gehört es zum Tag selber, daß er als ein Morgen anfängt. Und zwar, sobald er geschichtlich gedacht wird, im doppelten Sinn: als der Morgen und als das Morgen. Als das frisch Eintretende, das die Nacht vertreibt, und als das Kommende, das hinter dem Heute, in der Zukunft liegt. Derart wurde eingangs das Merkwürdige betont, daß der Anfang, sobald er geschichtlich erhofft ist, in einer fernen Spätzeit gedacht wird. Denn er hat etwas gutzumachen, ein Leid gutzumachen, wie es sich im Lauf der Geschichte erst anhäuft. Durch Nacht zum Licht, per aspera ad astra, post nubila Phoebus, Gewitter und Regenbogen: diese gegensätzlich gespannten Archetypen drücken überdies, in mythischer Gestalt, das Bewußtsein einer dialektischen Beziehung aus. Aber was die Ferne der Spätzeit selber angeht, so drückt sich darin auch Schwäche aus, Schwäche der Rettung Verlangenden, Schwäche, die statische Gesellschaft als eine innerzeitlich veränderbare aufzufassen. Es sei denn, wie bemerkt, durch ein Wunder, durch Wunderdinge oder aber durch einen am Ende erscheinenden Wundermann, Wunderkönig. Wobei das Wunder hier nicht nur Unterbrechung des gewohnten Weltlaufs bedeutet, sondern außer diesem Formalen auch inhaltlich ein Wunder sein will. Das Wunder, inhaltlich gefaßt, kann zwar auch negativ, als Strafwunder gedacht werden, den vorhandenen Zustand sehr verschlechternd. Doch allermeist blüht es in der Legende positivst schlechthin, der Inhalt des Wunders ist dann das Wunderbare oder das Novum als absoluter Heilsraum, als Heilstoff. Sofern dieser lediglich durch einen Retterkönig von oben herab, einen keineswegs aus dem Fundament umwälzenden, gebracht werden soll, findet sich allerdings auch außerhalb der Bibel der Morgen als das Morgen am Ende. Ja, das Judentum hat diesen *Rahmen* von Messianismus erst während und nach der babylonischen Gefangenschaft übernommen. Also Ägypten wie Babylon kannten Erwartungen eines Wunderherrschers der Endzeit; Persien hat nicht nur Sagen, sondern im Ganzen seiner Erlösungsreligion einen wiederkehrenden Zoroaster als Retter eingebaut. Er scheidet endgültig das Licht von der Finsternis, eröffnet den Sieg des guten Gotts Ormuzd über den mächtigen Ahriman. Heilserwartungen des Endes und sogar des nahen Endes gingen auch durch die römische Antike seit Augustus, stets aber so, daß sie sich auf Augustus selber, als Friedenskaiser, bezogen. Wieder haben persische, auch ägyptische Eschatologien hier das Rettungsbedürfnis mit Königsbildern ausgestattet; so am deutlichsten in der berühmten vierten Ekloge Vergils, der nachher von der Kirche auf die Geburt Christi bezogenen: »Nun ist das letzte der Zeitalter gekommen, von denen die Cumäische Sybille spricht, und es beginnt eine neue große Ordnung der Weltalter. Nun kehrt die Jungfrau wieder und das Reich Saturns« (das goldene Zeitalter), »nun wird vom hohen Himmel her ein neues Geschlecht gesandt.« Insofern also war das Incipit vita nova selber, wie es das Evangelium fast zur gleichen Zeit den Hirten auf dem Felde durch einen Engel ankündigen läßt, der außerbiblischen Welt als »Erfüllung der Zeit«, als Ultimum der Zeit vertraut. Und noch die Bußpanik, Glückspanik, die Johannes der Täufer verbreitete, mit dem Himmelreich, das nahe herangekommen, – sie kommt mindestens ebenso von mandäisch-persischen Messiasbildern her als von jüdischen. Eine Fülle Enderwartung mithin, so viel davon, daß die Vorstellung der eschatologischen Schöpfung gar keine biblische Besonderheit zu sein scheint. Sie ist es auch nicht, was eben den *Rahmen* des Messianismus angeht, wohl aber ist sie es entscheidend, in der Bibel wie in deren Nachwirkungen, was den *Inhalt der vita selber* im Incipit vita ultima betrifft. So daß auch hier gilt, was bei den christlichen Angleichungen an die Mysterienbilder, Mysterienliturgien zu bemerken war: ein *eigener Strom*, Verjüngungsstrom, hat sich mit den außerbiblischen Messianismen berührt, aber sie bald verlassen.

Denn es ist ein gedrücktes Volk, das als solches hier nach Neuem begierig ist. Keine müden, blasierten, übersättigten Herren und Genießer sehen sich in der Bibel nach ganz Anderem um. Für die Römer, zu denen Vergil sprach und die ihn lasen, mag in der Folge, wie die Phrase lautet, der Trank des Erdenlebens immer schaler geworden sein. Für die Mühseligen und Beladenen hatte es von diesem Trank ohnehin sehr wenig gegeben, und es befiel sie auch kein Unbehagen an der Kultur. Sondern das Neue, das sie erwarteten, war Aufhören der Knechtschaft, und zwar hier auf der Erde. Insofern sollte dies Neue wirklich sprengend sein, Ketten sprengend, nicht ein Schatz luxuriöser oder spiritueller Frissons. Wiederherstellung des alten Davidglanzes war gewiß zur Zeit Christi ein nationalrevolutinäres, obwohl nicht von der jüdischen Oberschicht mitgemachtes Motiv, doch gründlich wirkte im damaligen Incipit vita nova nicht der wiederkehrende Retterglanzkönig, sondern der nie vergessene utopische Archetyp des Zugs aus Ägypten nach Kanaan, nach der nie erfüllt gewesenen Verheißung. Und dieser Archetyp ist weit älter als der persische Herrenmessianismus, mit dem er später zusammentraf, und mit dem er keinen Inhalt teilt. Vor allem entsteht so in dem End-Äon, den der Messias zu eröffnen hatte, nicht wieder eine Klassengesellschaft. Wie das trotz der Anrufungen des goldenen Zeitalters in der Augustus-Ekstase Vergils der Fall ist, gar im Herrenhimmel der ägyptischen, babylonischen, auch persischen Rettungsbilder. Der Bringer der Endzeit war statt dessen ein Menschensohn, der nicht weiß, wohin sein Haupt zu legen, und die Antwort der herrschenden Klasse auf seine Botschaft war das Kreuz. Nicht Caesar, sondern sein Gegenteil gründet das neue Reich, folglich nicht als Imperium, sondern als mystische Demokratie. Und nur als diese hat das Ecce nova facio omnia der Apokalypse fortgewirkt, bei allen Ketzern wider die »große Babel«, mit dem ganzen Spielraum und der Tragweite der Stimme von Patmos in den Ohren des Volks klingend, sehr lange ungedämpft und selbst noch, bei dem Tribunen Cola di Rienzo, in den unaristokratischen Ursprüngen der klassischen Renaissance. Wie sehr erst bei Joachim di Fiore und seinen Weissagungen, bei Thomas Münzer: er hat mit diesen Weissagungen – als denen der Kommune und des in sie aufgelösten Christus – Ernst gemacht. Rief doch der rasende Zorn der Offenbarung Johannis selber die Katastrophe herbei, wodurch die Tyrannei, unter den Trümmern des ganzen Weltalls erschlagen, dem niederfahrenden Jerusalem Platz macht. Aber genau dergleichen Wesenseinheit des Endes mit *Sprengung* wäre in den außerbiblischen Herren-Eschatologien unmöglich gewesen; trotz des auch in ihnen befindlichen Gewitter-Regenbogen-Archetyps. So eben findet sich die gründliche Genesis, als Genesis des menschlich Adäquaten, nur bei den Propheten des Alten und des Neuen Testaments. Nur hier unterscheidet sich der neue Aeon vom alten durch das Aufhören der Knechtschaft. Und eben nur in diesem Zeichen lief der Messianismus durch die folgenden Zeiten; Befreiung von Druck und Muff, Durchbruch in frische Luft und große Weite, Beförderung humaner Zukunft samt Humanismus der Natur, das macht ihn zum Apriori jeder revolutionär geschehenen Wieder-,

Neugeburt, auch der buchstäblich so genannten, die Renaissance heißt. Incipit vita nova, diese Dantesche Parole eröffnet die Neuzeit; ihre Wurzeln sind modern-ökonomisch, aber der Quell, der die Wurzeln ideologisch treiben ließ, ja der überhaupt nur den Namen »Neuzeit« finden ließ und weiter möglich macht, kommt zweifelsohne vom unabgegoltenen Pathos eines neuen Aeon her, eines immer noch christlich erwärmten.

Treue zur Hoffnung

Das Erneuern muß vom Leben des Neuen durchaus unterschieden werden. Im Ersten steckt ein Rückgriff auf Gewesenes, wenn auch ein zum seitdem Gewordenen noch so feindlicher. Im Zweiten wirkt ein Vorgriff auf noch nie Erschienenes, wenn auch ein geschichtlich-dialektisch noch so vermittelter. Das Erste aber umgab sehr oft das Zweite; die sogenannte Wiedergeburt gab dann der Geburt einen regredierenden Zug. Das auch dort, wo bloße Beschwörung eines Längstvergangenen gar nicht in Frage kam, wo vielmehr autochthone Quellfahrt stattfand, Renaissance, nicht Restauration und Romantik. So hatte zwar der Ruf: Retourner à la nature beispielsweise von Haus aus keinerlei Hifthorn an sich und führte zu keinem urheidnischen Maskenball. Rousseaus Ruf traf vielmehr eine junge Klasse, die aufsteigende Bürgerklasse, kämpfend gegen die gewordene »Unnatur«: also sollte die Geschichte von neuem begonnen werden. Aber indem sie vom Irrweg der »Unnatur« an den Ausgangspunkt »unverfälschte Natur« zurückgeführt wird, deckte das Sentiment eines verlorenen Paradieses doch weithin die eigenen Inhalte eines Neubeginns wieder zu. Natur wurde beim revolutionären Genfer gewiß ein Kampfruf, einer zum unentstellten Menschen, zu einer Zukunft, die nicht den Bourgeois, sondern den Citoyen beinhalten mochte. Denn gerade die Schaffung des Eigentums, die dadurch bewirkte Arbeitsteilung und Klassenbildung gehören ja nach Rousseau zur »Degeneration«, als der Entfremdung von der Natur. Jedoch nicht minder wurde die Zukunft, so in der »Neuen Heloise«, zu einem Schäferidyll entspannt, mit der Farbe eines ländlich Unbewußten überzogen, all das eben auf Grund des »Retourner«, seiner regredierenden Sentiments, mitten in der »Perfectibilité«. Und Rousseau selber hat, mit dem Begriff des sündenlosen Schöpfungsmorgens, auf die kirchliche Urstandslehre zurückgegriffen, das heißt auf die Prävalenz der Erinnerung in der Hoffnung. Im Sinn der glücklichen Erinnerung (Überliefertheit) einer ungewesenen Vollkommenheit, verglichen mit der alles Folgende Entstellung ist, hervorgerufen durch den Sündenfall. Darin ist schließlich noch Nachklang der revolutionären Sektentheologie, mit den dunklen urkommunistischen Erinnerungen, wie sie sich in der Paradieslegende erhalten hatten. Gar wo keinerlei Revolution, sondern nur fehlerfreie Reformation gesucht war, gegen »Mißbräuche« und »Auswüchse«, dort tauchte die Vita nova, ja ultima ganz in eine umgekehrte Wiederherstellung des Paradiesstands. Bernhard von Clairvaux, der Renovator zu »reinem Christentum«, ein Rufer zur Einfachheit, faßt das starke Novum doch ebenso entschieden als Restauratio: die durch den Sündenfall und die historischen Werke der Sünde gekrümmte Seele, die anima curva, kehrt wieder in die uranfängliche similitudo Dei zurück, wird durch Gnade wieder die gleiche anima recta, die sie am Schöpfungsmorgen schon war. Hier sind die Linien vorgezeichnet, in denen sich – mit zweifellos völlig verschiedenem Auftrag und Inhalt von anima renata – auch noch die »Wiedergeburt« einer Antike, das »Retourner« zu einer Urnatur teilweise vollzog. Und letzthin sind es, philosophisch verstanden, überall die Linien einer Platonischen Anamnesis, das ist jener erzstatischen Lehre, die nicht bloß das Lernen, sondern auch das Schaffen als »Wiedererinnerung« auffaßt. Wonach es also gar keine Schöpfung eines Neuen geben kann, sondern nur eine Enthüllung des Verschütteten, ein Schleier-Wegziehen vom Uralten; mithin: das Neue ist dann nur für die auffassenden Menschen neu, nie in der Sache selbst. Wie aus der Geschichte der Menschheit erhellt, war aber das ausschließliche Pathos der Anamnesis nicht zu halten, es zerbrach an der steigenden Prävalenz der Hoffnung. Ihr Korrelat nach vorn rückte auch in das gedachte höchste Wesen ein, nicht nur in die Erziehungsgeschichte des Menschengeschlechts durch dieses Wesen und zur Erfassung dieses Wesens. Die novitas vitae, von der Paulus spricht, sollte ja gerade in dem innergöttlichen Ereignis einer Herabkunft Gottes selber geschehen, im Unerhörten einer Menschwerdung der Usia. Zuletzt von ganz anderer Seite her rückte die neuzeitliche Erzeugungs-, dann Prozeßphilosophie, welche der wachsenden Entfesselung der Produktivkräfte entspricht, gegen die bloße Restitutio in integrum vor. Und die »Reprise«

der anfänglichen Thesis durch die der Antithesis folgende Synthesis, diese scheinbare Rückkehr-Formel der Hegelschen Dialektik konnte zwar in die Anamnesis als in eine Gefahr abgleiten, aber sie treibt ebenso aus ihr heraus, ja, ist ihr wesenhaft selber antithetisch. Denn das gesamte Anliegen der Dialektik ist prozeßhaft und produktiv: auch die »Wiederherstellung der Freiheit, Gleichheit, Brüderlichkeit der urkommunistischen Gentes«, von der hernach Engels spricht, bringt keinerlei Primitive ans »Reich der Freiheit«, an dies nie gewesene Novum auf der Höhe völlig entwickelter Produktivkräfte. Das Reich der Freiheit blickt auf die unentwickelte Urkommune nur freundlich-weit zurück, es schließt sich mit ihr nicht kreishaft, als Rückkehr in einen prähistorischen Ort, zusammen. Gibt es einen Anfang, in den der Blitz des Endes einschlägt, dergestalt, daß das letzte Neueste das erschlossene erste Älteste wäre, dann ist dieser Anfang gerade das dunkelste Problem selber und nicht eine vorweggenommene Lösung; er ist überhaupt nicht ein lang Zurückliegendes, sondern in jedem Augenblick des Seins so treibend wie noch verschlossen. Und wird weniger metaphysisch, mehr im sichtbaren Rayon des materiell herausgestaltenden Prozesses gedacht, so ist das unter Goldenem Zeitalter Gedachte, trotz Urkommune, selbstverständlich keine vorgeschichtliche, sondern eine selber noch utopische Bestimmung. Trotzdem ist unleugbar: die Kategorie des Novum ist bis heute noch mit der ihr uneigentlichen der Renovatio verschlungen, verbunden.

Woher kommt das und ist doch noch anderes als Falsches in diesem Band darin? In der Tat, es ist auch Wahres darin, nur darf der Rückgriff nicht auf Vergangenes bezogen werden. Auf Vergangenes, das als so fertig und gelungen dreinsieht, daß nach ihm und von ihm eigentlich kein Fortgang hätte zu geschehen brauchen. Der *echte* Rückgriff geht vielmehr auf das noch Zukünftige, also *Ungewordene im Vergangenen*, und er geht damit letzthin auf das *selber noch unentsprungene Entspringen* alles dessen, was geschieht. Er geht auf das treibende Daß oder den intensiven Ursprung, woraus und weshalb Leben geschieht. Darin allein liegt der Rechtsgrund der Verschlingung von Renovatio und Novum, ein äußerst schmaler, ja genau nur punktueller Rechtsgrund, wie ersichtlich. Er liegt *einzig* in der *letzthinnigen Einheit des spätesten Was-Gehalts mit der ursprünglichsten Daß-Intensität des Weltseins.* Die Substanz des Was ist in der Tat das gleiche wie die – am »Ende der Geschichte« – aufgeschlossene Intensität des Daß, das als Realisationsfaktor in der Welt treibt. Aber dieses einschlagende Aufschlagen des Daß-Gehalts, mit der *Realisierung des Realisierenden selber* als endgültigem Novum: dieses utopisch-radikale Novum hat mit einer rezipierenden Renovation von irgendeiner bereits *geschehenen* und lediglich *verlorenen Gewesenheit* nichts gemein. Die Verbindung von Novum mit Renovation bezieht aus der möglichen Fruchtwerdung der Wurzel nur die Möglichkeit, überhaupt eine Verbindung des Letzten mit dem Ersten behaupten zu können. Doch die Wurzel des Erscheinenden selber ist keine Gewesenheit oder auch Landschaft eines bereits golden gewesenen Zeitalters oder irdischen Paradieses; denn sie hat noch nie in Erscheinung ihrer selbst geblüht. Und Incipit vita nova, gar ultima rezipiert keinerlei schon strahlend gewesenen Anfang zuguterletzt, am Ende, sondern bedeutet konträr das Ende eines Anfangs, das ist seiner Frage, Fragwürdigkeit, Dunkelheit. Einzig zu dieser Frucht hin – mit strengster Überraschung – intendieren die historischen Keime, blühen die historischen Unterwegs-Gestalten, verführen selbst die Trosterfindungen eines gewesenen, wiederzufindenden Paradieses. Die allein wahre Rückkehr im Neuen ist mithin die zu dem immer Gemeinten, noch nie Gewordenen. Sie gibt auch noch den scheinbaren Reprisen des Kulturerbes die Produktivität, das heißt, den Trunk aus dem unablässigen Quell Eunoë, Eingedenken. Diese Erinnerung, als die radikale, ist dann allerdings das gleiche wie die Treue – aber zur Hoffnung; sie ist das Ceterum censeo utopiam esse historice creandam. Sowohl die Parole: Es ist erreicht, wie die gemildertere, weit weniger selbstgefällig-banale: Es war erreicht – setzen Abfall von dieser Treue. Die geschichtlich werdende, fortentspringende Welt geht ebenso von ihrer Geschichte fort, und auch die Sonne Homers (Hegels, Marxens) leuchtet, als nichtphysische, nur dann, wenn sie in jeder geschichtlichen Morgenzeit neu aus dem weiten Meer aufgeht.

Macht der Einfachheit

Gibt sich der Morgen allemal als bewegt und vielfältig? Es scheint so, indem er mit der erregten Jugend eines Menschen, einer Zeit zusammenfällt. Auch war ja gerade diejenige Renaissance, die man künstlerisch besonders eine nennt, durch Blick für Erscheinungsfülle ausgezeichnet. Indes, bereits was die Jugend angeht, so will sie sich nicht bloß umsehen und möglichst vieles erfahren, sie will vor allem doch mit Richtung wissen, worauf es ankommt. Darum haben auch alle Erneuerer mit dem Wust aufgeräumt, der bis dahin um sie herum sich mit falscher Fülle angehäuft hatte. Neues Leben heißt hier ein solches ohne Ablenkung, ist auf *das Eine* gerichtet, was in aller Alteritas, durch sie und durch sie hindurch nottut. Weshalb genau dessen Weise auch der Reife, als einer kraftvoll überblickenden, genuin angestanden hat, und sogar Alterselemente, das ist hier: Weisheitselemente, den Zeiten des Incipit vita nova, auf Grund ihres aufräumenden Lakonismus, nicht gefehlt haben. Dem jugendlich Fanatischen entspricht so im Alter das Konzentrierte, es entspricht ihm der gefaßte Geist, der mit wachsender Todesnähe selber wachsend aus der Bewegung zur Stille, aus dem Rauschen der Vielheit zur feinen Strenge, aus Erscheinendem zu Wesentlichem übertritt. Auch darin und daran bewährte sich die Vorrückung des besten Novum auf die Höhe der Geschichte, mit der gesamten bisherigen Geschichte als »Vorgeschichte«. Nachdem sich die Zeiten in allem umgetan, ist es Zeit, daß die große Vereinfachung beginnt. Daß die Intention ohne Sucht und Irre, die wesentliche Intention des Wesenhaften in das utopische Endelement einzieht, dem sie durch ihr Leben die ganze Weltgeschichte hindurch zugeordnet war. So zeigen gerade Renaissancezeiten eben nicht nur den Blick für Erscheinungsfülle, für goldenen Überfluß der Welt, sie zeigen auch Reduktion. Von hier aus begriffen erscheint die Erfrischung durch antike Natur, wie sie der italienischen Renaissance zugeschrieben, fast als Vorwand für den eigenen Jugend- und gleichzeitigen Reife-Beginn. Die wirkliche Antike, besonders in ihrer damals nächstliegenden römischen Gestalt, war ja keinesfalls von solcher Frische, auch nirgends von der feinen Herbe, entronnenen Strenge, wie die Frührenaissance, freilich nur sie, das zeigt, vor allem in ihrer Architektur. Diese besteht, verglichen mit der Spätgotik und dem Barock, aus den reinsten euklidischen Verhältnissen, ja sie trägt ein unbegreiflich Trostreiches an sich. Sie ist aus der Fülle der Vielheiten und Situationen ausgespart, sie bezeugt einen Morgen des Maßes, nicht der Bewegung. Andererseits ist sie, kraft ihrer Jugend und Schlankheit, von aller ägyptischen Schwere des Kristalls entfernt. Es war eine kurze Stellvertretung, und sie soll nicht selber, durch Übertreibung, aus ihren bescheiden-vornehmen, obzwar recht symbolischen Maßen gerückt werden. Aber der Morgen zeigte an ihr sehr sinnfällig, daß er außer der Umwälzung auch Auslassung, außer den Sturmsignalen auch Korrektive aus Ruhe zu enthalten weiß. In unvergleichlich anderer Schicht haben spätmittelalterliche religiöse Reformbewegungen solch echt »katharischen« Sinn vom Incipit vita nova gezeigt; was diesesfalls sogar einem regressiven Zug einen eigenen Akzent gibt. Denn in ihm war ja auch, wie zuletzt bei Tolstoi, die Zentralbetonung des »reinen Evangeliums« enthalten, als eines von Herren wie vom Wust der Zeremonien und Ideologien freien. So war hier Erneuerung intendiert als Probe auf das eindringlichste Einfachheitsexempel, auf den moralisch-religiösen Lakonismus des Urchristentums. Anfang also setzt hier Auferstehen aus der Verwirrung und ihren falschen Vielfältigkeiten. Solch letzthinnige, das Ganze durchschlagende Einfachheit macht sich derart geltend, ein stärkstes Echtheitsmerkmal im Incipit vita nova, im utopischen Gewissen des allemal Einen, das nottut, im utopischen Eingedenken jenes Ontos on und Überhaupt, das immer erst noch im Vielen des Prozesses ist. Mit Umkreisung, auch Zeugen und Zeugnissen von unterwegs, doch so, daß keine Erscheinungsfülle und auch keine vorhandenen Nahziele die menschliche Intention, die welthafte Tendenz auf das immer erst im Schwange befindliche Element des Endzustandes verlegen sollen. Meine Rechte, sagt der 137. Psalm, soll verdorren, wenn ich dein vergesse, Jerusalem; es ist die Einfachheit, worin für die daran Glaubenden nichts übrigbleiben mochte als diese letzte Stadtfigur. Ein erzsymbolischer Archetyp für alle revolutionär-religiösen »Generalreformationen« ad Ultimum optimum, und das bezeichnenderweise in jener Endzeit, die die Zeit doch gerade erfüllen sollte. Auf der so bezeichneten Linie regiert offensichtlich die entschiedenste vita nova, ohne Alteritas und ihre zeiträumliche Inflation gedacht; *konzis wie Ding für uns*. Das ist der einfachste Grenzbegriff und Grenzinhalt des Novum; kein Wunder, daß er selber nur als Wunder bisher auskam.

Nützliches Maß fürs und durchs Ultimum

Was aber nur fern und hoch ausgeht, ist nicht ohnehin wichtig. Es gibt hier die Frage: Was geht mich das an?, und ihre private Enge ist sehr menschlich. Auch kann sie durch allzu weite *zeitliche* Ferne des besseren Novum provoziert worden sein. Besonders sichtbar dann, wenn wir lebenden Menschen für ein Après-nous verheizt werden sollen, das gar nichts anderes im Künftigen beinhaltet als jenes Behagen, das im Gegenwärtigen geopfert werden soll. Dies ist etwa der Fall bei der zwar hoch erhobenen, aber inhaltlich platten Zielsetzung vulgärmarxistischer Art. Derart frage einer namens Ssanin, in einem gleichnamigen Roman Artzibaschews, nach der verunglückten russischen Revolution von 1905 erschienen, selber recht vulgärmaterialistisch: Weshalb soll ich mich aufhängen lassen, damit die Arbeiter des 32. Jahrhunderts keinen Mangel an Nahrung und Geschlechtsgenüssen haben? Ssanin sagte das, nachdem seine früheren Genossen ihm sein Desinteressement, seine wohllebige Entscheidung vorgeworfen hatten. Diese Entscheidung ist zweifellos falsch, doch auch dann nicht so glatt widerlegbar, wenn in die Ferne, außer Nahrung und Geschlechtsgenüssen für alle, eben ein *besonders hochliegendes* Postumum gebracht wird. Als Reich der Freiheit jenseits aller Entfremdung, als erhoffbares Einigseinkönnen der Menschen mit sich und ihrer Welt, – doch wessen Leben paßt gerade dann, bei der Kürze unseres Lebens, in solch mächtige Umfänge, Inhalte hinein? Das ist und bleibt eine vernünftige Frage, um so mehr, als ja nicht nur ein Ssanin oder epikurischer Anarchismus und, ganz solipsistisch, Stirners »Einziger und sein Eigentum«, sondern umgekehrt revolutionärer Elan selber, indem und sofern er Verstand hat und wirkliche Menschenliebe dazu, die Gegenwart opfert, um, wie Iwan Karamasow sagt, die künftige Harmonie zu düngen. Verbrecherische Besessenheit mag so handeln, der der Zweck die Mittel heiligt, während eher ihre Mittel ihren Zweck entheiligen, aber auch bei geringerer Düngung stehen die Menschenliebe oder der »Mensch im Mittelpunkt« bekanntlich auf einem anderen Blatt. Und was den revolutionären Verstand angeht, so versteht dieser die obige vernünftige Frage nach dem Hineinpassen unseres Lebens in lauter Fern- und Hochziele insofern recht gut, als die Frage genau aus dem Existentiellen ins Objektive selber variieren kann. Denn *lediglich Fern- und Hochziele*, unter Überspringung aller Zwischenglieder und Nahziele, wurden doch nur von der abstrakten Utopie proklamiert, nicht von der konkreten, der mit ihrer Epoche immanent verbundenen. Solch verbundenes Incipit vita nova ehrt also die Nahziele theoretisch-praktisch: sowohl indem sie in die erfahrbare Spanne eines Menschenlebens fallen, wie indem sie ebenso eine Gesellschaft ohne Selbstentfremdung, als Fernziel, in Perspektive zu halten haben. In hilfreicher, nicht vergewaltigender, in begeistender, nicht mediatisierender Perspektive, mit Ideal ohne Überspringung des Wegs, mit Weg ohne Abdankung des Ideals. So weit, so gut und auch voll einer gewissen Beherzigung jener Art von Vernünftigkeit, die sich gegen zu viel Après-nous und schließlich Sans-nous richtet. Nun aber hat viele eine Fehlentwicklung gerade in den Konkretionen eines sozialistischen Incipit vita nova auch das konkrete Fernziel wieder als abstrakte Utopie ausgeben lassen, dergestalt, daß es bei solcher Art von Konkretionen nicht im 32. Jahrhundert, sondern am St.-Nimmerleins-Tag zu liegen scheint. Ja selbst wenn eine Diskreditierung des Ostparadieses nicht eingetreten wäre, wenn Kritik und Reform bis auf veraltete, vor allem bis auf hemmende Prämissen im Marxismus verfolgt worden wären und nun die wirklichen Ansätze zum Reich der Freiheit um die Ecke lägen: selbst dann käme die erhöhte Ssanin-Frage wieder. Sie beruft ja auch jenes gewisseste Empirikum, schlagendste Metaphysikum, das *individueller Tod* heißt. Und dessen Hieb auch das Fernziel um die Ecke nicht persönlich erleben, ja selbst noch seine Erreichung nicht ausleben, nicht erschöpfen läßt. »Darum laßt uns essen und trinken, denn morgen sind wir tot« (Jes. 22, 13; I. Kor. 15, 32): dieser von der Bibel so verworfene Spruch ist dem redressierten Ego auf den Leib geschrieben, auf den doppelt sterblichen Leib. Gar in einer Welt des Absurden, worin nicht nur das einzelne Leben, sondern auch die Addition aller künftig einzelner Lebensläufe, Lebenswerke im Un-Sinn des außermenschlichen Seins zunichte gehen soll. Bei solchem Ineinander aus Eintagsfliege und Sisyphus überhaupt helfen auch freidenkerisch-matte Säkularisierungen der alten Unsterblichkeit wenig: etwa ein Fortleben in den Kindern, ein Zurücktreten des einzelnen Blattsafts in den bleibenden Baum der Menschheit oder auch ein sterbendes Verschießen in die allgemeine Natur. Die kalte

Schulter, welche gerade die Natur unseren individuellen wie letzthin unseren historischen Zweckreihen insgesamt zu zeigen scheint, von unserer einsam-eisigen Verlassenheit im Weltall bis hin zum Totalbegräbnis durch kosmischen Kältetod: das entwertet dem existentiellen Solipsismus jedes Großziel samt seiner Höhe zuletzt. Mit unleugbarem Ernst gegen eine mögliche Überstiegenheit im Übersteigen; mit sonderlichem Menetekel gegen abstrakte Utopie. Und: gegen jeden Seinsbegriff im Incipit vita nova, der faktizistisch, also statisch ist, also jedes Noch-Nicht-Seins in Perspektive und Fundus ermangelt. Aber selbst ein perspektivisch voller Seinsbegriff und gerade er: wird er die angegebene Ssaninfrage in allen ihren Weiterungen selber ohne weiteres erledigt haben? Allzu individuell wird mit ihr doch auch auf die noch währendste Bestimmung im möglichen Heilungs- oder Heilsprozeß unserer Welt hingewiesen, dem so wenig garantierten: auf die Kategorie der Gefahr. Gar bei sehr fernem und hohem Ziel auf dies Möglich-Vergebliche weisend, das Beckett als »Warten auf Godot« vorspielt, und das nicht nur allzu Individuelles in metaphysische Gefopptheit setzt.

So weit, so schlecht, wenn es nichts gibt, woran man sich halten kann. Nun aber die Gegenfrage: kann ein jeweils Einzelner so herausgelassen sein, wie es ihm vorkommt? Er selber steht immer im Schnittpunkt zwischenmenschlicher Beziehungen, und sind diese dürr oder schal geworden, dann spiegelt das austretende, gar ausgetriebene Ich über die Hälfte diese, nicht sich selber. Und könnte es weiter eine Leere, eine Losgelassenheit, eine disparate, gar absurde Schranke auch noch spüren, wenn keine Bewegung in ihm wäre, die an die Schranke stößt? Die sie dadurch implizite auch mehr überschreitet, als es der schalen Zufriedenheit lieb ist, wie sie im Westen ohne Experimente, im Osten mit ungelungenen Experimenten verordnet wird? Die Akte des Überschreitens selber lassen sich jedenfalls nicht nihilisieren, nicht einmal dort, wo die *härteste Gegenutopie*: der Tod jedes irdische Dunkel so unermeßlich überbietet, unterbietet. Ohne Zweifel: dagegen ist kein erlangtes Kraut gewachsen, es sei denn, man nehme für solch zentralste Intention eines Incipit vita nova die gehabten Wunsch- oder auch Willensbilder in den Religionen. Es gibt, noch in Lessings »Erziehung des Menschengeschlechts«, den uralten Mythos einer Seelenwanderung, und die Kirche lehrt den Mythos von der Auferstehung Christi, als der erstmalig geschehenen und seitdem den Tod vermittelnden. Das ist Glaubenssache geworden und mehr als je eine solche geblieben, aber geblieben ist auch, gerade hier, das Rütteln an den Stäben eines Verhängnisses, des undurchschautesten, ja des in den bekannten Prozeßgang am stärksten uneingegangenen. Daher die Vorsicht noch möglicher Aussagen wie dieser: »Der Kern des Existierens hat sich noch nicht in den Prozeß begeben, wird infolgedessen auch von den Vergänglichkeiten des Prozesses nicht betroffen; er hat dem Tod gegenüber den Schutzkreis des Noch-Nicht-Lebendigen um sich ... Item erstens: der Kern des Existierens ist, als noch *ungeworden*, allemal exterritorial zum Werden und Vergehen, von welch beiden unser Kern eben noch gar nicht erfaßt ist. Item zweitens: der Kern des Existierens, wäre er geworden und darin zugleich, als herausgebracht gut geworden, so wäre er in dieser *Gelungenheit* erst recht *Exterritorialität* zum Tod; denn dieser selbst wäre mit der prozeßhaften Unzulänglichkeit, wozu er gehört, abseitig und abgestorben« (Das Prinzip Hoffnung, 1959, S. 1391 f. [in diesem Band S. 484 u. 485]). Berührt sich diese Vorsicht und Vor-Sicht mit dem Anliegen, dessen einzig die Religionen bisher sich angenommen haben, so gilt zugleich, daß hier, in diesem Punkt, Entmythologisierung nötig wäre, bis zur Religion in Hoffnung. Kein Zweifel aber auch: nichts in überlieferter Religion übersteht den Ernstfall des Nietzscheschen: Gott ist tot; nämlich das, was selber zu den Schätzen gehört, die Rost und Motten und vor allem das Scheidewasser der Analyse fressen. Die Reflexe und Hypostasen, die die abgelaufene Herr- und Knechtgesellschaft in ihren Himmel geworfen hat, sind durchschaubar und ist in diesem Betracht kein entscheidender Unterschied zwischen den »Heidengöttern« Baal oder Zeus und dem Thronhimmel, selbst Gerechtigkeits- oder Gnadenthron in den noch heteronomen Regionen der Bibel. Wonach *genau dieses Sinns* der Satz zuständig ist: Nur ein Atheist kann ein guter Christ sein; und folgerichtig, ahnungslos über die Bedeutung, nannten die Römer die ersten Christen Atheoi. Freilich aber bleibt der Topos, in den selbst die rein ideologischen Götterbilder hinein imaginiert, hypostasiert worden sind, in den gar die unverwechselte Futurum-Religion der Bibel zog, die des Exodus und des Reichs. Und die Hoffnung tritt gerade als die exzitierende vor, als die pionierhafte Gegenkraft gegen die manipulierte Angst und Entwürdigung zu einer ideologisch brauchbaren Versicherungsanstalt. Diese Gegenkraft hat gerade erst Bauplatz, wenn die Garantie der Zuversicht nicht mehr Opium macht, mit ihrem Fixum hoch droben, das genau die Unwahrheit ist, und das beim geringsten Bruch seiner den Nihilismus vermehrt. Ist doch nur die offene menschliche Pioniergeschichte voll creator spiritus, das ist, voller Vor-Scheine, harter, schwieriger Durchbrüche und Extensionen, über das Gewordene hinaus und über die immer wieder entsetzlichen Abgründe der Bestialität. Als Versuch des wirklich noch nicht Gelungenen, des ganz Bejahungswürdigen, Bewohnbaren; mit der einzig »präsentischen Eschatologie«, die schöpferische Erwartung heißt. Dazu sagt ein allzu spekulativer Theist (aber er sagt es vom Christentum her): »Es ist ein Grundvorurteil der Menschen, zu glauben, daß das, was sie eine künftige Welt nennen, ein für den Menschen erschaffenes und vollendetes Ding sei; das ohne ihn besteht wie ein gebautes Haus, in welches der Mensch nur einzugehen braucht, während doch jene Welt ein Gebäude ist, dessen Erbauer er selber ist und welches nur mit ihm erwächst« (Franz Baader, Werke, 1851 bis 1860, VII, S. 18). Bei allem derart Aufgehenden ist freilich stets das Weltsein selber als mögliches Im-Aufgang-Sein zu erforschen, als Materie, die objektiv sich aus ihren eigenen Entfremdungen heben ließe, gehoben werden könnte. Der Halt ohne eigene virtus hat kein Aufrechtes, hat ohne vermittelte Natur ebenso keinen Boden; beides ist zugleich noch ein Unterwegs. Und tüchtiges Incipit vita nova braucht sowohl seine rechte Zeit in der menschlichen Geschichte wie seinen rechten Platz in der Welt, die disparat wäre, wenn sie nicht selber Perspektive wäre. Dadurch gilt auch am *Ausgang* der Philosophie die Weltformel: S ist noch nicht P; kein Subjekt hat bereits das ihm adäquate Prädikat; die Seinsgeschichte selber ist der experimentelle Identifizierungsversuch ihres zu lichtenden Anstoßes und Ursprungs. Besonders Incipit vita nova impliziert derart, im gleichen Tendenzzug, die Prädizierung des dunklen Existere in allem zu dem Was seiner noch ungefundenen Essenz, ja zu noch unvorhandenem Unum, Verum, Bonum seines Sinns. In diesem Tendenzzug zieht – mit Nahzielen im Fernziel und beim Ernstfall ebenso mit Fernziel im Nahziel – die Hoffnung. Gerade diese, sofern sie mit einer Welt verbunden ist, die nicht entsagt, fällt weder zur Verzweiflung noch aber auch zu quietistischer Zuversicht zusammen; dafür hat das Incipit vita nova noch zu viel – Anfang. Freilich auch im nicht mehr zurücknehmbaren Sinn dieses Anfangs: fordernd zu sein. Mit jenem Abscheu vor Not und sozialer

Versklavung, der trotz allem nicht mehr rückgängig zu machen ist; mit jener Vermissung von Halt, Sinn und Tiefe im Lebensziel, die auf die Dauer nicht mehr verdeckbar ist. Beides: die Sache mit moralischem Hintergrund, dann die Sinnsache, die in die Phantasie greift, kann getrennt marschieren, doch nur vereint schlagen. Der Anfang des *moralisch Ersten*, als Wille zum besseren Leben mit aufrechtem Gang, setzt die Einsicht: die alten Abhängigkeiten sind neukapitalistisch nur gepolstert und verschmiert, staatssozialistisch nur vereist und umgetauft, nicht erledigt; das Reich der Freiheit kommt auch nicht mit stufenweiser Verbesserung von Gefängnisbetten, sieht anders drein. Der Anfang des *metaphysisch Zweiten* wiederum, als Wille zur Einheit, Halt und Tiefe, setzt die Einsicht: konkrete Utopie ist das Signum dieser Zeit, der Begriff der Docta spes, ihrer Dimension und ihres Postulats, wird, einmal erfaßt, die Welt nicht mehr verlassen. Die Aura des stets bedrohten, ungeheuren Versuchs eines Heilenden, Geheuren lebt in der Tendenz-Latenz des Weltprozesses, solange dieser überhaupt dauert und dauern kann. Das noch Offene hält ihn dialektisch in Gang, kritisiert alle seine Entfremdungs- und Fremdgestalten, speist die wichtigsten Quellen des Lebensmuts, über den Tod hinaus, läßt den Horizont des Wohin und Wozu produktiv noch hinreichend unverstellt, auch für Aufgang. Die so beschaffene Aura hat noch nicht mehr, doch auch nicht weniger als einen Vor-Schein von Tag; was sie derart der Welt verspricht, haben die Menschen der Welt zu halten. Letzteres bemüht den *subjektiven* Faktor des Möglichen, aber sein zugeordneter *objektiver* heißt im Vorhandenen reale Möglichkeit von Ding für uns. Daher ist Prometheus nicht nur als Rebell und als Entweder, sondern als Wendbarkeit wirklich der vornehmste Heilige im philosophischen Kalender; und dies Wendbare macht eben auch den mit sich fertigen Nihilismus – voreilig, genau so wie einen panpatriotischen Optimismus. Sich aufrichtender Mensch und noch nicht ausdeterminierte reale Möglichkeit, das sind für die Entwicklung unseres Lebens, unserer Literatur, Philosophie, Praxis sicher die unabdingbarsten Kategorien. Sie offen zu halten, das möchte diese Einleitung in etwas gezeigt haben, im Experiment Mensch, Experiment Welt. Nicht ohne die Mahnung des alten Spruchs: Principiis obsta, das ist, Treue zum Anfang, der seine Genesis erst noch hat.

Textnachweise

Kapitel 1:
Aus sich heraus, in: *Tübinger Einleitung in die Philosophie*, S. 13.

Kapitel 2:
Vom Dunkel des gelebten Augenblicks, in: *Geist der Utopie* (1923), S. 209-256.
Aus der Begriffsgeschichte des (doppelsinnig) Unbewußten, in: *Philosophische Aufsätze zur objektiven Phantasie*, S. 86-115.

Kapitel 3:
Das antizipierende Bewußtsein, in: *Das Prinzip Hoffnung*, S. 49-129 und S. 224-368.

Kapitel 4:
Substrat auf dialektischem Feuer, in: *Tübinger Einleitung in die Philosophie*, S. 154-209.

Kapitel 5:
Wunschlandschaft und Weisheit sub specie aeternitatis und des Prozesses, in: *Das Prinzip Hoffnung*, S. 982-1039.

Kapitel 6:
Einführung, in: *Das Prinzip Hoffnung*, S. 1297-1304.
Religiöse Kontrapunkte aus Tod und Sieg, in: *Das Prinzip Hoffnung*, S. 1304-1343.
Lebenslust und Fragment in allen Dingen, in: *Das Prinzip Hoffnung*, S. 1384-1391.

Kapitel 7:
Die Formel Incipit vita nova, in: *Tübinger Einleitung in die Philosophie*, S. 357-368.
Nützliches Maß fürs und durchs Ultimum, in: *Tübinger Einleitung in die Philosophie*, S. 369-377.

Sachregister

(*Die Register wurden erstellt von Ingo Elbe*)

Namenregister

- Band 15: Experimentum Mundi. Frage, Kategorien des Herausbringens, Praxis. stw 564. 267 Seiten
- Band 16: Geist der Utopie. Faksimile der Ausgabe von 1918. stw 565. 445 Seiten
- Ergänzungsband: Tendenz – Latenz – Utopie. stw 566. 422 Seiten

Leipziger Vorlesungen zur Geschichte der Philosophie. Herausgegeben von Ruth Römer und Burghardt Schmidt. Vier Bände in Kassette. stw 567-570. 1624 Seiten
- Band 1: Antike Philosophie
- Band 2: Christliche Philosophie des Mittelalters. Philosophie der Renaissance
- Band 3: Neuzeitliche Philosophie I. Von Descartes bis Rousseau
- Band 4: Neuzeitliche Philosophie II. Deutscher Idealismus. Die Philosophie des 19. Jahrhunderts

Einzelausgaben

Logos der Materie. Eine Logik im Werden. Aus dem Nachlaß 1923-1949. Herausgegeben von Gerardo Cunico. 679 Seiten. Leinen

Spuren. Neue erweiterte Ausgabe. BS 54. 288 Seiten

Viele Kammern im Welthaus. Eine Auswahl aus dem Werk. Herausgegeben von Friedrich Dieckmann und Jürgen Teller. Mitarbeit Elke Uhl. es 1827. 752 Seiten

Der unbemerkte Augenblick. Feuilletons für die »Frankfurter Zeitung« 1916-1934. Herausgegeben von Ralf Becker. 398 Seiten. Gebunden

NF 150/2/10.08

Zur Philosophie der Musik. Ausgewählt von Karola Bloch. BS 398. 334 Seiten

Briefe

Das Abenteuer der Treue. Briefe an Karola 1928-1949. Herausgegeben und mit einem Nachwort von Anna Czajka. Mit einem Bildteil. 266 Seiten. Gebunden

Briefe 1903-1975. Herausgegeben von Karola Bloch u. a. Zwei Bände. 939 Seiten. Leinen

Ernst Bloch/Wieland Herzfelde. »Wir haben das Leben wieder vor uns.« Briefwechsel 1938-1949. Herausgegeben von Jürgen Jahn. 392 Seiten. Leinen

Zu Ernst Bloch

Bloch. Eine Bildmonographie. Herausgegeben vom Ernst Bloch Zentrum Ludwigshafen. Mit zahlreichen Abbildungen. 223 Seiten. Gebunden

»Ich bin. Aber ich habe mich nicht. Darum werden wir erst.« Perspektiven der Philosophie Ernst Blochs. Herausgegeben von Jan Robert Bloch. 427 Seiten. Kartoniert

NF 150/3/10.08